Henri Floch et Alain Le Berre

ALBUM HISTORIQUE

L'enfer de Brest

Brest - Presqu'île de Crozon
25 août - 19 septembre 1944

HEIMDAL

– Ouvrage écrit par Henri Floch et Alain Le Berre.

– Directeur d'édition : Georges Bernage.

– Réalisation et légendes : Jean-Luc Leleu.

– Composition et mise en pages : Marie-Claire Passerieu.

– Maquette : Francine Gautier.

– Photogravure : Christian Caïra, Philippe Gazagne, Christel Lebret.

– Infographie : Philippe Gazagne.

– Réalisation des cartes : Bernard Paich.

– Iconographie :
  – Archives Municipales de Brest (AMB.)
  – Bundesarchiv (BA.)
  – National Archives (NA.)
  – US Army
  – Secrétariat d'Etat aux Anciens Combattants (SEAC.)
  – Collections privées

Editions Heimdal
Château de Damigny - BP 61350 - 14406 BAYEUX Cedex
Tél. : 02.31.51.68.68 - Fax : 02.31.51.68.60 - E-mail : Editions.Heimdal@wanadoo.fr

ISBN 2 84048 144 8

Introduction

Près de sept mille hommes ont perdu la vie au cours des vingt-cinq jours qu'ont duré les opérations de réduction de la Forteresse de Brest et de la Presqu'île de Crozon, entre le 25 août et le 19 septembre 1944. Jeunes, très jeunes pour la plupart, ils étaient Français, Américains, Britanniques ou Allemands. La ville a été détruite à 80 %.

De nombreuses publications ont été faites à partir du témoignage des acteurs français qui ont pris part aux événements. Il nous a paru indispensable de laisser la parole aux belligérants que furent les Allemands et les Américains, en utilisant leurs propres documents établis « à chaud » au fur et à mesure de l'évolution des combats.

Un autre sujet nous préoccupait. Cinquante-cinq ans après les événements, on évoque encore, non sans ressentiment, la présence allemande au cours de cette période à Brest et dans les communes environnantes. Outre l'inutilité des combats qui paraissait évidente à l'ensemble de la population, des crimes de guerre ont été commis. Ils sont inexcusables. Notons toutefois que le militaire est avant tout le bras armé du politique et que, dans la mentalité de l'époque et dans un tel régime, il n'était sans doute pas facile de faire jouer la clause de conscience, en particulier dans les échelons subalternes. Nous en reparlerons. Plus que d'autres, les parachutistes ont été mis sur la sellette. Bien souvent taxés de SS par la population, ils ont laissé un souvenir, disons-le, douloureux dans l'esprit des témoins de l'époque. Ceci est vrai dans le Centre-Finistère, c'est également vrai dans les bourgs situés sur la ligne de défense extérieure de la Forteresse de Brest tenus par les hommes du général de division Ramcke. Tacticien brillant, adoré de ses hommes mais dans l'ensemble trop docile aux ordres de Hitler, il a, militairement parlant, prolongé la durée du siège au-delà du raisonnable. Civils et militaires en ont durement pâti. Son nom sera bien souvent mentionné tout au long de ces pages.

Des parachutistes, survivants de l'époque, ont accepté de témoigner. Le temps est venu, pensons-nous, de la réconciliation définitive dans cette Europe du troisième millénaire qui s'ouvre devant nous. Nous avons essayé d'y contribuer en publiant cet ouvrage qui doit être lu avant tout comme un récit de guerre.

Les sources utilisées pour son élaboration sont allemandes, américaines et françaises. Toutes les références s'y rapportant figurent en bas de page.

Les documents d'origine étrangère sont des pièces officielles, essentiellement le Journal de bord de la *Kriegsmarine* pour les Allemands, les *After Action Reports against Enemy* (résumés des Journaux des Marches et Opérations) pour les Américains ; elles relatent au jour le jour les événements survenus lors du Siège.

Des vétérans ont apporté leur concours. On doit aux parachutistes la description du dispositif allemand devant Brest. Ce document, indispensable, est inédit.

Les cartes américaines, éditées au mois de mai 1944, ont été utilisées avec fatalement une certaine marge d'erreur dans la localisation des différents lieux-dits, des villages et des quartiers. En cas de doute, nous avons retenu les emplacements les plus probables, sinon l'élaboration de ce récit eût été impossible. Les témoins de l'époque rectifieront d'eux-mêmes.

Les auteurs sont tous deux originaires du Finistère. Outre les raisons exposées *supra*, et recherchant l'objectivité, ils ont voulu effectuer un devoir de mémoire en rendant justice aux GI's qui sont morts pour la libération de leur région. Ils ont également désiré rendre hommage à leurs compatriotes FFI et FTP, bien souvent brocardés après la Libération par ceux-là même qui s'étaient bien gardés d'intervenir.

L'essentiel du récit concerne les vingt-cinq jours du Siège. Un exposé des défenses allemandes dans la périphérie et la Forteresse de Brest apprendra au lecteur que la prise de la ville n'a pas été une sinécure. Mention est également faite de l'*Organisation Todt*, le maître d'œuvre de la plupart de ces ouvrages défensifs. Un chapitre est consacré à la *Kriegsmarine*. Vouée à l'échec du fait de l'artillerie allemande, la chevauchée de l'arme blindée cavalerie US, dans les premiers jours du mois d'août, est également évoquée.

Puis vient l'énumération des différentes unités allemandes et américaines engagées avec le nom des principaux responsables jusqu'à l'échelon bataillon et bien souvent compagnie. Une récapitulation de ces divers éléments figure en annexes.

La neutralisation de la presqu'île de Plougastel, située au sud de la ville, précède l'attaque générale qui a lieu le 25 août. L'activité des forces américaines est alors divisée, pour un souci de clarté, en quatre périodes : 25-31 août, 1er-7 septembre, 8-11 septembre et enfin 12-18 septembre. Vingt cartes jalonnent les différentes opérations. La capture du général Ramcke, à l'issue des combats de la presqu'île de Crozon, clôt le récit proprement dit.

On fera ensuite un bilan des pertes et dommages causés de part et d'autre. Une courbe, portée en annexes, fera état des pertes de l'infanterie américaine. On s'interrogera ensuite sur la responsabilité allemande, sur celle du général Ramcke en particulier.

Encore un mot. Après la guerre, des voix se sont élevées aux Etats-Unis, estimant que cette opération avait été une erreur, des troupes ayant été inutilement immobilisées à l'extrémité de la Bretagne alors que la progression vers l'est exigeait la participation de toutes les forces disponibles dans la ruée vers l'Allemagne. Le siège de Brest était-il finalement une nécessité ? On en débattra dans le dernier chapitre.

Les militaires trouveront dans ce récit matière à réflexion. Les habitants des villes, bourgs, quartiers et lieux-dits se souviendront ou apprendront sans doute beaucoup des événements qui se sont déroulés dans leur environnement. Les plus jeunes enfin découvriront avec intérêt ce que leurs ascendants ont vécu au cours de cette période tragique.

Les auteurs

Table des matières

A tous ceux
« who fought and died for the liberation of Brest ».

Stèle de la Place Wilson à Brest,
érigée à la mémoire de la *2nd Infantry Division.*

Avant d'évoquer les combats de la Libération, il convient d'évoquer les défenses que les Allemands ont peu à peu édifiées à Brest dans l'extrême pointe du Finistère. Contrairement à une opinion assez répandue dans les rangs alliés, « the Brest campaign » ne sera pas une promenade de santé pour les troupes américaines.

La plupart des constructions sont l'œuvre de l'*Organisation Todt*, plus particulièrement la base sous-marine, les emplacements des batteries d'artillerie, l'aménagement des anciens forts ainsi que l'édification des différents points d'appui qui ceinturent la ville. Elles ont été entreprises, suite à une décision de Hitler, lors de l'édification du Mur de l'Atlantique. Le Führer, pour avoir les mains libres à l'Est, a fait en effet ériger une défense permanente sur les côtes de l'ouest de l'Europe depuis la Norvège jusqu'à la frontière espagnole.

L'*Organisation Todt* (1)

L'*Organisation Todt* (OT) est un organisme paramilitaire qui relève d'Albert Speer, ministre de la Production de guerre du Reich à Berlin. Confiée à l'origine à l'ingénieur Fritz Todt, sa mission essentielle sera la construction du Mur de l'Atlantique, ouvrage pharaonique que les Allemands se plaisent à comparer aux fortifications érigées par Vauban à la fin du XVIIe siècle en France.

La Direction Générale Ouest a son siège à Paris. Elle supervise les chantiers en cours de construction sur les côtes de la Manche, de l'Atlantique et de la Méditerranée. Ces dernières ont été subdivisées en secteurs côtiers. Chacun d'entre eux est à la charge d'une Direction Supérieure des Constructions. Il en existe quatre en Bretagne : Saint-Malo, Brest, Lorient et Saint-Nazaire. Chaque Direction dirige un certain nombre de chantiers mis en œuvre par des entreprises allemandes ou françaises.

L'encadrement

L'encadrement est allemand. A la tête se trouvent des OT généraux, puis des officiers, des sous-officiers et des hommes de troupe. Ils sont pour la plupart et pour diverses raisons inaptes au service armé ou bien possèdent des spécialités indispensables à la réalisation de ces différents travaux. L'uniforme est de couleur brune. Tous portent sur la manche droite une bande brodée avec la mention « ORG. TODT- DEUTSCHE WEHRMACHT ». Le personnel subalterne n'est pas armé.

Insigne et brassard
de l'*Organisation Todt*.

Le recrutement

Les Français sont recrutés selon différentes modalités. Les uns sont des travailleurs sous contrat rétribués : en général des chômeurs dont on a forcé le volontariat. D'autres sont des requis du Service du Travail Obligatoire (STO), imposé par les occupants à Vichy au titre de l'effort de guerre allemand. Il faut y ajouter des personnels, originaires des Colonies, Nord-Africains et Indochinois, certains d'entre eux sont des prisonniers de guerre.

(1) Chazette (A.), Destouches (A.), Paich (B.). *Atlantikwall, le Mur de l'Atlantique en France 1940-1944*. Editions Heimdal. 1995. P. 16 et suivantes. Les auteurs ont dressé l'organigramme de l'OT et passé en revue tous les ouvrages du Mur de l'Atlantique.

Ouvriers requis du Service du Travail Obligatoire (STO) effectuant des travaux de déblaiement sur le chantier de la batterie de Kéringar. Située près de Lochrist, au sud-ouest du Conquet, cette batterie appelée « *Graf Spee* » se composera une fois établie de quatre pièces de 280 mm. (ECPArmées.)

Fritz Todt, ministre du Reich et responsable de l'organisation portant son nom. Il meurt dans un accident d'avion le 8 février 1942. Albert Speer lui succédera. (DR.)

Réalisation des coffrages de l'un des encuvements de la batterie de Kéringar. Noter les filets de camouflage destinés à protéger le chantier de l'observation alliée. (ECPArmées.)

Les travailleurs étrangers sont essentiellement des Néerlandais, des Belges et des Italiens ; on peut supposer qu'ils sont tous volontaires. Le cas des Espagnols est différent. Ce sont pour la plupart des réfugiés républicains qui n'éprouvent pas de sympathie particulière pour les Allemands. Le gouvernement de Vichy souhaitait s'en débarrasser dès 1940. Certains Etats d'Amérique du Sud étaient disposés à les accueillir. Les Allemands s'y sont opposés voyant en eux des adversaires potentiels susceptibles de s'engager par la suite aux côtés des Alliés. Ils ont par conséquent été requis contre leur gré et ont un statut voisin de celui des forçats.

La « Todt » à Brest

Mise en place à Brest dès le mois d'août 1941, la « Todt » est dirigée par Kratzer et son adjoint Wolff. (2)

Le personnel allemand comprend deux équipes principales. La première est sous les ordres de Stüntel, la seconde est commandée par Kreutz.

La « Todt » emploie à Brest 27 firmes allemandes, totalisant 12 000 travailleurs parmi lesquels 4 000 étrangers de toutes nationalités. Les Espagnols sont particulièrement nombreux, ne serait-ce qu'à Saint-Pierre-Quilbignon où trois camps ont été créés pour leur hébergement :

– le camp de Sainte-Anne-du-Portzic, ouvert depuis le **16 juin 1941** avec l'arrivée de 800 Espagnols transférés du camp d'Argelès-sur-Mer (Pyrénées-Orientales),

– le camp du fort de Kéranroux, aisé à garder, les désertions étant nombreuses chez les Espagnols,

– le camp jouxtant le Fort Montbarey où l'on a compté jusqu'à 5 000 à 6 000 étrangers dont une majorité d'Espagnols ainsi que des Belges et des Néerlandais.

Citons encore et surtout l'immense camp de Kéroual qui s'étend au sud-est du bourg de Guilers. Il compte environ 12 000 places. On y trouve des Belges et des Russes. Des Nord-Africains et des Indochinois, particulièrement mal nourris, sont entretenus en partie par les cultivateurs compatissants du voisinage. Certains d'entre eux portent encore d'anciens uniformes français. Ils sont logés dans des baraques et gardés militairement par des soldats allemands. Ils se rendent sous bonne garde sur les différents chantiers de la région.

On ne peut enfin passer sous silence les « requis » occasionnels que sont les cultivateurs de la région. C'est ainsi que deux fois par semaine la commune de Plouzané doit fournir un contingent de charrettes destinées au transport de matériaux divers : des obstacles de plage à charroyer depuis le port de Commerce jusqu'aux plages situées entre Trégana et les Blancs-Sablons, des matériaux à transporter jusqu'à Saint-Renan, etc. (3)

(2) Le Grand (A.), Thomas (G.M.), avec la participation de Alain Le Berre, *39-45 Finistère*, Editions de la Cité Brest-Paris 1987, p.105 et suivantes.
(3) Briant-Cadiou (Y.), *A l'ombre de deux clochers, La vie de tous les jours à Plouzané de 1920 à 1955*, Editions Nouvelles du Finistère 1994, p. 200-201.

Montage de l'armature métallique d'un bunker par des membres de l'*Organisation Todt*. On aperçoit en haut les bétonnières déjà montées sur des échafaudages. (DR.)

Construction d'un poste de commandement bétonné à l'emplacement de l'actuelle rue du Sous-marin Eurydice à Saint-Pierre. (Coll. R. Wiedersheim.)

A Guilers, chaque ferme doit fournir un attelage pratiquement chaque semaine. La construction de la batterie de Kerjean et le transport d'« asperges de Rommel », poteaux en bois à planter dans les champs pour interdire l'atterrissage des planeurs Alliés, requièrent en effet une abondante main-d'œuvre. La mairie est chargée de la répartition des tâches, les Allemands payent le service à la journée, au « tarif terrassier ». Il va sans dire que les cultivateurs acceptent mal ces réquisitions qui perturbent lourdement leur emploi du temps. (4)

Les constructions

Les chantiers sont nombreux dans la région. On peut citer ceux de Roscoff, Lilia-Plouguerneau, l'Aberwrach-Landéda qui compte un millier d'ouvriers environ, de Trébabu-Lochrist-Le Conquet plus de 1 000 travailleurs pour la plupart affectés à la construction de la batterie de Kéringar ainsi que celui de Créachmeur-Plougonvelin. Le Fort Montbarey, chantier très important, emploie plus de 3 000 ouvriers, la base sous-marine également.

Les différents ouvrages, construits selon des règles bien précises, rigueur allemande oblige, sont en général des cubes de béton de faibles dimensions qui répondent chacun à un usage bien spécifique. Le béton utilisé n'est pas toujours de bonne qualité, il est parfois saboté sur l'ordre de la Résistance. D'autres, en bois, ont été construits par la troupe avec les moyens du bord.

L'Armée de Terre a son propre programme de constructions, la Marine également ainsi que l'Armée de l'Air. Les moyens étant cependant limités,

(4) Le Vouédec (E.), *1940-1944, J'étais à Guilers, Occupation et Libération d'un bourg du Finistère*, Collège Sainte-Marie Guilers juin 1994, p.42.

Un exemple des obstacles de plage installés pour gêner le débarquement éventuel de forces alliées, ici des tétraèdres fabriqués à Châteaulin et des portes « Maginot » disposés dans la presqu'île de Crozon (Anse de Dinan). (SHM.)

les priorités dans les constructions seront l'occasion de heurts entre les parties prenantes. La Marine reprochera à l'Armée de Terre, au plus fort des combats de Brest, de s'être trop largement servie dans la construction des ouvrages côtiers au détriment du renforcement des batteries de marine.

Il est à noter que le *Feldmarschall* Erwin Rommel a été nommé inspecteur de l'ensemble des fortifications des côtes de l'Ouest et de la Méditerranée à la fin de 1943. Estimant à juste titre que la décision se fera sur les plages du débarquement, il a lui-même dessiné un certain nombre de types d'obstacles à opposer aux Alliés : pieux, tétraèdres en béton, champs de mines, etc. (5) Il est également l'inventeur des fameuses « asperges de Rommel », dont nous avons déjà parlé.

Travailleur infatigable, le « renard du désert » est constamment en inspection sur les côtes. Il a récemment visité les défenses de la région : il était le **20 février** dans le secteur Aber Benoit- Le Goulven et le **8 mars** à Lannilis.

Au mois de **juin 1944**, un certain nombre d'ouvrages sont toujours en cours de construction. C'est le cas des abris pour canons de campagne d'une batterie de l'Armée de Terre positionnés dans les fossés Vauban sur la face ouest des fortifications qui ceinturent Brest intra-muros. (6) L'essentiel a cependant été fait : les batteries, la Forteresse de Brest et sa base sous-marine ainsi que les principaux points d'appui attendent les troupes alliées de pied ferme. (7)

(5) Military Study B731/Général Farhmbacher. Les comptes rendus des interrogatoires des officiers généraux et supérieurs allemands ont été consignés, par les Américains, dans les Military Studies.

(6) Témoignage d'Edmond Calvez (Réseau Jade Fitzroy). Il s'agit de la 1re batterie du 1162e groupe d'artillerie de réserve d'armée.

(7) La Forteresse de Brest a une délimitation bien précise, nous en reparlerons *infra*. Le F majuscule a été adopté en raison de l'importance de cette entité, il en ira de même pour le F des Fortifications de Vauban.

Ci-dessus : Le maréchal Rommel au cours d'une de ses inspections en Bretagne. On le voit ici avec le général Fahrmbacher, commandant du *XXV. Armee-Korps*, devant une casemate à Lorient. (BA.)

Ci-contre : La base sous-marine de Brest (face arrière) encore en cours de travaux en 1944. (ECPArmées.)

L'artillerie allemande

L'artillerie allemande tiendra longtemps en échec les troupes américaines lors du siège de Brest. *The hard nut to crack* (la noix dure à casser), le problème difficile à résoudre pour les Américains, ce sera avant tout la puissance de feu des différentes batteries, qu'elles appartiennent à la Marine ou à l'Armée de Terre.

Un mot sur l'armement de ces batteries. Elles comprennent généralement quatre pièces d'artillerie principales positionnées en encuvements ou sous casemates, certaines d'entre elles disposant d'un radar de tir. (1) Elles sont de plus dotées d'un armement de calibre inférieur pour leur propre défense, à savoir des mitrailleuses, des tourelles de char, des mortiers et des pièces antichars. Elles sont disposées dans des encuvements dont le plus simple est de type Tobrouk, du nom de la ville de Cyrénaïque en Afrique du Nord. De forme circulaire, il est constitué le plus souvent d'un simple trou, non couvert, dans lequel prend place un tireur.

Les batteries importantes fonctionnent en quasi-autonomie, comprennent de multiples abris, des soutes, une infirmerie, voire une salle d'opérations. La plus remarquable dans la région est celle de Kéringar au sud-est du Conquet : la fameuse batterie « Graf Spee » qui résistera si longtemps aux assauts répétés de la *Task Force Sugar* et dont il sera question dans la suite de ce récit.

La *Flak*, les canons de marine ainsi que les batteries de l'Armée de Terre forment par conséquent l'épine dorsale de la défense allemande : 70 batteries totalisant plus de 600 canons de tous calibres s'opposeront aux troupes américaines. La lutte sera proprement titanesque.

L'artillerie antiaérienne

Die Flugabwehrkanonen, littéralement les canons de défense antiaérienne, autrement dit la *Flak*, est à la charge de la Marine. (2) Les Allemands ont commencé à organiser la défense antiaérienne de la rade et de l'arsenal dès leur arrivée le mercredi **19 juin 1940**. Brest devait être en effet absolument défendue contre les incursions britanniques qui ont commencé dès l'été **1940** et ont été par la suite poursuivies avec beaucoup d'opiniâtreté. Les Anglais se sont opposés dans un premier temps aux préparatifs visant une invasion éventuelle de leur île. Hitler ayant abandonné le projet, il s'agissait dès lors de neutraliser absolument la base dont les sous-marins représentaient et représentent encore une menace permanente pour les lignes d'approvisionnement alliées à travers l'Atlantique. La *Royal Air Force* a également tenté en vain de couler deux croiseurs de bataille au mouillage à Brest, le *Scharnhorst* et le *Gneisenau*. A titre anecdotique, les tubes de canons détruits sont changés à l'Arsenal, après chaque attaque, sous le regard attentif des agents des réseaux de renseignement qui en rendent compte à Londres. (3)

---

(1) Chazette (A.), Destouches (A.), Paich (B.), *op. cit.*, p. 26 et suivantes. Les vestiges de la plupart de ces batteries sont encore visibles de nos jours.

(2) Le Grand (A.), Thomas (G.M.), *op. cit.*, p. 150 et suivantes.

Archives Wast (Wehrmacht Auskunft Stelle), Kriegsmarine à terre en Bretagne, Gouvernement Militaire de Berlin, Service Historique, actuellement au Bundesmilitärchiv, Freiburg im Breisgau.

(3) Témoignage d'Edmond Calvez.

Pièce de DCA de 20 mm installée en bord de mer. (ECPArmées.)

Les Allemands disposaient, au début de l'occupation, de batteries mobiles de 75 mm et de 105 mm, complétées par de nombreuses pièces de plus petits calibres (20, 37, 40 mm) et positionnées près des lieux de stationnement des troupes et des points sensibles.

Ces différentes unités d'artillerie antiaérienne et de lance-fusées fumigènes ont été regroupées, en **décembre 1941**, dans le *Marineflakregiment 26*, devenu le **1er avril 1943** la *III. Marineflakbrigade*, aux ordres du capitaine de vaisseau Eugen Richter. (4) Son adjoint est le lieutenant de vaisseau de réserve Karl-Heinz Schumann. L'état-major est à Kerguillo, au nord de Penfeld, et compte 18 officiers. La plupart des officiers de la brigade sont des réservistes, probablement jeunes.

Elle comprend cinq groupes d'artillerie (*Marineflakabteilung* ou *Mafla*). Chaque groupe compte de quatre à huit batteries, totalisant de 600 à 800 hommes. Il est en général commandé par un capitaine de corvette. **(Carte n° 1.)** Chaque batterie est forte de 120 hommes environ aux ordres d'un enseigne de vaisseau de 1re classe de réserve, son adjoint est en principe également officier. Chacune d'entre elles, organisée en compagnie et subdivisée en trois sections, constitue à la fois une entité autonome, un poste d'observation ainsi qu'un redoutable point d'appui. Les batteries ont été installées sur des collines d'une hauteur moyenne de 90 mètres qui ceinturent la ville de Brest.

Pièce de *Flak* de 88 mm. Ce canon se révélera tout aussi efficace dans la lutte antiaérienne qu'antichar. (Coll. Heimdal.)

Leur armement comprend en général quatre canons de gros calibre (75 mm, 88 mm ou 105 mm) pour les batteries numérotées de 1 à 4. Celles qui détiennent des pièces de calibres inférieurs (20 mm ou 40 mm) portent les numéros 5, 6, 7 et 8 et ne sont pas répertoriées sur la carte. Les réseaux de la Résistance estiment que chacune d'entre elles détient de 10 à 12 000 obus et 200 munitions antichars. La plupart des canons sont actifs sur 360° et reconvertibles en tir sol-sol. Elles disposent également d'un certain nombre de stations de projecteurs, réparties dans leur périphérie et qui feront partie des objectifs des FFI dès le début du mois d'août.

Avant d'aller plus avant dans l'étude des différents groupes d'artillerie, il nous faut citer deux types de canons allemands particulièrement efficaces qui équipent les batteries de *Flak* : le 88 mm et le 20 mm. Le 88, dénommé « Achtacht » (huit-huit) par les Allemands, une des « vedettes » des défilés de masse des troupes allemandes devant Hitler avant la guerre, a durement éprouvé les troupes britanniques dès la fin de l'année 1941 en Cyrénaïque. Canon antiaérien à l'origine, il est également une arme antichar redoutable. Les blindés américains en feront la dure expérience devant Brest. Le 20 mm - le *Flakvierling* - est une pièce quadruple qui peut tirer de 800 à 1 800 obus à la minute.

La répartition des batteries, d'est en ouest, est la suivante :

805e groupe d'artillerie

Le groupe a été créé le **15 septembre 1940** à Altenwalde, près de Cuxhaven, et a rejoint Brest au mois de décembre de la même année. Le PC s'est installé dans un premier temps à Plougastel puis à Saint Marc en **1943**, dans le château de Kerstears ou bien dans le fort du Guelmeur, nous n'avons pu le déterminer. Il est sous les ordres du capitaine de corvette Hans Luck. Il comprend huit batteries. (5) Les plus importantes sont situées à :

– Kermeur-Coataudon (Guipavas, au sud de la route de Paris, la D712 actuelle, à environ deux kilomètres de Brest) - batterie 1/805,

– Le Forestic (Guipavas, à environ un kilomètre au nord-ouest du bourg) - batterie 3/805, elle défend l'aérodrome de Guipavas (6),

– Mesmerrien (Gouesnou, à trois kilomètres au sud du bourg) - batterie 2/805,

– Roch Glas (Lambézellec, au nord du Restic) - batterie 4/805,

– Kervallon (à l'ouest de l'Arsenal) - batterie 5/805,

– Menez Toralan (Guipavas, à environ un kilomètre au sud-ouest du bourg) - batterie non numérotée.

231e groupe d'artillerie

Il a été créé en **octobre 1939** à Rendsburg puis transféré à Brest au mois de **décembre 1942**. Le PC a été installé à Lambézellec. Le groupe est également commandé par un officier de réserve, le capitaine de corvette Georg Schubode. Il compte

(4) L'organigramme de la brigade ainsi qu'un tableau de correspondance entre les grades en vigueur dans les Marines allemande et française figurent en annexes.

(5) Un tableau, récapitulant les différentes batteries, leur armement et leur chef, figure en annexes

(6) Cette batterie a été installée au lieu-dit Le Dourigou dans un champ nommé Goarem ar Roudou, appartenant à la famille Crenn du village de Saint Thudon. L'emplacement a été récemment aménagé en parcours de moto-cross.

neuf batteries. Deux d'entre elles ont servi en par-tie à renforcer les groupes 803, 804 et 805. Les plus importantes sont à :

– La Pointe des Espagnols (Roscanvel) - batterie 1/231,

– Crozon - batterie 2/231,

– Le Bot (Brest-Est, à proximité de l'actuel terrain du Stade Brestois) - batterie 3/231,

– Fort Montbarey (Saint Pierre Quilbignon, route du Conquet) - batterie 4/231.

Deux compagnies, stationnées sur les îles, sont rattachées à ce groupe d'artillerie. La compagnie de l'île d'Ouessant est commandée par l'enseigne de vaisseau Walter Czirr, également commandant de l'île. Celle de l'île de Batz est sous les ordres de Ronald Harmsen.

803ᵉ groupe d'artillerie

Constitué en **juin 1940** à Wilhelmshaven, il a été par la suite transféré à Brest au mois de **décembre 1940** après un passage à Bréda. Le PC se trouve au Portzic, sous les ordres du capitaine de corvette Adolf Hofmann.

Le groupe comprend huit batteries :

– Bot-Sant (presqu'île de Crozon) - batterie 1/803, – Kerjean (Guilers, à 1 kilomètre au sud du bourg) – batterie 2/803,

– Kerbonne (Brest-Ouest) - batterie 3/803,

– Kerognant (Bohars, à 2 kilomètres au sud-ouest du bourg) – batterie 4/803,

– Fort du Portzic (Saint-Pierre) – batterie 5/803,

– Quatre Moulins (Saint-Pierre) – batterie 6/803,

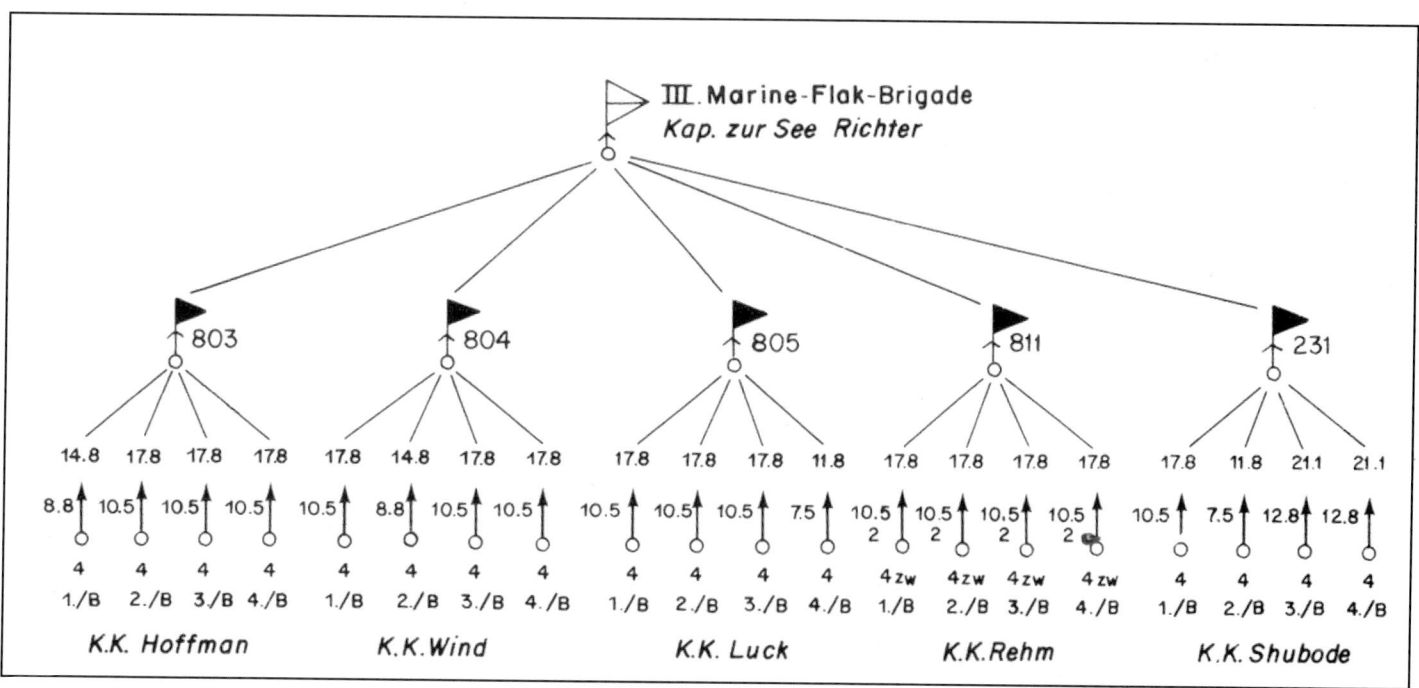

– Le Cosquer (Saint-Pierre) – batterie 7/803,

– Kerdalaès (Plouzané, au nord-est du fort du Mengant) – batterie non numérotée.

811ᵉ groupe d'artillerie

Activé à Emden en **janvier 1942**, il a rejoint Brest au mois **d'octobre 1942**. Le PC s'est installé à Cléguer à l'ouest du bourg de Plougastel. Il est commandé par le capitaine de corvette Arnold Rehm. Il comprend sept batteries. Les plus importantes sont à :

– Kerdéniel (Pointe de l'Armorique à Plougastel) - batterie 1/811,

– Kerjean (Le Relecq Kerhuon, en avant du pont Albert Loupe) - batterie 2/811,

– Keredern (au sud-ouest du bourg de Lambézellec) - batterie 3/811,

– Le Portzic (Saint Pierre) - batterie 4/811,

– Kerudu (Plougastel, à trois kilomètres à l'est du bourg) - batterie 5/811.

Deux sections sont en outre installées l'une à Saint Herbot, dans l'usine hydroélectrique, et l'autre à Quimper.

804ᵉ groupe d'artillerie

Constitué à Bréda le **30 juillet 1940**. Il a rejoint Brest dans le courant du mois de **novembre** suivant. Le PC est à Lanvéoc Poulmic, sous les ordres du lieutenant de vaisseau Alfred Wind. Il compte six batteries. Citons celles de :

– La Pointe de Cornouaille (Roscanvel) - batterie 1/804,

– Kertanguy (Lanvéoc) - batterie 2/804,

– Ile Longue - batterie 3/804,

– Kerziou (Pointe de l'Armorique à Plougastel) - batterie 4/804.

L'artillerie côtière

Trois groupes d'artillerie se partagent la responsabilité de la côte du Nord-Finistère. L'un d'entre eux appartient à la Marine, le 262ᵉ groupe d'artillerie côtière (*Marineartillerieabteilung* ou MAA), les deux autres relèvent de l'Armée de Terre, les 1273ᵉ et 1274ᵉ groupes d'artillerie côtière (*Heeresküstenabteilung* ou HKAA). Certaines batteries sont également utilisables en tirs sol-sol. (7) On se limitera à la description de celles qui s'opposeront durablement aux Américains. **(Carte N° 2.)**

Le 262ᵉ groupe d'artillerie en comprend sept. Le commandant est le capitaine de corvette Lemcke, le PC se trouve dans le fort du Minou (baptisé *Barbara*). Lemcke commande également l'ensemble de l'artillerie côtière du Finistère. Ce groupe d'artillerie a été formé à Kiel au **printemps 1940** puis transféré à Brest au mois de **juillet** après un passage par Ymuiden aux Pays-Bas et Saint-Malo. Le 1274ᵉ groupe d'artillerie fait partie de la réserve d'Armée et comprend deux batteries. (8) Toutes ces batteries sont disposées soit au nord soit au sud de la rade de Brest, canons pointés vers l'ouest.

Batteries du Conquet

La batterie « Graf Spee », située à Kéringar, au sud-est du Conquet, ainsi que celle des Rospects près de la pointe Saint Mathieu appartiennent toutes deux à la Marine.

La batterie « Graf Spee »

La 5ᵉ batterie est une batterie gigantesque dont la mission est d'engager des duels avec les grosses pièces d'artillerie des bâtiments croisant au large de Brest. Ce sera du reste le cas avec le cuirassé britannique HMS *Warspite* le **25 août**. (cf. p. 134.)

La batterie est armée de quatre canons de 280, leur portée est de 29,5 kilomètres. Le poste de di-

---

(7) Le Grand (A.), Thomas (G.M.) 39-45, *op. cit.*, p. 150 et suivantes.

Archives Wast, *op. cit.*

Chazette (A.), Destouches (A.), Paich (B.), *op. cit.*, p. 344 et suivantes.

(8) La *HKAA 1273*, l'autre groupe d'artillerie, avait disposé ses batteries dans le secteur de Brignogan - Goulven - Kerlouan. Les canons ont été soit repliés soit sabordés au mois de juillet 1944.

Insigne
de la
Flak-Abteilung 804.

Ci-dessus et page ci-contre : Deux clichés de la batterie de Kéringar (« Graf Spee »). Sur le premier du bas, des indications nécessaires pour le repérage des tirs sont nettement visibles sur cette tour d'observation en bois, notamment Ploumoger au nord et le phare de la pointe Saint-Mathieu. On aperçoit au fond les travaux en cours. Sur le second ci-dessus, le photographe allemand s'est attardé sur l'impressionnante vue du seul canon de 280 mm monté sous casemate. (ECPArmées et NA.)

rection de tir est à trois niveaux, il est installé sur une colline à Kerveur près de la Pointe Saint-Mathieu. Il domine la mer jusqu'à Ouessant. (9) Un poste de direction de tir auxiliaire de la batterie se trouve plus au Nord à la pointe de Corsen. L'équipage de chaque pièce d'artillerie comprend 50 hommes. Ils sont logés auprès de chaque encuvement dans un abri enterré et disposent de dortoirs avec lavabos et d'une cuisine. La batterie dispose également d'une infirmerie à 40 lits d'hospitalisation. A Prat-Mélou, à proximité de la batterie, un camp a été installé dont la capacité est de 400 places.

La défense antiaérienne est assurée par sept pièces de 75, quatre de 90 et de nombreuses pièces légères de 20, 25 et 40. Des mitrailleuses réparties dans le périmètre de la batterie assurent la défense contre toute attaque terrestre. Des réseaux de barbelés et des champs de mines complètent le dispositif. Il faudra vingt jours à la *Task Force Sugar* américaine pour la réduire.

La batterie des Rospects « Holtzendorff »

La 1re batterie a la mission de protéger l'entrée ouest du Goulet, en coordination avec la batterie *Kerbonn* de Camaret. Elle peut engager le combat contre des navires légers. Elle est armée de quatre canons de 150. Leur portée dépasse également 20 kilomètres. Des canons de 75 protègent les Rospects contre les attaques aériennes. On trouve à proximité une station radar, qui peut détecter tous les mouvements de bâtiments dans un rayon de 100 kilomètres.

(9) Il est encore visible de nos jours.

Batteries de Toulbroc'h et du Minou

Les batteries de la Marine et de l'Armée de Terre sont voisines à Toulbroch.

Les batteries de la Marine

Il s'agit des 3e et 7e batteries, distantes l'une de l'autre de 200 mètres. Chaque section comprend quatre pièces de 75. Les batteries sont commandées par un Italien, l'enseigne de vaisseau de 1re classe Sovelli. Sa mission est de garder l'entrée du Goulet et de battre la plage du Trez Hir.

La batterie de l'Armée de Terre

La 2e batterie du 1274e groupe d'artillerie a été installée à la pointe du Petit Minou, sur l'emplacement de l'ancienne batterie française de 240. Quatre canons de 105 sont pointés sur Camaret. La batterie, attaquée par les Rangers, se rendra le **4 septembre** après deux heures de combat.

Batteries du Portzic

Au nombre de trois, elles appartiennent à la Marine :

– à Sainte-Anne du Portzic, les quatre pièces de 105 de la 2e batterie sont pointés vers le Goulet et font face aux pièces de la pointe des Espagnols,

– en arrière, entre Sainte-Anne du Portzic et le fort, les trois pièces de 152 de la 6a^e batterie font également face à l'ouest. Leur portée est de 20 kilomètres,

– près du phare, à la pointe du Portzic, les trois pièces de 88 de la 6b^e batterie veillent sur la rade.

Batteries de la presqu'île de Crozon

Elles appartiennent soit à la Marine soit à l'Armée de Terre. Certaines d'entre elles ont été installées sur les emplacements antérieurs de la Marine française. (10)

(10) Les batteries de la Presqu'île seront étudiées en détail, au chapitre 16.

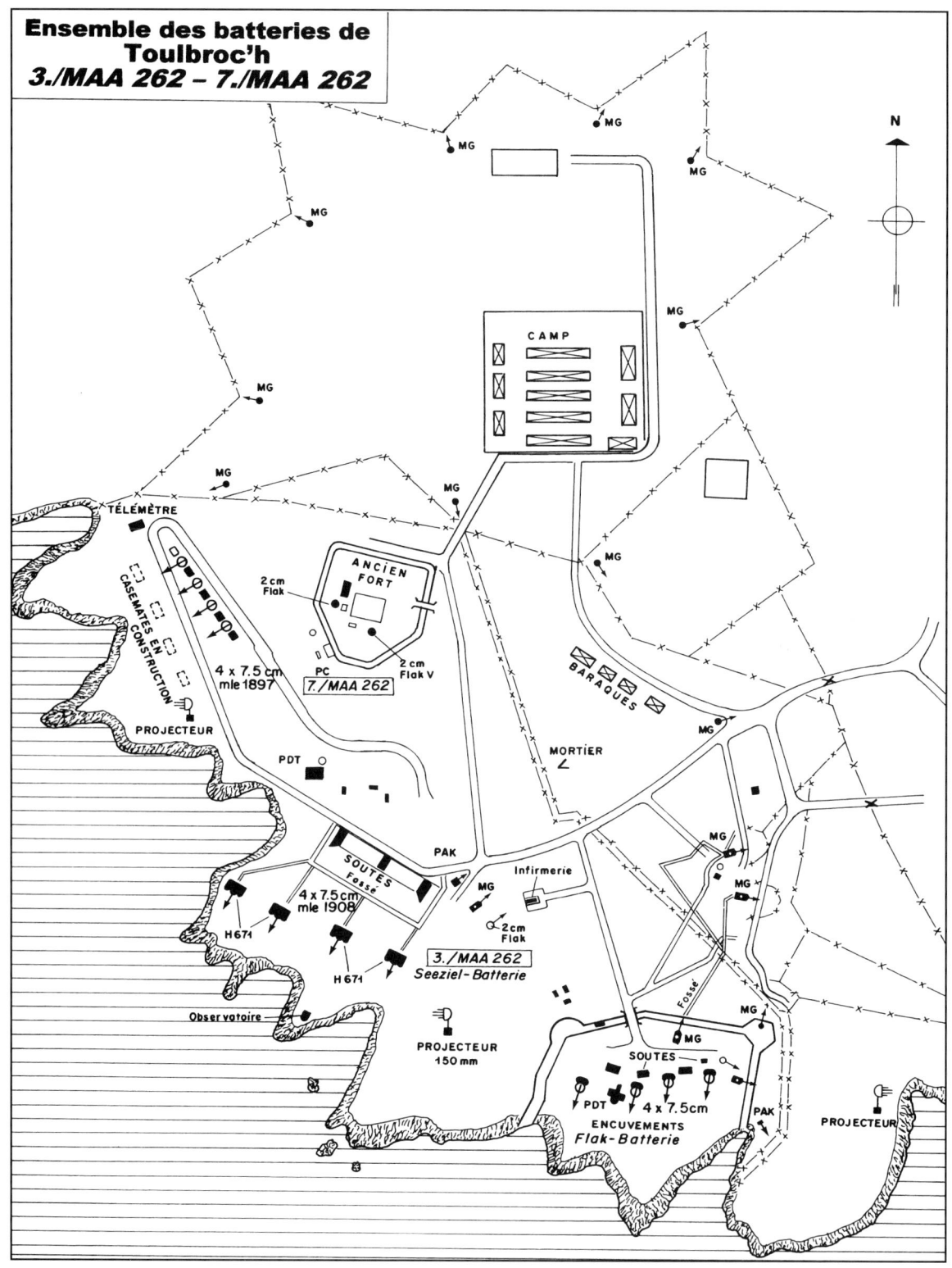

**Ensemble des batteries de Toulbroc'h
3./MAA 262 – 7./MAA 262**

La batterie de la pointe des Espagnols

Trois pièces de 105 font face au Portzic.

La batterie de la pointe des Capucins

Dotée initialement de trois canons vétustes de 240, la batterie des Capucins n'a jamais été utilisée. Elle a été relayée par celle du Toulinguet située à l'ouest de Camaret. La carrière du général Ramcke prendra fin dans cette batterie. Nous en reparlerons.

La batterie de la pointe du Grand Gouin

La 1re batterie du 1274e groupe d'artillerie fait face à l'entrée ouest du Goulet. Elle dispose de quatre ca-nons de 220 dont la portée dépasse 20 kilomètres. Elle est commandée par un capitaine. L'effectif est de 200 hommes environ.

La batterie Kerbonn

La 4e batterie occupe les emplacements de la batterie française Kerbonn, située au sud-ouest de Camaret. Elle protège également l'entrée ouest du Goulet. Elle est armée de quatre pièces de 164. Le commandant est un enseigne de vaisseau de 1re classe.

La batterie du Cap de la Chèvre

La batterie bat la baie de Douarnenez mais peut également atteindre l'entrée du Goulet. Elle est armée de quatre pièces de 150.

Le positionnement de ces diverses batteries leur permet de se couvrir mutuellement. Leur neutralisation constituera un impératif pour les Américains.

L'artillerie de l'Armée de Terre

Les batteries des groupes d'artillerie de l'Armée de Terre, et plus tard celles de la 2e division parachutiste, ainsi que les canons de bord de la Marine démontés puis installés à terre, complètent la défense de la Forteresse.

Les batteries de la 343e division

Le régiment d'artillerie de la 343e division d'infanterie est commandé par le colonel Heinrich Sermersheim. Il comprend trois groupes d'artillerie à trois batteries chacun. La plupart des canons, initialement déployés en retrait des secteurs côtiers les plus menacés, ont été démontés puis repositionnés dans et autour de Brest en prévision de l'attaque américaine qui viendra de l'est. Il en a été de même pour les bataillons d'infanterie qui gardaient la côte.

Le *1er groupe* comprend les batteries 1./343, 2./343 et 3./343 disposées autour du bourg de Crozon : à Pen-ar-Ménez, Trémaïdic et Landouadec.

Au *2e groupe* appartiennent les batteries 4./343, 5./343 et 6./343 antérieurement situées dans les environs de Ploumoguer :

– à Kergounan, à trois kilomètres au sud du bourg pour la 4e batterie armée de 4 canons de 155,

– à Kerizaouen, à un kilomètre au sud-ouest du bourg pour la 5e batterie armée également de 4 canons de 155,

– à la Villeneuve, à deux kilomètres au sud-est du bourg pour la 6e batterie qui comprend 4 canons de 100.

Canon de 105 mm sous casemate au Portzic. (Coll. A. Chazette.)

L'une des quatre pièces de 220 mm de la batterie de la pointe du Grand Gouin. (BA.)

Soldats allemands du Ier groupe du régiment d'artillerie de la 343e division d'infanterie photographiés dans le secteur de Crozon. Ils servent des pièces de 15 cm S.IG33, l'un des canons d'artillerie les plus courants de l'armée allemande.
(Le Doaré Archives.)

La batterie de Kergounan a été transférée à Brest à la **mi-juillet 1944**. (11)

Les batteries 7./343, 8./343 et 9./343 du 3ᵉ groupe étaient initialement déployées en arrière de la grève du Goulven sur la côte nord : la 7ᵉ batterie à Plounévez-Lochrist, la 8ᵉ batterie à Tréflez, la 9ᵉ batterie à Plouider. Le PC se trouvait au Goulven. La 7ᵉ batterie, intégrée dans le groupement de marche Rembach, a quitté Plounevez pour la Normandie le **26 juin** au soir. (12) Les autres pièces ont été, semble-t-il, démontées le **25 juillet**, et mises en position dans la Forteresse. La côte Nord est désormais dépourvue d'artillerie. (13)

Les batteries de la réserve d'armée

La réserve d'armée dispose de deux groupes d'artillerie : les *1161.* et *1162. Heeres-Artillerieabteilungen* ou HAA. La première avait antérieurement déployé les 4ᵉ, 5ᵉ et 6ᵉ batteries autour de Saint-Pol-de-Léon sur la côte nord. Trois autres batteries barraient l'entrée des Abers ainsi que les plages de Plouguerneau. Les pièces ont été soit sabordées soit transférées à Brest.

Deux batteries du second groupe ont été positionnées dans la Forteresse au plus tard au mois de **mars 44**. La 1ʳᵉ batterie est en B18 à Quéliverzan et dispose de quatre canons de 105. La 2ᵉ est en B73 à Keranguden au nord de Saint-Pierre et dispose d'un armement identique. **(Carte N° 3.)**

La 1012ᵉ section d'obusiers de 105 *(Leichter Haubitzenzug)* est rattachée au 1162ᵉ groupe d'artillerie.

L'artillerie parachutiste

Le régiment d'artillerie de la 2ᵉ division parachutiste a rejoint Brest le **10 juin**. Commandé par le colonel Winkler, ce régiment comprend trois groupes d'artillerie. Seul le premier groupe se trouve à Brest, sous les ordres du capitaine Sima. Il dispose de deux batteries dont la première est à Saint Marc, ses observateurs avancés devant guider les tirs depuis la colline de Menez Toralan située à l'ouest de Guipavas. L'emplacement de la seconde n'est pas connu. La troisième batterie, sous les ordres du capitaine Käse, participe à la défense de Saint-Malo.

Les régiments parachutistes allemands sont dotés d'un canon d'une extraordinaire efficacité qui a été expérimenté lors de la campagne de Crète au mois de **mai 1941**. Il s'agit du canon de 75 sans recul L.G 40 installé sur un affût léger. Il est doté d'obus de 5,5 kilos. Sa portée est de 6 500 mètres. Ce canon peut être tracté par une moto chenillée *(Kettenkrad)* particulièrement aisée à manier. (14)

La *Flak* de la division a rejoint Vire en Normandie le **21 juin** après avoir temporairement renforcé la défense du Goulven. (15)

Tels sont le nombre et la répartition des batteries allemandes qui ceinturent la ville de Brest lors de l'entrée en scène des troupes américaines au début du mois d'**août 1944**.

La totalité des pièces d'artillerie reste cependant difficile à évaluer. Les sources allemandes font état de 871 pièces de tous calibres jusqu'au 75 mm inclus. Ce chiffre tient certainement compte des canons de bord de la Marine démontés puis positionnés à terre. (16) La Marine avance par ailleurs le chiffre de 183 canons, susceptibles d'être engagés contre des objectifs terrestres, incluant les pièces de la *Flak*, du 262ᵉ groupe d'artillerie et probablement les canons de bord. (17)

Le Renseignement américain, pour sa part, l'a estimé, après les combats, à 70 batteries totalisant plus de 558 canons depuis le 20 mm jusqu'au 280 mm :

– appartenant à l'Armée de Terre ou à l'artillerie côtière : plus de 172 pièces d'artillerie légères et moyennes (20 à 175 mm) et 56 pièces d'artillerie lourde (au-delà de 175 mm).

– appartenant à la *Flak* : 227 pièces légères et moyennes (20 à 75 mm) et 103 pièces d'artillerie lourde (au-delà de 75 mm). (18)

Il est quoiqu'il en soit réaliste d'estimer à plus de 600 le nombre de pièces d'artillerie proprement dites, depuis le 20 jusqu'au 280 mm, positionnées dans la région brestoise au début d'**août 44**. Ce chiffre est considérable. Au plus fort des combats, Brest et ses environs immédiats seront par conséquent entourés par une véritable ceinture de feu, entretenue essentiellement par les canonniers de la Marine, aguerris par les raids aériens alliés au-dessus de la ville.

(11) Even (commandant), *Rapports d'activité du XXVᵉ Corps d'Armée allemand en occupation en Bretagne*, Etat-Major de l'Armée de Terre, Service Historique 1978, p. 325.

(12) *Ibid.*, p. 315.

(13) *Ibid.*, p. 329.

(14) *Les Kommandos du Reich*, p. 56. Editions Atlas 1992.

(15) Even (commandant), *op. cit.*, p. 312.

(16) *War Diary of the German Naval Staff, Operations Division Part A, Volume 60, August 1944, 30 août*. Departement of the Navy, Office of the Chief of Naval Operations, Naval History Division, Washington 25 D.C. 1955. Ce volume récapitule tous les compte rendus adressés à l'Amirauté à Berlin. Les références seront portées à la date et non à la page.

(17) *Ibid.*, p. 36, 2 septembre.

(18) *Report of the Artillery with the VIII Corps in the Reduction of Brest, 22 August-19 September 1944*, p. 2 et 3.

Parachutistes à l'entraînement en Bretagne avant les combats. Ils servent ici une pièce antichar de 75 mm Pak 40. (DR.)

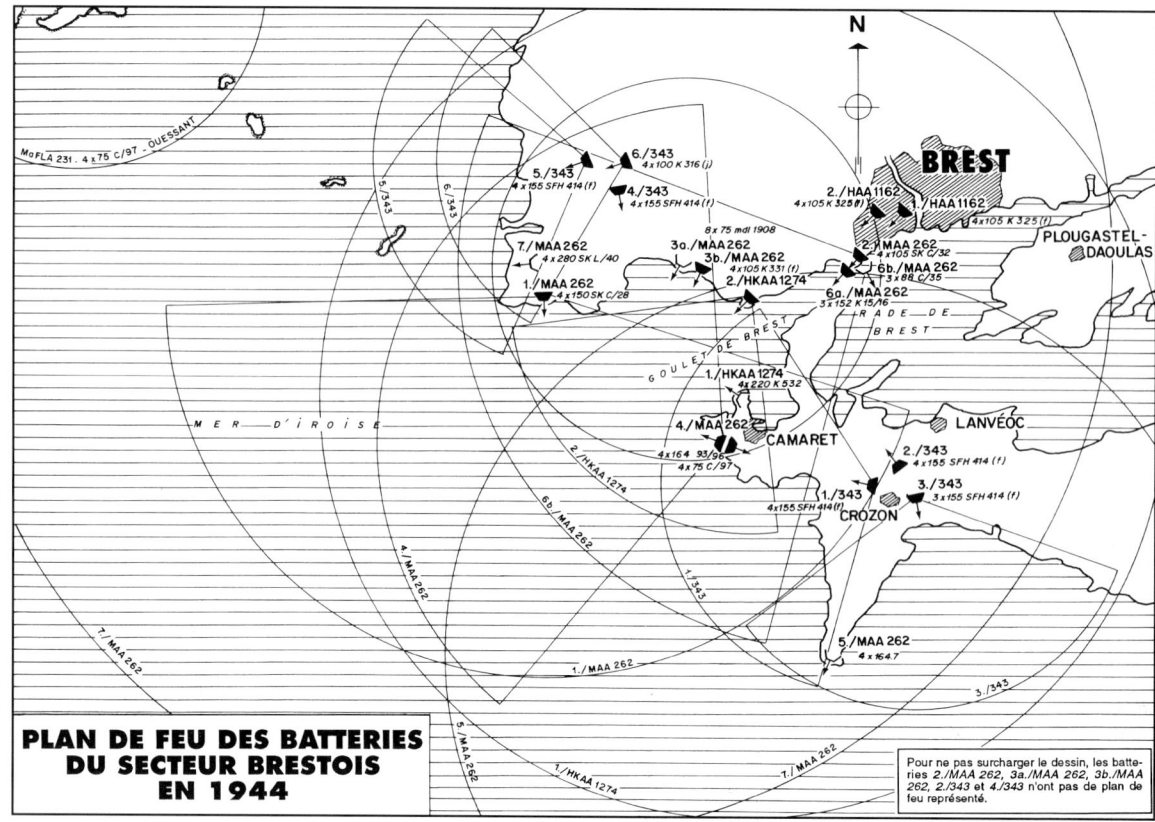

PLAN DE FEU DES BATTERIES DU SECTEUR BRESTOIS EN 1944

Pour ne pas surcharger le dessin, les batteries 2./MAA 262, 3a./MAA 262, 3b./MAA 262, 2./343 et 4./343 n'ont pas de plan de feu représenté.

L'articulation des diverses unités d'artillerie et leurs missions

La IIIe brigade ainsi que le 262e groupe d'artillerie côtière dépendent hiérarchiquement du commandant de la défense maritime en Bretagne, le contre-amiral Kähler. (19) En revanche, dans la région brestoise et *a fortiori* dans la Forteresse, la coordination des tirs sur les objectifs terrestres relève du commandant de la Forteresse, le colonel von der Mosel. Le commandant du 1162e groupe d'artillerie d'armée est chargé de leur exécution. Son PC, de même que celui de von der Mosel, est situé dans le bunker 115 au nord de l'Ecole Navale. Dès la prise de commandement du général Ramcke, il sera remplacé par le capitaine de vaisseau Richter qui a fait ses preuves dans la défense antiaérienne de Brest.

La mission des unités d'artillerie est de s'opposer à un débarquement anglo-américain sur les côtes, à un passage en force du Goulet par les navires alliés et enfin à toute rupture des lignes de défense.

La IIIe brigade, outre son activité aérienne et maritime, devra effectuer des tirs au but sur les véhicules et les blindés. Le 262e groupe d'artillerie côtière traitera en priorité les objectifs maritimes et effectuera des tirs de barrage sur les plages pour s'opposer à un débarquement éventuel.

Le 1162e groupe d'artillerie d'armée et la section d'obusiers soutiendront essentiellement l'infanterie déployée à l'ouest de la Forteresse. (20)

L'artillerie parachutiste et celle de la 343e division ne dépendent pas de von der Mosel et combattront dans le cadre de leur zone de responsabilité.

L'infanterie

L'implantation de l'ensemble de l'infanterie allemande en Bretagne a été antérieurement traitée. (21)

En résumé trois corps d'armée, totalisant huit divisions, étaient implantés en Bretagne avant le 6 **juin 1944**. Au nord, le 74e corps du général de corps d'armée Erich Straube avait la mission de défendre la côte depuis Avranches jusqu'à Plouescat. Le 25e corps du général de corps d'armée Fahrmbacher s'était vu confier l'espace côtier Plouescat-Pornic. Au centre étaient déployées les deux divisions du 2e corps parachutiste du général de corps d'armée Meindl.

Seul nous intéresse ici l'espace situé à l'ouest d'une ligne Plouescat-Carhaix-Douarnenez. Il était, avant le débarquement, quadrillé par deux divisions d'infanterie appartenant au 25e corps d'armée : les 343e et 353e divisions d'infanterie, la 3e division parachutiste occupant le Centre-Finistère. A la suite d'« Overlord », des mouvements ont été effectués : acheminement de la 353e division et de la 3e division parachutiste en Normandie, remplacée par la 2e division parachutiste du général de division Ramcke ; maintien de la 343e division du général de division Rauch dont le PC se trouvait à Landerneau, ville située à l'est de Brest.

La défense de Brest reste le souci majeur du commandement allemand dans la région. La ville a été aménagée en Forteresse au fil des ans. Une ligne de défense extérieure est en cours de déploiement à une distance de quatre à six kilomètres du centre-ville, délimitant un glacis qui sera âprement disputé dès le 25 août.

(19) La *Kriegsmarine* à Brest fera l'objet du chapitre 4.

(20) *Oberbefehlshaber West (Oberkommando Heeresgruppe D), Kampfanweisung für die Festung Brest vom 8/3/1944.* Bundesarchiv-Militärarchiv RH 19 IV/120, Freiburg im Breisgau, p. 18.

(21) Le Grand (A.), Le Berre (A.). *La Bretagne à l'épreuve.* Editions Daoulan. 1992, p. 324 ff.

« Festung Brest », la Forteresse de Brest, est un véritable camp retranché dont la fonction principale est de protéger la base sous-marine, les organes de commandement installés à l'intérieur de l'Ecole Navale, le port militaire ainsi que le parc à mazout de Hildy. Les sous-marins doivent en effet être en mesure de harceler constamment les convois alliés qui traversent l'Atlantique, en attendant les armes-miracles promises par Hitler, à savoir les fusées et les avions à réaction, concoctés par von Braun et consorts à Peenemünde et ailleurs. La base sous-marine devra par conséquent être défendue « jusqu'à la dernière cartouche ». Or si cette dernière résiste fort bien aux raids aériens anglo-américains, Hitler a envisagé dès 1942 la possibilité d'un débarquement sur les côtes nord et ouest du Finistère. Il s'agirait alors de s'opposer durablement à l'infanterie américaine. Il a par conséquent donné l'ordre d'aménager le « Grand Brest » en Forteresse. Pour ce faire, une ligne principale de défense, la *Hauptkampflinie* ou HKL, a été tracée et doit être tenue jusqu'au dernier homme. La qualité des ouvrages de défense en cours de construction dans cet immense quadrilatère doit répondre à cette exigence. Les travaux sont à la charge d'un officier du 9e régiment du génie de forteresse qui utilise les moyens de l'*Organisation Todt.* **(Carte N°3.)** (1)

Le concept de défense, le dispositif, l'ordre de bataille de la Forteresse ainsi que le soutien des forces seront succinctement évoqués dans les pages suivantes. Etablis dès le mois de **mars 1944**, ils ont probablement subi des modifications au cours du mois de juin puis certainement au cours du mois d'août lors de la prise de commandement de Ramcke.

Le concept de défense de la Forteresse

« L'invasion » anglo-américaine est inévitable, ce n'est plus qu'une question de mois. En ce qui concerne Brest, les Allemands estiment peu vraisemblable une tentative de débarquement sur le périmètre de la base sous-marine, sur la plage de Sainte-Anne du Portzic ou plus directement dans le port militaire. Le Goulet est en effet quasiment infranchissable du fait du barrage de mines établi sur deux rangées, du double filet anti-sous-marins, du barrage simple composé de câbles, des deux batteries lance-torpilles ainsi que des feux des batteries du Portzic et de la Pointe des Espagnols. Cette possibilité a été néanmoins retenue et la défense organisée en conséquence.

Certes, les navires de guerre peuvent également bombarder la ligne de défense principale ainsi que l'arrière-pays, mais ceux-ci ne sont cependant pas visibles depuis le large.

Des parachutages sont en revanche possibles à l'intérieur et à l'extérieur de la Forteresse. Si l'utilisation éventuelle d'avions de transport et de planeurs gros-porteurs n'intéresse que les aérodromes de Guipavas et de Lanvéoc-Poulmic, le secteur Ouest conviendrait à un parachutage et à l'atterrissage de moyens-planeurs. Ce n'est pas le cas du secteur Est trop urbanisé et de la Pointe des Espagnols trop exiguë.

En ce mois de **mars 1944**, le commandement allemand songe plus sérieusement à un débarquement sur les plages du nord et de l'ouest du Finistère. Les secteurs côtiers suivants ont été de ce fait fortifiés : Le Goulven, de l'Aber-Wra'ch à l'Aber-Benoît, de l'Aber-Ildut à la Pointe Saint-Mathieu, la plage des Blancs-Sablons en particulier, puis de Bertheaume au Portzic. La presqu'île de Crozon offre moins de possibilités de débarquement, les plages de Camaret, Morgat et Douarnenez seront cependant surveillées. (2)

Il s'agira en conséquence de s'opposer à la cavalerie et à l'infanterie américaine, soutenue par les avions de l'*US Army Air Force* et de la RAF. Les voies d'accès suivantes mènent à la Forteresse. A l'est, la route côtière qui longe la rade depuis le pont de Plougastel jusqu'à Brest ainsi que les routes Guipavas-Brest et Gouesnou-Brest. Au nord, la route Bourg-Blanc/Lambézellec-Brest. Au nord-ouest, la route Saint-Renan/Guilers-Kerésseïz-Kéranroux et le Polygone. A l'ouest, la route Le Conquet-Brest. Deux voies d'accès ont particulièrement retenu l'attention du commandement allemand : l'approche par le quartier du Petit-Paris situé à l'entrée Est de la ville et prolongé par la rue Jean-Jaurès jusqu'aux fortifications qu'il domine. L'approche par Kerésseïz, c'est-à-dire depuis Guilers, a été également prise en considération. Les crêtes qui s'étendent entre Lambézellec et ce bourg favoriseront les assaillants qui pourront positionner aisément leurs batteries. Les vallons, les innombrables talus ainsi que les élévations de terrain échappent à toute observation depuis la Forteresse. Les blindés et les véhicules de l'adversaire bénéficieront d'un réseau particulièrement dense de routes et de chemins latéraux, facilitant ainsi la mise en place des troupes avant l'attaque générale. (3)

Selon les Allemands, les possibilités sont nettement moins favorables à l'ouest, le terrain est plat et parsemé d'élévations de terrain. En outre, les points d'appui du Portzic et de la base sous-marine ne peuvent être observés depuis l'intérieur des terres. C'est en tenant compte de tous ces éléments que le commandement allemand a entrepris d'aménager les défenses de la Forteresse. Il s'agit de tracer un périmètre défensif puis de construire un certain nombre d'ouvrages regroupés en différents secteurs.

(1) Principaux documents utilisés dans la rédaction de ce chapitre :

– Oberbefehlshaber West (Oberkommando Heeresgruppe D), *Kampfanweisung für die Festung Brest vom 8/3/1944, op. cit.*, p. 1-58.

– Dossier *Mur de l'Atlantique, Extrait Brest 1947*, p. 81-159, Service Historique de la Marine, Château de Vincennes, Paris.

(2) Le Grand (A.), Thomas (G.M.). *39-45 Finistère*. Editions de la Cité Brest-Paris, 1987, p. 149-154.

(3) *Oberbefehlshaber West (Oberkommando Heeresgruppe D), Kampfanweisung für die Festung Brest vom 8/3/1944, op. cit.*, p. 5-10.

Au mois de **mars 1944**, la construction des divers bunkers et casemates est soit programmée, soit en cours d'achèvement. Les travailleurs des camps de Kéroual, Kéranroux et Montbarey se rendent chaque matin sur les différents chantiers et s'activent mollement, encadrés par les sous-officiers de l'*Organisation Todt*.

La tâche la plus urgente est de construire des casemates destinées à recevoir l'armement indispensable à la défense de la Forteresse. Elles sont de différents gabarits et répondent à des règles de construction bien précises. Pratiquement toutes portent un numéro qui permet d'identifier immédiatement leur armement. C'est ainsi que les canons antichars de 47, 75 et 88 mm sont respectivement logés dans des ouvrages de type 642, 626 et 677. Les redoutables casemates à coupole blindée à 6 embrasures *(6-Schart.Turm A)*, communément appelées cloches blindées, recevront chacune deux mitrailleuses lourdes MG 34, elles portent le numéro 114a. Les ouvrages type 648 sont à une seule embrasure pour mitrailleuse. Ceux des types 667 et 669 sont respectivement affectés aux canons de 50 et de 105 mm.

Les nids de résistance *(Widerstandsnester)*, dont est truffée la Forteresse, sont la plupart du temps aménagés autour d'une ou de plusieurs casemates, voire d'un fort ou d'une batterie d'artillerie. Ils sont identifiables par un numéro à deux ou trois chiffres précédés par la lettre B pour Brest et de C pour Crozon. Ils permettent d'assurer la défense d'un périmètre restreint. (4) Les points d'appui *(Stützpunkte)* regroupent plusieurs nids de résistance. Ils assurent la protection d'un site d'importance vitale. Un ensemble de points d'appui constitue un *Stütztpunktgruppe*.

Les défenseurs disposent, au mois de mars, de 427 mitrailleuses, de 47 lance-grenades et de 60 canons antichars en y incluant l'armement de la Marine. Le commandement estime qu'il lui manque 6 canons antichars. L'Armée de Terre dispose de 1 862 fusils et de 117 pistolets-mitrailleurs. La Marine est plus riche et totalise 8 204 fusils et 129 pistolets-mitrailleurs. Chaque combattant dispose de 20 grenades. Ces armes sont entretenus par les armuriers du bataillon du 25ᵉ régiment de forteresse.

Pendant l'occupation, barrage allemand à la Porte de Landerneau. Ce cliché permet d'imaginer les fortifications qui ceinturaient Brest autrefois. (Coll. F. Cren.)

La ligne de défense principale

Elle suit grosso-modo la ligne tracée, sous Louis XVI, par le comte de Langeron, lieutenant général des Armées du Roi, commandant le service à terre à Brest dans les années 1776-1786.

Il s'agissait à l'époque de s'opposer à un débarquement anglais sur la côte de l'Iroise, nous sommes en effet à la veille de la guerre d'Amérique. Brest et son port militaire, enserrés dans les Fortifications érigées par Vauban un siècle auparavant, s'étendaient alors, de part et d'autre de la rivière Penfeld. C'est le cas de Brest intra-muros en 1944. A l'ouest de la ville, lieu de l'attaque probable des Anglais, les hauteurs de Saint-Pierre devaient absolument être fortifiées, Brest se trouvant en contre-bas. Le Roi fit exécuter par l'ingénieur de Caux les plans proposés par La Rosière. C'est ainsi que furent construits les forts du Portzic, Montbarey, Keranroux, Questel et Penfeld. (5) Les Allemands, en bons stratèges, ont tout simplement repris les plans Langeron.

La ligne de défense principale court ainsi depuis la plage de Sainte Anne du Portzic à l'ouest, traverse Kervaoter, englobe les forts Montbarey et de Kéranroux, le Polygone de la Marine, le fort du Bouguen. Le fossé continue jusqu'au carrefour des Quatre Chemins, contourne le bourg de Saint-Marc et termine sa course au bord de la rade à l'est. En réalité, la ligne de défense se confondra à l'est, au moment des combats, avec les fortifications de Vauban, laissant les quartiers de Saint-Martin, du Petit-Paris, de Saint-Michel et le bourg de Saint-Marc sur le glacis qui s'étend entre la Forteresse proprement dite et la ligne de défense extérieure. Les forts du Questel et de Penfeld sont également à l'extérieur de la Forteresse sur le glacis.

Cette ligne consiste en un long fossé antichars discontinu « de 3 mètres de profondeur et de 4,50 mètres de largeur ». Le fond du fossé est armé de rails destinés à bloquer les chars qui tenteraient de le franchir. Les intervalles sont protégés par des réseaux de barbelés et des champs de mines, ces dernières sont pour la plupart des obus de 270 munis de fusées à traction. La ligne est de plus agrémentée d'un certain nombre d'ouvrages de défense. (6)

Dès sa prise de commandement au mois d'**août 1944**, le général Ramcke a accordé une grande attention à l'amélioration des défenses Ouest de la Forteresse.

L'ordre de bataille de la Forteresse et le dispositif

L'ordre de bataille a été établi et le dispositif mis en place au mois de **mars 1944** ainsi que nous l'avons signalé *supra*. (7) La Forteresse est alors commandée par le colonel von der Mosel, le *Festungkommandant*, dont le PC se trouve dans le bunker B115 situé entre le bâtiment principal de l'Ecole Navale et Kernéin.

Sont affectés à sa défense des unités d'infanterie, à savoir les bataillons II./852 et II./898 de la 343ᵉ division d'infanterie ainsi que le Iᵉʳ bataillon du 25ᵉ

(4) Chazette (A.), Destouches (A.), Paich (B.). *Atlantikwall, le Mur de l'Atlantique en France 1940-1944, op. cit.*, p. 28-29.

(5) Gury (J.), *Saint-Pierre Boulevard de Brest*, Les Cahiers de l'Iroise n° 157, janvier-mars 1993, p. 19-26.

(6) Dossier *Mur de l'Atlantique, op. cit.*

(7) *Oberbefehlshaber West (Oberkommando Heeresgruppe D), Kampfanweisung für die Festung Brest vom 8/3/1944, op. cit.*, p. 2-4.

Le mur d'enceinte Ouest, un obstacle de taille pour les GI's. (AMB.)

régiment de forteresse. (8) Ces hommes sont d'une valeur combattante moyenne, beaucoup sont âgés, d'autres sont des convalescents. Tel n'est pas le cas des artilleurs du 1162ᵉ groupe d'artillerie, de la 1012ᵉ section d'obusiers ainsi que des batteries de la *Flak* et de l'artillerie côtière implantées dans la Forteresse. Les batteries de marine susceptibles d'être engagées sont les suivantes : 1/231 (La Pointe des Espagnols), 4/231 (Fort Montbarey), 6/231 (Penfeld), 3/803 (Kerbonne), 5/803 (fort du Portzic), 6/803 (Quatre Moulins), 7/803 (Le Cosquer), 4/811 (Le Portzic), les 2ᵉ et 6ᵉ batteries du 262ᵉ groupe d'artillerie côtière (Le Portzic) ainsi que les batteries 5/805 (Kervallon) et 8/231 (place du Château). Les marins de la *Flak* sont particulièrement aguerris par les combats qu'ils mènent depuis des mois contre les avions alliés. Tous les artilleurs sont susceptibles d'être reconvertis en fantassins après la disparition de leurs batteries. L'ensemble de ces unités Terre et Mer représente environ 3 000 hommes.

Interviendront éventuellement en renfort les unités d'alerte qui sont essentiellement composées de marins appartenant aux flottilles basées à Brest : les 1ʳᵉ et 9ᵉ flottilles de sous-marins, la 7ᵉ flottille de patrouilleurs ainsi que la 40ᵉ flottille de dragueurs de mines. Les ouvriers allemands de l'Arsenal et de l'*Organisation Todt* ainsi que des éléments de divers services, regroupés en compagnies, complètent ces équipes d'intervention, estimées à près de 7 000 hommes Ce sont par conséquent 10 000 hommes environ, regroupés en compagnies de combat ou susceptibles de l'être, qui devraient être engagés dans la défense de la Forteresse.

Les secteurs

La Forteresse est divisée, pour les besoins de sa défense, en deux secteurs délimités par une ligne Nord-Ouest/Sud-Est qui court depuis Mesnos, le Point du Jour jusqu'à la Tour Tanguy à Recouvrance :

– le secteur Ouest englobe les bourgs ou quartiers du Portzic, Saint-Pierre Quilbignon, Kerbonne, Le Polygone ainsi qu'une partie de Recouvrance,

– le secteur Est comprend : la Cavale Blanche, Kervallon, la majeure partie de l'Arsenal, Le Bouguen puis Brest intra-muros jusqu'au cours d'Ajot.

– la Pointe des Espagnols, au sud, est également incorporée dans la Forteresse.

(8) II./898 = 2ᵉ bataillon du 898ᵉ régiment d'infanterie. La 343ᵉ division comprend trois régiments d'infanterie : les 851ᵉ, 852ᵉ et 898ᵉ régiments.

Assemblage d'obstacles antichars établis par les Allemands à la périphérie de Brest. Au fond, la butte du polygone, un précieux observatoire pour la défense. (AMB.)

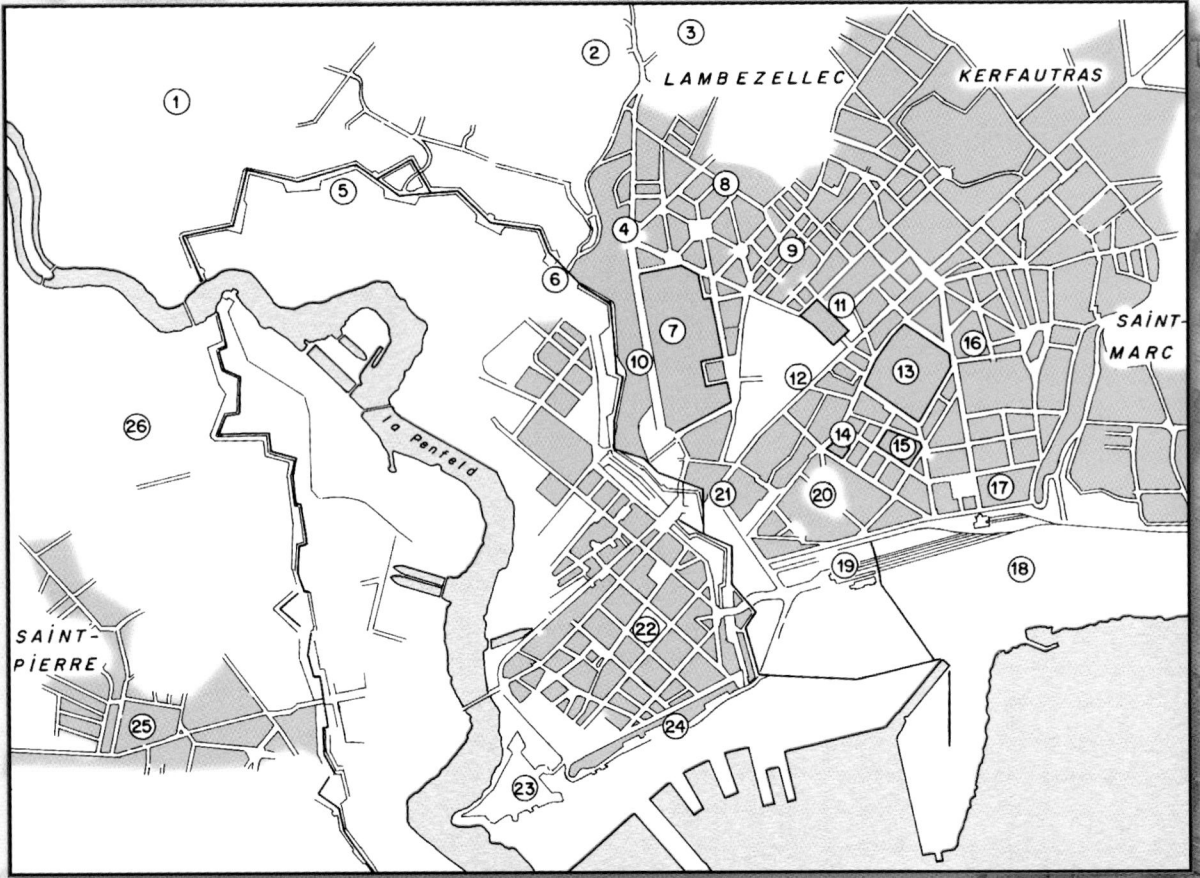

Brest intra-muros et la partie Est de la ville

1 - Kergoat

2 - Traon-Quizac

3 - Kérinou

4 - Place Aristide Briand

5 - Fort du Bouguen

6 - Moulin à poudre et rue Porsmoguer

7 - Hôpital Neuf

8 - Rue Danton prolongée

9 - Rue Bugeaud

10 - Avenue Maréchal Foch

11 - Saint Martin

12 - Rue Jean Jaurès

13 - Cimetière de Brest

14 - Saint Michel

15 - Place Sanquer

16 - Rue Richelieu

17 - Abattoirs

18 - Usine à gaz

19 - La gare

20 - Plateau de Keroriou

21 - Place de la liberté

22 - Place Wilson

23 - Château de Brest

24 - Cours d'Ajot

25 - Cimetière de Recouvrance

26 - Quéliverzan

(SEAC.)

Secteur Ouest

Le bataillon II./898 de la 343ᵉ division, auquel sont incorporées quelques compagnies du régiment de forteresse, est affecté à la défense du secteur Ouest. L'ensemble est commandé par le capitaine Drews, dont le PC se trouve en B42 à l'ouest du Polygone. On racle les fonds de tiroirs dans l'Armée de Terre ! Tenir un tel secteur n'est certainement pas une sinécure pour un capitaine.

Le secteur est divisé en quatre sous-secteurs : les sous-secteurs 1, 2, 3, le quatrième étant constitué par les trois points d'appui du Portzic, d'Ölberg et de la base sous-marine, regroupés dans un *Stützpunktgruppe*.

Les sous-secteurs 1 et 2 se trouvent en périphérie, incorporés dans la ligne principale de défense, le sous-secteur 3 et les points d'appui précités sont disposés en profondeur. La commune de Saint Pierre est par ailleurs truffée d'ouvrages défensifs, comme indiqué *supra*. Des blockhaus sont camouflés en maisons, et inversement : sur le pignon de certaines d'entre elles figure l'ouverture peinte en trompe-l'œil d'une casemate pour canon, camouflage oblige ! La disposition des ouvrages défensifs permet de faire face à une attaque par voie de terre ou de mer.

Pour une meilleure compréhension du récit, les différents sous-secteurs seront traités d'ouest en est, en commençant par les deux sous-secteurs périphériques 2 et 1.

Sous-secteur Ouest 2

C'est l'ensemble Le Stang-Kestéria-Montbarey-bourg de Saint-Pierre. La 7ᵉ compagnie du II./898 est chargée de sa défense. B66 et B67 sont deux nids de résistance situés à l'ouest, à la hauteur du Stang. Ils sont armés chacun d'un canon antichars de 37.

Plus au nord, celui de Kestéria est aménagé autour de la ferme Kervennic. Le commandant du sous-secteur a établi son PC en B62 situé au nord de la ferme. Les Allemands construiront par la suite, au sud du chemin qui mène au Rhu, le bunker 91 dont le sous-sol sera aménagé en centre de triage sanitaire. Kestéria sera un nid de résistance particulièrement coriace. Les fantassins du *115th Infantry* s'y casseront les dents. (9)

B25 défend l'entrée de Saint-Pierre au sud-est du Fort Montbarey. Armement : deux canons de 50 pointés vers l'ouest de part et d'autre de la route.

B57 est le Fort Montbarey. Il constitue, avec la batterie de la *Flak* dotée de quatre canons de 128 SKC/40, un nid de résistance particulièrement bien élaboré. Montbarey est incontestablement l'ultime verrou de la défense allemande à l'ouest. Il résistera des jours durant aux assauts des fantassins américains. L'histoire du fort mérite que l'on s'y attarde.

Sa construction a été décidée en 1776 par Louis XVI et le comte de Saint-Germain, ministre de la Guerre. « *Il sera construit un fort en maçonnerie avec fossés et chemin couvert capable de soutenir un siège de trois semaines au moins avec une garnison de 5 à 600 hommes. Il y sera fait un puits ou une citerne et des casemates à l'abri de la bombe, un corps de garde et une seule porte. L'objet de ce fort est d'arrêter l'ennemi, en telle force qu'il puisse être, de soutenir et de croiser ses feux avec le Portzic et de protéger Kéranroux.* » (10) Le fort ne servira qu'aux... Allemands en 1944 et résistera en effet trois semaines !

Le fossé antichars passe à environ 500 mètres à l'ouest du fort. La batterie est située entre le fossé et le fort à environ 100 mètres de ce dernier. Elle dispose de quatre canons de 128. Le poste de direction de tir est à 200 mètres au sud (peut-être en B62 ?). Une des soutes à munitions explosera, touchée par une bombe. A Saint-Pierre, on s'en souvient encore. Lors de l'assaut américain sur Brest, la batterie, très endommagée, sera évacuée et les marins se reconvertiront en fantassins.

Le fort lui-même devait en principe recevoir un obusier de 105 et un certain nombre d'armes diverses : des canons de 20 et de 40 ainsi qu'un certain nombre de mitrailleuses en tobrouks. Le lieutenant Flöter et les rescapés de la 6ᵉ compagnie du 2ᵉ régiment parachutiste y mèneront un combat désespéré au mois de septembre. Nous en reparlerons. (11)

Pour en finir avec ce sous-secteur, signalons que les troupes de réserve générale sont casernées dans le bourg de Saint-Pierre. La 5ᵉ compagnie du II./898, forte de 184 hommes, occupe le bunker B77 qui jouxte l'église. Deux sections antichars de la 4ᵉ compagnie du régiment de forteresse sont en B26 situé au bord de la route qui mène de Saint-Pierre à l'Ecole Navale, au lieu-dit Keranquéré. Ce bunker est également le PC du bataillon de forteresse.

Sous-secteur Ouest 1

Après Montbarey, la ligne de défense s'incurve vers le nord-est en direction du fort de Kéranroux et du Polygone de la Marine qui constituent le sous-secteur Ouest 1, bien desservi par un réseau de routes et de chemins particulièrement dense. Le déplacement rapide des renforts au moment de l'attaque en sera grandement facilité. Le PC se trouve en B23, près de l'Allée Verte. Il est à deux étages et protégé par une coupole blindée. La 8ᵉ compagnie du II./898 assure la défense du sous-secteur, bien fortifié pour les raisons évoquées *supra* : les Allemands redoutent particulièrement une attaque amorcée depuis Guilers et empruntant l'itinéraire Kerléo-Kerésseïz.

Cinq nids de résistance quadrillent le secteur de Keranroux. B51 est aménagé autour d'un canon antichars de 75. Puis se succèdent B48, qui n'est autre que le fort lui-même, utilisé antérieurement comme dépôt de véhicules et dortoir pour les travailleurs espagnols de l'*Organisation Todt*. Il est prévu de positionner au nord du fort deux canons de 88 antichars, on se contentera en fait d'un canon de 75 et d'un canon de 37 orientés vers Plouzané. B47 dispose de deux canons de 50 qui coupent la route de Guilers. Il est prévu de construire en B46 une casemate pour mitrailleuses à six embrasures. B45 devrait recevoir un canon de 88 antichars orienté vers le nord-est et B41, situé derrière le fort, une casemate à une seule embrasure pour mitrailleuse. Une partie de cet armement ne sera pas installée. L'aviation américaine ainsi que l'artillerie s'acharneront sur le fort, il n'en restera pratiquement rien.

A l'est de Kéranroux se dresse la butte du Polygone de la Marine. Elle interdit l'approche des Fortifications de Recouvrance et constitue un remarquable poste d'observation pour la conduite de la défense de ce sous-secteur. Au mois de mars,

(9) Ewing (J.H.). *op. cit.* cf. *infra* chapitre 9, note 6.

(10) Gury (J.). *op. cit.*, p. 24-25.

(11) Témoignage de Ekkehard Priller, parachutiste de la 6ᵉ compagnie, en date du 1ᵉʳ juillet 1993.

La façade de l'Ecole Navale avec au fond la rade. (ECPArmées.)

seule est en cours de construction une casemate pour canon de 50 qui sera chargé de soutenir les fantassins positionnés dans ce nid de résistance. Il sera par la suite renforcé essentiellement par des mitrailleuses. La partie Est du Polygone est flanquée en B36 de deux canons de 50 pointés vers La Villeneuve. Au delà commence le secteur Est.

Notons que la 2ᵉ batterie du 1161ᵉ groupe d'artillerie a installé ses quatre canons de 105 en B73 à Kéranguden, au nord du bourg de Saint-Pierre.

Ces sous-secteurs sont vulnérables à l'ouest entre Le Stang et la route du Conquet, au nord-ouest entre Montbarey et Kéranroux. Peu d'armes antichars, pas de cloches blindées. Les batteries de Montbarey et du Portzic anéanties, les fantassins américains emprunteront judicieusement ces itinéraires. Leur progression leur permettra ensuite d'aborder les points d'appui du Portzic, de Ölberg et de la base sous-marine ainsi que le sous-secteur Kerbonne-Recouvrance.

Les points d'appui du Portzic, de Ölberg et de la base sous-marine

Le Portzic, Ölberg, l'Ecole Navale et la base sous-marine constituent un groupe de points d'appui placé sous un commandement unique : le capitaine Leubner dont le PC se trouve en B109 à Kervazé. Ils occupent trois collines d'une hauteur moyenne de 60 mètres parallèles à la côte. La mission de Leubner est de protéger la base sous-marine ainsi que les organes de commandement allemand (PC von der Mosel et Kähler) contre toute intrusion ennemie venant aussi bien de la mer que de l'intérieur des terres. Il doit par conséquent s'opposer également à toute tentative de pénétration de navires dans le Goulet, conjointement avec le lieutenant Becker qui commande le point d'appui de la Pointe des Espagnols situé au sud du Goulet.

Tactiquement sous les ordres du capitaine Drews, le commandant du secteur Ouest, Leubner exerce son commandement sur toutes les unités de la Wehrmacht affectées dans les points d'appui. Il est responsable de l'aménagement des divers nids de résistance.

Un terrible mot d'ordre a été donné aux défenseurs : *Widerstand bis zum letzten Blutstropfen,* (littéralement « résistance jusqu'à la dernière goutte de sang »). Il sera par conséquent hors de question de se rendre.

Le point d'appui du Portzic englobe les nids de résistance B100, B95 et B104 qui ceinturent le fort d'ouest en est. B100 est la 2ᵉ batterie du 262ᵉ groupe d'artillerie côtière, B95 est en attente d'un obusier, B96 d'un canon de 75 antichars et B104 d'un canon de 100 mm. Quatre cloches blindées seront construites ultérieurement et disposées en arc de cercle au nord des batteries de la *Flak* 4/811 et 5/803. Un champ de mines et un fossé antichars compléteront le dispositif. La troupe, déployée dans le point d'appui, comprend la 8ᵉ compagnie du régiment de forteresse ainsi qu'une partie de la 6ᵉ compagnie du II./898. Elles sont sous les ordres du sous-lieutenant Schmidt.

Au nord-est du Portzic, construits sur la hauteur Kervazé-Kerdalaès, les nids de résistance B109 et B105, armés chacun d'un canon antichars de 75 mm, couvre Ölberg, le parc à mazout de Hildy, dont l'importance n'échappe à personne. (12) L'armement sera complété plus tard par l'adjonction de nids de mitrailleuses, d'une batterie de quatre pièces de 20 et à l'intérieur du parc, par trois cloches blindées armés de mitrailleuses et d'un mortier. Ce point d'appui est sous le commandement de l'adjudant Dueft, la troupe est constituée de la 6ᵉ compagnie du régiment de forteresse, renforcée par des éléments de la 6ᵉ compagnie du II./898.

La base sous-marine

Le « cœur de la Forteresse », la base sous-marine, se trouve plus à l'est. Elle se dresse, menaçante, à l'emplacement de l'ancienne base aéronautique, au lieu-dit les Quatre Pompes, situé au

(12) Certains lieux-dits portent des noms de code. *Ölberg*, littéralement le Mont des Oliviers, est un jeu de mots qui désigne le parc à mazout de Hildy. Plus à l'ouest, les fermes de Kervaoter sont dénommées *Würtembergischerhof* (ferme wurtembourgeoise), celle de Kerlinou *Teufelshof* (ferme du diable).

pied de la falaise entre le Portzic et la Grande Rivière. C'est un ouvrage remarquable au même titre que ses homologues de Lorient, Saint-Nazaire, La Pallice, Bordeaux et Marseille.

Deux entreprises participent à sa construction : l'une est allemande, la firme Julius Berger Tiefbau AG de Berlin, sous les ordres de l'ingénieur Otto Starke, l'autre est française, la firme Campenon Bernard de Paris. (13) Une autre entreprise allemande travaille sur les chantiers navals : la firme Deschimag dont le directeur est un nommé Bauer. Précisons que l'ensemble des entreprises présentes dans la Forteresse utilisaient au mois de **février 1944** pas moins de 2 800 travailleurs étrangers.

La base sous-marine a pour fonction de protéger les sous-marins des 1re et 9e Flottilles, de pourvoir à leur entretien, de loger leurs équipages ainsi que les différentes équipes affectées. Elle mesure 333 mètres de long et 192 mètres de large. Elle possède dix alvéoles à sec (huit cales sèches de 90 x 15 mètres et deux cales sèches de 103 x 17 mètres). Elles sont numérotées de dix à un d'est en ouest. Leur font suite cinq alvéoles doubles à flot (trois de 112 x 22 mètres et deux de 93 x 22 mètres, les premières pouvant abriter jusqu'à trois sous-marins). Elles sont désignées, d'est en ouest, par les lettres E, D, C, B et A. Une dalle de béton de 3 mètres 80 d'épaisseur les recouvrent à l'exception des cales 9 et 10 dont la dalle est de 4,3 m. Les dix cales sèches ont reçu ultérieurement une seconde dalle, en forme de V renversé, de 3,7 m d'épaisseur. Le vide existant entre les deux dalles est destiné à amortir l'effet de souffle créé par les bombes. Les quinze alvéoles sont séparées de la zone vie, logements et locaux de maintenance, par un couloir de 5 mètres de large.

Les Allemands ont établi une communication directe entre la base et les PC de Kähler et de von der Mosel. Des souterrains, d'une longueur totale d'un kilomètre, ont en effet été creusés dans la falaise. Ils débouchent, par un long escalier, dans un bunker situé au milieu de la cour Borda de l'Ecole Navale (s'agit-il du B115 ?). Ils abritent des chambres et des dortoirs, des douches et des lavabos, des ateliers et de vastes magasins. Précisons que les ouvrages de défense, formant le front nord du dispositif de l'Ecole, sont reliés par un long boyau souterrain (14).

Les installations impressionneront grandement les Américains lors de la reddition de la ville. Les Allemands y vivaient *glücklich wie Gott in Frankreich* (« heureux comme Dieu en France », c'est-à-dire « comme des coqs en pâte »), selon leur expression favorite pour qualifier la qualité de vie en France.

Les nids de résistance suivants sont disposés d'est en ouest dans le périmètre de la base. B121 est armé d'un canon de 75 orienté vers le Goulet. Au nord de l'Ecole Navale, derrière un fossé antichars et son réseau de barbelés, sur la hauteur Kernéin-Kervichen, quatre cloches blindées, dont le B117. Elles se commandent les unes les autres et croisent leurs feux avec celles de Kervazé. Leur fait suite le PC de von der Mosel B115, qui abrite également le PC du 1162e groupe d'artillerie et de la 1012e section d'obusiers. Les routes d'accès sont barrées par des rails fichés dans du ciment. A l'est, deux obusiers de 105 en B116, une mitrailleuse au sud-est en B119.

Entrée principale de la base sous-marine à la fin de l'année 1943. Cette photographie a été prise à l'occasion de la visite d'une délégation étrangère. L'inscription sur le fronton signifie « Par le combat, vers la victoire ». (BA.)

(13) *Die deutschen Ubootbunker und Bunkerwerften, Organisation der Baustelle des Ubootbunkers Brest 1941-1944.* Bernard & Graefe Verlag, 1991, p. 213.

(14) Dossier *Mur de l'Atlantique, Extrait Brest 1947, op. cit.*, p. 130-132.

Trois pièces d'artillerie anti-aérienne et un certain nombre de mitrailleuses assurent la défense directe de la base sous-marine. La suite du récit nous dira ce qu'il adviendra de ce « sanctuaire allemand », qui le moins que l'on puisse dire, aura grandement perturbé la vie des Brestois durant quatre longues années. Le lieutenant Thon commande le point d'appui. Il a sous ses ordres la 4e compagnie du régiment de forteresse ainsi qu'une partie de la 6e compagnie du II./898.

Sous-secteur Ouest 3

Le sous-secteur 3 s'étend à l'est du précédent point d'appui. Il englobe la Grande Rivière, Kerbonne et sa batterie 3/803 ainsi que Recouvrance. Le PC se trouve en B17, des éléments de la 6e compagnie du II./898 en assure la défense.

Ce sous-secteur, mal armé, garde l'embouchure de la Penfeld. Une intrusion américaine provenant de la mer étant jugée peu probable à cet endroit, on note la présence d'un seul canon en B16 et d'un certain nombre d'armes légères réparties dans son périmètre de défense, en particulier sur le plateau de Kérangoff. Il est couvert au Nord par l'armement de Kéranroux-Le Polygone. Le *116th Infantry* le réduira sans grande difficulté.

Le point d'appui de la Pointe des Espagnols

Ce point d'appui relève directement du commandant de la Forteresse qu'il verrouille au sud. Sa mission est de repousser toute attaque visant à le neutraliser et d'interdire le passage du Goulet aux navires ennemis, en coordination avec les points d'appui du Portzic et de la base sous-marine.

Il est délimité par un champ de mines qui l'isole de la presqu'île de Crozon. Il englobe l'ancien fort du Stiff, la batterie 1/231 de la *Flak* ainsi qu'un certain nombre de casemates. C45 et C48 contiennent chacune un mortier M19, C49 une mitrailleuse. Plus tard seront construites immédiatement en deçà du champ de mines quatre cloches blindées à six embrasures. Le PC se trouve en C332 (non localisé sur la carte). Le village de Penaroz constitue le centre de la défense. La 6e compagnie du II./898, renforcée par des éléments de la 7e compagnie du régiment de forteresse, est affectée à la défense du secteur, sous les ordres du lieutenant Becker.

L'importance stratégique du secteur Ouest et de la Pointe des Espagnols n'échappe à personne. Il s'agira en effet pour les Allemands de défendre la base sous-marine jusqu'au bout. Bien des ouvrages sont en construction. Seront-ils suffisants pour s'opposer au rouleau compresseur américain ? Là est toute la question. A l'est de la base se dressent les fortifications de Vauban qui constituent en revanche un obstacle autrement difficile à franchir.

Le secteur Est

Ce secteur, nettement moins étendu et mieux protégé, s'étend de part et d'autre de la Penfeld depuis Kervallon à l'est du Polygone jusqu'au port de commerce. Il englobe Kervallon, Quéliverzan, l'Arsenal, le port militaire, le port de commerce ainsi que Brest intra-muros enserré dans les Fortifications.

Il est divisé en cinq sous-secteurs qui seront étudiés d'ouest en est. Notons que la construction des différents ouvrages de défense est nettement moins avancée que dans la partie ouest de la Forteresse pour la raison évoquée *supra*. Le bataillon II./852 est affecté à sa défense. Le capitaine Zimmermann a sous ses ordres un certain nombre de fantassins de son bataillon ainsi que quelques compagnies de marins ou assimilés. La tâche de Zimmermann n'est certainement pas facile lorsque l'on connaît l'état des relations entre la Marine et l'Armée de Terre. Ses troupes sont également d'une valeur combattante moyenne. Le PC se trouve en B27, il débouche sur la place Wilson.

Sous-secteur Est 4

Il s'étend depuis le Polygone jusqu'à la Penfeld, englobant Kervallon et Quéliverzan. La 7e compagnie du II./852 est affectée à sa défense, le PC se trouve en B32 à Kervallon. Ce sous-secteur commande en fait l'approche de la base sous-marine par la vallée de la Penfeld. Deux batteries sont disposées dans la profondeur : la 1re batterie du 1162e groupe d'artillerie à Quéliverzan et la batterie 5/805 de la *Flak* à Kervallon. Peu d'ouvrages ont été construits en périphérie en ce mois de **mars 1944**. B31 attend un obusier. L'armement sera renforcé par la suite : deux canons seront braqués sur La Villeneuve, des mitrailleuses couvrant la rivière. Deux d'entre elles seront positionnées devant le pont de Kervallon qui enjambe la Penfeld dans l'enceinte de l'Arsenal. Ces armes sont également susceptibles de défendre l'entrée du tunnel qu'emprunte le chemin de fer qui mène de l'Arsenal à Laninon. L'action du *175th Infantry* sera déterminante à cet endroit le **17 septembre**.

Sous-secteur Est 3

Bien à l'abri sur la rive gauche de la Penfeld, ce sous-secteur regroupe les nids de résistance du fort du Bouguen et du Moulin à Poudre. Le PC de la 6e compagnie (moins une section) se trouve en B13 dans le fort. Les réserves du secteur Est sont cantonnées non loin de là.

Un canon de 50 a été mis en place en B367, deux canons antichars de 88 sont prévus, l'un en B369 pointé vers la rue Jean-Jaurès, l'autre en B9 faisant face à Lambézellec. Remarquons d'ores et déjà que ce sous-secteur est probablement le mieux défendu de la Forteresse du fait de l'épaisseur des murs du fort du Bouguen.

Sous-secteur Est 2

Ce sous-secteur, également enclavé dans les fortifications, comprend Brest intra-muros, à savoir le centre-ville, à l'exception du cours d'Ajot et du Château de Brest, tous deux situés sur le front de mer au sud.

Le PC se trouve en B4 près de la porte Foy et fait face à la gare. La 5e compagnie et une section de la 6e compagnie du II./852 sont affectées à la défense du sous-secteur. En ce mois de mars, la construction d'un certain nombre de bunkers et de casemates a simplement été programmée. Rien ne presse, les fortifications constituent par elles-mêmes une excellente protection. B3 sera construit ultérieurement au nord de la porte Foy et B5 entre cette porte et la porte de Landerneau.

Sous-secteur Est 1

Il comprend le cours d'Ajot, le Château, le port de commerce ainsi que le port militaire. Le PC se trouve en B373 près du Château. L'enseigne de vaisseau de 1re classe Rülsamen commande la compagnie Marine de réserve du port. Elle est forte de 122 hommes : 7 officiers, 4 sous-officiers, 111 marins. Rülsamen a organisé deux nids de résistance : B2 à l'extrémité ouest du cours d'Ajot, B370 inclus dans le Château.

Sous-secteur Arsenal

Une compagnie du port, d'un effectif de 160 hommes environ et également commandée par un enseigne de vaisseau, devra défendre de l'Arsenal. Aucune construction particulière n'a été prévue.

Que dire du secteur Est si ce n'est qu'il est nettement plus aisé à défendre : les Fortifications d'une part et les immeubles situés à l'est dans la zone urbaine d'autre part constituent en effet autant d'obstacles difficiles à franchir pour l'assaillant. A l'entrée Est de la ville, les trois rues principales qui mènent jusqu'aux fortifications sont barrées chacune par au moins une pièce d'artillerie. B79 interdit la progression par la rue de la Vierge depuis Lambézellec, B216 a été aménagé au Petit-Paris qui débouche dans la rue Jean-Jaurès, B215 fait face au sud-ouest au carrefour de la rue Inkermann et de la rue Saint-Marc. Par la suite, un certain nombre de nids de résistance seront aménagés dans la profondeur de la ville. Citons celui du château de Saint-Marc, du cimetière de Brest, des quartiers Saint-Martin et Saint-Michel et de l'Hôpital Neuf (l'actuel hôpital Morvan). La progression des GIs de la 2e division d'infanterie dans les rues de Brest ne sera pas une sinécure ainsi que nous le constaterons *infra*.

Le dispositif est en place. La population allemande totale présente dans la ville au mois de **mars 1944** est estimée à environ 17 500 personnes à ravitailler par le Commissariat de la Marine. Le Service de Santé pour sa part estime que 15 000 d'entre elles sont susceptibles d'avoir recours à ses soins, à savoir : 10 à 12 000 marins, 3 000 soldats de l'Armée de Terre et 1 000 employés de l'*Organisation Todt*. (15)

Le Commissariat de la Marine

Le ravitaillement en vivres de la Forteresse est à la charge d'un dénommé Schneider, officier du 4e Bureau de von der Mosel ou de Kähler, son appartenance n'est pas précisée. Deux cas de figures sont à considérer.

La Forteresse n'est pas encerclée. Le ravitaillement continuera à provenir du Dépôt Central de la Marine en Allemagne. La voie ferrée sera utilisée jusqu'à Rennes, le transport se fera ensuite jusqu'à Brest par camions.

La Forteresse est encerclée. On devra puiser dans les réserves préalablement mises en place à différents niveaux. Le dépôt de vivres de la Forteresse détient un stock de 952 000 rations de combat calculé sur la base de 17 000 hommes pour 56 jours de combat. Le Commissariat de la Marine est d'autre part en mesure de couvrir les besoins pour 14 jours. Dans les nids de résistance et les points d'appui sont prépositionnées des rations pour respectivement 7 jours et 14 jours de combat. La gestion de l'ensemble des stocks est à la charge de la Marine, sous la responsabilité de Wernicke. (16) Notons qu'une boulangerie ainsi qu'une boucherie ont été installées à Recouvrance. Les Allemands y confectionnent leur fameux « Schwarzbrot », leur pain noir à longue durée de conservation. Des biscuits de campagne ainsi que le « Knäckebrot » danois figurent également dans les rations. Il n'est pas prévu d'entretenir le bétail sur pieds pendant les combats, on se contentera de conserves lorsque le stock de viandes sera épuisé.

Les Allemands ont également stocké du matériel d'éclairage et des moyens de chauffage. C'est ainsi que 1 000 tonnes de charbon sont destinées aux boulangeries, cuisines et établissements du Service de Santé. L'hygiène corporelle n'est pas délais-

sée. Il existe un stock de savon prévu pour une consommation d'un mois, soit une savonnette, un savon de Marseille et un quart de savon à barbe par homme.

La Forteresse sera ravitaillée par parachutages après épuisement des stocks, la réception aura lieu de nuit. Le stock de vivres s'avérera suffisant. Les Américains, pénétrant dans les sous-sols de l'Ecole Navale, seront stupéfaits devant la profusion de boissons alcoolisées et de denrées en tout genre dont disposaient encore les Allemands à la fin du siège.

Le Service de Santé

La Direction du Service de Santé se trouve dans un bunker situé près du bassin n° 4 du port de commerce. Brest est quadrillé par un réseau de postes de secours, de sections de triage et d'antennes chirurgicales. Un seul hôpital est réservé aux Allemands, l'hôpital maritime. Les blessés secourus et traités seront ensuite répartis dans les abris protégés, à l'épreuve des bombes, des différentes formations.

Les postes de secours

Les postes de secours (*Verwundetennester*) sont en règle générale situés non loin de la ligne de front. Ils sont en principe occupés par quelques infirmiers et un certain nombre de brancardiers. Peu d'entre eux disposent d'un médecin. Ce personnel est chargé de la relève des blessés et de leur donner les premiers soins. Ils sont ensuite acheminés par ambulance vers une section de triage, une antenne chirurgicale ou l'hôpital maritime. Le Service de Santé dispose de dix-huit ambulances, douze d'entre elles sont stationnées près des postes de secours, des sections de triage ou des antennes chirurgicales, trois sont en réserve à l'Ecole Navale et trois près du PC de l'amiral Kähler.

Les secteurs comptent huit postes de secours chacun. Pour le secteur Ouest : au Coat (près du fort du Portzic), au Stang, au Cruguel, près du fort Montbarey, à Recouvrance, deux à la base sous-marine et un au Douric Mad entre la base sous-marine et la Grande Rivière. Pour le secteur Est : à la Cavale Blanche, dans l'Arsenal, au Bouguen, dans la caserne Fautras, dans le Port de Commerce, sur la place Sanquer, dans la rue Massillon ainsi que dans l'enceinte de l'hôpital Ponchelet. (17)

Les sections de triage

Les sections de triage (*Truppenverbandsplätze*) sont en règle générale disposées dans la profondeur du dispositif. La tâche des médecins affectés est de mettre les blessés en condition d'évacuation et d'effectuer si nécessaire les actes chirurgicaux élémentaires. Le point d'appui du Portzic dispose d'une section de triage, le sous-secteur Kéranroux-Le Polygone également, elle est déployée du Petit-Paris à Saint-Pierre. Une autre section se trouve à la hauteur de la Grande Rivière au sud. Elle a été déployée dans le souterrain des Roches Douvres à l'emplacement de l'infirmerie et/ou de l'Atelier Militaire de la Flotte actuel. Elle sera transformée en

(15) *Oberbefehlshaber West (Oberkommando Heeresgruppe D), Kampfanweisung für die Festung Brest vom 8/3/1944, op. cit.*, p. 44-47.

(16) Il existait un dépôt à Landerneau, vraisemblablement celui du Commissariat de la Marine.

(17) Creusé dans la falaise, celui du Port de Commerce abrite aujourd'hui le stand de tir de la ville de Brest, il est communément appelé « l'hôpital »

hôpital devant l'afflux des blessés au début des combats. Dans le secteur Est, plus avantagé du fait de la proximité de l'hôpital maritime, deux sections de triage seulement sont répertoriées, l'une à l'extérieur des fortifications à Kerigonan, l'autre à l'intérieur sur la place du Château.

L'hôpital maritime et les antennes chirurgicales

Les interventions chirurgicales seront effectuées soit dans l'hôpital maritime (*Marinelazarett*) ou dans son annexe de la caserne Fautras, soit dans l'une des sept antennes chirurgicales (*Hauptverbandsplätze*) dont disposent les Allemands. Elles ont été montées dans les galeries de Laninon, dans les bunkers Ouest et Est de l'Ecole Navale, dans la base sous-marine, dans l'abri protégé de la 9e Flottille de sous-marins, dans celui de la Direction du Service de Santé de la Marine. Le secteur Est en compte également une dans l'abri protégé de la 40e Flottille de dragueurs de mines situé sur la place du Château. Notons que les blessés de la presqu'île de Crozon et probablement ceux de Plougastel seront traités dans l'hôpital de campagne aménagé dans les maisons et les villas du Fret et vraisemblablement armé par le personnel du bataillon médical de la 343e division.

Les moyens d'hospitalisation

Après l'intervention, les blessés seront déposés dans des galeries ou des abris à l'épreuve des bombes. La garnison dispose de 3 000 lits d'hospitalisation environ, répartis en 16 endroits différents. L'hôpital maritime en compte 150, l'Ecole Navale 800, la 9e Flottille 400 pour ne citer que les plus importants. Il est prévu d'évacuer par la suite les blessés les plus gravement atteints sur le navire-hôpital (*Lazarettschiff*) Oakland.

Le personnel médical et paramédical

L'ensemble du Service de Santé comprend 24 médecins, 7 chirurgiens-dentistes, 153 infirmiers, 200 aides-soignantes et un certain nombre de brancardiers répartis dans les différentes batteries et compagnies.

Le Service de Santé de la Marine a la responsabilité du soutien médical de l'ensemble de la garnison. Il compte 18 médecins, 6 chirurgiens-dentistes et 77 infirmiers. 7 médecins, 2 chirurgiens-dentistes, 35 infirmiers sont affectés à l'hôpital maritime.

L'Armée de Terre dispose de 5 médecins, d'un chirurgien-dentiste et de 71 infirmiers. Un chirurgien du bataillon médical de la 343e division d'infanterie a été détaché auprès du Service de Santé de la Marine. L'*Organisation Todt* compte un seul médecin.

Le matériel

Le Service de Santé dispose d'un stock de matériel médico-chirurgical calculé pour les besoins de 15 000 hommes à traiter pendant huit semaines. Ce stock est géré par la Marine et entreposé dans quatre endroits différents : dans le dépôt du Service de Santé de la Marine, dans l'Ecole Navale, dans le bunker de la 40e Flottille de dragueurs de mines ainsi que dans celui de la Direction du Service de Santé.

Le service vétérinaire

Ce service ne dispose pas d'établissement spécifique. De petites quantités de médicaments ont été déposées dans la boucherie. Les charrons opèrent dans la caserne Fautras.

Les postes de décontamination

Redoutant manifestement une guerre chimique, les Allemands ont aménagé treize postes de décontamination, répartis sur l'ensemble de la Forteresse.

Le Service de Santé sera très sollicité au cours du siège. Les pertes seront nombreuses dans les rangs allemands. Afin d'en réduire le taux, l'évacuation d'un certain nombre de personnels, avant les combats, a été envisagée.

L'évacuation des troupes non combattantes et de la population civile

Il est prévu d'évacuer en premier lieu les équipages des sous-marins qui ne seront plus en état de prendre la mer. C'est en effet une ressource précieuse, aux yeux de la Marine, qu'il convient absolument de récupérer pour la poursuite de la guerre sous-marine. Nous verrons que cette mesure ne sera pas appliquée, les sous-mariniers seront en réalité engagés à Brest dans les combats d'infanterie où ils se distingueront par une ardeur au combat parfois discutable aux dires des témoins allemands.

Les ouvriers étrangers de l'*Organisation Todt* seront regroupés à l'extérieur de la Forteresse dans des camps de rassemblement, conformément aux ordres. Ils sont environ 2 800 à pouvoir bénéficier de cette mesure. Il en ira de même de 80 secrétaires et employées des Transmissions. Le document ne donne pas d'indication sur les lieux de rassemblement prévus.

Entrée d'une galerie souterraine servant d'hôpital aux Allemands. Cette photo a été prise à l'issue des combats. (NA.)

La population civile

Le général de corps d'armée Carl Heinrich von Stülpnagel, *Militärbefehlshaber in Frankreich*, exerce le commandement territorial en France. (18) Il a ordonné, par la décision Ib N°87/43/g.Kdos du 2 mars 1943, l'évacuation de la population civile présente dans les places fortes. Ce qui a été fait. Le « Grand Brest » compte encore, en ce mois de **mars 1944**, 49 800 personnes sur les 118 700 que comptait la ville en 1936. (19) Le commandement prévoit d'en évacuer 4 570 de plus. Elles seront transférées dans les départements du Cher et du Loire-et-Cher. En réalité, moins d'un millier feront les frais de cette décision au cours du premier trimestre de 1944. Pour la population restante, la principale difficulté reste le ravitaillement. Son organisation est à la charge de la sous-préfecture. C'est ainsi que deux mille quintaux de farine sont disponibles à Bohars, cinquante caisses de lait sont entreposées dans les magasins de l'Economie Bretonne et de la Filiale des Coopérateurs. Le commandement allemand ne dispose pas de sources sûres en ce qui concerne les autres vivres : sucre, riz, légumes secs, café, etc. Il existe bien un dépôt à Landerneau pour l'ensemble du département. En réalité, les Brestois continueront à parcourir la campagne environnante pour se ravitailler. Nous verrons *infra* que le général Ramcke fera évacuer la quasi totalité de la population dès sa prise de commandement au début du mois d'août.

Ajoutons pour conclure que l'assistance sanitaire est évidemment à la charge des médecins français. Un seul hôpital, l'hôpital Ponchelet, est à leur disposition. L'Hôpital Neuf, le futur hôpital Morvan, n'est pas achevé, l'hôpital maritime est occupé par les Allemands.

Le camp de prisonniers

Le retrait des ouvriers de l'*Organisation Todt* logés au Château libérera environ 600 places pour les prisonniers que les Allemands ne manqueront pas de faire chez les Alliés. Il est possible que ce camp ait fonctionné au début des combats. Les 21 otages de Trézien y seront emprisonnés le 18 août. (20) Celui de Rostellec, près du Fret sur la presqu'île de Crozon, nettement plus important, sera rapidement aménagé sur l'ordre du général Ramcke au début du mois d'août.

Tel est par conséquent le dispositif mis en place dans la Forteresse au mois de **mars 1944**. Précisons enfin que l'alerte générale doit être donnée par le mot-code *Anna-Anna Gespräche*, (communications Anna-Anna), transmis par téléphone.

(18) Il sera remplacé, après l'attentat du 20 juillet contre Hitler, par le général de corps d'armée aérien Karl Kitzinger, in Le Grand (A.), Le Berre (A.), *op. cit.*, p. 384.

(19) Bohn (R.), Le Bras (J.), Le Berre (A.), Bothorel (L.), Rioual (F.), Rosmorduc (Y. de). *Chronique d'hier, tome III, La Vie du Finistère 1939-1945*, p.125.

(20) Le Berre (A.), Le Bars (M.). *Chronique d'hier, tome II, La Vie du Finistère 1939-1945*. Edition 1994, p. 227-228.

Secteur est : vue aérienne de Kérinou, Kéredern et le fort du Bouguen (à l'extrême gauche). (SEAC.)

La *Kriegsmarine* en Bretagne et à Brest à la veille du débarquement

4

« Partout où le bois peut flotter, disait Napoléon 1er, je suis certain de me heurter toujours au pavillon anglais. »
Son émule allemand, dans un âge de fer et de guerre totale, s'était mis dans une situation pire que celle où se trouvait l'Empereur...

Lointains Navires. *Joseph Schull*

A la veille des opérations en Normandie, hormis une dizaine de contre-torpilleurs *(Zestörern)* et de torpilleurs *(Torpedoboote)*, les unités allemandes de haute mer ont déserté les ports français de l'Ouest. Certaines ont succombé au combat dans le Golfe de Gascogne et en Manche au cours d'engagements avec la *Royal Navy*, les autres ont été rappelées en Baltique où en Norvège. (1)

Cependant la guerre sous-marine est toujours activement menée à partir de Brest, Lorient, Saint-Nazaire et La Pallice, des bases qui conservent toute leur importance stratégique. L'on connaît la capacité de destruction des *U-Boote* dont la terrible menace d'étouffement du Royaume-Uni n'a été péniblement conjurée qu'au printemps de 1943. Par ailleurs le trafic le long des côtes de la Manche et de l'Atlantique demeure très intense.

Les précieux bâtiments de surface et les sous-marins allemands ne sauraient toutefois se passer d'une multitude de petits navires besogneux, souvent des « sans-grades », sans cesse à briquer la mer de Cherbourg à Saint-Nazaire, sous le commandement de la *3. Sicherungsdivision* (3e division navale de sécurité) du capitaine de vaisseau Bergelt - PC à Nostang, près d'Etel.

Le quotidien des navires auxiliaires, la « poussière navale », est pénible et dangereux : escorte de convois, déblayage des chenaux d'accès aux ports fréquemment minés. L'Angleterre est toute proche, entre 2 à 300 km seulement ; la *Royal Navy*, la *Royal Air Force* et les chasseurs bombardiers du *Coastal Command* ne laissent guère de répit à la *Kriegsmarine*.

Les convois sont fréquemment attaqués en mer. Il en est de même dans les petits ports et refuges naturels qui jalonnent le littoral breton où ils ne trouvent plus qu'un abri relatif : la baie de Saint-Brieuc, Lézardrieux (embouchure du Légué), la baie de Morlaix, les échancrures de l'Aber Wrac'h et de l'Aber Benoît, Bénodet, (embouchure de l'Odet - arsenal), Concarneau (abri et arsenal) et La Trinité.

Pour nous en tenir à la Bretagne, quelles forces maritimes y trouvons nous fin mai 1944 ? Un torpilleur rescapé à Brest, quatre flottilles de sous-marins : les *1.* et *9. U-Bootflottillen (UB Fl.)* à Brest, les *2.* et *10. UB Fl.* à Lorient, dépendant du *Befehlsha-*

ber der U-Boote (Capitaine de vaisseau Rösing à Erigné, près d'Angers) et plusieurs dizaines de navires auxiliaires chargés de missions de sécurité, rattachés au *Befehlshaber der Sicherung West - BSW -* (Commandant de la sécurité maritime à l'Ouest), le contre-amiral Breuning à Paris.

Comme nous l'avons signalé, les côtes de la péninsule, de Saint-Malo à Saint-Nazaire (exclus), sont confiées à la 3e division regroupant neuf flottilles, soit quelque 120 navires et 8 000 marins :

– cinq flottilles de dragueurs de mines *(Minensuchflottillen - MS Fl.)*

2. MS Fl.	Bénodet
6. MS Fl.	Concarneau
24. MS Fl.	Brest (puis Saint-Malo en avril 1944)
40. MS Fl.	Brest
46. MS Fl.	Saint-Malo.

– deux flottilles de patrouilleurs *(Vorpostenflottillen)*

2. Vp Fl.	Saint-Malo
7. Vp Fl.	Brest

– une flottille de chasseurs de sous-marins *(Unterseebootejagd Flottille)*

14. UJ Fl.	Lorient

Ci-dessous : Fin mai 1944, deux flottilles de sous-marins sont encore basées à Brest, les *1.* et *9. U-Bootflottillen*. On voit ici l'un de ces sous-marins dans la rade de Brest.

En bas : La *2. Minensuchflottille* à quai.

(1) Principaux journaux de bord allemands utilisés pour la rédaction de ce chapitre :
– *Seekommandant Bretagne* à Brest (1.8-12-14.8.1944).
– *Admiral Atlantikküste* à La Rochelle *(1.8-20.9.1944).*
– *Befehlshabersicherung West* à Paris et en Allemagne (1.8-20.9.1944).
– *Marine-Gruppen-Kommando West* à Paris et en Allemagne (1.8-20.9.1944).
– Oberkommando der Kriegsmarine à Berlin (1.8-20.9.1944).
(Seekriegsleitung.)

Dragueur allemand type M35.

Le *Sperrbrecher 8 Neckar*. Noter ses peintures de camouflage destinées à faire croire à la présence de plusieurs navires. Il sera coulé à Brest le 28 août lors d'un bombardement aérien. (Coll. Berger Quirin.)

– une flottille de forceurs de blocus *(Sperrbrecher-flottille)*

6. SB Fl.   Concarneau.

Les *2.*, *6.* et *24. MS Fl.* sont constituées de dragueurs lourds, classe M 35, chauffant au mazout. Ces robustes bâtiments, longs de 60 m, déplaçant 700 t, filant 18,5 nœuds, seront intensivement utilisés comme escorteurs de convois. Ils portent en effet un bon armement : 2 x 105, 2 x 37, plusieurs 20 mm, qui sera ensuite encore renforcé sur les unités de la classe M 40 chauffant au charbon (2). A l'inverse, les *40.* et *46. MS Fl.* rassemblent d'anciens navires de pêche reconvertis en dragueurs auxiliaires.

Les *2.* et *7. Vp Fl.*, littéralement flottilles d'avant-postes, regroupent des chalutiers de haute mer, armés en patrouilleurs : un canon de 88 ou de 105 à l'avant, un de 37 à l'arrière, des 20 *Flak* un peu partout, une cinquantaine d'hommes d'équipage. Robustes et endurants comme les dragueurs, les chalutiers armés constituent d'appréciables bâtiments, bons pour tous les services. Les flottilles ont été formées en Allemagne en 1939 à partir d'une quinzaine d'unités chacune ; une quinzaine d'autres viendront en renfort ou pour combler les pertes (3). Il en est de même pour les chasseurs de la *14. UJ Fl.*, équipés de grenades sous-marines (4).

Les *Sperrbrecher*, littéralement briseurs de barrages, sont quant à eux des cargos – petits et moyens – transformés en destructeurs de mines. Dotés d'un appareillage électrique et de bruiteurs puissants, ce sont en quelque sorte d'énormes électro-aimants, capables de déclencher à distance la mise à feu des mines, magnétiques et acoustiques. Tâche non dénuée de risques, malgré le renforcement de leur compartimentage par remplissage des cales de futailles vides séparées par une couche de sable et celui des doubles fonds par du ciment, afin d'amortir le choc dû aux explosions de mines. Nous évoquerons ultérieurement le sort de plusieurs *Sperrbrecher*, ces très précieux navires sans lesquels l'accès ou la sortie d'un port est quasiment impossible.

(2) La Marine française réarmera une dizaine de dragueurs M qui porteront des noms de théâtres de combats 14-18 : *Marne, Meuse, Oise, Somme, Ancre, Ailette...* dont certains seront rétrocédés à la *Bundesmarine* naissante, en 1956.

(3) Pour la 7ᵉ : *Alfred I, II, III, Pilote XIII, Jeanne-Marie, Blanc Nez, Saint-Dominique, Petit Poilu, Antifer, Vierge de Massabielle, Marie-Simone, Michel-François.*

(4) *Eylau, Banderole, Ente, Phénix, Aldébarran, Pollux.*

1 et **2.** Le *Sperrbrecher 157 Tellus*. On remarque le bruiteur parfaitement visible au bout de sa hampe ainsi que les deux pièces de DCA quadruples *Flakvierling* de part et d'autre de la passerelle. Gravement endommagé après avoir fait sauter une mine au sortir du goulet de Brest, en avril 1944, *Tellus* est remorqué dans un bassin. (Coll. F. Münch.)

3. Le *Sperrbrecher 134 Falke*. Il sera coulé devant Lorient. (Coll. F. Münch.)

4 et **5.** Deux vues de l'équipage du *Sperrbrecher IV Oakland* qui sera transformé en navire-hôpital pendant le siège de Brest.

Le 8 août 1944, quatre dragueurs M au mouillage près du goulet de Fromentine, au nord de l'île de Noirmoutier, sont surpris par les Beaufighters du *Coastal Command*. Attaqués à coups de roquettes (bien visibles sur ces clichés spectaculaires), leur sort est réglé en quelques minutes. (IWM.)

La mise à mort :
Opération « Kinetic » (août 1944)

« Kinetic » (Cinétique) concrétise la détermination de l'Amirauté britannique à détruire les bâtiments battant le pavillon de la *Kriegsmarine* sur les côtes françaises de l'Atlantique. Elle souligne également la volonté de Churchill d'aider Eisenhower dans son offensive à l'Ouest.

Le commandement anglais « met du monde sur le pont ». La RAF jette dans l'opération les appareils du *Coastal Command*, Mosquitos et Beaufighters, mais aussi les Lancasters du *Bomber-Command*. La *Royal Navy* ne demeure pas en reste. L'amiral Darlrymple-Hamilton à Plymouth active ses *Escort Groups* (EG) et ses *Forces* comprenant chacune un croiseur et des contre-torpilleurs.

Le 1er août, l'offensive est déclenchée. La RAF attaque les ports bretons, infeste de mines les plans d'eau et les chenaux d'accès. Le 5, la base sous-marine de Brest est assaillie à trois reprises par des Lancasters emportant d'énormes bombes Tallboys de six tonnes. Les frappes se révèlent rapidement payantes : dragueurs et destructeurs de mines succombent un à un. Par voie de conséquence, les sous-marins risquent de ne plus pouvoir s'échapper de leur refuge.

Délogés par les avions, les bâtiments allemands de Brest et des autres ports bretons tentent de se replier vers les bases du Sud-Ouest. Durant le transit, ils vont se heurter cette fois aux croiseurs de la *Royal Navy* dont les lieux d'embuscade favoris sont les parages d'Audierne pour ceux qui viennent de Brest. Prévenus par les messages décryptés par leur machine *Ultra*, il suffit aux Anglais d'attendre les évadés, comme un siècle et demi auparavant, lors des guerres napoléoniennes !

Les tableaux de chasse des unités portant l'« enseigne blanche » se garnissent à vue d'œil. Le 6 par exemple, la *Force 26* (composée du croiseur *Bellona* et de quatre destroyers) expédie par le fond un convoi de sept navires au large de l'île d'Yeu ; le 12, l'*EG 12* agit de même en baie d'Au-

dierne, jetant un patrouilleur à la côte, le V 720. Les attaques de la RAF sont couronnées de succès comme celle du 8 août, où devant Noirmoutier quatre dragueurs M-Class terminent leur carrière en quelques minutes (5). Les sous-marins ne bénéficient pas d'un meilleur traitement. Cependant, une habile diversion – cinq d'entre eux sont dirigés vers la Manche pour attirer les chasseurs – permet à de nombreux autres de s'échapper. Le 7, quatre *U-Boote* quittent Brest et Lorient pour La Pallice : deux seulement parviendront à destination.

Et la mise à mort de la flotte allemande se poursuit inexorablement. Les *Sperrbrecher* destructeurs de mines disparaissent à une cadence dramatique. La *Kriegsmarine*, qui espérait maintenir des submersibles dans les bases du Sud-Ouest et entretenir un trafic entre les ports de la façade atlantique doit se résoudre à évacuer ses sous-marins vers la Norvège, à désarmer ses navires de surface survivants et à incorporer leurs équipages dans les colonnes de l'Armée ou, pour ce qui nous intéresse, renforcer les parachutistes du général Ramcke pour la défense de la *Festung Brest*.

Au nombre des bâtiments détruits, le bilan de « Kinetic » est impressionnant. Selon le Capitaine de vaisseau Roskill (6), l'historien officiel de la *Royal Navy*, entre le 4 et le 27 août, 101 unités ont été rayées des listes navales :

– 20 sous-marins, 17 gros bâtiments auxiliaires, dont 6 à Brest, 2 destroyers (un troisième sabordé à Bordeaux), 62 petites unités, en quasi-totalité dans le golfe de Gascogne...

(5) M 366, 367, 428 et 438 de la 10e MSF (St-Nazaire).
(6) *The War at Sea - Captain* S.W. Roskill. HM Stationery Office Londres - 1954-1964.

Le 12 août 1944, au cours d'une tentative de passage de Brest à Lorient en compagnie du *Sperrbrecher Tellus* et du V 719, le V 720 est jeté en feu à la côte de Tréguennec. (DR.)

Ci-contre à gauche : Le V 720 à quai.

Ci-dessous : L'épave du V 729 *Marie-Simone* échoué à Audierne le long de la digue du Raoulic.

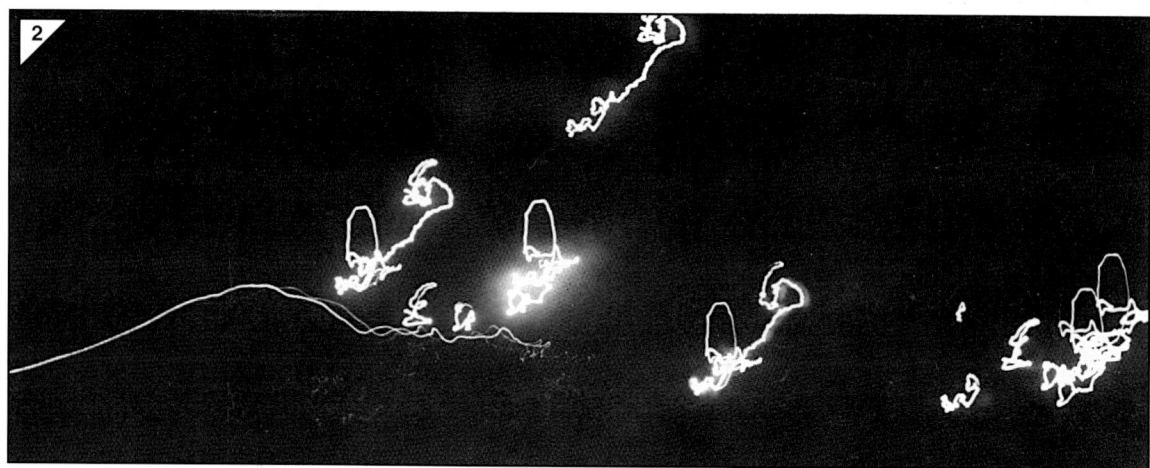

L'opération « Kinétic », août 1944

Le 23 août 1944, sept chalutiers armés de la *7. Vorposten Flottille* tentent de s'échapper de Brest pour rejoindre Lorient. Ils sont acculés à la côte à hauteur de la baie d'Audierne par la *Force 27* composée du HMS *Mauritius*, du HMS *Ursa* et du HMCS *Iroquois*. Tous sont coulés ou détruits.

1. Le HMS *Mauritius* ouvre le feu. Pris en tenailles, les navires allemands qui sont tirés à courte distance (environ 3 000 mètres) n'ont aucune chance de s'échapper.

2. Le spectacle féérique des obus éclairants qui illuminent la nuit.

3. Les douilles de 152 mm jonchent le pont du HMS *Mauritius*. La volée des canons est noircie par la poudre brûlée.

4. Devant Audierne, le HMCS *Iroquois* s'avance pour torpiller le patrouilleur V 717 commandé par le *Käpitanleutnant* Girardet. Déjà endommagé, il a encore à son bord des rescapés.

5. Dans une impressionnante gerbe d'eau visible de loin, l'avant du patrouilleur est pulvérisé par la torpille et des débris sont projetés dans les airs. Un cliché exceptionnel.

6. A bord du HMCS *Iroquois*, des canonniers s'octroient une pause après le combat.

(IWM, sauf photo n° 5 Public Archives of Canada.)

5

Les Américains - Leur stratégie - Premiers combats

Le débarquement des troupes alliées, l'opération « Overlord », a été planifié en 1943. Le plan prévoit à terme la projection d'un million d'hommes sur le continent. La question de leur acheminement et du soutien logistique s'est par conséquent immédiatement posée. Cette mission incombera au général de corps d'armée John C.H. Lee et à ses services de ravitaillement, les *Services of Supply*, encore appelés *Communication Zone*. (1)

Selon les estimations de Lee, le soutien logistique nécessitera le déchargement quotidien de 45 000 tonnes de vivres et de matériels sur les côtes françaises à partir de J+90, soit à compter du **6 septembre 1944**. Les besoins seront en effet énormes lorsque l'on songe qu'une division blindée consomme environ 4 000 litres de gas-oil par mile parcouru.

Il sera par conséquent vital de disposer d'une capacité portuaire conséquente. Dunkerque et Bou-logne sont trop petits, Le Havre et Rouen présentent l'inconvénient de s'étaler sur les deux rives de la Seine, qu'il faudrait impérativement contrôler en immobilisant plusieurs milliers d'hommes. Reste l'ensemble Cotentin-Bretagne. Cherbourg et les ports du Cotentin ont une capacité estimée à 28 150 tonnes/jour, c'est insuffisant. Pour atteindre le tonnage prévu, il faudra s'emparer au plus tôt à J+60, soit le **6 août**, des ports bretons de Saint-Malo, Brest et Lorient qui représentent une capacité de 17 550 tonnes/jour. Le déchargement des 45 000 tonnes/jour sera dès lors possible. Ces ports ne seront cependant pas immédiatement disponibles du fait des démolitions que le génie allemand ne manquera pas d'effectuer afin de freiner l'avance alliée. Il fallait envisager autre chose, c'est ainsi que le plan « Chastity » a été élaboré.

Le Plan « Chastity »

Le projet était grandiose, bien dans la façon de faire des Américains. Un port serait construit dans la baie de Quiberon, sur la façade sud de la Bretagne. L'ensemble portuaire engloberait le port de Vannes, la baie de Quiberon ainsi que la rivière d'Auray, suffisamment profonde pour accueillir les *Liberty-ships*. On construirait deux digues, une plate-forme flottante, un quai flottant ainsi qu'un môle disposant d'une voie ferrée. Une grue déchargerait les cargos, une gare de triage serait aménagée à Locmariaquer et connectée à la ligne Quimper-Paris à Auray.

Le port devrait être mis en service à J+54, soit le **1er août**. Il aurait alors une capacité de déchargement de 4 000 tonnes/jour qui serait portée à 7 000 tonnes à J+90 puis au-delà à 10 000 tonnes/jour. Prendre très rapidement la Bretagne, et en premier lieu Quiberon, constitue par conséquent un impératif.

La stratégie américaine

On sait les difficultés rencontrées dans le bocage normand par les Alliés. Les Américains ont atteint Avranches, à l'entrée de la Bretagne le **1er août**. Ils ont du retard sur leur plan de marche. La 3e armée, qui regroupe les VIIIe, XIIe, XVe et XXe corps d'armée, est alors activée et confiée à Georges Patton, général de corps d'armée. (2) Les chasseurs-bombardiers du 19e commandement aérien tactique (*XIX Tactical Air Command*), dont il sera longuement question dans la suite de ce récit, sont affectés à l'armée Patton. Huit à douze appareils précéderont les colonnes blindées à une distance de 50 à 60 kilomètres. Leur mission sera de repérer puis de détruire les poches de résistance ennemies susceptibles de freiner la progression des divi-

Les généraux Eisenhower et Bradley. Ce dernier commande en août 1944 le *12th US Army Group* (*1st* et *3rd US Armies*). (USIS/DITE.)

(1) Harding Ganz (A.). *Questionnable Objective : the Brittany Ports 1944* in The Journal of Military History, volume 59, n° 1, January 1995, p. 77 et suivantes.

(2) Un tableau de correspondances entre les grades allemands, américains et français figure en annexes.

Le *Lieutenant-General* George Patton, commandant la *3th US Army*, photographié ici le 29 juillet 1944 dans un village libéré près de Coutances. (DAVA.)

sions. (3) Les ordres d'Omar Bradley, général de corps d'armée et général en chef du 12ᵉ groupe d'armées US, sont les suivants :

– charger vers le sud à partir de Pontaubault,

– prendre Rennes et Fougères,

– faire ensuite face à l'ouest et prendre successivement Saint-Malo, la baie de Quiberon, Brest puis le reste de la Bretagne. **(Voir carte n° 4.)**

L'opération est confiée à Troy Middleton, général de division commandant le VIIIᵉ corps d'armée. Middleton est un fantassin méticuleux, rationnel, peu porté à l'aventure. Patton en revanche est un cavalier fougueux, particulièrement audacieux, redouté des Allemands. L'antinomie est totale entre les deux hommes, la stratégie américaine en pâtira. Middleton constitue deux forces avec les missions suivantes (4) :

– pour la 4ᵉ division blindée et la 8ᵉ division d'infanterie : prendre en premier lieu Rennes, plaque tournante essentielle à l'entrée de la Bretagne. Le général de division John Wood commande la première, le général de brigade Donald A. Stroh la seconde.

– pour la 6ᵉ division blindée du général de division Robert Grow et la 83ᵉ division d'infanterie : prendre Pontorson, Dol-de-Bretagne et Dinan. (5)

Ces objectifs atteints, les 4ᵉ et 8ᵉ divisions s'empareront de Vannes, Quiberon, Auray. Les 6ᵉ et 83ᵉ divisions neutraliseront Saint-Malo. Une priorité selon Middleton. Tel n'est pas l'avis de Patton qui estime que Brest peut être rapidement pris d'assaut par la 6ᵉ division blindée. Des assauts combinés utilisant des moyens aériens et amphibies ont été un moment envisagés. Ils portaient les noms de code « Hands Up » pour Quiberon, « Beneficiary » pour Saint-Malo et « Sword Hilt » pour Brest. Ces projets ont été abandonnés car jugés extrêmement hasardeux. (6)

En route vers Quiberon

Wood doit en premier lieu prendre Rennes, tel est l'ordre de Middleton (7). Les éléments de tête de la 4ᵉ division atteignent les quartiers Nord de la ville le **1ᵉʳ août** dans la soirée. Ils sont accueillis par les canons de 88 allemands positionnés autour de l'aérodrome. Onze chars américains sont détruits. Deux mille Allemands, placés sous les ordres du général Koenig commandant les restes de la 91ᵉ division d'infanterie (84ᵉ corps d'armée) boutée hors du Cotentin, se défendent farouchement. Les cavaliers, échaudés et pressés, ne prendront pas Rennes, ils sont dans l'obligation de faire appel à l'infanterie, se réservant pour des chevauchées plus conformes à leur tempérament. Middleton leur dépêche un régiment, le *13th Infantry* (8ᵉ division), qui pénètre dans Rennes le **4 août** au matin, les

(3) *Wings of War Series n° 5 Commemorative Edition, Air-Ground Teamwork, The Role of the XIX Tactical Air Command during August 1944.* Center of Air Force History, Washington DC 1992. L'abréviation XIX TAC sera adoptée dans la suite de ce récit. L'articulation de ce commandement aérien sera exposée *infra*.

(4) Blumenson (M.). *La Libération, L'Histoire officielle américaine.* Editions Charles Corlet, 1993, p. 495.

(5) Voir en annexes la terminologie relative aux unités américaines.

(6) Harding Ganz (A.), *op. cit.*, p. 92.

(7) *Ibid.*, p. 505 et suivantes.

Le *Major-General* Robert Grow, commandant la *6th Armored Division*. (US Army.)

Le *Major-General* Troy Middleton, commandant du VIIIᵉ corps d'armée américain. (US Army.)

31 juillet 1944 : les Jeeps et les blindés de la *6th Armored Division* traversent Granville. (Coll. R. Chuinard.)

Allemands se sont repliés dans la nuit en direction de Saint-Nazaire.

Wood, qui est parvenu à Châteaubriant au sud, tergiverse et propose de mener un raid sur Angers puis de poursuivre vers Chartres à l'est. Middleton hésite. Le chef d'état-major de l'Armée, le général de division Hugh J. Gaffey, maintient la mission vers l'ouest : Wood doit prendre Vannes, Quiberon, Auray et Lorient.

Les blindés sont dans Vannes le **5 août** dans la soirée, Auray est nettoyée le lendemain matin. Le *Combat Command B* du général Dager, un groupement tactique de la division, atteint la périphérie de Lorient le **7 août** au matin, la *Flak* le repousse énergiquement. Middleton, prudent (trop prudent ?), ordonne à Wood de stopper : « *Ne vous laissez pas entraîner à vous battre pour Lorient, tenez une position solide et attendez la suite des événements.* »

La ville ne sera pas prise. Selon Fahrmbacher, qui commandait les troupes allemandes, la Forteresse de Lorient serait tombée si les blindés avaient attaqué entre le **6** et le **9 août,** la défense n'étant pas encore organisée. Middleton et Wood ont négligé Quiberon. Ce fut une erreur selon Blumenson. S'il l'avait neutralisée, la division aurait peut-être pu s'emparer de Lorient en y arrivant un ou deux jours plus tôt. (8)

Wood estime a contrario que seule une division d'infanterie serait susceptible de prendre la ville. Mais la 8e division ne viendra pas. L'un de ses régiments, le *121st Infantry*, provisoirement rattaché à la *83rd division*, est engagé devant Dinard, le *1st Bat/28th Infantry* est en renfort de la 6e division blindée devant Brest. (9) Wood doit cependant se maintenir devant Lorient. En revanche et assez contradictoirement, le *Combat Command A* du colonel Clarke est alors détaché et reçoit la mission de prendre Nantes. Un bataillon d'infanterie de la 5e division piétine en effet devant la ville. Elle est prise d'assaut le **12 août** dans l'après-midi.

Wood, qui a échoué devant Lorient et qui a ignoré Quiberon, voit enfin ses vœux se réaliser le **13 août**. Sa division est remplacée par celle de Grow puis elle s'élance vers l'est.

La charge de la *6th Armored Division*

Plus au nord, les objectifs attribués au général Robert Grow et à sa division blindée sont en premier lieu Dinan et Saint-Malo. Il devra poursuivre ensuite son action vers Brest. Tels sont les ordres du général Middleton, « cavalièrement » contrecarrés par Patton qui, arrivant sur le terrain au matin du **1er août**, assène à son subordonné : « *J'ai parié cinq livres avec Montgomery que votre division sera à Brest samedi prochain 5 août. Emparez-vous de Brest et ne prenez pas d'objectifs intermédiaires.* »

Il n'a du reste pas tort si l'on se réfère au plan « Overlord » : prendre Brest à J+60.

Mener une charge de cavalerie de 300 kilomètres à travers un territoire tenu par l'ennemi et s'attaquer à la Forteresse de Brest dont les défenses ne sont pas encore bien évaluées, il s'agit là d'une entreprise pour le moins hasardeuse. Grow est cependant satisfait. « *J'ai reçu d'un cavalier une mission de cavalier... C'était pour cela que nous avions passé des années à étudier* » dira-t-il plus tard.

(8) Blumenson (M.), *op. cit.*, p. 520.
(9) *1st Bat/28th Infantry* = 1er bataillon du 28e régiment d'infanterie. En ce qui concerne les régiments d'infanterie, on adoptera la dénomination américaine tout au long de cet ouvrage.

Un mot sur la composition de la 6ᵉ division blindée, baptisée « *Super Sixth* ». (10) Elle compte environ 12 000 hommes, 269 chars, 1 141 véhicules et une centaine de pièces d'artillerie dont 54 canons de 105. (11) Lui sont également rattachés : le *1st Bat/28th Infantry* (8ᵉ division), le 174ᵉ régiment d'artillerie de campagne doté de canons de 155, le 603ᵉ régiment de tank destroyers M 10 ainsi que le 777ᵉ régiment d'artillerie anti-aérienne. (12) La division est articulée en trois *Combat Commands*, l'équivalent des groupements tactiques de l'Armée française, qui sont aptes à opérer en quasi-autonomie. Chacun d'entre eux comprend pour l'essentiel un régiment de chars, un escadron de tanks destroyers M10 qui sont des chasseurs de chars, un bataillon d'infanterie portée. Le *Combat Command A* (CCA) est commandé par le général de brigade James Taylor, le CCB par le colonel Georges W. Read et le CCR par le Colonel Harry F. Hanson. Le CCR est l'unité de réserve, utilisée principalement en défensive.

Les *Combat Commands* seront précédés du 86ᵉ régiment de cavalerie de reconnaissance, régiment chargé de « tâter » les défenses ennemies avant l'engagement proprement dit. Il est doté de chars légers M5 et d'automitrailleuses M8. On adoptera la dénomination *86th Cavalry* dans la suite du récit.

(10) La composition détaillée figure en annexes. Un bataillon américain a les effectifs correspondant à un régiment de l'Armée française actuelle.

(11) *US Army Casualties During Brest Operation, 21 February 1946*. La division comptera en moyenne 12 280 hommes à compter du 9 août devant Brest.

(12) Blumenson (M.), *op. cit.*, p.525.

Ci-dessus : Plus au sud, un Sherman de la *6th Armored Division* roule dans les rues d'Avranches. Une fois arrivée aux portes de la Bretagne, la division du général Grow va recevoir la mission de s'élancer vers l'ouest avec Brest pour objectif final.

Ci-dessous : Le *Major-General* John Wood, commandant la *4th Armored Division*. Les Allemands qui le redouteront bientôt le surnommeront « Tiger Jack ». (US Army.)

5 août 1944 au Huelgoat, 8 h 55 : un détachement du 2ᵉ régiment parachutiste du colonel Pietzonka se porte à la rencontre des Américains. L'unité très peu motorisée a dû réquisitionner des attelages typiquement bretons. (Coll. Mairie du Huelgoat.)

La tactique

Une fois n'est pas coutume, le CCR ouvre le bal le **1ᵉʳ août** et fonce sur Pontorson. (13) Les Allemands, des fantassins de la 77ᵉ division (74ᵉ corps d'armée), placés sous les ordres du colonel Bacherer, résistent mais doivent céder sous les tirs de l'artillerie américaine. (14) A 17 heures 30, l'amiral Schirlitz câble depuis son QG d'Erigné, à l'amiral Kähler à Brest : « *Blindés ennemis devant Rennes.* » (15)

A 18 heures 05, le général de division Ramcke, dont presque toutes les unités parachutistes se trouvent à l'est de Brest pour s'opposer à d'éventuelles actions aéroportées, reçoit du général de corps d'armée Fahrmbacher, qui est à son QG de Pontivy, l'ordre de faire mouvement vers la Normandie. Fahrmbacher, un artilleur, général en chef du 25ᵉ corps d'armée, est à cette date commandant en chef des troupes en Bretagne. (16)

2 août

Le CCR a atteint Tinténiac, le CCA est à Quédillac. Le CCB décroche vers Evran et Bécherel du fait de la forte résistance allemande depuis Dinan.

3 août

Les itinéraires seront dès lors les suivants :

– Pontivy, Carhaix, Châteaulin pour le CCA qui selon ce plan doit aborder Brest par le sud.

– Rostrenen, Huelgoat, Sizun pour le CCB qui devra donc attaquer Brest par le centre à partir de Landerneau. Le CCR suivra le mouvement afin de se porter en soutien de l'une ou l'autre unité.

– La *Task Force A* du général Earnest, un groupement tactique inter-armes constitué pour la circonstance, devra progresser au nord de la voie ferrée Paris-Brest avec la mission de la maintenir en état. (17)

(13) Le Grand (A.), Le Berre (A.), *La Bretagne à l'épreuve*, Edition Daoulan 1992. La charge de la division blindée a été longuement développée au chapitre *The Campaign of Brittany* dans les pages 423 et suivantes.

(14) *Ibid.*, p. 324-325. Cette division, composante du 74ᵉ corps d'armée, tenait antérieurement le secteur côtier Saint-Brieuc-Avranches. Ses deux régiments ont fait mouvement vers le Cotentin. L'un s'est trouvé bloqué à Cherbourg, l'autre s'est battu à Pontaubault. Le général Stegmann, qui commandait la division ayant été tué, le colonel Bacherer a ramené les rescapés en Bretagne. On le retrouvera à Dinard une dizaine de jours plus tard.

(15) *Kriegstagebuch des Kommandants der Seeverteidigung Bretagne*, (*Konteradmiral* Otto Kähler), en abrégé *Kriegstagebuch Seeko Bretagne*. Il s'agit du journal de bord de l'amiral Kähler qui rendait compte quotidiennement à l'amiral Schirlitz des événements survenus en Bretagne dans sa zone de responsabilité. La partie du journal utilisé dans ce livre couvre les périodes 1ᵉʳ-8 août et 12-14 août, in Bundesarchiv-Militärarchiv, Bestand : 2445/VM/403/37951, Freiburg im Breisgau.

Kriegstagebuch des kommandierenden Admirals Atlantik Küste, (*Kommandierender Admiral : Vizeadmiral Schirlitz*), en abrégé *Kriegstagebuch Admiralatlantikküste*. Schirlitz rendait compte au *Marinegruppenkommando West*, l'*Admiral* Kranke dont le QG se trouvait à Paris. Ce dernier à son tour rendait compte à l'*Oberkommando der Kriegsmarine*, l'*Admiral* Dönitz. La partie du journal utilisée dans ce livre couvre la période 1ᵉʳ août-22 septembre, in Bundesarchiv-Militärarchiv, Bestand : 2445/West : V.M./400/37940, Freiburg im Breisgau.

La plupart des informations allemandes relatives aux combats des mois d'août et septembre 1944 dans la région brestoise ont été relevées dans ces journaux de bord. Les références seront notées à la date de leur inscription et non à la page. Les numéros de pages sont en effet souvent illisibles.

(16) *Kriegstagebuch Seeko Bretagne*, op. cit., p.192 (1.8.44).

(17) Le Grand (A.), Le Berre (A.), *op. cit.*, p. 490. Son itinéraire sera présenté *infra* (chapitre 6).

À 13 h 45 tombe un ordre de Middleton qui ignore la position de « Super Sixth » : « Stoppez la progression, prenez Dinan et Saint Malo. » La mort dans l'âme, Grow s'exécute, le CCB a déjà atteint la sortie Est de Loudéac !

Contre ordre également chez les Allemands : le mouvement de la 2e division parachutiste vers la Normandie est annulé :

« Prenez une position défensive dans les Montagnes d'Arrée en avant de Brest, le pivot à Huelgoat, Morlaix reste sous la responsabilité de la 266e division d'infanterie (74e corps d'armée). » (18) Ramcke scinde ses effectifs en deux groupes. Le groupe Nord est placé sous les ordres du lieutenant-colonel Erich Pietzonka, chef de corps du 7e régiment parachutiste. Il fait déployer le bataillon II./7 du commandant Fritz Becker à Huelgoat, le I./7 du capitaine Reino Hamer au sud de Commana de part et d'autre du Roc'h Tredudon en soutien des 13e et 14e compagnies, respectivement les compagnies de mortiers et de chasseurs de chars du régiment. Lui sont également rattachées deux compagnies de chasseurs de chars de la division. (19)

Le colonel Hans Kroh, commandant du 2e régiment parachutiste, est à la tête du groupe Sud dont l'élément essentiel est son propre régiment. Le groupe verrouille les approches sud de Brest entre Châteaulin et Carhaix. Quelques pièces d'artillerie de la division vont soutenir la défense des chasseurs-parachutistes ainsi que des fantassins de la 343e division qui leur ont été adjoints. Ramcke a installé son PC à Commana.

Ce jour-là, les Forces Françaises de l'Intérieur (FFI) ainsi que les Francs Tireurs et Partisans (FTP) entrent en action à la réception du message suivant : « Le chapeau de Napoléon est-il toujours à Perros-Guirec ? » Brest et la côte sont bombardés par l'US Air Force et la RAF. Les Allemands sont gagnés par la nervosité.

(18) Cette division tient le secteur côtier Saint-Brieuc/Plouescat Elle est sous les ordres du général de brigade Spang.

(19) Ramcke (H.), Fallschirmjäger damals und danach, Lorch-Verlag, Frankfurt am Main 1951, p.31-32. Il s'agit des mémoires du général Ramcke, elles seront largement utilisées dans cet ouvrage.

4 août

Patton rend visite à Grow à Merdrignac dans la matinée du 4 août afin de lui remettre la Bronze Star Medal, une décoration américaine. S'apercevant que le PC tourne anormalement au ralenti, Patton, rouge de colère, interroge brutalement son subordonné :

« Que faites-vous ici ? Je croyais vous avoir dit d'aller à Brest ! » Grow lui expliquant que sa progression a été arrêtée sur ordre de Middleton, Pat-

Ci-dessus et ci-contre : Progressant vers l'ouest, la 6e division blindée traverse Merdrignac le 3 août et atteint Plémet. Ce canon automoteur et cette Jeep (dont les marquages indiquent qu'ils appartiennent à la compagnie B du 231e régiment d'artillerie de la division) ont été photographiés à Bodiffée, près de Plémet. Une barre en acier a été soudée sur le parechocs de la Jeep afin de couper d'éventuels fils tendus à travers les routes pour blesser ou tuer les personnels à découvert à bord des véhicules. (Coll. Y. Lagadec.)

Le général Grow (au centre) au Huelgoat à bord d'une automitrailleuse M 20, entouré des GI's chargés de sa protection rapprochée. (Coll. Mairie du Huelgoat.)

ton murmure entre ses dents : « *And he was a good doughboy, too* », (il a été autrefois un bon biffin !). Et de lui donner l'ordre de reprendre la charge sur Brest. Grow va devoir se mesurer à Ramcke.

Dans le Finistère, c'est l'effervescence. Richter donne l'ordre à ses marins de se replier depuis Bénodet, Roscoff, Le Vougot, l'Aber Vrac'h et Saint Herbot. La *4. Marine-Nebel-Abteilung*, une unité de lance-fusées, est dissoute. Les éléments les plus âgés sont reversés dans les groupes d'artillerie de la *Flak*, les plus jeunes rejoignent les bataillons d'infanterie.

5 août

Le Finistère est atteint. Apprenant par les FFI que Carhaix est fortement défendue par les hommes de Hans Kroh, Grow évite la ville. Le CCA dépasse, par l'itinéraire sud, successivement Pontivy, Plouray, Gourin, Plouyé et vient se heurter aux parachutistes de Pietzonka à Huelgoat. L'affrontement a lieu en début d'après-midi et semble tourner à l'avantage des Américains. Le CCB, plus au nord, accroche l'ennemi au Cloître Saint Thégonnec, non loin de Morlaix, bouscule l'infanterie allemande puis marque le pas. Le CCR libère Poullaouen au centre et voit son avance stoppée à Pont Mikaël, à l'est de Huelgoat.

Les armes antichars allemandes neutralisent plusieurs blindés américains. Les Allemands finissent cependant par céder. Les chars bousculent le *II./7* de Becker lors de sa manœuvre de repli depuis Huelgoat. Les pertes sont importantes, 113 hommes sont capturés et emmenés sous bonne garde à Brasparts par les hommes du bataillon René Caro. (20) Ils seront libérés plus tard par l'audacieux Lepkovski au cours d'un raid resté célèbre dans les annales de la division. Nous en reparlerons.

Les Allemands deviennent fébriles, beaucoup sont très jeunes, c'est leur baptême du feu : 50 morts, 200 blessés, plus de 100 disparus dont deux médecins dans les rangs de la division parachutiste pour la période 19 juillet-12 août. Soixante-dix pour cent de ces pertes sont à mettre à l'actif des maquisards selon le médecin-chef, le commandant Müller. (21) Les FFI/FTP paieront de ce fait le prix fort dans le secteur tenu par les parachutistes du 2e régiment parachutiste. A Landeleau, le 3 août, 14 patriotes de la compagnie FTP Corse sont tués ou achevés, 18 civils abattus. (22) Le sous-lieutenant Harden de la 7e compagnie du régiment précité y était : « *Les partisans ne portaient pas de brassard permettant de les identifier* » dira-t-il plus tard. (23) Eternelle controverse entre les Allemands et les Alliés.

De graves exactions ont été commises. Ramcke sera jugé après le conflit. L'acte d'inculpation, relatif à la période dù 15 juin au 12 août, portera sur cent cinquante homicides, la plupart commis dans le Centre-Finistère, dans la région de Châteauneuf-du-Faou. Ce point sera traité dans un chapitre à part à la fin de l'ouvrage.

Ailleurs, les contre ordres succèdent aux ordres. Le commandant de l'île de Batz et ses marins qui se sont repliés à Plougoulm, sont arrêtés par des élé-

(20) Kammann (W.), *Der Weg der 2. Fallschirmjäger-Division*, Schild-Verlag, p.93.

(21) Ramcke (H.), p.35.

(22) Le Grand (A.), Le Berre (A.), *op. cit.*, p.477.

(23) *Ibid.*, Ramcke, p.199.

ments de la 266ᵉ division qui n'a toujours pas reçu d'ordre de repli vers Brest.

6 août

Les parachutistes de Ramcke sont trop coriaces pour le général Grow. Aussi modifie-t-il ses plans : Brest sera abordé par le nord. Le CCB, suivi du CCR, s'élancera vers Lesneven en passant par Pleyber-Christ, Plouvorn et Lanhouarneau. Le CCA a pour objectif Guipavas, il empruntera l'itinéraire Saint–Thégonnec, le nord de Landivisiau, Saint-Thonan, Kersaint-Plabennec.

Le CCB atteint et nettoie Lesneven dans la soirée. A 22 h 00, tout est achevé. Read a bien joué. Patton a certes perdu son pari puisque nous sommes le dimanche 6 août, mais Brest, que n'ont pas encore rejoint les parachutistes, n'est guère qu'à une vingtaine de kilomètres. Pour une division blindée, c'est une distance extrêmement courte. Et puis, selon le Renseignement américain, la garnison allemande est peu étoffée, un peu plus de 3 000 hommes, ce n'est pas une affaire.

Une ombre au tableau cependant : le CCA du général Taylor qui s'est perdu du côté de Plounéour-Ménez et Loc-Eguiner. Les cartes en sa possession sont imprécises dans ce secteur-là et il n'est encore qu'à l'est de Landivisiau, soit fortement décalé par rapport au CCB.

Pendant ce temps, les marins allemands stationnés sur la côte continuent à affluer vers Brest. Soixante hommes d'une troupe de choc *(Stosstrupp)*, sous les ordres du capitaine Jablonski, essaient vainement de rejoindre Brest depuis Concarneau. Quimper, Briec et Rosporden sont infranchissables. On les retrouvera à Bénodet le 12 août avant qu'ils ne soient rapatriés par voie de mer à

Bousculés par la 6ᵉ division blindée, les Allemands se replient vers Brest (on remarquera le côté dérisoire des quelques branchages destinés à camoufler les véhicules sur la photo ci-dessus). Ils sont poursuivis par les colonnes américaines qui sont largement aidées par les FFI. Ceux-ci leur rendent de précieux services en tant que guides et en participant au nettoyage des îlots de résistance ennemis coupés dans leur retraite. (Coll. Yves Lagadec et NA.)

Près de Guilers le 7 août, un Tank Destroyer M 10 se dirigeant vers Brest croise une famille de fermiers ayant dû abandonner leur habitation située dans la zone des combats. Selon la légende américaine de l'époque, le château d'eau à l'arrière-plan a été confondu avec une tour de DCA allemande et a de ce fait été pris pour cible. (US Army.)

Le *Private* Don Doornkaat, originaire de Chigago, examine un projecteur de DCA détruit près de Plabennec par une unité du *Combat Command R* de la *6th Armored Division*. (DAVA.)

Lorient à la fin du mois. La compagnie Schumann, en phase de repli depuis le secteur du Menez Hom, est interceptée à Daoulas. Plougastel devra dépêcher 70 sapeurs pour les dégager. Ceux de Saint Pabu sont accrochés par les FFI, au cours de leur repli, à Lannilis. Le colonel Kogard, chef d'état-major de la 343e division, préconise également de faire évacuer l'Aber-Benoît et Corsen, positions situées au-delà de la ligne de défense extérieure et par conséquent indéfendables.

Des affiches apparaissent dans Brest incitant von der Mosel à capituler et invitant la population à ne pas gêner la progression des Américains et des Anglais (sic). Les combats se rapprochent de la ville. Grow espère prendre la ville le lendemain.

7 août

Le CCB va attaquer la forteresse par le nord et vient se positionner à Milizac qu'il atteint à midi sans difficultés. Le CCR est à l'est de Gouesnou dans l'après-midi. Le CCA, accusant tous les retards, harcelé par les canons de 88 du 805e groupe d'artillerie à Saint-Thonan puis à Kersaint-Plabennec, ne peut rejoindre Guipavas. Il vient se regrouper à l'Ormeau en Plabennec sur les arrières du CCR. Il y perdra 40 véhicules. **(Carte N° 5.)**

L'attaque surprise ne peut de ce fait avoir lieu. Grow, mécontent, en fera le reproche à Taylor qui manque singulièrement de pugnacité à ses yeux.

Les parachutistes, les marins ainsi que les rescapés de la 266e division se replient en ordre, harcelés par les compagnies FFI. Ici et là les projecteurs des groupes d'artillerie sautent. Treize fantassins du III./Infanterie-Regiment 852 sont capturés par les Américains.

8 août

Grow décide d'en finir. Les artilleurs de la *Flak*, ceux du 805e groupe d'artillerie en particulier qui ajustent les blindés un à un depuis Menez-Toralan, Le Forestic, Mesmerrien ou Roc'h Glas, sont particulièrement redoutables. Aussi le général américain va-t-il tenter un coup de bluff. Il dépêche un parlementaire auprès de von der Mosel muni d'une offre de reddition : « *Je serais honoré si une délégation allemande, comprenant moins de 6 hommes, pouvait se présenter à mon PC avant 15 heures en vue d'une reddition.* » Le parlementaire est le commandant Mitchell, il est accompagné d'un interprète, le sergent Castle, et d'un chauffeur. Von der Mosel, dans son PC de l'Ecole Navale, le salue d'un *Sieg Heil* retentissant, prend connaissance de la proposition du général Grow et répond : « *Nous n'avons pas, en tant que militaires, à traiter une telle question.* » (24) Grow a perdu. Les Allemands ne se rendront pas sans combattre, il fallait d'ailleurs s'y attendre. Notons que von der Mosel est fantassin et non parachutiste : dans le fond la mentalité est la même.

Les combats reprennent. La batterie du Forestic, qui effectue des tirs de contre-batterie contre une position américaine située au nord de Gouesnou, reçoit un coup au but dans la soirée. Résultats : 2 morts. Toutes les batteries du 805e groupe d'artillerie s'en mêlent, les pièces d'artillerie américaines se taisent. Deux motifs d'inquiétude pour les Allemands cependant. Le Forestic est extrêmement vulnérable, et puis l'amiral Kähler avertit Rauch et

(24) *Kriegstagebuch Seeko Bretagne* 8.8.44 et Le Grand (A.), Le Berre (A.), *op. cit.*, p. 447.

Le *Tankdozer* « Apache » qui contribuera à éventrer les talus du secteur du Narret pour faciliter la réduction de la forte résistance du groupement du général Spang. La 6e division blindée ne compte que deux engins de ce type. (NA.)

von der Mosel que le stock d'obus de gros calibres, du 88 mm essentiellement, s'amenuise dangereusement. Depuis le début des combats, 1 821 obus ont été tirés. A ce rythme, la défense de la Forteresse va devenir rapidement problématique. La Marine est très sollicitée. De plus en plus de marins viennent en première ligne pour y mener un combat d'infanterie. Les trois sections de la *Flak*, qui occupaient l'aérodrome de Guipavas, se replient et sont positionnées entre Gouesnou et Guipavas. Sont également mis en ligne dans le glacis qui s'étend devant Brest 161 marins dont 100 sous-mariniers de la 1re Flottille. Leur pugnacité, dans les combats à venir, ne le cédera en rien à celle des parachutistes.

On peut avancer d'ores et déjà que la charge de « Super Sixth » a échoué essentiellement du fait de l'adresse des artilleurs du capitaine de vaisseau Richter. Brest ne pouvait être « pris à la hussarde », tous les auteurs sont désormais d'accord à ce sujet.

9 août

Un malheur n'arrivant jamais seul, Ramcke a réussi à rapatrier ses troupes dans Brest au cours de la nuit. Pietzonka a emprunté la route Landerneau-Guipavas. Kroh a rejoint par le pont de Plougastel. (25) La 266e division du général Spang, ou ce qu'il en reste, 3 000 hommes environ, se replie également et se trouve par conséquent sur les arrières de « Super Sixth ». Grow a pris dans la nuit la décision d'anéantir cette grande unité, réduite en fait à la taille d'un régiment depuis les combats qu'elle a dû mener pour s'opposer à la progression américaine depuis la base du Cotentin. Ce sera pour les Allemands « l'enfer du Narret ».

Arrivée des troupes américaines à Châteaulin le 18 août 1944. Il s'agit d'automitrailleuses M 8 armées d'un canon de 37 mm appartenant au *86th Cavalry* de la *6th Armored Division.* (DR.)

Dans la matinée les trois *Combat Commands* font volte face. Le CCA s'empare de Plouvien. Le CCB attaque les Allemands à 8 h 30 au carrefour du Narret situé entre Plouvien et Gouesnou. Les hommes de Spang, saoulés de coups, sont littéralement laminés par les cavaliers et compteraient 230 morts et 800 prisonniers. Le combat prend fin à 15 h 30. Le CCR met hors de combat, à Bourg-Blanc, la compagnie d'armes lourdes du 851e régiment de la 343e division. Quinze Mustangs du 363e escadron (XIX TAC) ainsi que huit Thunderbolts du 405e escadron (IX TAC) ont efficacement soutenu les combats au sol. (26)

Le 805e groupe d'artillerie allemand ne reste cependant pas inactif, ajustant les chars et les véhicules américains. Des sections de la *Flak* sont à nouveau engagées dans la défense du glacis.

10-11 août

Grow envisage de mener à nouveau un assaut sur la ville de Brest et retient la date du **12 août**. Il attaquera entre Bourg-Neuf et Ménez Toralan, soit entre Gouesnou et Guipavas. Son artillerie maintient la pression sur les batteries allemandes, en particulier sur Le Forestic, son premier objectif. Le câble qui la relie au PC de Richter est coupé, trois maquisards sont abattus. Les Allemands renforcent la batterie.

Il y a des morts et des blessés chez les artilleurs, dont l'enseigne de vaisseau Georg Schulz du 805e groupe d'artillerie. Plus à l'ouest, les avions américains bombardent sans désemparer l'Ecole Navale et la base sous-marine. Deux destroyers alliés sont signalés au nord de l'Ile Vierge. (27)

Le **11 août**, les parachutistes, montés en première ligne, mènent une contre-attaque en direction de l'aérodrome de Guipavas, se heurtent aux fusiliers du *1st Bat/28th Infantry* et n'insistent pas.

12 août

Le CCA de Taylor passe seul à l'attaque depuis le bourg de Guipavas libéré. Le *1st Bat/28th* affronte à nouveau Le Forestic. Le 50e bataillon d'infanterie portée, qui appartient au CCB, fait une tentative en direction de la batterie de Ménez Toralan. Sans succès. Un simple baroud d'honneur.

« *Super Sixth* » reçoit alors l'ordre d'aller relever la 4e division blindée devant Lorient, laissant un cordon de sécurité entre Gouesnou et Guipavas. Il comprend le CCA, les fantassins du *1st Bat/28th Infantry*, ceux du 50e bataillon précité ainsi que les FFI du commandant Faucher.

Le général Wood avait sans doute raison. Engager les deux divisions blindées pour saisir les ports bretons s'est révélé être une erreur tactique. En revanche leur utilisation, dès le 1er **août**, dans un raid le long de la Loire afin de verrouiller la brèche entre Orléans et Paris, aurait permis de refermer la nasse sur les forces allemandes à l'ouest de la Seine. Les deux armées prisonnières dans la poche de Falaise auraient alors subi des pertes bien plus considérables. Il semblerait que Wood ait été relevé de son commandement quatre mois plus tard sur ordre de Patton. (28)

Quant au plan « Chastity », il sera définitivement abandonné dans les premiers jours de septembre du fait de la progression rapide des Alliés vers l'est.

Si la charge des cavaliers à Brest s'est finalement soldée par un échec, leur tentative n'a cependant pas été vaine. Ils ont en effet désorganisé la défense allemande dans le Centre-Bretagne et anéanti la 266e division, l'empêchant ainsi de prendre part à la défense de Brest. De plus, la ligne de défense allemande au nord-est de la ville a été reconnue. La tâche des fantassins de Middleton en sera facilitée. Leur arrivée dans la région est imminente.

Les belligérants s'installent alors dans une guerre de positions. Le **12 août** au soir, par la décision N° 5990/44, le général Ramcke prend le commandement de toutes les troupes présentes dans la région brestoise. (29) Dès lors, tout va changer, au détriment des combattants et de la population civile. Les parachutistes ont pris position sur la ligne de défense extérieure alors que la *Task Force A* du général Earnest a rencontré peu d'opposition sur son itinéraire dans le nord de la Bretagne.

(25) Ramcke (H.), *op. cit.*, p.34.

(26) *Summary of Operations, XIX TAC 9 August*, HQ USAF Historical Research Center Maxwell AFB AL 36112-6678.

(27) *Kriegstagebuch Admiralatlantikküste, op. cit.*, 10.8.44.

(28) Harding Ganz (A.), *op. cit.*, p.95.

(29) *Kriegstagebuch Seeko Bretagne, op. cit.*, 12.8.44 à 20 h 10.

La population de Brest évacue la ville. Ici, des réfugiés traversent à la mi-août Bourg-Blanc, village situé au nord de Brest. (US Army.)

La fin du *Kampfgruppe Spang*

Le 9 août 1944, Plouvien et ses environs immédiats sont le théâtre de combats d'anéantissement du groupement du général Spang (environ 2 500 hommes avec de l'artillerie). Après avoir vainement attendu les Américains à Morlaix du 5 au 7 août, ces hommes ont vu leur retraite vers Brest coupée par les CCB et CCR de la 6ᵉ division blindée américaine arrivés dans le secteur le 7 août vers midi. Au total, 230 soldats allemands ont été tués, 800 seront capturés le 9 août, 1 400 les jours suivants. Quelques détachements ont pu regagner Brest et seront affectés à la défense du Conquet.

1. Des GI's examinent les débris d'une colonne. Un butin important sera capturé, comportant des armes et des matériels divers. (US Army.)

2. Un chasseur de chars de type I *(Panzerjäger I)* armé d'un canon de 47 mm et appartenant à la 15ᵉ compagnie antichar du 899ᵉ régiment d'infanterie figure parmi le matériel capturé. (Coll. L. Bothorel.)

3. Le général Spang, capturé près de Plabennec, est emmené dans une automitrailleuse M 8. Curieusement, il porte un casque américain qui lui a probablement été prêté pour sortir de la zone des combats. (US Army.)

4 et **5.** Le colonel Klenk (à droite), commandant l'artillerie de la 266ᵉ division d'infanterie allemande, et le lieutenant-colonel Keilhaver attendent leur départ vers un camp de prisonniers, tout comme leurs hommes. (US Army.)

6

D'Avranches à Morlaix, la chevauchée de la cavalerie américaine en Bretagne

La *Task Force A*, une unité de circonstance

Le **31 juillet**, à la veille de l'irruption de la 3e armée de Patton en Bretagne, la *Task Force A* (1) est créée sur ordre verbal du VIIIe Corps US. A sa tête, le général Middleton nomme le général de brigade Herbert L. Earnest, un cavalier, qui commandait jusque-là la 1re brigade de tanks destroyers (2).

Saisir les ponts situés sur la voie ferrée Rennes-Brest, en toute priorité les viaducs de Saint-Brieuc et de Morlaix (3), puis, incidemment, aider la 6e division blindée du général Grow à s'emparer de Brest, est l'objectif assigné à la nouvelle unité. Nous connaissons le prix qu'attache encore à ce moment l'armée américaine à la mainmise sur un grand port de déchargement, desservi par une artère ferroviaire de premier plan, à destination du théâtre d'opérations européen, l'ETOUSA (4).

Pour mener à bien cette action de cavalerie par excellence – une chevauchée de 300 kilomètres en territoire occupé par l'ennemi – la TF A est assemblée en une force légèrement blindée, à utilisation souple, capable de s'adapter rapidement aux situations imprévues. Celles-ci, comme nous le verrons, ne manqueront pas.

La TF A atteindra Morlaix le 8 août, mission accomplie. Une demi-douzaine d'autres tâches lui seront ensuite définies dans les Côtes d'Armor et le Finistère, qui justifieront son maintien en Bretagne, jusqu'à sa dissolution le 22 septembre.

Le *Brigadier-General* Herbert L. Earnest (1895-1970), nommé à la tête de la *Task Force A* le 31 juillet 1944. Il terminera la guerre comme commandant de la 90e division d'infanterie. (NA.)

La composition de la *Task Force A*

Pour gagner Morlaix au plus vite, la TF A devra littéralement « galoper » vers l'ouest afin de ne pas laisser aux Allemands, désorganisés (5) mais encore combatifs, le temps de se ressaisir et de détruire les ouvrages convoités par l'*US Army*. Les poches de résistance situées en dehors de la zone des ponts seront contournées afin de ne pas retarder la progression de la colonne.

La TF A est constituée d'unités de cavalerie motorisée, de génie et de tanks destroyers, à savoir : la 15e brigade de cavalerie comprenant les 15e et 17e régiments, le 159e régiment de génie (combat), une compagnie du 509e régiment de génie léger (pontonniers) ainsi que le 705e régiment de tanks destroyers. Leur seront adjoints ultérieurement : le 3e bataillon du 330e régiment d'infanterie de la 83e division ainsi que deux batteries d'artillerie. Lors de sa constitution à Equilly, près d'Avranches, les effectifs sont de 3 500 hommes. La TF A est dotée de 800 véhicules.

Quelques notes sur la particularité de ces unités. Le rôle de la cavalerie est de découvrir l'ennemi, et si possible de le fixer et de le réduire, en faisant appel aux renforts. Ses automitrailleuses M8 *(armored cars)* et ses chars légers M5 *(light tanks)*, armés d'un modeste canon de 37, sont en effet vulnérables face à des armes antichars servies par des Allemands résolus. Les escadrons *(troops)*, confiés à des capitaines, sont répartis en pelotons *(platoons)* (6) emmenés par de jeunes lieutenants. Les chars-obusiers M8 *(assault guns)* peuvent leur fournir en première ligne un appréciable appui-feu de 75. Le tank destroyer M10 « chasseur de chars » est bien connu, il a sans cesse mené l'avance des divisions blindées alliées (7). Son canon de 76 s'est également révélé très efficace en tir tendu lors de la réduction des nids de résistan-

(1) Une *Task Force*, ou Groupement tactique, est une unité créée en vue d'une mission particulière. Son existence est donc temporaire. L'équivalent dans l'armée allemande est le *Kampfgruppe* qui prend le nom de son commandant. La composition détaillée de la TF A est donnée en annexe.

(2) Une unité de la 3e armée, non endivisionnée comme le sont celles des chasseurs de chars, les TD's.

(3) A noter que la préservation du viaduc de Guimiliau, au sud-ouest de Morlaix, est confiée à l'*Operational Group Donald -OG Donald-* composé de 34 parachutistes américains, celle du pont Albert Louppe, près de Brest, aux SAS du 3e RCP des Forces françaises combattantes.

(4) European Theater Operations US Army.

(5) En grande partie à cause des ordres et contrordres incohérents reçus de Berlin, qui seront notamment à l'origine de l'anéantissement de la 266e division d'infanterie autour de Plouvien les 9 et 10 août.

(6) Un *platoon* comprend 6 jeeps armées et 3 automitrailleuses M8. L'AM M8 est la « bonne à tout faire », la « monture » emblématique de la cavalerie américaine en 1944.

(7) Le 25 août 1944, lors de la libération de Paris, le TD *Simoun* du Régiment blindé de fusiliers-marins de la 2e DB a détruit un char Panther à une distance de 1 800 m (Etoile - Concorde).

ce. Le génie de combat ouvre la route, tandis que le génie de franchissement jette des ponts Bailey par-dessus les obstacles ou remet en état les ouvrages endommagés.

La préparation de la chevauchée

1er août

Dans la matinée, Earnest rend visite aux généraux Patton et Middleton, leur expose ses plans de pénétration rapide en Bretagne et réclame un soutien rapproché d'infanterie. Un bataillon de GI's lui serait utile pour réduire les éléments allemands repoussés vers la côte par la progression de la 6e division blindée en Centre-Bretagne et les bouchons retardateurs qui lui seront opposés sur la RN 12.

Il n'est pas entendu, aucune unité n'étant disponible en ces jours cruciaux de l'été 44. La 79e, puis la 83e division d'infanterie qui devaient suivre la TF A vers Brest vont être successivement diverties de cette destination, l'une sur Fougères, l'autre sur Saint-Malo. La 3e armée signale cependant au général la présence de nombreux FFI sur le parcours de sa colonne, qui pourraient remplir certains rôles dévolus à l'infanterie tels que la garde des lignes de communication et la sécurité des postes de commandement (8).

En revanche, le Commandement aérien tactique 19 *(XIX Tactical Air Command)* du général Otto P. Weyland, apportera un appui-feu constant à la TF A. L'équipe de liaison *(Air Support party)* dirigée par le capitaine Mischelow rejoint la colonne. Son rôle sera d'établir les communications radio avec les chasseurs-bombardiers P 47 Thunderbolt et P 51 Mustang chargés des attaques au sol *(strafing)* (9).

Dans l'après-midi Earnest s'adresse à ses commandants d'unité : « *D'après les éléments que j'ai pu recueillir, cette opération, nous l'espérons, sera une course à la mer (a race to the sea). Notre plan est de progresser par la route Nord de la Bretagne et de nous assurer des ponts de chemin de fer... Un bref message du Commandant d'Armée (Patton - NdA) : la seule idée qu'il ait en tête est d'aller à Brest et il veut y être rapidement... « Notre tâche ne sera pas aisée... Je tiens aussi à vous avertir que dans les airs les "salauds" nous attaquent, les mitrailleurs devront être vigilants... Conduisez vos reconnaissances avec hardiesse, audace... Nous devons foncer, foncer à toute allure... Il y a de 40 à 50 000 marins à Brest mais je ne pense pas que nous nous y frottions. Nous allons maintenant dépasser Saint-Malo, sans même y jeter un coup d'œil* », conclut le général.

Earnest est apprécié de ses subordonnés. D'une grande simplicité, rapide dans ses décisions, ce cavalier de la vieille école, disciple de Patton, commande avec calme. Il n'a pas renié ses origines rurales. Dans les « briefings » ou lorsqu'il a besoin de se concentrer, ne lui arrive-t-il pas de sortir un canif de sa poche pour tailler tranquillement une branche ? (10)

Charger en direction de Brest, comme s'apprête à le faire plus en avant la 6e division blindée du général Grow, est la volonté d'Earnest. Les *15th* et *17th Cavalry* respectivement commandés par les lieutenants-colonels Fuller (puis Dobbins) et Lindquist, vont constituer le fer de lance de la TF A. Les reconnaissances offensives leur seront alternativement confiées.

Entre-temps, les cavaliers chargent leurs « montures » mécaniques, qui regorgent bientôt de caisses de munitions et de rations de combat. Du-

rant les six premiers jours de sa progression rapide en Bretagne, la TF A ne devra compter que sur elle-même : il est estimé que l'intendance ne pourra suivre, tant les lignes de communication vont s'étirer. La logistique médicale est improvisée par le dentiste de la brigade de cavalerie, le capitaine William S. Parker. La mission de la TF A revêtant un tel caractère d'urgence, on n'a pu lui affecter un détachement médical. Le dentiste s'acquittera de sa mission avec brio (11).

Le lendemain **2 août**, vers **23 h 00**, les ordres d'opérations du VIIIe Corps en poche (12), le général Earnest donne le signal du départ. Le bivouac d'Équilly, le premier d'une longue série à l'Ouest, est levé. La TF A devra progresser par la route « A », la RN 12, qui longe la côte Nord de la Bretagne par Pontorson, Dol, Dinan, Lamballe, Saint-Brieuc et Guingamp.

D'Avranches à Morlaix en passant par Saint-Malo

3 août

La TF A s'ébranle à **2 h 00**, l'escadron B du *15th Cavalry* en tête. Avranches est traversée sans encombres. Une heure plus tard, près de Pontaubaut, les colonnes essuient le feu d'une escadrille de chasseurs allemands qui tentent désespérément d'endiguer le flot des forces américaines qui se ruent en direction de la Bretagne et du Maine.

Peu après **7 h 00**, fonçant vers Dol après avoir traversé Baguer-Pican, l'élément de reconnaissance dans lequel se trouve le commandant de la 15e brigade, le colonel Reybold, butte contre un fort barrage routier comprenant des canons camouflés (13). Les Américains tentent de forcer l'obstacle mais la réplique allemande les met hors de combat. La jeep du colonel sera retrouvée trouée de projectiles (14) .

Le général Earnest décide alors de contourner Dol, fortement défendue d'après les FFI. La TF A oblique

Le second du général Earnest, le colonel Logan Berry, qui a remplacé le colonel Reybold capturé à Dol le 3 août. (NA.)

(8) Blumenson (M.) 1994 - *op. cit.,* p. 553. Les FFI de Bretagne (25 000 environ) sont passés sous le contrôle de la 3e armée US.

(9) Le 362e escadron *(Fighter Group)* notamment, comprenant les 377e, 378e et 379e escadrilles *(Squadrons)*. Le XIX TAC dépend de la 9e armée aérienne *(US Army Air Force - USAAF)*. Le ravitaillement par les airs d'éléments coupés de la TF A par l'ennemi a été envisagé. Par ailleurs, d'après le compte rendu annuel d'activité de la 15e brigade de cavalerie, des cartes d'évasion imprimées sur de la soie et des boussoles miniaturisées ont été distribuées.

(10) « *Il était d'une nature très bonne. Il n'était pas rigide comme Patton mais était très décontracté et se comportait tel un garçon de la campagne à la ville. Pour compléter ce portrait, il avait un couteau de poche et, lorsqu'il était en train de donner ses directives ou de prendre une décision, il taillait une petite branche .* » Colonel Dwan (R.D.) 1992.

(11) Ce qui lui vaudra la *Silver Star*. Le 8 août, la 429e compagnie de relevage des blessés sera affectée à la TF A.

(12) *Field order* n° 10 du 2 août.

(13) A Baguer-Pican les cavaliers ont déjà essuyé des coups de feu. Ils ignorent la présence de blindés allemands à l'entrée de Dol. Il s'agit probablement de *Sturmgeschütze* (canons d'assaut) de la 341e brigade, surnommés semble-t-il « beetles » - scarabés - par les Américains.

(14) C'est la première perte de la campagne. Blessé et capturé au cours de l'embuscade, le colonel est envoyé au camp de prisonniers de Jersey. Officier de la vieille école, brave, Reybold, dans la jeep de tête, emmenait la brigade vers Dol dans une charge de cavalerie à l'ancienne. Sa place n'était pas dans la « *jeep point* ». L'embuscade a eu lieu entre la côte des Bégauds et la Croix de la Feuillade. Pour le détail des nombreux combats dans le secteur, consulter *La ruée sur Saint-Malo* du Docteur Paul Aubry - Imprimerie Les Nouvelles - Rennes - 1947.

Le lieutenant Al Bomba et son chauffeur, du *15th Cavalry Squadron*, prêts pour la course vers Morlaix. (Coll. Parker.)

vers Lanhélin où le PC est établi (15). Dans l'après-midi, des cavaliers sont envoyés vers le nord reconnaître les avancées de Saint-Malo dont la défense a été confiée au colonel Bacherer. Celui-ci a fermement repris en main les rescapés de la 77ᵉ division d'infanterie et d'unités étrillées en Normandie.

Les pelotons des *15th* et *17th Cavalry* ne vont pas loin. Autour de Miniac-Morvan, de durs accrochages s'engagent avec les Allemands disposant de blindés. Après avoir tenu deux heures, s'être parfois battus au corps à corps (16), les Américains refluent vers le PC de la TF A. Se campant au milieu de la route, le général Earnest enraye un début de panique et monte une contre-attaque qui refoule en soirée les Allemands au-delà de Miniac. Au cours de son baptême du feu, la TF A a perdu huit tués. (17)

4 et 5 août

La mission de la TF A a été modifiée la veille. Le VIIIᵉ Corps lui ordonne de remonter en direction de la cité des Corsaires afin de tâter les défenses de la forteresse dont la réduction n'a pas fait l'objet de plans sérieux. En effet, dans les sphères de la

(15) Dol sera libérée par la 83ᵉ division d'infanterie dans la nuit du 3 au 4 août.

(16) Près du village du Rocher. Dr Aubry (P.) - *op. cit.*, p. 53 et 55. Le *Kampfgruppe* du colonel Bacherer, commandant la 77ᵉ DI après la mort du général Stegmann en Normandie, n'a pu reprendre Avranches. Il se replie sur Saint-Malo en retardant efficacement l'avance américaine. KTB XXV CA - 31 juillet et MS 176 - général Spang.

(17) Le *15th Cavalry Group* a quitté les Etats-Unis le 28 janvier 1944. Débarqué en France le 25 juillet, il n'avait jusque-là effectué que des missions de sécurité autour de Cherbourg.

3e armée, on croit la ville occupée par 3 000 hommes seulement (au lieu de 14 000), qu'une démonstration de force suffirait peut-être à faire capituler. C'est méconnaître l'importance des fortifications qui enserrent la cité et la détermination de son défenseur, le colonel von Aulock. Pour cette mission inopinée, le *329th Infantry* renforcé *(Regiment Combat Team)* de la 83e division est rattaché à la TF A.

Le **4 août** en début d'après-midi, la progression des éléments américains en zone inondée est bloquée dans le goulot d'étranglement menant à Châteauneuf d'Ille-et-Vilaine. Des GI's du *329th Infantry* et des sapeurs du *159th Engineers* tombent. Des projectiles s'abattent sur le secteur, tirés par les dragueurs de mines de la 24e Flottille embossés sur la Rance à la hauteur de Saint-Suliac. Les chasseurs-bombardiers du 406e escadron du XIX TAC, appelés par l'*Air Support*, malmènent les bâtiments à trois reprises, envoyant le M 424 par le fond.

Le lendemain **5 août** dans l'après-midi, Châteauneuf est enlevé de haute lutte par les tanks destroyers et le génie. La progression reprend en soirée en direction de la Gouesnière. Mais il est clair maintenant que la réduction de Saint-Malo nécessitera d'importants moyens. Aussi, à 22 h 00, la TF A reçoit-elle l'ordre de poursuivre sa mission initiale, sagement renforcée cette fois par un bataillon d'infanterie à près de 900 GI's, le *3rd/330th Infantry*, et une batterie d'artillerie empruntés à la 83e division (18). Cette dernière va s'atteler au dur siège de Saint-Malo qui durera encore douze jours (19).

6 août

Imitant le *Combat Command B* de la 6e division blindée qui l'avait précédée là le 2 août, la TF A contourne Dinan par Evran, puis oblique vers l'ouest. A Broons, la colonne se fractionne, des patrouilles du *15th Cavalry* traversent Yvignac et Lamballe évacuées par les Allemands. Vers **18 h 00**, elles poussent jusqu'à Saint-Brieuc déjà

La *Task Force A* à Saint-Brieuc

Le 6 août 1944, l'échantillonnage des véhicules du *15th Cavalry Squadron* arrive vers 18 h 00 à Saint-Brieuc, pénétrant dans la ville par la rue de Rennes (l'actuelle rue du Docteur Rahuel) et la rue Paul-Bert avant d'arriver par la rue du Gouëdic sur la place du Guesclin : Jeeps, chars Stuart et Sherman équipés d'un soc pour franchir les haies du bocage, Half Track M 1. Après quatre années d'occupation, les Français manifestent leur joie aux soldats américains à l'allure décontractée. (SEAC.)

occupée par les FFI où le précieux viaduc ferroviaire, intact, est confié à la garde de ces derniers (20). Le reste de la TF A rallie Saint-Brieuc par Collinée, Moncontour et Ploeuc.

Le contact est pris avec le colonel Eon, commandant les FFI de Bretagne et son état-major, parachutés l'avant-veille près de Guingamp (21). Le lieutenant-colonel Fuller commandant le *15th Cavalry* et le commandant Dupérier de l'EM FFI sont blessés en tentant d'obtenir la reddition de Russes du IIIe bataillon d'*Osttruppen* (troupes de l'Est) du capitaine russe Murzin (266e division) stationné près du camp d'aviation de la Plaine.

(18) La batterie C du 323e régiment d'artillerie de campagne (4/105 HM2 tractés).

(19) Saint-Malo ne tombera que le 17 août, Cézembre le 2 septembre.

(20) Les ouvrages de Saint-Brieuc étaient considérés comme étant d'une importance telle, que la Cie A du *159th Engineers* est détachée pour renforcer leur garde.

(21) Mission « Aloès » - EM FFI. - Cf. Journal des marches et opérations du commandement des FFI en Bretagne (4 juillet - 10 septembre 1944) - SHAT - L'EM FFI dépend du général Koenig, commandant en chef des FFI, lui-même placé sous l'autorité du général Bradley commandant le *12th Army Group* (1er et 3e groupes d'armées US)

Eléments du maquis de Plésidy-Coat Mallouen ayant participé à la libération de Guingamp le 7 août. (SEAC.)

7 août

Le peloton de tanks légers du lieutenant Hamsley investit Plélo où il bouscule les Russes du *III./Ost-Regiment* qui menaçaient d'exercer des représailles sévères sur la population. En fin de matinée le *15th Cavalry* nettoie Châtelaudren puis entame l'investissement de Guingamp par l'est et le sud, de Bourbriac à Plouagat. Les accès à la ville sont fortement obstrués par des obstacles que le génie démantèle. La réduction de Guingamp débute vers **14 h 00** et les combats ne cesseront que vers **22 h 00**. L'USAAF est intervenue dans la journée (22). Les FFI ont très largement participé à la libération de la ville.

8 août

La prise de Morlaix est cette fois confiée au *17th Cavalry*, renforcé pour la circonstance. L'affaire s'annonce difficile, les renseignements dont dispose le général Earnest font état d'une forte mise en défense de l'agglomération à l'aide de barrages routiers et de mines. **Vers midi**, Plouigneau est en vue, les chars légers M5 détruisent quelques pièces de 20 disposées à l'entrée de l'agglomération. Deux heures plus tard des barrages sont enlevés à l'est de Morlaix que les Américains atteignent vers **17 h 00**. La résistance allemande est concentrée au centre de la ville, autour du « Château Weygand » où quelques canons légers sont muselés dans l'action qui cesse vers **minuit** (23).

Les unités du *Kampfgruppe Spang* qui défendaient solidement la ville et ses environs depuis le 5, se sont repliées sur Brest la veille vers minuit, n'y laissant que des éléments sacrifiés et des retardataires arrivés des Côtes d'Armor dans la nuit. Elles seront étrillées le lendemain par la 6e division blindée et l'USAAF dans le « chaudron » de Plouvien et le général Spang capturé (24).

Le fameux viaduc a été préservé de la destruction. Poursuivant sa route vers Brest, la TF A bivouaque près de Plouvorn. La première, la plus importante des missions confiées à la TF A dans le cadre de la libération de la Bretagne, a été couronnée de succès : la ligne de chemin de fer Rennes-Brest et ses précieux ouvrages d'art sont tombés intacts entre les mains des Américains (25).

Six jours, quatre si l'on excepte la diversion de Saint-Malo, lui auront été nécessaires pour accomplir la mission, au prix de 21 tués, 42 blessés et de 14 disparus (tués ou prisonniers). Près de 1 500 Allemands ont pris le chemin de la captivité, dont 300 à porter au compte des FFI/FTP. Depuis Pontorson, le général Earnest a apprécié leur concours : ils se sont massivement soulevés à partir du 3 août, suite à l'ordre d'insurrection généralisée transmis par la BBC, harcelant les Allemands, coupant leurs communications, répandant l'insécurité dans leurs rangs, facilitant grandement la progression de la TF A. Ajoutons également l'action indissociable des équipes *Jedburgh* et des SAS dans le rôle essentiel d'encadrement et de ravitaillement en armes des maquis bretons. A la vérité, la préservation des viaducs est à porter conjointement au crédit des Américains et des Français. Les historiens militaires de l'*US Army* le confirmeront rapidement (26).

(22) Anéantissement d'une colonne allemande à Kéribo-en-Grâces qui avait mis en difficulté une compagnie FFI.

(23) Deux pièces de 40 et quatre de 20 mm sont détruites.

(24) Un affrontement entre Allemands et Américains à Morlaix eût été très dur, voire incertain, vu l'importance des forces engagées de part et d'autre. L'USAAF aurait probablement fait la différence. Pour l'histoire de la 266e DI en Bretagne et sa fin à Plouvien, voir les Military studies 176 et P 176 du général Spang et du colonel Fürst - 1954 - Bundesarchiv. *La Bretagne à l'épreuve* – Le Grand (A.) - Le Berre (A.) - *op. cit.*, p. 517 à 545.

(25) Le viaduc ferroviaire de Guimiliau a également été préservé par les FFI et le 1/2 *Operational Group Donald*.

(26) Le présent chapitre, essentiellement consacré à la TF A, ne peut accueillir l'histoire des autres acteurs de la libération de la Bretagne. A noter que l'action de la Résistance, des

La TF A traverse Morlaix le 8 août, ici deux GMC et un Dodge rue de Paris. Les maisons ont été pavoisées. (Coll. Cléach.)

Les Bretons libérés laissent éclater leur joie. (Coll. Parker.)

Le 10 août, le *15th Cavalry Squadron* est chargé de protéger les plages de Saint-Michel-en-Grève où les navires alliés viennent débarquer munitions et approvisionnements au cours de plusieurs opérations nommées « Author ». (US Army.)

9 août

Vers **9 h 30**, à Plouigneau, survient l'imprévu. Un élément russe du 629ᵉ Bataillon de l'Est commandé par le capitaine allemand Ertel (*629. Ost.-Btl.,* 266ᵉ division), se repliant de Locquirec (au nord-est de Morlaix) surprend dans le brouillard matinal les véhicules du train de la TF A demeurés sous faible protection, trop en arrière des régiments. Deux chars légers et une jeep sont perdus. Le peloton de chars du *15th Cavalry* dépêché de Morlaix sous la conduite du lieutenant Hamsley est à son tour sévèrement accroché et perd deux autres chars. Quatre cavaliers ont été tués dans l'affaire qui voit l'USAAF anéantir le convoi ennemi, moyennant la perte du P47 du capitaine Louis D. Morrison (27).

A Plounévez-Moëdec, le commandant Johnson, arrivant d'Avranches avec des véhicules de remplacement, obtient après négociation la reddition d'une compagnie allemande barrant la RN 12, ignorant la progression de la TF A qui bivouaque maintenant près de Ploudaniel, à 50 km plus en avant.

En soirée, la TF A reçoit une nouvelle mission du VIIIᵉ Corps : protéger les arrières de la 6ᵉ division blindée occupée à anéantir le *Kampfgruppe Spang,* tronçonné par l'USAAF autour de Plouvien. Il s'agit de nettoyer la côte Nord du Finistère. De Roscoff à l'Aber-Wrach, d'autres éléments du groupement Spang sont bloqués sur les arrières de la division, leur retraite vers Brest coupée depuis l'avant-veille comme nous le savons (cf. chapitre 5). Ces éléments commencent à se ressaisir, constituant une menace pour les voies de communication. La tâche est confiée au *15th Cavalry,* le *17th* étant maintenu à Morlaix en mission de sécurité.

10 août

L'escadron A (28) entame le nettoyage de la côte, accroche à Plouguerneau un fort parti d'Allemands qui lui retourne un feu de mortiers lourds. Des renforts sont appelés à la rescousse. L'assaut donné à **15 h 00**, est achevé vers **18 h 00**. Bilan : près de 500 prisonniers, mais une partie des adversaires ont pu s'échapper vers Lannilis (29). A Kérizoc, sur la grève du Vougot, en Plouvien, un canon de 88 est détruit par un tank léger, 80 Allemands se rendent. A Saint-Pol-de-Léon, des Russes du *629. Ost-Btl.,* ivres pour la plupart, sont capturés par le dentiste de la TF A, le capitaine Parker. Le *15th Cavalry* n'a cependant pas le temps d'achever le nettoyage de la côte Nord du Finistère, un ordre du VIIIᵉ Corps d'armée lui enjoint de gagner sans délai les Côtes d'Armor afin de s'assurer des plages de Saint-Michel-en-Grève, au sud-ouest de Lannion. De gros *Landing ship tank* (transports de chars) de l'*US Navy* et de la *Royal Navy* vont y débarquer munitions et ravitaillement (opérations « Author »).

SAS et des *Jedburgh,* l'aide qu'ils ont apportée à la 3ᵉ armée US, sont globalement relatées par l'armée américaine dans un volumineux rapport du *War departmental special staff - Historical division* : « *French Forces of the Interior 1944 - FFI. Activities of special interest. Section 1 Brittany* ». Archives nationales. Ce document de 400 pages est un coup d'œil extérieur instructif sur la résistance bretonne.

(27) Commandant la 383ᵉ escadrille du 362ᵉ escadron. Morrison sera récupéré indemne. Le Grand (A.), Le Berre (A.) - *op. cit.,* p. 500

(28) Dont le peloton du Lieutenant R. D. Dawn.

(29) les Allemands rescapés seront finalement capturés par la 6ᵉ division blindée.

La randonnée du *15th Cavalry* dans les Côtes d'Armor

Le nettoyage des poches allemandes

11 et 12 août

Le *15th Cavalry*, qui a roulé de nuit, exécute sans difficultés la nouvelle mission. Le génie a fort à faire pour nettoyer la grande plage de Saint-Michel-en-Grève et ses abords abondamment truffés d'obstacles et de mines (30). Près de 600 prisonniers sont ramassés durant ces deux journées, la plupart à porter au crédit des FFI du secteur de Lannion/Ploumanac'h.

Le capitaine Nelson, officier de renseignements de la TF A, parti à la tête d'une section pour localiser les poches ennemies, essaie vainement d'obtenir la reddition du point d'appui allemand isolé de Penvénan (31). Un millier d'Allemands occupent encore la côte, de Tréguier à Paimpol.

13 août

Les trois premiers LST arrivent vers **12 h 00** et s'échouent sur les plages de Saint-Michel-en-Grève, déversant leur cargaison dans de longues colonnes de camions à la silhouette désormais familière aux Bretons, les GMC.

Les missions inopinées ne manquent pas, mais la *Task Force A* demeure très réactive. Enfourchant leurs montures, les cavaliers du *15th Cavalry* s'enfoncent cette fois dans le Centre-Bretagne, à la recherche de groupes d'Allemands isolés qui tenteraient, d'après des sources françaises, de gagner Brest et Lorient. Une reconnaissance menée sur l'itinéraire Morlaix-Carhaix-Rostrenen-Callac ne donne aucun résultat. De même source, des informations font état de mouvements ennemis visant à reprendre Lannion, information qui se révélera également inexacte.

Le général Middleton songe alors à renvoyer la TF A à Saint-Malo, où d'âpres combats se poursuivent. Le colonel Eon parvient à l'en dissuader : la cavalerie des États-Unis a encore du travail à effectuer dans le nord-est des Côtes d'Armor, aux côtés des FFI dépourvus d'armes lourdes et de blindés. Il est en effet nécessaire de nettoyer les points d'appui allemands qui bloquent l'estuaire du Trieux et les atterrages Ouest de la baie de Saint-Brieuc.

Middleton et Eon conviennent alors d'un accord. Les FFI attaqueront avec l'assistance américaine, cependant il n'y aura pas de commandement commun *(joint command)*, Middleton y est opposé et le rappelle à Earnest. Chacun agira de son côté avec partage du profit de l'aventure : les prisonniers seront remis aux Américains, les FFI conserveront les armes et les équipements récupérés (32). Cet accord bancal et plutôt ambigu, prévoyant deux commandements séparés, sera reconduit dans la presqu'île de Crozon, avec les avatars que nous verrons.

14 août

La mission de réduire le secteur de Tréguier est confiée au *15th Cavalry*. Quittant Callac au petit matin, le régiment mécanisé remonte jusqu'à Bégard, établit une ligne de sécurité de Lanvollon à Lannion, tandis que d'autres éléments en formation de combat progressent vers Tréguier.

L'attaque générale de cette localité, où 350 Allemands sont retranchés, débute vers **16 h 00** et s'achève dans la soirée (33). Le nettoyage de la ville a été difficile. Artillerie et USAAF ont dû entrer en action pour soutenir les 300 FFI du colonel Passy (34). La menace allemande n'existe plus désormais qu'autour de Lézardrieux et de Paimpol.

15 et 16 août

Le **15 août**, en début d'après-midi, débute l'investissement de Lézardrieux. Les routes menant à l'agglomération sont minées. Après de durs accro-

(30) Opérations qui entraînent des blessés. Une centaine d'obstacles devront être détruits.

(31) Reddition refusée par Paimpol.

(32) Blumenson (M.). *op. cit.*, p. 559 - JMO EM FFI Bretagne. Officiellement, le général Middleton redoutait de fortes pertes dans les rangs des FFI, peu préparés au combat d'infanterie.

(33) 130 Allemands ont été capturés mais un bon nombre se sont échappés vers l'est.

(34) Chef d'état-major du colonel Eon. Le colonel Dewavrin, alias *Passy*, est l'organisateur et le chef du BCRA de la France Libre.

A Roscoff, des Russes du 629e bataillon de l'Est, anciennement cantonné à Lannion, sont capturés par le capitaine Parker. La plupart sont ivres. (Coll. Parker.)

chages, les chars légers du *15th Cavalry* et le *3rd/330th Infantry* viennent à bout de la résistance allemande vers **19 h 00**.

Le lendemain, la côte située entre le Jaudy et le Trieux est nettoyée, Pleumeur-Gautier libérée, les points d'appui de Pleubian et de Lanmodez éliminés. En fin d'après-midi, la batterie lourde de 203 sur voie ferrée de Plounez, près de Paimpol, « ramollie » par l'USAAF, est capturée sans difficulté par les FFI (35). Bombardé par les chars-obusiers M8 (les « épouvantails »), le gros point d'appui de l'Ile-à-Bois qui barre l'entrée du Trieux se rend, 730 Allemands sont capturés.

17 août

Les derniers soldats allemands présents dans les Côtes d'Armor se cramponnent encore à Paimpol, à la pointe du Guilben. Ils disposent d'installations défensives mais le moral est bas, tant la situation est désespérée. Vers midi, toute résistance organisée a cessé dans le département.

En prélude à l'assaut de Brest : la réduction de la presqu'île de Plougastel-Daoulas

Les activités du 18 au 25 août

Après sa campagne de quatre jours dans les Côtes d'Armor (9 tués, 36 blessés, près de 1 600 prisonniers), le *15th Cavalry* revient en Finistère le **18 août** relever le *17th* à Morlaix. Il y laisse quelques éléments puis s'en va bivouaquer près de Landivisiau et assurer des patrouilles le long de l'Elorn, jusqu'à Landerneau.

Le **20 août**, pour le *15th Cavalry* toujours sur la brèche, une nouvelle mission offensive est décidée. Il participera à la réduction de la presqu'île de Plougastel-Daoulas, au sein d'une importante *Task For-*

ce créée pour la circonstance, la TF B, placée sous le commandement du général van Fleet, commandant en second de la 2e division d'infanterie. La TF B va, comme nous le verrons, briser l'anneau défensif de la *Festung Brest* (cf. chapitres 10 et 11).

Le *17th Cavalry* quadrille le centre-Finistère par le Faou, Châteaulin, Peyben, Brasparts, Saint-Rivoal, Sizun, pousse au Sud jusqu'à Douarnenez. Le raid allemand sur Brasparts le **16 août** est probablement à l'origine de ces patrouilles intensives, mais aucun ennemi n'est repéré. Les Allemands sont cette fois contenus, notamment dans la presqu'île de Crozon, par les FFI/FTP du Centre et Sud-Finistère, derrière une ligne générale Trégarvan, Ménez-Hom, Saint-Nic.

Du 26 au 28 août :
le départ vers la presqu'île de Crozon

Le **26 août** au matin, le *17th Cavalry* fait mouvement vers la presqu'île (36).

La participation au nettoyage du secteur de Plougastel, est achevée le lendemain pour le *15th Cavalry*. Il n'a pu aborder la presqu'île par l'ouest, compte tenu de la résistance allemande autour de la cote 63 Pennanéac'h - Tanguy - Bréleis et rallie l'escadron jumeau le surlendemain, **28 août**.

Qu'en est-il de la presqu'île de Crozon, de la situation militaire sur place ? Comment sera réalisée sa réduction qui ne s'achèvera que le 19 septembre par la capture du général Ramcke, près de la pointe des Espagnols ?

(35) Batterie 1272 de l'armée, portée 38 km. Ses pièces avaient été en fait sabordées le 5 août, sur ordre de la 266e division d'infanterie, au grand dam du haut commandement allemand.

(36) Où il établit un écran de reconnaissance s'étirant de Kergonan vers Saint-Gildas, le café de Launay, Gorré Toulhoat, Kerrot, Le Rest, Dinéault et Concily.

Le colonel Eon, à gauche, avec ses hommes et un prisonnier allemand après le combat de Kérien au sud de Guingamp le 5 août. (SEAC.)

Ci-dessus : A Kérien, maquisard et officiers du BCRA (Bureau Central de Renseignement et d'Action). On aperçoit sur la manche de l'officier de gauche l'insigne des unités parachutistes britanniques représentant Bellérophon qui chevauche Pégase. (SEAC.)

Ci-dessous : Le chef d'état-major du colonel Eon, le colonel Dewavrin (au centre en uniforme), alias *Passy*, organisateur pendant la guerre du BCRA en Grande-Bretagne. (SEAC.)

7

La ligne extérieure de défense
Le glacis

Insigne de la 2ᵉ division parachutiste *(2. Fall-schirm-Division)* vu dans les environs de Brest en juin 1944. Il est identique à celui porté par la brigade de parachutiste de Ramcke en Afrique du Nord.

Le commandement allemand a pris en compte, dès les premiers mois de l'année 1944, une attaque possible de la Forteresse venant de l'est, par conséquent par voie de terre. Il s'organise en conséquence et met en place progressivement, bouclant le glacis, une ligne extérieure de défense. Elle est déployée depuis la Pyrotechnie de Saint Nicolas au sud-est jusqu'au fort du Mengant au sud-ouest de la Forteresse. **(Carte n° 6.)**

Cette ligne n'est pas continue mais repose sur un certain nombre de points d'appui savamment fortifiés, situés en périphérie ou en profondeur. On en compte 80 environ. Un bourg peut constituer un point d'appui, Kerhuon et Bohars par exemple, une batterie de la *Flak* également et elles sont nombreuses comme on l'a vu précédemment. Ailleurs ce sera un hameau, citons Kervao en Guipavas et

Kerallan en Guilers, ou bien encore un ancien fort tel que ceux de Penfeld et du Questel.

Leur défense a été confiée le **11 août** aux parachutistes de la 2ᵉ division du général de division Hermann Bernhard Ramcke dont le nom restera à jamais attaché à l'histoire contemporaine du Finistère. Les parachutistes y encadrent un certain nombre d'unités appartenant aux Armées de Terre, Air et Mer. Ramcke est théoriquement subordonné au général Fahrmbacher, commandant du 25ᵉ corps d'armée. Ce dernier s'est replié à Lorient où il poursuivra la lutte jusqu'au mois de mai 1945. En réalité, le parachutiste n'en fera qu'à sa tête.

La 2ᵉ division parachutiste

Un peu d'histoire. La division (1) a été mise sur pied par Ramcke, alors général de brigade, au cours des mois de février, mars, avril et mai 1943, à Auray, dans le sud de la Bretagne. Les parachutistes utilisaient les camps de Meucon et de Coëtquidan. (2)

Ramcke a constitué sa division à partir des éléments de la brigade parachutiste qu'il commandait, l'année précédente, dans le secteur d'El Alamein en Cyrénaïque. Elle a fait par la suite mouvement vers le sud de la France afin de parachever son entraînement.

Le mois d'octobre a vu son premier engagement devant Rome. Ramcke, gravement malade, a laissé son commandement au général de brigade Barenthin. La division a ensuite participé, au cours de l'hiver suivant, aux combats meurtriers de Jitomir, Kriwoi-Rog, Korsun et Kichinev, villes situées dans le sud de l'Union Soviétique. Les parachutistes étaient 6 000 au départ de Rome. 390 rescapés, avec à leur tête le colonel Hans Kroh dont on reparlera dans ces lignes, ont rejoint le terrain d'entraînement de Cologne-Wahn au mois de **mai 1944**. (3)

Elle a été immédiatement reconstituée en faisant appel au volontariat de jeunes Allemands et Autrichiens. Ils sont pour la plupart nés en 1925-1926 et sont par conséquent âgés de 18 ou 19 ans. Ramcke a repris le commandement de la division et l'ordre lui a été donné le **12 juin** de diriger ses unités vers la Bretagne où l'on s'attend à une opération aéroportée alliée. Les unités y ont été acheminées tant bien que mal. Leur entraînement a immédiatement commencé.

Ramcke, 55 ans, originaire du Schleswig, dans le nord de l'Allemagne, est un remarquable chef de guerre. Matelot avant la Première Guerre mondiale,

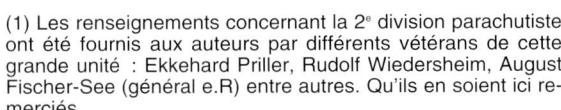

(Coll. E. Priller.)

(1) Les renseignements concernant la 2ᵉ division parachutiste ont été fournis aux auteurs par différents vétérans de cette grande unité : Ekkehard Priller, Rudolf Wiedersheim, August Fischer-See (général e.R) entre autres. Qu'ils en soient ici remerciés.

(2) *Der Landser-Grossband*, im Erich Pabel Verlag KG, 7550 Rastatt, n° 346, Jahr 1974, p. 43.

(3) Kammann (W.), *Die Geschichte des Fallschirmjäger-Regiment 2, 1939 bis 1945*, éditée par Werner Ewald et Arnold von Roon, Dortmund 1986, p. 160.

Sous le regard des enfants rendus curieux par l'activité inhabituelle, les parachutistes du général Ramcke arrivent en Bretagne au cours du mois de juin 1944 après la reconstitution de la 2e division en Allemagne suite aux terribles combats sur le front de l'Est. Un jeune parachutiste profite d'un instant de repos pour acheter du ravitaillement près de la gare. On remarquera sa veste de saut camouflée enfilée par-dessus l'uniforme et qui s'arrête à mi-cuisse. (ECPArmées.)

fusilier-marin au cours de cette dernière qu'il termine avec le grade de lieutenant, il est intégré comme capitaine dans « l'armée des 100 000 hommes ». (4) Il est colonel en 1941 et saute sur la Crète à la tête du régiment d'assaut parachutiste, le *Fallschirmjäger-Sturm-Regiment* du général de brigade Meindl qu'il remplace du fait de la blessure de ce dernier. La réputation de Ramcke grandit. Puis il commande une brigade en Cyrénaïque. Son destin se confond ensuite avec celui de la 2ᵉ division, il ne participera pas à la défense de Rome et ne fera qu'une courte apparition sur le front de l'Est.

Ramcke est l'officier général le plus populaire de l'arme parachutiste. Il est devenu, le **6 avril 1944**, le 443ᵉ militaire de la *Wehrmacht* à recevoir « les feuilles de chêne ». À la fin du siège, la plus haute distinction allemande « avec épées et diamants » lui sera attribuée. Elle compte 27 titulaires. C'est également un caractère. Répondant à un ordre de Hitler qui enjoignait aux commandants d'unité de sa division d'exécuter immédiatement tout commando capturé en Bretagne, Ramcke dira : « *Moi, général de division Hermann Bernhard Ramcke, ordonne que cet ordre n'est pas valable dans ma division.* » (5) Il avait également fait un geste en faveur des habitants d'Auray alors qu'il y était stationné en 1943, en faisant libérer huit pères de familles nombreuses, prisonniers en Allemagne. (6) Geste d'humanité ou démagogie ? On verra par la suite que ces deux épisodes ne résument pas entièrement le cas Ramcke.

La division, repliée depuis les Montagnes d'Arrée, est à pied d'œuvre devant Brest depuis le 10 août. Elle est incomplète et manque en particulier d'artillerie lourde. Les effectifs seront estimés à 6 741 hommes à la fin du mois de juillet, répartis en 56 compagnies de 120 hommes. (7)

Les régiments et bataillons de la division

La division est réduite à Brest à deux régiments de chasseurs-parachutistes, les 2ᵉ et 7ᵉ régiments. Les cadres officiers et sous-officiers sont en règle générale très jeunes. Le 6ᵉ régiment du commandant von der Heydte combat en Normandie.

Le colonel Kroh a commandé le 2ᵉ régiment jusqu'au **10 août**. Il a remplacé Ramcke lorsque ce dernier a pris, deux jours plus tard, le commandement de l'ensemble des troupes qui défendent Brest et la presqu'île de Crozon. Hans Kroh, 37 ans, originaire de Heidelberg dans le Palatinat, est particulièrement estimé de la hiérarchie. Il a pris part à toutes les campagnes de la *Wehrmacht* : Pays-Bas, Crète, Russie, El Alamein. Il a par conséquent une grande expérience du combat. Il a été remplacé à la tête du régiment par le commandant Karl Stefan Tannert, 34 ans, originaire de Haute Silésie. Brillant combattant, il a participé à toutes les campagnes au même titre que son prédécesseur dans le poste.

Ce régiment, incomplet, compte deux bataillons au lieu de trois : le *II./2* commandé par le commandant Werner Ewald, le *III./2* du capitaine Herbert Kirsten. Le *I./2* se trouve à Saint-Malo ainsi que le *III./7* sous les ordres du lieutenant-colonel Rolschewski depuis le mois de juillet. Ce dernier a en effet mis sur pied une unité, le « *Kampfgruppe* Rolschewski », sur l'ordre de Ramcke le 1ᵉʳ août. En font partie : le *I./2,* du capitaine Kiebitz, la 3ᵉ batterie de la division du capitaine Kaese. Leur seront adjoints par la suite deux bataillons de sécurité formés de convalescents. Le régiment a été engagé successivement à Dinan, Dinard et Saint-Malo. (8)

Le 7ᵉ régiment est sous les ordres du lieutenant-colonel Erich Pietzonka, 38 ans, originaire de Silésie.

L'*Oberst* (colonel) Hans Kroh, commandant du 2ᵉ régiment parachutiste avant de succéder au général Ramcke à la tête de la 2ᵉ division parachutiste le 13 août 1944.

L'*Oberst* Erich Pietzonka, commandant du 7ᵉ régiment parachutiste.

Il a pris part aux campagnes précitées. Deux bataillons également dans ce régiment : le *I./7* du capitaine Reino Hamer et le *II./7* du commandant Fritz Becker.

Les officiers suivants sont à la tête des autres unités de la division :

– le commandant Ernst Mehler : le bataillon de transmissions,

– le médecin-commandant Müller : le bataillon médical,

– le commandant Siegfried Gertsner : le bataillon du génie. C'est un Bavarois, âgé de 28 ans, il compte déjà deux blessures au combat,

– le capitaine Kemnitz : le bataillon de chasseurs de chars, présent au nord et au nord-ouest de Brest dès la seconde quinzaine de juin avec le *II./7* de Becker, (9)

– le colonel Winkler : le régiment d'artillerie de la division. Seul le Iᵉʳ groupe se trouve à Brest. Il compte deux batteries et il est sous les ordres du capitaine Sima. Rappelons que la 3ᵉ batterie participe à la défense de Saint-Malo sous les ordres du capitaine Käse.

Des fantassins, des marins, des aviateurs, des compagnies de la « Todt » et d'ouvriers de l'Arsenal ont été incorporés dans le dispositif.

Les fantassins

Ils appartiennent pour la plupart d'entre eux à la 343ᵉ division, présente en Bretagne depuis le mois de **décembre 1942**. Rappelons qu'elle comprend trois régiments d'infanterie : le 851ᵉ, 852ᵉ et 898ᵉ, auxquels ont été rattachés des supplétifs originaires de l'est de l'Europe, des Russes en particulier. (10) Il faut y ajouter les rescapés du « chaudron de Plouvien », à savoir les éléments de la 266ᵉ division du général Spang qui ont réussi à gagner Brest vers le **9 août**. Ils sont au nombre de 500 environ.

Tout en poursuivant son entraînement, la 2ᵉ division parachutiste de Ramcke participe à la défense du littoral breton comme l'illustre ces deux clichés. Sa présence dans le Finistère a également pour but de s'opposer aux parachutages alliés que le commandement allemand redoute dans cette région. (ECPArmées.)

Des fantassins de la 343ᵉ division ont précédé les parachutistes dans le glacis, dès le mois de **juillet** : il s'agit des bataillons *I./851* certainement, *III./851* et *III./852* très probablement. (11) Les emplacements des différentes compagnies ne sont pas précisés. On note cependant que des éléments des 851ᵉ et 852ᵉ régiments seront récupérés par les Américains qui attaqueront depuis l'est de la ville, la 29ᵉ division US devant capturer des éléments

des 852ᵉ et 898ᵉ régiments à l'ouest. Le *I./898*, quant à lui, est probablement resté sur la presqu'île de Crozon. Le *III./898* a rejoint la Normandie avec le groupe Rembach (12), les *II./851* et *I./852* ont été déplacés à Guérande et à Saint-Nazaire et sont désormais subordonnés à la 265ᵉ division. Les *II./898* et *II./852* sont, selon le plan de défense élaboré au mois de mars, déployés à l'intérieur de la Forteresse. Chaque régiment a par conséquent été amputé d'un bataillon. Toutes Armes et Services confondus, l'Armée de Terre compte en tout 11 444 hommes selon Willi Kammann.

Ramcke a expédié Rauch défendre la presqu'île de Crozon. Ce dernier a installé son PC à Morgat. (13) Hans Baumann, qui avait la responsabilité du glacis, a été déplacé à Plougastel. Commandant du 851ᵉ régiment d'infanterie, on peut supposer qu'il a organisé sa défense avec les moyens de l'un de ses bataillons. Le colonel von der Mosel devient le chef d'Etat-Major de Ramcke. Le commandant Abermass est maintenu à la tête de la *Kommandantur* dont les locaux sont situés au premier étage de la caserne Guépin, rue de Lyon à Brest. (14)

Le *Generalleutnant* Erwin Rauch, commandant de la 343ᵉ division d'infanterie allemande. (Coll. J. Charita.)

(4) Fraschka (G.), *L'Honneur n'a pas de frontières*. Editions France Empire, p.181-193.

(5) Kammann (W.), *op. cit.* Il s'agit de l'ordre n° 003830/42 g. Kdos/OKW/W Fest.1 du 18 octobre 1942. Les parachutistes du 2ᵉ RCP largués sur le Morbihan au mois de juin/juillet 1944 ont malheureusement pâti de cette mesure. Cf. Le Grand (A.), Le Berre (A.), *op. cit.*, p. 403.

(6) *Der Landser*, *op. cit.*, p. 43.

(7) L'organigramme de la division figure en Annexes.

(8) Kammann (W.), Der Weg der 2. Fallschirmjäger-Division, p. 92-93. Legrand (A.), Le Berre (A.), *op. cit.*, p. 330.

(9) Ramcke (H.), *op. cit.*, p.25.

(10) Le Grand (A.), Thomas (G. M.), *op. cit.*, p.167 et Le Grand (A.), Le Berre (A.), *op. cit.*, p. 332.

(11) Commandant Even, *op. cit.*, p. 325.

(12) *Ibid.*, p. 313 et 328.

(13) Le Grand (A.), Thomas (G.M.), *op. cit.*, p. 169.

(14) Kervern (A.), *Le Siège de Brest à Lambézellec*, Librairie Lebreton Brest 1950, p. 64.

Saut d'entraînement des parachutistes de la *2. Fallschirm-Division*

Terriblement éprouvée lors des combats de l'hiver précédent sur le front de l'Est, la 2e division parachutiste a été remise sur pied en intégrant de nombreux jeunes Allemands qui ont reçu leur brevet de parachutisme. Après une mise en condition physique adéquate, les hommes ont dû effectuer six sauts à une altitude de plus en plus basse (de 400 à 100 mètres) pour obtenir leur qualification parachutiste. A la différence du parachutiste allié qui était en position semi-assise dans ses sangles pendant sa descente, le parachutiste allemand était tenu dans le dos par un seul point de fixation au niveau de la taille, empêchant l'homme de contrôler sa chute et provoquant de nombreuses oscillations. De plus, le parachute standard allemand RZ 20 avait une voile de faible portance, ce qui entraînait une descente rapide. La réception au sol était de ce fait très rude et explique les protections dont sont dotées les hommes, notamment des genouillères. On remarquera également sur le soldat assis les bottes de saut réglementaires se laçant sur le côté.

Une fois à bord de l'appareil (ici un bombardier Heinkel 111), les hommes fixent le mousqueton de leur sangle d'ouverture automatique à un câble tendu dans l'avion. Cette sangle reliée à l'enveloppe du parachute permettra l'ouverture de ce dernier une fois l'homme sorti de l'avion. Dans l'appareil, les visages laissent deviner la bonne humeur mais aussi l'appréhension qui étreint les individus avant le saut. (Coll. E. Priller.)

La *2. Fallschirm-Division* en Bretagne

Pour les besoins de la propagande, un reportage a été réalisé à l'occasion d'une visite du général Ramcke à une section à l'entraînement de la 2e division parachutiste. Ramcke est alors l'officier le plus populaire de l'arme parachutiste et pour le commandement allemand qui ne sait pas encore où les Alliés vont débarquer, la présence de sa division doit les convaincre que la Bretagne est fortement défendue. Les hommes ont reçu un équipement neuf : vestes de saut camouflées et casque de saut dépourvu de couvre-nuque. Tous portent à la ceinture des cartouchières et l'étui d'un Lüger, pistolet qui est l'une des rares armes avec laquelle ils sautent, les fusils et l'armement collectif étant largués séparément dans des gaines. On remarquera la jeunesse de ces soldats tout juste sortis de l'adolescence, ainsi que l'admiration très visible que leur inspire Ramcke qui arbore ses décorations : la Croix de fer de 1re classe de 1914 avec l'agrafe 1939, son brevet parachutiste obtenu en août 1940 et représentant un aigle en piqué, l'insigne des blessés en or ainsi que l'insigne de combat terrestre de la *Luftwaffe* (les parachutistes allemands dépendaient en effet de l'Armée de l'Air et non de l'Armée de Terre). (ECPArmées.)

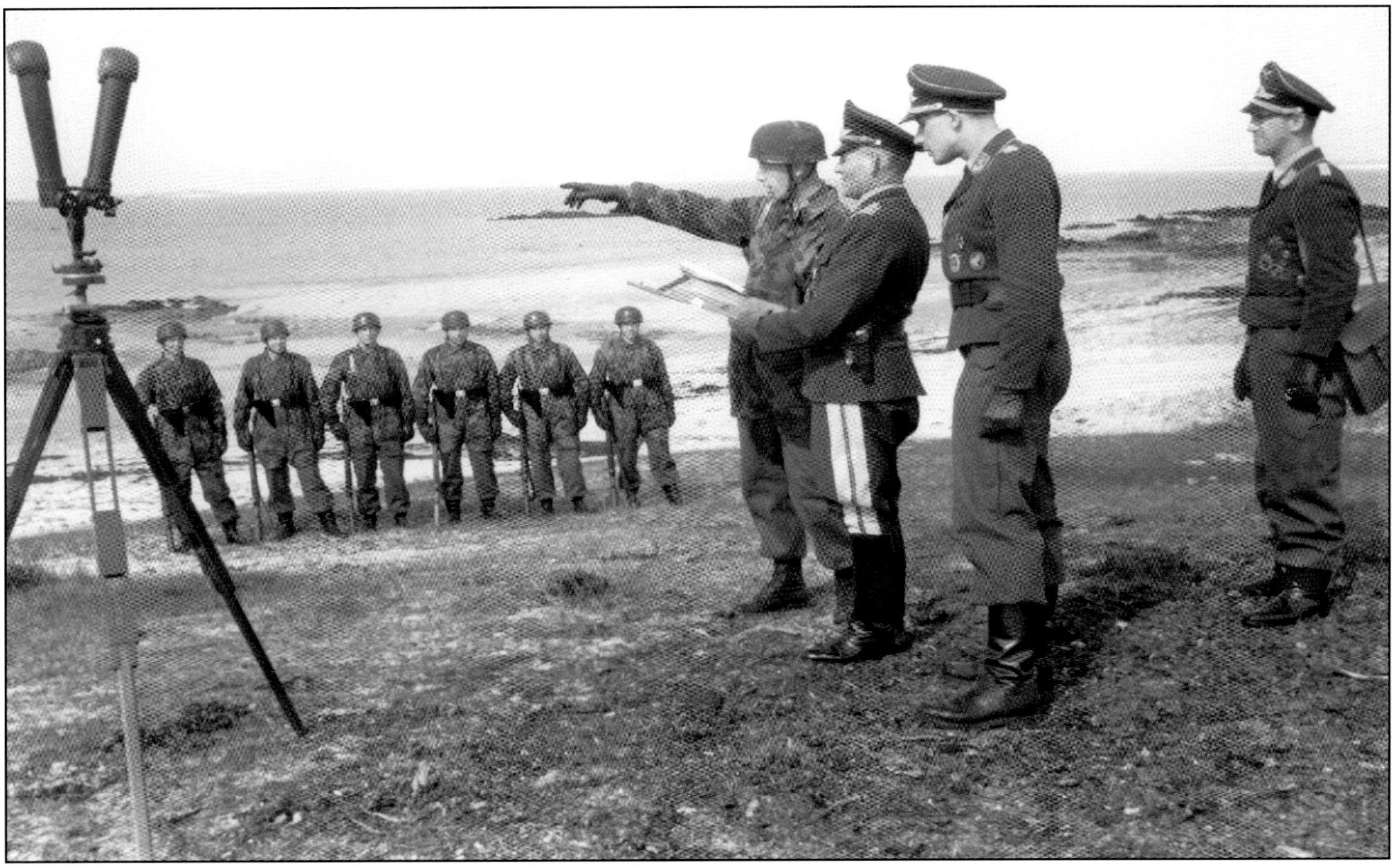

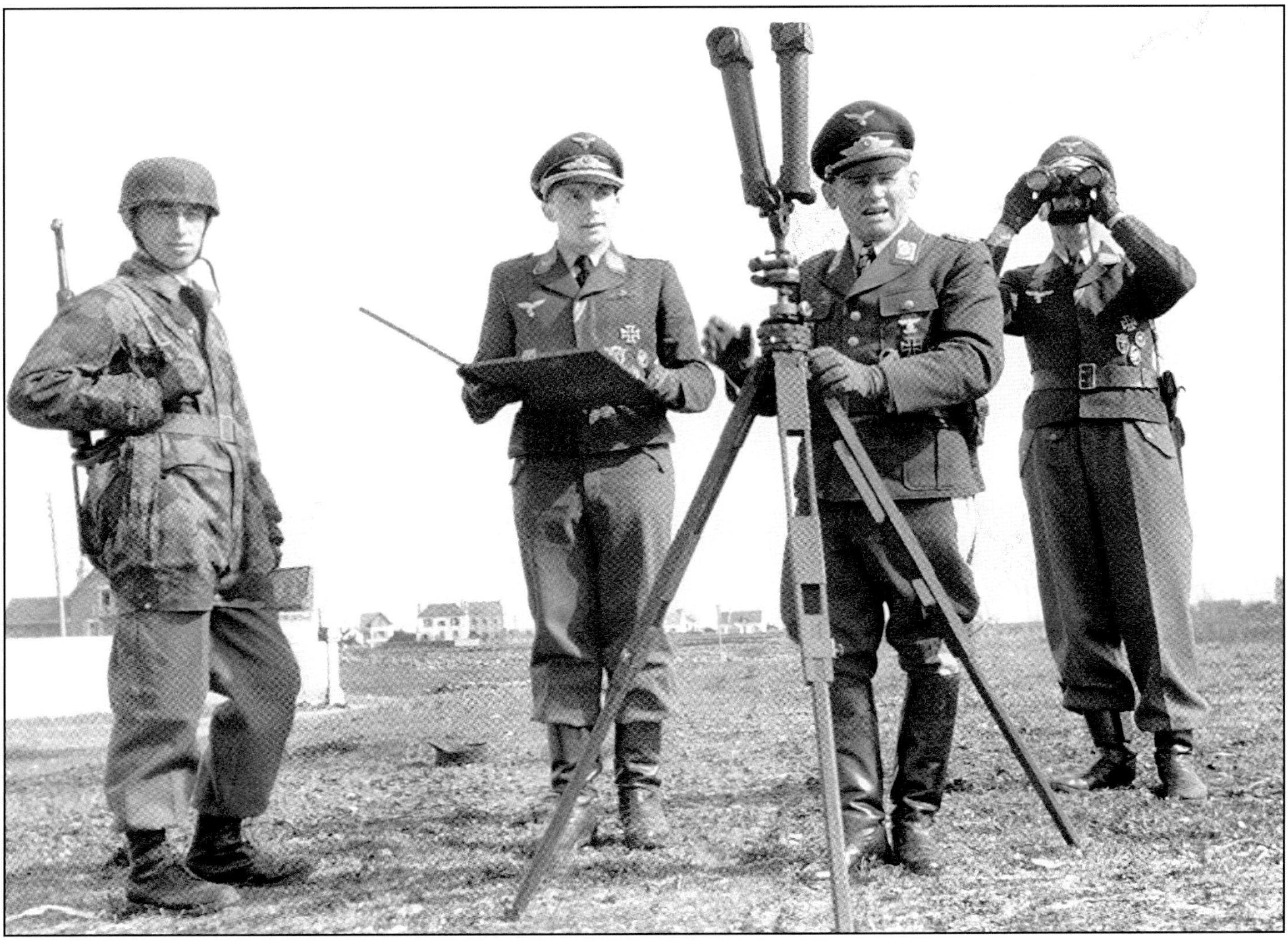

L'infanterie allemande

La plupart des soldats d'infanterie qui vont se battre dans le secteur de Brest en août et septembre 1944 appartiennent à la *343. Infanterie-Division.* Ils sont renforcés par des éléments de la *266. Infanterie-Division* qui ont pu rejoindre à temps la ville en se glissant à travers les colonnes de la 6e division blindée américaine et de la *Task Force A*. Cette série de clichés a été prise lors de l'arrivée de la division en Bretagne en juillet 1943 et lors de l'installation qui a suivi. (Le Doaré Archives.)

1. Comme l'indiquent les insignes peints sur les ailes des voitures qui arrivent par voie ferrée, les véhicules ont probablement été cédés par la 371e division qui occupe un secteur voisin.

2. Une section du 898e régiment dans un village typiquement breton. A gauche, les officiers discutent entre eux. Le sous-officier tenant ses mains dans le dos semble surveiller la troupe.

3. Des véhicules circulent sur le quai Carnot à Châteaulin, face au pont enjambant l'Aulne. Les panneaux routiers fixés au-dessus de la porte cochère indiquent les directions de Quimper, Crozon et Douarnenez.

4. A un carrefour, un camion chargé d'armes et d'équipements militaires : mitrailleuse MG 34 approvisionnée montée sur pied, fusils Mauser, baïonnette, poncho et toile de tente camouflés, gamelles…

5. Un sous-officier et un soldat posent à côté de leur Kübelwagen devant une grange bretonne. Tous deux sont des vétérans du front de l'Est où ils ont reçu la Croix de fer de 2e classe.

6. Tank factice en bois destiné à l'instruction au combat antichar. Le souci du détail a été poussé jusqu'à représenter le train de roulement sur les côtés. Noter la cocarde française peinte sur la tourelle et destinée à identifier « l'ennemi ».

7 et **8.** La 343e division comprend deux bataillons composés de troupes de l'Est. Ici, deux Caucasiens posant avec leur pistolet-mitrailleur MP 40.

La ligne de défense extérieure

La première ligne à défendre ceinture la ville de Brest à une distance de 4 à 7 kilomètres du centre de la Forteresse. Le 7e régiment parachutiste du lieutenant-colonel Pietzonka est responsable de l'ensemble du secteur Est et Nord depuis la Pyrotechnie de Saint Nicolas jusqu'à Tromeur à l'est de Bohars. Il a articulé sa défense autour de trois bataillons parachutistes, à savoir le bataillon de sapeurs de Gerstner, le II./7 de Becker et le I./7 de Hamer. Il a installé son PC dans le bunker 27 de la place Wilson où nous le retrouverons lors de la reddition des troupes allemandes. Le PC avancé se trouve à Ty Ruz à la sortie Ouest de Guipavas.

Le 2e régiment du commandant Tannert est affecté à la défense nord-ouest et ouest de Brest depuis Bohars jusqu'à La Trinité. Les bataillons II./2 et III./2 parachutistes en sont l'épine dorsale. Le PC occupe les locaux de Fort Penfeld. La Penfeld démarque les zones de responsabilité des deux régiments.

Les presqu'îles de Plougastel et de Crozon sont également encloses dans un périmètre défensif moins élaboré. Celui du Conquet, plus conséquent, sera étudié en fin de chapitre.

Secteur Est et Nord

La ligne de défense est divisée, à l'est comme à l'ouest, en plusieurs secteurs.

La Pyrotechnie de Saint-Nicolas-Kerhuon

La ligne de défense prend naissance dans la Pyrotechnie de Saint Nicolas, établissement de la Marine très exposé, on le constatera rapidement. Les marins, qui sont affectés à sa défense, sont peu motivés.

A l'ouest de la Pyrotechnie, le bourg de Kerhuon est fortifié. Il est traversé par la voie ferrée Paris-Brest. La gare est entourée d'un réseau de barbelés particulièrement dense et d'un champ de mines. La 14e compagnie du 7e régiment, des chasseurs de chars, placée sous les ordres du sous-lieutenant Nagele, va défendre Kerhuon.

La ligne de défense monte ensuite au nord, épousant le côté ouest de la route encaissée qui mène de Kerhuon à Guipavas.

Là sont positionnés les aviateurs de la compagnie qui gardaient antérieurement l'aérodrome de Guipavas, ainsi que les sapeurs de Gerstner jusqu'à Runavel-Coatjestin. Ce dernier a la responsabilité de l'ensemble de ce secteur.

Son bataillon est fort de 950 hommes répartis en cinq compagnies, 800 d'entre eux sont des nouveaux venus et ont peu ou pas combattu. Les lieutenants Jenderzack, Müller et Roerig sont à la tête des 1re, 2e et 3e compagnies. Le sous-lieutenant Franke commande la 4e et le capitaine Graichen la compagnie d'Etat-Major. Le PC est installé à Runavel au sud-ouest du bourg de Guipavas. Derrière eux, les canons de 90 mm de Ménez-Toralan et plus loin à l'ouest ceux de Kermeur-Coataudon. Guipavas a été libérée le **12 août**.

Le Forestic

Vient ensuite le secteur du Forestic, situé entre la route de Paris et l'aérodrome. Il est aux mains de la Marine renforcée par des fantassins de la 266e division et des parachutistes chasseurs de chars.

Le terrain qui entoure la batterie est plat, les vues bien dégagées, la route Guipavas-Gouesnou passe à 200 mètres à l'est. Dénommée « batterie Domaine » par les Américains, elle est commandée par l'enseigne de vaisseau Berdau, on en reparlera longuement dans la suite de ce récit.

La ligne emprunte ensuite la route qui mène à Gouesnou en laissant l'aérodrome à droite. Il a été récemment labouré par des dizaines de charrues appartenant à des cultivateurs des environs, ceci afin d'interdire tout atterrissage aux avions ou aux planeurs alliés. (15) L'aérodrome est désormais vide de troupes allemandes. On pénètre ensuite dans le secteur Kervao-Bourg-Neuf/Fourneuf. Ici tout change, les défenseurs sont des parachutistes rescapés du II./7, placés sous les ordres du commandant Fritz Becker. Ce sont de redoutables combattants et ils le prouveront. Les Américains, quoique largement supérieurs en nombre, mettront huit jours à les neutraliser. Nous n'en sommes pas encore là, les Allemands continuent à aménager leurs défenses. Le II./7 est incomplet du fait des pertes essuyées à Huelgoat début août. Libéré par l'audacieux Lepkovski, on en reparlera, il comprend quatre compagnies : la 5e du lieutenant Wolf, la 7e du capitaine Max Herzbach et la 8e du lieutenant Loerzer. Le nom de l'officier commandant la 6e compagnie ne nous est pas connu.

Kervao est un village situé au sud de l'aérodrome il comprend une dizaine de fermes. Le point d'appui constitué est intercalé entre celui du Forestic et celui de Bourg-Neuf/Fourneuf. Il comporte des ouvrages en béton. Les cultivateurs du secteur ont été évacués.

Bourg-Neuf/Fourneuf

Le point d'appui enjambe la route Guipavas-Gouesnou et couvre les approches Nord-Est, Nord et Nord-Ouest de la ligne extérieure de défense, il peut prendre sous ses tirs aussi bien Penéty-Nevez, Keralénoc, Gouesnou que Kergroaz à l'ouest.

Le secteur est truffé de positions de combat enterrées et de tranchées d'où les Allemands peuvent observer chaque pouce de terrain tout en restant eux-mêmes parfaitement invisibles. La technique allemande est partout la même lorsqu'il s'agit de points d'appui constitués en rase campagne : quelques champs englobent des bâtiments de ferme fortifiés, chaque champ étant lui-même un mini camp retranché. Les *Fuchslöcher*, des « terriers de renards », sont des trous individuels ou bien à deux places creusés dans les talus. Ils protègent les tireurs des projectiles ennemis. Les fantassins américains devront réduire ces talus un à un par des tirs directs au canon puis à la baïonnette ou à la grenade. Ceci explique la lenteur de leur progression dans les premiers jours du combat, ils ne s'y attendaient pas.

La ligne laisse ensuite le bourg de Gouesnou au Nord, empruntant la rive sud du cours supérieur de la Penfeld. Kergroaz, à l'ouest de Fourneuf, ainsi que Mesmerrien et Roc'h Glaz avec leurs batteries dominent l'ensemble du secteur tenu par les parachutistes du I./7 du capitaine Reino Hamer. Reino Hamer, 28 ans, est originaire de l'Oldenburg au nord-ouest de l'Allemagne. Il s'est particulièrement distingué sur le Dniepr en Russie. Fin tacticien, les Américains auront à en pâtir. Il dispose de quatre compagnies : la 1re du capitaine Berger, la 3e du capitaine Danner, la 4e du capitaine Jakob. (16) Le nom de l'officier commandant la 2e compagnie ne nous est pas connu.

---

(15) Henensal (M.), *Dans l'Enfer Brestois*, Les Abers-Henensal, p. 20.

(16) Il semblerait que Reino Hamer ait participé avec quelques autres, dont Erich Lepkovski et Hans Kroh, à la formation de la *Bundeswehr*, la nouvelle armée allemande, à la fin des années 50.

Kergroaz est bien protégé par les murs de son manoir, le village résistera longtemps aux assauts de la 8ᵉ division d'infanterie américaine.

Mesmerrien

Au sud de Kergroaz, la batterie de Mesmerrien est commandée par l'enseigne de vaisseau de 1ʳᵉ classe Franz Lübben. Les artilleurs sont logés dans la caserne de Pontanézen située non loin de la batterie. Ils soutiendront très efficacement les parachutistes de Bourg-Neuf/Fourneuf et de Kergroaz.

Roc'h Glas

Quoique situé sur un plateau à deux kilomètres au nord de Lambézellec, Roc'h Glaz est plus à découvert. L'enseigne de vaisseau de 1ʳᵉ classe Rothenpieler commande la batterie qui sera rapidement neutralisée.

Pietzonka, en charge de tout le secteur depuis la Pyrotechnie jusqu'à Roc'h Glaz, estime à 11 000 hommes le nombre de défenseurs de toutes armes et services dont il dispose aussi bien en périphérie qu'en profondeur.

Secteur Ouest

Franchissant la Penfeld à l'ouest, nous arrivons dans le secteur du 2ᵉ régiment parachutiste, plus particulièrement dans celui du bataillon *II./2*, du commandant Werner Ewald qui a disposé les 6ᵉ et 5ᵉ compagnies d'est en ouest depuis Bohars jusqu'à Guilers, occupant également Bohars ar Hoat et Poulrinou. La première est sous les ordres du lieutenant Konrad Hartmann, la seconde du lieutenant Erich Lepkovski. Les compagnies sont renforcées par la 2ᵉ section de la 16ᵉ compagnie, la compagnie d'éclairage du régiment. Commandée par le lieutenant Schäfer, elle est positionnée dans une carrière près de Bohars et armée de canons de 20 mm.

Le capitaine Reino Hamer, commandant du Iᵉʳ bataillon du 7ᵉ régiment parachutiste, en discussion avec le général Ramcke à Brest. Il recevra la Croix de chevalier de la Croix de fer en plein combat le 5 septembre 1944.

Exemple d'abri creusé dans le sol derrière la banquette d'un talus. Ce genre d'abris sommaires surnommés *Fuchslöcher* (trous de renard) par les Allemands se révélera très efficace au cours des combats. On devine derrière l'épaule du parachutiste encore dans le trou le bord de tôles ondulées qui servent à recouvrir l'abri. (DR.)

Werner Ewald, 30 ans, est originaire du Brandebourg. Il possède de brillants états de service tout comme ses homologues de la 2ᵉ division. Pologne, Hollande, Norvège, Crète, Russie etc. Il a été de tous les combats. Ewald a semble-t-il installé son PC dans le manoir de Kerampir, propriété de l'amiral Exelmans au sud-ouest de Bohars, bourg puissamment fortifié.

Kerognant

La batterie de Kerognant est située au sud-ouest du bourg de Bohars et à un kilomètre au nord de Penfeld. La batterie est dominée au nord par la ligne de crêtes qui s'étend entre Créac'h Bellec et Pen-ar-Valy, ce dont profiteront les Américains. Elle est commandée par l'enseigne de vaisseau de 1ʳᵉ classe Max Trinkle et défendue par les hommes de Lepkovski.

À partir de Guilers, la ligne s'infléchit vers le sud-ouest, englobant Kerjean et sa batterie, les fermes de Kerallan et de Mézer-Braz, puis le bourg de Plouzané, la colline de Coz Castel, la Trinité et termine sa course au fort du Mengant qui donne sur le goulet de Brest.

Les forts de Toulbroc'h et du Minou ne sont pas inclus dans la ligne de défense proprement dite mais constituent deux points d'appui autonomes. Il existe bien entendu des avant-postes répartis entre Plouzané et Toulbroc'h.

Kerjean-Kéroual

La batterie de Kerjean est située de part et d'autre de la route qui descend de Guilers à Saint Pierre, à environ 1,5 km de Guilers. La batterie est commandée par l'enseigne de vaisseau de 1ʳᵉ classe Erwin Bergheim.

Le secteur est tenu par les deux autres compagnies du II./2, avec d'est en ouest : la 7ᵉ compagnie du capitaine Werner Dygutsch et la 8ᵉ compagnie du capitaine Ewald Walkemeier.

A gauche de ces dernières, de part et d'autre de la route communale qui va de Saint Renan à la Trinité à la hauteur de Bodonnou-Trébaol, sont déployées trois compagnies du bataillon de chasseurs de chars parachutiste du capitaine Kemnitz.

Ce bataillon est à quatre compagnies, une compagnie d'Etat-Major et trois compagnies de combat : la 2ᵉ compagnie du lieutenant Gerd Mischke, la 3ᵉ compagnie du lieutenant Ebel. Le commandant de la 1ʳᵉ compagnie n'a pas pu être identifié.

Arrivée l'une des premières dans la région, la 2ᵉ compagnie était antérieurement cantonnée à Bourg Blanc, au nord de Brest, afin d'y parfaire sa préparation. Mischke, le capitaine de compagnie, est un Rhénan de 24 ans, il a connu entre autres la Crète, la Russie et l'Afrique du Nord. Pour accomplir leur mission, les chasseurs de chars disposent du *Panzerfaust*, une arme à usage unique propulsant une charge creuse, ainsi que du *Panzerschreck*, l'équivalent du bazooka américain, un lance-roquettes que les hommes dénomment « tuyau de poêle ». L'appareil mesure 164 cm, pèse 10,7 kilos et lance des fusées à ailette de 8,8 cm. Son efficacité est bien connue.

La ligne fait ensuite face à l'ouest, c'est-à-dire à la route Le Conquet-Saint Pierre, les Allemands n'excluant pas un débarquement américain depuis les plages de l'Iroise.

Plouzané-Coz Castel

Des défenses ont été aménagées dans le bourg de Plouzané. Il ne sera cependant pas la « *hard nut to crack* » dans ce secteur. La colline de Coz Castel (cote 103), située à environ 1,5 km à l'est du bourg, sera en revanche pendant quelques jours le cau-

chemar des Américains. Bien défendue, elle constitue un poste d'observation exceptionnel. A son sommet la vue est dégagée sur 360 degrés : elle domine, au nord, la route de Saint-Renan à Plouzané, à l'ouest et sud-ouest celle du Conquet, au sud on peut deviner les forts de la côte et à l'est enfin le regard porte sur l'ensemble de la partie Est de la Forteresse. Ramcke, en fin tacticien ne s'y est pas trompé : « *qui tient la côte 103 tient Brest* » a-t-il dit lors de sa première tournée d'inspection.

Et il déploie dans ce secteur, jusqu'à la Trinité, pas moins de quatre compagnies parachutistes du III./2 du capitaine Herbert Kirsten : la 12ᵉ du lieutenant Erwin Tolkien, la 13ᵉ du capitaine Loef, la 14ᵉ du capitaine Berndt et la 15ᵉ du lieutenant Backhaus. Ajoutons la 1ʳᵉ section de la 16ᵉ compagnie, la compagnie d'éclairage, ainsi que les deux pièces d'artillerie de 75 mm du sous-lieutenant Sattler.

Erwin Tolkien a la responsabilité de la défense de Coz Castel, rude tâche pour ce lieutenant qui a connu l'enfer de Russie comme beaucoup de ses camarades. Il a 408 hommes sous ses ordres, à savoir des parachutistes, des sous-mariniers ainsi que des jeunes appartenant à la *Standarte Feldherrnhalle*, âgés de 17 à 18 ans. Une *Standarte* est à l'origine une unité SA *(Sturmabteilung)*, les SA constituant les troupes de choc de Hitler avant sa prise de pouvoir. Ces jeunes ont reçu une formation militaire intensive mais du fait de leur jeune âge, Tolkien ne peut augurer de leur comportement lors des combats à venir. (17)

A gauche des parachutistes, entre le bourg de Plouzané et la route du Conquet, sont positionnés des éléments de la 343ᵉ division qui se replieront assez rapidement sur la Trinité. Au sud de la route sont engagés des marins devant soit opérer en rase campagne comme fantassins, soit mener des duels d'artillerie avec les Américains à partir des forts de la côte.

(17) Source inconnue, probablement un parachutiste de la 12ᵉ compagnie. La *Feldherrnhalle* était un édifice élevé à Munich au XIXᵉ siècle, qui sera transformé en monument évoquant les victimes nationales-socialistes lors du putsch manqué de Hitler le 9 novembre 1923.

L'*Oberleutnant* Gerd Mischke, chef de la 2ᵉ compagnie du groupe de chasseurs de chars de la division.

Les forts de la côte

Les forts de Toulbroc'h et du Minou constituent des points d'appui indépendants, les forts du Mengant et du Dellec sont englobés dans la ligne de défense extérieure ainsi que la batterie de la *Flak* de Kerdalaès.

Toulbroc'h

Le 262e groupe d'artillerie côtière a installé ses 3e et 7e batteries à Toulbroc'h. Le point d'appui est organisé de manière à faire face à toute attaque venant de l'intérieur : quatre tobrouks et nids de mitrailleuses contrôlent la route venant de Kervaer.

L'ancien fort lui-même, entouré de ses douves, constitue un nid de résistance armé de plusieurs mitrailleuses. Le terrain est creusé de tranchées permettant de rejoindre les postes de combat à couvert. L'ensemble est commandé par l'enseigne de vaisseau de 1re classe Sovelli, un Italien, qui affrontera durement les rangers américains dans les premiers jours de septembre.

Le Minou

Ce point d'appui, situé à un kilomètre à l'est, comprend le fort et le phare du Minou ainsi qu'une batterie d'artillerie côtière, la 2e batterie du 1274e groupe d'artillerie. Les Allemands, ainsi que les Américains, le dénomment plus volontiers Kerangoff.

Le capitaine de corvette Lemcke commande l'ensemble de l'artillerie côtière de Brest et du Finistère, son PC est installé dans le fort. Plus de cinquante fourriers et secrétaires en assurent l'administration. Deux casemates, abritant deux pièces de 75, ont été construites au-dessus du fort ainsi qu'un poste de direction de tir. Les anciens souterrains, qui relient le fort au rivage, sont aménagés en abris.

Le Mengant

Viennent ensuite, à l'est du Minou, le fort du Mengant et la batterie de la *Flak* de Kerdalaès. Le Mengant et Kerdalaès constituent le bastion Sud de la ligne de défense extérieure allemande.

Le Mengant est « aménagé en poste phare électrique ». C'est également un centre de transmis-

Cet intéressant document pris au cours des combats montre une équipe de chasseurs de chars parachutistes montant en ligne. L'homme de tête est fortement armé : il porte un *Panzerschreck* (équivalent du bazooka américain) sur l'épaule droite et tient de la main gauche un *Panzerfaust 30* (modèle ayant une portée de 30 mètres). De sa poche dépassent des manches de grenades. Derrière lui, un pourvoyeur transporte dans deux caisses les roquettes du *Panzerschreck*. (Atlantic.)

sions. Il sert de casernement aux artilleurs de Kerdalaes. La batterie commande également la mise à feu d'une rangée de mines électriques mouillées en travers du Goulet entre Kerdalaès et la Pointe de Cornouaille.

Le Dellec

Situé à un kilomètre environ à l'est du Mengant, le fort du Dellec sert de soutes de munitions. Il est défendu, faiblement, par des mitrailleuses et des pièces légères de 20 et de 40 mm. Au-delà, à deux kilomètres à l'est, on devine les batteries et le fort du Portzic inclus dans la Forteresse.

Le général Ramcke (2e à partir de la droite) en discussion avec des officiers chargés de la défense de la ligne extérieure en avant de Brest. « *Qui tient la cote 103 tient Brest* », dira Ramcke lors de sa première tournée d'inspection. (Coll. E. Priller.)

Nr. 112, Sonntag, 6. August 1944

NACHRICHTEN FÜR DIE TRUPPE

Die Amerikaner in Brest

Normandie-Truppen jetzt auch im Rückzug

Die Amerikaner haben in zwei blitzartigen Vorstössen im Westen die Atlantikküste erreicht und weiter im Süden der Loire.

Die ganze Bretagne mit allen U-Boot-Stützpunkten ist mit dem übrigen Frankreich abgeschnitten.

Rundstedt verteidigt Witzleben

Mit grösster Beschleunigung werden vom Volksgerichtshof die letzten Vorbereitungen für den Hochverratsprozess gegen zwölf Generale und Stabsoffiziere getroffen, die wegen ihrer Teilnahme am Friedensputsch des 20. Juli am Freitag von Ehrenhof des Führers aus dem Heer ausgestossen wurden.

Vorsitzender bei den Verhandlungen wird der Präsident des Volksgerichtshofs, SA-Brigadeführer Dr. Roland Freisler, sein. Nur der Tagungsort steht noch nicht fest.

Viel besprochen wird in Offizierskreisen die Teilnahme von

Rundstedt in der Zwickmühle

Generalfeldmarschall von Rundstedt an den Verhandlungen des Ehrenhofs gegen Offiziere, deren Ziele und Bestrebungen er selbst gebilligt hatte.

Manche sagen, Generalfeldmarschall von Rundstedt sei einig gezwungen worden, der Teilnahme Behauptens, der Feldmarschall mache jetzt aus Not, um einen günstigeren Augenblick abzuwarten.

Generalfeldmarschall von Rundstedts Einwilligung zum Friedensputsch kam in dramatischer Weise bei der ersten Ausdruck. Er selbst tavt als Vertreter des beschuldigten Generalfeldmarschall von Witzleben auf und erklärte, dass er Witzleben und die Generalfeldmarschalle von Witzleben sei unverletzlich.

Generalfeldmarschall von Witzleben, so erklärte Feldmarschall von Rundstedt, habe

(Fortsetzung Seite 4)

Ostpreussenfront: Erste Kämpfe auf deutschem Boden

Zwischen Seine und Loire

Gelände, in dem Generalfeldmarschall Rommel seit Beginn der Invasion immer neue Kräfte in den Kampf gegen die englischen Panzerdivisionen geworfen hatte, muss den Alliierten überlassen werden, weil deutsche Streikräfte, die den anglo-amerikanischen Landekopf abgeriegelt hatten, jetzt eine 200 Kilometer lange Abwehrlinie zwischen Seine und Loire verteidigen müssen.

Starke amerikanische Panzerverbände sind aus der Normandie in südöstlicher Richtung ausgebrochen und stossen auf die Loire-Städte vor.

Die linke Flanke der deutschen Abwehrstellungen in der Normandie hängt in der Luft und wird immer weiter zurückgedrängt. Zwischen der Normandie und der Bretagne klafft eine 80 Kilometer breite Lücke, durch die die amerikanischen Panzer nach Süden und Osten auf Angers und Loire-Richtung müssen.

Aus dem Raum von Calais und aus Mittelfrankreich werden Verstärkungen herangeführt, die an mehr als 200 Kilometer langen Abwehrstellungen zwischen Lisieux im Norden und Angers an der Loire ansetzen sollen. An Abwehrstellungen zwischen OT und Hilfskräfte aller Art bauen, um provisorische Feldbefestigungen am Südufer der Loire, um die Flanke der Loire-Abwehrstellung zu schützen.

Die grosse Absetzbewegung begann in der Nacht zum Sonnabend als deutsche Truppen süd-

(Fortsetzung Seite 4)

Sowjetpanzer sind an der ostpreussischen Grenze bei Wirballen und im Masurischen Seengebiet in die deutschen Abwehrstellungen eingebrochen. Schweres Artilleriefeuer liegt auf Eydtkau.

Wieder einmal müssen die Frontlücken gestopft werden und die Bautrupps, die hinter der Kampflinie Feldbefestigungen aufwerfen, OT-Männer, RAD, Hitlerjungen und Ostarbeiter, werden von den Bauarbeiten weggeholt und an die Front geworfen.

Die Feldbefestigungen und Panzergräben, die erst seit 3 Wochen in grösster Eile angelegt werden, um die Sowjets an der Grenze aufzuhalten, haben den Angriffen der schweren Woroschilow-Panzer nicht standhalten können.

Durch die Breschen der deutschverteidigungsstellung drang sowjetische Stosstruppe vor. Sturmwtrks stossen auf die jenseits Vortoss der Dörfer und deutsche Höfe im östlichen Grenzgebiet stehen in Flammen.

Auf dem Wege nach Krakau

Während der schwere Panzer- und Artillerieschlacht um Osten austobt, rollt der sowjetische Stossgegen an der Grenze im vollen Gange ist, wird der Süden der Grenze durch eine neuen Vorstoss der Sowjets im Abschnitt Blahstok von der Flanke her bedroht.

Der sowjetische Vormarsch gegen Krakau und die oberschlesische Grenze wird geschildert, dass Sowjetruppen 70 Kilometer nordostwärts Krakau in die deutsche Abwehrstellungen eingedrungen sind.

Nach dem letzten Meldungen stehen die sowjetischen Panzerspitzen weiter im Vordringen auf Krakau und Kattowitz, die nur mehr 120 Kilometer hinter der Kampflinie liegt.

Die Freischärler in Warschau

In Warschau dauern die Strassenkämpfe im polnischen Freischärlern an.

Die Freischärler beherrschen die Hauptstrasse von Warschau, die Marschalkowska-Strasse. Sie haben ausserdem das Hauptpostamt, die Gasanstalt und eine Reihe von Fabriken besetzt. Die

gen Freischärler, die in der Vorstadt Praga den Ostbahnhof halten, werden Kampfflugzeuge eingesetzt.

Eine neue Bedrohung der ungarischen Grenze wird von Abschnitt südlich Lemberg gemeldet, dort haben die Sowjets die Stadt Stryj genommen und stossen gegen den Uzsok-Pass in den Karpaten vor.

Verluste der Alliierten

Die Gesamtverluste der anglo-amerikanischen Landungsstreitkräfte seit Beginn der Invasion im Westen vom 6. Juni bis zum 20. Juli belaufen sich nach Meldung der Alliierten auf 17 721 Gefallene, 84 630 Verwundete und 13 597 Vermisste.

Die Gesamtverluste verteilen sich wie folgt:

Britische Verluste: 5 646 Gefallene, 27 766 Verwundete, 6 193 Vermisste.

Amerikanische Verluste: 11 156 Gefallene, 52 710 Verwundete und 6 143 Vermisste.

Kanadische Verluste: 919 Gefallene, 4 354 Verwundete, 1 272 Vermisste.

Total krieg auch in Japan

Nach einer längeren Sitzung beschloss das japanische Kabinett, wie Domel meldet, die »totale Massnahmen zur Bewältigung der frühestmöglicher Zeitpunkt zu treffen.

Hierdurch sollen die Vorbereitungen zum totalen Kriegseinsatz der Bevölkerung zu den frühesten Krieg vervollständigt werden.

U-Hause verloren

Das seit Anfang 1940 von U-Boot das Kapitänleutnant Hause, muss nun endgültig als verloren betrachtet werden. Einzelheiten über die Versenkung liegen nicht nicht...

200 Km

(Map: Ostsee, Ostpreussen, Warschau, Lemberg regions)

200 Km Abwehrlinie

Alle deutschen Verbände zwischen der Orne und der Vire werden durch die amerikanische Durchbruch in der Flanke bedroht, müssen sie absetzen, um eine neue Abwehrlinie zwischen Seine und Loire aufzubauen.

FRONT AM 6. 8. 44

GENERAL GOUVERNEMENT

Text below images (left column)

« Informations pour la troupe », journal daté du 6 août 1944 qui rapporte que les Américains sont à Brest. Partout les forces alliées progressent : en France, en Prusse Orientale, tandis qu'en Allemagne, von Rundstedt prend la défense du maréchal von Witzleben accusé d'avoir participé au complot du 20 juillet contre Hitler. (Coll. M. Lafferre.)

Pour nous résumer, disons que les parachutistes, encadrant des unités issues de toutes les Armes et Services, constituent l'épine dorsale du dispositif allemand devant Brest. Plus à l'ouest, le commandement a mis en place un assemblage hétéroclite de combattants qui devront interdire le plus longtemps possible aux Américains les approches du Conquet et de ses plages. Les pièces d'artillerie des Rospects ainsi que la batterie *Graf Spee* à Kéringar font figure d'épouvantail.

Stützpunkt Le Conquet

Les Allemands se sont très tôt rendus compte de l'importance des plages situées à l'ouest de Brest, elles pourraient en effet se prêter à un débarquement. Citons plus particulièrement les plages des Blancs Sablons au nord et celle du Trez Hir au sud-est du Conquet. La plus qu'ailleurs, des ouvrages considérables ont été aménagés le long de la côte.

Dès le **6 juin** le secteur est en alerte, les plages sont certes à défendre mais une attaque venant de l'intérieur n'est désormais plus à exclure, elle viserait en premier lieu les batteries de Marine de Keringar et des Rospects.

Chef de corps du 899ᵉ régiment d'infanterie de la 266ᵉ division et rescapé du « chaudron de Plouvien », le lieutenant-colonel Fürst a rejoint

Brest le **8 août** à 19 heures. Le **11 août**, le général Rauch, qui commandait alors les forces de l'Armée de Terre de la pointe du Finistère, lui a donné le commandement du *Stützpunkt Le Conquet*. (18)

Fürst a aussitôt installé son PC dans le poste de direction de tir de Keringar, situé à Kerveur, au sud-ouest de la batterie. Il a immédiatement délimité une ligne de défense qu'il faudra tenir le plus longtemps possible, en clair tant que Brest résistera. Les approches ont été verrouillées par un certain nombre de points d'appui et de nids de résistance qui devront freiner l'avance américaine. **(Carte N° 7.)**

La ligne de défense prend naissance au sud sur la grève de Porsmilin, englobe Goasmeur sur la route du Conquet à Brest, puis Kergounan-Tréméal au centre du dispositif. Elle coupe ensuite la route Saint Renan-Le Conquet au carrefour de Coat ar Piquet (cote 59), s'infléchit alors vers l'ouest pour terminer sa course au nord de la plage des Blancs Sablons. Cette ligne forme ainsi un arc de cercle de cinq kilomètres de rayon à partir de Keringar. Cette surface constitue le *Stützpunkt Le Conquet*, le point d'appui du Conquet proprement dit, communément dénommé depuis la « poche du Conquet ».

Bertheaume et Le Trez Hir au Sud

Cet ensemble a pour mission d'interdire tout débarquement sur la plage du Trez Hir. Le secteur est de ce fait truffé d'ouvrages de défense. Le fort de Bertheaume est doté d'un canon de 75 et d'un canon de *Flak* de 20 mm. Des mitrailleuses sont positionnées autour du fort.

Le sud, le centre et l'extrémité Est de la plage du Trez Hir sont défendus par des pièces de tous calibres, depuis des canons de 47 jusqu'aux mitrailleuses, bien protégés dans leurs casemates.

Le carrefour de Goasmeur (cote 63)

Il verrouille la route Brest-Le Conquet ainsi que la route communale qui descend de Saint Renan, passant par Kervaouen et Ty Baol. Cette position est vitale pour les Allemands. Elle sera âprement disputée.

La batterie de Kergounan

Elle se trouve à trois kilomètres au sud-est de Ploumoguer, bordant la route qui mène de Ploumoguer à Plougonvelin. Cette batterie, la 4ᵉ batterie du II./343, avait initialement pour mission de battre la plage du Trez Hir avec ses quatre canons de 155 mm. Ces pièces ont été transférées à Brest vers la mi-juillet ainsi que celles de Kerizaouen et de La Villeneuve probablement plus tard, ainsi qu'il a été signalé *supra*. (19)

La batterie, qui comprend des baraquements, des ouvrages de défense et un périmètre abondamment miné, a été réorganisée en nid de résistance. Le capitaine Tummel et ses fantassins se battront farouchement dans ce secteur.

La plage des Blancs Sablons

Située au nord du bourg du Conquet, la plage de deux kilomètres de long, a fait l'objet d'une attention toute particulière de la part des Allemands. Elle est en effet propice à un débarquement. La défense s'articule autour du fort Saint-Louis au nord, il comprend un canon de 47 et un certain nombre de mitrailleuses, et des grandes redoutes Vauban au centre et au sud renforcées par des bunkers. L'en-

(18) Fürst (M.), *Military Study,* 1954, Bundesarchiv Militärarchiv-Freiburg im Breisgau.

(19) Fürst, dans ses mémoires, ne fait pas mention de ces pièces d'artillerie. Le dossier *Mur de l'Atlantique, Extrait Brest,* avance également cette hypothèse à la page 121.

semble est entouré de champs de mines ; des *Tellerminen* sont enfouies dans le sable en bordure des dunes. (20)

La presqu'île de Kermorvan

Ce promontoire fait face à la plage des Blancs Sablons au nord-est et au port du Conquet au sud. Il est truffé d'ouvrages de défense. Deux casemates, contenant chacune une grosse mitrailleuse à rotule, barrent l'entrée de la presqu'île dont le pourtour est armé de canons antichars divers et de mitrailleuses. Les défenses des Blancs Sablons et de Kermorvan dissuaderont les Américains de tenter un débarquement au plus fort des combats du mois de septembre.

La pointe des Renards, au sud du Conquet, comprend également, outre deux radars, des pièces d'artillerie légère. Citons enfin et surtout les batteries lourdes de Kéringar et des Rospects qui ont été sommairement décrites dans un précédent chapitre.

La poche du Conquet constitue par conséquent un véritable camp retranché. Son approche par la mer s'avérerait périlleuse, la défense face à l'est est bien moins assurée du fait de la faiblesse des avant-postes, mis à part celui d'Illien.

Les avant-postes de la « poche »

Les plus importants méritent d'être évoqués : la pointe de Corsen au Nord, Kervélédan au Nord-Est, le saillant d'Illien au nord des Blancs Sablons.

La pointe de Corsen

La pointe de Corsen est située à 6 kilomètres au nord du Conquet. Elle est armée de canons de 47 et de 75, de mitrailleuses ainsi que de mortiers, les approches sont minées. Les effectifs sont de 80 hommes environ. Ce nid de résistance, trop isolé, tombera rapidement.

La station de Kervélédan

La station de radiogoniométrie *Donau* (Danube) est implantée sur une colline (cote 133) située au nord-est de Ploumoguer. Elle a été considérablement renforcée : canons, mitrailleuses, barbelés, champs de mines constituent sa défense. La garnison est évaluée à 200 hommes environ.

Le saillant d'Illien

Le saillant d'Illien boucle au nord la plage des Blancs Sablons. Il comprend un certain nombre de canons antichars et de mitrailleuses. Les approches sont minées et rendent la position quasiment imprenable par l'infanterie. Ceci sera vérifié au mois de septembre.

Les effectifs

Le nombre d'Allemands présents dans les avant-postes et la « poche du Conquet » est évalué à 4 000 hommes environ. Ils sont issus de toutes les Armes et Services : des éléments de la 266e division (dont les rescapés du 899e régiment de Fürst), une compagnie de sous-mariniers, une compagnie de sapeurs, des éléments des transmissions, de l'Armée de l'Air, de différents services de la Marine ainsi que des Russes du 629e bataillon de l'Est.

Fürst a réparti ses effectifs de l'avant en trois bataillons. L'un couvre les approches du Conquet au nord avec PC à Kerlohic. Le second au centre, commandé par le capitaine Tummel avec PC à Kerambélec. Le troisième au sud avec PC au Trez Hir. Il dispose également de quelques maigres réserves. (21)

(20) Les Allemands utilisaient diverses *Tellerminen*. Elles avaient une forme circulaire d'un diamètre de 30 centimètres environ. Il s'agissait de mines anti-véhicules chargées en TNT, source ESAG à Angers.

(21) Les emplacements des trois PC ne sont pas exactement précisés dans les documents Fürst, seule la lecture des cartes allemandes permet de les positionner approximativement dans ces trois localités.

Volontaires de l'Est photographiés dans le secteur de Douarnenez où ils étaient cantonnés avant les combats. (Coll. F. Cadic.)

83

Ces hommes sont de valeur combattante inégale : les missions difficiles seront exécutées par les fantassins du 899e, les sous-mariniers assureront les patrouilles et le dégagement des troupes encerclées. La construction d'obstacles et d'installations fortifiées sont à la charge du génie.

Les Allemands se défendront courageusement au Conquet. Les Américains devront mettre sur pied une *Task Force*, essentiellement constituée de rangers et de FFI, pour en venir à bout.

Après l'échec de la 6e division blindée, le VIIIe corps d'armée américain, qui totalise plus de 50 000 hommes, s'apprête à refermer la nasse sur les troupes de la *Wehrmacht* à Brest. En attendant, les Allemands continuent à aménager leurs positions. Peu de combats mais des accrochages ici et là. Parmi les actions de cette période, le raid de Lepkovski sur Brasparts mérite d'être conté.

« Commando de l'Ascension à Brasparts »

Voici les faits. Le **5 août** précédent, 113 hommes du bataillon du commandant Becker *(II./Fallsch. Rgt. 7)*, ont été capturés dans le secteur de Huelgoat. Les FFI les maintiennent en détention dans une école de Brasparts, commune située à une quarantaine de kilomètres au sud-est de Brest. Le secteur n'est pas encore tenu par les forces américaines. Le sous-lieutenant Lepkovski, qui commande la 5e compagnie du II./2, est convoqué dans les jours qui suivent la prise de commandement de Ramcke au PC de ce dernier.

Hans Kroh, le chef du 2e régiment parachutiste, lui expose la situation : « *Cent treize de nos hommes sont entre les mains des FFI à Brasparts. Ils seront exécutés si Brest ne se rend pas (22), nous avons quarante-huit heures pour réfléchir. Deux de nos camarades ont été libérés et nous ont rapporté les termes de cette sommation.* » Lepkovski : « *Il faut les tirer de là.* » « *L'affaire n'est pas simple,* lui répond Ramcke. *Les prisonniers sont à Brasparts à quarante kilomètres d'ici. Le pays est infesté de partisans et il faudra revenir. Début de l'opération à 24 heures. Nous effectuerons des tirs de diversion pour couvrir votre départ.* »

Walter Bott y était. (23) Le **16 août,** une soixantaine de soldats, dont une majorité de parachutistes, embarquent dans des camions dont certains ont été pris à l'ennemi et portent encore l'étoile blanche propre aux véhicules américains, camouflage oblige. En tête, Lepkovski prend place dans un engin blindé de reconnaissance. Et la folle équipée, au nom évocateur de « commando de l'Ascension » car on n'en revient généralement pas, commence. Empruntant les routes secondaires, traversant les bourgs de Saint-Urbain, Irvillac, Hanvec, bousculant les barrages établis par les maquisards, le commando atteint Braspart, cherche l'école, harcelé par les FFI. Lepkovski, les parachutistes sur les talons, la repère, y pénètre, récupère les prisonniers ainsi que des FFI qu'il fait embarquer dans les véhicules et rejoint Brest dans la soirée après avoir été accroché par la compagnie Jean Riou à Irvillac. Bilan : deux parachutistes blessés. Dix-huit FFI ont été tués, une vingtaine de prisonniers sont conduits au camp de Rostellec. Ramcke remet immédiatement à l'intrépide sous-lieutenant les épaulettes de lieutenant. Quelques jours plus tard, le **22 août** exactement, il sera décoré de la Croix de chevalier de la Croix de Fer.

Malgré cet exploit salué par tous les Allemands pris dans la « nasse de Brest », la seule issue possible aux combats à venir sera la captivité ou la mort. Ils en sont parfaitement conscients. Il convient par conséquent de s'interroger sur leur état d'esprit tant il a posé problème à la population civile au cours de cette période.

(22) Ceci n'a pas été prouvé.

(23) Témoignage de Walter Bott, ancien parachutiste, aux auteurs le 25 avril 1993. Lafferre (M.), *Le Siège de Brest, Les heures dures*, Librairie Le Goaziou – Quimper 1945, p. 70-71.

L'*Oberleutnant* Erich Lepkovski, après son équipée à Brasparts à la tête d'un commando d'une soixantaine de parachutistes et de fantassins pour délivrer des prisonniers allemands. On voit à son cou la Croix de Chevalier qui lui a été remise pour son action. Sur le cliché du bas, il indique sa mission à l'*Oberjäger* (parachutiste de 1re classe) Münschenborn qui sera tué au cours des combats le 5 septembre. (R. Müller.)

Les Allemands
Leur état d'esprit

8

Leur état d'esprit

Après avoir passé en revue le système défensif allemand ainsi que les unités présentes au mois d'août 1944 dans l'extrême pointe du Finistère, il convient de s'interroger sur leur état d'esprit au regard des combats à venir.

Un peu d'histoire pour mieux comprendre. Un Traité de Versailles bâclé en 1919, portant en germe un Second Conflit mondial, une République de Weimar mal acceptée par l'état-major de la *Reichswehr*, l'armée d'armistice, le tout sur fond de chômage et d'inflation, ont grandement facilité l'ascension de Hitler.

Ce dernier a fait miroiter à ses compatriotes une amélioration de leur condition de vie, une possibilité de revanche et l'élargissement du « Lebensraum », de l'espace vital.

Pour ce faire, il a fait main basse sur la jeunesse qu'il a pervertie lors de son passage dans la Jeunesse hitlérienne *(Hitlerjugend)*.

Il en est résulté un type d'homme soumis, fataliste et courageux qui a porté le fer et le feu dans l'Europe entière. (1) Brest n'en fera pas l'économie.

La mission des Allemands est, rappelons-le, de tenir 90 jours.

Les effectifs des troupes combattantes sont de l'ordre de 37 000 environ. (2) Les mentalités sont différentes d'une armée à l'autre. Les éléments de la *Kriegsmarine*, mis à part les sous-mariniers, ainsi que ceux du *Heer*, de l'armée de terre, ont dans l'ensemble coulé des jours heureux à Brest et ne songent probablement qu'à rejoindre leurs foyers. Les parachutistes sont venus pour combattre. Les chefs vont exécuter sans discussion les ordres de Hitler.

Les faits évoqués dans ce chapitre ont été rapportés par des Français dignes de foi, témoins des événements.

La *Kriegsmarine*

La Marine compte précisément 11 718 hommes au début du mois d'août. Lui sont rattachées douze compagnies regroupant les ouvriers allemands de l'Arsenal et totalisant environ 2 400 hommes. Ils prendront mollement part aux combats. A. Kervern le constatera à Lambézellec dont il est le maire et le directeur de la Défense Passive. Au début de ses visites au Pilier Rouge, quartier de Lambézellec à l'époque, les soldats qui gardaient le barrage étaient jeunes et robustes. Ils seront remplacés, au fur et à mesure des combats « *par de pauvres vieux à cheveux blancs, bedonnants et essoufflés* » vivant dans une terreur constante. (3) Une compagnie d'ouvriers vient occuper l'école de Coataudon le **15 juillet**, note par ailleurs Maurice Henensal dans son Journal. (4) La Gendarmerie Maritime, les marins-pompiers, la Section Technique et les fonctionnaires sont également sous le commandement de la Marine et totalisent 800 hommes. (5) Les équipages des bâtiments désarmés ont été convertis en fantassins. Beaucoup sont en première ligne, les

sous-mariniers des 1re et 9e Flottilles en particulier. Ils s'y distingueront. La Marine a par conséquent un fort contingent d'hommes en armes sà Brest. La remarquable défense des Allemands ne sera pas le seul fait des parachutistes de Ramcke, il le reconnaîtra du reste au plus fort des combats, avec une mention spéciale aux artilleurs de la *Flak*.

Qu'en est-il de leur attitude en général ? On peut avancer que les marins sont en général corrects envers la population. C'est le cas à Coataudon où ils sont répartis dans différentes maisons. Aucune déprédation n'est causée. Les rapports de leur chef avec la population sont bons. (6) Nous sommes au mois de **juillet 44**.

Fernand Bertrand à Kerbonne, à l'ouest de Brest, rapporte l'action du lieutenant de la batterie, surnommé Double-mètre (peut-être l'enseigne de vaisseau de 1re classe Dill) qui fera lui-même la chasse aux pillards allemands. C'est ainsi qu'il arrêtera deux sergents et deux hommes de troupe qu'il ramènera à sa batterie pour interrogatoire. (7) Nous sommes le dimanche **20 août**.

Ce même lieutenant remettra au lieutenant Jestin, chef des pompiers, une grosse somme d'argent (on a parlé de 60 000 francs), « *à verser probablement à la Croix Rouge, en raison des services rendus par notre corps ambulancier à la batterie* ». (8) Nous sommes le jeudi **14 septembre**. Ces témoignages et bien d'autres sont concordants : les marins font certes la guerre, ils ont cependant gardé dans l'ensemble leur éthique.

Une ombre terrible au tableau cependant. L'amiral Kähler rend compte à Schirlitz, à 4 h 00 du matin le

(1) *Hier stehe ich, ich kann nicht anders, so Gott helfe mir* : Je suis ici, je n'y peux rien, que Dieu me vienne en aide ! Telle sera la réflexion prêtée à un Allemand, devant le fatalisme et la folle ardeur des jeunes sous-mariniers placés sous les ordres d'Erwin Tolkien qui commandait le point d'appui de Coz Castel à l'ouest de Brest et qu'il parvenait difficilement à maîtriser. Il ajoutera : « *tout simplement abominable !* ». La phrase précitée fait allusion à celle de Luther alors qu'il comparaissait devant l'Empereur Charles Quint et la Diète de Worms. Enlevé peu après par des seigneurs allemands, il traduira la bible en allemand, fondant ainsi la langue et la grammaire allemandes, in Willi Kammann, *op. cit.*

(2) *War Diary of the Naval Staff, op. cit.*, p. 651. Ne sont comptabilisées ici que les seules troupes combattantes (11 718 marins, 11 444 fantassins, moins de 7 000 parachutistes, (le reste étant constitué d'unités des autres armes et services). La population allemande, présente à Brest, au Conquet aussi bien que sur les presqu'îles de Crozon et de Plougastel, civils et militaires confondus, est de l'ordre de 42 000 personnes. De source américaine, 37 888 connaîtront la captivité in *Conquer, The Story of Ninth Army 1944-1945. Brest and the Brittany Peninsula*, Washington Infantry Journal Press, p. 35.

(3) Kervern (A.), *op. cit.*, p. 138.

(4) Henensal (M.), *op. cit.*, p. 16.

(5) *Oberbefehlshaber West (Oberkommando Heeresgruppe D), Kampfanweisung für die Festung Brest vom 8-3-1944, op. cit.*, p. 29-32.

(6) Henensal (M.), *op. cit.*, p. 35.

(7) Bertrand (F.). *Les Cahiers de l'Iroise*, Société d'Etudes de Brest et du Léon, n° 163 Juillet-Septembre 1994, p. 5.

(8) *Ibid.*, p. 13.

8 août : « *Im Raum Gouesnou heute 49 Terroristen* (sic) *niedergemacht.* » (9) En fait de terroristes, il s'agit pour la plupart de paisibles cultivateurs des environs. Ce sont en réalité quarante-deux personnes qui ont été victimes de cette innommable tuerie la veille, dans le courant de l'après-midi. (10)

Un événement similaire se produira dans la soirée du 8 août, non loin de là dans le village de Créac'h Burguy en Guipavas. Sept hommes seront fusillés au motif que les Allemands auraient essuyé des coups de feu depuis ce village et celui de Kervao tout proche. (11)

L'Armée de Terre

L'Armée de Terre totalise 11 444 hommes au mois d'août. Elle comprend essentiellement des bataillons de la 343ᵉ division incomplète, les fantassins du Iᵉʳ bataillon du 25ᵉ régiment de forteresse ainsi que des éléments de la 266ᵉ division dont nous avons déjà parlé. Leur ont été adjoints des travailleurs de l'*Organisation Todt* regroupés en trois compagnies (*Trupp I, V* et *VI*) qui totalisent 579 hommes. (12)

Leur mentalité ? Les témoins en parlent peu si ce n'est pour souligner généralement leur manque d'ardeur au combat. On cite le cas à Lambézellec d'un sergent de l'infanterie qui s'est opposé à deux parachutistes qui voulaient exécuter un homme. (13) Ailleurs à Saint Marc, le 8 août au soir, Yves Jaouen, sénateur-maire, suggère à trois militaires allemands, un sergent et deux soldats découragés, de se rendre et de lui remettre leurs armes. Ce qu'ils font. « *Nous avons désormais devant nous trois hommes comme nous* » dira-t-il. (14)

Ces jeunes parachutistes se sont octroyés un moment de pause au cours de leur entraînement. Jeunes et insouciants, ils se révéleront de redoutables combattants au cours du siège de Brest, mais se verront reprocher un certain nombre de crimes, dont des exécutions et des pillages. (ECPArmées.)

Les parachutistes

La principale difficulté pour les Brestois et les habitants des communes environnantes, ce sont les parachutistes de Ramcke, chef militaire particulièrement compétent et adoré de ses hommes. Tous les témoignages concordent. Les mêmes qualificatifs reviennent constamment sous la plume des témoins.

Jeunes, voire très jeunes, pour la plupart nés en 1925-1926, arrogants mais le cas n'est pas rare dans les troupes d'élite, parfois ivres, méprisant les officiers et les gradés de l'infanterie qu'ils ne saluent pas, ils sèment la terreur à Brest et dans les environs. Une remarque cependant : on les traite généralement de SS, mais il ne semble pas qu'il y ait eu de SS à Brest hormis ceux du *Sicherheitsdienst* (service de sécurité). Le général Ramcke a laissé un témoignage sur l'un d'eux, le *SS-Obersturmführer* (lieutenant) Roeder. « *Quarante ans,*

(9) *Kriegstagebuch Seeko Bretagne*, op. cit., 227 (8.8.44). « Quarante-neuf terroristes ont été abattus aujourd'hui dans le secteur de Gouesnou. »

(10) Lafferre (M.), *Le Siège de Brest, Les heures dures*, p. 111-113. Bohn (R.), Le Berre (A.), Le Bars (M.), *Chroniques d'hier, tome II, op. cit.*, p. 167 -170.

(11) Henensal (M.), *op. cit.*, p. 70-71. Ce secteur était très sensible du fait de la présence d'un projecteur à Créac'h Burguy et de la batterie du Forestic toute proche.

(12) *Oberbefehlshaber West (Oberkommando Heeresgruppe D), Kampfanweisung für die Festung Brest vom 8-3-1944*, op. cit., p. 29-32.

(13) Kervern (A.), *op. cit.*, p.197.

(14) Jaouen (Y.), *De Saint Marc à Brest Septembre 1939... Septembre 1944*, Avril 1960, p.109.

1,76 m, blond, berlinois type à l'esprit bien intentionné (sic), *qui dispose en tout et pour tout de huit hommes à Brest et de trois à quatre hommes dans les localités plus grandes, travaillant principalement avec des agents français ».* (15)

Les parachutistes arrivent à Coataudon dans la nuit du **8 au 9 août** au grand dam des artilleurs de la colline de Kermeur qui les considèrent comme « des têtes brûlées », nuisant à la réputation de la *Wehrmacht*. De fait, leur premier acte sera de faire main basse sur les vivres des habitants du quartier. (16) Ils sont le **10 août** à Lambézellec, le **11 août** à Keraudren. Ici l'affaire est plus sérieuse. Les parachutistes, ivres et furieux, pénètrent dans les maisons et s'apprêtent à fusiller 17 personnes sous le prétexte *« qu'un fil téléphonique a été coupé et qu'un jeune homme a été vu rôdant dans les taillis du château ».* Les otages devront la vie sauve à leur commandant (Reino Hamer ?) qui les fera relâcher en traitant ses subordonnés de « fous ». (17)

A Guilers, l'ambiance est identique. Des parachutistes sont présents dans ce secteur depuis le **1ᵉʳ août** et *« sont plus hargneux que les autres occupants cantonnés dans la région brestoise depuis quatre ans. (Ils sont) tous très jeunes, vêtus de combinaisons bariolées, coiffés de casquettes et surtout armés jusqu'aux dents ».* (18)

A Kerbonne, le **28 août**, Fernand Bertrand les comparera aux « Bat d'Af » (Bataillons d'Afrique) français *« sans foi ni loi, capables de tout, n'obéissant pas aux officiers des autres armes et ne les saluant même pas ».* (19)

Des exécutions

Le général Ramcke se verra reprocher la mort de 156 personnes au cours de son procès qui s'est tenu au mois de **mars 1951** : 150 au titre de la période 15 juin au 12 août, 6 entre le 12 août et le 19 septembre. *« Dans le premier cas seulement 81 personnes ont été tuées dans la zone tenue par ma division »* dira l'accusé. Cela s'est passé essentiellement dans la première semaine du mois d'août au cours des combats menés dans les Monts d'Arrée et dans le secteur de Carhaix. Il s'agit de FFI/FTP tués au combat ou bien exécutés après un jugement sommaire ou bien encore d'otages fusillés pour l'exemple.

Plus tard à Brest et dans la région brestoise, trois FTP ont trouvé la mort. « Exécutés » dira la Résistance, « morts au combat » rétorquera Ramcke. L'exécution enfin de trois Nord-Africains, le **9 août** à Brest, lui sera également reprochée alors qu'il n'était pas encore en charge du secteur (20).

Venons en aux pillages. Dès l'arrivée de Ramcke, un parachutiste, le commandant Lösch, est nommé intendant de la Forteresse. Ce jeune officier est remarquable selon son chef. (21) Il prend, dès le 24 août les mesures suivantes :

– Prendre dans les commerces d'alimentation, d'où les gérants sont partis, les vivres qui s'y trouvent. Après viendra le tour des logements inoccupés, où tous les vivres devront être saisis. (22)

Cet ordre est raisonnable mais les parachutistes ont commencé à se servir depuis leur arrivée. Il est vrai qu'ils ont débarqué dans la région pratiquement sans vivres. Le pillage ne sera cependant pas leur seul fait et il convient de citer longuement ici A. Kervern à ce sujet. *« A Lambézellec, la population une fois partie, le pillage des magasins par les soldats allemands commence...Les parachutistes s'en donnent à cœur joie et à la fin du siège la rafle est déjà impressionnante...Je ne nie pas quelques pillages, effectués par des Français, individus ta-*

rés, demeurés sur place dans ce but, particulièrement au Pilier-Rouge et à Kérinou. Mais ceux-ci ont été relativement rares... Quand le siège se termine à Lambézellec, au pillage des civils s'ajoute celui des soldats américains. Avec un air d'innocence déconcertante, ils pénètrent partout dans les maisons, en quête de souvenirs et ne respectent pas grand-chose. De plus, ils pillent en présence des propriétaires, chose que les Allemands ne faisaient pas. » (23) Sans commentaire, mais il faut que cela soit dit.

Quoi qu'il en soit, les parachutistes vont durement frapper les imaginations à Brest, commettant çà et là des méfaits. Nervosité extrême du fait de leur jeune âge et des combats de la première semaine du mois d'août dans le centre du Finistère qui ont été pour beaucoup d'entre eux leur baptême du feu ? Fanatisme induit par leur passage dans le *Hitlerjugend* et aggravé par leur fatalisme mortifère ? Influence de Ramcke qui leur a ordonné de combattre « jusqu'à la dernière cartouche » à l'instar de leurs aînés de la 1ʳᵉ division parachutiste à Monte Cassino en Italie au cours des mois de février et mars précédents ? Tout cela va certainement jouer. Les jeunes parachutistes vont vivre à Brest, ainsi que leurs camarades des trois Armées, qui n'en demandaient pas tant pour la plupart d'entre eux, un drame proprement wagnérien, une sorte de « Crépuscule des dieux » en somme. Leur rudesse, voire leur brutalité, n'aura par ailleurs d'égal que leur romantisme. Chaque soir en effet à 21 h 57, tous écoutent religieusement la voix rauque de la chanteuse norvégienne Lale Andersen s'élever sur l'émetteur militaire de Belgrade, entonnant la très populaire chanson de Lily Marlène : *Vor der Kaserne, vor dem grossen Tor, stand eine Laterne...* (24)

Tous, au Conquet, dans la base sous-marine, dans les points d'appui communient ainsi avec le *Vaterland*, la chanson leur rappelant la maison, la paix, les fiancées, les villes et les villages. Aucun d'entre eux ne reverra sa caserne, ce sera la mort ou les camps de prisonniers.

(15) Ramcke (H.), *op. cit.*, p. 30.

Concurrent de la *Gestapo*, le *Sicherheitsdienst* (SD) était à l'origine le service de sécurité du parti nazi. Il mènera par la suite une action d'espionnage extérieur. Présent à Paris dès le 14 juin 1940, il installera des antennes régionales commandées par des *Kommandeure der Sicherheit* (chefs de sécurité). Elles étaient subdivisées en services extérieurs *(Aussentdienststellen)*, présents en principe dans chaque chef-lieu de département. Le SD en France était dirigé par le *SS-Obergruppenführer* Oberg qui résidait à Paris. Le siège à Brest était semble-t-il installé dans les locaux de l'Ecole Bonne Nouvelle de Kérinou (témoignage Ed. Calvez). Le SD, secondé par la *Feldgendarmerie* locale ou par les *Einsatztruppen* (des commandos de 20 à 40 hommes), menait des actions de répression contre les agents alliés. Des Français opéraient dans les *Einsatztruppen*. Cf. Martres (E.), *Le Cantal de 1939 à 1945, la France allemande à travers le Massif Central*, Editions De Borée, Cournon 1993, p.404.

(16) Henensal (M.), *op. cit.*, p. 35.

(17) Kervern (A.), *op. cit.*, p.192.

(18) Le Vouédec (E.), 1940 -1944. *J'étais à Guilers, occupation et libération d'un bourg du Finistère*, Collège Sainte-Marie-Guilers 1994, p. 68.

(19) Bertrand (F.) *op. cit.*, p. 6.

(20) Ramcke (H.), *op. cit.*, p.197-200.

(21) Ramcke (H.), *op. cit.*, p. 49.

(22) Kervern (A.), *op. cit.*, p. 37.

(23) *Ibid.*, p. 116-118.

(24) *« Devant la caserne, devant le portail, il y avait une lanterne... »*

Les chefs

Le *General der Fallschirmtruppe* Bernhard Ramcke, ici arborant toutes ses décorations sur sa tenue de parade.

Ramcke a pris le commandement de l'ensemble des forces le **12 août**, reléguant Rauch dans la presqu'île de Crozon, Kähler ayant encore quelques responsabilités dans la Marine, von der Mosel devenant son chef d'Etat-Major.

Du fait de leur âge, ces officiers généraux ont participé très probablement à la Première Guerre mondiale. C'est un fait certain en ce qui concerne Ramcke qui était alors dans la Marine. Tous ont par conséquent subi l'humiliation du Traité de Versailles conclu en 1919. Les termes en étaient les suivants : une armée de métier réduite à 100 000 hommes, le montant des réparations fixés à 269 milliards de marks-or (dont 20 milliards seulement seront payés d'après les Alliés), la cession ou rétrocession de l'Alsace-Lorraine, de Posen (qui devient Poznan), de la Prusse occidentale et de Memel, Dantzig devient ville libre, la Sarre est placée sous l'administration de la SDN, les mines de charbon deviennent françaises, etc. (25) L'addition était lourde, les Allemands ne l'avaient pas admise. Les Alliés eux-mêmes ont considéré après coup que ce Traité portait en lui les germes de la revanche allemande. Puis a surgi la sinistre aventure hitlérienne avec les conséquences que l'on sait, la présence des Allemands à Brest constituant un de ses nombreux avatars.

Ramcke, dans ses Mémoires, ne reniera absolument pas son action durant la guerre, utilisant l'allégorie suivante pour l'expliquer : « *L'Allemagne est semblable à un buffle puissant auquel on aurait dérobé ses meilleurs pâturages. Un jour le buffle est devenu méchant et a, comme c'est le propre de la Nature, tout d'abord encorné les petits adversaires, ensuite a dû lutter avec les autres bêtes féroces, le lion britannique, l'ours russe et la dangereuse panthère noire américaine.* » (26) Les chefs allemands ont par conséquent leur propre logique : cette guerre est légitime, il ne s'agit pas d'une guerre d'agression, mais d'une reconquête des territoires perdus (y compris en violant la neutralité de certains Etats).

Point d'état d'âme par conséquent à tout le moins chez Ramcke. Ceci corrobore la fameuse citation de Hitler : « *Le Heer (l'Armée de Terre) est conservateur, la Marine est impériale, seule la Luftwaffe (l'Armée de l'Air) est nationale-socialiste.* » Et les parachutistes font partie de la *Luftwaffe*. Si le général est bien décidé à tenir 90 jours à Brest, ainsi que Hitler le lui a demandé, rappelons que von der Mosel a refusé de remettre la Forteresse aux Américains le **8 août**. (27) Nazi ou pas, on reste Allemand et l'on ne se rend pas sans combattre, selon la logique de l'époque.

En résumé, les Allemands, ayant à leur tête un général parachutiste, sont plus ou moins décidés à en découdre avec les Américains devant Brest. Ils ne les craignent pas mais redoutent l'abondance et les effets de leurs matériels, principalement de leurs pièces d'artillerie et de leurs chasseurs-bombardiers. Les uns et les autres, dans une empoignade farouche qui durera près d'un mois, détruiront pratiquement la ville de Brest.

(25) *Atlas Historique*, Librairie Académique Perrin 1987 et 1992, p. 409.

(26) Ramcke (H.), *op. cit.*, p.83.

(27) *Kriegstagebuch*, *op. cit.*, p. 157.

An die eingeschlossenen deutschen Truppen in

BREST !

Die gesamte Bretagne ist nunmehr in amerikanischen Händen. Le Mans und Angers sind gefallen. Die Front hinter Euch ist aufgerollt worden und USA-Panzer dringen gegen Paris vor. E u e r W i d e r s t a n d ist daher ausserstande, die Gesamtlage im Westen zu beeinflussen.

Weiteres Blutvergiessen ist unverantwortlich.

Ihr habt Eure Pflicht als Soldaten getan. Niemand kann verlangen, dass Ihr Euer Leben opfert, wenn Eurem Vaterland damit nicht mehr gedient ist. Weiterer Widerstand gegen die i m m e r s t ä r k e r e Ü b e r m a c h t bedeutet Selbstmord.

Ihr könnt ehrenvoll aus dem Kampf scheiden —

wie es die Besatzung von Cherbourg getan hat. Auch einzelne Kampfgruppen sind berechtigt, unter dem Schutz der weissen Flagge Parlamentäre zu den amerikanischen Linien zu senden, um Einzelheiten der Übergabe zu besprechen.

E s w e r d e n E u c h z u g e s i c h e r t : Sofortige Entfernung aus dem Kampfgebiet, sofortiges Essen, Ruhe, wenn nötig ärztliche Behandlung ; genaue Befolgung der Genfer Konvention. Die Stunde drängt, aber — es ist keine Zeit zu verlieren !

KOMMT HERÜBER, BEVOR ES ZU SPÄT IST !

LETZTE NACHRICHT : Generalleutnant SPANG, Kommandierender General der 266. Inf. Div., hat sich den Amerikanern ergeben.

Ce tract tiré à un million d'exemplaires et largué au-dessus de Brest du 11 au 13 août 1944 exhorte les défenseurs à se rendre. A noter que ce bulletin qui annonce la libération de la Bretagne et informe de la progression des Alliés annonce « en dernière nouvelle » la reddition du général Spang, commandant de la 266e division d'infanterie. Ce genre de tract n'aura aucune incidence sur la combativité des défenseurs allemands qui lutteront avec détermination sous l'impulsion des parachutistes. (AMB.)

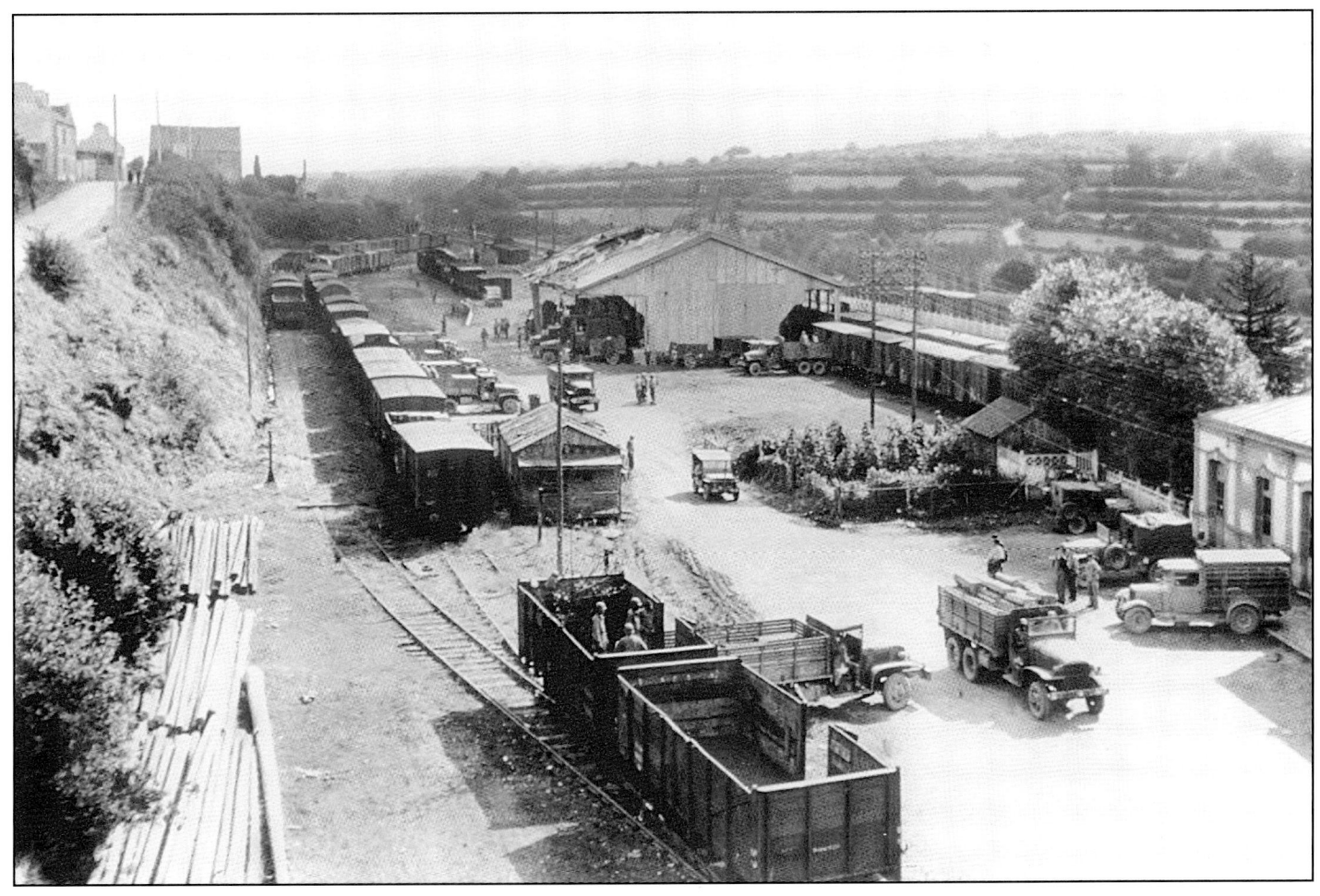

Patton a perdu son pari, l'Histoire ne dit pas s'il s'est acquitté de sa dette de cinq livres envers Monty (1) : la 6e division blindée a échoué, l'entreprise était pour le moins hasardeuse. Elle a levé le camp pour Lorient le **12 août**, laissant en tout et pour tout devant Brest : le *Combat Command A* auquel est rattaché le *1st Bat/28th Infantry* (8e division) depuis le **8 août** ainsi que le 50e bataillon d'infanterie portée. Le premier occupe une ligne située au nord-est de la route Guipavas-Gouesnou, le second se trouve au sud de Guipavas, à l'est de la colline de Ménez Toralan qu'il n'a pu réduire. (2)

L'ensemble de ce cordon de sécurité, fort de 4 000 hommes environ, est chargé de contenir les Allemands jusqu'à l'arrivée des trois divisions d'infanterie : la 2e, la 8e et la 29e division du VIIIe corps d'armée américain. (3) Appuyées par l'artillerie, l'*US Air Force*, la RAF anglaise et les unités rattachées, elles auront la lourde tâche de prendre Brest le plus rapidement possible avant de faire route vers l'est puis l'Allemagne.

Les FFI du commandant Faucher sont intégrés dans ce cordon de sécurité. Ils seront 4 360, répartis en 23 compagnies, à prendre part à la libération de Brest. (4) Plus de 50 000 Américains vont encercler la ville.

Le VIIIe corps d'armée US

Le VIIIe corps est sous les ordres du général Middleton qui installe son PC à Lesneven, ville située au nord-est de Brest, vers le **20 août**. Le nom de code du général est *Monarch* et par extension celui du corps d'armée. Surgit alors une controverse entre ce dernier et les généraux Bradley et Patton.

(1) Diminutif de Montgomery.

(2) Du fait de la multiplicité des bourgs, lieux-dits et des quartiers cités dans ce récit, on ne saurait trop recommander la consultation d'une carte de la région brestoise.

(3) Chaque division ainsi que ses différentes unités portent un nom de code dont la première lettre est identique pour toutes. Ainsi la voyelle I, caractérisant la 2e Division – *Ivanhoé* – l'on aura *Inspire* pour le *23rd Infantry* (regiment), *Index* pour le 9th et *Impressive* pour le *38th*. Un régiment d'infanterie comprend trois bataillons, chacun d'entre eux étant désigné par une couleur : *Red* pour le 1er Bataillon, *White* pour le 2e et *Blue* pour le 3e. *Inspire Blue* sera donc le 3e Bataillon du *23rd Infantry*. Les noms de code seront utilisés dans ce document lorsque l'on fera mention d'une unité appartenant à une division voisine.

(4) Faucher (L.), Rapport succinct sur l'activité des FFI au cours de la campagne actuelle, Annexe 14 (PC Plabennec le 30 septembre 1944), Archives Nationales, Opérations de la libération de Brest, p. 4. FFI = Forces Françaises de l'Intérieur. FTP = Francs-Tireurs et Partisans.

Dans la seconde partie du mois d'août, les préparatifs pour conquérir Brest vont s'intensifier. C'est cependant en vain que le général Middleton demande un approvisionnement supérieur à celui qui lui est alloué. On assiste ici au transbordement de matériels et de ravitaillements sur des camions en gare de Landivisiau, à l'est de Brest. Ces approvisionnements proviennent des dépôts de Combourg et Bonnemain. (US Army.)

Pour investir le camp retranché de Brest, le VIIIᵉ corps va mettre en place une forte concentration d'artillerie. Au total, 27 régiments d'artillerie totalisant 514 canons appuieront les troupes américaines qui vont s'élancer à l'assaut des défenses allemandes autour du port. On voit ici un camion GMC tractant une pièce de 8 pouces se dirigeant vers Brest. Il traverse les Côtes d'Armor en empruntant la RN 12 à la sortie de Guingamp. Sur la seconde photo, la même pièce, cette fois en action contre la ceinture de défense extérieure de la ville. (US Army.)

Middleton demande une livraison de 8 700 tonnes de munitions suivie d'un réapprovisionnement de 11 600 tonnes pour les trois premiers jours de combat. 8 000 tonnes suffisent, rétorquent les deux généraux, estimant bien à tort que Brest se rendra au plus tard le **1er** **septembre**. (5) C'est d'ailleurs une opinion largement répandue dans les rangs des fantassins. (6) La déconvenue de Grow à la tête de sa division blindée, quinze jours auparavant, n'a manifestement pas alerté outre mesure le commandement. Seul Middleton reste circonspect.

Une division d'infanterie comprend environ 15 000 hommes. (7) En y ajoutant les effectifs des unités rattachées dont ceux de l'artillerie du corps d'armée, ce sont près de 50 000 GIs qui vont se lancer à l'assaut de Brest.

Le régiment d'infanterie est à trois bataillons. Le bataillon, fort de 800 hommes environ, comprend 5 compagnies : 3 compagnies de fusiliers, 1 compagnie d'Etat-Major, 1 compagnie d'armes lourdes. Une compagnie compte de 130 à 170 hommes dont 7 officiers. Deux « unités spéciales » sont adjointes à chaque régiment : une batterie d'obusiers *(Cannon Company)* ainsi qu'une compagnie antichars.

Outre ses trois régiments d'infanterie, la division compte également :

– un escadron de reconnaissance dont la mission est avant tout de « reconnaître » les positions ennemies,

– un régiment de combat du génie, à ne pas confondre avec celui des pontonniers. (8) Les sapeurs progressent au plus près des éléments de tête de l'infanterie. Ils procèdent à des déminages, démolissent les barrages, font sauter maisons et fortifications. Ils combattront magnifiquement à Brest, en particulier au cours des combats de rues,

– un bataillon médical qui procède au tri et aux premiers traitements des blessés avant leur évacuation sur un hôpital de l'arrière. L'hôpital du corps d'armée sera déployé à Ploudaniel, commune située non loin de Lesneven,

– quatre régiments d'artillerie de campagne - dont trois sont équipés de canons de 105 et un de canons de 155. A Brest, les trois divisions totaliseront douze régiments d'artillerie à ajouter aux quinze régiments du corps d'armée qui seront attribués à ces dernières en fonction des objectifs à traiter. L'artillerie du Corps comprend : deux régiments de 105, huit régiments de 155, un régiment d'obusiers de 240 ainsi que quatre régiments de 8 pouces (203 mm).

Vingt-sept régiments d'artillerie seront par conséquent disposés autour de Brest, totalisant 514 bouches à feux. (9) L'artillerie américaine harcèlera la ville et ses environs, jour et nuit, avec cependant des interruptions notables du fait d'un manque de munitions qui sera définitivement réglé le **7 septembre**. Travaillant en coopération avec l'*US Air Force*, elle utilisera également un certain nombre d'obus générateurs de fumée (de couleurs violette, blanche ou rouge) afin de marquer les objectifs attribués aux chasseurs-bombardiers. Ce sera le cas en particulier à Toulbroc'h.

– Autres unités d'artillerie, les régiments de tanks destroyers M10, s'apprêtent à pulvériser par des tirs directs les différents points d'appui allemands qui leur seront assignés. Le VIIIe corps en compte cinq. Ils seront rattachés aux divisions d'infanterie ainsi qu'aux *Task Forces A* et *B* en fonction des besoins.

(5) Blumenson (M.), *La Libération, L'histoire officielle* américaine, Editions Charles Corlet 1993, p. 878-879.

(6) Ewing (J. H.), *A History of the 29th Infantry Division*, p. 121.

(7) Exactement une moyenne de 13 830 pour la 2e division, de 16 120 pour la 8e division et de 15 070 pour la 29e division à compter du 20 août. Source : US Army Casualties During Brest Operation, 21 February 1946, *op. cit.*

(8) Respectivement *Engineer Combat Battalion* et *Engineer Bridge Battalion*.

(9) *Report of the Artillery with the VIIIe Corps in the Reduction of Brest 22 August-19 September 1944*, p. 52.

Soldats du *86th Chemical Battalion* vérifiant leurs munitions de 4,2 pouces (107 mm) avant que celles-ci ne soient tirées sur Brest. On notera les goupilles de sécurité encore en place sur les obus qui mettent en flammes tout ce qu'ils touchent en projetant du phosphore blanc ou de la mélinite. (US Army.)

– Un régiment de chars, équipé de chars moyens de type Sherman ainsi qu'un régiment de défense anti-aérienne sont également rattachés à chaque division.

– Les régiments chimiques sont apparentés à l'artillerie. Le 86e régiment chimique opérera à Brest avec ses quatre compagnies A, B, C et D. Ces régiments utilisent préférentiellement le « mortier chimique » de 4,2 pouces (107 mm) qui sème la terreur sur tous les fronts du monde. Leurs obus sont chargés de 12 kilos de mélinite ou de phosphore blanc (*White Phosphorus* ou WP) qui enflamment tout ce qu'ils touchent, hommes et matériels. (10)

Chaque régiment chimique possède 36 mortiers de ce type, pouvant tirer chacun 20 coups à la minute, avec une portée de 450 à 4 000 mètres. Les servants de cette arme extraordinaire sont surnommés les *Combat Chemists*, les chimistes de combat. A Brest, le bataillon fera souvent la décision dans la réduction de points d'appui particulièrement coriaces. Chaque division a en outre son *Chemical Officer* dont la mission est également de parer à toute menace chimique sur les unités. Mais la « guerre chimique » n'aura pas lieu à Brest ni nulle part ailleurs, Churchill ayant menacé Hitler des pires représailles sur les villes allemandes en cas d'utilisation des « gaz de combat » par la *Wehrmacht*.

Les artilleurs seront renseignés soit par des observateurs avancés postés sur des hauteurs, soit par des Piper Cubs qui survoleront le champ de bataille.

Avant de conclure ce paragraphe, il convient de signaler la présence sur les lieux des combats de deux unités britanniques :

– l'escadron B du *141st Royal Armoured Corps* (141st RAC) et ses chars Churchill encore appelés « *chars crocodiles* » qui sont ni plus ni moins que des lance-flammes mécanisés. Ils se distingueront particulièrement à Pontanézen et lors de la prise du Fort Montbarey,

– un détachement du 2798th RAF Regiment que l'on retrouvera à Lanfeus au nord-est du Conquet le **3 septembre**.

La progression de l'infanterie sera précédée par les bombardiers et chasseurs-bombardiers de la 9e force aérienne *(9th Air Force)* qu'il convient de présenter brièvement.

L'*US Air Force* à Brest

Les bombardiers britanniques de la RAF, Halifax et Lancaster, ainsi que les Boeing B17 Fortress et les B24 Liberator de la 8e force aérienne US *(8th Air Force)* harcèlent les défenses allemandes de la région depuis le début du conflit en ce qui concerne les premiers. Minages de la rade, attaques de convois et des stations-radar, les bombardements sont quasi quotidiens. (11)

Les batteries côtières et la base sous-marine ont été plus spécialement visées au début du **mois d'août**. C'est ainsi que cette dernière a été bombardée à trois reprises : les **5, 12** et **13 août** par des Lancaster armés d'une bombe Tallboy de 5 500 kilos. 56 appareils ont participé à l'attaque, 26 bombes ont été lâchées, 9 ont atteint leur but.

(10) Supper (H.L.), *De New York à Berlin avec l'Armée américaine*, Paris 1946, p. 149.

(11) Bohn (R.), *Raids aériens sur la Bretagne durant la Seconde Guerre mondiale*, Tome II, Etudes et Recherches thématiques en Finistère et en Bretagne. Cet ouvrage retrace l'activité aérienne alliée dans le ciel breton depuis le mois de février 1942.

Bombardier britannique Avro Lancaster. Cet avion pouvait emporter jusqu'à 5,5 tonnes de bombes à une distance de 2 800 km avec une vitesse de 460 km/h. Ce fut le principal bombardier de la RAF. Opérant généralement de nuit, à l'inverse des Américains qui opéraient au cours de missions diurnes, les appareils de la RAF avaient reçu une peinture noire sur leur partie inférieure. (IWM.)

L'un des cratères, encore visible de nos jours, fait 9 mètres de diamètre dans l'alvéole n° 2.

Au cours du siège, l'appui aérien des troupes au sol sera cependant essentiellement assuré par les escadrons de la 9e force aérienne US *(9th Air Force)*, du général de division Vandenberg. Affectée au 12e Groupe d'Armées du général Bradley qui comprend les 1re et 3e armées rappelons-le, la *9th Air Force* regroupe trois commandements : le 9e commandement de bombardement *(IX Bomber Command)*, le 9e commandement de chasse *(IX Fighter Command)*, subdivisé en deux commandements aériens tactiques *(IX et XIX Tactical Air Commands)*, le 9e commandement de transport *(IX Troop Carrier Command)*. Seuls nous intéressent ici le *IX Bomber Command* et le *XIX Tactical Air Command*. (12)

Le IX Bomber Command

Placé sous les ordres du général de division Anderson, le *IX Bomber Command* dispose de 168 bombardiers légers et de 455 bombardiers moyens.

Le bombardier léger Douglas Boston A20 peut emporter une tonne de bombes de 250 kilos de type *General Purpose*, le bombardier moyen Martin B26 Marauder deux tonnes de bombes de 50 à 500 kilos de type *General Purpose* ou des bombes à fragmentation antipersonelles ainsi que des bombes incendiaires au napalm. Le premier, qui comprend trois hommes d'équipage, a un rayon d'action de 320 kilomètres. Celui du second est de 500 kilomètres environ, il compte cinq à sept personnes à bord. (13)

L'effectif total (Etat-Major, unités et services) de ce commandement est de 4 141 officiers et de 18 853 hommes de troupe. Il est divisé en trois *Wings* ou escadres : les 97e, 98e et 99e totalisant 11 *Groups* ou escadrons.

— Les escadrons 409, 410 et 416, qui constituent la 97e escadre, sont dotés de bombardiers légers,

— Les escadrons 323, 387, 394 et 397 de la 98e escadre ainsi que les escadrons 322, 344, 386 et 391 de la 99e escadre sont dotés de bombardiers moyens.

Les reconnaissances aériennes sont effectuées par la 1re escadrille *Pathfinder*.

Chaque escadron comprend quatre *Squadrons* ou escadrilles à l'effectif théorique de 16 appareils chacune, soit 64 au total. L'escadre est commandée par un général de brigade ou un colonel, l'escadron par un colonel ou un lieutenant-colonel, l'escadrille par un commandant ou un capitaine.

(12) Documents utilisés pour la rédaction de l'activité aérienne américaine au cours du Siège :

— Pesson-Didion (commandant), *Le IX Bomber Command au cours des opérations du mois d'août 1944*. Rapport adressé au Chef d'Etat-Major Général de l'Armée de l'Air le 6 décembre 1944. Réf : EMGAA n° 3004 du 9 décembre 1944.

— Wings at War, *op. cit.*

— *Summary of Operations IX Bomber Command, IX TAC et XIX TAC August-September, op. cit.*

— *Rapport d'activité du 362nd Fighter Group.*

— Jacquin (F.). *Les bombardements de Brest 1940-1944*, MEB 1998.

(13) Pesson-Didion, *op. cit.*, p. 1.

Cet intéressant cliché pris en 1945 permet de bien saisir et comparer les différents types de bombes employées par la RAF à cette époque. On peut notamment voir la bombe Tallboy de 5,5 tonnes utilisée par les bombardiers britanniques contre la base sous-marine de Brest au début du mois d'août. (IWM.)

Surnommé « Flying Fortress » (forteresse volante) en raison de son armement défensif constitué d'une dizaine de mitrailleuses lourdes, le B-17 fut le bombardier standard de l'*US Air Force* au cours de la Deuxième Guerre mondiale. (IWM.)

Les bombardements sont effectués de jour, à vue ou dirigés par radio. La formation de combat comprend habituellement 18 appareils. Ce nombre peut être multiplié en plusieurs vagues selon l'importance de l'objectif à traiter. Les appareils attaquent en principe depuis une altitude située entre 2 700 et 3 900 mètres. Les missions sont normalement programmées à l'avance, une intervention expresse et ponctuelle reste l'exception. On compte environ deux heures entre le moment où l'*Air Support* est demandé et celui où a lieu le bombardement. A Brest, les principaux objectifs à traiter seront les batteries, les PC, les dépôts de munitions ou de carburants, les forts… situés bien au-delà de la ligne de défense extérieure et hors de portée de l'artillerie. Les bombardiers moyens seront les plus utilisés.

Notons que quelques escadrilles ont participé occasionnellement au bombardement de la ville depuis le début du mois d'août, conjointement avec celles de la RAF et de la *8th Air Force*. Le *IX Bomber Command* sera engagé à six reprises pendant le siège : le **25 août** puis les **1er, 3, 5, 6** et **14 septembre**. Il effectuera 2 050 sorties, 1 573 appareils attaqueront.

Le XIX Tactical Air Command

Le XIX TAC a été spécifiquement affecté à l'armée Patton ainsi que nous l'avons évoqué *supra*. Commandé par le général de division O.P. Weyland, il comprend deux escadres : la 100e et la 303e. La première regroupe les escadrons 354, 358, 362 et 363, la seconde les escadrons 36, 373, 406 ainsi que le 10e escadron de reconnaissance photo. Chaque escadron comprend 3 escadrilles à l'effec-

Escadrille de B-26 « Marauder » au cours d'une mission de bombardement. (DR.)

tif théorique de 16 appareils chacune, soit 48 par escadron avec un seul homme à bord. Les escadrilles, dont les leaders sont en règle générale des capitaines, attaquent de préférence en patrouilles de quatre avions, baptisées *Blue, Green, Red, Yellow*, etc.

Les escadrons 36, 358, 362, 373 et 406 sont dotés d'appareils P47 Thunderbolts. Ce sont les avions d'assaut proprement dits. Ils peuvent emporter deux bombes de 250 kilos *General Purpose* ou des bombes à fragmentation ou bien des réservoirs de napalm de 567 litres (150 gallons). Monoplace de chasse le plus grand et le plus lourd de l'époque, le P47 est armé de 8 mitrailleuses de 12,7, certains d'entre eux utiliseront à titre expérimental et avec succès des roquettes de 5 *inch*. Son rayon d'action, à pleine charge, est de 320 kilomètres et de 560 avec le réservoir de secours.

Les escadrons 354 et 363 sont dotés de P51 Mustangs. Ce sont avant tout des avions de reconnaissance tactique, ils accompagnent également les bombardiers ou bien sont utilisés pour lâcher des tracts au-dessus des lignes allemandes. Leur rayon d'action, à pleine charge, est de 500 kilomètres et de 965 avec le réservoir de secours. Le *XIX TAC* n'est pas doté de P38 Lightnings.

La piste d'envol doit atteindre au minimum 1 500 mètres lorsque l'avion est à pleine charge. Les pistes utilisées sont de préférence celles des aérodromes existants. A défaut, le génie aménage sommairement des terrains qu'il recouvre de pistes métalliques *Hessian waterproof*. Le *XIX TAC*, qui rappelons-le doit soutenir les quatre corps d'armée de l'armée Patton, a déployé ses appareils entre l'est de la Bretagne et Le Mans. (14) Les appareils sont vulnérables aux tirs de la *Flak* au-dessous de 1 000 mètres. Notons que les Mustangs sont plus fragiles que les Thunderbolts.

Les missions habituelles du *Tactical Air Command* sont de neutraliser les appareils ennemis, d'en interdire les mouvements et d'appuyer ses propres troupes au sol. Les chasseurs-bombardiers effectueront lors du siège 3 698 sorties en 331 missions, certaines escadrilles en accomplissant deux à trois par jour.

Les bombardements des **5, 6, 7** et **8 septembre**, bombardiers et chasseurs confondus, seront particulièrement intenses. Nous suivrons plus particulièrement les engagements de l'escadron 362 et de deux de ses trois escadrilles de Thunderbolts : les 377e, 378e. Elles sont basées à Rennes et opéreront plus particulièrement au bénéfice des 2e et 8e divisions. (15) Les effectifs de l'escadron sont de 211 officiers et de 824 hommes du rang.

Pour nous résumer, les missions du *IX Bomber Command* et du *XIX TAC* seront les suivantes à Brest :

– bombardements systématiques des batteries de la *Flak*, des batteries côtières ainsi que des différents emplacements de canons, conjointement avec la *8th Air Force*,

– attaques des différents points d'appui,

– appui-feu direct de l'infanterie par les chasseurs-bombardiers. Ils bombarderont et mitrailleront des positions allemandes parfois situées à moins de cent mètres des éléments de tête américains.

Les demandes d'*Air Support* seront adressées, par l'officier-opérations de chaque division, à l'officier Air du corps d'armée qui lui-même les adressera aux différents commandements intéressés. A Brest, l'officier Air du VIIIe corps sera le commandant Embry.

Le VIIIe corps d'armée prend position

Cette tactique ayant été adoptée, les trois divisions d'infanterie se mettent progressivement en place au nord, à l'est et à l'ouest de la ville de Brest. **(Carte n° 6.)**

(14) Kemp (A.), *Lorraine Journal Pictorial*, p. 21.

(15) Documents consultés :

– *rapport d'activité de la 377e escadrille, Mission Report 25 August-19 September 1944*,

– *rapport d'activité de la 378e escadrille, 378th Fighter Squadron of the Ninth Air Force 13 August-19 September 1944*. Manque le *Mission Report* de la 379e escadrille.

Les généraux Patton et Weyland, respectivement commandants de la *3rd US Army* et de la *XIX Tactical Air Force*. Cette force aérienne a été chargée de soutenir la 3e armée au cours de son avance. (US Army.)

La *XIX Tactical Air Force*

1, 2 et **3.** Le *Captain* Louis Morrison, du *382nd Fighter Squadron (363rd Fighter Group)*, assis sur l'aile de son P-51 Mustang qu'il a baptisé « Toni Girl » en l'honneur de son épouse. Grande-Bretagne, mars 1944. Des réservoirs supplémentaires ont été installés sous les ailes. Son appareil sera abattu le 8 août au-dessus de Plouigneau, près de Morlaix. On le voit ci-dessous avec son épouse (The Duchess « Toni Girl ») à New York en novembre 1943. (Coll. L. Morrison.)

4, 5 et **6.** Autre pilote du *382nd Fighter Squadron*, le *Captain* JR Brown qui sera également abattu en attaquant des dragueurs de mines de la 2ᵉ Flottille à Bénodet le 10 août. La photo n° 4 a été prise alors qu'il avait cinq avions allemands à son palmarès, ainsi que 70 missions de bombardement tactique. Sur les deux autres, il pose en France avec son équipe de mécaniciens. (Coll. JR Brown.)

7. Le P-47 Thunderbolt de Charles Morhle. Ce chasseur-bombardier équipait la plupart des groupes de la *XIX Tactical Air Force* à l'été 1944. (Coll. R. Chuinard.)

Brest sous les bombes : les premières attaques massives

Ce spectaculaire reportage photographique présenté sur ces deux pages et les deux suivantes a été réalisé par M. Bernard Holley pendant un raid aérien le 7 août après-midi. Avec beaucoup de sang-froid, il a pris cette série de clichés du bombardement de la rade et du port de Brest depuis son appartement au 50 boulevard Gambetta. Ces photos très rares illustrent parfaitement ce que furent les bombardements aériens qui ont presque quotidiennement frappé la ville au cours du siège.

1. Les positions allemandes de l'autre côté de la rade sont prises pour cibles à hauteur de la Pointe des Espagnols. Au premier plan la gare, puis le Port de Commerce, la rade-abri dans laquelle se trouve le pétrolier allemand *Spichern*.

2, 3 et 4. Le *Spichern* ne tarde pas à devenir la cible des bombardiers alliés. Encadré par les chapelets de bombes qui se rapprochent, il est bientôt touché. On aperçoit certaines bombes juste avant qu'elles ne percutent l'eau. Le pétrolier sera par la suite remorqué puis sabordé dans les passes au soir du 8 août.

Brest sous les bombes

D'autres bombardements vont frapper la ville. La gare est cette fois la cible des appareils alliés. Les bombes se rapprochent inexorablement... L'une d'entre elles explose à une centaine de mètres à peine du photographe qui a néanmoins pris le cliché. Ci-dessous : la gare ravagée après le passage des bombardiers.

(Coll. B. Holley.)

Deux photos du *Major-General* Donald A. Stroh en conférence à son poste de commandement. De gauche à droite sur le cliché ci-contre : le colonel Tom Cross, le général Stroh et le lieutenant-colonel Joseph K. Gibson. (Coll. I. Stroh-Stümpf.)

Au nord

La 8ᵉ division est au complet depuis le **20 août**. (16) Le PC s'installe en un premier temps à Lesneven. Ses trois régiments d'infanterie le *28th*, le *13th* et le *121st Infantry* vont se déployer entre Gouesnou et Saint Renan, au centre du dispositif au nord de Brest. (17) Forte de 16 120 hommes, elle est sous les ordres du général de brigade Donald A. Stroh dont le nom de code est *Granite* puis par extension celui de sa division.

Celui du *13th Infantry* est *Greyhound*, du *28th Grasshopper*, du *121st Grapefruit*. (18) Le premier est commandé par le colonel Robert A. Griffin, le second par le colonel K.B. Anderson et le troisième par le colonel John R. Jeter.

L'itinéraire de la 8ᵉ Division. Débarquée en France dans les premiers jours du mois de **juillet** et venant de Belfast, elle a été incorporée dans le VIIIᵉ Corps du général Middleton. Elle a été immédiatement engagée devant La Haye-du-Puits et a participé à la « guerre du bocage » en Normandie après avoir relevé la 82ᵉ division aéroportée qui affrontait durement les Allemands depuis Sainte-Mère-Eglise.

Elle a par la suite participé à l'opération « Cobra » à l'ouest du dispositif américain. Puis le *13th Infan-*

(16) Documents utilisés pour la rédaction de ce paragraphe :

– *The 8th Infantry Division, Report After Action against Ennemy France 5 Aug-31 Aug 1944*, National Archives, Ref . 05-8-1944/3, Vol.2, p. 12-15.

– Lambert (N.W.), Choquette (V.A.). *History of G Co-28th Reg-8th Division*.

– carte US utilisée : St Renan First Edition (May 1944) Sheet n° 7/10 S.E.

(17) Voir en annexes l'articulation des trois divisions d'infanterie.

(18) *Greyhound* : lévrier, *Grasshopper* : sauterelle, *Grapefruit* : pamplemousse.

try a pris Rennes le **4 août**. Plus tard, le **7 août**, le *121st Infantry*, provisoirement rattaché à la 83e division en prévision des opérations de Saint-Malo, a combattu avec le *331st Infantry* pour prendre Dinard qui est tombée le **12 août**.

Cette division est par conséquent rodée par six semaines de combat. Lui font face les parachutistes du *I./7* de Reino Hamer soutenus par les batteries de Roc'h Glas et de Mesmerrien, disposées l'une et l'autre sur les hauteurs qui courent d'est en ouest parallèlement à la ligne d'attaque américaine. Le bourg de Lambézellec doit être enlevé et l'objectif final, le fort du Bouguen, enclos dans les Fortifications de Brest intra-muros, est quasiment imprenable par des fantassins.

Alors que les soldats américains s'infiltrent pour asseoir leur ligne de départ, les adversaires se livrent à un duel d'artillerie qui dure jour et nuit. La *Flak* allemande est très active sur les concentrations de troupes et de matériels qu'elle a repérées au nord et à l'est de Brest, précisément dans le secteur de Gouesnou et de l'aérodrome de Guipavas, battus également par des batteries côtières.

Les Allemands envisagent d'ores et déjà cependant de replier les équipages des batteries du Forestic et de Roc'h Glas trop exposées, ainsi que de démonter deux canons des batteries *5.* et *6./803*. (19) Le Forestic commence à évacuer ses munitions dès le **21 août**. Roc'h Glas et la 6e batterie démontent chacune deux canons le **22 août**. (20)

Le **23 août**, l'artillerie américaine harcèle durement Mesmerrien ainsi que Roc'h Glas, cette batterie étant désormais réduite à deux pièces de 75. C'est bien trop peu pour s'opposer efficacement à la puissance de feu américaine, les Allemands le savent parfaitement. Roc'h Glas ainsi que le Forestic sont leur « talon d'Achille ».

Les fantassins du *1st Bat/28th Infantry* se sont maintenus au nord-est de la route Guipavas-Gouesnou jusqu'au **20 août**, date de leur relève par le *9th Infantry* (2e division). (21) Les 2e et 3e bataillons du 28e régiment viennent prendre position sur la ligne Kereozen-Keralénoc de part et d'autre de Gouesnou, le 1er bataillon restant en réserve.

Le *13th Infantry* est déployé quant à lui suivant un axe est-ouest le long de la route qui mène de Gouesnou à Saint Renan, entre Kerviniou et Kereozen. Le 3e bataillon occupe provisoirement la portion de route Kerviniou-Kervalguen en lieu et place de la 29e division qui effectue son regroupement dans les environs de Ploudalmézeau. Le 1er bataillon se trouve à gauche entre Kervalguen et Kereozen, le 2e bataillon est en réserve de la division. Le *121st Infantry* n'est pas engagé et campe entre Bourg-Blanc et Plouvien.

Le 86e régiment de cavalerie de reconnaissance, qui a précédemment opéré avec la 6e division blindée, vient bloquer avec ses escadrons A et E l'entrée de la zone divisionnaire, à droite au-delà de Begavel Nevez, au sud-ouest de Milizac. (22)

Stroh établit son PC le **23 août** à Plouvien. Le *13th Infantry* récupère le 3e bataillon qu'il met en réserve, les 1er et 2e bataillons sont en ligne, le *28th Infantry* ne modifiant pas son dispositif. La ligne d'attaque s'étend alors depuis Kervalguen jusqu'à Kéralenoc occupant un front étroit de quatre kilomètres ; la division attaquera de ce fait avec quatre bataillons sur six. **(Carte N°8.)**

Les quatre régiments d'artillerie de la division, les escadrons B et C du 709e régiment de chars, les escadrons C et D du 644e régiment de tanks destroyers ainsi que les compagnies B et D du 86e ré-

giment chimique soutiendront l'attaque de l'infanterie en coordination avec le 12e régiment du génie. L'artillerie du corps d'armée engagera également quelques bataillons. L'appui aérien sera assuré par le *XIX TAC*.

Pendant ce temps, le 8e escadron de reconnaissance, celui de la division, mène d'actives patrouilles sur ses arrières entre Landéda et Plouguerneau, communes situées sur le littoral et désertées par les Allemands dès les premiers jours du mois d'**août**.

Le plan d'attaque sur Brest est dévoilé ce jour-là à 16 heures : la 8e division mènera l'assaut principal, encadrée par la 2e division à l'est et la 29e division à l'ouest. Le D Day et l'heure H sont fixés au **25 août** à **13 heures**. La 8e division attaquera en direction de Lambézellec et de Gouesnou-Sud.

Le **24 août**, entre 12 h 49 et 13 h 27, en préliminaire de l'attaque, les Alliés vont donner un sévère avertissement aux Allemands. Quatre-vingts Lancaster vont déverser 500 bombes sur l'Arsenal, le Port, les batteries, la ville et les camps. Des barges coulent, un dragueur de mines est touché, beaucoup de munitions sont détruites, Montbarey perd un canon de 128, ailleurs quatre pièces de 105 sont pulvérisées, soit l'équivalent d'une batterie lourde anéantie. Les batteries allemandes, malgré ce déluge de feu, continuent à tirer méthodiquement sur les positions américaines.

Dans la nuit du **24 au 25 août**, les fantassins des *13th* et *28th Infantry* viennent prendre position au plus près des avant-postes allemands.

A l'ouest/nord-ouest

Venant de la Normandie, qu'elle a quittée le **21 août** après la prise de Tinchebray, la 29e division, forte de 15 070 hommes, se regroupe au début de l'après-midi du **23 août** dans les environs de Ploudalmézeau, bourgade située à une quinzaine de kilomètres au nord-ouest de Brest. (23) Elle comprend trois régiments d'infanterie : les *115th, 116th* et *175th Infantry*. Lui sont en outre rattachés le 821e régiment de tank destroyers, l'escadron A du 644e de tank destroyers ainsi que le 747e régiment de chars. L'appui aérien sera également assuré par le *XIX TAC*. **(Carte N° 10.)**

Elle est sous les ordres du général de division Charles H. Gerhardt dont le nom de code est *Latitude* et par extension celui de la division. Le nom de code du *115th Infantry* est *Lagoon*, celui du *116th Lemon*, celui du *175th Limestone*. (24)

L'itinéraire de la 29e Division. Elle a débarqué en Ecosse au mois **d'octobre 1942** puis elle a été regroupée dans les environs de Salisbury pour une

(19) Situées respectivement dans le fort du Portzic et aux Quatre Moulins à Saint-Pierre.

(20) *Kriegstagebuch Admiralatlantikküste, op. cit.,* 22.8.

(21) *1st Bat/28th Infantry* = 1er bataillon du 28e régiment d'infanterie.

(22) Un *Cavalry Reconnaissance Squadron* correspond à un régiment, il est subdivisé en *Troops* ou escadrons (de l'armée française). Dans la suite du récit on utilisera la dénomination 86e Cavalry.

(23) Documents utilisés pour la rédaction de ce paragraphe :

– *After Action Report, 29th Infantry Division, Month of August 1944, Phase VIII Reduction of the Fortress Brest,* National Archives, p. 8-9.

– Ewing (J. H.), *op. cit.,* Chapter 6, p. 121-123.

Cartes US utilisées : St Renan First Edition (May 1944)-Sheet n° 7/10 S.E. et Brest First Edition (May 1944) Sheet n° 7/8 N.E et carte NNO 735017, déclassifiée le 6-05-89.

(24) Lagoon : lagune, Lemon : citron, Limestone : pierre.

période d'entraînement intense qui durera de longs mois. Elle a ensuite fait mouvement, au mois de **mai 1943**, vers le Devon et la Cornouaille où elle a relevé la 55e division britannique et poursuivi son entraînement en vue du D-Day. Elle a été alors intégrée dans le Ve corps d'armée commandé par le général Gerow, son ancien chef, lui-même remplacé à la tête de la division, au mois de juillet suivant, par le général Gerhardt.

Puis elle a débarqué le **6 juin** à *Omaha Beach*. Bilan : 341 tués pour le *116th Infantry* qui a mené l'assaut avec deux régiments de la 1re division. Le général Gerhardt avait en effet réclamé l'honneur de faire débarquer la première sa division, arguant du fait qu'elle se trouvait depuis **1942** en Angleterre, bien avant toutes les autres. Elle n'avait cependant pas encore été « au feu » contrairement à la 1e division du général Huebner qui avait déjà participé à deux campagnes méditerranéennes et qui avait selon le mot du général Bradley « une indigestion d'héroïsme ». (25)

La 29e division s'est rapidement aguerrie dans la « guerre du bocage ». On lui doit la prise de Saint-Lô fin juillet, opérant conjointement avec la 2e division qu'elle retrouvera fin **août** devant Brest.

A la **mi-août**, après les combats de Tinchebray puis de Vire, la division a été retirée au Ve corps et versée au VIIIe corps dès son arrivée dans la région brestoise.

Ses fantassins, les « Blue and Gray » sont pour la plupart originaires du Maryland et de Virginie. Pendant la guerre de Sécession, l'uniforme des soldats du Maryland était de couleur bleue, celui des combattants de Virginie était de couleur grise, d'où cette appellation. Sa devise est « *Let's go* ».

La division est devant Brest. Le *115th Infantry* du lieutenant-colonel Smith vient relever *Greyhound Blue* entre Begavel et Kervalguen. Le régiment reçoit des offres de coopération de la part d'une compagnie FFI, elles sont acceptées. Le 2e bataillon du commandant Miller est à gauche du dispositif, le 3e bataillon du commandant Millholland se trouve à droite, le 1er bataillon du commandant Glover Johns est en réserve derrière le 2e bataillon. Les objectifs initiaux sont Bohars et Kerognant, deux points d'appui particulièrement coriaces.

Le *116th Infantry* du colonel Dwyer se déploie sur la ligne Ty Colo-Begavel à l'ouest du *115th*, la compagnie A du 86e régiment chimique lui est rattachée le **23 août**. Le 3e bataillon du commandant Puntenney mènera l'assaut sur Guilers et Keriolet au sud du bourg.

Le secteur Bohars-Kerognant-Guilers-Kerallan est défendu par les parachutistes du II./2 du commandant Ewald Werner dont le PC se trouve à Kerampir. Le légendaire Lepkovski est à la tête de la 5e compagnie.

Le *175th Infantry* du lieutenant-colonel Purnell viendra se positionner à l'ouest sur la ligne Saint Renan-Plouzané le **26 août** alors que les combats ont déjà commencé. Ses premiers objectifs sont le bourg de Plouzané, la colline de Coz Castel (colline 103) et la hauteur de Mezer Braz qui se trouvent toutes deux à l'est de ce dernier.

Les hommes de Purnell se heurteront à ceux du III./2 du capitaine Herbert Kirsten qui commande l'ensemble du secteur Ouest depuis Bodonnou jusqu'à La Trinité.

Sur les arrières du *175th Infantry*, une *Task Force* dénommée *Sugar* devra réduire la « poche du Conquet » dont les batteries représentent un danger mortel pour les trois régiments qui vont attaquer vers Brest.

Le *Major-General* Charles H. Gerhardt, commandant de la *29th US Infantry Division*. (DAVA.)

Le lieutenant-colonel Sheppe, commandant en second du *175th*, est chargé de constituer cette *Task Force* qui comprendra initialement les compagnies D, E, et F du 2e bataillon de rangers, les escadrons A et E du *86th Cavalry*, antérieurement déployés à Begavel Nevez, ainsi que la compagnie d'obusiers du *175th*.

Le flanc droit de la division sera tenu ultérieurement, à compter du **1er septembre**, par trois compagnies du 5e bataillon de rangers du commandant Sullivan à la hauteur de Toulbroc'h. Le PC du bataillon est installé à Trégarantec, au sud-est de Lesneven, non loin de celui du *2nd Rangers* cantonné au Folgoët. Ce dernier est commandé par le lieutenant-colonel Rudder, 34 ans, un solide fermier du Texas. Les deux bataillons se sont distingués lors de l'assaut donné à la Pointe du Hoc à l'ouest d'*Omaha Beach* le **6 juin**. Ces combattants ne sont pas endivisionnés, le corps d'armée les utilise au gré des circonstances, plus particulièrement dans les « coups durs ». Tous volontaires, ces hommes représentent l'élite de l'infanterie américaine. Ils peuvent être utilisés à l'échelon de la compagnie ou du bataillon, ils sont comparables à la fois aux légionnaires et aux commandos. Ils ont, pour la plupart d'entre eux, été formés à la rude école des commandos britanniques en Ecosse.

L'artillerie allemande est peu active, ces jours-là, dans la zone de la division. Toulbroc'h et Kéringar se manifestent cependant de temps à autre.

A l'est

La 2e division, forte de 13 830 hommes environ, a quitté la Normandie le **18 août** à Tinchebray. Elle a alors été transférée du Ve corps au VIIIe corps d'armée. (26) Elle atteint sa zone de rassemblement aux environs de Lesneven, le **19 août**. Le PC s'installe en un premier temps à Ploudaniel puis trois

Le château de Kéralias, au nord de Kersaint-Plabennec, qui a abrité le poste de commandement de la *2nd US Infantry Division*. (Coll. de Poulpiguet.)

jours plus tard dans le château de Kéralias, situé au nord de Kersaint-Plabennec, cette commune est située à l'est de l'aérodrome de Guipavas. Le château appartient à la famille de Poulpiquet. Le PC est aménagé dans les pièces du rez-de-chaussée, le général de division Walter W. Robertson disposant personnellement d'une caravane. Le général Hays commandera également l'artillerie divisionnaire depuis Kéralias.

La marche vers Brest a été effectuée classiquement en *trucks* (camions), dont beaucoup appartiennent aux compagnies de l'intendance, regroupées dans le Corps des Transports, relevant lui-même des *Services of Supply*. Ces services assurent l'ensemble de la logistique américaine, sous les ordres du général Lee commandant en chef de la Zone des Etapes du Théâtre européen. (27)

La division comprend, comme les précédentes, outre des unités toutes armes, trois régiments d'infanterie : les *9th*, *23rd* et *38th Infantry*. **(Carte n° 8.)**

Lui ont été de plus rattachés : le 612ᵉ régiment de tank destroyers, l'escadron B du 705ᵉ régiment de tank destroyers ainsi que trois groupes d'artillerie : les 196ᵉ, 202ᵉ et 174ᵉ, ce dernier sera mis à la disposition de la *Task Force B* dans le cadre des opérations de Plougastel. La division dispose également de mortiers chimiques de 4,2 de la compagnie C du 86ᵉ régiment chimique.

Le nom de code de Robertson est Ivanhoé puis par extension celui de sa division. Le *9th Infantry* est *Index*, le *23rd* Inspire et le *38th Impressive*. La 2ᵉ division est considérée comme une bonne unité. Elle s'est particulièrement illustrée le **11 juillet** précédent dans la prise de la cote 192, à l'est de Saint-Lô. Son emblème représente un profil de Sioux et sa devise est « second to none » que l'on peut traduire par « le second de personne ».

L'abondance des sources, la concernant, nous permettra d'entrer plus en détail dans le récit des combats.

Le *Major-General* Walter M. Robertson, commandant de la *2nd US Infantry Division*. Il demeurera à la tête de la division tout au long de la campagne d'Europe du 6 juin 1944 au 2 juin 1945. (DAVA.)

(25) Garros (L.), *Historama*, n° 235, Juin 1971, p.30.

(26) Documents utilisés pour la rédaction de ce paragraphe :

– *G 3 Journal 2nd Inf.-Div., 1-31 August, Book n° 1 of 10 Books*, National Archives. Le Journal des Marches et Opérations (JMO) récapitule, journellement et dans l'ordre chronologique, tous les ordres, les messages et les incidents concernant la 2ᵉ division.

– *History of the Second Infantry Division-WW II, Brest Campaign 1944, Chapter VII The Breton Peninsula Fortress Brest*, The Battery Press Nashville 1979, p. 50-52.

– *US Army. 23rd Inf. Regt. The Twenty-Third United States Infantry, 1812-1945, Pilsen 1945*, US Army Military History Institute, Réf. 603-23.1945. p. 13-33.

– Ethell (E.O.), Caldwell (P.A.) *The Thirty-Eighth United States Infantry 1945*, US Army Military History Institute, Réf. 603-38.1945, p. 6-19.

– Cartes US utilisées : Landerneau First Edition (May 1944) Sheet n° 10/10 S.W., Saint-Renan First Edition (May 1944) Sheet n° 7/10 S. E et Brest First Edition (May 1944) Sheet n° 7/8 N.E.

(27) Il existait 198 compagnies de l'intendance, totalisant 9 500 véhicules pour l'ensemble du front européen, in Supper (H.L.), *op. cit.*

Le 38th Infantry

Dénommé « The Rock de la Marne » pour sa conduite exemplaire sur la Marne en 1918, le *38th Infantry* a une partie de son histoire militaire liée à la ville de Brest. Deux bataillons ont en effet débarqué dans le port en **mars 1918**. Qualifié par la suite de régiment d'élite par Pétain, du fait de son exceptionnelle conduite au feu, il a réembarqué à Brest pour les Etats-Unis après l'armistice.

Plus près de nous, on le retrouve, au début de l'année **1940**, à Fort Sam Houston, Texas, où il a rejoint les *9th* et *23rd Infantry* afin de constituer la 2ᵉ division. Après une série de manœuvres très poussées en Louisiane, au Texas et dans le Michigan, le régiment a été transféré à Belfast le **19 octobre 1943** puis au Pays-de-Galles. Il a débarqué le **7 juin 1944** à Saint-Laurent-sur-Mer *(Omaha Beach)*. Le régiment s'est magnifiquement comporté par la suite à Trévières. Le chef de corps de l'époque, le colonel Walter A. Elliot, a alors reçu la *Silver Star*, première décoration attribuée à la 2ᵉ division au cours de la campagne de France. Puis ce furent les engagements à Cerisy, à l'est de Saint-Lô (colline 192), à Sourdeval et à Tinchebray.

C'est par conséquent un régiment fort expérimenté qui débarque le **20 août** vers 18 heures dans le secteur boisé du Roual à l'est de Plougastel. Il sera l'épine dorsale de la *Task Force* qui se met en place pour neutraliser les batteries allemandes de la presqu'île. Le 1ᵉʳ bataillon du lieutenant-colonel Frank T. Mildren se regroupe près de Kerivin, le 2ᵉ bataillon du lieutenant-colonel Jack K. Norris au Roual et le 3ᵉ bataillon du lieutenant-colonel Olinto M. Barsanti à Kermélénec à l'ouest du Roual.

Le régiment est désormais commandé par le colonel Ralph W. Zwicker. L'officier-opérations est le commandant Tom C. Morris.

Le 23rd Infantry

Le *23rd Infantry* a également participé à la Première Guerre mondiale. Débarquant à Saint-Nazaire en **septembre 1917**, il a participé à un certain nombre de combats, en particulier à celui de la forêt de l'Argonne.

Il a été intégré en 1940 dans la 2ᵉ division, a pris part aux différentes manœuvres et a débarqué le **8 juin** à *Omaha Beach* après un séjour au Pays de Galles.

Cette unité a été ensuite engagée dans la « bataille des haies » en Normandie. Quittant Tinchebray, elle est à Guipavas, bourg situé à l'est de Brest, le **19 août** dans l'après-midi. Le PC s'installe à Kergompez, à la sortie Est du bourg. Elle est commandée par le colonel Jay B. Lovless, un Texan comme la plupart de ses hommes, qui a servi dans les trois régiments de la division, commandant successivement deux d'entre eux. Il terminera la guerre à la tête du *23rd Infantry*. Lovless porte, entre autres décorations, la Légion d'honneur et la Croix de Guerre. Son adjoint est le colonel Snyder. La devise du régiment est « We Serve » (« Nous servons »). Il comprend trois bataillons de fusiliers comme ses homologues. Le 1ᵉʳ bataillon est sous les ordres du lieutenant-colonel Hightower, le 2ᵉ bataillon sous les ordres du lieutenant-colonel Hamelé, le 3ᵉ bataillon est commandé par le lieutenant-colonel Tuttle. Trois Guipavasiens vont servir d'éclaireurs dans ce régiment, ce sont Guillaume Floch, Bastien Pailler et Jo Prigent, tous trois issus du réseau Jade Fitzroy, le premier ayant également participé aux combats de Plougastel. Ils sont en tenue, armés et connaissent bien le terrain. (28)

Le régiment, ainsi que le *9th Infantry*, viennent relever le CCA/6ᵉ division blindée du général Taylor ainsi que les unités rattachées, déployées entre la Pyrotechnie de Saint-Nicolas, Guipavas et Gouesnou depuis le **8 août**. Le 50ᵉ bataillon d'infanterie portée (les fantassins du CCB qui ont échoué devant Ménez Toralan) rejoint la *Task Force B* à Plougastel. *Grasshopper Red* (le *1st Bat/28th Infantry* de la *8th division*), qui occupait le secteur Guipavas-Gouesnou, se replie à Gouesnou. La relève a lieu le **20 août** en fin de soirée, le reste du CCA se rassemble alors à Penquelen au nord-ouest de Landerneau et fera route ensuite vers Lorient.

Les *1st* et *3rd Bat/23rd Infantry* montent immédiatement en ligne et prennent position à l'est de la route qui mène de Kerhuon à l'aérodrome de Guipavas, le premier au sud de Guipavas entre la Pyrotechnie et le bourg, le second depuis le nord du bourg jusqu'au sud de l'aérodrome. Le bataillon d'Hamelé est en réserve. Il a installé son PC au Conte, non loin de Kergompez. Le 2ᵉ escadron de reconnaissance, commandé par le capitaine Hefley, assure la continuité, le long de l'Elorn, entre ce régiment et la *Task Force B*.

Tuttle, au nord, dispose sa compagnie L à l'est de la ligne batterie du Forestic-Le Vizac, la compagnie I est déployée entre Le Vizac et le nord-ouest du bourg de Guipavas. La compagnie K est en réserve. Il s'agit en effet de ne pas engager, d'emblée, la totalité du régiment, les combats des premiers jours étant destinés à estimer les forces et les positions de l'adversaire. Ces Allemands précisément, qui sont-ils ? Au nord, le 3ᵉ bataillon aura affaire essentiellement aux chasseurs de chars parachutistes, ainsi qu'aux marins de l'enseigne de vaisseau Berdau qui commande la batterie du Forestic dont on reparlera longuement dans ce récit. Hightower, au sud, va être affronté à une tâche bien difficile. La route qui mène de Kerhuon au bourg de Guipavas est très encaissée et favorise nettement les défenseurs que sont essentiellement les sapeurs-parachutistes du commandant Siegfried Gerstner. Des marins défendent la Pyrotechnie de Saint Nicolas. La compagnie qui gardait antérieurement l'aérodrome de Guipavas est déployée entre les hommes de Gerstner et les marins. Et puis il y a Menez Toralan, Kermeur-Coataudon et plus au sud la batterie de Kerjean. Les combats seront rudes dans ce secteur.

Les instructions sont de mener de vigoureuses patrouilles mais sans s'exposer inutilement aux tirs de l'artillerie allemande qui ne reste pas inactive. Silence radio, on communique uniquement par fil ou par plis portés. L'artillerie fourbit ses armes et prépare ses obus fumigènes qui marqueront les cibles à traiter par les avions. Les fantassins des premières lignes devront également manifester leur présence aux aviateurs avec des marqueurs de couleur orange qui seront remplacés plus tard par des panneaux fluorescents de couleur « cerise ». Ce processus sera mis en œuvre au début de l'attaque générale qui ne saurait tarder. Les différentes cibles connues sont sommairement reportées sur des cartes et signalées par des lettres A, B, C... ou par des chiffres 1, 2, 3.... Chaque champ et chaque garenne portent également un numéro.

Le 9th Infantry

Le *9th Infantry* a partagé le destin des deux autres régiments. Il débarque le **19 août** au nord-est de Gouesnou. Il est commandé par le colonel Hirschfelder, un « dur » qui, au mois de juillet dans le secteur de Torigni en Normandie, a galvanisé ses hommes découragés en se tenant debout bien en vue des Allemands, mains sur les hanches, sans casque et demandant à ses fantassins ce qui pouvait bien les retenir...

Le régiment relève en un premier temps *Grasshopper Red* entre Gouesnou et l'aérodrome. Hirschfelder met ensuite deux bataillons en ligne : le 2ᵉ bataillon du colonel Higgins occupera l'aile droite de la division à la hauteur de Keralénoc/Penety-Nevez, il a à sa droite *Grasshopper Blue*. (29) Son premier objectif sera le point d'appui de Bourg-Neuf/Fourneuf tenu par les parachutistes du *II./7* du commandant Fritz Becker. L'importance de ce point d'appui n'a pas encore été bien estimée. En revanche la batterie de Mesmerrien est bien connue des services américains. Les villages de Kervao et de Saint Thudon, plus à l'est, devront être pris par les fantassins du 1ᵉʳ bataillon placés sous les ordres du lieutenant-colonel Wesson. Il se déploie au nord de l'aérodrome de Guipavas, il a à sa gauche le 3ᵉ bataillon de Tuttle. Le *3rd Bat/9th Infantry* est en réserve à l'Ormeau sous les ordres du commandant Kernan. Les différentes sections mènent d'actives patrouilles sur le front et sur les flancs des troupes, accrochant un avant-poste allemand à Keralénoc.

Le régiment commence à s'activer le **24 août**, des chars viennent renforcer les fantassins. Une patrouille de *Grasshopper* a accroché une patrouille allemande à Kerargalet, les hommes de Higgins ne sont pas en reste, ils ont repéré quelques parachutistes à Tric'horn au nord de Bourg-Neuf. L'artillerie allemande est très active dans le secteur du *9th Infantry* : Kermeur-Coataudon, Menez-Toralan, Le Forestic, Mesmerrien sont particulièrement menaçants.

Trois compagnies du *5th Rangers* seront provisoirement affectées à la 2ᵉ division du **29 août** au **4 septembre**. Il s'agit des compagnies A et C, sous les ordres du capitaine Heffelfinger, commandant en second du bataillon. Elles occuperont, en un premier temps, l'aile gauche en face de la Pyrotechnie de Saint Nicolas, la compagnie E couvrant le flanc droit entre Keralénoc et Bourg-Neuf. (30)

La tactique de Middleton

La tactique adoptée par Middleton, pour la réduction de Brest, est la suivante :

– neutraliser en un premier temps Plougastel et ses batteries qui représentent un danger mortel pour la 2ᵉ division qui attaquera depuis Gouesnou-Guipavas,

– traiter simultanément l'ensemble des défenses allemandes par des tirs d'artillerie et d'intenses bombardements aériens,

– donner enfin l'infanterie dont l'activité générale peut être divisée en quatre périodes distinctes : **25-31 août, 1ᵉʳ-7 septembre, 8-11 septembre** et enfin **12-18 septembre**.

Il est par conséquent indispensable de régler d'abord le sort des défenseurs de Plougastel. Ce sera la mission du général de brigade James A.Van Fleet, commandant en second de la 2ᵉ division. Il a constitué une *Task Force*, la *Task Force B*, avec les éléments du *38th Infantry* et d'un certain nombre d'unités rattachées. Le 15ᵉ régiment de cavalerie de reconnaissance, momentanément détaché de la *Task Force A* du général Earnest, devra au préalable procéder à un état des lieux.

(28) Bohn (R.), Le Bras (J.), Le Berre (A.), Bothorel (L.), Rioual (F.), Rosmorduc (Yves de), *Chronique d'hier, tome III, La vie du Finistère 1939-1945*, p. 295-296. Et souvenirs de l'un des auteurs.

(29) *Grasshopper Blue* = *3rd Bat./28th* de la 8ᵉ Division.

(30) *History of the Fifth Ranger Battalion, Chapter VI Brest*, National Archives, p. 31-32.

Ci-dessus : Le colonel Jay B. Lovless, commandant du *23rd Infantry Regiment (2nd US Infantry Division)*. (DR.)

Ci-contre : Le colonel Ralph W. Zwicker, commandant du *38th Infantry Regiment (2nd US Infantry Division)*. (DR.)

Ci-dessous : Le colonel Chester J. Hirschfelder, commandant du *9th Infantry Regiment (2nd US Infantry Division)*. (DR.)

Il s'agit en premier lieu de reconnaître les défenses de la presqu'île puis de les neutraliser le plus rapidement possible. Sept batteries allemandes, dont celles de Kerziou et de Kerdéniel, menacent en effet directement la 2e division qui attaquera depuis l'est. **(Carte n° 8.)**

Autre avantage : les Américains pourront, après la réduction de la presqu'île, utiliser les hauteurs pour bombarder. (1)

La reconnaissance

La reconnaissance sera menée par le *15th Cavalry* : 750 hommes, trois escadrons de reconnaissance, dotés de véhicules blindés à six roues type M8 et armés d'un canon de 37 mm et de mitrailleuses, un escadron de canons d'assaut et un escadron de chars. Le *15th Cavalry* appartient à la *Task Force A* du général Earnest.

En face les Allemands : environ 3 600 hommes, fantassins de la 343e division, marins de la *Flak*, encadrés par une poignée de parachutistes, sous le commandement du colonel Hans Baumann chef de corps du 851e régiment d'infanterie, responsable avant la prise de commandement de Ramcke de toutes les forces du glacis. Des Italiens servent dans certaines batteries.

Le *15th Cavalry* quitte Morlaix, dont il a assuré la protection avec les FFI, le **19 août**. Il se rue sur Landerneau, saisit les hauteurs qui entourent la ville puis établit son PC dans un ex-PC allemand à deux kilomètres au sud.

Journée du 20 août

Le 20 août au matin, les escadrons A et C, « chevauchant leurs M8 », quittent Landerneau afin de « reconnaître » une zone comprise entre l'Elorn au Nord et la rivière de Daoulas au sud.

L'escadron C, fort de 120 hommes environ, progresse au nord de la route Landerneau-Plougastel, l'escadron A au sud. Il y a un brouillard « à couper au couteau », ce qui favorise grandement la progression des cavaliers.

Au nord

L'escadron C a la mission de reconnaître la colline de Kerudu, située à 154 mètres au-dessus du niveau de la mer, fortement défendue par des mitrailleuses lourdes et légères, des mortiers et des canons (de 88 ?). Cet escadron, qui comprend trois pelotons, est soutenu par l'escadron E et ses canons automoteurs de 75 mm ainsi que par des tank destroyers rattachés.

Le 1er peloton du lieutenant Kinney, protégé par le brouillard, s'approche de la colline à l'insu des Allemands. Un *command-car* allemand dévale alors la pente, une mitrailleuse américaine crépite, les défenseurs surpris font demi-tour précipitamment, les Américains sont repérés et sont immédiatement encadrés par des tirs provenant de la colline ainsi que du Carn au sud.

Le 2e peloton du lieutenant Watson traverse Dirinon puis se déploie au nord-ouest de Linglaz-Izella où il essuie des tirs de canons de 20 et de mitrailleuses, situés à un bon kilomètre à l'ouest.

Le 3e peloton du lieutenant Riley, qui trouvera la mort par la suite, prend position sur la route de Loperhet à Plougastel. Il subit un feu nourri depuis une position allemande située à plus d'un kilomètre au nord-ouest de Loperhet.

L'escadron B, qui était en réserve, monte en ligne à 16 heures et prend place à l'ouest de la gare de Dirinon où il installe son PC.

Résultat : la principale ligne de défense allemande est bien identifiée au nord, Kerudu et Carn en sont le pivot. La reconnaissance est encore à pousser au sud. Les Allemands préparent d'ores et déjà leur repli sur Crozon ou sur Brest à partir du port du Caro situé au sud-ouest de la presqu'île.

Au sud

L'escadron A est à 10 heures au contact des Allemands à environ quatre kilomètres de Loperhet. Ces derniers se replient sous la protection du brouillard.

De ce fait, le lieutenant Merritt, qui commande l'escadron, ordonne à deux groupes du 1er peloton de pousser une reconnaissance vers Loperhet en passant par Dirinon et à deux groupes du 2e peloton d'aborder la Pointe de Rostiviec au sud-ouest. Tirs sporadiques des Allemands.

Les Américains parviennent au nord de Loperhet, occupent le bourg et se ruent sur Kerouant et la Pointe de Rostiviec au sud.

Ils se heurtent alors à un avant-poste allemand, ouvrent le feu au mortier et au canon puis se replient et s'enterrent pour la nuit.

Plougastel évacue sa population ce jour-là. Raymond Kernéis de Cléguer et douze de ses camarades proposent leurs services aux Américains afin de leur servir de guides. C'est accordé. La compagnie FFI Plougastel forte de 150 hommes, sous les ordres du lieutenant Corentin Le Goff, est intégrée dans la force américaine ; la section du sergent-chef Jean Crenn ainsi que celle de François Morio prennent position aux abords de Loperhet.

Participeront également aux combats de Plougastel un certain nombre de bataillons FFI et FTP, ci-

(1) Documents utilisés pour la rédaction de ce chapitre :

– *History of the Second Infantry Division, op. cit.*, p. 52-53.

– *G3 Journal 2nd Inf.-Div. I-31 August 1944, op. cit.*, période du 22-31 août.

– *Action Against Enemy Report (AAR), HQ 50th Armd Inf Bn, APO 256, US Army, 28 sept. 1944*, National Archives, p. 8-9.

– *15th Cavalry Recon Sqdn World War II, Diary of daily Activities in Brittany*, p. 15-22.

– Faucher (L.), *op. cit., (opérations sur Plougastel-Daoulas)*, p. 944-945.

– *La libération de Plougastel-Daoulas, août 1944 par F.C.K.*, Comité d'histoire de la 2e Guerre mondiale.

– Lafferre (M.), *op. cit.*, p. 69-72.

– *Kriegstagebuch Admiralatlantikküste, op. cit.*

– Cartes US utilisées : Defense Overlay First Edition May 1944 - Landerneau Sheet n° 10/10 S.W. - Daoulas Sheet n° 10/8 N.W.

tons le bataillon Castel de Landerneau, le bataillon Callac, les compagnies Jean Riou et Pouliquen, les Diables bleus de Plouyé, la compagnie FTP France de Landerneau emmenée par l'adjudant Le Pape ainsi que le groupe Penven. (2)

Journée du 21 août

Les cavaliers poursuivent leur mission de reconnaissance, le lendemain 21 août, avant de céder la place aux premiers éléments de la *Task Force B*, à savoir le *3rd Bat/330th Infantry* de la *83rd division* qui lui est temporairement rattaché. Ce régiment a pris Saint-Malo le **14 août**.

Au nord

L'escadron C rencontre une très vive résistance depuis Kerudu, il fallait s'y attendre. Kerudu constitue en effet un poste d'observation exceptionnel dans toutes les directions, ses pièces d'artillerie peuvent battre tout le secteur environnant, y compris Kerhuon. Sa défense est savamment organisée. Cent vingt hommes portés sur des véhicules blindés et soutenus par quelques tank destroyers ne peuvent prétendre enlever la position. Le 1er peloton fait cependant une reconnaissance à pied jusqu'au nord-ouest de la colline. C'est semble-t-il le point faible de la défense allemande.

L'escadron attend désormais sa relève par le *38th Infantry*. Ce sera chose faite le lendemain **22 août**. L'escadron se replie alors à Traon-Elorn, mission accomplie.

Au centre

L'escadron B est relevé par les fantassins du *3rd Bat/330th Infantry* et du 50e bataillon d'infanterie portée puis il va prendre position sur le flanc gauche de ces derniers. Le 50e bataillon appartient au CCB/6e division blindée qui a échoué devant Menez Toralan en Guipavas les **11-12** et **13 août** précédents, ainsi que nous l'avons signalé *supra*. Il est commandé par le lieutenant-colonel Wall.

Au sud

Les avant-postes allemands de la Pointe de Saint-Claude se sont repliés sous la pression des hommes de Merritt pendant la nuit. **Saint-Claude** est prise peu après 13 heures.

Mais voici que l'artillerie allemande, postée sur la colline de Pennanéac'h Tanguy/Bréléis, cote 63, située au sud-est et donnant sur l'Anse du Moulin-Neuf, commence à se manifester sérieusement. Harcelé, l'escadron A se met en position défensive sur une ligne Saint-Claude - Loperhet.

Dix-sept Russes et un officier se rendent aux Américains. Les Allemands retirent alors leurs supplétifs du front et les désarment, leur manque de motivation est évident.

L'assaut

La reconnaissance a été menée à bien. La défense allemande repose au nord sur la colline de Kerudu, au sud sur celle de Pennanéac'h Tanguy/Bréléis. Entre les deux courts une ligne continue, soutenue par au moins sept batteries, dont celles de Kerdéniel et de Kerziou, sans oublier les pièces d'artillerie qui jalonnent l'Elorn au nord, en particulier celles de la batterie de la *Flak* de Kerjean et de la Pyrotechnie de Saint-Nicolas.

Les Américains du *38th Infantry* sont devant Kerudu, ceux du *3rd Bat/330th Infantry* et du 50e bataillon au centre, les cavaliers du *15th Cavalry* occupant le flanc Sud en défensive. Les fantassins seront soutenus au cours de leur progres-

Le *Major-General* James A. Van Fleet, commandant adjoint de la *2nd Infantry Division*. Nommé à la tête de la *Task Force B*, il va assurer la direction des opérations dans la Presqu'île de Plougastel. (DR.)

sion par les autres unités constitutives de la *Task Force B*. (3) Les sapeurs du 35e régiment du génie accompagneront les fantassins, le tout représentant une puissance de feu considérable. La *Task Force* sera bien entendue remaniée au fur et à mesure de la progression de ces derniers. Elle est, rappelons-le, sous le commandement du général Van Fleet, commandant en second de la 2e division, responsable de l'opération. Le commandant Webster est l'officier-opérations de la Force. Le PC de la *Task Force B* s'établit en un premier temps à Rest-Guenon. Elle devient opérationnelle le **21 août** à 12 heures. Elle opérera conjointement avec l'*US Air Force* chargée de détruire les batteries allemandes les unes après les autres.

Au sud, le général Earnest et sa *Task Force A* sont subordonnés temporairement à Van Fleet. La TFA est chargée, avec le soutien d'unités FFI, de contenir les forces allemandes de la presqu'île de Crozon. La *Task Force A* opérera par la suite sur la presqu'île de Crozon mais n'anticipons pas.

Les fantassins de la *Task Force B* commencent leur mouvement à 14 heures en vue de l'attaque prévue pour le lendemain. Le *3rd Bat/38th Infantry* du lieutenant-colonel Olinto M. Barsanti se déploie au nord entre Gorrequer et Gorre-Menez, son objectif est la colline de Kerudu distante d'environ 2 kilomètres. Le *3rd Bat/330th Infantry* (nom de code probable *Black Face Blue*) se place au centre du dispositif entre Gorre-Menez et Loperhet, son objectif est la route Carn-Kernévez. Le 50e bataillon du lieutenant-colonel Wall occupe la sortie ouest de Loperhet et devra progresser vers le sud-ouest. Le *15th Cavalry* occupe le flanc sud de la ligne américaine.

Pour une meilleure compréhension des événements, la progression américaine sera suivie successivement dans la partie nord et centre puis dans la partie sud.

(2) Lafferre (M.). *op. cit.*, 69-72.

(3) Ce sont l'escadron A du 603e régiment de tank destroyers ainsi que les régiments d'artillerie suivants : le 2e au complet ainsi que le 83e régiment d'artillerie blindée, une batterie ainsi que l'Etat-Major du 174e régiment d'artillerie, une batterie du 561e, la batterie A du 777e régiment d'artillerie antiaérienne.

Les combats de Kerudu

Les Allemands de Kerudu sont inquiets. L'heure de la grande explication a sonné. La reconnaissance par le *15th Cavalry* annonce une attaque imminente. On entend certes des bruits de moteur divers mais on ne voit personne, pas un « Ami » dans la ligne de mire. (4)

Les hommes de Barsanti passent à l'attaque le **22 août** à 13 heures et parviennent rapidement à l'est du village de Kerudu. L'assaut est mené par les compagnies I et L, soutenues chacune par une section de mitrailleuses lourdes. Un déluge de feu s'abat immédiatement sur les fantassins depuis le sommet de la colline, la batterie de Kerjean à Kerhuon s'activant également ainsi que les pièces d'artillerie de la Pyrotechnie au nord de l'Elorn. Zwicker demande à Robertson de faire neutraliser Kerjean qui ralentit sa progression.

La compagnie L, à gauche, très éprouvée, renonce alors à sa formation en sections et s'infiltre pour monter en file indienne. Rampant, bondissant de couverts en couverts formés de roches et de massifs de broussailles que les Allemands ont omis d'éliminer, les fusiliers avancent lentement mais sûrement.

La compagnie I, à droite, rencontre moins de difficultés et commence à procéder à un mouvement tournant ; elle gagne 400 mètres sur la droite. Reconnu antérieurement, on l'a vu, par le 1er peloton de l'escadron C du *15th Cavalry*, ce secteur est moins bien défendu, les fantassins en profiteront.

La compagnie L, à gauche, quoique momentanément bloquée, ne reste cependant pas inactive. A la tombée de la nuit, deux de ses hommes détruisent, à l'aide d'un bazooka, le canon de 75 qui entravait leur action. Un sergent s'empare alors d'un canon allemand abandonné par ses servants, le lie à un arbre et tire à plusieurs reprises sur les huit grands bunkers qui couronnent le sommet de la colline. De telles initiatives seront fréquemment prises par les sous-officiers américains, au cours de la campagne de Brest. Beaucoup y laisseront la vie.

Le bataillon s'enterre pour la nuit. Les difficultés commenceront le lendemain. Les Allemands sont bien retranchés : les tranchées encerclent la colline à la base, avec un dispositif identique juste au-dessous de la crête. Armement : 25 mitrailleuses lourdes et des *Panzerwerfer 42*, des armes à tir rapide, sans compter les mortiers ainsi que les armes individuelles.

Une nouvelle attaque de la *Task Force* est programmée pour le lendemain **23 août** à 8 heures. Les Allemands contre-attaquent à 6 heures 30, ils le feront systématiquement au cours de cette campagne, et tentent de prendre le PC du bataillon à la base de la colline. Attaque repoussée, les Américains sont vigilants et les fusils Garand efficaces. (5)

Les fantassins reprennent calmement leur progression et se heurtent cependant à une défense acharnée de la part des Allemands. Les bunkers ne sont plus qu'à 450 mètres. On fait venir les tank destroyers et les mitrailleuses lourdes, les Allemands reculent. Un bunker cependant résiste.

Le sergent Alvin P. Calvey rassemble alors un certain nombre de grenades, rampe vers le sommet sous un déluge de feu, se heurte à un fusilier allemand qu'il abat à 40 mètres. (6) Puis il commence à lancer ses grenades visant l'embrasure du bunker. Grièvement blessé, il réussit un coup au but et tue tous les occupants. Il reste dans sa position jusqu'à l'arrivée des deux compagnies qui occupent immédiatement le terrain, le sergent est mort.

Il recevra, à titre posthume, la *Congressional Medal of Honor*.

L'étau se resserre sur la colline qui est prise à 16 h 15. (7) Les Allemands doivent se replier. Kerudu est tombé, avec peu de pertes chez les Américains qui déplorent neuf morts. 125 Allemands ont réussi à se replier, 80 sont prisonniers, plus d'une centaine ont été tués.

Le 3e bataillon reçoit, pour cette opération rondement menée, la première *Distinguished Unit Citation* attribuée à la 2e division au cours de cette guerre. La manœuvre a été remarquable, faite d'habileté et de détermination, les fantassins utilisant au maximum les couverts, le combat a duré moins de 48 heures.

La prise de Kerudu s'avérera déterminante pour la réduction de la presqu'île d'abord et pour la protection du flanc gauche de la 2e division ensuite, lorsque les Américains utiliseront leur propre artillerie pour bombarder Brest et Crozon. L'artillerie allemande entreprend alors de harceler Kerudu ainsi que Le Carn au sud.

Van Fleet masse des renforts au Dreff dans la soirée : le *2nd Bat/38th Infantry* du lieutenant-colonel Jack K. Norris attaquera en lieu et place du 3e bataillon qui restera sur Kerudu jusqu'au **30 août**, date à laquelle il rejoindra le reste de la division à Kerangoff au sud de Guipavas dans l'après-midi. Au centre, le *3rd Bat/330th* a atteint l'ouest d'une ligne Kerudu-Kernevez, le 50e bataillon se trouvant dans son prolongement jusqu'à Kerieven.

L'attaque reprend le lendemain **24 août**, la *Task Force* progresse sensiblement, le 2e bataillon de Norris est devant Le Fresq dans la soirée, les fantassins du *330th* devant La Fontaine Blanche.

Le **25 août**, attaque générale sur tout le front de Brest. La *Task Force* opère parallèlement au *23rd Infantry* de la *2nd division* qui a attaqué depuis Guipavas. La batterie de Kerjean interdit toute progression de part et d'autre de l'Elorn. L'artillerie américaine a bien essayé de la neutraliser depuis Kerudu mais les observateurs sont dans l'incapacité d'en apprécier les résultats car ils n'ont pas de vue directe sur l'objectif. Robertson s'impatiente devant ce contre-temps ; Hays, qui commande l'artillerie divisionnaire depuis Kéralias en Kersaint-Plabennec, préconise d'utiliser concomitamment les pièces de la *Task Force* et celles du *23rd Infantry*. Les Marauders des escadrons 344 et 397 attaquent les batteries de Kerdéniel et de Kerziou, 953 bombes de 50 kilos et 447 bombes à fragmentation sont lâchées avec des résultats jugés moyens par les pilotes.

Les défenses allemandes de la presqu'île sont cependant parfaitement ciblées désormais, on demande un soutien aérien pour le lendemain **26 août**. Et l'attaque repart. Le 2e bataillon est soutenu par les canons de 57 de la compagnie antichars.

(4) Diminutif pour *Amerikaner* (allem.).

(5) *History of the Second Infantry Division, op. cit.*, p. 130. Le fusil de l'infanterie US était le Garand M1. C'était une arme semi-automatique, alimentée par un clip de huit cartouches. Son poids était de 4,3 kilos. Il était alors considéré comme le fusil le plus cher et le meilleur du monde.

(6) *Ibid.*, p. 144. Outre les grenades classiques, les Américains utilisèrent des grenades remplies de 740 grammes de thermite, dénommées M14 et capables de développer une température de 2 400° centigrades en 35 secondes. « *Elle était destinée à la destruction du matériel lorsque l'on était sur le point d'être fait prisonnier. Elle rendait inutilisable une grosse pièce d'artillerie lorsqu'on la plaçait dans le tube après avoir enlevé la clavette de sûreté. On l'utilisait aussi contre le personnel et pour incendier les maisons où s'étaient retranchées les troupes ennemies.* »

(7) Numéro d'ordre 6684, *G3 Journal, op. cit.*

Mis en place sur la pente Sud de Kerudu, les canons tirent sur la ligne de défense allemande, Le Fresq-Plougastel-Lesquivit, au-delà des éléments de tête qui attaquent vigoureusement. La majorité des obus tombent dans le bourg, les avions attaquent les batteries de la *Flak* qui s'acharnent toujours sur les fantassins américains. Kerjean n'est pas oublié, mais le bombardement de la batterie est par trop imprécis.

Les combats font rage à Kervern et au Fresq au nord-est, à Croaz-ar-Biz, Lesquivit, Kervenal à l'est de Plougastel. Le 2ᵉ bataillon prend **Le Fresq** en début d'après-midi, faisant 30 prisonniers, les Allemands faiblissent.

Au centre, le *3rd Bat/330th Infantry* rencontre une semblable résistance devant la Fontaine Blanche - le Vern - le Rosier.

Les événements vont désormais se précipiter. Van Fleet ordonne de positionner le *1st Bat/38th* du lieutenant-colonel Frank T. Mildren au nord du 2ᵉ bataillon, à l'est d'une ligne Le Passage-Kererault. Quatre bataillons d'infanterie vont par conséquent attaquer les lignes allemandes dans la matinée du **27 août**. Le gros de l'effort sera fourni par le 2ᵉ bataillon qui prend **Lesquivit** aux lance-flammes et aux armes lourdes dans l'après-midi, tandis qu'au sud **Pennaneac'h Tanguy** tombe entre les mains des hommes de Wall. Le nombre de prisonniers s'accroît considérablement : 379 pour la seule journée du **27**. Dans la soirée, les troupes américaines campent sur les positions suivantes : le 1ᵉ bataillon est déployé entre Le Passage et Toul ar Rohou, le 2ᵉ bataillon entre Toul ar Rohou et Lesquivit, le *3rd Bat/330th* entre Lesquivit et La Fontaine Blanche, le 50ᵉ bataillon au sud a dépassé Pennaneac'h Tanguy.

L'Etat-Major allemand est déconfit. Sur ordre de Ramcke, le commandant Gerstner, qui commande le bataillon du génie parachutiste, fait sauter le **26 août** dans l'après-midi une arche du pont Albert Louppe à la pointe Sainte-Barbe, selon le plan de démolition établi au mois de mars précédent. (8) Le capitaine Beeson, à la tête de la 377ᵉ escadrille/escadron 362, en est le témoin direct. Comme en ré-

ponse à cet acte fort discutable, car la guerre est incontestablement perdue mais c'est la guerre, les bombardiers américains anéantissent la batterie de Kerdéniel, causant de nombreux morts et blessés. Le capitaine de corvette Rehm, commandant du 811ᵉ groupe d'artillerie, un homme de grande classe aux dires de certains, voit le début de la fin et n'en est sans doute pas fâché. Il est cependant tenu par l'ordre de Hitler, évidemment répercuté par Ramcke : « *Tout commandant qui donnera l'ordre de battre en retraite pourra être abattu sur le champ, par tout militaire, et y compris de grade inférieur.* » (9) On ne saurait être plus clair.

Le bourg de Plougastel est pris le lendemain **28 août**, verrouillé dans la matinée au nord par le 1ᵉʳ bataillon qui s'est déployé entre le pont Albert Louppe et Treastel. L'assaut est à nouveau donné par le 2ᵉ bataillon depuis Croaz ar Biz à l'est, la

(8) *Kampfanweisung für die Festung Brest, vom 8-3 1944, op. cit.*, p. 113. La même instruction prévoyait la destruction des installations portuaires de Brest, des poudreries du Moulin Blanc et de Pont de Buis ainsi que celles des Chantiers Dubigeon au port de commerce.

(9) Témoignage de Richard Ehrenreich dans *Ar Skodenn*, n° 4, 1995, Plougastel, Amis du patrimoine, p. 76-77.

section Crenn figure dans les éléments de tête avec Morio, Le Bot, Lamouller, etc. (10) Peu après 10 heures, Jean Crenn est dans le bourg et fait flotter les drapeaux américain et tricolore à sa fenêtre. A 15 heures 30, François Morio hisse le drapeau français au fronton de la mairie.

Les Allemands se replient à 2 kilomètres à l'ouest du bourg. La flottille du Caro est détruite par les chasseurs-bombardiers, la retraite allemande est coupée.

Le **29 août** voit pratiquement la fin des combats sur la presqu'île. Les fantassins américains s'échelonnent, en fin de matinée, depuis le Cap au bord de l'Elorn jusqu'à Teven au sud. La progression est très rapide, les Allemands se rendent en masse. A 18 heures, le 1er bataillon atteint Kerouezec, le 2e bataillon Kervezingar et Kervilavel, le *3rd Bat/330th* est à Kergoat, le 50e bataillon occupe la pointe de Doubidy. **Le Caro** tombe, **Kerziou** également cerné par les chars.

Le **30 août** au soir, des combats sporadiques sont encore menés à la Pointe de l'Armorique, quelques défenseurs réussissent à gagner Crozon par la mer. Mais c'en est fini de la présence allemande sur la presqu'île, les Américains feront plus de 3 039 prisonniers, dont Hans Baumann, l'état-major de Rehm ainsi que six chefs de batterie du 811e groupe d'artillerie. Otto Daniels, chef de la batterie de Kerjean à Kerhuon, connaîtra le même sort bien plus tard. Georg Reuter, chef de la batterie de Kerziou a réussi semble-t-il à s'échapper, il sera fait prisonnier le **19 septembre**. (11)

Le commandement américain planifie d'ores et déjà le retrait du *38th Infantry* de la presqu'île afin de l'engager sans tarder sur le front sud de Guipavas qui n'a pratiquement pas bougé depuis le **25 août**. (12) Le 3e bataillon commencera le mouvement, puis les deux autres suivront.

Ci-contre : Un GI contemple l'église de Plougastel dévastée par les tirs d'artillerie allemands et alliés. (US Army.)

Ci-dessous : La batterie de Kerziou après les combats. Au fond, la presqu'île de Crozon. (US Army.)

Pendant ce temps au sud...
Les combats de Pennanéac'h Tanguy/Bréléis

Au sud les affaires ont été moins rondement menées. Le relief, très vallonné, découpé en de nombreuses parcelles de terrain, favorise les défenseurs.

Le 50e bataillon d'infanterie portée fait face aux défenses allemandes. Il prend position à l'ouest de Loperhet, le **22 août**, au sud du *3rd Bat/330th Infantry*. Le *15th Cavalry* occupe le flanc gauche. L'avance est rapide les premiers jours.

Le **25 août**, alors que Kerudu est déjà tombée, les fantassins du 50e bataillon atteignent la ligne Runavot-Penalein au sud-est de Plougastel, la compagnie B est à gauche, la compagnie C à droite, la compagnie A étant en réserve. La ligne principale de défense allemande est atteinte dans le secteur. Favorisés par le terrain, les Allemands combattent désespérément, contre-attaquent à Runavot, obligent la compagnie B à reculer de 400 mètres, harcelée par l'artillerie de la presqu'île ainsi que par celle de Crozon sur le flanc gauche. Bilan : 7 morts, 13 blessés.

Le lendemain **26 août**, la compagnie A relève le *15th Cavalry* à Penalein, les trois compagnies sont désormais en ligne avec la mission de prendre la colline de Pennanéac'h Tanguy (cote 63) qui bloque la progression américaine au sud. Le point d'appui englobe également Kergueven au nord et Téven au sud. Canons, mortiers, mitrailleuses allemandes tirent sans désemparer.

Les compagnies A et B s'infiltrent au bas de la colline, la compagnie C attaquant par le nord-est. La compagnie B est immédiatement clouée au sol. Le sergent Cybor et le 1re classe Cheshier, munis de gants pour se prémunir contre l'échauffement provoqué par le canon de leur fusil-mitrailleur et tirant à la hanche, balaient les talus où sont enterrés les Allemands et les mettent en fuite.

Les tirs d'artillerie américains soutiennent avec efficacité le travail des fantassins. Des Allemands se rendent.

Mais les combats continuent. Le 1re classe Lionardi de la compagnie A attaque un nid de mitrailleuses à la grenade à fragmentation. Inefficace. Une grenade au phosphore règle la question. L'équipe de mitrailleurs se rend immédiatement.

Au nord, le lieutenant Hudson de la compagnie B, tentant un coup de bluff, se présente seul, sans arme, devant deux Allemands étonnés par une telle audace, pour les convaincre de se rendre. Ce qu'ils font ainsi que 26 de leurs camarades. Le bluff a payé, grandement aidé par le manque de motivation de ces Allemands. **Pennanéac'h** est pris, nous sommes le **27 août**. (13)

Les Américains vont désormais tout balayer sur leur passage. **Lanrivoas** tombe pratiquement sans combat, puis les collines qui s'échelonnent jusqu'à la **Pointe de Doubidy** atteinte le **29 août** à 19 heures. Les Allemands se rendent en masse, un abondant matériel est récupéré.

Le 50e bataillon se déploie au sud pour empêcher toute infiltration allemande depuis Crozon, il sera relevé le **9 septembre** tandis que le *3rd Bat/330th Infantry* occupera la zone nord de la presqu'île. Le *15th Cavalry* a rejoint la *Task Force A* à Dinéault le **28 août**.

L'artillerie américaine a déjà entrepris ses tirs de harcèlement sur Brest ainsi que sur la Pointe des Espagnols. Le secteur sud de la Forteresse est désormais à portée des canons américains.

L'opération « Ivory X » va pouvoir commencer, alors que Brest est harcelée depuis déjà huit jours par toutes les unités du VIIIe corps d'armée. La 8e division, déployée au nord de la ville, opère dans le secteur Lambézellec-Gouesnou sud.

La 2e division, à l'est, a attaqué depuis Guipavas et progresse de part et d'autre de la route de Paris qui relie cette localité à Brest.

La 29e division, qui occupe le flanc ouest/nord-ouest du dispositif, doit s'emparer en un premier temps des bourgs de Bohars, Guilers, Plouzané et de La Trinité. Toutes les forces engagées devront refouler les Allemands dans la Forteresse avant leur reddition. (14)

L'opération « Ivory X »

Van Fleet a rejoint le PC de Robertson. La *Task Force B*, désormais placée sous les ordres du lieutenant-colonel Raymond E. Bell, sera maintenue sur les hauteurs de Plougastel jusqu'à la reddition de Brest, sa mission étant de soutenir le flanc gauche de la 2e division, plus particulièrement celui du *23rd Infantry* qui piétine devant Kerhuon et Menez Toralan depuis le **25 août**, jour de l'attaque générale américaine. Cette opération prendra le nom d'« Ivory X ».

Il dispose de mitrailleuses, des canons antichars de 76 mm des tank destroyers, de canons anti-aériens de 40 mm et surtout de nombreuses mitrailleuses lourdes de 12,7 mm. Sa première cible sera la batterie de Kerjean qui, nous l'avons vu, a créé tant de difficultés à la division, aussi bien à Plougastel qu'à Guipavas. Bell se déchaînera contre cette dernière la soumettant à un « *agricultural Blitz* », la labourant littéralement en effet. Ce bombardement intense paiera, mais n'anticipons pas, l'enseigne de vaisseau Otto Daniels n'a pas encore évacué sa batterie.

D'autres cibles seront atteintes : véhicules, canons, troupes, les mouvements se feront rares dans le secteur allemand attaqué par le *23rd Infantry*.

A partir du **4 septembre**, alors que la division aura enfoncé la ligne de défense extérieure allemande et progressera vers la ville, la zone-cible sera couverte jour et nuit par des tirs de harcèlement dirigés principalement sur les collines de Kermeur-Coataudon, du Bot ainsi que la ville de Saint Marc. Au cours de la seule journée du **6 septembre**, quelque 70 000 balles de 12,7 seront tirées sur les collines précitées, les bassins du port de Brest subissant quant à eux plus de 22 000 frappes.

Le nombre de projectiles tirés depuis Plougastel atteindra, le **18 septembre**, le chiffre astronomique de 307 273 balles de 12,7 et de 2 624 obus explosifs. Il y aura des bavures, quelques-uns tomberont inévitablement dans les lignes américaines.

---

(10) Numéro d'ordre 7095 le 28 août à 12 h 40 : « *We got troops in east edge of Plougastel at RJ 037971 and 035975 (le bourg) to the east of the buildings.* » G3 Journal, op. cit.

(11) Archives Wast, *op. cit.*, p.87.

(12) Le *38th Infantry* déplorera 60 morts, les FFI 22 et 7 blessés au cours des opérations de Plougastel.

(13) Numéro d'ordre 7049 le 27 août à 23 heures : « *We took hill 63 (041946) today* ». G3 Journal, op. cit.

(14) Comme indiqué *supra*, la progression de l'infanterie sera divisée en quatre périodes distinctes : 25-31 août, 1er-7 septembre, 8-11 septembre, 12-18 septembre. A chaque période, sera successivement traitée l'activité de chaque division avec mention des zones divisionnaires et des secteurs concernés ainsi que des cartes à consulter.

L'attaque de la ligne extérieure de défense
25 au 31 août 1944

L'*Oberfeldwebel* (adjudant-chef) Ekkehard Priller, chef de la 2ᵉ section de la 6ᵉ compagnie du 2ᵉ régiment parachutiste. Cette photographie a été prise en août 1944 au « Petit Moulin ». A 23 ans, cet Autrichien est déjà un vétéran éprouvé. Il tient dans la saignée du bras un pistolet-mitrailleur MP 739 (i) de 9 mm d'origine italienne (Beretta 38 A), une arme appréciée des parachutistes allemands. (Coll. E. Priller.)

L'artillerie américaine est plus active qu'à l'ordinaire sur la Forteresse. Les batteries de la *Flak* ainsi que celles de Kéringar et de Camaret répliquent immédiatement, concentrent leurs tirs sur des rassemblements de troupes autour de Gouesnou en particulier.

Rothenpieler, chef de la batterie de Roc'h Glas, est préoccupé. Ces tirs d'artillerie sont-ils le prélude à l'attaque générale, désirée et redoutée tout à la fois ? La batterie est exposée car trop avancée, le commandement de la Marine en est du reste conscient mais les ordres sont les ordres : il faudra tenir « jusqu'à la dernière cartouche ». Les « Amis » sont à peine à un kilomètre au nord, on devine leurs mouvements depuis des jours. La vue porte loin, aussi bien vers Gouesnou que vers Bohars et Guilers, Saint Pierre est également à portée de jumelles à l'ouest. La batterie dispose en tout et pour tout de deux canons de 75 démunis de masque blindé, c'est peu de chose face au matériel américain. La présence des paras du 7ᵉ régiment tempère cependant quelque peu son angoisse avec cette contrepartie peu réjouissante : il ne sera pas question de se rendre.

Son camarade Berdau à l'est, au Forestic, n'est guère mieux loti et c'est une bien mince consolation. La 6ᵉ compagnie du II./2 de Werner Ewald est déployée plus à l'ouest, au nord de Bohars, la mission de la 2ᵉ section étant d'interdire, aux GIs de la 8ᵉ division, la route qui mène de Kervalgen à Lam-

bézellec. Elle est sous les ordres de l'adjudant-chef Ekkehard Priller, un Autrichien âgé de 23 ans. (1) La section est enterrée, depuis le **22 août**, autour du carrefour 82 situé à 1,5 km environ au nord-est de Bohars. Elle pousse des missions de reconnaissance vers les lignes américaines afin de repérer les objectifs à traiter par l'artillerie. « *Mon adjudant-chef, les "Amis" disposent d'un énorme stock de munitions d'artillerie* », rapporte le soldat Claasen à son chef de section.

Le **24** au soir, tout est calme, trop calme. Une marmite a été apportée, à l'unité, depuis la « roulante » du bataillon : des haricots, de la viande de bœuf « réquisitionné », du vin rouge sont au menu. Priller brise les bouteilles : « *on ne boit pas, on doit être vigilant, les "Amis" vont attaquer* ». A 1 h 30, les sentinelles téléphonent : « *des colonnes progressent lentement vers nous* ».

Ils sont encerclés par des hommes du *13th Infantry* et demandent aussitôt le soutien de la *Flak*. Ewald, depuis le château de Kerampir, leur ordonne de se replier à la hauteur de Bohars ar Hoat-Le Petit Moulin.

Les Américains attaquent soudain à 12 h 54 le **25 août**. L'infanterie est puissamment soutenue par les blindés, les avions US bombardent et mitraillent les batteries sans relâche, c'est l'enfer. Plus de 390 tonnes de bombes seront lâchées sur Brest dans la journée.

Huit escadrons : les escadrons 322, 344, 386, 391, 394, 397 409, 410 du *IX Bomber Command* sont engagés, 320 appareils ont été « dispatchés », 278 participent à l'attaque. La ville et l'Arsenal sont labourés par les Marauders des escadrons 322 et 394 : 1 253 bombes de 50 kilos sont larguées avec des résultats passables à excellents selon les pilotes.

Les batteries côtières et antiaériennes de la Pointe des Espagnols, positionnées au sud de la rade, subissent les assauts des escadrons 409 et 410 : 256 bombes de 250 kilos sont lâchées avec des résultats jugés nuls à excellents. Kerdéniel et Kerziou connaissent le même sort ainsi que nous l'avons noté *supra*. L'objectif des Américains est en effet de soutenir prioritairement la progression de la *Task Force B*, engagée sur la presqu'île de Plougastel cinq jours auparavant. Trois bombardiers sont abattus.

Les chasseurs-bombardiers du XIX TAC participent massivement à l'effort allié en effectuant 157 sorties. Leurs principales cibles sont les bâtiments ancrés dans la rade, interdisant ainsi tout mouvement vers Crozon aux Allemands pris dans la nasse de Brest.

Le colonel Laughlin à leur tête, les 377ᵉ et 378ᵉ escadrilles du 362ᵉ escadron effectuent quatre missions dans la journée. Un mot sur ces escadrilles. Elles sont basées à Rennes sur le site A-27 qui n'est autre que l'aérodrome de la ville. La distance à parcourir est d'environ 200 kilomètres en ligne directe. Le vol aller est réalisé en une cinquantaine

(1) Témoignage d'Ekkehard Priller.

de minutes. Parvenus au-dessus de leurs objectifs, les P47 attaquent en patrouille de quatre, larguent leurs deux bombes de 250 kilos, plus rarement leur bombe de 500 kilos et straffent ensuite à la mitrailleuse les positions allemandes durant trente à cinquante minutes. Ils rejoignent enfin Rennes en une quarantaine de minutes. Chaque escadrille effectue une à trois missions par jour.

L'activité du XIX TAC connaîtra un rythme soutenu : 287 sorties les deux jours suivants, puis 45 le 28 août et 90 le 31 août, alors que la bataille fait rage au sol.

La 8e division est au nord, la 2e division à l'est, la 29e division à l'ouest/nord-ouest de la ville de Brest. La *Task Force Sugar* s'apprête à réduire la « poche du Conquet ».

Zone Nord : Lambézellec-Gouesnou sud

La 8e division, *Granite*, avance plein sud, en ce **25 août**. Premiers objectifs : Roc'h Glas et Penguérec-Kergroas, déjà bien malmenés par les avions et l'artillerie. (2) *Index White* se trouve à sa gauche et *Lagoon White* à sa droite. (3) **(Carte n° 8.)**

Le *13th Infantry*, à droite de la zone divisionnaire, attaque en direction de Keroudot, progresse lentement sous une pluie d'obus. L'attaque marque le pas, l'artillerie de Roc'h Glas et de Bohars à l'ouest est particulièrement active. Les parachutistes du *II./2*, enfin libérés, se déchaînent.

Le *28th Infantry* à gauche rencontre d'emblée une très forte opposition de la part de Mesmerrien et de Bourg-Neuf/Fourneuf ainsi que de Kergroas où sont retranchés les hommes du *I./7*. Ils sont intraitables, le 28e ne parviendra jamais à franchir ce verrou. Le 3e bataillon est à gauche, le 2e à droite, le 1er est en réserve.

Le *13th Infantry* voit son 1er bataillon bloqué au nord de la Penfeld à l'est de Tromeur. Le 2e bataillon franchit la rivière, le soir, à Traon Bihan, le 3e bataillon n'a toujours pas été engagé. Les Allemands contre-attaquent furieusement. Néanmoins ce régiment progresse, contrairement au précédent. L'artillerie de la compagnie d'obusiers du *121st Infantry* ainsi que celle du 43e régiment d'artillerie soutiennent la progression des deux régiments.

La 8e division est, à la fin de la journée, au contact de la ligne extérieure de défense allemande sur toute sa largeur, depuis Kerguiouarn jusqu'au nord de Penguérec. Cette ligne paraît infranchissable. Quatre P47 de la 378e escadrille ont vigoureusement appuyé la progression des fantassins, s'acharnant sur les batteries de Kéredern et de Mesmerrien puis mitraillant les positions allemandes devant les éléments de tête de l'infanterie.

Un progrès est cependant à noter le **27 août** à 16 heures. Alors que les P47 attaquent le bourg de Lambézellec ainsi que les défenses de Bourg-Neuf/Fourneuf, le *13th Infantry*, engageant son 3e bataillon à la place du 2e, atteint Kerangrénen, permettant ainsi au *1st Bat/28th* de passer par le secteur tenu par le 13e et d'attaquer en direction de Kergroas à l'Est.

Le soir, la ligne d'attaque américaine court depuis Tromeur jusqu'à Kerangrénen pour le *13th Infantry*, alors que le *28th Infantry* a atteint péniblement la ligne Kergaélé-Penguérec-Kerachalloc'h.

A gauche de la zone divisionnaire, *Index*, le *9th Infantry*, soutenu par l'artillerie, s'apprête à attaquer le formidable point d'appui de Bourg-Neuf/Fourneuf qui interdit toute progression au *28th Infantry*.

Chute de Roc'h Glas

C'est le drame chez les Allemands dans la nuit du **27 au 28 août** : Roc'h Glas tombe, Rothenpieler est tué, il reste 28 survivants. (4)

Il y a du brouillard, l'artillerie américaine et les *Jabos* (5) s'acharnent sur la batterie, les nouvelles mitrailleuses américaines, les grenades au phosphore font un malheur. On parle également d'utilisation, par les Américains, de balles explosives. Des tireurs d'élite, postés dans les arbres, bloquent la sortie des bunkers, gênant ainsi considérablement les contre-attaques. Les Allemands tenteront de se dégager à cinq reprises. Les fantassins du *3rd Bat/13th Infantry* enlèveront finalement la position à la baïonnette.

La route de Lambézellec est désormais ouverte pour ce régiment, mais les paras de Hamer sont coriaces, ils reculent pas à pas dans l'ordre et contre-attaquent dès qu'ils le peuvent. Le *28th Infantry* à gauche piétine devant Kergroas, mieux défendu que prévu. Deux sections de la compagnie B du 1er bataillon, venant du secteur régimentaire du 13e, ont cependant pris pied sur la colline.

L'activité aérienne américaine ne se dément pas sur les batteries et la Forteresse. Les batteries de 128 sont particulièrement visées. La batterie de Keredern est alors anéantie, les artilleurs sont reconvertis en fantassins. Les Allemands ripostent surtout par leurs pièces d'artillerie moyennes et légères, utilisant préférentiellement pour le combat au sol les grosses pièces, y compris celles de l'artillerie côtière.

Sur ordre de Ramcke, les démolitions sont entreprises à Brest le **28 août**, en commençant par le port de commerce et certains ateliers de l'Arsenal.

Deux parachutistes lors des combats devant Bohars.
(Coll. E. Priller.)

(2) Document utilisé pour la rédaction de ce paragraphe :
– *The 8th Infantry Division, Report After Action against Enemy, 5 Aug-31 Aug.*, Vol. 2, op. cit., p. 15-21.

(3) *Index White* = 2nd Bat/9th Infantry/2nd Division. *Lagoon White* = 2nd Bat/115th Infantry/29th Division.

(4) *Kriegstagebuch Admiralatlantikküste*, op. cit., 27.8 et 1.9.

(5) Pour *Jagdbomber* (allem.) : chasseur-bombardier.

Ci-dessus : A l'abri du talus bordant un chemin creux, des GI's s'apprêtent à partir à l'assaut. Noter les branches des arbres déchiquetées par les tirs d'artillerie. (US Army.)

Ci-contre : Mise en batterie d'un mortier américain dans la région de Brest. La légende d'époque précise que l'objectif est la position fortifiée visible à l'arrière-plan. (US Army.)

246 Américains prisonniers

Les ailes de la division sont renforcées : le 8e escadron de reconnaissance vient prendre position à l'ouest entre le *13th Infantry* et *Lagoon*, la compagnie E du *5th Ranger* quitte Trégarantec pour Guipavas puis vient s'intercaler à l'est entre le *28th* et *Index*.

Le *13th* consolide sa position à la hauteur de Kerven-Marrégues. Le 28e attaque une nouvelle fois, à deux heures dans la nuit du **28 au 29 août**, avec ses trois bataillons en ligne, le 2e se trouvant au centre.

Dans la matinée, les compagnies E et G du 2e bataillon progressent plus rapidement que le reste du régiment et atteignent une ligne située au nord de Pont Mezgall-Kerinaouen. (6) Le capitaine Charles Tisdale commande la compagnie G. Il sait que les Allemands se sont emparés de chars américains, en particulier d'un Sherman. Il ne lui reste que deux bazookas et six projectiles à leur opposer. Il sait également que la compagnie E, sa voisine, a perdu tous ses tireurs au bazooka sur blessures. La situation est pour le moins préoccupante.

Les deux compagnies progressent cependant. Soudain, à 8 h 30, les fusiliers entendent démarrer deux chars, derrière eux à Kergroas. L'un d'entre eux vient aborder, plus tard, la compagnie G à moins de 100 mètres, les tank destroyers américains tentent de le freiner en tirant dix obus, pas un de plus, le stock est épuisé. Le char s'approche, est freiné par les quatre derniers tirs de bazooka, recule, pénètre dans le champ où est déployée la compagnie E et ouvre le feu au canon et à la mitrailleuse. Un infirmier allemand veut se rendre, il est taillé en pièces par la mitrailleuse du char : les ordres de Ramcke sont exécutés à la lettre.

Un sous-officier américain se hisse sur le char et essaie d'y introduire une grenade, un second tente par la suite d'en insérer une autre dans la gueule du canon. Peine perdue, les Allemands tirent, l'homme tombe sur le sol fortement commotionné. Le char capture ainsi systématiquement et méthodiquement des petits groupes de trois à quatre hommes. Le capitaine Tisdale, en désespoir de cause, s'en approche et s'apprête à tirer l'unique grenade à fusil dont dispose sa compagnie. Un choc dans le dos, il se retourne : « *Hände hoch !* » Un Allemand le met en joue. Tisdale lève les mains. C'est fini, les deux compagnies se rendent, 246 fantassins sont faits prisonniers.

« *Par les conversations radio entre vous, nous savions que vous ne disposiez plus de munitions antichars* », dira un officier allemand à Tisdale. La manœuvre était donc parfaitement jouable. Selon les explications de Ramcke dans ses Mémoires, Reino Hamer avait en fait déployé une première ligne de défense assez lâche, ses hommes restant terrés dans leurs *Fuchslöcher*. Ils avaient laissé passer les deux premières vagues américaines sans intervenir puis les avaient attaquées dans le dos après s'être emparés de deux chars.

Les Américains ont donné en un premier temps une version différente de cet incident pour le moins humiliant : les Allemands auraient demandé une trêve et en auraient profité pour infiltrer des éléments, portant l'uniforme américain, derrière les compagnies E et G. Ils reconnaîtront plus tard leur erreur d'interprétation : les GIs ont été capturés avant la demande de trêve et le port d'uniformes américains par les parachutistes n'a pas été prouvé. (7)

(6) Lambert (N.W.), Choquette (V.A.), *History of Gco. 8th Division, op. cit.*

Les prisonniers sont alors ramenés à Brest. Les Allemands, recherchant l'effet psychologique, les contraignent à défiler dans la ville. Ils sont ensuite transférés dans un camp de prisonniers, situé non loin du Fret sur la presqu'île de Crozon, d'où ils seront par la suite libérés par les hommes de leur propre régiment lors des opérations dans ce secteur. Le régiment et son chef de corps subiront les conséquences de cet épisode malencontreux : le *28th Infantry* sera relevé le **30 août** à minuit par le *121st* et se repliera au nord de Gouesnou, le colonel K.B. Anderson perdra son commandement au profit du colonel Merritt E. Olmstead.

Le jour même, le général Stroh est nommé général de division. Cette promotion est malheureusement pour lui endeuillée par la mort de son fils le capitaine Harry Stroh (378e escadrille/362e escadron). Son appareil, touché par un obus, a explosé alors qu'il attaquait le 27 août dans l'après-midi un objectif situé au nord-est de Brest.

Bilan

Le *1st Bat/121st* relève le *3rd Bat/28th* à gauche de la zone divisionnaire, le *3rd Bat/121st* relevant le 2e bataillon et des éléments du 1er bataillon au centre et à droite. Le *121st Infantry* attaquera par conséquent avec deux bataillons, le 2e bataillon restant provisoirement en réserve. Le régiment tient une ligne située au nord de Kergaélé-Kergroas-Kerachalloc'h, tout est encore à faire.

Lui sont adjoints l'escadron B du 709e régiment de chars, l'escadron C du 644e régiment de tank destroyers ainsi que la compagnie D du 86e régiment chimique. A sa droite, le *13th Infantry* consolide sa position au nord de la ligne Kerven-Marrégues-Keranchoazen. **(Carte N° 9.)**

(7) *The 8th Infantry Division, Report after Action against Enemy*, Vol. 2, *op. cit.*, p.19. Et amendement à ce rapport en date du 27 novembre 1944 émanant du PC de la 8e division.

30 août 1944 : le *Lieutenant-General* Troy H. Middleton remet à Donald A. Stroh, commandant de la *8th Infantry Division*, les insignes de son nouveau grade de *Lieutenant-General*. Il apprendra le même jour la mort de son fils dont l'avion a été abattu par la DCA allemande au nord-est de Brest. (US Army.)

Le **31 août**, un ordre tombe du PC de Middleton : le *13th Infantry* doit rester sur sa position pour soutenir le *121st* qui va attaquer pour enlever définitivement le nid de résistance de Kergroas, le *9th Infantry*, *Index*, à sa gauche devant réduire le point d'appui de Bourg-Neuf/Fourneuf qui résiste toujours, les Rangers de la compagnie E assureront la continuité entre les deux régiments.

Les pertes américaines sont estimées à 238 tués, au cours de cette période. C'est peu selon les dires du médecin-chef du 8ᵉ bataillon médical. Les Allemands ont fort bien résisté : seuls 81 d'entre eux se sont rendus depuis l'attaque générale du **25 août**. Marins et parachutistes se sont remarquablement défendus.

Zone Est : Gouesnou Est-Guipavas-Kerhuon

La 2ᵉ division, *Ivanhoé*, est déployée à l'est de la précédente sur le territoire de Gouesnou Est-Guipavas. L'attaque du **25 août** a lieu, ici comme ailleurs, dans un tintamarre assourdissant. L'artillerie, les mitrailleuses tirent sans désemparer. La ligne de départ de la division fait environ 11 kilomètres, c'est nettement plus que celle de sa voisine. Elle s'étend depuis Keralénoc à l'est de Gouesnou jusqu'à Chapelle Croix au nord de la Pyrotechnie de Saint-Nicolas. (8)

(8) Documents utilisés pour la rédaction de ce paragraphe :
– *History of the Second Division, op. cit.*, p. 56-61.
– *G3 Journal 2nd Inf.-Div., 1-31 August, Book n° 1 of 10 Books, op. cit.*, période 25-31 août.

Les objectifs sont du nord au sud de la zone divisionnaire : les points d'appui de Bourg-Neuf/Fourneuf, de Kervao, la batterie du Forestic, tous trois situés au nord de la route de Paris, l'actuelle départementale 712. Au sud de cette route, citons essentiellement la batterie de Menez Toralan juchée sur une colline de 145 mètres de hauteur, le bourg puissamment fortifié de Kerhuon ainsi que la Pyrotechnie. **(Carte n° 8.)**

Robertson a engagé deux régiments : le *9th* et le *23rd Infantry* commandés respectivement par les colonels Hirschfelder et Lovless. C'est ainsi que fait face à Bourg-Neuf le *2nd Bat/9th* du lieutenant-colonel Higgins qui s'est élancé depuis Keralénoc. Vient ensuite le *1st Bat/9th* du lieutenant-colonel Wesson dont l'objectif est l'ensemble Kervao-Saint Thudon. Le *3rd Bat/23rd* du lieutenant-colonel Tuttle devra s'emparer de la batterie du Forestic.

Un seul bataillon est engagé au sud de la route de Paris : le *1st Bat/23rd* du lieutenant-colonel Hightower dont l'objectif principal est la batterie de Menez Toralan. Plus au sud la compagnie B se contentera de contenir les marins allemands qui défendent la Pyrotechnie.

Les compagnies A, C et E du *5th Ranger*, dont le nom de code est *Marauder*, seront temporairement mises à la disposition de la division. Les Rangers devront être utilisés uniquement en défensive, ils sont 60 par compagnie, spécialisés dans les actions de commando, leurs effectifs sont trop restreints pour mener un combat classique d'infanterie. Ils sont sous les ordres du capitaine Heffelfinger et seront rattachés selon les circonstances à l'un ou l'autre régiment. Tous leurs déplacements se feront en camions ce qui explique leur extrême mobilité.

L'avance est lente les premiers jours malgré l'appui donné par la 377ᵉ escadrille du 362ᵉ escadron qui opère devant les fantassins visant les haies, les batteries et les nids de mitrailleuse allemands. Les Allemands font donner leurs canons de 88 avec beaucoup d'efficacité. L'escadrille perd l'un de ses pilotes, le *First Lieutenant* Charles H. Freeman. Les parachutistes arrosent les lignes américaines de leurs mortiers et de leurs redoutables mitrailleuses MG42. Les assaillants, outre leur artillerie, utilisent très largement le phosphore blanc de leurs mortiers de 4,2. Quatre chasseurs-bombardiers, affectés à la division, tournent sans relâche au-dessus des objectifs, lâchant leurs deux bombes de 250 kilos puis hachant les positions allemandes à la mitrailleuse. Des tank destroyers, armés en bulldozer au moyen de leur équipement *rhino*, creusent méthodiquement des brèches dans les talus afin de faciliter la progression des sections d'assaut.

La résistance allemande repose sur un lacis de casemates et d'emplacements de canons et de mitrailleuses bien camouflés. Les champs de tirs sont en règle générale bien dégagés. Les tireurs sont planqués dans leurs *Fuchslöcher*. Les chemins creux sont autant d'itinéraires de repli et de ravitaillement.

Redisons-le encore : forts de leur science du combat, les Allemands ne craignent pas les « Amis » d'homme à homme mais redoutent leur matériel, en particulier leurs avions.

Dissimulation d'un chemin situé au centre d'une position allemande à l'aide d'un treillage métallique et de branchages de genêts. Ce cliché illustre bien quel genre de difficultés les soldats américains ont dû surmonter pour réduire les positions allemandes. (NA.)

Un groupe de combat américain emprunte une cour de ferme sous l'œil attentif du propriétaire à gauche. (NA.)

Un remaniement est effectué chez Hirschfelder le **26 août** : le *3rd Bat/9th* du commandant Kernan monte en ligne depuis l'Ormeau et vient prendre position devant Bourg-Neuf, repoussant le 2e bataillon sur sa gauche.

Attaque du 28 août et chute de Kervao

Kervao/Saint Thudon est situé entre Bourg-Neuf et la batterie du Forestic. Le point d'appui est défendu, entre autres, par des hommes du *II./2* du commandant Fritz Becker, les rescapés de Brasparts.

Wesson et son 1er bataillon attaquent le **28 août** dans la matinée, la compagnie A est au centre, la compagnie B à droite, la compagnie C à gauche progresse vers les fermes de Saint Thudon.

La compagnie A est commandée par le capitaine Cameron A. Clough. Elle a subi récemment un renouvellement important en hommes et peu d'entre eux sont à même d'utiliser les torpilles *bangalore*, les lance-flammes et les charges de TNT, armes vitales dans ce type de combat. (9) L'attaque marquant le pas, Clough demande un lance-flammes avec l'intention de tirer dans l'embrasure d'un nid de mitrailleuses ennemi enterré dans le talus suivant. Elles interdisent toute progression à sa compagnie. Clough se charge de l'appareil, organise les tirs de manière à contenir les Allemands et avance courageusement seul dans le champ à découvert. Maniant l'arme d'une seule main, il arrose la position allemande et la neutralise, permettant à sa compagnie d'atteindre le talus puis de progresser vers Kervao. **Kervao** est pris dans la foulée, 96 hommes sont encore en état de combattre, ils doivent absolument tenir la position. A 18 heures, un char léger subtilisé aux Américains et portant une croix gammée aborde Kervao par le sud-ouest tirant sur tout ce qui bouge. Clough ne dispose pas d'armes antichars. Aidé de quatre hommes, il met immédiatement en position un canon de 37 pris à l'ennemi. Le char est neutralisé : les Américains ont utilisé un canon allemand pour détruire leur propre char manœuvré par des Allemands. Bizarrerie de la guerre.

A droite de la compagnie A, la compagnie B a été deux fois repoussée avec des pertes élevées. A 15 heures, Wesson en personne vient au résultat, le capitaine de compagnie a été sévèrement touché. Peu après, l'officier-opérations du bataillon qui a accompagné Wesson est également blessé. La situation est grave, la compagnie B devant impérativement rester à la hauteur de la compagnie A de manière à couper la route à l'ouest de Kervao. Sur les trois sections de fusiliers engagées, il reste un seul officier et quarante-cinq hommes en état de combattre, beaucoup sont des nouveaux venus et n'ont aucune expérience du combat, ils sont épuisés, abattus, désorganisés du fait de la perte de leur chef et apparemment incapables de fournir un effort supplémentaire. Un repli n'est pas envisageable. Wesson, soucieux, va et vient au milieu des hommes, passant crânement devant les brèches creusées dans les talus, rassurant les indécis, les exhortant et donnant l'exemple d'une parfaite maîtrise de soi. Il répartit les rescapés en deux sections d'assaut, il réclame des tirs de mortiers sur le talus suivant, enjambe le premier talus puis traverse le champ balayé par les balles. Subjugués, les fusiliers se précipitent à sa suite, baïonnette au canon. Un combat très dur s'engage alors. Wesson neutralise, à la grenade, un nid de mitrailleuses, quatorze Allemands se rendent. Le colonel recevra la *Distinguished Service Cross* à titre posthume, il devait en effet décéder des suites de blessures reçues en Allemagne au mois d'octobre suivant.

La compagnie C à gauche a, quant à elle, atteint Saint-Thudon et s'apprête à attaquer la batterie du Forestic de concert avec la compagnie I/23e.

Evacuation sanitaire d'un blessé du *23rd Infantry Regiment*. (US Army.)

(9) Les torpilles *bangalore* étaient constituées de manchons cylindriques de 54 mm de diamètre et de 1 524 mm de long que l'on emmanchait bout à bout selon la longueur désirée. Chaque manchon contenait 4 kilos d'explosif de type Amatol, l'allumage étant effectué au moyen d'un détonateur pyrotechnique (mèche lente) ou électrique. Les torpilles servaient à la destruction des réseaux de barbelés et à la neutralisation à distance des mines, source Ecole Supérieure et d'Applications du Génie (ESAG) à Angers.

Les lance-flammes, bien que peu employés, furent d'une inestimable valeur dans certains cas. Les points de résistance isolés et les nids de mitrailleuses inaccessibles à l'artillerie étaient d'excellentes cibles pour les lance-flammes. Porté sur le dos par son opérateur, l'arme pesait 32 kilos chargé et pouvait lancer une flamme continue ou intermittente pendant 9 secondes. Elle pouvait atteindre 20 mètres avec de l'essence ordinaire et 40 mètres avec de l'essence alourdie avec du napalm. « *Le lance-flammes mécanisé était utilisé sur les tanks moyens où il pouvait être installé à la place de la mitrailleuse de la coupole en une minute* », in Supper (H.L.), *op. cit.,* p.147-148. Les Britanniques appelaient leurs chars Churchill équipés de lance-flammes « *chars-crocodiles* », on les verra à l'œuvre au cours du siège de Brest.

Charges de TNT ou trinitrotoluène, matière explosive. Des musettes de démolition, contenant du Tetrytol comme matière explosive à raison de 11 kilos conditionnés en 8 blocs par musette reliés par des cordons détonants, furent également utilisés. Ces charges de démolition étaient soit déposées soit poussées à l'aide d'une perche pour détruire des réseaux de barbelés, des bâtiments, etc., source ESAG.

Le dispositif de Tuttle a été en effet remanié : la compagnie L, se révélant incapable de prendre la batterie malgré trois assauts particulièrement violents, Lovless fait procéder à une permutation dans la nuit du **28** au **29 août**, la compagnie I devra enlever le point d'appui. Elle y perdra une section entière.

Tragédie au Forestic

Située au Dourigou à environ 200 mètres de la route Guipavas-Gouesnou, au sud-ouest de l'aérodrome, la batterie est entourée sur trois côtés par un champ de mines de 50 à 100 mètres de profondeur. Un double cordon de barbelés ferme le quatrième côté qui débouche sur un chemin creux parsemé de *Tellerminen* et de fil tendu (10), sous le feu direct des mitrailleuses positionnées dans les bunkers. (11) La défense est assurée, selon les dires d'un prisonnier, par une centaine de marins et de parachutistes, des chasseurs de chars probablement.

Un fait majeur est ignoré des Américains : l'enseigne de vaisseau Berdau, qui avait du reste commencé à évacuer sa batterie dès le **21 août**, a été grièvement blessé. La mise hors de combat du chef ainsi que la chute de Kervao vont précipiter les événements. Elle est évacuée dans la nuit du **28** au **29**, les Allemands laissant une force de couverture d'une vingtaine d'hommes chargés de freiner quelque peu l'avance américaine. La batterie a en fait été anéantie dans l'après-midi du 27, soit par la patrouille du capitaine Lane, leader de la 377ᵉ escadrille, qui a utilisé des bombes de 500 kilos, soit par celle du lieutenant Fairbanks. (12)

Le **29 août**, tôt dans la matinée, une section de la compagnie I traverse prudemment la route Guipavas-Gouesnou et, ne rencontrant pas d'opposition, investit la batterie. Alors que le premier groupe de combat pénètre à l'intérieur du premier bunker, on entend une formidable explosion suivie de trois déflagrations terrifiantes qui font trembler le sol à des kilomètres à la ronde. D'énormes morceaux de béton et d'acier plus volumineux qu'un homme sont arrachés des bunkers et projetés à plusieurs dizaines de mètres, d'énormes cratères se forment dans le sol, des talus sont défoncés, des débris tombent à plusieurs centaines de mètres. Une équipe de démolition allemande avait piégé les quatre premiers bunkers en utilisant d'énormes charges de munitions et d'explosifs, une mine électrique devant amorcer le tout. Le piège a parfaitement fonctionné. La section a perdu 25 hommes morts et blessés, certains d'entre eux sont simplement commotionnés. C'est la journée la plus noire vécue par le *23rd Infantry* lors du siège de Brest. (13) Le capitaine, commandant la compagnie, rassemble les fusiliers valides qui progressent de 300 mètres vers Creac'h Burguy au sud-ouest. Lovless demande à Robertson de faire permuter les compagnies I et K. C'est accordé.

La prise de Kervao-Le Forestic sonne le glas de la résistance allemande dans le secteur. L'avance des 2ᵉ et 1ᵉʳ bataillons de Hirschfelder est telle, ce jour-là, qu'ils atteignent en fin d'après-midi une ligne qui court depuis l'est de Fourneuf jusqu'au nord de Créac'h Burguy. Une contre-attaque aura

(10) Fil tendu en guise de traquenard ou d'avertisseur.

(11) Cf. coordonnées 004-47 de la carte US, Landerneau, First Edition May 44, Sheet n° 10/10 S.W. Et numéros d'ordre 7179-7197-7202 du 29 août dans G3 Journal, *op. cit.* Et *After Action Report 2nd Infantry Division* APO = 2 US Army 5 September et 3 October 1944. National Archives.

(12) Mission Report 27 August 1944. « *Red Flight (capitaine Lane) under control of Stanza drowed 8/1000lbs (sic) bombs on a heavy gun position with excellent results silencing the guns.* »
« *Green Flight (lieutenant Fairbanks), under control of Hoptide dropped 8/500 lbs bombs on gun position, controller called and reported very good results.* » Il s'agirait plutôt de la seconde patrouille, elle opérait en effet ce jour-là au profit de la 2ᵉ division, nom de code « Hoptide » pour les opérations aériennes. Un autre texte américain (sans références), fait état de l'attaque, ce jour-là, de la batterie *Domaine* par 12 P47.

(13) *History of the Second Infantry Division, op. cit.*, p. 59. Cet épisode est connu du propriétaire du champ du Dourigou.

Deux soldats américains servant une mitrailleuse Browning soutiennent la progression des GIs. Tous deux portent des uniformes camouflés qui seront par la suite retirés du fait des méprises possibles avec les uniformes SS. (DAVA.)

La batterie du Forestic

Ces trois clichés pris après le 29 août laissent imaginer la violence de l'explosion qui a anéanti en l'espace d'un instant une section complète du *23rd Infantry Regiment*. D'énormes blocs de béton ont été arrachés et projetés aux alentours. Un groupe de soldats américains passe devant un tel bloc qui encombre la route longeant la batterie. (AMB.)

cependant lieu à 20 heures dans le secteur du 1er bataillon, plus particulièrement dans celui des compagnies A et C, trop avancées au sud de Kervao. Les Allemands s'infiltrent sur leurs flancs, quelques-uns parviennent derrière le PC du bataillon. Les fusiliers des compagnies A, C et I/23e mettront une heure à rétablir la situation, soutenus par les artilleurs du général Hays. Clough est touché à l'œil et à l'épaule par des éclats de grenade et perd définitivement la vue d'un œil. Courageux, il refuse d'être évacué, il recevra la *Distinguished Service Cross*.

Kernan est en difficulté devant Bourg-Neuf/Fourneuf

A Bourg-Neuf, on ne passe pas. Les hommes de Becker sont intraitables. La tactique, arrêtée le **26 août** par Hirschfelder, est la suivante ; la compagnie K de Kernan progressera à droite de la route Kéralénoc-Fourneuf puis viendra couper le chemin Fourneuf-Penguérec à l'ouest. La compagnie I sera au centre devant Bourg-Neuf, la compagnie L occupera le chemin Fourneuf-le Cosquer à l'est. Higgins devra atteindre le plus rapidement possible l'est du Cosquer. Pour faire bonne mesure, on intercale la compagnie E/*5th Ranger* entre K et *Grasshopper Blue* et on fait appel aux chimistes.

Les combats, acharnés, commencent le **30 août** et dureront quatre jours. Les survivants s'en souviennent encore.

L'artillerie et les chimistes se déchaînent sur le point d'appui. Les groupes de combat montent inlassablement à l'assaut des positions allemandes. Lorsque les belligérants sont trop rapprochés pour faire usage de leurs mitrailleuses, les fusiliers chargent à la grenade, les Allemands répliquant de la même manière et refusant de lâcher prise. Les faits d'armes sont nombreux de part et d'autre. On cite le cas du sergent Mike S. Rambago, éclaireur d'un groupe de combat, qui a sauvé la vie de son chef, le sergent Vernon Woody, en déviant de la poitrine une grenade qui lui était destinée puis en la coiffant, à terre, de son casque pour limiter les effets de l'explosion. Rambago a naturellement été gravement blessé. Il recevra à juste titre la *Distinguished Service Cross*.

Les Allemands ne cèdent pas à Bourg-Neuf.

Menez Toralan

Devant Menez Toralan au sud de la route de Paris, la situation est identique. Le secteur est défendu par les sapeurs parachutistes du commandant Gerstner qui a engagé ses 3e et 4e compagnies. Les défenseurs ont l'avantage du terrain. Ils dominent en effet la route tortueuse et encaissée qui mène de Guipavas à Kerhuon. Cette route est parallèle au ruisseau qui coule depuis Créac'h Burguy et vient grossir les étangs de Coz Castel et du Moulin de Kerhuon avant de se jeter dans l'Elorn entre la Pyrotechnie et le bourg de Kerhuon au sud.

Le *1st Bat/23rd Infantry* du lieutenant-colonel Hightower doit par conséquent franchir ce ruisseau puis la route avant d'escalader la pente qui mène à Runavel et à Menez Toralan. Conscient des difficultés qui l'attendent, Hightower se contente, dans un premier temps, d'effectuer des patrouilles au-delà du ruisseau sans engager véritablement le combat. Plus au sud, le commandement a ordonné aux tank destroyers de détruire la digue qui relie la Pyrotechnie à Kerhuon afin d'isoler les marins, peu motivés, qui la défendent.

Les avions de l'*US Air Force* traitent également le PC avancé de Ty Ruz à la sortie Ouest de Guipa-

vas, point névralgique s'il en est puisqu'il commande l'ensemble du secteur Est allemand. (14) Les villages, qui se succèdent entre Guipavas et Brest, sont également systématiquement bombardés.

Le 2e escadron de reconnaissance, *Impetuous*, relevé de sa mission de contact entre la *Task Force B* à Plougastel et le *23rd Infantry*, se porte alors en défensive à Kervionquer à l'est de la Pyrotechnie.

Les affaires sérieuses commencent le **28 août**. Lovless met en ligne le 2e bataillon du lieutenant-colonel Hamelé avec la mission de prendre Menez Toralan, Hightower glissant au sud devant Kerhuon. Les compagnies A et C du *5th Ranger*, après un passage par Chapelle Croix, viennent verrouiller à droite d'Hamelé, la sortie Ouest de Guipavas, de part et d'autre de la route de Paris.

Des escarmouches ont lieu, la compagnie C/1er Bat perd 30 hommes le **28 août** devant Runavel. Par imprudence diront certains Guipavasiens. (15)

Des faits d'armes sont ici également à signaler dont celui réalisé par le sergent John J. Mc Veigh. Ce sous-officier commande un groupe de mitrailleuses lourdes chargées de soutenir une section de fusiliers qui, épuisés, sont en train de s'enterrer pour la nuit. L'ennemi contre-attaque brusquement, les fusiliers reculent, le groupe de Mc Veigh perd sa protection, les Allemands parviennent rapidement sur sa position. Le sergent reconvertit le tir des deux hommes qui lui restent, son fusil est vide, il se saisit alors de son couteau de tranchée et charge plusieurs assaillants. Un corps à corps sauvage s'engage, Mc Veigh poignarde un Allemand et alors qu'il s'avance vers les trois suivants, il tombe mort tiré à bout portant. Mais la section de fusiliers s'est réorganisée, elle ne reculera plus. Le sergent recevra, à titre posthume, la *Distinguished Service Cross*.

Le **30 août** dans la soirée, Hirschfelder et Lovless se rendent au PC de Robertson à Kéralias pour faire un point de situation. Lovless convoque ses chefs de bataillon à Kergompez le lendemain dans la matinée : « *Hightower, vos compagnies A et C seront relevées par les compagnies I et L du* 3rd Bat/38th Infantry *qui sont revenues de Plougastel. Elles sont à Kerabivin. Barsanti attaquera au sud-est de Menez Toralan. Hamelé, la colline est à vous. Elle sera préalablement bombardée ainsi que Ty Ruz par les P47. (16) Vous attaquerez après-demain 1er septembre dans la matinée à une heure qui vous sera précisée ultérieurement.* »

Les Rangers s'impatientent

L'inaction pèse aux Rangers. Les ordres sont certes de tenir une position défensive à la sortie Ouest de Guipavas, mais l'attente leur paraît longue. Les informations données par un prisonnier va leur servir d'alibi pour agir : le nid de résistance de Kerjaouen est tenu par 20 Allemands. Armement : plusieurs mitrailleuses et un canon.

Il s'agit par conséquent de mener une action de commando. Ils en font leur affaire, obtiennent l'autorisation du commandement, descendent le long de la route de Paris, fouillent les maisons, personne. La position allemande a été abandonnée, ils se font cependant piéger par un « booby-trap », trois hommes sont blessés. Ils parviennent le long du

(14) Coordonnée du PC : 002-026, sur la carte US Landerneau déjà citée.

(15) Jacq (P.M.). *Sous le soleil du Bon Dieu, Un siècle à la base de l'Eglise et du monde chanoine*, P. M. Jacq 1989, p. 145.

(16) Numéro d'ordre 7438 dans *G3 Journal*, *op. cit.*

ruisseau de Pontrouff, s'exposant quelque peu afin de provoquer des tirs ennemis, rien. Les Rangers reviennent à leur point de départ et, mission accomplie, signalent au commandement que l'on jouit d'une excellente vue sur Menez Toralan depuis Kerjaouen. Les Allemands se sont manifestement repliés, des patrouilles de la compagnie E ont pu approcher le pied du versant nord de Menez Toralan, la Pyrotechnie et Runavel ont été également évacuées. Les officiers de la Pyrotechnie, las de continuer la lutte, ont rejoint de leur propre chef leur Etat-Major à Brest, téléphonant ultérieurement à leurs hommes et les laissant libres de leur choix : continuer la lutte ou bien se rendre. Quelques-uns d'entre eux ont été récupérés par les parachutistes et contraints de combattre à leur côté. (17)

Bilan

Au cours de la première semaine de combat, la 2ᵉ division a partiellement et laborieusement entamé la ligne de défense extérieure allemande : les *9th et 23rd Infantry* ont à déplorer respectivement la mort de 147 et 82 des leurs. Bourg-Neuf/Fourneuf, Créac'h Burguy, Lavallot, Menez Toralan et Kerhuon sont toujours entre les mains des parachutistes qui se battent à un contre trois. **(Carte N° 9).**

Au nord-ouest de Brest, la 29ᵉ division rencontre les mêmes difficultés.

Zone Ouest/Nord-Ouest : Bohars-Guilers-Plouzané-La Trinité

La 29ᵉ Division, *Latitude*, à qui a été attribuée la zone la plus vaste, attaque le **25 août** au nord-ouest avec deux régiments le *115th* et le *116th Infantry*. (18) Le *175th*, à l'ouest, interviendra le lendemain **26 août**. **(Carte N°10).**

Le *115th Infantry* attaque, plein sud en direction de Bohars, à partir d'une ligne située au nord de l'axe Tremelaouen-Keroudy, le 2ᵉ bataillon du commandant Anthony Miller est à gauche devant Tremelaouen, le 3ᵉ bataillon du commandant Randolph

L'*Oberleutnant* (lieutenant) Lepkovski, chef de la 5ᵉ compagnie du 2ᵉ régiment parachutiste chargée de la défense de la batterie de Kerogant. (Coll. E. Priller.)

Millholland à droite devant Keroudy, le 1ᵉʳ bataillon du commandant Glover Johns est en réserve derrière le 2ᵉ bataillon. *Greyhound Red* se tient à gauche de la zone divisionnaire. (19)

La résistance allemande est d'emblée très forte. Armes automatiques, canons de tous calibres depuis ceux de la *Flak* jusqu'à ceux de l'artillerie côtière martèlent les troupes américaines.

Le secteur est défendu par les paras du II./2 du commandant Ewald Werner. La 6ᵉ compagnie du lieutenant Konrad Hartmann couvre le bourg de Bohars, la 5ᵉ compagnie du lieutenant Erich Lepkowski, l'auteur du raid sur Brasparts le **16 août**, défend les approches de la batterie de Kerognant. L'enseigne de vaisseau de 1ʳᵉ classe Max Trinkle, chef de la batterie, est du reste confiant, son unité est bien armée, bien protégée, située dans la profondeur du glacis et stimulée par la présence de l'Etat-Major de la *Flak* installé au Sud à Kerguillo.

La tragédie du groupe de combat Snyder

Le **26 août** à 10 heures, le bataillon de Millholland attaque à nouveau depuis Keroudy en direction de Kerboroné et de la colline 81 située à l'est du hameau.

Millholland, un comptable de Cumberland (Michigan), avait constitué en 1942 un bataillon de Rangers à partir d'éléments de la 29ᵉ division. Dissoute le 15 octobre 1943, après le raid sur Ouessant, cette unité d'élite constitue l'essentiel du *3rd Bat/115th Infantry*, autant dire que ce bataillon est particulièrement opérationnel. Millholland contre Lepkovski, c'est un fameux duel qui s'annonce, il tournera court, le premier sera rapidement appelé ailleurs.

Alors que la compagnie I, sous les ordres du sergent Walter Hedlund, s'empare de la colline 81 (ou 79) située au sud-ouest de Keroudy, la compagnie L marche au sud vers Kerognant. L'avance est d'abord rapide et aisée, seules des armes légères s'opposent à la progression des fantassins. La section du sergent Ralph Snyder marche en tête. Soudain, c'est la tragédie à Poulrinou. Un groupe de combat de dix hommes appartenant à la section vient de nettoyer un talus qu'il enjambe, passe une ligne de barbelés et s'apprête à se disperser dans le champ suivant lorsqu'une mitrailleuse allemande bien camouflée ouvre le feu à courte distance, tuant ou blessant tous les hommes du groupe. Le groupe de combat a tout simplement buté sur la ligne de défense extérieure allemande dans le secteur : la mitrailleuse qui a abattu les fusiliers fait partie de la défense avancée du point d'appui de Kerognant.

La suite des événements sera particulièrement pénible. Il est impossible de secourir les blessés, chaque tentative se soldant par un échec. Les paras allemands sont impitoyables. Courageux, le sergent Snyder se défait alors de son équipement, abandonne son arme, enfile un brassard de la Croix Rouge et s'avance vers les blessés. Il est abattu. La situation est désormais sans espoir pour ces derniers, certains le comprennent, un caporal se suicide, les autres mourront pratiquement sous les yeux de leurs camarades qui assistent impuissants à leur agonie depuis le talus. Les corps seront récupérés sept jours plus tard lors de l'avance américaine.

(17) Lafferre (M.), *op. cit.*, p.106-107.

(18) Documents utilisés pour la rédaction de ce paragraphe :

– Ewing (J.H.), *op. cit.*, p. 123-127.

– *After Action Report 29th Infantry Division, Month of August 1944, op. cit.*, p. 9-11.

(19) *Greyhound Red = 1st Bat/13th Infantry/8th Division.*

Le brassard de la Croix Rouge n'a pas protégé le sergent Snyder, un cas similaire se reproduira plus tard, aux abords de la Forteresse, dans le secteur du *116th Infantry*. Les aléas de la guerre ? Un infirmier de la 2ᵉ section de la compagnie *F/2nd Bat/23rd Infantry* connaîtra le même sort le **12 septembre** devant le cimetière de Brest. (20) Tout est affaire d'état d'esprit, le pire côtoie le meilleur au combat. Le meilleur s'est passé le **23 août** devant le poste avancé tenu par Ekkehard Priller et ses hommes au carrefour 82, au nord-est de Bohars. Un Américain d'un groupe de reconnaissance du *13th Infantry* est blessé. L'infirmier de la section Priller, le caporal Grinziger, rampe jusqu'à lui, le panse, lui remet une gourde d'eau et le localise en plantant un drapeau de la Croix Rouge à proximité. Le GI sera récupéré par les siens. Les Américains savent désormais que la réduction de Kerognant ne sera pas une partie de plaisir.

Guilers est pris

Le *116th Infantry*, à droite, attaque vers le sud-est à partir de la ligne Coat-ar-Guéot - Coat Ty Bescond. Le 3ᵉ bataillon du commandant William Puntenney, à gauche, mène l'attaque contre le bourg de Guilers. En fin d'après-midi, le 1ᵉʳ bataillon du commandant James Morris, sur le flanc droit, progresse rapidement vers Kerionoc au sud-ouest de Guilers et parvient le lendemain à 500 mètres au nord de Kerallan qui constitue un nid de résistance particulièrement solide dans le secteur. Secteur défendu par les parachutistes de la 7ᵉ compagnie du capitaine Werner Dygutsch et par ceux de la 8ᵉ compagnie du capitaine Ewald Walkemeier. Ils tiendront longuement tête aux Américains.

Guilers en revanche, peu défendue, tombe le **26 août**. Le 1ᵉʳ bataillon se déploie alors au nord de Keriolet, non loin de la batterie de Kerjean, le soir même, mission accomplie.

Le 116ᵉ reçoit ensuite l'ordre de se porter dans les environs de Plouzané pour occuper le flanc droit du 175ᵉ qui vient d'attaquer. Il est relevé, dans la nuit du **27 au 28 août**, par le 115ᵉ qui fait glisser son bataillon de réserve, le 1ᵉʳ bataillon, au sud-ouest de Guilers sur une ligne située au nord de Keriolet-Kervaziou-Kerallan, la compagnie B se trouvant devant Keriolet, la compagnie C devant Kerallan.

Le *175th Infantry*, chargé d'occuper le flanc droit de la division, quitte Kerzuat au nord de Saint-Renan, atteint Lezavarn au sud le **26 août** à midi, puis emprunte la vallée qui sépare Plouzané de Loc-Maria en passant par Kergestin et Poncelin. Ne rencontrant pas d'opposition, les fantassins descendent silencieusement, en file indienne, l'arme à la bretelle. Leur premier objectif est le bourg de Plouzané. Les FFI sont engagés et mènent des patrouilles au profit de la division.

L'attente dans le secteur de Bohars

Le *3rd Bat/115th* se replie le **29 août** dans les environs du Drévez, village situé au nord de la route Ty Colo-Bégavel, pour y subir un entraînement en vue de mener l'assaut sur la colline du Coz Castel, formidable point d'appui s'élevant à l'est de Plouzané. Il s'agira, pour Millholland et ses hommes, de mener une action type commando.

Restent par conséquent, en arc de cercle devant Bohars-Kerognant-Kerjean-Kerallan, le 2ᵉ bataillon de Miller à l'est et le 1ᵉʳ bataillon de Johns à l'ouest.

Les batteries de Kerognant et de Kerjean sont encore très actives malgré les bombardements de l'*US Air Force*. De ce fait, les deux bataillons d'infanterie s'installent dans une guerre de position,

chargés de « maintenir la pression » sur les Allemands selon les termes du lieutenant-colonel Smith qui commande le *115th Infantry*. Le commandement a en effet décidé de réduire d'abord la colline de Coz Castel. C'est assurément une sage précaution.

Dans le secteur tenu par la compagnie G, commandée par le lieutenant Rideout, les fusiliers vont imposer aux Allemands une guerre des nerfs assez pittoresque. Il arrive qu'un seul talus sépare les belligérants, interdisant de ce fait l'utilisation des grenades. Les hommes s'amusent alors à lancer des pierres aux parachutistes, des frondes sont parfois utilisées. Rideout, longeant sa ligne de front, réussit à abattre un officier allemand qui procédait de même de l'autre côté du talus.

Un fusilier astucieux a confectionné un mannequin en utilisant un casque et un imperméable usagé. Il l'installe derrière la brèche d'un talus. Un Allemand tire, se découvre quelque peu pour vérifier le résultat, il est immédiatement abattu par les fusiliers aux aguets. Plus loin un sous-officier abat un éclaireur allemand d'un coup de crosse.

Mieux encore. Dans la nuit du **30 août**, le commandant Miller met au point un dispositif ingénieux qu'il appellera *Wienerschnitzel Battery*, parodiant ainsi le plat préféré des Allemands, un *Wienerschnitzel* est en effet une escalope panée. L'astuce consiste à mettre huit bazookas en batterie, les effets en sont redoutables, les Allemands en pâtiront. La compagnie d'obusiers du régiment, profitant de cette relative période d'accalmie, expérimentera un lance-roquettes.

Des boucliers humains à Kerallan

Cette guerre de position va provoquer un drame à Kerallan en Guilers. Il y a là, dans les trois fermes qui constituent le hameau, une vingtaine de personnes : des hommes, des femmes et des enfants, fermiers ou réfugiés appartenant aux familles Floch, Marc et Merceur. Les Allemands ont donné l'autorisation à l'une des femmes de se rendre à Saint-Renan pour accoucher quelques jours avant le début des combats, avec la promesse formelle de rejoindre ensuite le hameau sous peine de représailles sur la population restante. Ce qu'elle fait, elle-même, son mari et le nourrisson.

Le 1ᵉʳ septembre, un obus, vraisemblablement américain, explosera dans la cour d'une des fermes. Deux hommes seront mortellement touchés, huit personnes seront blessées dont une adolescente très grièvement. Malgré le désir des familles d'évacuer les blessés vers le bourg de Saint-Renan tout proche, un sous-officier infirmier leur intimera l'ordre de prendre la direction de Brest, allongeant de ce fait bien inutilement le temps de trajet, le transport devant être effectué en charrettes. Les rescapés prendront le lendemain la route de Guilers. (21)

Contrairement à ce qu'elle a généralement prétendu après le conflit, la *Wehrmacht* a, en maintes occasions, manqué aux règles d'humanité les plus élémentaires.

Marcelle Bouyer

Les hommes de la compagnie G feront, au cours de ces journées, la connaissance de Marcelle

---

(20) Ramcke avancera, au cours de son procès, que « *trois soldats du service de santé de sa division, reconnaissables à leur brassard à Croix Rouge, ont été abattus par des partisans sur la route de Sizun à Châteaulin* », dans *Fallschirmjäger damals und danach*, op. cit., p. 26.

(21) Témoignage de Gilles et Marie Floch.

Bouyer, jeune Parisienne réfugiée à Guilers et attachée à un groupe FFI en qualité d'aide-soignante. En tenue militaire et accompagnée de son chien, elle participera au siège de Brest dans les rangs américains, apportant ses soins aux blessés. L'ordre lui sera intimé, à plusieurs reprises, de quitter la ligne de front, ce qu'elle refusera avec obstination. Elle suivra la compagnie jusqu'en Allemagne, d'où elle rejoindra ses foyers au bout de quelques semaines. (22)

Plouzané est libérée

Le secteur de Plouzané était antérieurement occupé par des marins de la *Flak* que les Plouzanéens appelle « Ecussons jaunes » du fait de la couleur des pattes de col de leur uniforme. Ce sont en général des hommes paisibles qui aspirent à la fin de la guerre. Ils sont encadrés depuis la mi-août par des parachutistes du *III./2* du capitaine Herbert Kirsten, plus particulièrement par ceux des 12ᵉ, 13ᵉ, 14ᵉ et 15ᵉ compagnies. Au nord, entre Plouzané et Bodonnou, sont déployés des éléments du 2ᵉ bataillon de chasseurs de chars du capitaine Kemnitz.

Erwin Tolkien, qui commande la 12ᵉ compagnie tient le centre du secteur. Il a 408 hommes sous ses ordres.

Leur faisant face, les Américains du *175th Infantry* dont la mission est de prendre d'abord le bourg de Plouzané puis la colline de Coz-Castel (cote 103) qui constitue un objectif prioritaire. Le 1er bataillon du lieutenant-colonel Roger Whiteford, à gauche,

attaque vers le nord de Coz-Castel ; le 2ᵉ bataillon du commandant Claude Melancon, à droite, a la mission d'enlever le bourg de Plouzané qui tombe le **27 août** dans la matinée.

Plouzané, tout comme Guilers, était peu défendue, la ligne de défense extérieure passant en fait plus à l'est par la colline de Coz-Castel sur laquelle se replient les Allemands, bien décidés à en découdre avec les « *Amis* », les combats seront acharnés.

Le Coz Castel ou la colline 103

Colline située immédiatement au nord du Castel Nevez actuel, Coz Castel est vitale pour les Allemands. Intégrée dans la ligne extérieure de défense de Brest, elle permet d'observer et de défendre les approches Ouest et Nord-Ouest de la ville. Son importance stratégique n'a pas échappé à Ramcke. En effet la prise de Coz Castel donnerait aux Américains une vue directe sur le glacis qui s'étend entre la colline et la Forteresse à l'est. Coz Castel sera âprement disputée.

Le **26 août**, Whiteford et ses hommes, progressant depuis Kerverrien et Prat-Loas, atteignent le versant nord de la colline. Ils sont alors bloqués par des tirs d'armes légères et des canons de 20 de la *Flak* positionnés dans la carrière au sommet de la colline. Les deux pièces d'artillerie légère du lieutenant Sattler, positionnées à l'arrière de la colline, soutiennent également la défense.

Melancon et les siens, après avoir pris Plouzané, gagnent 300 mètres vers le sud-ouest de Coz Castel en passant par Le Cloître. Les deux bataillons sont désormais sur l'objectif, à seulement 100 mètres des premières positions allemandes.

L'attaque marquera cependant le pas pendant deux jours, les **28** et **29 août**, du fait des tirs très denses provenant des batteries de Toulbroc'h, Keringar et Camaret ainsi que du point d'appui de La Trinité, devant lequel le *116th Infantry* est en train de se mettre en place.

Les parachutistes de Coz Castel se défendent âprement. Les jeunes de la *Standarte Feldherrnhalle* supportent cependant difficilement le stress induit par les combats. Les bombes, les obus chargés de phosphore sont éprouvants pour les nerfs. Tel n'est pas le cas de l'équipage d'un sous-marin engagé sous les ordres de Tolkien. Jeunes également, les sous-mariniers sont littéralement déchaînés, Tolkien ne parvient pas à modérer leur ardeur. Beaucoup meurent fascinés par la mort : « *Je suis ici, je n'en peux, mais que Dieu me vienne en aide* » dira un témoin allemand à leur sujet. Des artilleurs des batteries côtières sont également mis en ligne, d'aucuns se battront, d'autres déserteront. Le commandant du bataillon voudrait s'opposer, avec les moyens que l'on devine, à ce qu'il considère comme une trahison. Assez curieusement, Tannert, qui commande le régiment, le lui interdit. Car les transfuges renseignent manifestement les Américains, les lâchers de bombes et les tirs d'artillerie sont de plus en plus précis. Attaques et contre-attaques se succèdent, Tolkien reçoit le renfort de la 16ᵉ compagnie, la compagnie de reconnaissance du lieutenant Schäfer.

Le **29 août**, le *3rd Bat/175th*, engagé à Moguer à gauche de Coz Castel, perce à Mézer Braz. Ce gain de terrain s'avérera déterminant pour la suite des opérations dans le secteur. Ce bataillon est commandé par le lieutenant-colonel William Blandford.

Parachutiste allemand à l'affût derrière le mur d'une ferme. (DR.)

(22) Des vétérans de la compagnie d'obusiers du *115th Infantry* la retrouveront, au mois de mai 1994, près de la Rochelle où elle réside. *The Twenty-Niner* (Journal), July 1995.

Le lendemain **30 août**, dans l'après-midi, les 1er et 2e bataillons, précédés par un troupeau de vaches qui feront exploser les mines, et soutenus par le 224e régiment d'artillerie, atteignent le sommet de Coz Castel, du fait d'un repli tactique des Allemands sur le versant est.

Peu avant minuit, dans la nuit du **30 au 31 août**, les paras de Tolkien contre-attaquent furieusement pour tenter de regagner leurs positions antérieures.

Les Américains sont surpassés en nombre, la position devient intenable, leurs pertes sont lourdes, les Allemands ont repris intégralement le versant est de la colline. La 2e compagnie de chasseurs de chars du lieutenant Mischke marque cependant le pas près de Penhoat. Cette impasse durera trois jours, jusqu'au **3 septembre**. On fait alors appel au bataillon de Millholland. Tolkien-Millholland, le combat promet.

Au sud, devant La Trinité

Le *116th Infantry*, à droite du *175th Infantry*, attaque le **28 août** à midi et prend Kerguestoc, au sud de Plouzané, à la tombée de la nuit, avec la mission de couper le plus rapidement possible la route Brest-Le Conquet, l'objectif principal étant le point d'appui de La Trinité à l'est.

Les défenseurs forment un ensemble composite de marins, de parachutistes et d'éléments de la 343e division. La 13e compagnie du II./2, commandée par le capitaine Loef, encadre les combattants des avant-postes ; une section de la 2e compagnie du bataillon de chasseurs de chars, sous les ordres de l'adjudant Kurt, tient le carrefour de La Trinité. Les combats, dans ce secteur, seront particulièrement acharnés.

L'attaque reprend le lendemain, dure, âpre, la défense allemande ne plie pas, les batteries de Toulbroc'h, du Minou, du Portzic et de Kerdalaès la soutiennent vigoureusement. Ce n'est certes pas *Omaha* mais c'est tout de même comparable à la « bataille des haies » telle que les vétérans du régiment l'ont connue en Normandie. Ils réussissent néanmoins à se déployer à moins d'un kilomètre à l'ouest de la Trinité sur une verticale Kerlaouen-Kerourin.

Les **30 et 31 août**, la progression sera extrêmement faible, les Américains se mettent en position défensive et préparent activement l'attaque qui reprendra le lendemain **1er septembre**.

Les compagnies B, D et F du *5th Ranger*, acheminées par camions depuis Trégarantec, prennent position sur leur droite afin de réduire la ligne des forts qui jalonnent la côte depuis Toulbroc'h jusqu'au Portzic.

Bilan

La division a atteint une ligne qui court depuis Poulrinou au nord de Kerognant, jusqu'à Kerourin à l'ouest de La Trinité, en passant par Kerboronné, le nord de Kerallan et la partie ouest de Coz Castel : la ligne extérieure de défense allemande a été partiellement entamée, en particulier dans le secteur du *3rd Bat/175th Infantry*. **(Carte N°11.)**

Les pertes américaines sont dans l'ensemble modérées : 70 tués pour le 115e, 62 pour le 175e et un chiffre indéterminé pour le 116e. Ce régiment a perdu 23 hommes jusqu'au **28 août**, il paiera par la suite un lourd tribut à La Trinité : 106 morts entre le **29 août** et le **3 septembre**.

374 Allemands ont été capturés, parmi lesquels la centaine de marins de la station de Kervélédan qui a été réduite par la *Task Force Sugar*, ainsi que 55 fantassins du 1er bataillon du 25e régiment de forteresse affectés initialement à la défense de la Forteresse et que Ramcke a fait monter en première ligne, le cas n'est pas unique. 67 parachutistes se sont également rendus.

L'euphorie ne règne pas chez les Allemands, ils n'ont cependant pas cédé contrairement aux prévisions des généraux Bradley et Patton.

L'artillerie de l'Armée de Terre, de la Marine et de l'Armée de l'Air confondue, qui comptait 871 canons de tous calibres jusqu'au 75 inclus, ne dispose plus que de 130 pièces en état de tirer. Le stock de munitions s'amenuise, il en reste pour 12 jours de combat environ. Commencent à manquer en particulier les balles de mitrailleuses ainsi que les obus de mortiers (23).

(23) *War Diary of the Naval Staff, op. cit.,* 30 Aug. 1944.

La base sous-marine et la façade sud de l'Ecole Navale le 31 août 1944. A gauche, le parc à mazout de Hildy *(Ölberg).* On remarquera les impressionnants cratères laissés par les bombes Tallboy, en particulier celui situé au niveau de l'alvéole n° 2 de la base sous-marine.

(SEAC.)

Page de gauche : Le quartier de Recouvrance, toujours le 31 août. La batterie de Queleversac paraît intacte.

Ci-dessus : De l'autre côté de la Penfeld, la jetée Est du Port de Commerce est en ruines. En revanche, les abattoirs et l'usine à gaz (à gauche) semblent ne pas avoir été touchés. Dans un bassin se trouve un *Sperrbrecher* sabordé. En haut, la gare de Brest.

(SEAC.)

Les bassins de Laninon, le port militaire, photographiés le 31 août. Les impacts sont surtout concentrés autour de l'endroit où se trouvent les deux *Sperrbrecher* (cargos forceurs de barrage) qui n'ont pas encore été sabordés. A gauche, la Grève aux chiens et l'abattoir allemand. Ces clichés ont été pris par un appareil du *542nd Squadron*. (SEAC.)

La *Flak*, sur laquelle repose le système de défense, a durement souffert : trois batteries ont été détruites ou évacuées sur le front de Brest, à savoir Roc'h Glas, Le Forestic et Keredern, celles de Plougastel ont subi le même sort. Le commandement considère que les batteries ont été en général mal positionnées sur les hauteurs et qu'elles manquent cruellement de constructions en béton. De plus, les Américains les ont parfaitement localisées. Les bombardiers et l'artillerie les détruisent lentement mais méthodiquement, aidés en cela par les Piper Cubs de l'observation aérienne. Les attaques des *Jabos* sont en revanche moins efficaces.

Le bilan est lourd pour la *Flak* : 619 tués, 1 965 blessés, 2 799 disparus, 63 pièces d'artillerie sur 183 ont été détruites. (24) La Marine, peu motivée semble-til, a par conséquent payé un lourd tribut aux combats de la première semaine du siège. Ramcke le reconnaîtra du reste le **2 septembre** lorsqu'il « exprimera sa reconnaissance (à l'amiral Kähler) pour les résultats obtenus au combat par les unités de la Marine dont il salue la conduite courageuse ». Un Allemand même démotivé reste combatif !

Les transmissions fonctionnent malgré les pertes énormes en personnel et en matériel, les moyens radio des automitrailleuses sont utilisés avec un certain succès dans ce type de combat.

A la date du **31 août**, moins de 37 000 hommes défendent Brest. Ils disposent encore d'un stock de 33 jours de pain et de 48 jours pour les autres denrées. (25)

Ramcke est soucieux. Il demande à Kähler de lui communiquer le chiffre des effectifs, le nombre d'armes lourdes ainsi que celui des moyens de transmissions dont dispose la garnison d'Ouessant. Schirlitz lui fait répondre que, dans l'hypothèse où Brest tomberait prématurément, Ouessant serait prise en charge depuis La Rochelle où s'est replié l'amiral et son Etat-Major. On ne voit pas très bien comment, l'évacuation d'Ouessant sera du reste planifiée dès le lendemain **1er septembre**.

(24) *Ibid.*, 30 Aug. et 2 Sept. 1944.
(25) *Ibid.*, 1er Sept. 1944.

Saint Marc et le fort de Guelmeur (visible en haut à gauche) paraissent intacts au 31 août. Le « château » de Saint Marc se situe en haut à droite, juste au nord-ouest de l'église reconnaissable à sa forme en croix. En bas, la plage du Moulin Blanc au-dessous du nuage d'altitude. (SEAC.)

Stützpunkt Le Conquet

Sur les arrières de la 29ᵉ division, les batteries de Kéringar et des Rospects, représentent une menace on ne peut plus sérieuse pour les troupes américaines qui mettent le siège devant Brest. (26) **(Carte n°7.)** Pour l'éliminer, une *Task Force* est constituée le **24 août** par le *175th Infantry*, régiment qui a la responsabilité du flanc droit de la division.

Agissant initialement sous les ordres du lieutenant-colonel Arthur S. Sheppe, commandant en second du 175ᵉ, elle prend le nom de *Task Force Sugar*. Sa composition variera au fur et à mesure de l'évolution des combats. En feront partie :

– des Rangers et des fantassins : le *2nd Ranger* du lieutenant-colonel Rudder avec six compagnies d'une soixantaine d'hommes chacune, le *5th Ranger* du commandant Sullivan, une section et la compagnie d'obusiers du *175th Infantry*, le *3rd Bat/116th Infantry* du commandant Puntenney, renforcés par plusieurs compagnies de FFI. Ils seront soutenus par un certain nombre d'unités de toutes armes :

(26) Documents utilisés pour la rédaction de ce paragraphe :

– *After Action Report (AAR) for Task Force Sugar (TFS) on the reduction of Le Conquet Peninsula 25 August-11 September*, National Archives, p. 1-3.

– *After Action Report, 29th Infantry Division, op. cit.*, p. 9-11.

– *2nd Ranger Battalion, the Brest Campaign 18 Aug-28 Sept.*, National Archives, p.1-7.

– Faucher (L.), *op. cit.*, p. 939-940 et 948-951.

– Le Moal (abbé). *Une Paroisse Mutilée Plougonvelin*, Quimper, le 15 avril 1946.

– *Kriegstagebuch Admiralatlantikküste, op. cit.*

– Fürst (M.). *op. cit.*, 25-31 août, 3 pages.

– Cartes US utilisées : Références NNG 735017, déclassifiées le 6-05-89- et Task Force Sugar, Map 14.

– Cartes allemandes utilisées : Stützpunkt Le Conquet, Lage am 13-VIII, am 26-VIII ; am 1 u. 3-IX, am 5 u.6-IX, am 8 u. IX.

– Bohn (R.), Le Berre (A.), Le Bars (M.), *op. cit.*, p. 225-252. La participation FFI a été longuement traitée dans cet ouvrage. Lorsque des discordances existent entre les diverses sources, les sources américaines ont été préférées du fait de leur plus grande précision : les coordonnées, les noms des lieux-dits, les dates et les heures figurent en effet dans les textes, en particulier dans les AAR qui étaient rédigés pratiquement au jour le jour.

– des sapeurs du 121ᵉ régiment du génie (capitaine Leland D. Moring), chargés du déminage et des démolitions,

– des cavaliers qui reconnaîtront les défenses allemandes : les escadrons A, E et F du *86th Cavalry* qui occuperont le flanc gauche du dispositif, le 29ᵉ escadron de reconnaissance (capitaine Edward G. Jones) qui patrouillera au nord-ouest puis au centre de la ligne d'attaque effectuant la jonction entre les *Forces Arnold* et *Slater* dont nous parlerons *infra*,

– des chimistes de la compagnie A du 86ᵉ régiment chimique (capitaine Pitt), des experts de l'utilisation du phosphore,

– des artilleurs : le 224ᵉ régiment d'artillerie (lieutenant-colonel Clinton E. Thurston), la batterie C du 480ᵉ régiment d'artillerie anti-aérienne (capitaine Wickland),

– des cavaliers utilisés comme artilleurs : l'escadron A du 709ᵉ régiment de chars (capitaine Percy), l'escadron A du 644ᵉ régiment de tank destroyers (capitaine Henry A. Garton).

– un détachement britannique du *2798th RAF Regiment*. (27)

Les commandants successifs de la *Task Force* seront : le lieutenant-colonel Arthur Sheppe du 25 au 28 août, le colonel Edward H. Mc Daniel du 28 août au 7 septembre et enfin le colonel Leroy H. Watson du 7 au 11 septembre. Le capitaine Robert Adam sera l'officier de liaison français auprès de l'Etat-Major de la *Task Force*.

Les Allemands, fantassins, marins, artilleurs et troupes de forteresse sont environ 4 000, sous les ordres du lieutenant-colonel Fürst dont la mission est de « *tenir la poche aussi longtemps que tiendra Brest* ». Il semble que des parachutistes aient opéré au Conquet.

Les principaux avant-postes allemands sont situés depuis la Pointe de Corsen au nord jusqu'à Pen-ar-Prat au sud de Loc-Maria Plouzané, en passant par Croaz-ar-Go au sud-ouest de Saint Renan et par le bourg de Loc-Maria. La ligne principale de défense, qui englobe Le Cosquer (Le Trez Hir), Goasmeur, Kergounan, le carrefour 59 de Coat ar Piquet, Trébabu et la plage des Blancs Sablons, délimite le point d'appui du Conquet proprement dit. Le port du Conquet assurera le ravitaillement de la « poche ».

Sa réduction sera avant tout l'affaire des Rangers de Rudder et des FFI de Faucher. On ne dira jamais assez la part importante qu'ont prise ces derniers dans ces combats. Ils sont sous les ordres du lieutenant-colonel Faucher, alias *Louis*, chef FFI de l'arrondissement de Brest. Dès le **24 août**, 18 compagnies sont mobilisées, réparties en 10 compagnies de combat et 8 compagnies de réserve, le tout représentant plusieurs centaines d'hommes. Mal armés au début, certains d'entre eux combattant en « boutou koad », (28) disposant d'un ravitaillement fatalement insuffisant, ils feront preuve d'un cran admirable malgré leur relative inexpérience au combat. Agissant de concert avec les Rangers, le lieutenant Le Bars, originaire du Conquet, sera officier de liaison auprès du lieutenant-colonel Rudder. L'équipe *Jedburgh* Team Horace, qui a procédé à l'encadrement et à l'armement des FFI de la région, est également présente auprès de Rudder. Ce sont le commandant John W. Summers (Américain), le lieutenant Georges Levalois (Français) et le sergent William Zielske également Américain et parlant allemand. Le PC FFI s'installera rapidement auprès de celui de la *Task Force* à Kervadéza.

Cent vingt fusiliers-marins, sous les ordres de l'officier des Equipages Le Borgne, alias *Alligator*, viendront compléter les effectifs français. Leur PC sera installé chez Quellec à Ty-Bras. (29)

Les Américains ont initialement prévu d'utiliser nos compatriotes pour protéger leurs arrières et leurs flancs. Leur excellente tenue au combat étonnera, ils seront dès lors utilisés comme fantassins à part entière. Plusieurs d'entre eux y laisseront la vie. (30)

La *Task Force* est divisée en trois groupements :

– les compagnies B, D, E et F du *2nd Ranger*, sous les ordres du capitaine Harold K. Slater et dénommée de ce fait la *Force Slater*, seront engagées au sud avec la mission de couper d'abord la route Brest-le Conquet à Pen-ar-Prat puis de neutraliser les nids de résistance de Goasmeur (colline 63), de Berbougis et de la colline 54 à l'ouest de Berbouguis, du Lannou avant d'atteindre Kéringar et Les Rospects,

– les compagnies A et C du *2nd Ranger*, sous les ordres du capitaine Edgar L. Arnold, constitueront la *Force Arnold* et attaqueront au nord avec pour premiers objectifs la Pointe de Corsen, Illien et Kergounan,

– les éléments du *175th Infantry*, avec sa compagnie d'obusiers, attaqueront essentiellement au Centre, puis seront rappelés sur le front de Brest.

Les fantassins du *116th Infantry* et les Rangers du 5ᵉ bataillon interviendront ultérieurement. La contribution FFI et celle des Russes de la compagnie du capitaine Vladimir Rasoumovitsch seront importantes ainsi que nous l'avons évoqué *supra*, ils ont du reste réduit le point d'appui de Trézien au Nord dès le **24 août** au soir. (31)

Les opérations se dérouleront en trois phases : du **25 au 31 août**, du **1ᵉʳ au 5 septembre** et du **6 au 10 septembre**. Les principaux combats seront successivement évoqués dans les parties nord-centre et sud.

La première consistera à nettoyer le glacis situé devant la « poche ».

La *Task Force Sugar*, depuis sa zone de rassemblement située au nord de la route Saint Renan-Le Conquet au voisinage de la colline 94, marche au sud et à l'ouest le 25 août, harcelée par l'artillerie allemande. Keringar se trouve elle-même sous les tirs du *Warspite*. Il s'agit d'un cuirassé britannique de la *Naval Task Force* naviguant au nord-ouest de la Pointe de Corsen, à 26 kilomètres environ de la batterie. Les canons de 280 mm le contraindront bien vite à rompre le combat.

La *Force Slater*, soutenue par des éléments du *86th Cavalry*, prend la colline 145 au nord de Lamber que l'on utilisera pour la conduite de l'artillerie. Les FFI ont la mission de mener des patrouilles de reconnaissance.

Keryaouen et Kervadéza, situés sur l'axe Saint Renan-le Conquet, sont pris le **26 août** à la tombée de la nuit. Kervadéza, ex-QG allemand, deviendra le QG de la *Task Force* et celui des FFI. Les hostilités vont réellement commencer.

---

(27) Des recherches, effectuées en Grande-Bretagne, n'ont pas apporté d'éclaircissement quant à la mission de ce détachement dans le secteur.

(28) Sabots de bois.

(29) Le Moal (abbé), *op. cit.*, p. 14.

(30) La contribution des FFI a été malheureusement minimisée après la Libération. Tous ces jeunes et moins jeunes avaient cependant fait le choix de « servir ». Une balle bien ajustée ou un éclat d'obus pouvait mettre fin à leurs jours. Quant aux agents des réseaux de la Résistance, le prix à payer en cas de capture était un aller simple pour l'Allemagne. Il est bon que les jeunes générations le sachent.

(31) Ces Russes, au nombre de 164, faisaient partie de l'*Ost-Bataillon 633* dont le PC était à Kerlodi.

Des soldats russes du 633e bataillon de l'Est cantonné à Ploudalmézeau ont rallié les rangs de la Résistance du Nord-Finistère. On les voit ici en discussion avec des GIs de la *29th Infantry Division*. Certains ont une allure particulièrement pittoresque. L'insigne divisionnaire visible sur l'épaule de l'un des soldats américains a été effacé par la censure. (US Army.)

Le HMS *Warspite* attaque la terre

Le 25 août débute l'assaut de Brest. La *Royal Navy* ne demeure pas en reste et dépêche dans les eaux bretonnes, à la sortie nord du chenal du Four, l'un de ses fleurons, le cuirassé HMS *Warspite*, accompagné d'une escorte de destroyers, les HMS *Fame, Inconstant, Duncan, Hotspur* et HMCS *Assiniboire (Force 112)*.

The « Old lady », c'est ainsi que l'on a surnommé le vénérable bâtiment lancé en 1913, a reçu pour mission d'écraser de ses bordées de 381 cinq objectifs situés entre Brest et Le Conquet : les forts de Kéranroux et de Montbarey, les batteries des Rospects *(Holtzendorf)*, de Toulbroch, du Minou et de Lochrist *(Graf Spee)*. La réputation du cuirassé n'est plus à faire. Vétéran de la bataille navale du Jutland en 1916, il s'est également distingué depuis le début du conflit en Méditerranée et tout récemment lors du *D-Day* en Normandie. Il est considéré comme un *« lucky ship »*, un navire chanceux.

Si l'escadre britannique n'a rien à redouter des forts et des batteries échelonnées le long du Goulet dont les pièces sous béton sont pointées vers le sud-ouest (on peut d'ailleurs se demander pour quelles raisons elles ont été retenues comme objectifs, sauf à pouvoir y loger un projectile par l'arrière), elle doit en revanche se garder des projectiles de 280 tirés par les trois pièces en encuvements de Lochrist, capables de battre sur 360° des objectifs éloignés de 28 km. Le tir de *Graf Spee* est réglé à partir des éléments transmis par le poste directeur de Kéringar, l'importante masse de béton dissimulée par des remblais (surnommée la « termitière » ou la « champignonnière » par les Allemands). Le lieutenant-colonel Martin Fürst, commandant la poche du Conquet, y a établi son PC depuis le 11 août.

Conscient de la menace représentée par Lochrist, le capitaine de vaisseau MHA *Kelsey* fait évoluer son escadre à 26 km de *Graf Spee,* la dissimulant des vues de Kéringar. Les instructions qu'il a reçues sont les suivantes : pilonner chacun des cinq objectifs pendant une demi-heure au moyen d'une cinquantaine d'obus.

L'action du *HMS Warspite* débute à 15 h 05, troublant la quiétude d'une belle journée d'été et celle d'un paisible pêcheur qui s'empresse de quitter les lieux en hissant les voiles. Le tir du cuirassé est réglé par des observateurs américains à terre et par un avion chargé d'observer les impacts.

Les premières salves sont tirées sur *Graf Spee,* un bon nombre tombe dans le périmètre de la batterie. Rien ne semble bouger et l'observateur aérien annonce un peu vite que trois pièces sur quatre ont été détruites. Le tir reprend alors en direction cette fois de la batterie voisine des Rospects, puis vers celles de Toulbroch et du Minou, sous carapace de béton également. Les bordées de 381 partent ensuite à l'adresse des vieux forts de Kéranroux et de Montbarey, les objectifs de la *29th Infantry*.

Il est environ 17 h 45, la mission du cuirassé est sur le point de s'achever, quand d'immenses gerbes d'eau s'élèvent autour de l'escadre anglaise. D'autres salves se rapprochent du *HMS Warspite*, des éclats métalliques frappent maintenant les superstructures du cuirassé. Le capitaine de vaisseau Kelsey donne alors l'ordre de pousser les feux. Il est temps car de nouveaux éclats d'obus atteignent le navire. Encore quelques minutes et les navires anglo-canadiens sont hors de portée des projectiles de la batterie de Lochrist qui s'est réveillée bien tardivement.

Le lieutenant-colonel Fürst nous donne la raison du long silence de *Graf Spee* (1). Elle est simple, le cuirassé *HMS Warspite* n'a pu être aperçu du poste de direction de tir de Kéringar. Il se trouve à 26 km dans le nord de ce dernier dont il est masqué par la terre. C'est finalement au bout de deux longues heures que le poste directeur auxiliaire installé à la pointe de Corsen parvient à repérer le cuirassé. Ce dernier, au cours de ses évolutions, s'est probablement démasqué sans le savoir en navigant trop à l'ouest et est entré dans le champ de vision des télémètres de Corsen. À partir de ce moment-là, il transmet des éléments à Kéringar qui prend en charge les 280 de Lochrist avec le succès que l'on connaît. Contrairement à ce qu'a cru entrevoir l'observateur aérien de la RAF, les trois pièces en encuvements sont intactes et vont répliquer avec une grande précision. Seule la volée de l'une d'elles avait été légèrement endommagée.

Au total 213 coups de 381 ont été tirés entre 15 h 05 et 17 h 45 contre la terre : 57 sur la batterie de Lochrist dont le périmètre a été atteint à la 5e salve, 47 sur les Rospects atteinte à la 3e salve, 51 sur Kéranroux, atteint à la 4e salve et enfin 26 seulement sur le fort de Montbarey atteint après la 4e salve (et probablement peu endommagé).

Quel est le vainqueur de ce duel de géants ? La *Royal Navy* prétend qu'elle a cessé le feu à 17 h 45 sur instruction de l'officier de tir américain à terre, la durée de tir impartie au cuirassé, deux heures et demie, étant dépassée. Le lieutenant-colonel Fürst affirme que la batterie *Graf Spee* a repoussé une escadre anglaise (sur le point d'achever le bombardement comme on le sait). Fürst est d'ailleurs promu au grade supérieur et la garnison du Conquet citée dans un communiqué radio de l'OKW.

La vérité penche plutôt probablement du côté allemand. En tout cas, on s'explique mal pourquoi le commandement américain aurait fait cesser le feu sur le redoutable fort de Montbarey dont la conquête ultérieure sera très coûteuse alors que son voisin de Kéranroux venait d'être écrasé par les projectiles dévastateurs du *Warspite* (à qui il restait encore environ 30 coups à tirer sur le fort). Par ailleurs, le cuirassé a incontestablement dû s'éloigner dès les premières salves de *Graf Spee* ; il ne pouvait en être autrement car quelle que fût l'épaisseur de son blindage, un navire de guerre demeure vulnérable sur mer. L'amiral Nelson n'avait-il pas qualifié de « fol marin » le commandant d'un vaisseau qui s'aviserait d'engager une batterie lourde à terre ? Une pareille mésaventure était d'ailleurs survenue fin juin à l'escadre américaine qui avait engagé un duel prolongé avec les batteries lourdes du front de mer de la forteresse de Cherbourg. Les bâtiments de guerre avaient dû rompre le combat après avoir encaissé de nombreux projectiles…

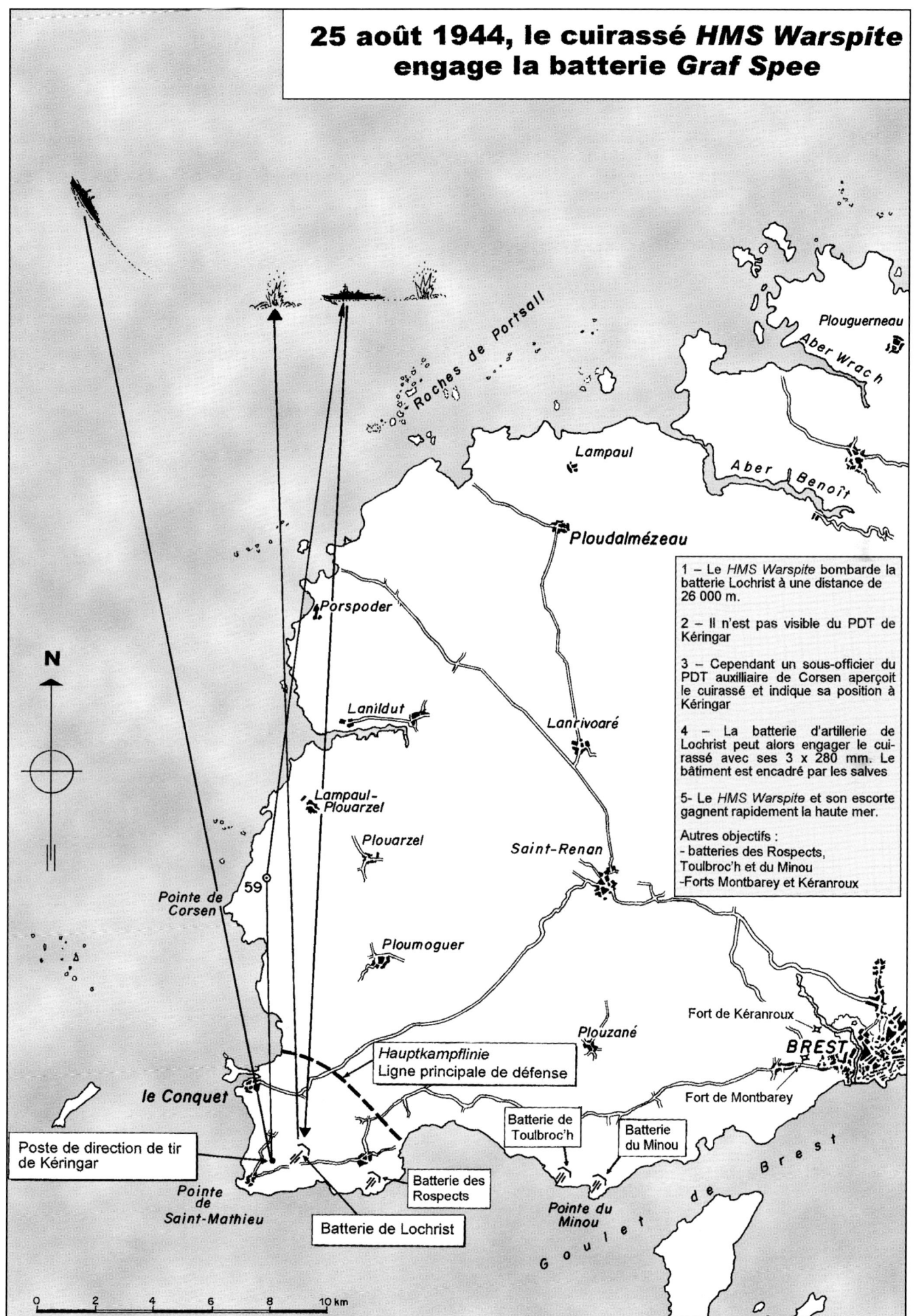

25 août 1944, le cuirassé *HMS Warspite* engage la batterie *Graf Spee*

Plouguerneau

Aber Wrac'h

Roches de Portsall

Lampaul

Aber Benoît

Ploudalmézeau

Porspoder

1 – Le *HMS Warspite* bombarde la batterie Lochrist à une distance de 26 000 m.

2 – Il n'est pas visible du PDT de Kéringar

3 – Cependant un sous-officier du PDT auxilliaire de Corsen aperçoit le cuirassé et indique sa position à Kéringar

4 – La batterie d'artillerie de Lochrist peut alors engager le cuirassé avec ses 3 x 280 mm. Le bâtiment est encadré par les salves

5- Le *HMS Warspite* et son escorte gagnent rapidement la haute mer.

Autres objectifs :
- batteries des Rospects, Toulbroc'h et du Minou
-Forts Montbarey et Kéranroux

Lanildut

Lanrivoaré

N

Lampaul-Plouarzel

Plouarzel

Saint-Renan

Pointe de Corsen

59°

Ploumoguer

Fort de Kéranroux

Plouzané

BREST

Hauptkampflinie
Ligne principale de défense

Fort de Montbarey

le Conquet

Batterie de Toulbroc'h

Batterie du Minou

Goulet de Brest

Poste de direction de tir de Kéringar

Batterie des Rospects

Pointe de Saint-Mathieu

Pointe du Minou

Batterie de Lochrist

0 2 4 6 8 10 km

Photo de fond page ci-contre : Le *HMS Warspite* en route vers Brest précédé de son escorte. (DR.)

La première phase au nord et au centre

Le **27 août** à 7 heures, les compagnies A et C du *2nd Ranger* quittent Le Folgoët pour rejoindre la *Force Slater* à Keryaouen ; la compagnie A, comprenant 60 hommes, est sous les ordres du lieutenant Arman, la compagnie C, forte de 62 hommes, sous les ordres du capitaine Gorenson. (32) Les deux compagnies constituent la *Force Arnold*, elles seront soutenues par un certain nombre de compagnies FFI. Elles marchent sur Kervélédan. (33)

Kervélédan est réduite

La station de radiogoniométrie de Kervélédan, nom de code *Donau*, est située sur une hauteur de 133 mètres au nord-est de Ploumoguer. C'est avant tout, pour les combats à venir, un excellent poste d'observation dont entend bénéficier, le plus longtemps possible, Fürst depuis son poste de commandement de Kerveur. Il est par conséquent bien décidé à la défendre coûte que coûte. La défense est circulaire, constituée de canons, mortiers, mitrailleuses et champs de mines. La garnison compte 200 hommes, des marins pour la plupart.

Le **26 août**, vers midi, des éléments du *175th Infantry* ont pris une colline à l'est de Kervélédan ainsi que le nid de résistance situé à la cote 77 entre Kervinouer et La Villeneuve, les approches de *Donau* sont désormais dégagées. Le **27 août**, Mingant et son groupe de combat de Saint-Renan viennent reconnaître la station. Un croquis détaillé est esquissé et remis aux Rangers de la *Force Arnold* chargés de mener l'attaque. L'encerclement est achevé dans la soirée. Participeront à l'opération les compagnies Michel-Grégoire de Brest, Granec de Ploudalmézeau et Coadelon de Saint-Renan.

L'assaut est donné le lendemain à 8 heures après un matraquage de l'objectif par les chasseurs-bombardiers et par deux chars du 644e régiment de tank destroyers qui ont suivi les Rangers. Les FFI de Saint-Renan sont désignés pour mener l'attaque avec une compagnie de Rangers. Les Allemands, qui comptent de nombreux blessés dans leurs rangs, commencent à détruire leurs archives. A 12 heures, trois parlementaires américains s'avancent, demandant aux défenseurs de se rendre. Refus de ces derniers qui se ravisent peu après. Bilan : 105 prisonniers, 27 tués ; une centaine d'hommes ont réussi à rallier Le Conquet la nuit précédente. Fürst, à Kerveur, accuse le coup, les Américains ont désormais une vue directe sur la zone des combats.

Puis la Pointe de Corsen

Forts de leur succès à Kervélédan, les Rangers marchent en direction de la Pointe de Corsen le **28** dans l'après-midi. Ce nid de résistance est encerclé depuis le **26 août** par les FFI et les Russes de Rasoumovitsch. Summers et Le Bars ont fait un état des lieux : les défenseurs disposent de canons de 47 et de 75, de mitrailleuses lourdes et de mortiers. On commence à le traiter précisément au mortier, mais les canons de Kéringar interdisent la poursuite du bombardement, seul un combat d'infanterie réglera le problème. On attend Rudder et la *Force Arnold* qui sont à pied d'œuvre en fin d'après-midi le **28**. Rudder installe son PC au sud de Trézien et lance immédiatement l'attaque. Les Allemands, des hommes âgés pour la plupart, dont certains sont garde-côtes dans le civil, montrent très rapidement des velléités de reddition vers 23 h 30. Alors les artilleurs, positionnés au sud à la

Maison Blanche dans la presqu'île de Kermorvan, tirent délibérément sur la position, contraignant les défenseurs à regagner leurs postes de combat ! Les assaillants s'enterrent pour la nuit.

Le lendemain **29 août** à l'aube, les deux tank destroyers démarrent, les Américains et les FFI suivent de près, la tempête fait rage, la visibilité est quasi nulle, défavorisant les défenseurs qui sont rapidement débordés. Rudder et Le Bars obtiennent assez facilement la reddition du commandant allemand. Il est 8 h 43. Bilan : 59 prisonniers, 22 tués, certains Allemands se faisant piéger par leurs propres « booby traps ». Deux Rangers sont blessés.

Sur la foi d'un rapport des FFI faisant état d'une contre-attaque depuis Le Conquet afin de soutenir Corsen, le capitaine Arnold se rend sur place avec une section de la compagnie A et deux tank destroyers. Les Allemands se débandent à la vue des chars.

Arnold marche alors au sud, le long de la côte, et fait sa jonction dans la soirée avec le reste de la *Force* commandée par Rudder, à Kerlogué, au sud-ouest de Ploumoguer. Les compagnies sont alors harcelées par les tirs d'un canon de 20, provenant du sud. Elles s'enterrent pour la nuit.

Illien résiste

Le canon est repéré. Les tirs proviennent d'Illien, un ancien fort situé au nord de la plage des Blancs Sablons. La garnison est forte de 50 hommes environ, bien retranchés dans leurs bunkers. L'armement est constitué de quatre canons sous casemate, possédant des champs de tir ouverts au nord-est, sud et ouest. Au bas de la falaise, un canon de 20 mm et des mortiers soutiennent cet avant-poste.

L'artillerie de la Maison Blanche au sud en interdit toute approche. Les Rangers s'infiltrent pour attaquer, le **30 août**, à partir de Kergollo-Kervillou, hameaux situés au sud-est de la position allemande.

Les **30-31 août** ainsi que le **1er septembre**, la *Force Arnold*, les FFI ainsi que les Russes, malgré le soutien des canons de 105 et de deux chasseurs-bombardiers, seront tenus en échec par l'artillerie ennemie, une fois de plus redoutablement efficace. On réglera le sort d'Illien plus tard.

Le carrefour 59 (Coat ar Piquet)

La route qui mène de Saint-Renan au Conquet est, pour des raisons évidentes, jalousement défendue par les Allemands. Un nid de résistance est particulièrement coriace, il s'agit du carrefour de Coat ar Piquet situé à environ deux kilomètres au nord-est de Trébabu. Il est pris le **31 août** à 16 h 30 par une attaque menée par le 29e escadron de reconnaissance et les compagnies FFI de Lesneven et Ploudaniel au coude à coude. Ils sont soutenus par la batterie C du 480e régiment d'artillerie anti-aérienne. Les Allemands laissent une dizaine de morts sur le terrain et se replient. L'artillerie de Kergounan tirera toute la nuit sur le carrefour qui sera repris au matin dans une vigoureuse contre-attaque. Les FFI se replient à Kérescar, attendant des conditions plus favorables pour attaquer de nouveau.

La première phase au sud

La *Force Slater* a marché au sud, sans soutien d'artillerie et menant un combat de guérilla tout au long de son itinéraire. Les Allemands des avant-postes de Croaz-ar-Go (cote 96) et de Loc Maria ont été rapidement refoulés à l'ouest derrière leur ligne principale de défense. Les objectifs sont atteints dans la soirée du **27 août**, la route Brest-Le Conquet est coupée :

– la compagnie D du lieutenant Mac Bride est à Kervéguen au nord de la route,

– les compagnies E du capitaine Merrill et F du capitaine Masney sont à Pen-ar-Prat au sud de la route,

– la compagnie B du lieutenant Solomon bloque la route qui mène de Loc Maria à Kerfily à l'ouest.

Les Allemands ne se rendront compte de la manœuvre que quelques jours plus tard, le ravitaillement se fera alors par la mer. En attendant, la saisie des camions permet aux Rangers d'améliorer leur ordinaire : fromage, sardines et viande en conserves sont au menu.

Le dispositif est remanié le **29 août**. Les compagnies D et E attaquent en direction de Ty Baol puis Goasmeur, progressant à droite de la route du Conquet, tandis que les compagnies B et F, à gauche, enlèvent Trégana et la colline 77 au sud de le Diry. Le *86th Cavalry* pousse des reconnaissances sur le flanc gauche, les compagnies FFI de Plougonvelin et du Conquet suivent et occupent le terrain conquis.

Le « verrou de Goasmeur » saute

Le carrefour de Goasmeur, cote 63, commande les approches de Kéringar et des Rospects par le sud. Le secteur est défendu entre autres par 115 hommes du Ier bataillon du 25e régiment de forteresse qui devaient être initialement engagés, on l'a vu, dans la défense de la Forteresse. Leur ardeur au combat est particulièrement émoussée, la position a perdu deux canons le **27 août**. Fürst s'est rendu sur place pour constater les dégâts, il a de bonnes raisons d'être inquiet, Goasmeur est désormais vulnérable. Ty Baol est pris le **29 août**, les Allemands se replient à Goasmeur.

Les Rangers des compagnies D et E attaquent Goasmeur le **30 août** dans la matinée, suivis de leurs camarades des compagnies B et F et d'une cinquantaine de FFI de Plougonvelin emmenés par Quéré « *un as de la Légion qui fait l'admiration des Américains* ». Rudder commande personnellement l'attaque. « *Il descend de sa Jeep, les balles sifflent, les rafales sont très denses. Tout à coup deux femmes arrivent en courant, effrayées par les tirs, elles nous apprennent que les Boches sont installés dans le deuxième débit du carrefour ; aussitôt les mortiers sont placés en position à 500 mètres derrière le débit. Après deux obus de réglage, tir d'efficacité. L'ennemi a dû se retirer car il ne répond plus et la progression reprend à travers champ.* » (34) Les défenseurs, dont font vraisemblablement partie des hommes au 25e bataillon de forteresse, se sont laissés déborder pratiquement sans combattre au grand dam du commandement allemand. Le carrefour est pris mais l'enfer se déchaîne immédiatement sur la position, les pièces d'artillerie de Kéringar labourent le sol, y créant d'énormes cratères. (35)

Toute progression est stoppée, les Allemands sont à Croaz-Hent et se sont ressaisis. Les Rangers resteront à Goasmeur jusqu'au **5 septembre**. Les fusiliers-marins d'*Alligator* viennent se positionner sur le flanc droit de la *Force Slater*, Rudder installe son PC à Ty Baul sur le bord de la route.

Bilan

La première phase des opérations est achevée le **31 août** au soir, la ligne principale de défense adverse est atteinte : les unités américaines et FFI sont échelonnées depuis Le Cosquer au sud jusqu'à Kergollo, en passant par Goasmeur, l'est de Kergounan et le nord du carrefour de Coat ar Piquet (cote 59). **(Carte N°12.)** La *Task Force* a été détachée, le **28 août**, du *175th Infantry* et passe sous le commandement du chef d'Etat-Major de la 29e division, le colonel Edward H. Mc Daniel.

Plus à l'est, les combats font rage devant Brest.

(32) Les compagnies de Rangers comptent chacune 60 hommes environ.

(33) *2nd Ranger Battalion, the Brest Campaign, op. cit.*, p. 3.

– *TFS, op. cit.*, p. 1.

– Lafferre (M.), *op. cit.*, p. 68.

(34) Louis Faucher, *op. cit.*, p. 951. Il y avait deux cafés à Goasmeur, tenus par les familles Chardonnet et Raguénès.

(35) Le carrefour de Goasmeur, dénommé *Hill 63* (coordonnées 795-982) dans les textes américains ainsi que sur les plans de Fürst, aurait été pris dès le 31 août dans AAR for TFS, *op. cit.*, p. 2 et 3. C'est également l'avis de Jean Nicol, cultivateur à Ty Baol, situé à 1,5 km au nord-est de Goasmeur. L'abbé Le Moal avance la date du 1er septembre, dans *Une Paroisse Mutilée*, p.15, il est vrai qu'il était absent de Plougonvelin au moment des événements.

Approvisionnement en obus aux abords de Brest du Tank Destroyer nommé « Bataan », du nom de la péninsule des Philippines perdue par les Américains en 1942. L'équipage du sergent Triggs a accroché ses effets personnels à l'extérieur de l'engin en raison de l'exiguïté du compartiment de combat. Noter le camouflage du canon destiné à leurrer l'adversaire sur l'armement de l'engin. (US Army.)

La ligne de défense extérieure cède
1er au 7 septembre 1944

Des artilleurs américains se sont amusés à inscrire des messages humoristiques et à dessiner une caricature de Hitler sur leurs obus. Ce cliché pris le 2 septembre ne doit pas faire oublier que l'approvisionnement des troupes américaines est à cette date très difficile, particulièrement en ce qui concerne les munitions. (US Army.)

L'artillerie américaine se déchaîne sur la Forteresse dans la nuit du **31 août** au **1er septembre**. Le Conquet, Crozon, Toulbroc'h, Le Minou ainsi que Le Portzic sont également visés, le commandement allemand note que la batterie italienne de Toulbroc'h résiste bien, contre toute attente. Les Allemands ripostent avec acharnement, effectuant des tirs d'anéantissement sur Coz Castel à l'ouest et sur les troupes américaines qui attaquent entre Gouesnou et Guilers au nord.

Le deuxième assaut sur Brest est lancé. Il sera mollement mené au sol du fait d'un manque de munitions d'artillerie chez les Américains. Les 8 000 tonnes attribuées n'ont manifestement pas suffi, le réapprovisionnement n'interviendra que le **7 septembre** depuis un dépôt situé en Normandie. (1) Les ST débarqueront par la suite une partie de leur matériel à Morlaix. (2) Devant cet état de fait, Patton, désormais réaliste, a demandé à Bradley un soutien aérien massif.

L'engagement du *IX Bomber Command*

Il sera déterminant. C'est ainsi que tôt dans la matinée du **1er septembre**, venant du sud-est et volant par vagues de 5 à 10 avions, 115 appareils du *IX Bomber Command* sur les 187 « dispatchés » (mis en vol) lâchent leurs bombes sur les secteurs Nord, Est et Ouest de la Forteresse. Sept escadrons participent à l'attaque. Les escadrons 323, 397 et 416 bombardent des emplacements de canons à

Saint–Marc et à Recouvrance, la batterie de Kéredern et le fort du Guelmeur sont également visés. Sans grand succès d'ailleurs du fait du mauvais temps. L'escadron 322 s'acharne sur Kéranroux, l'escadron 386 sur les batteries du Portzic qui ne reçoivent pas moins de 70 tonnes de bombes. Les escadrons 344 et 391 obtiennent peu de résultats sur des emplacements de canons.

Guerre psychologique oblige, neuf Marauders de l'escadron 391 vont survoler dans la journée les villes de Brest, Saint-Nazaire et Lorient, lançant des tracts pour inciter les Allemands à se rendre.

Le *IX Bomber Command* récidivera les 3, 5 et 6 septembre pulvérisant les défenses allemandes. 1 036 appareils attaqueront sur les 1 322 dispatchés.

Sept escadrons seront engagés le **3 septembre**, 183 bombardiers attaqueront sur les 252 dispatchés, larguant 286 tonnes de bombes. Seront visés différents points d'appui dans Brest. Le fort Montbarey sera traité par 31 Marauders de l'escadron 391, 61 tonnes de bombes seront lâchées. L'importance du fort n'a pas échappé au commandement américain.

Le **5 septembre**, dix escadrons de bombardiers seront mis en vol, seul le 394 ne participera pas à l'attaque. Sur les 364 appareils dispatchés, 310 attaqueront avec de bons résultats dans l'ensemble.

(1) Blumenson (M.), *op. cit.*, p. 879.
(2) Ewing (J.H.), *op. cit.*, p. 129. *Landing Ship Tank* : bâtiment de débarquement de chars (et de matériel).

Divers points d'appui de Brest et de Recouvrance seront à nouveau traités. Les escadrons 344, 386 et 391 s'acharneront sur la batterie du Grand Gouin. Des Marauders de l'escadron 391 lâcheront à nouveau des tracts sur Brest et Crozon. (3)

Le *IX Bomber Command* récidivera le lendemain 6 septembre. Huit escadrons participeront à l'attaque, 545 bombardiers sur les 706 dispatchés seront engagés, larguant plus de 600 tonnes de bombes sur différents points d'appui. La batterie du Grand Gouin sera à nouveau malmenée ainsi que le fort Montbarey. Les résultats seront jugés excellents, un bombardier sera cependant abattu. Ce jour-là, un nouveau type d'appareil sera expérimenté. Il s'agit du Douglas A26 Invader, un bombardier léger qui a la capacité d'emport d'un bombardier moyen, 18 appareils seront affectés à la 553e escadrille de l'escadron 386. Ils seront jugés opérationnels.

Les chasseurs-bombardiers à la curée

Les chasseurs-bombardiers vont également intensifier leur action : 24 sorties le 2 septembre, 313 le 3 septembre, 12 le 4 septembre en attendant les terribles journées du 5 au 8 septembre qui verront 1 786 appareils sillonner le ciel brestois.

Le **5 septembre** le XIX TAC (sept escadrons) fera appel à cinq escadrons du IX TAC : 544 sorties seront effectuées ce jour-là. L'engagement des chasseurs-bombardiers va alors s'intensifier. Le napalm va être utilisé contre les Allemands terrés dans leurs positions. Les escadrilles seront ramenées à douze unités. Entreront en scène les P38 Lightning du IX TAC. Nous suivrons les évolutions dans le ciel brestois de la 428e escadrille de l'escadron 474 depuis leur *Site A-43*, aérodrome non identifié situé à une heure de vol de Brest. (4)

Les deux *Tactical Air Commands* effectueront 463 sorties le **6 septembre** et 205 le lendemain. Puis le XIX TAC assurera seul l'appui aérien, le IX TAC fera mouvement vers la frontière allemande ainsi que le *IX Bomber Command* qui interviendra cependant une dernière fois le **14 septembre**.

De son côté, l'infanterie n'est pas restée inactive au cours de ces journées décisives dans le combat mené pour la libération de Brest. La 8e division progresse au nord vers Lambézellec. La 2e division à l'est doit vaincre à Bourg-Neuf ainsi qu'à Menez Toralan. A l'ouest, Coz Castel et la Trinité restent les objectifs de la 29e division, la réduction des forts échelonnés sur son flanc droit étant à la charge des Rangers du 5e bataillon. Plus à l'ouest, la présence des Allemands dans la « poche du Conquet » n'est plus qu'une question de jours.

Zone Nord : Lambézellec-Gouesnou Sud

Le *13th Infantry* est déployé au nord de Kerven-Marrégues-Keranchoazen, sa mission étant de soutenir désormais l'attaque du *121st Infantry* qui doit impérativement faire sauter le « bouchon » de Kergroas-Kergaélé. Des poches de résistance existent encore en effet dans ces deux villages. **(Carte N° 9.)**

(3) On relève des discordances entre le document X et les *Summaries of Opérations* concernant le nombre d'appareils engagés les 5 et 6 septembre. Ces derniers avancent les chiffres de 255 (96 A20 et 159 Marauders) et 277 (108 A20 et 169 Marauders).

(4) *Mission Report 428th Squadron/474th Fighter Group.*

Pour pallier l'insuffisance des approvisionnements, des LCT vont directement débarquer des munitions et du ravitaillement en Bretagne. Ici, des LCT à quai sont déchargés à Morlaix. (US Army.)

A gauche du régiment, le point d'appui de Bourg-Neuf/Fourneuf tient toujours, les hommes d'*Index Blue* (5) sont tenus en échec par les paras du *II./7* qui leur font face.

Le 121e attaque le **1er septembre** à 10 heures, après dix minutes de préparation d'artillerie, avec deux bataillons, le 1er à gauche et le 3e à droite : Kergaélé et Kergroas sont rapidement nettoyés. (6)

Deux obstacles se dressent plus loin au sud devant le régiment : Kergaradec (cote 97) sur la route de Gouesnou à Brest et la colline 80 (actuellement 84) à l'est de Keranchoazen qui domine à la fois le secteur droit du 121e et le secteur gauche du *13th Infantry*.

La colline 80 est à prendre absolument, Kergaradec est moins bien défendue.

Un ordre de Middleton tombe alors enjoignant au *13th Infantry* de s'étendre de 700 mètres environ vers l'ouest jusqu'à Tremélaouen au nord de Bohars afin d'y relever *Lagoon White* (7) qui se resserre en vue de l'assaut sur Kerognant. Soutenu par l'artillerie, le *2nd Bat/13th* effectuera le mouvement dans la nuit du **3** au **4 septembre**. Bohars se trouvera alors dans la zone divisionnaire de la 8e division. Les bombardiers légers américains vont bien malmener les défenseurs du bourg. Mais n'anticipons pas, la colline 80 à droite n'est pas encore prise.

L'attaque de la colline 80

Le *121st Infantry* attaque le **2 septembre** à 10 heures après dix minutes de préparation d'artillerie. Echec. Nouvelle attaque dans l'après-midi, le 121e lance la compagnie L, le 13e sa compagnie I et une section de sa compagnie E. A 21 heures, la partie ouest de la colline est enlevée par les hommes du 13e puis l'attaque est stoppée par l'artillerie allemande. Le 121e n'a gagné qu'un objectif limité sur le versant est.

L'attaque est reprogrammée pour le lendemain **3 septembre**, les munitions commencent cependant à manquer chez les artilleurs. Les P47 vont en

L'amiral Exelmans, dont le manoir de Kerampir a servi de PC au bataillon du *Major* Werner Ewald. Il demandera en vain l'évacuation de la population civile de Bohars. (Coll. Exelmans.)

revanche se montrer très actifs, bombardant principalement Lambézellec et Mesmerrien.

Elément nouveau, les Allemands se sont repliés, la nuit précédente, sur une seconde ligne de défense qui court de Kerizac à Mesmerrien, la colline 80 et Kergaradec ont été évacuées. Les parachutistes ont cédé, le *13th Infantry* gagne 400 mètres vers le sud, le 121e en fait autant.

Le **4 septembre** à 10 heures, nouvelle attaque des Américains, le 121e est au centre, *Index White* qui a remplacé *Index Blue*, le vainqueur de Bourg-Neuf/Fourneuf, est à gauche, le *3rd Bat/13th* se trouve à droite. L'assaut est irrésistible, les Allemands se replient sur la crête qui relie Pontanézen à Lambézellec. Les GIs sont à 11 h 30 à Cozribin, village situé entre Kergaradec et Mesmerrien.

Sur le flanc droit, la tâche du *13th Infantry* s'avère moins ardue. Il attaque à 12 heures avec ses 1er et 2e bataillons, gagne un peu de terrain, mais Bohars tient toujours. L'action a été combinée avec *Lagoon White* qui piétine devant Kerognant. L'amiral Exelmans et F. Jézéquel recteur de Bohars demandent alors à un officier (Werner Ewald ?), dont le PC est installé dans le manoir de Kérampir, de permettre aux habitants de quitter le bourg. Cela est refusé. Selon Ewald (s'il s'agit bien de lui), les Américains ne veulent pas entendre parler de suspension des combats. (8)

Un remaniement au sein de la 8e division : le *1st Bat/28th Infantry* vient relever le *2nd Bat/13th* au nord de Bohars-ar-Hoat, avec pour objectif le bourg de Bohars, le régiment devant ensuite glisser vers l'ouest en lieu et place de *Lagoon White* lorsque ce dernier aura pris Kerognant qui reste l'obstacle majeur dans le secteur.

La ligne de front de la 8e division passe alors par le nord de Bohars ar Hoat, Kerizac pour aboutir à Cozribin. La progression des fusiliers aura été particulièrement laborieuse dans la zone Nord. Il leur a fallu dix jours pour avancer de trois kilomètres devant les parachutistes de Hamer et de Becker.

Bohars est évacué

Le **6 septembre**, 24 P47 des 377e et 378e escadrilles/escadron 362 ainsi que 12 P38 de la 428e /escadron 474 harcèlent les Allemands qui reculent pas à pas devant les fantassins de Stroh. Le bourg de Lambézellec, la batterie de Kéredern et le fort du Bouguen sont bombardés. Bohars est alors évacué, les Américains sont dans le bourg vers 18 heures. (9) Kerognant est désormais menacé, la bonne défense des Allemands au nord de Brest a vécu, 371 *Jerries* se sont rendus depuis le début du mois, les Américains se positionnent alors sur la ligne Bohars-Cozribin.

La journée du **7 septembre** est consacrée aux préparatifs de l'attaque générale prévue pour le lendemain sur l'ensemble du front, l'artillerie ayant été réapprovisionnée.

(5) *Index Blue = 3rd Bat/9th Infantry*.

(6) Document utilisé pour la rédaction de ce paragraphe :

– *The 8th Infantry Division, Report After Action against Enemy France, Vol.3 1 Sep-30 Sept 1944*, National Archives, Réf 05.8-1944/3, p. 3-11.

(7) *Lagoon White = 2nd Bat/115th Infantry*.

(8) Jézéquel (F.), *Souvenirs des événements vécus à Bohars du lundi 7 août au jeudi 7 septembre 1944*, p. 11. Le manoir de Kérampir appartenait au vice-amiral Exelmans (CR), petit-fils du maréchal d'Empire. Il restera dans sa demeure jusqu'à la fin du siège et disparaîtra le jour de la Toussaint 1944.

(9) *Ibid.*, p.12.

Sur le front de Lambézellec, des parlementaires allemands à qui l'on a bandé les yeux sont conduits à bord d'une voiture couverte d'un drap blanc jusqu'au général Stroh, commandant de la 8ᵉ division. (DAVA.)

Bilan

La situation a évolué à gauche dans la zone d'*Ivanhoé* : *Impressive* (10) a en effet relevé *Index* très éprouvé par les combats de Bourg-Neuf/Fourneuf.

Les Allemands occupent la ligne de crête Pontanézen-Lambézellec, elle surplombe le ruisseau qui se jette dans la Penfeld à l'ouest, constituant ainsi un obstacle naturel difficile à franchir dans une attaque frontale. Les pertes seraient énormes, les Américains ne veulent pas y consentir. Le passage du ruisseau étant moins problématique dans le secteur du *121st Infantry*, le commandement décide de faire avancer ce régiment accolé à *Impressive Red* mis en place à l'est de Kergaradec. Les objectifs initiaux sont Mesmerrien et Pontanézen.

Ces points d'appui étant pris, on pourra marcher plein ouest et balayer la ligne de crête en progressant vers le bourg de Lambézellec. Le projet tactique américain a certainement été influencé par le renseignement verbal que leur a fait porter ce jour-là A. Kervern, maire de Lambézellec et chef de la Défense Passive : l'attaque américaine doit être lancée d'une part en direction de la route de Pontanézen au bourg (de Lambézellec), avec poussée vers Keranroy, d'autre part vers Penfeld, afin de prendre à revers les Allemands qui résistent sur la crête qui s'étend de Loscoat à Kerléguer.

Jean Roudaut, chauffeur de l'ambulance de la Défense Passive affectée à Lambézellec, accompagné de Louis Postel et du quartier-maître infirmier Ropars, franchissent les lignes allemandes à la chapelle du Calvaire et portent ce message au commandement américain. (11)

Le *13th Infantry* à droite devra prendre Kervao (cote 74) et Loscoat (cote 82) ainsi que la hauteur qui se trouve légèrement au sud de ces deux hameaux. Ainsi positionné, le régiment soutiendra efficacement l'avance du 121ᵉ vers Lambézellec.

(10) *Impressive Red = 1st Bat/38th Infantry.*

(11) Kervern (A.), *op. cit.*, p. 46.

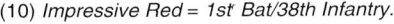

Puis ce bourg étant pris, les deux régiments accolés marcheront au sud en direction du fort du Bouguen inclus dans les Fortifications de Brest intramuros. **(Carte N° 13.)**

Zone Est :
Gouesnou Est-Guipavas-Kerhuon

Les combattants de la 2ᵉ division ont sérieusement entamé la ligne de défense allemande à l'est de la précédente. Bourg-Neuf/Fourneuf au nord, Menez Toralan au sud résistent cependant, causant de nombreuses pertes dans les rangs des assaillants. **(Carte N°9.)** Les combats du 1ᵉʳ au **4 septembre** seront décisifs avant l'attaque générale qui aura lieu le **8 septembre**. (12)

Ici comme ailleurs, les chasseurs-bombardiers appuieront vigoureusement la progression des fantassins, entravée par les tirs des pièces d'artillerie situées à l'entrée Est de Brest. Le Bot, Pencréac'h et le Dourjacq seront sévèrement bombardés et straffés par les P47 du commandant Liston (377ᵉ escadrille) et les P38 du capitaine Doyle (428ᵉ escadrille). Kermeur-Coataudon, le Pont-Neuf et la rue Anatole France subiront les assauts de la 378ᵉ escadrille. La 428ᵉ s'aventurera au-dessus de Saint-Marc, prenant pour cible le fort du Guelmeur dont on reparlera dans la suite de ce récit. Notons cependant que les cibles sont bien souvent difficiles à repérer du fait de la fumée intense qui se dégage sur l'ensemble du front.

Mines allemandes antipersonnels : au centre, une version originelle avec enveloppe métallique d'une *Schützenmine 42 (Schumine)*. Au fond, une *Schrapnelmine 35*.

(Coll. William Théffo.)

Kernan l'emporte à Bourg-Neuf/Fourneuf

Bourg-Neuf est encerclé depuis le **28 août** par les fusiliers du *3rd Bat/9th Infantry* du commandant Kernan. La compagnie K à droite est accolée à *Grapefruit Red*, suivie des Rangers de la compagnie E. (13) La compagnie I fait face au hameau, la compagnie L est au Cosquer à l'est.

Les compagnies I et L attaquent le **1ᵉʳ septembre**, à 10 h 20, sous le couvert d'un écran de fumée destiné à masquer leurs mouvements. (14) L'affrontement est particulièrement violent, la progression doit se faire en enjambant des talus fortifiés, en traversant des champs balayés par les balles, organisés de telle manière qu'une poignée d'Allemands est en mesure de s'opposer à une attaque massive des Américains. Les champs sont truffés de *Tellerminen* dotées d'allumeurs anti-personnels et de *Schuminen*. (15) Les mitrailleuses, les mortiers, l'artillerie de Mesmerrien font des ravages dans les rangs du 3ᵉ bataillon.

Les fusiliers avancent malgré tout et atteignent Bourg-Neuf à 14 h 30, mais les parachutistes les repoussent par une vigoureuse contre-attaque menée depuis l'ouest de Fourneuf, les sections de la compagnie I se replient de part et d'autre de Bourg-Neuf. (16) Cette section allemande résistera encore un jour aux Rangers et à la compagnie K chargés de la neutraliser.

L'intensité des combats a été telle que le bataillon doit arrêter son action à 16 heures. (17) *Grapefruit Red* à droite est également éprouvé, encerclé par les parachutistes, il sera dégagé par les Rangers à 18 heures.

Les autres bataillons du *9th Infantry* ont, en revanche, nettement progressé. A 16 heures, les positions sont les suivantes : le 2ᵉ bataillon de Higgins est entre Le Cosquer et le carrefour 91 situé à mi-chemin entre Kervao et Roscarven, le 1ᵉʳ bataillon à sa gauche est déployé jusqu'au nord-est du Scraign. Le *3rd Bat/23rd* sera dans la soirée entre Le Scraign et Mesgall avec ses compagnies K, L et I. Cette dernière est au contact des Rangers de la compagnie A qui se trouvent à Coatjestin, à la sortie Ouest de Guipavas. Elle sera mise au repos dans la nuit, laissant sa position à la compagnie L.

Le lendemain **2 septembre**, tout va aller très vite dans le secteur de Bourg-Neuf. Les hommes de Kernan attaquent à 10 heures. La section allemande, qui freinait leur avance, est contrainte de se replier. Les fusiliers sont à Fourneuf à midi, accolés à

---

(12) Documents utilisés pour la rédaction de ce chapitre :
– *G3 Journal 2nd Inf.-Div., September 44, Book 1 of 15 Books*, période 1ᵉʳ-7 septembre,
– *History of the Second Division*, op. cit., p. 61-63.

(13) *Grapefruit Red = 1st Bat/121st*.

(14) En plus des grenades fumigènes ordinaires, les Américains utilisèrent « *la grenade fumigène avec adaptateur T.2. Elle fut mise au point à la demande de l'infanterie pour permettre de créer des écrans de fumée dans la zone située entre la portée de la grenade à main et celle des canons d'artillerie. Le T.2 permettait de la lancer, au moyen d'un fusil, à une distance de 200 mètres. Ils mirent au point également un générateur de fumée portatif de type Besler, le M2. Cet appareil, pesant à vide 85 kilos et 120 kilos une fois ses réservoirs pleins, pouvait être manœuvré par deux hommes* », in Supper (H.L.), op. cit., pp.144-145.

(15) La *Schumine* était une mine antipersonnel à pression. Elle se présentait sous la forme d'une boîte en bois et contenait 200 grammes de TNT. Elle était dotée d'un allumeur en bakélite ZZ 42. L'absence de métal rendait cette mine difficilement détectable, source ESAG à Angers.

(16) Numéro d'ordre 7549, *G3 Journal*, op. cit.

(17) *Ibid.*, n° 7551.

Grapefruit qui a pris Kergroas la veille. (18) Les compagnies K et L continuent à avancer au sud de Fourneuf jusqu'à Mesléan. La compagnie I, sévèrement étrillée, est immédiatement mise au repos, le bataillon arrête les opérations à 17 h 10, laissant à droite la compagnie E des Rangers accolée à la compagnie B de Grapefruit. Le 1st Bat/38th Infantry de Mildren viendra le lendemain verrouiller le flanc droit de la division en lieu et place des Rangers.

Le bilan est terrible pour Kernan : 45 morts dont 35 pour la seule journée du **2 septembre**, 110 blessés. Les actes de bravoure ont été nombreux, on peut citer celui du sergent Archie F. Averitte, chef d'une section de la compagnie I qui, menant un assaut à la baïonnette, a tué trois parachutistes. Il recevra à titre posthume la Distinguished Service Cross. Le bataillon lui-même sera honoré d'une Presidential Citation, elle mérite d'être mentionnée : « Ce combat courageux et bien coordonné a été le fruit d'un commandement habile et d'une ardeur au combat sans faille. Un exceptionnel courage personnel et un non moins exceptionnel esprit de sacrifice ont été exigés de la troupe. Avec des pertes s'élevant à 45 tués et à 110 blessés, le 3e Bataillon a saisi les deux points d'appui principaux de la principale ligne de défense ennemie à Bourg-Neuf et à Fourneuf, neutralisant ainsi des positions très importantes qui formaient le pivot de toute la défense allemande dans le secteur, tant du point de vue de l'occupation du terrain que de la puissance de feu. Le prix payé, dans le cas d'une section, a été de près de 100 % de pertes. Les assauts répétés du 3e bataillon ont porté un coup très dur au moral de l'ennemi qui a été dans l'impossibilité d'offrir une résistance comparable jusqu'à son repli dans l'enceinte lourdement fortifiée de

Brest. » (19) Les Gouesnousiens ne se sont du reste pas trompés en élevant une stèle à leur mémoire sur les lieux du combat. La suite de la campagne de Brest sera nettement plus aisée pour ce bataillon, on le retrouvera le **11 septembre** au nord des Fortifications où il fera à nouveau la décision. Il comptera 13 morts entre le **6** et le **18 septembre**.

Les progrès ont été sensibles à gauche du 3e bataillon. À la fin de la journée, les fantassins du 9th Infantry et ceux de Tuttle occupent la route qui mène de Fourneuf à Lavallot, hameau situé de part et d'autre de la route de Paris à la hauteur de Menez Toralan, disposant ainsi d'une bonne ligne de départ pour attaquer dans les jours à venir. Il est cependant indispensable de réduire auparavant Menez Toralan.

Gerstner cède devant Hamelé et Barsanti à Menez Toralan

Hightower et son 1st Bat/23rd Infantry ont dû renoncer au sud-est de Menez Toralan. Les **30** et **31 août**, le régiment a perdu 33 hommes. Les compagnies A et C se sont repliées à Coatmeur, au sud de Guipavas. Seule la compagnie B, peu engagée jusque-là, reste en ligne. Elles ont été relevées dans la nuit par les compagnies I et L de Barsanti. Ces hommes étaient en réserve du 38th Infantry depuis le **23 août**, date à laquelle ils avaient brillamment pris Kerudu. La compagnie F (2nd Bat/23rd) est rattachée à ce bataillon et prend position sur le flanc gauche à la hauteur de Belle-

A l'abri d'un filet de camouflage, des artilleurs américains de la 2e division d'infanterie (9e régiment) font feu devant Bourg-Neuf. Au premier plan, une équipe prépare les obus. (DAVA.)

(18) Numéro d'ordre 7762, G3 Journal, op. cit.

(19) History of the Second Infantry Division, op. cit., p. 63.

Le viaduc du Relecq Kerhuon, à l'est de Brest, dont une arche a été détruite par les Allemands en août 1944. (NA.)

encerclée. La défense est cependant rude dans le secteur alors que plus au sud, à Kerhuon, les Allemands ont nettement faibli. Leur défense reposait sur la batterie de *Flak* de Kerjean. En feu du fait d'une explosion, elle a été évacuée dans la matinée. La situation était en effet devenue intenable pour les artilleurs de l'enseigne de vaisseau Otto Daniels, pris en tenaille entre les tirs provenant d'*Ivory X* à Plougastel et ceux de l'artillerie divisionnaire depuis le sud de Guipavas. Les marins ont cependant réussi à démonter un canon de 105 en vue des combats ultérieurs et déplorent un seul mort et sept blessés. Ils sont désormais utilisés comme fantassins, ils n'en ont pas nécessairement la compétence. (20) Ils vont devoir affronter les GIs du *1st Bat/38th Infantry* de Mildren qui ont été transférés depuis Plougastel ainsi que les cavaliers du 2e escadron de reconnaissance de Hefley qui sont des adversaires bien trop mobiles pour des marins inexpérimentés. Mais n'anticipons pas, Menez Toralan tient toujours, l'assaut est pour demain, il faudra la nettoyer mètre par mètre, à la grenade et à la baïonnette, en utilisant le phosphore des chimistes si nécessaire. Rude tâche en perspective !

L'assaut est donné le **2 septembre** à 11 heures, précédé par un intense bombardement des villages situés plus à l'ouest : Le Froutven, Kervivarc'h, Kerouhant, etc.

La progression américaine est inégale. La compagnie E de Hamelé fournit l'effort décisif, elle atteint rapidement le pied de la colline. Barsanti au sud est accroché et déplore 15 tués. Les sapeurs-parachutistes combattent avec acharnement dans le bruit des armes, les ordres et les contre ordres et les hurlements des blessés. L'ultime assaut survient à 16 heures. Les fantassins progressent mètre par mètre. La pente est rude, toutes les compagnies sont au contact des Allemands. A 16 h 15 l'affaire est entendue, la « sanglante colline de Menez Toralan » est enfin prise. (21) Trente Allemands résistent encore dans le chemin qui mène à Lavallot, les chimistes les enflamment au phosphore. La compagnie E, encore elle, charge à la baïonnette, les « Jerries » épuisés se rendent.

Les fusiliers de Hamelé, de Barsanti et de Mildren atteignent, dans la soirée, la route qui mène depuis Lavallot à Kerscao au Relecq Kerhuon. L'axe Fourneuf-Lavallot-Kerscao est désormais entre les mains des Américains. La première semaine de combat a coûté 405 tués à la 2e division, soit la moitié d'un bataillon. Le siège de Brest ne sera décidément pas « une promenade de santé ».

Ramcke, qui a subi des pertes sévères, décide alors de resserrer sa défense. Le Relecq Kerhuon, Kervivarc'h sont évacués, la ligne allemande rejoignant ensuite la crête qui s'étend de Mesmerrien à Lambézellec. (22) Ce sera désormais pour les défenseurs un repli lent et bien maîtrisé jusqu'aux Fortifications de Brest. Il durera quinze jours. A noter que le commandant Fritz Becker ainsi que son adjoint, le capitaine Kamitschek, ont été capturés. Le capitaine Max Herzbach prend le commandement du II./7.

Tous les bataillons américains avancent sans opposition dans la matinée du **3 septembre**. Les bombardiers attaquent sans interruption les positions allemandes. Il arrive que des bombes tombent dans les lignes américaines. C'est le cas à Kerida, Kerangoff, Moulin du Cam, Kervitous, Ker-

vue, au nord du viaduc de Kerhuon dont une arche a été détruite. On s'occupera ultérieurement du Relecq Kerhuon. Barsanti prend en charge le secteur Runavel-Bellevue. Il a devant lui la 3e et la 4e compagnies de Gerstner. Le lieutenant Roerig, qui commandait la 3e companie, a été tué le 29 août, il a été remplacé par le sous-lieutenant Carstens.

Plus au nord, le *2nd Bat/23rd* de Hamelé a peu progressé en huit jours de combat, la compagnie E est au Moulin du Cam, quelques éléments se sont cependant infiltrés près du versant Nord de Menez Toralan. Les compagnies G et B sont déployées jusqu'à Runavel évacué par les Allemands. Les Rangers des compagnies A et C verrouillent la route de Paris. Ils ont reçu l'ordre de pousser une reconnaissance le long de la route en deçà de Lavallot et ont constitué pour ce faire des groupes de combat.

L'objectif immédiat reste toujours Menez Toralan, ardemment défendue par Gerstner et ses sapeurs mêlés aux marins de la batterie.

Barsanti attaque à 11 h 30 le **1er septembre** et rencontre peu d'opposition. A 18 heures, les positions sont les suivantes : les Rangers sont dans les bois du Questel, les compagnies E, G et B sont à une centaine de mètres de la colline, Barsanti est à 200 mètres au sud-est. Menez Toralan est désormais

(20) *Kriegstagebuch Admiralatlantikküste, op. cit.,* 1.9.44.

(21) Numéro d'ordre 7787, *G3 Journal, op. cit.*

(22) *Kriegstagebuch Admiralatlantikküste, op. cit.,* 4.9.44.

huon. Le commandement a cependant ordonné depuis plusieurs jours à la première ligne américaine de disposer des panneaux fluorescents couleur « cerise » bien en vue des avions pour éviter toute méprise. En vain, il y a toujours des erreurs de largage. Ces bombardements intenses, sans oublier la projection de phosphore par les mortiers de 4,2, sont cependant très efficaces. Tout flambe dans le secteur allemand, les champs sont en feu, l'odeur du phosphore est insupportable, il y a des victimes civiles parmi les cultivateurs des environs qui n'ont pas voulu quitter leurs fermes. Le rouleau compresseur américain est impitoyable. Malgré tout *« les Allemands, par ici... se moquent des avions, tirent dessus, font de la moto sur les sillons, jouent du phonographe et boivent du cognac et des vins fins. Des gosses ! De pauvres gosses héroïques, mais qui sont peut-être désespérés ».* (23)

Assurément.

Les bataillons de Barsanti et de Mildren sont relevés, ce jour-là à 17 heures par celui de Hightower qui va engager des compagnies fraîches. Les Rangers se portent à gauche de Hightower, leur mission est de reconnaître la pente Sud de Kermeur-Coataudon.

Un Breton du régiment confirme alors que la défense allemande est déployée sur le versant Ouest du vallon et englobe la batterie de Kermeur. (24) Lovless est persuadé que les Allemands de la batterie ne se rendront pas sans combattre. A noter que dans le secteur de Tuttle, au nord de Lavallot, des Allemands « porteraient des uniformes américains », afin de faciliter la quête de renseignements probablement.

L'approche de Kermeur-Coataudon

Le *2nd Bat/38th*, qui a relevé Tuttle, devra mener l'assaut sur la batterie. Pour tous les bataillons, les ordres de Robertson sont les suivants :

– Ne pas s'exposer inconsidérément.

– Reconnaître les nids de résistance ennemis qui seront ensuite traités par l'artillerie et l'*US Air Force.*

Les journées des **5, 6** et **7 septembre** sont consacrées d'une part à remanier le dispositif américain et d'autre part à bombarder les positions allemandes depuis Kermeur jusqu'au Bot à l'entrée de Brest. Tourbian, le vallon du Stangalar, Kerdanné sont traités. Le *IX Bomber Command* dispatche 364 appareils le **5 septembre**. 310 attaqueront. 544 sorties sont à mettre à l'actif des IX et XIX TAC ce jour-là. Les habitants de Coataudon trouvent cependant que leurs libérateurs en font un peu trop au vu des quelques dizaines d'Allemands qui continuent à se battre dans le secteur. C'est possible mais l'on ne peut dénier le droit à un chef de protéger la vie de ses hommes surtout lorsqu'il s'agit, comme c'est ici le cas, de libérer un pays qui après tout n'est pas le leur. (25) Les Allemands commencent à se rendre en plus grand nombre. Certains spontanément. Treize d'entre eux appartenaient au 282ᵉ régiment d'infanterie que les Américains dénomment assez curieusement le « *Stomach Ulcer Battalion* » (« bataillon de l'ulcère à l'estomac »), autant dire des réformés qui avaient été versés dans la Territoriale. Ils ont cependant combattu quinze bons jours dans des conditions particulièrement éprouvantes, stimulés il est vrai par les parachutistes et leurs Lüger. Beaucoup céderont aux propositions de reddition diffusées par les haut-parleurs américains. Le combat des Territoriaux et des marins n'est pas celui des parachutistes, autrement motivés.

Bilan

Les positions américaines sont alors les suivantes du nord au sud. Le *9th Infantry*, dont le PC s'est installé à Penhoat, à l'est de Gouesnou, a été relevé par Mildren qui occupe désormais le flanc droit de la division à Cozribin. Il est accolé à *Grapefruit Blue*. Puis vient le bataillon de Barsanti qui a relevé Wesson entre Kerzouric et Penn ar C'hoat. Norris est à Penn ar Reun, Hamelé à Poull ar Feunteun. Hightower est à Sainte Barbe, Hefley occupe le flanc gauche à La Cantine, quartier situé en bordure de l'Anse du Moulin Blanc. Les Rangers ont été rappelés, les camions les ont déposés devant Toulbroc'h à l'ouest de Brest.

L'attaque générale, sur tout le front de Brest, est prévue pour le **8 septembre** à 10 heures et sera précédée d'une préparation d'artillerie de quinze minutes pour la 2ᵉ division, de vingt minutes pour la 8ᵉ division, l'artillerie du corps d'armée devant ouvrir les hostilités à H-35.

Le terrain, vallonné en particulier dans la partie sud, avantage les Allemands. La batterie de Kermeur-Coataudon devra être neutralisée. Deux vallons seront à franchir : celui de la rivière du Costour puis celui de la rivière du Stangalar. Il faudra ensuite escalader la pente du Stangalar qui mène à Saint Marc. La distance à parcourir est d'environ deux kilomètres. Les GIs vont devoir affronter à nouveau les parachutistes qui ont pu se replier malgré l'intervention des P47 du capitaine Collins (377ᵉ escadrille) sur les axes routiers qui mènent à la ville. **(Carte N°13.)**

Il semblerait toutefois selon les dires du commandant Liston, l'un des leaders de la 377ᵉ escadrille, que la *Flak* se montre désormais moins active à l'est de Brest, les artilleurs allemands cherchant avant tout à ne pas se faire repérer. Peu d'appareils ont été touchés. (26) Les combats sont particulièrement acharnés à l'ouest de la ville dans la zone de *Latitude*.

Zone Ouest/Nord-Ouest : Bohars-Guilers-Plouzané-La Trinité

Ekkehard Priller et ses parachutistes de la 2ᵉ section (6ᵉ compagnie) sont toujours embusqués entre Bohars ar Hoat et le Petit Moulin. Ils repoussent inlassablement les groupes de reconnaissance américains constitués en général de trois hommes. Il arrive que ces derniers pêchent par imprudence, constituant alors des cibles parfaites pour les parachutistes. Les hommes de Priller, éreintés, se reposent dans leurs trous d'hommes. Une « tournante » a été instituée : deux hommes sont mis au repos chaque jour au dépôt de l'Intendance à Penfeld, ils sont remplacés par quatre marins issus des équipages des dragueurs de mines. Ici la guerre s'est humanisée, les blessés et les morts sont relevés de part et d'autre au cours de cessez-le-feu périodiques.

Les Américains progressent peu dans les premiers jours de septembre. (27) Les deux bataillons du *115th Infantry* se sont resserrés. **(Carte N°11.)**

(23) Henensal (M.), *op. cit.,* p.131.

(24) Numéro d'ordre 7919, *G3 Journal, op. cit.* Lovless : *« I think their defensive position will be along that draw. That has been reported by the French. »*

(25) Henensal (M.), *op. cit.,* p. 135.

(26) *Mission Report 377th Squadron, 3 September.*

(27) Documents utilisés pour la rédaction de ce paragraphe :

– *After Action Report, 29th Infantry Division Phase VIII Reduction of the Fortress Brest 1-18 September 1944,* p. 1-3.

– Ewing (J.H.), *op.cit.,* p. 127-129.

Le 2ᵉ bataillon de Miller se prépare à attaquer Kerognant, ses compagnies E et F ont été relevées, devant Bohars, par *Greyhound White* dans la nuit du **3** au **4 septembre**, ce dernier laissant la place le **5 septembre** à *Grasshopper Red*. (28)

Le 1ᵉʳ bataillon de Glover Johns a glissé à l'est de Keroual le 3 septembre en fin d'après-midi, il a été relevé par des éléments du *3rd Bat/175th Infantry* devant Kerallan-Keriolet.

Il a pris, le **5 septembre**, un point d'appui dénommé « Fort des Marins » situé à environ 500 mètres au sud-est de Guilers. (29) Son objectif est Fort Penfeld au sud. Onze P47 de la 378ᵉ escadrille ont attaqué ce jour-là les défenses du secteur.

Ainsi resserrés, les deux bataillons gagnent quelques centaines de mètres du fait du repli des Allemands à la suite du bombardement du **6 septembre** et de l'évacuation de Bohars.

Kerognant

Le 2ᵉ bataillon de Miller quitte Poulrinou, gagne six à sept talus, il est stoppé par les tirs d'une mitrailleuse positionnée au carrefour de Créac'h Bellec (dénommé Five Points par les Américains) sur la route de Milizac. Les compagnies essuient des pertes, le carrefour est enlevé (30).

Alors que Glover Johns pénètre dans Guerven et s'apprête à prendre d'assaut Fort Penfeld, la compagnie G du lieutenant Rideout prend position, le **7 septembre**, sur la ligne de crête qui s'étend entre Créac'h Bellec et Pen-ar-Valy. Planqués derrière leur talus, les GIs peuvent tout à loisir observer Kerognant qui se trouve légèrement en contrebas. L'attaque est prévue pour le lendemain **8 septembre**. Elle sera menée par la compagnie de Rideout qui dispose ses sections en arc de cercle : la 2ᵉ est au nord sur la crête, la 3ᵉ se trouve au sud-est de la batterie, la 1ʳᵉ verrouillant le dispositif à l'est au Beuzit.

La compagnie E du sous-lieutenant Parsch jalonne le flanc droit du dispositif. Des sections d'armes lourdes et des chars du 709ᵉ régiment de chars soutiendront les fantassins.

Que dire du point d'appui de Kerognant si ce n'est qu'il est remarquablement organisé, avec cet inconvénient cependant qu'il est dominé par la crête de Créac'h Bellec.

Le terrain a été nivelé sur 150 mètres jusqu'à leur première ligne constituée de tranchées protégées par un réseau de barbelés. Entre le talus où sont embusqués les Américains et les premiers rouleaux de barbelés, on note une bosse de terrain, bien entretenue, couverte d'herbes ou plantée de navets. Le terrain lui-même est jalonné tous les vingt mètres « d'asperges de Rommel ». On devine des nids de mitrailleuses partout. Ce bel ordonnancement a cependant été bouleversé par les bombardements des jours précédents. Le chef de batterie, l'enseigne de vaisseau de 2ᵉ classe Martens, a du reste été tué le **30 août**, les pièces d'artillerie ont également été endommagées.

Coz Castel est enfin enlevée

Le versant Est de la colline de Coz Castel tient toujours, les parachutistes de Tolkien s'accrochent désespérément au terrain.

Le *1st Bat/175th* occupe toujours le nord-ouest de la colline, le 2ᵉ bataillon est déployé en arc de cercle du centre au sud-ouest. Les hommes attendent le *3rd Bat/115th* de Randolf Millholland, venant du Drévès, attaquera le flanc Est de la colline, sur un axe nord-sud, depuis une position située

au nord de la ferme de Penhoat, défendue par les chasseurs de chars de Mischke.

Un drame va survenir chez les Allemands : Sattler a perdu ses deux pièces d'artillerie, il est lui-même grièvement blessé. Tolkien en personne le portera en lieu sûr, il survivra mais la colline est d'ores et déjà perdue, ce n'est plus qu'une question d'heures.

Millholland attaque le **3 septembre à 8 heures**, la compagnie K est à gauche, la compagnie I à droite. Les deux bataillons du 175ᵉ ainsi que les chimistes de la compagnie A du 86ᵉ régiment chimique soutiennent les « as » de Millholland dont un GI dira : « *He'll be a damn good battalion commander, if he lives long enough.* » (31)

C'est assurément un remarquable chef de bataillon et il survivra à la guerre. Formé à l'école des commandos d'Achnacarry en Écosse puis attaché ainsi que ses Rangers, à leur sortie de l'école, au commando n° 4 du célèbre Lord Lovat (32), il a participé à quelques coups de main sur les côtes de Norvège. Un de ses groupes a mené le raid sur Ouessant au mois de **septembre 1943**. Il recevra ses galons de lieutenant-colonel lors de la bataille de Brest. (33)

Des offres de capitulation sont adressées aux Allemands, elles sont refusées. En attendant, il s'agit d'enlever à toute force la colline. Les mortiers des chimistes entrent en action, le phosphore brûle, la compagnie L attaque entre les deux compagnies d'assaut. Les Allemands, bousculés, reculent. La colline est prise à 18 h 30.

La plupart des « Jerries » se replient du côté de la Trinité, les hommes de Mischke en revanche viennent prendre position dans un chemin creux situé à 1 500 mètres à l'est entre les fermes d'Ilioc et de Kernévez. (34)

Les observateurs d'artillerie prennent immédiatement position au sommet de Coz Castel. L'artillerie de la division peut désormais choisir et frapper méthodiquement les cibles à traiter, alors que les Allemands en sont réduits à tirer au jugé sur les positions américaines. Ramcke avait raison, la possession de la colline va précipiter les événements en faveur des Américains.

On peut en effet observer tout à loisir la Forteresse ainsi que le terrain qui s'étend vers l'est jusqu'aux Fortifications de Recouvrance. Brest est en flammes, cible de l'artillerie et des bombardiers de l'*US Air Force*. Les Allemands poursuivent implacablement le minage et la destruction du Port de Com-

---

(28) *Greyhound White* : 2nd Bat/13th Infantry. *Grasshopper Red* : 1st Bat/28th Infantry.

(29) Le Vouedec (E.), *op. cit.*, p.105. Il s'agit d'une ancienne batterie de DCA française, probablement utilisée comme telle par les Allemands. L'emplacement est toujours visible de nos jours.

(30) *Kerognant Strong Point*, section historique de l'*US Navy* par Marshall et John Westover, Archives municipales de Brest. Le document utilisé est une traduction non officielle qui comporte 20 pages ainsi que 3 croquis américains.

(31) « Il fera un sacré chef de bataillon s'il vit assez longtemps. »

(32) Dont faisaient partie les Français de Kieffer qui ont débarqué le 6 juin sur la plage de Ouistreham en Normandie.

(33) Il sera cependant blessé au mois de novembre à Siersdorf en Allemagne. Il survivra au Deuxième Conflit mondial et terminera sa carrière avec le grade de *Brigadier General* dans la Garde Nationale du Maryland, in *Militaria*, n° 148, p.38.

(34) Plus précisément entre Trénen et Kernévez (témoignage de Rudolf Wiedersheim). Les Américains, faisant mention dans leurs pièces d'archives du seul nom d'Ilioc, ce dernier sera seul retenu lorsque l'on évoquera le combat qui a eu lieu dans ce secteur.

L'infanterie américaine progresse à travers un paysage dévasté par l'artillerie. (NA et AMB.)

merce, du port militaire ainsi que du môle et des quais. Tout n'est que bruit, fureur et désolation dans la ville.

La 29ᵉ division poursuit son action. Le *116th Infantry* lance son assaut sur la Trinité. Au centre, le 175ᵉ est déployé depuis Coz Castel jusqu'à Kerjean - Keriolet. A droite, la ligne des forts s'est enflammée sous les effets de l'attaque conjointement menée par les Rangers de Sullivan et les chasseurs-bombardiers

La Trinité

Le 116ᵉ piétine devant La Trinité. Son avance sera extrêmement lente au cours des trois premiers jours de septembre, le régiment se révélant incapable de neutraliser les positions allemandes, tenues essentiellement, il est vrai, par les parachutistes. Les pertes sont lourdes de part et d'autre.

Les Américains attaquent, le **4 septembre** à minuit, avec leurs 1ᵉʳ et 2ᵉ bataillons, le 3ᵉ bataillon ayant été mis à la disposition de la *Task Force Sugar* devant Le Trez Hir. Sous l'effet du nombre, La Trinité tombe ainsi que la hauteur voisine de Kerstrat.

Les Allemands, selon leur bonne habitude, parachutistes et marins réunis, contre-attaquent le lendemain dans le secteur tenu par le 2ᵉ bataillon. La mêlée est furieuse, ce sera un échec du fait de l'action déterminante du sergent Wilson R. Carr, chef d'une section de la compagnie G. Voici les faits. Un groupe de vingt Allemands progressent vers sa position à la suite d'un lourd barrage d'artillerie. Carr comprend immédiatement la situation, s'extrait en rampant hors de son trou individuel, se redresse et ouvre le feu sur les assaillants avec son Garand, exhortant ses hommes, pétrifiés, à en faire autant. Alors qu'il est train d'abattre tous les ennemis qui se présentent dans sa ligne de mire, sa section s'anime, tire, l'attaque est repoussée malgré l'allant des Allemands qui « en veulent encore ». L'intrépide sergent en aura, pour sa part, abattu 15 et recevra pour ce fait d'armes la *Distinguished Service Cross*. Un sous-officier aura une fois de plus fait la différence.

La ligne des forts

Les batteries qui jalonnent la rade au sud de la zone divisionnaire doivent être impérativement réduites au silence, faute de quoi toute progression ultérieure sera interdite aux fantassins de la 29ᵉ division. Il s'agit là d'une « mission spéciale » à hauts risques qui sera essentiellement accomplie par les compagnies B, D et F du *5th Ranger*, rattachées dès le 1ᵉʳ septembre à la 29ᵉ division. Les compagnies A, C et E engagées à Guipavas et Gouesnou, rejoindront le bataillon le **4 septembre**. (35)

Les forts à neutraliser sont, dans l'ordre, Toulbroc'h, le Minou, le Mengant/Kerdalaes et le Dellec. **(Carte N°11.)**

Toulbroc'h tombe le 3 septembre

Des Italiens servent dans la batterie sous les ordres de l'enseigne de vaisseau de 1ʳᵉ classe Sovelli. Sullivan et ses Rangers sont à Plouzané le **1ᵉʳ septembre** dans la soirée et marchent immédiatement au sud sans rencontrer de résistance, le 116ᵉ ayant ratissé le secteur les jours précédents.

Le fort est attaqué dès le **2 septembre** selon un axe nord-sud depuis Languiforc'h. La compagnie B du lieutenant Pepper attaque en tête, suivie de la compagnie D à environ 400 mètres. Elles sont flanc-gardées à gauche par la compagnie F afin de

prévenir toute attaque venant de l'est, du fort du Minou en particulier.

Deux chefs de section de la compagnie B, bien téméraires, les lieutenants Gombosi et Askin, essaient de prendre le fort par surprise. Echec, une contre-attaque allemande les repousse. La nuit tombe, l'attaque est remise au lendemain matin.

Sullivan engage alors la compagnie d'Etat-Major et demande également le soutien des avions du XIX TAC. (36) Ce sera fait, l'action des chasseurs-bombardiers précédera l'assaut des compagnies B et D.

Elles s'infiltrent, le **3 septembre** au matin, dans le ravin qui, depuis Kervaer, donne dans l'anse de Dalbos, à l'ouest de Toulbroc'h. Les avions attaquent, ratent leur cible, reviennent une seconde fois. Nouvel échec.

Avant la troisième tentative, le commandement décide de faire marquer le fort par des obus fumigènes. Le 111ᵉ régiment d'artillerie s'en charge, tire, échoue également dans sa tentative alors que huit P47, impuissants, décrivent inlassablement des cercles au-dessus des belligérants.

On fait appel, en désespoir de cause, aux chimistes de service. Leur intervention est décisive, le phosphore, en brûlant, dégage d'abondantes fumées blanches. Procédé efficace, le fort est à la fois marqué et attaqué par le feu, les avions lâchent seize bombes qui font mouche.

Les Rangers progressent alors depuis le ravin, précédés par les P47 qui mitraillent la position allemande. Six minutes plus tard, les soixante hommes des sections Gombosi et Askin bondissent dans le fort. Ils capturent 247 Allemands dont 5 officiers ; Sovelli figure parmi les morts.

Les compagnies B et D font immédiatement face à l'est et encerclent le fort du Minou, l'objectif du lendemain.

Lemcke, qui commande le 262ᵉ groupe d'artillerie côtière depuis le Minou, fait détruire les archives pendant la nuit.

Le fort du Minou

La compagnie d'Etat-Major et la compagnie D attaquent dans l'après-midi du **4 septembre**, la compagnie F continuant à flanc-garder à l'est.

Le scénario est identique à celui de la veille : marquage du fort par l'artillerie, suivi d'une frappe aérienne avant l'assaut des Rangers. La tactique est désormais parfaitement au point. Le fort tombe après deux heures de combat : 300 Allemands se rendent, 150 ont été tués, 15 pertes sont à déplorer chez Sullivan.

Les FFI de Lannilis occupent Toulbroc'h et Le Minou. (37)

Kerdalaès

Une attaque aérienne a sérieusement endommagé le fort du Mengant le **3 septembre**. Les rescapés se sont repliés dans la batterie de Kerdalaès, l'ulti-

(35) Documents utilisés pour la rédaction de ce paragraphe :
– *History of the Fifth Ranger Battalion*, chapter VI, Brest, *op. cit.*, p. 32-35.
– Ewing (J.H.), *op. cit.*, p. 127-131.
– *After Action Report 29th Infantry-Division*, Phase VIII, Reduction of the Fortress Brest, *op. cit.*, p. 1-3.
(36) Chaque bataillon dispose d'une compagnie d'état-major.
(37) Derrien (F.), *Gendarme et Résistant sous l'Occupation (1940-1944)*, Jean-François Derrien 1994, p. 186.

me défense allemande en avant de la Forteresse dans le secteur. L'objectif suivant sera en effet Le Portzic, mais nous n'en sommes pas encore là.

Le bataillon américain est désormais au complet. Les compagnies A, C et E ont rejoint le Minou.

Le **5 septembre**, la compagnie B, soutenue par la compagnie F et par un peloton de l'escadron A du 644ᵉ régiment de tank destroyers, attaque en direction de Kerdalaès.

Les Allemands contre-attaquent, les Rangers de la compagnie B reculent. La compagnie F réagit immédiatement et traverse le ravin qui sépare le Mengant de Kerdalaès tandis que les tank destroyers pilonnent les casemates de la batterie. La compagnie F enlève finalement la position dans une terrible charge à la baïonnette qui « transforme le sang allemand en glace » *(turned German blood into ice)*, laissant en effet les survivants allemands pétrifiés.

Les Allemands contre-attaquent malgré tout, la situation s'envenime. Comble de malchance, alors que la compagnie F poursuit son action, des avions américains la bombardent par erreur, des hommes sont touchés.

Sullivan réagit immédiatement. Les compagnies A et E se portent au secours des compagnies B et F. La contre-attaque allemande est jugulée, les Américains stabilisent leur position. Bilan : 100 morts, 72 prisonniers chez les Allemands, 18 pertes chez les Rangers.

Le lendemain matin **6 septembre**, toutes les compagnies franchissent le ravin. Le **fort du Dellec**, mal armé, se rend au premier ultimatum, laissant cependant 50 morts sur le terrain, 39 Allemands se rendent. Les Rangers déplorent une seule perte, faisant ainsi preuve de leur redoutable efficacité.

La *Flak* ne reste cependant pas inactive, le PC du bataillon est copieusement arrosé dans la nuit du **6 au 7 septembre**. Les Rangers ont, malgré tout, accompli la première phase de leur mission à peu de frais. Les compagnies B et F, qui ont fourni l'effort principal lors des jours précédents, se mettent en position d'attente à la Pointe du Diable, à portée de fusil du Portzic. Le reste du bataillon est transporté par camions dans le secteur de Trébabu et intégré dans la *Task Force Sugar*.

Le bataillon sera à nouveau au complet le **13 septembre**, avec la mission de prendre le point d'appui du Portzic. Mais ceci est une autre histoire.

Les compagnies B et D recevront la *Distinguished Unit Citation* pour leur remarquable participation à la prise des forts.

Le bilan à l'ouest

Le **7 septembre**, la 29ᵉ division est déployée selon un arc de cercle qui part de la Pointe du Diable au sud, passe à 300 mètres à l'est de La Trinité, poursuit sa course par Hospitalou, Kerallan, Keriolet, Guerven et aboutit enfin à Créac'h Bellec au nord de Kerognant. **(Carte N°13.)**

Si le gain de terrain paraît minime, il n'en reste pas moins que la défense allemande, dans le glacis, a été sérieusement ébréchée, particulièrement dans le sud de la zone divisionnaire : Coz Castel, La Trinité, Kerdalaès ont cédé, les Allemands en sont réduits désormais à des actions de retardement qui les ramèneront inexorablement à l'intérieur de la Forteresse. Si la situation est désormais favorable aux assaillants, il leur faudra encore plusieurs jours de combats acharnés pour venir à bout de la garnison allemande.

Les pertes américaines sont peu sensibles : 32 morts au 115ᵉ, 20 au 175ᵉ, un nombre supérieur mais indéterminé dans les rangs du *116th Infantry*.

Le commandement allemand a été contraint de réduire la ligne de front, les bombardements des **5, 6** et **7 septembre** en sont la cause, les pertes sont énormes. Cinq mille blessés attendent d'être évacués par voie maritime. Ce ne sera pas fait. Le navire-hôpital *Oakland* a été sérieusement endommagé dans le bombardement de la nuit du 26 au 27 août, il est irréparable. Le 5 septembre, l'Amirauté à Berlin a fait demander au *Foreign Office* l'autorisation de faire entrer dans la rade un navire-hôpital non encore désigné. Le projet n'a pas abouti, semble-t-il, soit du fait d'un refus des Britanniques, soit faute d'un bateau disponible chez les Allemands. (38)

L'artillerie a également souffert, il reste 87 pièces de gros calibres en état de tirer. (39) Le ravitaillement de la Forteresse par des Heinkel 111 a été réalisé depuis la base d'Aschaffenburg au cours de la nuit du **6 au 7 septembre** ainsi que la nuit suivante. Il s'agissait essentiellement d'armes antichars et de matériel médical. (40)

4 920 marins, issus des équipages et désormais sans emploi sur leurs bâtiments, ont été engagés dans la défense du glacis. (41)

Stützpunkt Le Conquet

La situation évolue favorablement sur le front du Conquet. La première phase a consisté à refouler les Allemands au-delà de leur ligne principale de défense. Il s'agit désormais de la déborder, elle sera défendue avec acharnement par Fürst et les siens. Les Alliés sont sur une ligne le Cosquer-Kergollo, mais Croaz Hent, Kergounan et Croaz ar Piquet résistent toujours. **(Carte N° 12.)** (42)

La deuxième phase au nord et au centre

La *Force Arnold*, les FFI et les Russes ont échoué devant Illien. L'ordre est alors donné aux Rangers de se positionner au nord de Croaz ar Piquet, afin de le réduire et de pousser ensuite en direction de Trébabu et de Kergounan. Les Britanniques du *2798th RAF Regiment* sont chargés de les flanquer à l'ouest à la hauteur de Lanfeust, les FFI étant déployés entre Kervillou et cette dernière localité. Le secteur est peu défendu, l'*US Air Force* l'a malmené, l'étang de Kerjean constitue cependant un obstacle naturel malaisé à franchir. Dans la soirée du 1ᵉʳ septembre, quarante hommes de la compagnie A, suivis des tank destroyers, décrochent de Kervillou, protégés par les tirs des canons de 105. Le trajet est effectué en camions, moyen de locomotion habituel des Rangers. Moins de fatigue, plus de mobilité, on ménage les commandos qui sont là, avant tout pour faire la décision autour d'un point d'appui et non pour mener des attaques de grande envergure.

(38) *Kriegstagebuch Admiralatlantikküste, op. cit.*, 5.9.44.

(39) *Ibid.*, 7.9.44.

(40) *War Diary of the Naval Staff, op. cit.*, 4-7- 8.9.44.

(41) *Kriegstagebuch Admiralatlantikküste, op. cit.*, 8.9.44.

(42) Documents utilisés pour la rédaction de ce paragraphe :

– *After Action Report for Task Force Sugar, op. cit.*, p. 3-8,

– *After Action Report 29th Infantry Division, op. cit.*, p. 1-5,

– *2nd Ranger Battalion Brest Campaign, op. cit.*, p. 7-12,

– *History of the Fifth Ranger Battalion, op. cit.*, p. 35-36.

Le lendemain **2 septembre**, le reste de l'unité quitte le secteur Kergollo-Kervillou pour Croaz ar Piquet. Resteront devant Illien : 20 Rangers de la compagnie C, 60 Russes ainsi que les FFI de Ploudalmézeau. Il s'agit d'interdire aux Allemands de s'échapper et de venir grossir les rangs des défenseurs du Conquet au sud.

La *Force Arnold*, réduite à 100 hommes, reçoit alors la mission suivante :

– la compagnie A devra prendre Croaz ar Piquet, puis, progressant le long de la route de Saint-Renan, enlever Trébabu,

– la compagnie C attaquera en plein centre du dispositif américain à Kergounan, les fusiliers marins d'*Alligator* et le *86th Cavalry* effectuent la jonction entre la *Force Arnold* et la *Force Slater* au sud.

Trébabu et Kergounan tombent

Croaz ar Piquet est enlevé. La compagnie A et les unités FFI d'accompagnement marchent alors sur Trébabu qui tombe le **2 septembre** à 13 heures, sans grande difficulté semble-t-il, malgré les tirs d'une mitrailleuse postée à l'ouest du bourg. Les canons de 105 américains entrent en action et bombardent les positions allemandes situées à l'ouest et au sud. Quatre chars moyens du 709e régiment rejoignent les Rangers à Trébabu.

Au centre, Kergounan et Kerambélec tiennent tout le secteur sous leurs feux. La batterie de Kergounan a été transférée à Brest au mois de juillet précédent. Réorganisé en nid de résistance, Kergounan (cote 58) offre aux défenseurs une vue bien dégagée depuis Croaz ar Piquet jusqu'au nord de Goasmeur. Kérambélec, bien armé, est situé à un kilomètre au sud-ouest. Le capitaine Tummel, très estimé de Fürst pour ses qualités de combattant, tient le secteur.

La compagnie C et les marins d'*Alligator* engagent les hostilités, Kergounan est pris le **2 septembre** dans la soirée malgré les tirs d'interdiction de Kerambélec et de Keringar. Les obus de 280 créent l'épouvante chez les assaillants et cependant, aux dires de Summers, le chef du *Jedburgh Team Horace*, les canons de 88, les fameux « Achtacht », ont nettement plus d'efficacité. Tummel contre-attaque avec 150 hommes, obligeant les Alliés à reculer. A Kergounan, tout est à refaire. Des éléments du *86th Cavalry* viennent s'intercaler entre les deux compagnies de Rangers pendant la nuit.

Le **3 septembre**, les deux compagnies reprennent l'offensive. A 10 h 35, la compagnie A est à Kervan (colline 47) au sud-est de Trébabu. La compagnie C, soutenue par deux tank destroyers et par une section de la compagnie d'obusiers du *116th Infantry*, traverse Kergounan que les défenseurs ont évacué et atteint Kerzoucar (ou Kerambélec ?) en début d'après-midi. Les Allemands se replient en ordre sur une ligne Vinigoz-Tréflez, mais leur arrière-garde est anéantie ; les deux compagnies sont désormais accolées ; les Britanniques, qui se trouvent sur leur flanc droit à Lanfeus, sont retirés, dans la soirée, de la *Task Force* et sont remplacés par des éléments de l'escadron A du *86th Cavalry*.

Les avions P 38 ont soutenu très efficacement les troupes au sol au cours de cette journée, les Rangers marquant la ligne de contact en utilisant leurs sous-vêtements et non les marqueurs classiquement employés dans de telles circonstances.

Le lendemain **4 septembre**, la *Force Arnold* reste sur ses positions et assiste à un duel d'artillerie impressionnant entre les 105 Américains et les 280 de Keringar. Du côté d'Illien, la situation a évolué. Des Polonais et des Russes ont réussi à gagner les lignes américaines et rapportent que trente hommes seulement sont encore en état de combattre et qu'il ne leur reste que quinze jours de vivres et sept jours de réserve en eau. Fort de ce renseignement, Rudder ordonne à quinze Rangers de rejoindre la compagnie C en laissant en place cinq des leurs, quinze Russes revêtant des tenues américaines afin de masquer le mouvement aux Allemands d'Illien.

Au cours de la nuit, les cavaliers font une reconnaissance dans les bois de Trébabu et entrent en contact avec les FFI au carrefour du Moulin d'en Haut, au sud-ouest de Lanfeus. Une patrouille a poussé jusqu'au Blancs Sablons mais n'est pas encore rentrée.

La *Force Arnold* sera en position d'attente jusqu'au **7 septembre**, se contentant de mener des patrouilles vers le sud et de soutenir la progression de la *Force Slater*.

La deuxième phase au sud

Au sud précisément, la progression est sévèrement ralentie, les Rangers et les FFI attaquant dans l'axe de Keringar. Le fort de Bertheaume, puissamment armé, constitue un obstacle imprévu.

Les compagnies de la *Force Slater*, déployées dans le secteur de Goasmeur, sont en effet constamment harcelées par l'artillerie allemande. Le 1er septembre toutefois, une patrouille de la compagnie B parvient à la grève du Cosquer entre Porsmilin et Le Trez Hir. La compagnie FFI Coadelot occupe alors le terrain.

Les objectifs immédiats des Américains sont le carrefour du Lannou (cote 53) sur la route du Conquet, barrée par un fossé antichars creusé par des hommes de la région réquisitionnés à cet effet, ainsi que Berbouguis (cote 54) situé sur la route qui mène du Lannou à Kergounan. Plus au sud, Plougonvelin et Bertheaume doivent également être enlevés, c'est le chemin le plus direct pour parvenir au PC de Fürst à Kerveur et neutraliser la batterie des Rospects. Les FFI occupent le flanc gauche au Cosquer. La pression alliée est très forte, l'artillerie et les chars sont actifs, l'*US Air Force* attaque sans discontinuer les positions allemandes, en particulier les Rospects et Keringar qui perdent une à une leurs pièces d'artillerie. Des fermes brûlent, des habitants sont tués par des éclats d'obus : pour la population, c'est l'enfer, beaucoup se sont réfugiés dans les grottes qui débouchent sur les grèves du secteur. (43)

Fürst voit la situation se dégrader inexorablement, il lui reste un peu plus d'un millier d'hommes en état de combattre, il en est réduit à faire monter en ligne des effectifs inaptes au combat : « *des chauffeurs, palefreniers, conducteurs du personnel administratif, du personnel de l'Etat-Major, des secrétaires* ». Les blessés sont évacués dans des conditions dramatiques. Mis en condition dans l'infirmerie de Keringar, ils sont ensuite acheminés jusqu'à une grève (peut-être celle de Porz Liogan), chargés sur des canots puis transbordés sur des bateaux de faible tonnage, en général des bateaux de pêche. Les blessés sont traités soit dans la section de triage de la Grande Rivière, soit dans l'hôpital de campagne aménagé au Fret.

Le **3 septembre**, la *Force Slater* attaque pour se saisir du carrefour de Croaz Hent. C'est chose faite en début d'après-midi. Fürst est alors contraint de replier ses hommes dans le secteur : la ligne de défense englobe toujours le Trez Hir et le Lannou ainsi que Berbouguis-Kerzuel où subsistent quelques éléments retardateurs.

Le lendemain **4 septembre**, les sapeurs s'affairent à déminer les itinéraires en prévision de l'attaque en cours de préparation. Un incident à noter chez les Rangers. Quelques-uns d'entre eux ont été blessés par l'artillerie américaine. Rudder proteste. Ce sont des choses qui arrivent. La journée et la nuit se passent en patrouilles vers le sud-ouest, le centre et le nord du secteur de la *Force Slater*.

La *Task Force* est remaniée le **5 septembre**, l'apport le plus important est la mise en place sur le flanc gauche du *3rd Bat/116th Infantry*, qui était en réserve à La Trinité. Middleton a en effet décidé d'en finir avec le point d'appui du Conquet. Bertheaume et Plougonvelin ont jusqu'alors interdit toute avance significative dans le secteur. Le commandant Puntenney et ses hommes, combattants aguerris, auront la mission de les réduire, les FFI occupant toujours leur flanc gauche. Une attaque générale est planifiée pour le lendemain 6 septembre. Fürst, très avisé, a une fois de plus fait replier le gros de ses troupes au sud de la route qui mène du Lannou au Conquet, laissant quelques groupes de combat en avant de cette ligne. Les Rangers sont plus au nord : la *Force Slater* est déployée entre Le Cosquer, Landiguinoc et le nord de Berbouguis, la *Force Arnold* occupe Kerzoucar (ou Kerambélec ?) et Le Theven au nord de l'étang de Kerjean. **(Carte n° 14.)**

Depuis le **25 août**, jour de l'attaque générale sur l'ensemble du front de Brest, la *Task Force Sugar* a progressé de neuf kilomètres. La principale ligne de défense allemande a largement été débordée. Sur le glacis, le point d'appui d'Illien tient toujours.

Des offres de reddition ont été faites à Fürst, dès le **3 septembre**, elles ont été refusées. Le ravitaillement de la poche est effectué par les bateaux qui ramènent les blessés à Brest. La logistique fonctionne encore tant bien que mal.

Troisième et dernière phase

Nous sommes dans le dernier round au Conquet. L'affaire sera promptement réglée en quatre jours.

L'effort principal sera effectué par le bataillon de Puntenney au sud, par la *Force Slater* au centre, la *Force Arnold* flanc-gardant la *Task Force* au nord où elle sera rejointe par le *5th Ranger* dont la mission sera de prendre le Conquet ainsi que la presqu'île de Kermorvan.

L'ensemble de la *Task Force* sera soutenu par les artilleurs du 227ᵉ régiment d'artillerie, la première section de la compagnie A du 121ᵉ régiment du génie ainsi que par les chasseurs-bombardiers du XIX TAC.

6 septembre à 8 h 30 : attaque générale

Au sud

Renforcé par l'escadron A du 709ᵉ régiment de chars du capitaine Percy, le *3rd Bat/116th* est déployé à gauche de la route du Conquet à la hauteur de Kerzadou-Le Cosquer. Six compagnies FFI occupent le flanc gauche. Les objectifs principaux sont le Lannou (cote 53) et Plougonvelin.

L'artillerie et les chasseurs-bombardiers harcèlent sans relâche les positions allemandes. Les dégâts sont considérables. Des Allemands et des habitants du secteur sont tués, des fermes flambent, Poul ar Goazi, Luzureur, le quartier de Saint Jean, Kervasdoué sont la proie des flammes. Au nord, Berbouguis, Kerzuel, Kerzeanton, Vinigoz subissent le même sort. Les Allemands résistent, l'artillerie de Bertheaume, de Keringar et de Kérangoff au sud de l'étang de Kerjean est encore active. La progression américaine est très lente.

A midi des éléments du 116ᵉ sont à Kerambosquer et font venir les chars. Deux heures plus tard, le carrefour 51 à l'ouest de Croaz Hent est pris, 100 Allemands se rendent.

Les hostilités reprennent le lendemain **7 septembre** à 9 h 55. La compagnie K du *116th* marche au sud-ouest en direction de Plougonvelin, suivie de la compagnie I, la compagnie L progressant le long de la route du Conquet en direction du Lannou. Landiguinoc, Kervasdoué tombent en début d'après-midi malgré une belle résistance des Allemands, soutenus par leurs canons de 88 et de 75 mm.

Au centre

Les escadrons A et F du *86th Cavalry*, la compagnie A du 86ᵉ régiment chimique ainsi que la batterie A du 771ᵉ régiment d'artillerie soutiennent les quatre compagnies de Slater. Leur premier objectif est le carrefour de Berbouguis (cote 54), au nord de la route du Conquet.

Les Rangers attaquent à partir de Croaz Hent, les compagnies E, D et B accolées, suivies de la compagnie F. Ils ratissent le terrain entre le carrefour 51 et Kerzuel toujours occupé par les Allemands. Les compagnies B et F de la *Force Slater* prennent le carrefour de Berbouguis le lendemain **7 septembre**. Des patrouilles sont alors menées en direction de Toull al Ludu au sud-ouest. Rudder installe son PC à Kerambélec. Les Allemands ont faibli dans le secteur, Fürst devra engager sa réserve basée à Lochrist.

Dans la soirée du **7 septembre**, la situation est la suivante sur l'ensemble du front : la compagnie L du 116ᵉ est devant Le Lannou, la compagnie K a atteint Kerouanen, les FFI sont à gauche, la compagnie I est en réserve. Au cours de sa progression, le bataillon a été activement soutenu par les artilleurs du 224ᵉ régiment, 956 obus ont été tirés en 24 heures. La *Force Slater* se maintient à Berbouguis, la *Force Arnold* au nord menant des patrouilles en direction de Tréflez-Vinigoz. La compagnie B de Slater effectue alors sa jonction avec les compagnies A et C d'Arnold.

Le *5th Ranger*, sans les compagnies B et F maintenues au Dellec, entre alors en scène au nord. Les hommes de Sullivan débarquent de leurs camions dans la soirée à Kerdhervé, au nord de Trébabu, et marchent immédiatement vers le sud passant par Mesquernic et Lanfeus pour atteindre leur zone de rassemblement le lendemain matin à Kerzoucar, au sud-ouest de Trébabu. (44)

L'étau se resserre le 8 septembre

Au sud

La compagnie L du 116ᵉ enlève Le Lannou à 10 h 30, elle est relevée par les Rangers de la compagnie E. Les compagnies K et I du 116ᵉ sont près du Trez Hir à midi. Dans l'après-midi, le régiment, soutenu par les chasseurs-bombardiers et les lance-roquettes, attaque Plougonvelin. Des maisons ainsi que l'église sont en flammes. Les derniers habitants se réfugient à Poulherbet au sud. En fin de journée, Plougonvelin est encerclé. La compagnie I du 116ᵉ est à Poulyot, la compagnie L à Lesvinisy, la compagnie K à Keryunan au sud-ouest.

(43) Le Moal (abbé), *op. cit.*, p. 31.

(44) *History of the Fifth Ranger Battalion, op. cit.*, p. 35-36.

Au nord

Les compagnies A et C de la *Force Arnold* atteignent Tréflez puis Saint Aouen, la compagnie B de Slater est à Toull al Ludu, les compagnies F, D et E étant déployées à l'est jusqu'au Lannou.

Le *5th Ranger* tâte le terrain avant de franchir le ruisseau qui alimente l'étang de Kerjean. Son objectif est Kerandiou au sud de l'étang. Les Allemands de Kerangoff ralentissent sa progression. Il viendra, dans la soirée, se positionner derrière la compagnie A du *2nd Ranger*.

La journée a été fructueuse, la *Force Arnold* à Saint-Aouen n'est plus qu'à 1,5 km de Keringar, son objectif pour le lendemain. Sullivan pourra entamer son mouvement pour prendre Le Conquet, Kerlohic et la presqu'île de Kermorvan. Au sud, les Rospects sont à moins de deux kilomètres des éléments de tête du *116th Infantry*.

La situation pour Fürst et les siens s'est singulièrement aggravée, les « Amis » sont tout près, les pièces d'artillerie de Keringar ne sont plus en état de tirer, l'équipage a été reconverti en fantassins, on se bat avec l'énergie du désespoir. Douze P38 de la 428e escadrille de l'escadron 474, sous les ordres du capitaine Doyle, ont malmené la batterie la veille en fin d'après-midi. Vingt-quatre bombes ont été larguées. (45) Fürst se réjouit malgré tout du communiqué suivant de la *Wehrmacht* le concernant : « *A l'ouest de Brest, près du Conquet, un de nos groupes sous la direction du lieutenant-colonel*

11 septembre. Le lieutenant-colonel Louis Faucher vient de se voir remettre la *Bronze Star* des mains du général Gerhardt, commandant de la 29e division, pour la contribution des FFI à la réduction de la poche du Conquet. (AMB.)

Fürst, tient avec une fermeté exemplaire. La place forte elle-même résiste sous des tirs ennemis intenses. » Et puis cet officier vient de recevoir ses galons de colonel, alors tout ne va pas si mal.

La reddition de la « poche »

Le commandement américain décide d'en finir et lance une attaque générale le lendemain **9 septembre** à 7 heures, une heure inhabituelle pour les Américains. Les P38 du lieutenant Hewitt (428e escadrille) participent à l'assaut. Leur objectif : la batterie des Rospects. **(Carte N°15.)**

Au sud

Plougonvelin est définitivement nettoyé en fin de matinée par les compagnies I et K du 116e accolées, suivies de la compagnie L, les deux premières parvenant rapidement à l'ouest de Trémeur. Les Allemands de Saint-Marzin et de Saint-Mathieu résistent.

Au nord

Au nord tout va aller très vite. (46) A 10 heures, les Rangers de Rudder progressent vers Keringar, la compagnie A depuis Prat-Mélou, la compagnie C depuis Kerviny, la compagnie D depuis Keraouen, suivie de la compagnie E. Rudder, assisté de Summers et de Louis Faucher, dirige personnellement l'attaque. A 12 heures, les compagnies A, C et B ainsi que les FFI de Guissény-Plouescat encerclent la batterie tandis que les autres compagnies restent en soutien dans un repli de terrain situé au nord-est de cette dernière. Un groupe de combat de la compagnie A aborde l'objectif. Peu après, dix Allemands en sortent en agitant un drapeau blanc.

Rudder, Summers, Louis Faucher, Mélo l'interprète américain, encadrés par les hommes du lieutenant Edlin, s'avancent alors à découvert et parviennent au PC afin de recevoir la reddition du chef de la batterie. Ce dernier hésite, les Américains le mettent en joue, Edlin dégoupille une grenade, l'Allemand cède. Puis il prend à bord de son véhicule les chefs alliés et Mélo pour se rendre à Kerveur au PC de Fürst qui a fait détruire tous ses appareils, documents, cartes, etc. Trente chars encerclent son PC lorsqu'il accueille Rudder et son escorte. Il demande à ce dernier l'autorisation de faire déjeuner ses hommes d'abord. C'est accordé. Puis il fait hisser le drapeau blanc au sommet du mât de son PC mais refuse de donner l'ordre de se rendre à ses hommes qui continuent le combat dans le secteur droit ainsi que dans le secteur gauche et à Illien, prétextant qu'en tant que prisonnier de guerre, il n'a plus la compétence requise pour le faire. Fürst rejoindra le camp de prisonniers de Saint Thégonnec, situé à une quarantaine de kilomètres à l'ouest de Brest. A l'image de Ramcke et de bien d'autres, il se plaindra plus tard des conditions de détention. Fürst, ce brave colonel de la Territoriale avait perdu le sens des réalités, marqué qu'il était par douze années de national-socialisme.

Le combat continue en effet. **Au sud**, l'affaire sera vite réglée. Tout le secteur compris entre Kerarc'hleuz et Plougonvelin sera nettoyé dans l'après-midi par les fantassins du 116e et les FFI. La compagnie B du *2nd Ranger* se déploie dans le périmètre de la Pointe Saint Mathieu, la batterie des Rospects a cessé le combat.

Au nord, le *5th Ranger* qui, dans la matinée, a atteint Kerandiou, progresse vers Kerlohic et Le Conquet, harcelé par les mitrailleuses et les mortiers de la presqu'île de Kermorvan. On fait venir les chasseurs-bombardiers, le Conquet et Kerlohic tombent à 18 heures. Les compagnies A, C et E prennent position dans le bourg, la compagnie D gardant le pont de Kerangoff pour prévenir toute tentative de fuite de la part des Allemands.

L'attaque de La Maison Blanche est programmée pour le lendemain **10 septembre** à 16 heures. Le plan américain est le suivant : les compagnies A et C du *5th Ranger* vont mener l'assaut à travers le chenal en utilisant des radeaux ou des canots pneumatiques, soutenues depuis le nord du bourg par un peloton de la compagnie A du 644e régiment de tank destroyers ainsi que par les armes lourdes de la compagnie E du *5th Ranger*. La compagnie D attaquera depuis le Moulin d'en Bas au nord de Kerjean. Il s'agit là d'un type de mission particulièrement apprécié des Rangers dont Fürst avait antérieurement apprécié les qualités de combattants. Il n'empêche, il y a des risques, on fait venir en début d'après-midi 16 P47 de la 378e escadrille de l'escadron 362 dont douze sont pourvus de napalm. (47) Les Allemands n'insistent pas, 120 d'entre eux se rendent à 16 heures. Les défenseurs d'Illien ont peu avant agi de même, les Rangers d'Arnold ont fait une cinquantaine de prisonniers. Un dernier nid de résistance, situé au nord de la plage des Blancs Sablons, mettra bas les armes à 17 heures.

La « poche » est définitivement réduite. 29 FFI et marins ont trouvé la mort, 95 ont été blessés. Les Américains confient aux survivants les tâches de police et de ravitaillement de la population dans une zone située à l'ouest de la ligne Trégana-Ploumoguer-Kerhornou. Les Américains avancent le chiffre de 1 607 prisonniers, les FFI en dénombrent 2 316 qui rejoindront les camps d'internement de Saint-Renan ou de Saint-Thégonnec. Les pertes américaines et allemandes ne sont pas connues.

La *Task Force Sugar* est dissoute le **11 septembre** à 18 heures. Louis Faucher reçoit la *Bronze Star* des mains du général Gerhardt, commandant la 29e division, pour sa contribution à la réduction de la « poche du Conquet », récompensant ainsi les FFI en la personne de leur chef.

Le *2nd Ranger* prend ses quartiers à Keryaouen afin de récupérer, de se réorganiser et, détail amusant, de tailler leurs moustaches que le lieutenant-colonel Rudder leur avait demandé de laisser pousser jusqu'à la fin de la campagne, afin de renforcer « l'esprit de corps » probablement. Ce repos sera de courte durée : le **14 septembre**, le bataillon rejoindra Argol et sera engagé sur la presqu'île de Crozon. Le *3rd Bat/116th* rejoindra son unité à Saint-Pierre.

Sullivan et ses Rangers rejoindront les deux compagnies qu'ils ont laissées au Dellec, leur prochaine mission sera de neutraliser les batteries et le fort du Portzic. Ce ne sera pas une partie de plaisir comme nous le verrons ultérieurement. Les compagnies B et C seront rapidement détachées du bataillon et rattachées au 29e escadron de reconnaissance qui tiendra le flanc gauche de *Latitude*, en lieu et place de *Grasshopper*, à compter du **13 septembre**.

(45) *Mission Report 428th Squadron*, 7 September 1944.

(46) Faucher (L.), *op. cit.*, p. 953 et 958. Fürst (M.), *op. cit.*, deux pages non foliotées.

(47) *Mission Report 378th Fighter Squadron of the Ninth Air Force, Mission n° 226*.

La batterie de 150 des Rospects à Plougonvelin après les combats. (AMB.)

Un bilan des destructions au 3 septembre : Brest intra muros et le Port de commerce

A cette date, le centre-ville est complètement détruit. Tous les toits des habitations du centre ville ainsi que du quartier de Recouvrance ont été soufflés et seuls demeurent les murs qui dessinent le contour des bâtiments. Le pont de Recouvrance a été coupé. Les quais du port de commerce ont été systématiquement sabotés sur ordre de Ramcke. Le château semble par contre intact. On remarquera au centre de la photo l'antenne chirurgicale *(Hauptverbandplatz)* située Place du château. Cet abri protégé de la 40ᵉ Flottille de de dragueurs de mines est signalé à l'aviation par une croix rouge dans un cercle blanc peint sur le toit du bâtiment. (SEAC.)

Le 8 septembre : Brest Ouest

Vue du parc à mazout *(Ölberg)*, de l'Ecole Navale et de la base sous-marine. Les dégâts sont considérables. Les bunkers situés au nord de l'Ecole Navale ont également été bombardés. On remarquera de part et d'autre de l'Ecole Navale les antennes chirurgicales dont les toits sont marqués par une croix rouge dans un cercle blanc. (SEAC.)

Vu de près, les dégâts apparaissent encore plus impressionnants. (AMB.)

Le fort de Montbarey à gauche, le bourg de Saint-Pierre et le fort de Kéranroux à l'extrême droite. (SEAC.)

Les Américains sont dans la ville
8 au 11 septembre 1944

« *Temps froid, messe au bureau, 8 h 30 activité aérienne intense, attaque d'une violence inouïe sur notre secteur. Tout donne en même temps, artillerie, bombardiers en piqué, lancement de grenades, tirs des armes automatiques, chutes de bombes.* » (1)

C'est l'attaque générale sur tout le front. Le stock de munitions d'artillerie a été reconstitué, Brest va être écrasée sous une pluie d'obus et de bombes. Nous sommes le **8 septembre. (Carte n° 13.)**

Alors que le *IX Bomber Command* est engagé au-dessus de l'Allemagne, le XIX TAC soutiendra très efficacement la progression de l'infanterie en effectuant 1 103 sorties au cours de cette période.

Les objectifs des trois divisions d'infanterie sont les suivants :

– Lambézellec jusqu'aux Fortifications y compris le fort du Bouguen pour la 8ᵉ division au nord,

– Saint-Marc et Brest-Est pour la 2ᵉ division à l'est,

– Les batteries de Kerognant et de Kerjean au nord-ouest. Le glacis qui s'étend entre les lignes américaines et les forts de Montbarey et de Kéranroux à l'ouest pour la 29ᵉ division.

Zone Nord : Lambézellec

Lambézellec, le « ventre mou » de la défense allemande, va bientôt tomber. (2)

Ont été rattachés, avant l'attaque, au *13th* et au *121st Infantry*, positionnés sur une ligne Bohars-Cozribin : l'escadron B du *141st Royal Armoured Corps* et ses chars « crocodiles », les escadrons B et C du 709ᵉ régiment de chars, les compagnies B et D du 86ᵉ régiment chimique. L'appui aérien sera assuré par douze P47 de la 378ᵉ escadrille qui s'attaqueront une nouvelle fois au secteur Kéredern-Kérinou.

Le *13th Infantry* attaque avec ses trois bataillons, le 1ᵉʳ au centre, le 2ᵉ à droite, le 3ᵉ à gauche. Kervao et Loscoat sont pris alors que *Lagoon White* s'apprête à prendre Kerognant. (3)

Le *121st Infantry* attaque Mesmerrien-Pontanézen avec deux bataillons, le 1ᵉʳ à droite, le 3ᵉ à gauche, ce dernier étant soutenu dans sa progression par *Impressive Red*. (4) Mesmerrien et Pontanézen tombent dans la soirée, quatre des six baraques de Pontanézen ont brûlé. A minuit, le *13th Infantry* tient la ligne Beuzit-Kervao-Loscoat et le 121ᵉ Mesmerrien-Pontanézen.

Les Allemands sont au bord de l'effondrement. « *Le commandement va écrémer le fond du pot* (sic) *: employés de bureau, soldats âgés et ventrus qui, de toute évidence, n'avaient jamais tenu un fusil. Je les revois, traversant la place de Lambézellec, sous les giclées d'obus, se plaquant au sol, rouges, congestionnés sous le sac et cherchant un abri parmi les pierres, près de l'église en ruines... Les blessés légers, et même assez graves, qui venaient au poste de secours se faire panser, étaient renvoyés impitoyablement en ligne, une fois les soins donnés* », dira un témoin. (5)
Sans commentaires.

Le plan des Américains est le suivant pour le lendemain **9 septembre**. Du fait de la neutralisation de

(1) Kervern (A.), *op. cit.*, p. 47.

(2) Document utilisé pour la rédaction de ce paragraphe :
– *The 8th Infantry Division, Report After Action against Enemy,* Vol. 3, *op. cit.*, p. 11-18.

(3) *Lagoon White = 2nd Bat./115th Infantry.*

(4) *Impressive Red : 1st Bat./38th Infantry.*

(5) Kervern (A.), *op. cit.*, p. 167-168.

Un char « Crocodile » (char Churchill équipé d'un lance-flammes) du *141st Royal Armoured Regiment* photographié à travers une brèche dans le mur d'enceinte des baraques de Pontanézen. (Coll. A. Mac Thuermer.)

Stretcher bearers with mascot

Pontanézen, à l'exception de son extrémité Sud tenue par les parachutistes de Reino Hamer, il est désormais possible de passer à la deuxième phase de l'opération, à savoir faire avancer le *121st Infantry* vers l'ouest le long de la crête, soutenu par les tirs du 13e depuis le nord du bourg. Les Allemands tiennent encore les quartiers Nord de Brest et la pente Sud de la crête de Lambézellec. *Impressive Red*, le bataillon de Mildren, se trouve à gauche au nord-est du 121e. Pour prévenir toute infiltration entre les deux régiments, on prévoit de laisser le *1st Bat/121st* au sud de Mesmerrien jusqu'à ce que les éléments de tête de Mildren puissent venir s'accoler. Le *121st Infantry* doit lancer son attaque principale sur son flanc droit au nord, avançant son flanc gauche le long de la crête en maintenant le contact avec les éléments qui effectueront l'effort principal. Ceci afin de contrer les tirs des parachutistes qui se sont repliés au sud.

Lambézellec tombe

La nuit du 9 septembre est calme, les Allemands se replient. Le *121st Infantry* progresse dans la matinée le long de la crête comme prévu. A 12 h 50, les Américains, guidés par Madame Marchadour, qui habite Lambézellec, sont dans le bourg. Un détachement, conduit par le frère de Jean Roudaut, poursuit son action et prend la batterie de Keredern dont les canons ont été antérieurement détruits par les chasseurs-bombardiers de l'escadron 362. (6)

A minuit, le front est stabilisé sur la route le Quizac-Kerele-Kerinou. La deuxième phase de l'opération a été réalisée. Les deux régiments sont désormais accolés, faisant face au sud-ouest, l'objectif final étant les Fortifications et le fort du Bouguen.

(6) Kervern (A.), *op. cit.*, p. 49.

Ci-contre : Deux soldats américains (dont un infirmier) avec leur mascotte à Pontanézen. (Coll. A. Mac Thuermer.)

Ci-dessous : Roulant à vive allure, une Jeep passe devant les casernements de Pontanézen conquis par la 8e division d'infanterie. (US Army.)

Deux blindés américains dans Lambézellec. Le premier est un Sherman équipé à l'avant d'un taille haie « Cullin », du nom de l'ingénieux sous-officier qui a eu l'idée de fixer ce soc afin que les blindés puissent franchir les haies du bocage. Le second engin qui passe devant l'église dont le clocher a été éventré est un Tank Destroyer M 10. (NA.)

Sur ordre de Middleton, la limite entre la 8ᵉ division et *Latitude* est à nouveau déplacée vers le Nord-Ouest. La 29ᵉ division a trois bataillons dans le secteur. La relève de ces bataillons est prévue dans la nuit du **10 au 11 septembre**. Elle sera assurée par les 1ᵉʳ et 3ᵉ bataillons du *28th Infantry*, le *2nd* restant en réserve au Restic.

Attaque du fort du Bouguen

L'attaque reprend à 10 heures le **10 septembre**. Le *13th Infantry* atteint rapidement la rive de la Penfeld dans le secteur Quizac-Kerallet, le 121ᵉ se lance à l'assaut du fort du Bouguen, après une préparation d'artillerie. Il aligne deux bataillons, le 2ᵉ à droite, le 3ᵉ à gauche.

« Le fort est un ouvrage extraordinaire, consistant en murs d'une épaisseur de 25 à 35 pieds, entourés par une douve sans eau de 15 à 25 pieds de profondeur. L'extrémité Ouest des murailles donne sur la Penfeld, elles sont percées par une entrée très étroite, pas assez large pour laisser passer un véhicule. Il faut de plus emprunter deux tunnels et deux ponts étroits. L'assaut contre le fort est particulièrement ardu du fait de la présence d'une falaise à pic au nord de la rivière, c'est-à-dire entre la rivière et l'intérieur du mur. » (7)

L'infanterie échoue. Les sapeurs ne pouvant y opérer des démolitions, on décide alors de faire donner l'artillerie lourde du VIIIᵉ corps d'armée. Des canons de 155 entrent en action. Nouvel échec, un canon américain est détruit par des tirs de contrebatterie, les Allemands perdent également plu-

(7) *The 8th Infantry Division, Report After Action against Enemy, vol. 3, op. cit.*, p. 16-17.

sieurs canons positionnés dans les Fortifications. Tout est à faire, le fort a résisté aux assauts successifs de l'infanterie et de l'artillerie. Dans la soirée les fantassins occupent la ligne Quizac-Kerhallet-Kérele-Kerinou, ils sont à 500 mètres du fort du Bouguen.

La relève de la 8ᵉ Division

Middleton remanie son dispositif le lendemain **11 septembre**. L'artillerie lourde, ayant échoué devant le fort du Bouguen, il décide de suspendre les opérations dans ce secteur, d'y contenir les Allemands et de reporter son effort plus à l'est dans la ville. La 8ᵉ division reçoit l'ordre de rejoindre la presqu'île de Crozon dont les forces allemandes sont toujours contenues par la *Task Force A* et les FFI. Le *13th* et le *121st Infantry* sont relevés, dans la soirée, par *Index* qui était en réserve dans les environs de Gouesnou. (8) Le premier se replie en un premier temps à la Garenne au nord de Kervalguen, le second à Kerinaouen au nord-ouest de Kergaradec. Le transfert de la 8ᵉ division et des unités rattachées durera du **12** au **14 septembre**, le PC s'installe à La Fontaine Blanche.

Un bataillon du *28th Infantry* a fait mouvement vers la presqu'île de Crozon. Les deux autres ont relevé les deux bataillons de *Lagoon* à droite de la zone divisionnaire. Ils occupent le front Kerfestour-Kermerrien-La Villeneuve. Le 8ᵉ escadron de reconnaissance leur reste rattaché. Ces unités se maintiendront au nord-ouest de Brest jusqu'au **13 septembre**, date à laquelle elles seront relevées par le 29ᵉ escadron de reconnaissance *(Lake)*, à qui l'on rattachera les compagnies B et C du *5th Ranger (Marauder)*. *Index* se trouve désormais seul devant Le Bouguen qu'il devra absolument investir. **(Carte N° 17.)**

Zone Est : Gouesnou-Guipavas-Saint-Marc

Tactiquement parlant, il s'agit pour Robertson de prendre en tenailles la partie Est de la ville de Brest jusqu'aux Fortifications avant de les prendre d'assaut. Le bataillon de Mildren *(1st Bat/38th)* au nord, celui de Hightower *(1st Bat/23rd)* au sud constituent les deux mâchoires de la tenaille. Sont déployés au centre : le bataillon de Barsanti *(3rd Bat/38th)* entre Kerzouric et Penn ar C'hoat, celui de Norris *(2nd Bat/38th)* est à Penn ar Reun, celui de Hamelé *(2nd Bat/23rd)* à Poul ar Feunteun. (9)

En clair, le *38th Infantry* a la responsabilité de la partie nord et centre de la zone divisionnaire, le *23rd Infantry* celle de la partie sud. Le *38th Infantry* attaquera dans un premier temps et en totalité. Il doit refouler tout ce qui se trouve entre la route de Gouesnou à Brest et la route de Paris jusqu'au Froutven-Penn ar Reun. Il pénétrera ensuite dans la ville par le nord-est en ratissant le secteur compris entre Kérinou et les rues Anatole France et Jean-Jaurès. Le *23rd Infantry*, au sud de la route de Paris, attaquera ultérieurement avec ses 2ᵉ et 1ᵉʳ bataillons dans l'axe Kermeur–Coataudon/Le Bot/Saint Marc. La Gare et le plateau de Kéroriou, situés au sud des rues Anatole France et Jean-Jaurès, devront ensuite être investis.

La division attaque le **8 septembre** à 10 heures après un bombardement « *terrific* » des positions allemandes par l'*US Air Force* et l'artillerie. La *Flak* de Kermeur-Coataudon et du Bot ne répond plus, laminée par les P47 et les P38 des 377ᵉ, 378ᵉ et 428ᵉ escadrilles dans leur ultime mission d'appui au profit des 2ᵉ et 8ᵉ divisions. Ils interviendront par la suite à Crozon et au Conquet ainsi que nous

l'avons mentionné *supra*. (10) Restent cependant aux Allemands leurs armes lourdes, les mitrailleuses en particulier.

Le *38th Infantry* est irrésistible. A 14 heures, les hommes de Mildren ont atteint le sud de Mesmerrien jusqu'à Kervézennec, Barsanti a dépassé Penn ar C'héac'h, Norris a nettoyé Le Froutven et Guélarnou.

La mort de Frank Valentich

Cette progression ne s'effectue pas sans drame de part et d'autre. Frank Valentich est sergent et chef d'un groupe de combat de la compagnie E du *2nd Bat/38th*. Le lieutenant Charles D. Curley commande la section. Valentich est persuadé, depuis le débarquement en Normandie, qu'il ne survivra pas à cette guerre mais qu'il mourra en « état de grâce ». Il s'en est ouvert à plusieurs reprises à son chef de section. Valentich est catholique pratiquant.

Au cours de la phase d'encerclement de la colline de Kermeur, le groupe de combat progresse dans un chemin creux de Kerhouant. Soudain, une mitrailleuse crépite, Valentich est grièvement atteint, ses hommes le portent dans une maison du Froutven. Les infirmiers, qui s'affairent autour de lui, font signe à Curley que la fin est proche. Tout à coup pénètrent dans la pièce, avertis on ne sait comment, deux prêtres qui exercent leur ministère dans le voisinage. L'un d'entre eux comprend l'anglais et assiste le sergent dans son agonie en lui tenant la main. « *We sensed the presence of God in the room at that moment* », dira plus tard Curley. (11)

Mais les combats continuent. Le bataillon de Norris n'ayant pu prendre Kermeur, il est relevé, dans la soirée par la compagnie F du *2nd Bat/23rd* à qui incombera cette mission. La ligne d'attaque s'étant considérablement rétrécie, deux bataillons sont mis au repos, à savoir celui de Norris et celui de Tuttle partiellement. Ils interviendront ultérieurement dans Brest.

Samedi 9 septembre (12)

Le *38th Infantry* a fourni l'effort principal la veille, gagnant plusieurs centaines de mètres en direction de Brest. Le *23rd Infantry* passe à l'attaque le premier en ce samedi 9 septembre. Les compagnies A, B, I et G s'élancent à 6 h 35 sans préparation d'artillerie afin de ménager un effet de surprise. La compagnie F entre en scène 45 minutes plus tard, les fusiliers rencontrent peu de résistance. Cette

(8) *Index : 9th Infantry.*

(9) Documents utilisés pour la rédaction de ce paragraphe :

– *G3 Journal 2nd Infantry.-Div., September 44, op. cit.*

– *History of the Second Division, op. cit.*, p. 64-66.

– Duckworth (G.H.). *Operations of Company F, 23rd Infantry Regiment/2nd Infantry Division at Brest France 8 September-14 September 1944, Personnal Experience of a Company Commander*, US Army Military Institute, réf. 603-23-1948, p. 3-31.

(10) Les pertes des trois escadrilles ont été faibles : le *First Lieutenant* Charles H. Freeman de la 377ᵉ escadrille le 26 août, le *Captain* Stroh de la 378ᵉ escadrille le lendemain. Ceci corrobore l'avis du commandant Liston, estimant alors la *Flak* peu active dans son secteur ainsi que nous l'avons évoqué *supra*.

(11) « *Nous avons à ce moment-là ressenti la présence de Dieu dans cette pièce.* » Témoignage de Charles Curley aux auteurs le 29 juin 1993.

(12) Les combats seront désormais décrits jour après jour, dans la zone Est puis dans la zone Ouest, jusqu'à la reddition.

compagnie, peu engagée jusqu'alors, est commandée par le capitaine Duckworth, assisté du lieutenant John C. Calhoun

Il s'agit pour les compagnies F et G de prendre en un premier temps la colline de Kermeur et sa batterie, puis de franchir la rivière, d'escalader rapidement ensuite la pente du Stangalar, de neutraliser les points d'appui et nids de résistance qui défendent jalousement l'entrée Est de Brest et de pénétrer enfin dans le quartier de Saint Marc avant de donner l'assaut aux Fortifications. La pente qui mène du vallon de Stangalar à Saint Marc est particulièrement redoutable : quelques fermes, des bois, des chemins creux. Les fusiliers devront redoubler de vigilance, les Allemands tenant la hauteur. Les parachutistes, rescapés de Menez Toralan sont là, bien décidés à défendre chèrement leur peau.

Outre les mitrailleuses et les armes légères, les fusiliers seront affrontés aux canons antichars des Quatre Chemins et de Beauregard situés au nord de la rue Jean Jaurès. Le fort de Penn ar C'réac'h, à ne pas confondre avec le village du même nom situé au nord de Coataudon, bat de ses feux la route nationale. Un canon antichar sur rails est installé à l'entrée de la rue Jean Jaurès, un autre est situé sur la route qui relie le Pont Neuf au Bot, puis vient la batterie du Bot dont une partie de l'armement a été détruite par l'*US Air Force*. Au sud, le fort du Guelmeur interdit les approches de la gare de Brest. (13)

Nous allons suivre plus particulièrement la progression de la compagnie F. La documentation abonde, le capitaine de compagnie a relaté les événements dans un exposé adressé aux *Advanced Infantry Officers* au cours de l'année universitaire 1947-1948 à Fort Benning, Géorgie. Les faits relatés ici permettront au lecteur de mieux entrevoir ce qui s'est passé dans les rues de Brest au cours de ces terribles journées du 9 au 18 septembre qui ont vu la destruction quasi totale de la ville. (14)

La compagnie Duckworth est forte de 170 hommes et de 7 officiers, 30 % d'entre eux ont débarqué à *Omaha Beach* à J+2, les autres sont des remplaçants mais ont pris part aux combats de Normandie. Le moral, la discipline, « l'esprit de corps » sont excellents. L'armement est conséquent : chaque groupe de combat, formé de douze hommes, est doté de deux pistolets-mitrailleurs Thompson ainsi que de deux *Browning Automatic Rifles* ou BAR, un fusil-mitrailleur particulièrement efficace. Les hommes sont légitimement confiants.

Duckworth met en position deux sections d'assaut, la troisième à droite, immédiatement au sud de la route de Paris, commandée par le lieutenant Carlo Accamo, la deuxième à gauche sous les ordres du lieutenant William R. Boulding. La première section est en soutien de la troisième, elle est emmenée par le lieutenant Arthur D. Camunez. Un groupe de mitrailleuses est affecté à chacune des deux sections d'assaut. Les trois groupes de mortiers de 60 mm de la compagnie soutiendront l'attaque, renforcée par une section de mitrailleuses lourdes de la compagnie H.

Duckworth prend Kermeur-Coataudon sans combat

Attaquant à 7 h 20, les hommes de Duckworth avancent lentement et précautionneusement à travers un terrain encombré de restes de réseaux barbelés mis à mal les jours précédents par l'artillerie. Çà et là, quelques cadavres d'Allemands noircissent déjà, certains d'entre eux en position de tir dans leurs *Fuchslöcher*. Ils ont tenu jusqu'à la dernière cartouche, tels étaient les ordres. La progres-

sion continuant sans opposition, les fusiliers accélèrent le pas, espérant se saisir rapidement de Kermeur. Alors que les premiers éléments atteignent la crête, ils essuient malgré tout quelques tirs sporadiques qui n'entravent pas sérieusement leur marche. Kermeur a été évacuée, les Allemands se sont repliés durant la nuit, laissant une très faible force de couverture. Certains vont se rendre, les autres sont déjà sur la pente du Stangalar où ils réorganisent fébrilement leur défense, notons qu'il s'agit là d'un repli de plus de deux kilomètres. En effet, alors que les compagnies F et G sont encore à Kermeur, les armes légères, les mitrailleuses et même quelques canons se déchaînent depuis Saint-Marc et Le Bot sur les fantassins, mais sans grande conséquence.

A 9 heures l'ordre tombe de faire mouvement vers Saint Marc, les compagnies F et G s'élancent, le 3e bataillon de Tuttle restant en défensive à Kermeur pour soutenir de ses armes lourdes les GIs dont l'objectif immédiat est la rivière du Stangalar. Les premiers éléments de Duckworth l'atteignent à 10 h 50.

Le « château de Saint-Marc »

Duckworth et ses deux sections gravissent ensuite rapidement la pente du Stangalar, se heurtent à un nid de résistance coriace, à savoir l'ex-Maternité située à 200 mètres à l'ouest de l'église et du cimetière de Saint Marc, dressant sa haute silhouette entre la route de Quimper et la rue de Verdun. C'est une belle bâtisse entourée d'un parc, un château transformé en centre de convalescence de la *Wehrmacht*. (15) Plusieurs gros bunkers contribuent à la défense du secteur. La section de Camunez prend le point d'appui, capturant ou tuant tous ses défenseurs, 24 Allemands se rendent, dont deux officiers.

Le cimetière et le « château » neutralisés, les Allemands sont contraints au repli. Duckworth marque alors une pause dans sa progression et réorganise ses sections avant de pénétrer dans Saint-Marc. La compagnie E, qui était en réserve, vient alors le flanc-garder à gauche en lieu et place de la compagnie G.

A 17 heures, Duckworth reprend sa progression avec deux sections, la troisième à droite, la première à gauche, suivie de la seconde. Il fait glisser progressivement sa compagnie vers la rue Jean Jaurès qui fait partie de la zone de responsabilité de Barsanti. Sa ligne de départ est la rue Dixmude et son prolongement. Les fusiliers sont désormais en pleine ville, les maisons, les immeubles sont autant de traquenards possibles. Circonstance aggravante, la plupart d'entre eux n'ont pas été entraînés aux combats de rues, il faudra donc improviser. On observe cependant que les Allemands se replient. Des prisonniers se rendent en masse, peu concernés par ces combats dont l'issue est évidente. Des Italiens, des Polonais, des Russes mettent bas les armes au nombre de 200 environ. Les parachutistes sont un peu plus loin derrière, organisant à la hâte des nids de résistance et positionnant leurs *snipers* dans les étages.

La compagnie F, qui a progressé de près de deux kilomètres depuis le début de la matinée, s'organi-

(13) Yoni (E.). *Siège de Brest - Août-Septembre 1944,* in Mémoire de Lambézellec n° 10, p. 25.

(14) Duckworth (G.H.). *op. cit.,* p. 3-31.

(15) *Mur de l'Atlantique, Extrait Brest,* dossier SHM, *op. cit.,* p. 140. Actuellement le Centre Psychothérapeutique Winnicott.

se pour la nuit. Les sections et leurs groupes de combat s'installent dans les immeubles et les maisons, de manière à couvrir de leurs feux les rues parallèles et perpendiculaires à leur ligne de front. Les mitrailleuses lourdes de la section de soutien sont mises en position dans l'embrasure des portes et des fenêtres. Le PC a quant à lui pris possession du « château ».

A ce stade des combats il n'est pas inutile de dire deux mots des moyens de transmissions et de la logistique mis en place au profit des compagnies. Les moyens radio d'abord. La compagnie F dispose de deux SCR 300 radios, un appareil émetteur récepteur dont la portée est d'environ 5 kilomètres. Il pèse 17 kilos et peut être porté à dos d'homme. Il faut ajouter six SCR 536, pesant 2 kilos, dont la portée est d'environ 2 kilomètres, un petit central téléphonique, cinq téléphones portatifs de type EE8, pesant 4,5 kilos ainsi que douze téléphones *sound power* qui permettent aux hommes de la compagnie de communiquer entre eux. (16)

Certains de ces matériels sont transportés dans une camionnette qui suit de très près la compagnie, il en va de même des munitions. Le transport est à la charge du sergent John Lupnaca, la bonne marche des communications relève du sergent John Williams et de ses huit hommes appartenant

(16) *Manuel technique des Transmissions n° 1*. Notice sommaire sur les matériels de Transmissions de l'Armée américaine. Deuxième édition, Paris, Imprimerie Nationale, Mars 1945.

à la compagnie d'Etat-Major. Dès que l'on s'arrête pour la nuit, les fils téléphoniques sont déroulés jusqu'au niveau de la section puis de la section jusqu'aux groupes de combat et postes avancés. Tout événement intervenant sur la ligne de front est immédiatement signalé par les chefs de section au capitaine de compagnie. Une permanence est assurée toute la nuit auprès des téléphones, les lignes sont vérifiées toutes les demi-heures. Si une ligne est coupée, un contact radio est immédiatement établi jusqu'à réparation.

L'alimentation des combattants fait également l'objet d'un soin particulier de la part du commandement et l'on verra Robertson s'en préoccuper tout spécialement. On leur apporte chaque soir, dans la mesure du possible, un plat chaud, de l'eau et du café. Le sergent George Tate, de la *company mess* en est le responsable. Les plats sont préparés par la « popote » du régiment et servis dans des assiettes en fer blanc compartimentées.

Les munitions sont également apportées et distribuées dans la soirée, par le même canal, sous la responsabilité des chefs de section.

Mais revenons aux combats. Comme il fallait s'y attendre, les Allemands contre-attaquent à 23 heures dans le secteur de la 3ᵉ section. Tirs aux fusils, aux pistolets-mitrailleurs, jets de grenades accompagnent l'effort des *Jerries*. Les fusiliers leur répliquent en utilisant des grenades à fragmentation et tout rentre dans l'ordre. Deux hommes sont cependant tombés, les sergents Joe T. Kimble et Vincent J. Stancavage. Ils avaient débarqué à *Omaha* puis avaient participé à tous les combats de Normandie. Leur disparition est douloureusement ressentie par leurs camarades.

Les Allemands précisément, comment se comportent-ils dans Brest envahie ? Nous disposons ici du témoignage précieux de Max Lafferre, médecin de la Marine et professeur à l'Ecole Annexe de Médecine Navale. Il dirige, au cours de cette période, la section Marine de l'hôpital Ponchelet. Le pharmacien-chef est le pharmacien de 1ʳᵉ classe Quiniou. Lafferre exerce en outre une activité de Renseignements dans Brest depuis 1942. Il sera, pendant le siège, en liaison constante avec le capitaine de vaisseau Lucas, chef des unités Marine de la Résistance ainsi qu'avec l'Etat-Major américain. Il est secondé dans cette mission par le Maître gendarme Bourdon dont on reparlera au cours de ce récit. (17)

L'hôpital Ponchelet est le seul hôpital ouvert aux civils du fait de l'occupation de l'Hôpital Maritime par les Allemands et de la transformation du Nouvel Hôpital en redoute. Ponchelet est sur la ligne des combats les 9 et 10 septembre. Les parachutistes tentent à maintes reprises de l'utiliser à la fois pour y installer des postes de combat et pour y déposer leurs blessés. Ils sont harassés, en loques, épuisés, sonnés par les tirs de harcèlement américains. Certains d'entre eux font montre de nervosité envers les responsables de l'hôpital et les dizaines de malheureux qui y ont trouvé refuge dont un certain nombre de cultivateurs refoulés depuis Guipavas et Gouesnou. Mais on ne signale pas d'exactions. (18)

Au nord, Mildren a dépassé le Dourjacq et le terrain de football de l'AS Brestoise dans la soirée. La compagnie L de Barsanti se trouve entre le terrain de l'Etoile Rouge qui borde la route de Paris à la sortie de Brest et la batterie du Bot qui s'est définitivement tue. Une heure plus tard, elle atteint la route de Quimper.

Au sud, Hightower est à l'est du fort du Guelmeur.

La tactique de Robertson est la suivante pour les jours à venir :

– Mildren devra pousser jusqu'aux Fortifications à la hauteur de Kérinou afin de préparer la relève de *Grapefruit* avant son transfert sur la presqu'île de Crozon. (19)

– Barsanti attaquera dans l'axe des rues Anatole France puis Jean Jaurès jusqu'aux Fortifications, place de la Liberté.

– Hamelé opérera à gauche du précédent jusqu'au Plateau de Keroriou.

– Hightower affrontera les défenseurs du fort du Guelmeur puis progressera vers la gare, sans le concours des cavaliers de Hefley qui ont été relevés, mission accomplie.

Dimanche 10 septembre

Les compagnies L du 38ᵉ et F du 23ᵉ sont de part et d'autre de la rue Anatole France, la compagnie E du 23ᵉ est à gauche de Duckworth. Ce dernier a remanié son dispositif du fait de la perte de ses deux sergents la veille. La 2ᵉ section a permuté avec la 3ᵉ section sur la droite.

Toutes les compagnies attaquent à 9 heures. La progression est en un premier temps rapide, des immeubles sont pris. Puis tout se gâte, les mitrailleuses allemandes et les *snipers* balaient les rues perpendiculaires à la ligne de front. S'y aventurer équivaut à une mort certaine, les cadavres de plusieurs civils sont là pour en témoigner. La seule façon de progresser est de se précipiter d'un couvert à l'autre sous la protection de la fumée dégagée par les grenades fumigènes. Des hommes sont cependant blessés.

Hamelé dépasse Le Douric

Les compagnies F et E parviennent au Douric. Les Allemands se sont repliés dans les parcs qui bordent, au nord et au sud, la rue de Verdun. L'un d'entre eux a 200 mètres de large, les herbes sont hautes, l'ombre des arbres dissimule les *Jerries* à la vue des fusiliers. Il s'agit manifestement d'un point d'appui important. Duckworth observe, à travers ses jumelles, une casemate et un système de tranchées savamment élaboré. On décide de faire bombarder le bois par l'artillerie, les Allemands répliquent immédiatement sur toute sa largeur. La situation américaine est périlleuse, il n'y a pas de possibilité de se protéger, il est hors de question d'attaquer sans le soutien des armes lourdes. Les tirs d'artillerie n'ont pas donné les résultats escomptés. On rattache alors trois tank destroyers à la compagnie F, ils montent en ligne et adressent quelques tirs bien ajustés à la position allemande. Les fusiliers s'élancent, soutenus par les chars et les mitrailleuses lourdes positionnées au second étage des immeubles environnants. Les deux sections d'assaut enlèvent la casemate et nettoient les tranchées, tuant la plupart des défenseurs et faisant quelques prisonniers.

Cent mètres plus loin, une autre position est enlevée par la 1ʳᵉ section et les tank destroyers grâce au dynamisme du sergent Walter Brownell qui l'a payé de sa vie. L'Allemand qui l'a abattu s'était volontairement laissé dépasser par les hommes de la section et lui a tiré dans le dos. On en apprend tous les jours, les GIs deviennent prudents.

Duckworth et ses hommes investissent ensuite un square (ou un parc) situé au nord-est de l'hôpital

(17) Lafferre (M.). *op. cit.* et *Le Télégramme 1944-1945*, p. 61.
(18) Lafferre (M.). *op. cit.*, p. 106-108.
(19) *Grapefruit = 121st Infantry.*

Ponchelet. On attaque à nouveau. Faisant feu de toutes leurs armes, fusils Garand, pistolets-mitrailleurs Thompson, fusils-mitrailleurs BAR, les groupes de combat se faufilent dans les rues, tirant tous en même temps sur les Allemands qui décrochent. Le procédé s'avère efficace. La compagnie F a atteint la rue du Gaz à midi.

Le fort du Guelmeur est investi

Le *1st Bat/23rd* rencontre également des difficultés devant le fort du Guelmeur plus au sud. L'artillerie allemande, les mortiers donnent le ton, les mitrailleuses postées dans les étages et les caves des immeubles interdisent tout mouvement aux hommes de Hightower. Il est impossible dans ces conditions de faire monter les tank destroyers en première ligne, il faudra par conséquent tirer sur chaque position allemande au bazooka. La bataille fait rage, partout du bétail mort, des voitures calcinées. Les gravats encombrent les rues, gênant la progression de l'infanterie. On doit faire appel aux chars « rhino » pour les évacuer. Le fort du Guelmeur tombe néanmoins à 14 h 50 sous les efforts combinés des compagnies E et A.

Le cimetière de Brest, un formidable point d'appui

Duckworth avance toujours. Les fusiliers sont à nouveau aux prises avec les parachutistes. Des combats rapprochés s'engagent, mais les Thompson et les grenades à fragmentation donnent un net avantage aux assaillants.

La compagnie F se trouve, à **18 heures**, face au cimetière de Brest situé dans le triangle formé par les rues Richelieu, de la République et Yves Collet et transformé en point d'appui par les parachutistes. Ces derniers y ont aménagé des positions de tirs, des trous d'hommes ont été creusés le long des rues précitées, des *snipers* sont installés dans les étages des immeubles des rues avoisinantes. L'école de la place Sanquer, qui domine tout le secteur, a été transformée en redoute et constitue également un excellent poste d'observation. Selon Duckworth, les 200 Allemands, qui s'apprêtent à vendre chèrement leur peau dans ce quartier, appartiennent au *II./2*. On peut avancer qu'il s'agit plutôt des rescapés du *II./7*, commandés depuis le 4 septembre par le capitaine Herzbach. Nous sommes en effet dans la zone de responsabilité du 7e régiment parachutiste. Quoi qu'il en soit, la bataille s'annonce rude. La compagnie F, qui a gagné près d'un kilomètre dans la journée, s'installe prudemment dans une position défensive pour la nuit. On déplore peu de blessés dans ses rangs contrairement aux Allemands qui ont subi de lourdes pertes. Quarante d'entre eux ont été pris, des marins, des aviateurs, très peu de parachutistes. Les tank destroyers et les grenades à fragmentation ont fait une nouvelle fois preuve de leur efficacité.

Max Lafferre, depuis l'hôpital Ponchelet libéré, a pris contact avec des médecins américains à 19 h 15. Ils visitent ensemble le poste de secours voisin. Les Allemands blessés qui s'y trouvent sont vaguement inquiets, on les assure du respect des conventions internationales. (20) Max Lafferre collaborera désormais avec le commandement américain, sa connaissance de la ville et en particulier de Brest intra-muros s'avérera précieuse.

Les Américains sont désormais dans la ville de Brest. La zone de la 2e division est scindée en deux secteurs, séparés par la rue Jean Jaurès, la principale voie d'accès à la ville lorsque l'on vient de l'est. La situation est la suivante à **22 heures**.

Au **nord** de la rue Jean Jaurès, Mildren est entre Traon-Quizac et l'octroi de la rue de la Vierge, puis vient Barsanti jusqu'à la rue Jules Ferry et Jules Ferry prolongée. Le **cimetière de Kerfautras** a donc été dépassé.

Au **sud**, les compagnies F et E de Hamelé sont déployées dans les immeubles situés entre la rue Richelieu et la rue du Gaz jusqu'à l'abattoir qui sera pris le lendemain. Au sud, le 1er bataillon de Hightower, qui a progressé entre la voie ferrée et la route du Vieux Saint-Marc, a pris le manoir de Kerstears. (21)

Les belligérants fourbissent leurs armes, les Fortifications sont désormais à portée de fusil. « *Ne prenez pas de risques, il faut refouler les Jerries derrière les Fortifications* », ne cesse de répéter Robertson à Zwicker aussi bien qu'à Lovless. Certes, il convient simplement de les refouler, le 23e perdra néanmoins 37 hommes en trois jours de combat.

Si les Allemands n'ont pas vigoureusement défendu les abords immédiats de Brest, ils ont en revanche judicieusement aménagé leurs points d'appui et leurs nids de résistance dans les profondeurs de la ville en avant des Fortifications. Huit jours de combat seront encore nécessaires pour obtenir la reddition allemande.

Lundi 11 septembre

Les Américains attaquent à **9 heures**.

Au **nord** la compagnie C de Mildren progresse très rapidement et atteint la place Aristide Briand, elle commande l'entrée de la rue du Moulin à Poudre qui mène dans Brest intra-muros. A midi, les deux autres compagnies sont déployées jusqu'à la rue Bugeaud, située au nord de l'église Saint Martin que Barsanti doit prendre. Impressionné par leur conduite au feu, ce dernier a autorisé 70 marins FFI et le groupe S/s Pengam à combattre aux côtés de ses hommes. (22)

Au **sud** les compagnies A, B et C de Hightower remontent le long de la voie ferrée et de la rue du Vieux Saint Marc. Elles sont à midi à l'ouest de l'usine à Gaz. Elles sont désormais sous les tirs directs provenant de la gare et de la porte Foy.

Le cimetière de Brest résiste

La compagnie F a également attaqué à 9 heures, non sans avoir au préalable tiré au mortier de 60 et de 81 sur le cimetière et les rues adjacentes. Ces tirs seront sans effet, les murs du cimetière sont trop épais et les positions allemandes remarquablement aménagées. Les caveaux ont été transformés en autant de nids de résistance, des trous d'hommes ont été creusés dans les allées, l'armement est essentiellement composé de mitrailleuses. Les champs de tirs sont bien dégagés. Duckworth a adopté la tactique suivante : la 2e section va essayer d'investir les immeubles de la rue Yves Collet ainsi que la partie droite du cimetière, la 1e section se réservant la rue Guilhem et la partie gauche du cimetière, l'objectif initial étant de parvenir jusqu'à la rue qui le coupe en deux à la hauteur des rues Saint Martin et Descartes. La 3e section est au centre devant le cimetière, en soutien de l'attaque. Les mitrailleuses sont installées dans les immeubles de la rue Richelieu mais elles possèdent un champ de tir réduit du fait de la hauteur des murs. On progresse dans un premier temps sans difficulté, des immeubles sont pris,

(20) Lafferre (M.). *op. cit.*, p. 108.
(21) *Ibid.*, p. 81 et *G3 Journal 2nd Inf.-Div., op. cit.*
(22) Lafferre (M.). *op. cit.*, p. 80.

Cette scène illustre bien les risques à s'exposer dans la rue pour les assaillants américains. Devant la résistance acharnée des Allemands, les soldats alliés progresseront à travers les immeubles en ouvrant à coups d'explosifs les murs des habitations. (NA.)

deux groupes de combat réussissent à pénétrer dans le cimetière à gauche et à droite en profitant des trous creusés par des obus.

Les fusiliers vont cependant se heurter très vite à la solide défense organisée de main de maître par les parachutistes. Le résultat ne va pas tarder. Atteints par des balles et des éclats de pierre arrachés aux pierres tombales, les fusiliers doivent se retirer du cimetière. Tout est à refaire. La progression par les immeubles est également entravée du fait qu'ils ne communiquent pas tous entre eux. Quant au passage par les rues, il est inutile d'y penser, le coût en vies humaines en serait exorbitant. Les Américains se heurtent littéralement à un « mur » qui paraît infranchissable. Une autre tentative est effectuée sous le couvert d'un écran de fumée, c'est un nouvel échec. Le cimetière est incontestablement *the hard nut to crack* dans ce secteur. Aussi Hamelé convoque-t-il ses capitaines de compagnie dans la soirée afin d'arrêter un plan d'action pour le lendemain. Il décide d'affecter une section de la compagnie G, peu sollicitée jusque-là, en soutien de chacune des sections d'assaut. Les trois sections de la compagnie F seront engagées selon le dispositif précédemment adopté par Duckworth. Comme il est hors de question de s'exposer dans les rues, quatre sapeurs de la section du génie du 2e bataillon sont affectés à la compagnie F, à raison de deux hommes par section d'assaut. Leur mission : tracer un itinéraire à travers les immeubles, en démolissant les murs et les cloisons au moyen de charges de TNT. Procédé radical, les fusiliers seront à couvert. Ils élimineront alors les *snipers* et arroseront les positions allemandes du cimetière depuis les étages conquis. On utilisera également les tank destroyers qui ont fait leurs preuves les jours précédents dans la démolition des nids de résistance ennemis.

Ce n'est pas encore fait. Les Allemands réagissent dans la nuit en tirant au canon sur les immeubles et en encadrant les rues et le nord du cimetière d'un sillage de balles traçantes, à intervalles réguliers, cherchant par là à repérer les mouvements de l'infanterie adverse et à deviner ainsi ses intentions. Un travail de professionnels.

Bilan

Les positions américaines sont les suivantes dans la soirée :

Au **nord**, Mildren n'a pas bougé, Barsanti est devant l'église Saint Martin, aménagée en point d'appui. Le 3e bataillon a donné l'assaut en utilisant des grenades à fragmentation et du phosphore blanc. Les Allemands s'accrochent, Zwicker est déçu. Robertson le rassure. « *Ne vous pressez pas* », lui dit-il, « *vous les aurez demain.* »

« *Je vais faire relever le 3e bataillon par celui de Norris* », lui répond Zwicker. Ce à quoi Robertson répond « *A vous de juger de la conduite à tenir.* »

Tout Robertson est dans ces propos, méthodique, très humain, il laisse une grande marge de manœuvre à ses subordonnés.

Au **sud** de la rue Jean Jaurès, le *2nd Bat/23rd* est toujours devant le cimetière de Brest. Le 1er bataillon a progressé de part et d'autre de la rue Poullic ar Lor, sévèrement contré depuis la gare transformée en camp retranché et défendue par le groupe de combat constitué par le sous-lieutenant Stiefel qui commandait la 1re batterie du régiment d'artillerie parachutiste depuis la blessure du lieutenant Gudzent. Par malheur, une batterie allemande s'en mêle depuis Crozon, faisant 27 blessés.

Cette nuit-là commence le bombardement systématique de Brest intra-muros et du Port par l'artillerie américaine. Il n'en restera que des ruines.

Ultime remaniement américain, nous l'avons signalé *supra*, la 8e division, *Granite*, est relevée par le *9th Infantry* qui entre à nouveau en scène après avoir pansé ses plaies dans les environs de Gouesnou. La relève commence à 20 h 30, est achevée à 23 h 45, les trois bataillons de Hirschfelder prennent position entre le Quizac et Traon Quizac au sud de Kérinou. Le PC est installé à Kerleguer à l'ouest de Lambézellec. **(Cartes n° 16 et 17.)**

Zone Ouest/Nord-Ouest : Guilers-Plouzané-La Trinité

Aucune progression n'est possible, dans la zone de la 29ᵉ division, sans la neutralisation de Kerognant toujours aux mains des parachutistes du commandant Ewald Werner. Plus au sud, Kerguillo, Penfeld, le fort Penfeld interdisent toute approche de la ligne de défense principale qui enserre la Forteresse au nord. (23)

A l'ouest, le point d'appui d'Ilioc entrave la progression vers le fort Montbarey.

Secteur de Guilers-Bohars Sud

Kerognant

Les hommes du *2nd Bat/115th* de Miller sont au nord, au sud-est et à l'ouest de Kerognant (24). L'assaut doit être mené par la 2ᵉ section de la compagnie G, section commandée par le lieutenant John K. Moore, toujours embusquée derrière un talus de la ligne de crête, situé légèrement au nord-ouest de Pen ar Valy. Parsch et sa compagnie E se trouvent sur le flanc droit à la hauteur de Kerozan. Des sections d'armes lourdes et des chars sont en soutien de l'attaque.

A 10 h 10 le **8 septembre**, au cri de « *29th, Let's Go* », Moore lance sa section à l'assaut de la batterie. Les hommes dévalent la pente, hurlant et tirant à la hanche afin de contraindre les Allemands à se terrer. Ceux-ci résistent fort bien comme d'habitude. A midi, l'attaque marque le pas, Parsch à droite rencontre des difficultés. On fait donner les chars à la demande de Rideout qui commande la compagnie G. La progression reprend. Peu de résistance, les parachutistes se sont repliés en empruntant la route qui mène de Kerognant à Penfeld. La position est prise à 18 h 00 par les hommes de Rideout.

Kerguillo-Penfeld

Les compagnies, assez éprouvées, s'enterrent pour la nuit alors que l'artillerie bombarde intensément Kerguillo, l'ex PC de la *Flak*. Le bombardement est particulièrement efficace. Le matin du **9 septembre**, la compagnie E attaque à travers les bois à l'ouest de Kerguillo. Quelques coups de feu sont échangés, Kerguillo tombe ainsi que le village de Penfeld quelques heures après. Les parachutistes ont déserté l'ensemble du secteur qui n'est plus défendable, le PC du 2ᵉ régiment s'est replié depuis Fort Penfeld dans le bunker situé près de l'église de Saint-Pierre. Les 5ᵉ et 6ᵉ compagnies du *II./2* évacuent le secteur nord dans la nuit du **11** au **12 septembre** et sont mises au repos en un premier temps dans le point d'appui de *Ölberg*, le parc à mazout de Hildy. Hartmann, qui commandait la 5ᵉ compagnie, a été tué. Il est remplacé par le sous-lieutenant Flöter, antérieurement affecté à la 8ᵉ compagnie. On retrouvera les deux compagnies dans la Forteresse, au sud du Fort Montbarey, le **12 septembre**.

Le fort Penfeld

Glover Johns, commandant du *1st Bat/115th* a déployé ses trois compagnies de combat A, B et C autour du fort situé plus au sud, dans un coude formé par la Penfeld. Nous sommes le **8 septembre**. L'attaque a lieu dans la soirée après une courte préparation d'artillerie. Une section de la compagnie A, emmenée par le sergent Lennis F. Pittinger, contourne le fort et l'investit par le sud. Le combat a duré deux heures.

Le fort Penfeld est désormais la position américaine la plus proche de la Forteresse au nord-ouest. Du fait de la prise de la batterie de Kerjean-Keroual par le *3rd Bat/175th Infantry*, également le **8 septembre**, le front Nord occupe une ligne Kerfestour-Kermerrien-La Villeneuve. Ainsi que nous l'avons évoqué précédemment, les deux bataillons du 115ᵉ sont relevés, dans la soirée du **10 septembre**, par deux bataillons de *Grasshopper*. (25) Ils y resteront jusqu'au **13 septembre**, le secteur sera par la suite pris en charge par le 29ᵉ escadron de reconnaissance et les compagnies B et C du *5th Ranger*.

Le 115ᵉ, après avoir été rassemblé au Cloître près de Plouzané, ira relever le *116th Infantry* afin d'investir la Forteresse depuis l'ouest.

Secteur de Plouzané-La Trinité

Plus au sud, le *175th* et le *116th Infantry* sont restés sur leurs positions les **4, 5, 6** et **7 septembre**. Le *175th Infantry*, qui a pris Coz-Castel avec l'appui des hommes de Millholland, a déployé ses trois bataillons depuis le sud-est de Coz-Castel jusqu'à Kerjean-Keriolet. Au sud, les 1ᵉʳ et 2ᵉ bataillons du 116ᵉ ont pris la Trinité malgré une contre-attaque désespérée du sous-lieutenant Schülz dont la compagnie a été anéantie.

Le plan d'attaque de Gerhardt, commandant la 29ᵉ division, pour la journée du **8 septembre** est le suivant:

– Le *2nd Bat/175th* attaquera seul en direction d'Ilioc.

– A gauche, le *3rd Bat/175th* devra investir la batterie de Kerjean-Keroual.

Les unités allemandes du secteur vont se replier lentement, généralement en ligne droite, vers la ligne de défense principale qui enserre la Forteresse à l'ouest, l'ultime objectif à défendre restant la base sous-marine.

Ilioc-Kerjean

Le *2nd Bat/175th* attaque par conséquent le **8 septembre** à 10 heures. L'opposition est d'emblée très forte. Les chasseurs de chars de Mischke se sont en effet repliés dans un chemin creux près d'Ilioc. Peu de progrès sont réalisés ce jour-là, les Américains semblent hésiter.

A gauche, le *3rd Bat/175th* prend **Kerjean** pratiquement sans combat. (26) Les 7ᵉ et 8ᵉ compagnies du *II./2* se sont en effet repliées en direction de Kéranroux-le Polygone. Le bataillon est relevé momentanément par le *3rd Bat/115th*.

Le **10 septembre**, le *1st Bat/175th* attaque à travers les positions du *2nd Bat/175th* et gagne environ 400 mètres à l'est en direction de Keriel. Le 115ᵉ quitte le front Nord, cédant la place à *Grasshopper* ainsi que nous l'avons vu *supra*. Le *2nd Bat/115th* vient immédiatement relever le 116ᵉ à l'est de La Trinité, les *1st* et le *2nd Bat/116th* gagnent une zone de rassemblement au nord-est de la Trinité. Ils y seront rejoints par le 3ᵉ bataillon lors de son retour de « la poche du Conquet ». L'objectif du *115th Infantry* est le fort Montbarey.

(23) Documents utilisés pour la rédaction de ce paragraphe :
– *After Action Report, 29th Infantry-Division, Phase VIII, Reduction of the Fortress Brest 1-18 September, op. cit.*, p. 4.

(24) *Kerognant Strongpoint, op. cit.*, p. 7-20.

(25) *Grasshopper = 28th Infantry.*

(26) Le Vouedec (E.). *op. cit.*, p. 107.

Le **11 septembre** à 10 h 30, le *2nd Bat/175th* et le *2nd Bat/115th* attaquent, vigoureusement soutenus par les chimistes des compagnies A et B du 86ᵉ régiment chimique qui, délaissant le positionnement classique de leurs mortiers dans les ravins, les ont installés sur les contre-pentes des collines environnantes, là où les Allemands ne les attendaient pas. Ce procédé sera efficace. Les pertes sont terribles chez ces derniers, les compagnies sont décimées. Des renforts sont demandés.

Combat de la ferme d'Ilioc

A Ilioc, les chasseurs de chars commencent à perdre pied, le *2nd Bat/175th* enlève la position ce jour-là à 20 h 00. L'action du sergent Sherwood Hallman de la compagnie F a été déterminante. Un nid de mitrailleuses et environ 30 parachutistes bloquent la progression de sa compagnie. Hallman et son groupe de combat sont en tête. Il demande à ses hommes de le couvrir, s'avance seul, franchit un talus d'un bond et se retrouve dans le chemin creux. Tirant à la carabine ou lançant des grenades, le sergent tue ou blesse quatre Allemands puis ordonne aux autres de se rendre. Immédiatement 12 d'entre eux gagnent les lignes américaines : la position est prise. 75 Allemands qui se trouvent dans les secteurs se rendent également, abandonnant une position qui avait immobilisé le bataillon pendant trois jours. Cela permet alors à ce dernier de gagner 1 500 mètres en direction de Kéranroux. Le chemin creux est souillé du sang des blessés. Les rescapés et Mischke se replient à Saint Pierre puis vont prendre position dans un chemin situé à 400 mètres à l'est du fort Montbarey. (27) Le sergent Hallman recevra la *Congressional Medal of Honor*, à titre posthume, car il décédera des suites de ses blessures le lendemain.

Bilan

Le **11 septembre** au soir, les Américains sont à la verticale du Dellec-Coatuellen-Kerallan-Kerfestour, Keriel résistant toujours ne sera pris que le lendemain matin par le *1st Bat/175th*. Il reste à entamer la ligne de défense principale et à neutraliser un certain nombre de points d'appui, en particulier le Fort Montbarey et le fort Kéranroux, avant de parvenir à l'Ecole Navale où siège l'Etat-Major allemand. **(Carte N° 16.)**

Le moral est au plus bas chez des défenseurs de la Forteresse, qualifiés de « visages pâles » par leurs compatriotes parachutistes du fait de leur propension à rester à couvert. Les marins, les fantassins, les hommes du 25ᵉ régiment de forteresse ne veulent plus se battre. Les paquetages sont déjà prêts en vue de la prochaine captivité qui surviendra inéluctablement, à moins que la mort ne fasse son œuvre. Les parachutistes sont traités de « prolongateurs de guerre ». Une fois de plus, les deux logiques s'affrontent, la guerre à outrance menée par les hommes de Ramcke, une capitulation nécessaire et somme toute honorable pour les autres. Les Allemands vivent l'enfer qu'ils ont déchaîné : l'artillerie américaine tonne sans interruption, les batteries ou ce qu'il en reste sont harcelées par les chasseurs-bombardiers. Des incendies éclatent partout, soit du fait des bombardements, soit du fait des parachutistes qui pratiquent assez volontiers la tactique de la « terre brûlée ». (28) Sur les 76 canons de la *Flak* présents dans la Forteresse, trois sont en état de fonctionner et deux sont en réparation ; sur les 60 canons que compte l'Armée de Terre et le 262ᵉ groupe d'artillerie de marine, seuls 27 continuent à tirer dont trois dans les batteries côtières. L'artillerie de l'Armée de Terre, qui supporte désormais quasiment seule le poids de la bataille, détient 7 600 obus pour 20 canons, soit l'équivalent de quatre à cinq jours de combat. La Marine a mis en ligne 6 000 hommes sur le glacis, 1 600 combattent dans la Forteresse. Elle a du reste payé le prix fort au cours des combats depuis le début du mois d'août : les pertes, morts et blessés, s'élèvent à 62 officiers et à 3 315 sous-officiers et hommes de troupe pour le secteur de Brest et du Conquet. (29)

Les Américains mènent une guerre psychologique très active. Des tracts sont rédigés en allemand, on se sert également de haut-parleurs pour inciter les Allemands à se rendre. Voici un tract parmi d'autres :

« Brest est perdue. Ni le général Ramcke, ni votre courage ne peuvent modifier la situation. Brest ne peut être comparé à Monte Cassino. La situation est identique à celle qui prévalait dans les ports de Cherbourg et de Saint-Malo. Là-bas, les défenseurs ont réalisé qu'il était inutile de résister. Brest est maintenant encerclée par terre, air, mer et a été rayé de la carte pour le Haut Commandement Allemand. Brest est perdue, mais vous non ! »

La 29ᵉ division devra cependant mener encore de rudes combats alors que la 2ᵉ division à l'est progresse péniblement dans les rues des quartiers Saint Martin et Saint Michel ainsi que dans le secteur de la Gare.

(27) Actuellement la rue du sous-marin Eurydice.

(28) Bertrand (F.). *op. cit.*, p. 10.

(29) *Kriegstagebuch Admiralatlantikküste, op. cit.*, 9.9.1944.

Le sergent Sherwood Hallman, de la compagnie F du *175th Infantry Regiment*, décoré à titre posthume de la Médaille d'Honneur du Congrès pour son action déterminante à Ilioc. (DR.)

Lors des combats, une unité américaine de guerre psychologique a installé un haut-parleur aux abords de Brest afin d'inciter les Allemands à se rendre. (NA.)

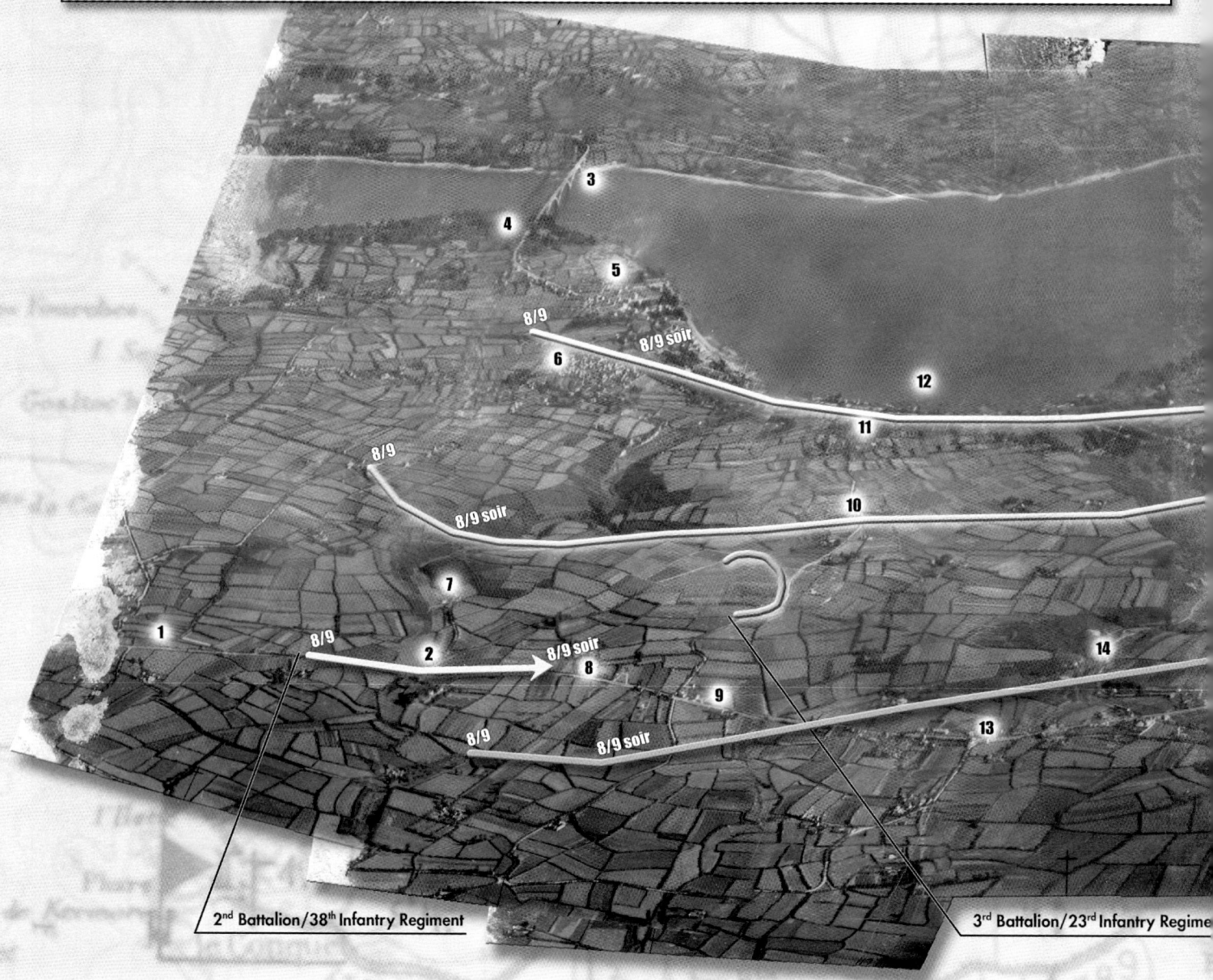

La progression de la *2nd Infantry Division* entre Guipavas et Brest (8-10 septembre 1944)

2nd Battalion/38th Infantry Regiment

3rd Battalion/23rd Infantry Regime

1. Lavallot et la route de Paris.
2. Le Froutven.
3. Le pont de Plougastel.
4. La batterie de Kerjean.
5. Sainte-Barbe.
6. Le Relecq-Kerhuon.
7. La Rivière du Costour.
8. Kerouhant.
9. Coathudon.
10. La batterie de Kelleur.
11. Le Rody.
12. L'anse du Moulin blanc.
13. Tourbihan.

14. La rivière du Stangalar.
15. Le Stangalar.
16. Le Pont-Neuf.
17. La pente du Stangalar.
18. La rade de Brest.
19. Saint-Marc.
20. La batterie du Bot.
21. Actuelle place de Strasbourg.
22. Route de Gouesnou.
23. Le fort de Guelmeur.
24. La rue Jean Jaurès.
25. Le cimetière de Kerfautras.

N

9/9 soir
10/9 soir
1st Battalion/23rd Infantry Regiment

23
9/9 soir
10/9 soir
2nd Battalion/23rd Infantry Regiment

19

24
25
10/9 soir
3rd Battalion/38th Infantry Regiment

20
9/9 soir

17
21

10/9 soir
1st Battalion/38rd Infantry Regiment

22
9/9 soir

Cette vue panoramique réalisée à partir de photos d'époque prises par l'aviation de reconnaissance alliée permet de découvrir le terrain et de suivre les itinéraires de chacun des bataillons d'infanterie de la *2nd Infantry Division* lors de leur progression aux abords immédiats de Brest depuis l'est.

En arrière-plan, en regardant vers le sud, la presqu'île et le pont de Plougastel. Au centre, la route de Paris entre Guipavas et Brest. Elle traverse les villages de Lavallot, Le Froutven, Coataudon, Tourbihan, Le Pont-Neuf, Saint-Marc, puis se prolonge avec la rue Jean Jaurès à Brest.

Le dispositif adopté par les Américains sera le suivant. Le *23rd Infantry Regiment* progressera au sud de la route depuis Lavallot jusqu'à Saint-Marc. Seront engagés le 1er bataillon de Hightower et le 2e de Hamelé (dont on suivra plus particulièrement dans le texte l'avance de la compagnie Duckworth). Le *38th Infantry Regiment* progressera au nord de la route pour déboucher devant Brest au niveau de l'actuelle place de Strasbourg. Seront engagés le 3e bataillon de Barsanti et le 1er bataillon de Mildren, ce dernier débouchant de la route de Gouesnou. La progression des deux régiments se poursuivra au-delà des fortifications, de part et d'autre de la rue Jean Jaurès qui va servir de limite entre les deux unités.

La neutralisation des batteries allemandes

Avant de pénétrer dans Brest, les troupes américaines vont s'assurer une à une des batteries allemandes qui ceinturent la ville. Du fait des intenses bombardements effectués par l'aviation et l'artillerie alliées, la plupart de ces sites ont été évacués par les Allemands et ont donc été conquis sans trop de difficultés par les forces alliées.

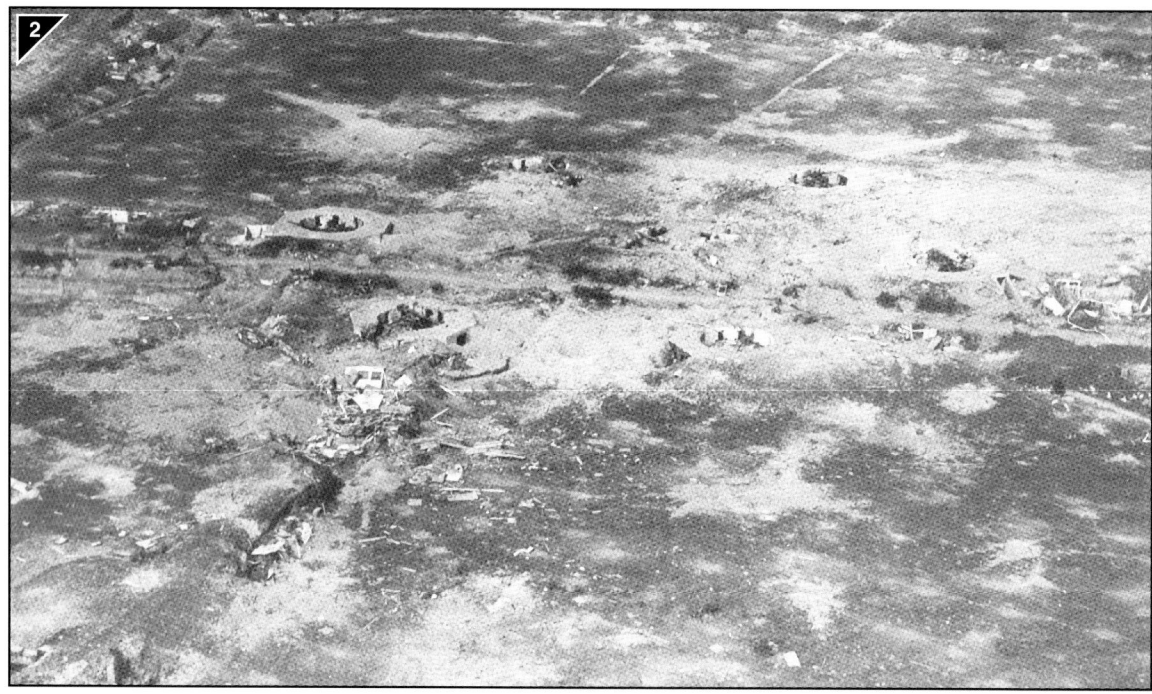

1. La batterie de Kerjean évacuée le 1er septembre.

2. La batterie de Mesmerrien, conquise le 8 septembre.

3 et **4.** La batterie de Kermeur-Coataudon (pièces de 105 mm), capturée le 9 septembre par la compagnie F du *23rd Infantry Regiment* commandée par le capitaine Duckworth.

5 et **6.** Une pièce de 105 mm de la batterie de Kéredern.

(AMB.)

14

La forteresse est investie
12 au 17 septembre 1944

La 8e division est désormais engagée sur la presqu'île de Crozon. La 2e division trace péniblement son chemin, dans les rues de Brest, à l'est des Fortifications (1). La 29e division, à l'ouest, est au contact de la ligne de défense principale, ultime rempart des Allemands au nord de la base sous-marine. Ramcke ne cède pas. **(Carte N° 16.)**

Middleton, décidé à en finir, a demandé à nouveau l'intervention des bombardiers. Le **14 septembre**, alors que trois escadrons seront engagés au-dessus de Trêves, six escadrons du *IX Bomber Command* effectueront une ultime mission à Brest : 230 appareils seront « dispatchés », 144 participeront à l'attaque de divers points d'appui. Le XIX TAC ralentira son action au cours de cette période, assurant 288 sorties. A Brest, la cause est entendue, Patton a besoin de tous ses moyens sur la frontière allemande. Les escadrons 358 et 362 précéderont l'attaque de la 8e division le **14 septembre** à Crozon. Seul le second interviendra le **17 septembre**.

Zone Nord et Est : la ville de Brest

Les trois régiments de la 2e division sont à nouveau engagés. Les *9th* et le *38th Infantry* au nord de la rue Jean Jaurès, le *23rd Infantry* au sud. (2)

Mardi 12 septembre

Au nord

Les trois bataillons du *9th Infantry* se sont déployés au nord des Fortifications : le 1er bataillon de Wesson est à droite, le long de la Penfeld à Kerhallet, le 3e bataillon de Kernan occupe le centre au nord de Kergoat, le 2e bataillon de Higgins est à gauche, accolé au *1st Bat/38th* de Mildren. *Grasshopper* occupe toujours le flanc droit du régiment au-delà de la Penfeld. Hirschfelder a établi son PC à Lambézellec.

Au nord de la rue Jean-Jaurès, Barsanti, en difficulté devant Saint-Martin, attaque à 10 heures mais progresse très lentement. Un groupe de combat a cependant réussi à se faufiler dans la rue Jean-Jaurès au sud de l'objectif.

Au sud

Le 1er bataillon de Hightower reste sur sa position à l'est de la gare. L'artillerie tire au 155 sur les Fortifications dans le secteur de la porte Foy, une des voies de pénétration dans Brest intra-muros. Détail macabre parmi tant d'autres, un Allemand qui voulait se rendre a les deux jambes arrachées par la mitraille. Elles sont projetées à plusieurs mètres sous le regard ébahi des assaillants.

Le cimetière de Brest résiste toujours

Le *2nd Bat/23rd* de Hamelé attaque à 9 heures et rencontre la même détermination chez les Allemands. L'utilisation du TNT dans les immeubles s'avère cependant efficace, les fusiliers se précipitent d'un trou dans l'autre, éliminant les *snipers* allemands les uns après les autres. Cette méthode permet aux deux sections d'assaut de prendre, dans la soirée, le contrôle des immeubles des rues Yves Collet et Guilhem jusqu'à la rue Kerjean Vras

Après avoir percé la ligne extérieure des défenses allemandes, les troupes américaines parviennent aux fortifications qui ceinturent la ville (ici côté est). L'investissement de Brest intra muros va dès lors commencer. (AMB.)

qui borde le cimetière au sud. Les Américains ajustent alors les parachutistes embusqués au sud de ce point d'appui, ces derniers n'envisageant cependant pas de se rendre. L'un d'entre eux perd son sang-froid : un infirmier de la 2ᵉ section est abattu d'une balle en plein front, la Croix Rouge du casque ayant été manifestement visée. Les Américains, révoltés, ne font plus de quartier, des cadavres allemands jonchent les rues et les allées du cimetière. (3) L'école de la place Sanquer a été évacuée. Le dernier carré d'irréductibles sera submergé le lendemain.

L'artillerie continue à tirer toute la nuit sur le centre-ville (Brest intra-muros). L'hôpital maritime est en flammes, des médecins ont été touchés, les sous-sols regorgent de blessés.(4)

Les autorités françaises commencent à se manifester en la personne du général Borgnis-Desbordres qui vient prendre le commandement de la région de Bretagne. Il s'entretient avec Max Lafferre dans le jardin de l'hôpital Ponchelet. (5)

Mercredi 13 septembre

Le *9th Infantry* est désormais au contact de *Latitude* qui progresse le long de la rive droite de la Penfeld sans rencontrer de difficultés majeures depuis la chute de Kerognant. *Grasshopper* a été en effet relevé par *Lake* auquel viendront s'adjoindre les compagnies B et C de *Marauder*(6). Un point de contact a été établi entre les deux divisions sur le pont de la Villeneuve. Toutes les heures une patrouille appartenant à l'une et à l'autre fera mouvement vers le pont afin de s'assurer qu'aucune unité allemande n'a pu s'infiltrer dans le secteur. L'artillerie américaine fait donner les obusiers de 240 sur le fort du Bouguen. Des casemates explosent, les murs sont entamés mais rien de décisif n'est réalisé. (7)

Les Allemands cèdent à Saint-Martin

Le bataillon de Barsanti réduit enfin le point d'appui de Saint Martin, concluant ainsi la brillante campagne qu'il avait entamée le **22 août** devant Kerudu. Il sera relevé dans la soirée par celui de Norris. La compagnie F remplacera la compagnie I, la compagnie G remplacera la compagnie L (8). Norris installe son PC dans les sous-sols de l'Economie Bretonne. Les fusiliers-marins, dont le PC se trouve au 14 de la rue Massillon, vont combattre aux côtés des Américains. C'est ainsi que le groupe Bothorel opérera avec la compagnie F du capitaine Adley (9). Les fusiliers-marins sont des professionnels.

A ce stade du récit, il convient de nous interroger sur ce que vivent les combattants dans les rues de Brest en flammes. Nul n'est plus qualifié pour le faire que Max Lafferre qui a suivi ces événements de très près. « *La bataille des rues est une lutte sournoise où quelques hommes décidés retardent facilement l'action de l'assaillant. L'aviation, l'artillerie, les mortiers appuient la progression de l'infanterie. Il faut l'avoir connue pour en saisir l'atmosphère spéciale : tirs précipités des armes automatiques, explosion des obus et des torpilles (sic), vrombissement et mitraillages des avions forment le cadre audible. Progression dans les rues tantôt prudente, tantôt risquée et rapide ; progression par la partie postérieure des immeubles, qui transpose le plan des quartiers que l'on croyait connaître et modifie l'optique habituelle de l'exploration d'une cité. Enfin cet élément psychologique, curieux, où se mêlent la tranquillité soudaine lorsqu'on se trouve semble-t-il à l'abri dans une encoignure et la peur atroce, rétrospective souvent, à la traversée d'une voie battue par le tir de l'ennemi.* ». (10)

Le cimetière de Brest est investi

Au **sud** de la rue Jean-Jaurès, le *2nd Bat/23th* s'est lancé à 9 heures à l'assaut du cimetière de Brest qui résiste depuis trois jours aux mortiers, à l'artillerie ainsi qu'aux efforts des fusiliers. La 3ᵉ section de la compagnie F, qui soutenait la progression des deux autres sections d'assaut, investit le cimetière et rencontre peu de résistance, les Allemands se sont repliés. Les 1ᵉ et 2ᵉ sections accolées atteignent les rues Kergorju et Ernest Renan et vont devoir nettoyer les immeubles qui leur font face. Les Allemands balayant les rues de leurs mitrailleuses, force est une nouvelle fois de tracer les itinéraires au TNT. La progression s'en trouve ralentie. Les Allemands ne combattent plus en section mais se sont scindés en petits groupes isolés et défendent un certain nombre de nids de résistance. Les mitrailleuses sont disposées dans les caves et tirent depuis les soupiraux, des *snipers* occupant toujours les étages supérieurs.

Duckworth fait donner les mortiers de 81 afin de soutenir l'action de la 1ʳᵉ section. Les obus explosifs tombent trop court, Camunez et l'un de ses sous-officiers sont légèrement blessés, la section passe sous le commandement du lieutenant Pichegru Woolfolk. Les tank destroyers entrent alors en action et pulvérisent fenêtres et soupiraux. L'avance continue lentement mais sûrement. Les Allemands, irréductibles, mettent alors le feu aux immeubles de la ligne de front, contraignant les Américains à se replier. L'incendie durera tout l'après-midi et toute la nuit. La compagnie F est devant l'église Saint Michel aménagée en point d'appui.

Le PC du *23rd Infantry* s'installe à Saint-Marc, le dénouement est proche.

Jeudi 14 septembre

Au nord

Le *9th Infantry* consolide ses positions et mène des patrouilles sur le front et les flancs des bataillons. La liaison se renforce peu à peu avec *Latitude*. Dans la soirée les positions du régiment sont les suivantes : le 1ᵉʳ bataillon est au nord d'une ligne Kerhallet-Kergoat, le 3ᵉ bataillon vient ensuite devant le fort du Bouguen jusqu'à Kerélé, le 2ᵉ bataillon à gauche est déployé jusqu'à Traon Quizac.

Les bataillons du *38th Infantry* ont quelque peu progressé malgré une belle résistance allemande.

(1) Rappelons que les Fortifications enserraient, à l'époque, le centre-ville (Brest intra-muros).

(2) Documents utilisés pour la rédaction de ce paragraphe :

– *G3 Journal 2nd Inf.-Div., September 1944, op. cit.*

– *History of the Second Division, op. cit.*, p. 67-70.

– Duckworth (G.H.). *op. cit.*

(3) Duckworth (G.H.). *op. cit.*, p. 24.

(4) *Kriegstagebuch Admiralatlantikküste, op. cit.*, 14.9.1944. L'incendie a été combattu par les marins-pompiers qui sont restés à leur poste dans l'Arsenal jusqu'à la fin des hostilités. Ils étaient sous les ordres du commandant de la Direction du Port, assisté des officiers des équipages Toul et Olivier. Il y avait en effet un embryon de Marine à Brest. L'amiral Négadelle avait trouvé la mort le 25 août. Le directeur du Service de Santé, le médecin général Hamet, occupait un abri souterrain de l'hôpital maritime, dans Albert Vulliez, *Brest au combat 1939-1944*, Editions Ozanne, Paris 1950.

(5) Lafferre (M.). *op. cit.*, p. 82 et 109.

(6) *Latitude = 29th division ; Lake = 29th Reconnaissance Troop ; Marauder = 5th Rangers Battalion.*

(7) Report *on the artillery with the VIII Corps in the reduction of Brest, op. cit.*, p. 11.

(8) Numéro d'ordre 8787, *G3 Journal, op. cit.*

(9) Lafferre (M.), *op. cit.*, p. 83.

(10) *Ibid.*, p. 79-80.

Le médecin principal de la Marine Max Lafferre, résistant et agent de renseignement qui a laissé un témoignage très précis des combats pour la libération de Brest.

Ces deux clichés illustrent parfaitement le témoignage de Max Lafferre qui a décrit l'atmosphère particulière des combats de rue dans Brest : « *progression dans les rues tantôt prudente, tantôt risquée et rapide…* » Sur la seconde photo, deux GIs du *23rd Infantry Regiment* dévalent la rue Jules Guesde de la place Keruscun à Saint Marc. (NA.)

Le 2ᵉ bataillon a chargé à la baïonnette dans les immeubles qui sont en face de l'Hôpital Neuf où sont embusqués des *Heinies*, des « affreux » selon le terme employé par les Américains. La maison Touz est prise, le groupe Bothorel participait à l'attaque. (11)

Dans la soirée, les 1ᵉʳ et 2ᵉ bataillons du 38ᵉ sont déployés depuis la rue du Moulin à Poudre jusqu'à l'entrée de la rue Kergorju. Les Fortifications sont désormais toutes proches, le dernier bastion à enlever est l'Hôpital Neuf. Le PC du régiment s'est installé au Bot.

Robertson a arrêté sa tactique ce jour-là : il envisage d'investir Brest intra-muros par le nord, en profitant de la présence d'éléments de *Latitude* sur la rive droite de La Penfeld. La pénétration par le sud est en effet plus problématique, on ne peut compter sur le soutien de l'infanterie de Gerhardt qui n'a pas encore atteint Recouvrance à l'ouest de la ville.

Un dialogue s'engage alors entre le commandant Webster, l'officier-opérations de Robertson et le commandant Embry, officier Air du corps d'armée.

Webster - « *Le général souhaite que la City* (Brest intra-muros - NdA) *soit traité par des bombes au phosphore, la fumée pénétrant par les gaines de ventilation rendrait la position intenable pour les Jerries.* »

Embry - « *Il y a trois hôpitaux* (sic) *dans ce secteur et l'on ne doit pas tirer à moins de 200 mètres d'un hôpital, il n'en resterait rien. Une distance de 200 mètres représente une marge de manœuvre trop faible pour les chasseurs-bombardiers.* »

Webster - « *Le général veut prendre le risque et demande que la rive gauche de la Penfeld soit traitée depuis la Villeneuve jusqu'à l'Hôpital Neuf en y englobant le fort du Bouguen qui a résisté à tous les tirs d'artillerie.* »

Robertson recevra une fin de non-recevoir pour cette raison et du fait que ses troupes sont trop proches des Fortifications. Il devra changer de tactique, il utilisera à plein son artillerie sur la partie Ouest de Brest intra-muros.

Au sud

L'objectif immédiat de Hightower reste la gare. Hamelé doit franchir le Bottleneck, le goulot d'étranglement constitué par le point d'appui aménagé autour de l'église Saint Michel qui fait suite à l'ouest au cimetière de Brest.

Le 2ᵉ bataillon attaque à 8 h 45. La progression a lieu à travers les carcasses d'immeubles brûlés dont les murs et le sol sont encore chauds, entamant les semelles des hommes sans grand dommage cependant.

La compagnie G, à gauche, avance assez rapidement et atteint la rue Victor-Hugo au sud-est de l'église. La compagnie F a une tâche moins facile. L'église et tout le quartier ont été considérablement renforcés. Les mitrailleuses balayent les rues, les *snipers* ajustent les hommes un à un. Les Fortifications sont désormais toutes proches. La compagnie avance très lentement. La 1ʳᵉ section à droite doit faire sauter sept murs et cloisons au TNT

Un tank destroyer dans les ruines de Brest. Certains seront employés à réduire les parachutistes allemands retranchés dans le cimetière. (NA.)

(11) Lafferre (M.), *op. cit.*, p. 83.

Sous la protection d'un nuage de fumée artificiel, deux GIs franchissent une rue jonchée de débris pour nettoyer une maison dans laquelle des tireurs allemands ont été repérés. (US Army.)

avant d'atteindre un nid de résistance, cette méthode est désormais éprouvée. (12) A 13 heures, tout le secteur a été nettoyé mais le point d'appui tient toujours. A 17 heures, la 2ᵉ section donne l'assaut, les Allemands résistent toujours.

Dans la soirée, le 3ᵉ bataillon de Tuttle vient relever celui de Hamelé sur la brèche depuis le 8 septembre. Il se replie dans une zone de rassemblement à Saint Marc. La « campagne de Brest » est terminée pour ce bataillon. Les **11, 12** et **13 septembre**, 33 fusiliers du *23rd Infantry* ont trouvé la mort.

Vendredi 15 septembre

Au nord

Le *9th Infantry* se contente de mener des patrouilles, conjointement avec les éléments de *Latitude*.

L'Hôpital Neuf est pris

Le *38th Infantry*, qui se trouve au centre du dispositif de la division, attaque à 9 heures, la compagnie G à droite progresse vers l'hôpital, la compagnie F à gauche a pour objectif la Place de la Liberté. A 12 heures, le théâtre municipal situé à l'entrée de l'avenue Clemenceau est pris, les hommes de Norris sont au pied des Fortifications. Mildren se trouve au nord-est de l'hôpital le long de la rue Félix Le Dantec. Il est investi dans l'après-midi. Guidés par Le Guennec, commis de marine qui connaît bien les lieux, les Américains et les fusiliers-marins ont emprunté un passage par les sous-sols. Chez les Allemands, la surprise est totale, ils sont contraints

de se replier précipitamment derrière les Fortifications. (13) Les compagnies américaines sont alors échelonnées depuis la place Aristide Briand jusqu'au théâtre.

Les assaillants s'installent dans les immeubles, attendant les ordres. L'enseigne de vaisseau Farnarier et le maître Bourdon partent en reconnaissance à travers le Bois de Boulogne, un espace boisé situé entre l'hôpital et les Fortifications. Ils parviennent à 20 mètres des positions allemandes et constatent que la pénétration dans Brest intra-muros ne sera pas une sinécure : un blockhaus est particulièrement menaçant. (14)

Au sud, Tuttle neutralise le point d'appui de l'église Saint-Michel

La progression du *23rd Infantry* reste difficile. Les combats font rage dans le secteur de ce régiment, on se bat de maison en maison, on se fraie des passages en utilisant largement le TNT, les parachutistes résistent toujours.

Le bataillon de Tuttle attaque à 10 heures. La compagnie K est échelonnée à droite dans les rues Ernest Renan et de Gasté, l'objectif restant l'église Saint Michel. La compagnie I, à gauche le long de la rue Villaret-Joyeuse, devra déboucher sur le boulevard Gambetta. A 18 heures, la compagnie L, qui était en réserve, vient relever la compagnie F

(12) Cet épisode est resté célèbre dans les annales de la 2ᵉ division.

(13) Lafferre (M.), *op. cit.*, p. 83.

(14) *Ibid.*, p. 84.

du *38th Infantry* qui progressait à gauche de la rue Jean Jaurès. La compagnie K prend l'église à 21 heures. (15) Une section de la compagnie I est parvenue sur le boulevard Gambetta à la hauteur du Dispensaire antituberculeux. Les Fortifications sont désormais à portée de grenades.

Le bataillon de Hightower ratisse le terrain plus au sud entre l'entrée du Quai de la Douane et le dépôt de la SNCF, situé au-dessous du boulevard Gambetta. Le dépôt a été pris à midi.

Samedi 16 septembre

Au nord

Le *9th Infantry* connaît peu d'activités. Sa mission étant d'investir Brest intra-muros par le nord, Hirschfelder suit, avec grand intérêt, la progression de *Latitude* à l'ouest de Brest. *Lemon Blue* ainsi que *Limestone Blue* (16) sont dans les environs immédiats du cimetière de Recouvrance à midi. Max Lafferre et le maître Bourdon ont suggéré au commandement américain de progresser le long de la rive gauche de la Penfeld afin de contourner les solides défenses du Bouguen et du Moulin à Poudre, ce qui sera fait. (17)

Vers 19 heures, *Lake* et les compagnies B et C de *Marauder* patrouillent dans le secteur de l'actuelle Cavale Blanche. (18) Pas d'opposition notable, les Rangers rejoignent alors leur bataillon devant le Portzic.

Quelques Allemands sont pris près de Quéliverzan.

Les GIs sont dans l'Arsenal

A 19 h 25, Aldrich, l'officier-opérations du *9th Infantry* aperçoit soudain 25 à 30 soldats, le fusil en bandoulière, observant la douve des Fortifications-Ouest à Quéliverzan. L'artillerie du corps d'armée demande alors à Robertson de cesser de tirer sur le centre-ville, des éléments de *Limestone White* s'apprêtant à y pénétrer. Une heure plus tard c'est chose faite, quelques groupes de combat sont dans l'Arsenal, ratissant le terrain non loin du bassin (n° 4) du Salou. (19) Ils sont immédiatement harcelés par des mitrailleuses depuis le fort du Bouguen, le *9th Infantry* les neutralisera.

Hirschfelder demande dans la soirée l'autorisation de retirer son 1ᵉʳ bataillon de la ligne de front qui s'est singulièrement rétrécie. C'est accordé, le 3ᵉ bataillon de Kernan se déploie alors sur le flanc droit le long de La Penfeld et devant les Fortifications. Le *1st Bat/9th* rejoint sa zone de rassemblement entre Lambézellec et Pontanézen, le combat est terminé pour Wesson et ses hommes. Wesson, rappelons-le, est celui qui a pris Kervao le **28 août**, provoquant le recul des parachutistes au sud de l'aérodrome de Guipavas.

Au centre, devant le 38ᵉ, tout est calme.

Au sud

Le *23rd Infantry* attaque à 9 heures. La compagnie L sur le flanc droit, progressant entre les rues Jean Jaurès et Yves Collet, ne rencontre pas de résistance, la compagnie K investit le plateau de Kéroriou, la compagnie I à gauche nettoie à l'arme blanche les immeubles du boulevard Gambetta. Ce bataillon atteint à 17 heures l'avenue Clemenceau qui longe les Fortifications, faisant 53 prisonniers dont 3 femmes.

Le 1ᵉʳ bataillon rencontre plus de difficultés mais parvient à l'est du hall de la Gare en fin d'après-midi.

Le général Hays a pris tous les tirs sous son contrôle et continuera le lendemain à harceler le secteur Est de Brest intra-muros dont l'investisse-ment est imminent. Les pièces d'artillerie tirent sans interruption. Les entrées de souterrains et les conduites d'air sont particulièrement visées. Des obus chargés de phosphore sont utilisés. L'objectif est d'enfumer les Allemands pour les contraindre à se rendre.

Dimanche 17 septembre

Au nord

Latitude s'étant infiltré dans l'Arsenal la veille, il appartient à la 2ᵉ division d'effectuer la même opération à l'est. Ce sera la mission du *9th Infantry* qui n'a pratiquement pas combattu depuis une dizaine de jours.

En ce matin du **17 septembre**, une patrouille du régiment s'approche des Fortifications au nord, sans réaction de la part des Allemands. Leur but est de rechercher un point de passage pour franchir la douve qui ceinture les Fortifications. Un tunnel serait bienvenu, mais ils n'en trouvent pas. On fait alors appel au commandant Prassel du 2ᵉ régiment du génie en lui demandant de fournir aux fantassins de Hirschfelder des échelles en aluminium pour escalader les Fortifications. Les sapeurs n'en disposent pas, le stock se trouve encore à *Omaha Beach*, on se contentera par conséquent d'échelles en bois. Le plan d'action est le suivant pour les fantassins : lorsqu'un groupe de combat aura franchi les Fortifications, il sera immédiatement suivi par sa section puis par sa compagnie et enfin par le bataillon tout entier.

A l'ouest de la rivière, *Limestone White* a désormais deux compagnies dans l'Arsenal. Ce bataillon souhaite qu'un point de contact soit établi, avec le *9th Infantry*, au pont de Kervallon qui enjambe la Penfeld à l'ouest des Fortifications. Le pont étant miné, le *9th Infantry* propose un lieu de rencontre plus au nord.

A **12 heures**, *Limestone* a capturé l'équivalent de trois compagnies allemandes, il s'agit très probablement des ouvriers de l'Arsenal dont on connaît le manque d'ardeur au combat. Les fusiliers de Gerhardt cherchent à franchir la rivière, sans résultat, leur mission sera alors de soutenir le *9th Infantry* lors du franchissement des Fortifications. Ils feront preuve d'une grande efficacité.

La journée se passe ainsi sans progrès notables. La compagnie I, soutenue par la compagnie K, est le long de la Penfeld, la compagnie L progresse depuis Kergoat.

La compagnie I ouvre une brèche

Soudain, dix-sept Allemands sortent de leurs positions situées dans les Fortifications à l'aplomb de la falaise et se rendent en abandonnant six mitrailleuses. La pénétration devient possible pour un groupe de combat de la compagnie I. Une mitrailleuse continue cependant à balayer la rivière. Il est indispensable de la réduire au silence afin d'éviter que le groupe de combat ne soit taillé en pièces. On finit par la localiser, du côté opposé de la rivière, sur la rive droite. Elle est postée à l'entrée du tunnel du chemin de fer qui mène de l'Arse-

(15) Numéro d'ordre 8938, *G3 Journal, op. cit.* Selon Duckworth, l'église aurait été prise la veille vers 17 h 00 par la 2ᵉ section de la compagnie F, in Duckworth (G.H.), *op. cit.*, p. 27.

(16) *Lemon Blue = 3rd Bat./116th. Limestone White = 2nd Bat./175th.*

(17) Max Lafferre, *op. cit.*, p. 140.

(18) Numéro d'ordre 8997, *G3 Journal, op. cit.*

(19) Numéro d'ordre 9010, *G3 Journal, op. cit.*

nal à Laninon. (20) On fait venir un canon anti-chars qui tire deux roquettes dans l'ouverture du tunnel. Les Allemands insistent. Le capitaine qui commande la compagnie I fait venir un lance-grenades puis interpelle les hommes de *Latitude* occupés à nettoyer le secteur non loin du tunnel et leur demande de le dynamiter.

A ce moment-là, trois Allemands sortent les mains en l'air. Ils ont sans nul doute compris le sens des propos échangés de part et d'autre de la rivière. Ils sont promptement refoulés avec l'ordre de ramener ceux de leurs camarades qui sont susceptibles de se terrer encore à l'intérieur du tunnel. La manœuvre réussit, soixante Allemands en sortent, *Latitude* les prend en charge. C'est ainsi que miraculeusement, et quasiment sans combat, une brèche a été faite dans les Fortifications à l'est.

Il est 20 heures, la compagnie I pénètre dans les Fortifications, les compagnies K et L sur les talons. (21) A minuit tout le bataillon est à l'intérieur, les compagnies I et K ont investi le fort du Bouguen, la L parvenant à la hauteur des Ateliers des Bâtiments en Fer de l'Arsenal. Deux sections de la compagnie E du *9th Infantry* sont également à l'intérieur.

La mission du régiment est de râtisser la ville depuis le fort du Bouguen jusqu'au Château de Brest selon un axe nord-sud, soutenu par le *38th Infantry* au centre et le *23rd Infantry* au sud.

Au centre

Moins impliqué dans cette opération, le *38th Infantry* tente, dans la matinée, de trouver un passage pour pénétrer dans Brest intra-muros. Le plus simple est de l'aborder par une des Portes. C'est ainsi qu'une patrouille du 2ᵉ bataillon de Norris s'infiltre par la Porte de Landerneau depuis la Place de la Liberté. Elle est accueillie par les tirs de mitrailleuses. La moitié des hommes doit se replier. Le capitaine Edward L. Farrell, officier-opérations de Norris, fait une offre de reddition au capitaine qui commande le secteur, ce dernier refuse. Les FFI Marine du commissaire en chef Deshaies essaient de pénétrer dans le centre-ville par les égouts à 10 h 30. Les galeries sont obstruées à la hauteur de la Place de la Liberté, ils doivent y renoncer. (22)

Au nord de Norris, Mildren est plus chanceux. A 18 heures, dix-huit fusiliers de la compagnie B ont réussi à pénétrer dans le centre-ville en passant par la Porte du Moulin à Poudre. Ils mettent immédiatement des mitrailleuses en position, permettant ainsi à l'ensemble de la compagnie de se déployer à l'intérieur des Fortifications. Les combats font rage dans la soirée. La compagnie est clouée au sol par des grenades lancées depuis le sommet des Fortifications par les Allemands aux abois. Ils sont dégagés par des éléments du *3rd Bat/9th* qui sont déjà dans la place.

Le bataillon restera dans les environs immédiats de cette Porte, interdisant toute sortie aux défenseurs et soutenant la progression du *9th Infantry*.

Au sud

Le *23rd Infantry* attaque à 9 heures afin de nettoyer le reste des immeubles et les nids de résistance encore actifs à l'est des Fortifications, en particulier autour de la gare et dans l'espace boisé qui précède les Fortifications. La mission du régiment est, tout comme celle du *38th Infantry*, de soutenir la progression du *9th* sans investir le centre-ville.

La gare est aux mains des Américains

On engage la compagnie A à gauche et une section de la compagnie I à droite pour réduire définitivement les abords de la gare. Après un échange de coups de fusils et de rafales de mitrailleuses, les combats se terminent à l'arme blanche. Les jeunes parachutistes se défendent avec acharnement.

La gare est définitivement conquise en fin de matinée, le 3ᵉ bataillon est alors déployé depuis le sud du théâtre jusqu'à la gare. Le 1ᵉʳ bataillon la jalonne plus au sud sur l'axe rue du Merle-Blanc - rue Amiral-Troude.

Il s'agit désormais de nettoyer l'espace boisé et d'annihiler les casemates qui s'y trouvent, tenues par les ultimes défenseurs de la Place de Brest. La position allemande, qui se trouve à l'entrée du tunnel, situé à droite de l'avenue Amiral Réveillère est enlevée. A 17 heures les compagnies A et C s'infiltrent dans la rue Salaün Penquer qui traverse l'espace boisé à l'extrême sud. Les deux compagnies, soutenues par les hommes de Tuttle, poursuivent les opérations dans la soirée entre la rue précédente et le Quai de la Douane. **(Carte N° 18.)**

Les hommes de Stiefel ont dynamité leurs canons, incendiés leurs véhicules puis les ont précipités dans le Port de Commerce depuis le sommet de la falaise. La reddition des Allemands est imminente.

Le commissaire en chef Deshaies, commandant le corps franc de la Marine, et le premier maître fusilier Cabon. (Peinture de Prims-Coll. Max Lafferre.)

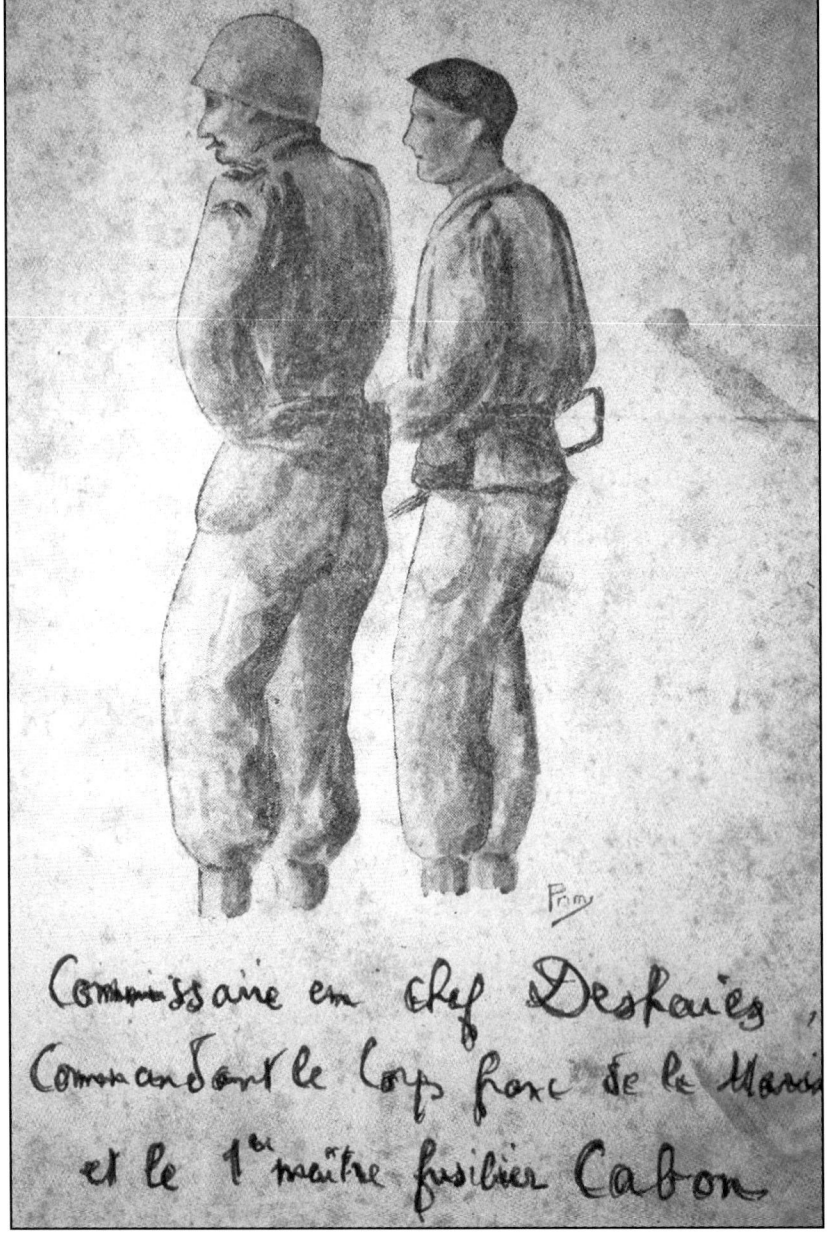

Commissaire en chef Deshaies, Commandant le corps franc de la Marine et le 1ᵉʳ maître fusilier Cabon

Zone Ouest : Saint-Pierre - Le Portzic

La 29e division est à la peine à l'ouest. Le PC vient s'installer à Plouzané. (23) Les premiers objectifs sont les forts de Kéranroux et Montbarey inclus dans la ligne principale de défense et ultimes remparts des Allemands avant la descente vers l'Ecole Navale. **(Carte N° 16.)** Le *175th Infantry* doit s'emparer du premier et le *115th* du second. (24)

Au nord de la zone divisionnaire, le *175th Infantry* aligne deux bataillons, le 1er à gauche, le 2e à droite, le premier objectif est Keriel. Le *2nd Bat/115th* est devant le fort Montbarey au centre.

Au sud, le 29e escadron de reconnaissance, qui faisait la jonction entre les FFI et la compagnie B du *5th Ranger*, fait mouvement vers l'est pour aller relever *Grasshopper* au nord de la Forteresse, ainsi que nous l'avons signalé *supra*. Cette unité prendra le fort du Questel le lendemain sans combat.

Les rangers de Sullivan sont devant le fossé antichar qui défend Sainte-Anne du Portzic au bord de la rade. Les compagnies B et C ont rejoint l'escadron précité.

Le *141st RAC* et ses « chars crocodile », que nous avons vus à l'œuvre à Ponténézen, s'entraîne avec le *116th Infantry* en vue d'une attaque combinée ultérieure sur les positions allemandes situées dans le secteur du 175e. On les retrouvera en fait devant Montbarey.

Ramcke n'est toujours pas décidé à se rendre alors que les assaillants sont désormais au contact des défenseurs de la Forteresse. Toutes les batteries de la *Flak* ont été pratiquement anéanties. A Kerbonne, il reste 7 artilleurs valides sur un effectif de 100. Leur chef fera sauter ce qui reste de la batterie le **14 septembre** à 22 heures. (25) Le Portzic continue à tirer, il lui reste en tout et pour tout quatre canons de 105 et un canon de 88. Tannert, qui commande le 2e régiment parachutiste, a replié son PC dans les galeries aux carburants de la base sous-marine. Il ne partage pas le point de vue de Ramcke et considère qu'il est grand temps d'arrêter les combats.

Le commandement américain adresse alors le message suivant à toutes les unités dans la soirée du **12 septembre** :

(20) Cf. Les Défenses allemandes, Sous-secteur Est 4.

(21) Numéro d'ordre 9105, *G3 Journal, op. cit.*

(22) Lafferre (M.), *op. cit.,* p. 84

(23) Coordonnées 858-003, numéro d'ordre 8700 dans *G3 Journal 2nd Div, September 1944, op. cit.* A compter du 12 septembre les positions successives des unités de la 29e division sont en effet également reportées dans le JMO de la 2e division.

(24) Documents utilisés pour la rédaction de ce paragraphe :

– *After Action Report, 29th Infantry-Division, Phase VIII Reduction of the Fortress Brest, 1-18 September, op. cit.,* p. 5-7,

– Ewing (J.H.), *op. cit.,* p.136-144.

– *History of the Fifth Ranger Battalion, op. cit.,* p. 37-38.

(25) Bertrand (F.), *op. cit.* p. 14.

Dans le secteur du 1er bataillon du *23rd Infantry Regiment (2nd Infantry Division)*, une pièce d'artillerie ouvre le feu depuis le château de Kerstears le 17 septembre. (NA.)

Le fort du Questel, conquis sans combat par l'escadron de reconnaissance de la *29th Infantry Division*. (AMB.)

– les tirs doivent cesser le long de la route la Trinité-Recouvrance demain 13 septembre entre 8 h 00-8 h 30, 10 h 00-10 h 30, 12 h 00-12 h 30 et 17 h 00-17 h 30,

– les tirs continueront sur le reste du front,

– un véhicule, transportant un parlementaire (en l'occurrence le colonel Reeves officier Renseignement du VIIIe Corps), se rendra au PC du général Ramcke. (26)

Reeves remet une offre de reddition au général allemand vers 12 heures.

Monsieur,

Vient un moment dans la guerre où la situation atteint un point tel qu'un responsable n'est plus justifié de dépenser des vies et de détruire la santé des hommes qui ont bravement servi sous ses ordres.

J'ai discuté avec vos officiers et vos hommes, qui vous ont bien servi et qui maintenant sont prisonniers de guerre... Ces hommes sont d'avis que la situation est sans espoir et qu'il est inutile de poursuivre la lutte. C'est pourquoi j'estime que la garnison de Brest et celle de la presqu'île de Crozon n'ont plus de raison de continuer le combat. En considération de ce qui précède, je vous lance un appel, entre soldats professionnels, à cesser le combat. En acceptant la reddition de Brest, je désire que vos soldats mettent bas les armes et soient rassemblés en unités constituées. Pour vous, ainsi que pour les membres de votre Etat-Major, que vous désignerez, un transport particulier vous déposera à l'endroit que vous aurez choisi.

Je me fie au soldat professionnel que vous êtes et qui a bien rempli sa mission pour donner à cette requête la suite qui convient.

Ramcke, obéissant manifestement à une autre logique, répondra laconiquement :

Général

Je dois décliner votre proposition.

signé Ramcke.

Sans commentaires. La bataille a alors atteint son point culminant. La plupart des batteries allemandes ont été détruites. Les défenseurs sont cependant décidés, selon Ramcke, à se battre jusqu'au dernier, « *fidèles en cela au serment de fidélité au Drapeau* ». (27) Cet officier général de très grande valeur a raté ce jour-là sa sortie de la guerre, il pouvait alors capituler dans l'honneur.

Et les combats reprennent. Le démantèlement de la ligne principale de défense nécessitera cinq jours de combat, du **12** au **17 septembre**. Puis surviendra l'encerclement de la base sous-marine avant la reddition.

Les opérations du 12 au 16 septembre

Alors que le *115th Infantry* du lieutenant-colonel Smith se trouve devant Montbarey, le 175e du lieutenant-colonel Purnell prend Keriel le 12 septembre à 9 h 45. Le 1er bataillon atteint dans la soirée Laninguer tandis que le 2e bataillon est à Larc'hantel. Les deux bataillons s'enterrent pour la nuit et effectuent des préparatifs pour donner l'assaut au fort de Kéranroux et au Polygone le lendemain matin.

Le fort de Kéranroux

Le fort de Kéranroux, situé en B48, est constitutif de la ligne principale de défense. Antérieurement dépôt de véhicules et dortoir pour les ouvriers espagnols de l'*Organisation Todt*, il est puissamment

(26) Numéro d'ordre 8721, *G3 Journal 2nd Div, op. cit.*

(27) *Kriegstagebuch Admiralatlantikküste, op. cit.*, 12.9.44.

Le terrain complètement bouleversé du fort de Kéranroux après sa conquête par le 2ᵉ bataillon du *175th Infantry Regiment.* Le fort a encore été bombardé pendant plus d'une heure avant l'ultime assaut le 13 septembre. (NA.)

Après la prise du fort de Kéranroux, les soldats du *175th Infantry Regiment* continuent leur progression. (NA.)

défendu ainsi que nous l'avons vu *supra*. (28) Pour l'aborder, il est indispensable de progresser à travers un terrain découvert, arasé, sans arbres ni buissons, ce qui permet aux défenseurs d'observer tous les mouvements des Américains. Il faut ensuite franchir le fossé anti-chars qui cerne la Forteresse. Au-delà du fossé ont été construites des casemates clôturées de fil de fer et protégées par des mines à amorçage électrique. Toutes les positions sont reliées entre elles par des tranchées profondes, en partie couvertes et dissimulées au regard des assaillants. Des armes automatiques et des canons de divers calibres dominent toutes les approches du fort. La partie s'annonce difficile pour Claude Melancon et les hommes du *2nd Bat/175th*. Après une vaine tentative de la compagnie F la veille, l'artillerie américaine pilonne le fort pendant 90 minutes avant que ne s'élance le bataillon, baïonnette au canon, le **13 septembre** à 14 heures. Les compagnies E et F sont en tête, suivies de la compagnie G, et sont protégées par un écran de fumée. Les Allemands, assez curieusement, sont surpris et rapidement débordés. Le fort est pris, l'assaut a duré 28 minutes, le bataillon fait 107 prisonniers, 10 pertes sont à déplorer chez les Américains.

Ces derniers se déploient immédiatement à l'est du fort et se retranchent en vue de la contre-attaque que ne manqueront pas de mener les Allemands. Elle se manifeste en effet sous la forme de tirs concentrés d'artillerie destinés à interdire à la compagnie de réserve, la compagnie G, de rejoindre le fort. Trop tard, elle s'y trouve déjà. La prise de Kéranroux s'avérera déterminante pour la suite des opérations, la Penfeld et l'Arsenal sont désormais tout proches. Il reste à prendre un certain nombre de bunkers à l'ouest du Polygone de la Marine, puis le Polygone lui-même.

Les bunkers 41 et 42

Les rescapés des 7e et 8e compagnies du *II./2*, qui occupaient antérieurement la ligne de front entre Guilers et Kerallan, ont pris position dans le périmètre des bunkers 41 et 42, situés à proximité du château d'eau de Saint Pierre entre Keranroux et le Polygone. Elles sont sous les ordres des capitaines Werner Dygutsch et Ewald Walkemeier. Des marins ont été appelés en renfort. Rappelons que le bunker 42 était initialement le PC du secteur Ouest de la Forteresse, commandé par le capitaine Drews.

Adolf Klein s'en souvient encore. Les « Amis » du *2nd Bat/175th* attaquent à l'aube le **14 septembre**. Les parachutistes se défendent vaillamment, mais du côté des marins, rien, pas un tir, ils se sont tout bonnement réfugiés dans le bunker 41 ou 42, sans armes et prêts à se rendre. Klein les ramène de force au combat. Sans succès, ils rejoignent à nouveau le bunker. Les parachutistes doivent alors céder et se replier dans le bunker 41. Ils sont bientôt encerclés par les fusiliers qui s'empressent d'obturer les gaines de ventilation et de déposer des charges d'explosifs au bas des portes d'accès. Les parachutistes résistent jusqu'au soir. Dix-huit d'entre eux ont été blessés. Walkemeier, également touché, rend compte au commandement : « *Intenses tirs d'artillerie... Obus au phosphore... Les pièces métalliques du bunker commencent à fondre... La température monte... Il fait très chaud, devons ouvrir la porte, les Américains dans le bunker.* » (29) Ramcke leur ordonne de se rendre. Le *175th Infantry* a perdu 25 hommes ce jour-là.

(28) Cf. Carte n° 3.
(29) Willi Kamman, *op. cit.*

Le Polygone

Du fait de la prise de Kéranroux, la neutralisation de la butte du Polygone sera moins ardue pour la compagnie C du *1st Bat/175th*, commandé par Whiteford qui sera blessé dans l'opération et remplacé par le colonel Meeks.

L'assaut est donné le **14 septembre** à 14 heures. Le Polygone va alors offrir à la division un poste d'observation incomparable pour mener à bien la suite des opérations.

Quarante-neuf fusiliers ont trouvé la mort dans le secteur Kéranroux-Le Polygone. Le *175th Infantry* rencontrera peu d'opposition désormais. Les parachutistes sont engagés plus à l'ouest, défendant les accès lointains de la base sous-marine. Les positions tenues par le *175th Infantry* dans la soirée du **14 septembre** sont les suivantes : le 1er bataillon est déployé au nord-est du Polygone, le 2e bataillon au sud-ouest, alors que le 3e bataillon vient prendre position au nord du cimetière de Recouvrance. Il a à sa droite le *3rd Bat/116th*.

Le *175th Infantry* prend Recouvrance

Le régiment continue à nettoyer les alentours du Polygone. Le 2e bataillon est relevé le 16 septembre par le 1er bataillon qui attaque à 10 heures accolé au 3e bataillon. En fin d'après-midi, les fantassins sont devant les Fortifications. Le 2e bataillon, coiffé au nord par le 29e escadron de reconnaissance, a atteint Quéliverzan, le 3e bataillon est à Prat Lédan plus au sud. Des échelles sont apportées. Une patrouille de la compagnie E du 2e bataillon escalade prestement le mur. Elle ne rencontre aucune résistance et découvre fortuitement un tunnel d'accès qui passe sous le mur. Le reste du bataillon l'emprunte immédiatement et prend position dans l'Arsenal. La « *Brest campaign* » est pratiquement terminée pour le régiment. La suite des opérations consistera, les deux jours suivants, à nettoyer le secteur jusqu'à la Penfeld conjointement avec le *9th Infantry* qui investira l'autre rive le lendemain.

Devant Montbarey

Le *2nd Bat/115th* attaque en direction de Kervallan afin d'aborder le fort par le nord le **12 septembre** peu après minuit. Fait extrêmement rare, les Américains attaquent en effet plus volontiers en début de matinée, s'interdisant ainsi de bénéficier de l'effet de surprise. Miller et ses hommes sont bloqués au bout d'une centaine de mètres. Ils se replient et viennent se replacer à Kervaoter au sud-ouest de Montbarey.

On fait alors appel à Millholland et à ses hommes en fin de matinée. Ils attaquent par la droite du fort. La poussée est irrésistible, la compagnie L pénètre dans le point d'appui et fait plus d'une centaine de prisonniers. Elle prend position ensuite sur l'éminence de terrain qui s'élève à l'est du fort. Le *1st Bat/115th* du commandant Glover Johns, qui a attaqué depuis Coatuelen, a pris place au nord du fort afin de le contourner. L'affaire semble entendue. Avec la chute de Montbarey, la voie est désormais libre jusqu'à l'Ecole Navale. C'était compter sans les parachutistes.

La 6e compagnie du *II./2*, au repos à Hildy et forte de 80 hommes dont 2 officiers, les sous-lieutenants Flöter et Herzog, reçoivent l'ordre à 13 heures de reprendre le fort. Agissant de concert avec Lepkovski et les hommes de la 5e compagnie, ils prennent position, en fin d'après-midi, au sud-est du fort à la sortie de Saint Pierre. Lepkovski est grièvement blessé dans l'opération, un éclat lui a perforé l'oreillette gauche. (30) Il n'y aura décidément pas d'affrontement entre Millholland et Lepkovski à

Brest. Les parachutistes sont exposés, les « Amis » tirent pratiquement à vue, seuls quelques trous d'obus ici et là leur permettent de se dissimuler quelque peu. La 6ᵉ compagnie rampe en direction du fort, avançant courageusement à la rencontre des assaillants, les combats ont essentiellement lieu à la grenade. Les Américains doivent reculer. Tout est à refaire. Millholland a échoué, la compagnie L a cédé devant Flöter et ses hommes qui se maintiennent à l'est du fort. Nous sommes dans la nuit du 12 au 13 septembre.

Le **13 septembre**, à 10 h 30, les 1ᵉʳ et 3ᵉ bataillons accolés du *115th Infantry* attaquent à nouveau Montbarey. Echec, l'épreuve de force entre Flöter et Millholland tourne à l'avantage de l'Allemand. Gerhardt décide alors de relever les deux bataillons, le *1st Bat/116th* relève le *1st Bat/115th* au nord du fort, le *2nd Bat/115th* relève le *3rd Bat/115th* au sud. Ce dernier se replie à Coatuélen.

Kestéria et la colline 91

Les deux bataillons attaquent le **14 septembre** à 8 heures. Sans grand succès dans la matinée. Le *2nd Bat/115th* enlève cependant le bunker 91, encore appelé colline 91, situé selon toute probabilité à Kestéria au sud du chemin qui mène de Kervaoter au Rhu. Construit relativement tard dans les premiers mois de 1944, aux dires des propriétaires de la ferme, ce bunker comprend un poste de secours médical au sous-sol. Il est, ainsi que son vis-à-vis situé au nord du chemin, essentiellement armé de mortiers. Le tertre constitue également un excellent poste d'observation. Pas de progression possible vers le sud de la Forteresse sans sa neutralisation. (31)

Les Allemands, probablement des rescapés des compagnies Tolkien, contre-attaquent la nuit suivante. Le bunker est repris, 37 GIs de la compagnie G et d'un groupe de mitrailleuses de la compagnie H sont capturés et partent en captivité vers la base sous-marine, leur transfert au Fret n'ayant pu se faire du fait des bombardements. Le 2ᵉ bataillon s'installe en position défensive du côté de Kervaoter.

Le bunker cependant est à prendre absolument avant d'aborder les points d'appui du Portzic-Ölberg et de la base sous-marine.

Le lieutenant-colonel Smith, commandant le *115th Infantry*, adopte alors la tactique suivante : le 1ᵉʳ bataillon de Johns contournera le fort Montbarey par le nord, en passant dans les lignes du 116ᵉ, la voie est en effet libre depuis la prise de Kéranroux l'avant-veille, puis il attaquera les arrières du bunker 91 depuis l'entrée du bourg de Saint-Pierre. L'attaque a lieu le **15 septembre** dans l'après-midi. La mêlée est furieuse, les Allemands se rendent finalement au lieutenant Luke Padian en fin de soirée, ils sont environ 200, dont le médecin qui commandait le poste de secours. (32) La chute de Kestéria a fragilisé le flanc Sud de Montbarey, le *116th Infantry* saura en profiter. Le *115th Infantry* se réorganise pour mener l'assaut définitif sur les points d'appui précités. Le 2ᵉ bataillon quitte Kervaoter et se déploie sur le flanc droit du 1ᵉʳ bataillon, le 3ᵉ bataillon de Millholland, empruntant également le nord de Montbarey vient prendre position à la hauteur du cimetière de Saint-Pierre, laissant sa compagnie L à la disposition du *5th Ranger* qui a encerclé Le Cosquer au nord du Portzic. (33) Le fort Montbarey tient cependant toujours.

Le *Major* Dallas s'empare du fort

La prise du fort mérite d'être contée, le combat a été impitoyable, les Américains comme les Allemands ont fait preuve d'une grande détermination.

Les défenseurs : une petite centaine d'Allemands encadrés par Flöter et les 60 rescapés de la 6ᵉ compagnie. Les assaillants : les GIs du *1st Bat/116th Infantry* sous les ordres du commandant Dallas, qui a remplacé Morris. Ils seront soutenus par quatre chars « crocodiles » de l'escadron B du *141st RAC* du commandant Nigel Ryle, trois tank destroyers du 644ᵉ régiment, ainsi que par les chimistes du 86ᵉ régiment chimique et les sapeurs du 121ᵉ régiment du génie. On n'a pas lésiné sur les moyens.

Le fort Montbarey constitue encore un point d'appui redoutable dont l'importance n'échappe à personne. La batterie n'existe certes plus. Les Américains sont à l'ouest, au nord et au sud du fort. A l'est, Kéranroux est tombé. Il importe malgré tout de réduire absolument Montbarey qui constitue un danger sérieux pour le *115th Infantry* qui attaque vers le sud.

Le fort est entouré d'un fossé anti-chars à l'ouest et au nord, le secteur étant par ailleurs renforcé par un champ de mines qui sont en fait des obus piégés de 350 livres de l'artillerie de marine. Puis vient le fort au sommet d'une butte. Ses murs sont d'une épaisseur conséquente et cernés par une douve profonde. Les approches sont commandées par des bunkers, des canons de la *Flak* ou ce qu'il en reste, et des *tobrouks* pour mitrailleuses. A l'intérieur du fort, on ne trouve pas de grosses pièces d'artillerie et pour cause les avions de l'*US Air Force* sont passés par là en lâchant 138 bombes de 500 livres ainsi que 4 bombes incendiaires. Les défenseurs sont principalement équipés d'armes légères. *A priori* donc, à part le champ de mines et... les parachutistes toujours positionnés sur l'éminence de terrain à l'est, rien de bien méchant.

Le commandant Dallas dispose ses trois compagnies en éventail sur la face ouest du point d'appui : la compagnie B au centre, la compagnie A au nord et la compagnie C au sud. La tactique sera la suivante : les sapeurs vont créer deux brèches dans le champ de mines au profit des tank destroyers et des chars « crocodiles » dont l'utilisation est programmée pour la matinée du **14 septembre**. Ces derniers s'avanceront alors par une des brèches et souffleront toutes les positions allemandes à découvert autour du fort, l'infanterie ratissera le terrain par la suite. Puis on s'attaquera au fort lui-même.

Les sapeurs commencent à s'affairer dans le champ de mines le **14 septembre** au lever du jour. Les parachutistes sont vigilants, les démolitions des sapeurs sont interrompues. Dallas fait alors donner sa compagnie C pour éliminer les défenseurs embusqués à l'ouest de la douve. Le combat est impitoyable. A la baïonnette, à la grenade, le terrain est dégagé à 16 heures.

Les deux autres compagnies sont clouées au sol, les parachutistes positionnés à l'est du fort leur interdisant toute progression. On fait alors donner les canons du 111ᵉ régiment d'artillerie, ils sont d'une relative efficacité. Les tank destroyers également ne restent pas inactifs, mais au nord, on ne passe pas.

---

(30) Récupéré par les Américains, il sera opéré en septembre 1945 aux USA. Il reprendra du service dans la *Bundeswehr* à la fin des années 50 et sautera de nouveau en parachute. Il terminera sa carrière comme lieutenant-colonel en 1973.

(31) Ce bunker existe toujours.

(32) Des pansements jonchaient encore le sol lorsque la famille Kervennic reprendra possession de sa ferme.

(33) Bertrand (F.), *op. cit.*, p. 14 : « *Des renseignements qui nous parviennent, les lignes se trouveraient à la mairie du bourg* (de Saint-Pierre). »

Les chimistes entrent en action en début d'après-midi, tirant des obus fumigènes sur les parties nord et Est, devant l'entrée du fort où persiste une résistance inattendue. Les sapeurs réussissent à percer deux brèches dans le champ de mines au nord à la faveur de l'écran de fumée qui perdurera quatre heures. Il est 16 h 30.

L'assaut combiné infanterie-chars du *141st RAC*, est donné à 17 heures, la compagnie B dans le sillage de trois chars. Seul le char de tête du lieutenant H.A. Ward réussit à passer, arrosant toutes les positions à découvert au nord puis à l'est du fort, les fantassins parachevant le travail. Le char termine sa course au sud, créant l'épouvante chez les Allemands. Quelques-uns sont récupérés par les hommes de la compagnie B qui ont suivi, mais Flöter et ses hommes ont réussi à gagner l'intérieur du fort. Cette action a été un modèle du genre, tout ce qui était à l'extérieur du fort a été nettoyé. Reste cependant à y pénétrer.

Seuls les sapeurs sont actifs le lendemain, dégageant les approches du fort au profit des chars qui devront venir au contact de la douve pour tenter de percer les murs. Le génie essuie des pertes au cours de cette opération : douze sapeurs sont tués par les *snipers* allemands.

Le lendemain **16 septembre** voit la fin de cet interminable combat. A 8 heures, trois chars « crocodiles » s'avancent dans les brèches dégagées la veille et font le tour du fort depuis le nord, cherchant à viser les embrasures de la muraille. A l'intérieur, la fumée est insupportable, les défenseurs sont contraints de porter un masque à gaz. Dallas fait ensuite venir un canon de 105 de la compagnie d'obusiers de son régiment, il démolit la barricade qui barre l'entrée du fort à l'est. Les fantassins sont alors en mesure de tirer sans discontinuer dans la cour, obligeant les Allemands à se protéger. Un tank destroyer s'approche de l'angle nord-est de la douve et provoque une brèche dans l'étroit souterrain qui menait depuis le fort jusqu'aux avant-postes situés au-delà de la douve. Quelques minutes se passent, un drapeau blanc s'agite, 12 Allemands émergent du souterrain, un sous-lieutenant à leur tête, littéralement hallucinés par le déluge de feu qu'ils viennent de subir. L'officier rapporte que Flöter et ses hommes ne veulent pas se rendre, obéissants par là aux ordres de Ramcke.

Dallas choisit alors dans le groupe un jeune parachutiste, dès lors surnommé « Herman the German » par les GIs et lui remet un message à porter à Flöter :

« Ceci n'est qu'un simple échantillon de ce qui vous attend. » Ce à quoi Flöter répond : *« Si c'est tout ce que vous avez à nous offrir, nous tiendrons encore un moment. »*

Dallas, excédé, lui fera alors dire : *« Je vous expédierai en enfer ! »* Et de donner l'ordre de placer des charges de TNT à la base du mur dans le souterrain. Le travail effectué, les sapeurs se replient à 300 mètres. Mise à feu, explosion, une énorme brèche apparaît, que gravissent rapidement fantassins et sapeurs. Sur la demande expresse d'Ekkehard Priller, agissant en tant que sous-officier le plus ancien de la compagnie, le sous-lieutenant Flöter accepte de capituler. (34) Un drapeau blanc apparaît dans la cour, 9 Allemands se rendent, sui-

(34) Témoignage d'Ekkehard Priller.

A l'ouest du fort de Montbarey, une position de défense allemande s'articulait autour d'une tourelle de char français armée d'une pièce de 37 mm qui a été fixée au sol dans un tobrouk. (AMB.)

Le fort de Montbarey à l'issue des combats. (AMB.)

vis peu après de 75 autres, des parachutistes pour la plupart qui ont au préalable jeté leurs armes au fond du puits qui se trouve dans la cour. Il est 17 h 25, la position est enlevée, Dallas déplorera entre autres la mort du lieutenant Durwood.C. Settles.

A quelques centaines de mètres à l'est, alors qu'elle était positionnée dans un chemin creux, (l'actuelle rue du sous-marin Eurydice), la 2e compagnie de chasseurs de chars de Mischke a été décimée dans les combats des derniers jours. Mischke et la plupart de ses hommes sont prisonniers des Américains. Seuls résistent une douzaine d'irréductibles qui se sont repliés dans un abri situé non loin de Hildy qu'ils rejoindront par la suite. Rudolf Wiedersheim y était.

Les opérations des 16 et 17 septembre

Le *116th Infantry* atteint Kerbonne

Le 3e bataillon du *Major* Puntenney atteint l'église de Saint-Pierre le **14 septembre**. Le bunker est déserté, le PC du 2e régiment parachutiste s'est replié. Le bataillon attaque à 10 heures le lendemain, sa mission ainsi que celle du 2e bataillon qui attaquera le 16 septembre est de réduire les nids de résistance situés au sud de la rue Jean-Jaurès, à savoir Kérangoff et la batterie de Kerbonne, Le Stiff et Laninon. Le combat est acharné, les pertes sont cependant légères dans l'ensemble.

Nous sommes le **16 septembre**. Fernand Bertrand et ses camarades de la Défense Passive sont terrés dans l'abri qui se trouve sous l'église de Kerbonne. (35) Ils attendent leurs libérateurs avec impatience, le siège n'en finit pas, Kerbonne est toujours visé du fait de la présence de la batterie de la *Flak* pourtant sabotée l'avant-veille. Les Américains apparaissent soudain rue de l'Yser en fin d'après-midi. Poignées de main, cigarettes, renseignements. Ce sont des hommes du *2nd bataillon/116th Infantry*, le cauchemar touche à sa fin.

Une section de fusiliers, privée de ses cadres, investit les maisons de l'avenue de Kerbonne dans la nuit. On leur sert du café chaud. Le soldat de 1re classe James E. Trethewey en fait partie. Les hommes sont là, attendant leurs leaders et observant attentivement la place de Kerbonne, son église et son patronage. Soudain, à 13 h 30, deux Allemands portant un drapeau blanc émergent du patronage et s'avancent vers le groupe Trethewey. L'entretien dure quelques minutes, les Allemands retournent près des leurs. « *Double-Mètre* », surnom donné à l'enseigne de vaisseau de 1re classe (Dill ?) qui commandait la batterie de Kerbonne, a accepté la reddition : 55 « Jerries » se rendent, les plus jeunes sont inquiets, les plus âgés paraissent en revanche soulagés. La perspective de la captivité est en quelque sorte le meilleur garant de leur survie.

Les civils français, une centaine, sortent de l'abri et se rassemblent sur la place. « *Deux drapeaux français et américains sont installés par M. Guillermit au fronton du grand portail de l'église...M. Le Goff installe un phono* (36) *qui joue plutôt mal que bien la Marseillaise et l'hymne américain que l'assistance écoute silencieusement tête nue... Les Américains paraissent indifférents.* » Les FFI, Albert Troël du patronage de Kerbonne en tête, s'approchent. On leur fait fête, les combats ne sont cependant pas terminés. (37)

Le *1st Bat/116th* quitte Montbarey pour venir flanc-garder le régiment à droite, par conséquent à gauche du 115e qui attaque plein sud. Le *116th Infantry* parvient à 100 mètres des bassins de Lani-

non dans la soirée. Utilisant des fusées éclairantes, sa mission sera alors de détecter toute embarcation qui tenterait d'échapper à l'encerclement de la Forteresse. Trop tard, Ramcke a réussi à gagner Crozon, emmenant avec lui une partie de son État-Major et laissant le commandement local à von der Mosel, promu général de brigade.

La mission du *116th Infantry* est terminée, les derniers jours de combat lui ont coûté 27 hommes.

Le *115th Infantry* devant l'Ecole Navale

Kestéria et son bunker sont tombés le **15 septembre**, la marche au sud du *115th Infantry* peut commencer.

Le **16 septembre** à 10 heures, les Américains attaquent avec le 3e bataillon à gauche depuis une ligne Kernabat-Poulleden et le 1er bataillon à droite, en direction du Parc à mazout de Hildy, alors que le *5th Ranger* se déploie devant les coupoles blindées du Portzic. Le PC du 803e groupe d'artillerie est encerclé. La résistance allemande reste forte dans tout le secteur.

Le 1er bataillon parvient avec peine au nord de Hildy, le 3e bataillon au nord de Kernein. Le 2e bataillon vient alors se porter à gauche du précédent avec pour objectif final l'Ecole Navale et ses bunkers. Les trois bataillons progressent lentement dans un paysage lunaire. Partout des trous d'obus, des immeubles éventrés ou brûlés, des carcasses de véhicules gisant çà et là, des pièces d'artillerie détruites ou carrément sabordées. Plus habitués à « la bataille de haies » qu'ils mènent depuis la Normandie, les GIs sont grandement impressionnés.

L'attaque reprend le dimanche **17 septembre** à 10 heures. L'avance est lente, les mitrailleuses et les mortiers allemands tirent sans désemparer. Les parachutistes et les marins, particulièrement ceux de l'enseigne de vaisseau Busch de la 40e Flottille de dragueurs de mines, entament leur baroud d'honneur.

On doit faire donner une fois de plus l'artillerie lourde et les chasseurs-bombardiers. Les Américains ont massé une énorme quantité de matériel au nord du Portzic, de Hildy et de l'Ecole Navale. **(Carte N° 18.)** Rien n'y fait, les coupoles blindées du secteur résistent aux projectiles américains. Les mitrailleuses allemandes, les armes anti-chars et les mortiers restent très actifs dans la nuit du **17** au **18 septembre**. Les GIs sont anxieux. Quarante-deux fantassins du *115th Infantry* sont tombés depuis le **14 septembre**.

Soudain les tirs s'arrêtent, un étrange silence, succédant au vacarme des jours précédents, s'abat sur le champ de bataille. Il est environ 7 heures en ce lundi matin **18 septembre**. Quarante-cinq minutes plus tard, le téléphone sonne au PC de Miller, le commandant du 2e bataillon. Le lieutenant Roderick Parsch, qui commande la compagnie E, rapporte que quatre officiers allemands, agissant au nom de von der Mosel et de Kähler, ont abordé sa position, apportant des propositions de reddition.

(35) Bertrand (F.), *op. cit.*, p. 14, 15 et 16.

(36) L'orgue de l'église selon Trethewey ! Il n'y avait pas d'orgue dans cette église à l'époque. (Témoignage de Jacques Gury.)

(37) Bertrand (F.), *op. cit.*, p.16.

15

La reddition

Le dernier compte rendu de Ramcke à Schirlitz date du **15 septembre** à 12 h 11. Par la suite, les rapports émaneront tous du seul Kähler, sauf le tout dernier. Ramcke a rejoint Crozon le **16 septembre** dans la soirée, bien décidé à poursuivre le combat en Bretagne ou ailleurs et laissant la responsabilité de la défense de l'ensemble Ecole Navale/Base Sous-Marine à von der Mosel.

On s'affaire dans les sous-sols de l'Ecole Navale, les documents « secret défense » sont détruits, Kähler et von der Mosel se retirent plus bas dans les locaux de la base sous-marine. Il semblerait que la reddition ait été décidée le **17 septembre** par les deux officiers généraux (peut-être avec l'accord de Hans Kroh, commandant de la 2ᵉ division parachutiste) contre l'avis de Ramcke qui avait ordonné aux hommes de se battre « jusqu'à la dernière cartouche ». En effet, le responsable des transmissions de la Marine à Brest, envoie en clair au QG de Schirlitz le 18 septembre à 12 h 10 le message suivant : « *Vive le Führer ! Le combat est terminé, les documents "secret défense" ont été détruits.* »

Vingt minutes plus tard, à 12 h 32, le commandant de la Forteresse s'adresse à Fahrmbacher, commandant du 25ᵉ corps d'armée replié à Lorient : « *Les transmissions ont simplement été évacuées, le combat continue !* » Signé : Le commandant de la Forteresse. (1)

De qui s'agit-il ? La reddition de von der Mosel étant alors en cours, il est probable que ce message a été émis sur ordre de Ramcke depuis la presqu'île de Crozon. Le commandant du bataillon parachutiste des transmissions Ernst Mehler, l'avait du reste accompagné dans sa retraite.

Quel que soit le cas, la reddition est en cours à l'ouest comme à l'est. Elle sera suivie de la neutralisation de la presqu'île de Crozon et de la capture de Ramcke.

A l'ouest

Miller a reçu dans son PC les plénipotentiaires allemands : un fantassin, un marin, un aviateur et probablement un parachutiste. Ils sont quelque peu désappointés : un commandant pour entamer les pourparlers, ça leur paraît insuffisant, l'orgueil germanique en souffre manifestement. Ils sont alors conduits auprès du lieutenant-colonel Smith, chef de corps du *115th Infantry*. Les Américains redoutant un piège demeurent vigilants sur l'ensemble du front. (2)

L'aspect des Allemands, sanglés dans leurs uniformes rutilants, contraste fortement avec celui des Américains, en tenue de combat, épuisés, les yeux rougis par les veilles successives. Les Allemands souhaitent une reddition dans l'honneur : les éléments américains accrédités se rendront au PC allemand où les attend le commandant de la Forteresse par intérim, à savoir von der Mosel. Les forces allemandes se rendront par formation à 11 heures, les blessés seront bien traités.

Les plénipotentiaires se retirent. Ailleurs sur le front, d'autres négociations sont en cours, en particulier à Recouvrance. Les GIs restent cependant sur le qui-vive, on ne sait jamais ! Du reste à 9 heures, la compagnie C du *1st Bat/115th* soutenue par des chars, attaque le Parc à mazout de Hildy : pas de réaction de la part des assiégés. Vingt minutes plus tard, un capitaine et un sous-lieutenant sortent de leur position en agitant un drapeau blanc. (3) Les deux officiers s'entretiennent avec Glover Johns, le commandant du 1ᵉʳ bataillon, ainsi qu'avec le colonel Watson, commandant en second de la 29ᵉ division. Les termes de la reddition sont identiques.

Les Allemands commencent à sortir de leurs retranchements à 10 h 25, par petits groupes. A 11 h 10, Miller, le chef du 2ᵉ bataillon, se dirige vers l'Ecole Navale encadré par une compagnie. Le groupe est conduit au PC replié dans la base sous-marine. Un commandant, Miller, reçoit la reddition d'un général, von der Mosel. L'intention du commandement américain est parfaitement claire : on honore les combattants au niveau bataillon tout en humiliant quelque peu l'adversaire.

Les Américains, qui s'attendaient à récupérer quelques centaines d'Allemands, voient avec étonnement des milliers d'entre eux émerger des bunkers de l'Ecole Navale et de la base sous-marine. Il

(1) *Kriegstagebuch Admiralatlantikküste, op. cit.*, 18.9.44. « *Es lebe der Führer ! Der Kampf ist zu Ende, G-Sachen vernichtet.* ». « *Lediglich Funkstelle verlagert, Kampf wird fortgesetzt.* »

(2) Documents utilisés pour la rédaction de ce paragraphe :
– *After Action Report, 29th Infantry-Division, Phase VIII Reduction of the Fortress Brest, 1-18 September, op. cit.*, p. 7-8,
– Ewing (J.H.), *op. cit.*, p. 143-149.

(3) Peut-être Werner Ewald, le commandant du *II./2*. Cf. Willi Kamman, *op. cit.*, p. 179.

Le 18 septembre 1944, le général von der Mosel, chargé de la défense de la partie ouest de Brest qui comprend l'Ecole Navale et la base sous-marine, décide la reddition des troupes placées sous son commandement. On le voit ici au centre dans les locaux de la base sous-marine lors de sa reddition au *Major* Miller. (US Army.)

Le général von der Mosel (à gauche) est emmené en captivité. Il est accompagné du contre-amiral Kähler (au centre) et du général Kroh, successeur de Ramcke à la tête de la 2ᵉ division parachutiste. (US Army.)

en vient de partout, des marins, des fantassins, des parachutistes, des travailleurs de l'*Organisation Todt*, plus préoccupés semble-t-il par la récupération de leurs affaires personnelles que par leur statut de prisonniers de guerre. Les officiers et sous-officiers rassemblent leurs hommes par formations, leur disent deux mots puis leur serrent la main. La guerre est terminée, les camps les attendent pour quelques années en France ou bien aux États-Unis.

Les colonnes de prisonniers montent vers Saint-Pierre tout l'après-midi, beaucoup abandonnent leurs affaires réalisant qu'ils auront des kilomètres à parcourir avant d'atteindre leurs zones de rassemblement. Chez tous domine la crainte d'être remis aux FFI et pour cause, on n'occupe pas impu-

nément un pays sans en redouter les conséquences, toute autre explication paraît superflue.

La mission de la 29ᵉ division est terminée. Le *116th Infantry* constitue un *Combat Team*, le lendemain **19 septembre**, avec les éléments du 111ᵉ régiment d'artillerie, de la compagnie B du 121ᵉ régiment du génie ainsi que de la compagnie B du 104ᵉ bataillon médical, sa mission étant d'assurer la sécurité de la division qui se replie dans la région du Conquet afin de se réorganiser et d'y panser ses plaies : 624 fantassins ont trouvé la mort au cours de la campagne de Brest, à savoir 236 pour le *175th*, 198 pour le *116th* et 190 pour le *115th Infantry*. (4) Elle sera relevée le jour même par les *SOS Troops* de la *Brittany Base Section*. (5)

L'Ecole Navale après la reddition des troupes allemandes à Brest. (DR.)

La division a capturé 12 933 Allemands, 677 autres ont été tués dans sa zone.

Elle quittera sa zone de repos le **24 septembre** à 6 h 30 pour l'Allemagne où l'attendent encore de bien douloureux combats.

A l'est

Le *9th Infantry* poursuit son action depuis le nord de Brest intra-muros qu'il a investi dans la soirée du **17 septembre**. (6) Les Allemands ont tiré toute la nuit du **17** au **18 septembre**, terrés dans les nombreuses caches aménagées dans les Fortifications.

La tactique adoptée par Robertson est la suivante. Le *38th Infantry*, déployé de part et d'autre de la Porte du Moulin à Poudre, restera en position défensive, interdisant aux Allemands toute tentative de fuite hors de Brest intra-muros. Le *23rd Infantry* au sud restera à l'extérieur des Fortifications pour la même raison. Le ratissage du centre-ville revient par conséquent au *9th Infantry*, le 3ᵉ bataillon continuera à progresser sud/sud-est jusqu'au cours Dajot. Le 2ᵉ bataillon, qui s'est infiltré par la Porte du Moulin à Poudre, marchera au nord-ouest afin de neutraliser Le Bouguen et la Maison d'arrêt.

Les premiers éléments du *3rd Bat/9th* sont à 6 heures au nord de l'Hôpital Maritime, ceux du *2nd Bat/9th* pénètrent dans la rue Porsmoguer. Soudain, à 9 h 20, le commandant Webster, l'officier-opérations de la 2ᵉ division, informe les trois chefs de corps que les combats ont cessé dans la zone de *Latitude* à l'ouest de Brest. (7) Le *9th Infantry* ne ralentit cependant pas son action, la compagnie G prend Le Bouguen, la compagnie I investit l'Hôpital Maritime. Le *23rd Infantry* attaque au sud à 9 heures. Les objectifs du 1ᵉʳ bataillon sont les positions allemandes situées dans le port de Commerce au sud du cours d'Ajot, la Porte Foy devant être neutralisée par le 3ᵉ bataillon. Une heure plus tard, les hommes de Hightower sont à l'entrée da la rue du Chemin de Fer, la résistance allemande faiblit.

A **10 heures**, les premiers éléments du *2nd bataillon/9th Infantry* sont rue de la Mairie. Les Allemands se rendent en masse, entravant de ce fait la progression américaine.

A **11 heures**, Kernan et ses hommes sont dans la rue de Siam, les Allemands tirent toujours à l'arme légère et au canon de 20. Des officiers et des hommes de troupe, repliés dans un des bunkers de la Porte de Landerneau, refusent obstinément de cesser le combat.

A **13 heures**, Hirschfelder rapporte que toute résistance organisée a cessé dans Brest intra-muros. (8) La compagnie I a pris le Château, les compagnies G et E occupant tout le secteur situé au nord de la rue de Siam. Pietzonka, qui commandait l'ensemble du secteur Est, est capturé dans son PC de la Place Wilson par Kernan et ses fusiliers. Le colonel allemand souhaite rassembler ses hommes sur la Place et garder les officiers de son Etat-Major. C'est accordé, ils partiront ensemble en captivité, le *2nd Bat/9th* sera chargé du transport. Tous les Allemands doivent évacuer la Porte de Landerneau, les *tank dozers* (des bulldozers) de Prassel y sont déjà à l'œuvre.

A **14 heures**, le *23rd Infantry* ne sait toujours rien de la reddition de Brest. Les communications étant coupées dans son secteur, on doit recourir aux estafettes. Le 1ᵉʳ bataillon continue à avancer, les Allemands résistent, on fait venir un camion sur lequel on a installé un haut-parleur afin d'inciter les défenseurs à se rendre. La compagnie A progresse toujours, se saisit d'un officier allemand qui ne sait rien de la reddition. Elle atteindra la Jetée de l'Ouest **à 15 h 30**.

(4) Ewing (J.H.), *op. cit.*, *Battle Casualties*, p. 305-307.

(5) SOS = abréviation probable pour *Special Occupation Service*.

(6) Documents utilisés pour la rédaction de ce paragraphe :
– *G3 Journal 2nd Inf.-Div, September 44, op. cit.,*
– *History of the Second Division, op. cit.*, p. 70-72,

(7) Numéro d'ordre 9145, *G3 Journal, op. cit.*

(8) Numéro d'ordre 9188, *G3 Journal, op.cit.*

Responsable de la défense de Brest à l'est de la Penfeld, le colonel Pietzonka offre également sa reddition le 18 septembre. Il est interrogé par le *Major-General* Robertson, commandant de la *2nd Infantry Division* (au centre). A droite, portant des lunettes sur son casque, le colonel Hirschfelder, commandant du *9th Infantry Regiment* qui a capturé Pietzonka dans son PC de la place Wilson. Le commandant du 7ᵉ régiment parachutiste obtiendra que ses officiers d'état-major demeurent avec lui. (US Army.)

A 14 h 48, Robertson pénètre dans la ville par la Porte du Moulin à Poudre et parvient sur la place Wilson où « *Tout Brest est là, Allemands et Français* » *(All of Brest is there, German and French).* (9) Le capitaine de vaisseau Lucas, commandant désigné par Londres du 2ᵉ Arrondissement Maritime, pénètre dans la ville suivi des FFI Marine. Il fait hisser le drapeau tricolore sur les ruines de la Préfecture Maritime rue de Siam. (10)

Le 1ᵉʳ bataillon du *23rd Infantry* prend alors le Château en charge, en lieu et place de la compagnie du *9th Infantry*.

La disposition suivante est immédiatement prise par le commandement : toutes les unités américaines devront quitter la ville le lendemain **19 septembre** et seront remplacées par les *SOS Troops*.

Les combats sont terminés à Brest mais ils se poursuivent sur la presqu'île de Crozon. Ramcke demeure intraitable.

La journée du 19 septembre à l'est

Cette journée sera consacrée à la relève des troupes qui ont brillamment pris Brest la veille. Les unités combattantes devront en effet avoir quitté Brest avant minuit. Le *1st Bat/23rd* ainsi que le *3rd Bat/9th* seront relevés à partir de 16 heures par les *SOS Troops*. Resteront cependant jusqu'au lendemain matin au nord des Fortifications une section de mortiers ainsi qu'un groupe de combat de la compagnie F du *9th Infantry* afin de parer à toute éventualité.

Le *38th Infantry* du colonel Zwicker entame dans la matinée son repli sur Saint Divy, bourgade située à l'est de Guipavas. Barsanti quitte Brest à 10 heures, Mildren à 12 h 30, Norris à 15 heures. (11)

Le *23rd Infantry* du colonel Lovless se regroupe à Guipavas d'où il était parti le **25 août**. Hamelé s'installe à nouveau à Kergompez, Hightower quitte le Château de Brest à 16 heures après sa relève par les *SOS Troops*, Tuttle enfin rejoint le bourg dans la soirée.

Le *9th Infantry* du colonel Hirschfelder vient camper entre Lambézellec et Gouesnou, le PC s'instal-

lant au nord de Keraudren. Le 2ᵉ escadron de reconnaissance rejoint Rubihan au sud de Kersaint Plabennec, le 2ᵉ régiment du génie se replie à Keradraon au sud-est de Milizac.

Brest est désormais aux mains des *SOS Troops* qui assureront le maintien de l'ordre ainsi que l'évacuation des blessés et des prisonniers. La ville est remise à Jules Jullien, président (par intérim de Victor Le Gorgeu) de la Délégation Spéciale chargée d'administrer Brest. La cérémonie a lieu place Anatole-France, devant les débris du monument aux morts. (12)

Le lendemain le général Middleton fera demander aux différents chefs de corps : « *How much help the French have been in our opérations.* » (13)

Un officier de son Etat-Major fera le tour des PC pour s'en enquérir. La réponse ne nous est malheureusement pas connue mais on peut avancer que nombreux furent les Bretons qui ont apporté leur concours aux troupes américaines, en particulier dans le domaine du renseignement. D'autres se sont montrés plus actifs et ont pris part aux combats.

Le **26 septembre**, la 2ᵉ division quittera la région par la route ou par le rail, pour Houffalize en Belgique, le général Robertson installant son PC à Saint Vith le **30 septembre**. *Ivanhoé* prendra part à la terrible « Bataille des Ardennes » au mois de décembre.

Reste encore pour les Américains à éliminer le dernier point de résistance dans la région de Brest : Ramcke tient en effet encore toujours sur la presqu'île de Crozon. La 8ᵉ division se voit confier cette mission.

(9) *Ibid.*, numéro d'ordre 9209.

(10) Lafferre (M.), *op. cit.*, p.85.

(11) Un bataillon campera entre les villages de Kerveuleugant et du Rody.

(12) Le Bihan (R.), *in Brest 1940-1944-1960, L'occupation, La libération, La reconstruction,* Editions Ouest-France, août 1944, p. 52.

(13) « *Quelle a été l'aide apportée par les Français au cours de nos opérations ?* »

Après un siège de 46 jours et plus de trois semaines d'intenses combats, Brest est aux mains des Américains. A l'issue de la bataille, deux soldats américains inspectent une habitation à l'entrée de Brest (rue Jean Jaurès) à la découverte de corps qui pourraient apparaître au milieu des ruines. (DAVA.)

À la fin des combats, un soldat américain aide deux infirmiers allemands à sortir d'un abri bétonné. (DAVA.)

La reddition des troupes allemandes autour de Brest

À partir de la mi-septembre, les scènes de reddition de soldats allemands de toutes armes vont se multiplier autour de Brest, laissant augurer de la proche fin des combats.

1. Mains en l'air, un groupe de parachutistes allemands se dirige vers les lignes américaines où deux soldats américains sur le qui-vive s'apprêtent à les faire prisonniers.

2. Au milieu des décombres, un caporal allemand s'avance vers un GI. Selon la légende d'époque, cet homme appartenant à la *Kriegsmarine* aurait été coupé de son unité. Une quarantaine de ses camarades serait encore retranchée non loin de là.

3. Non loin du fort de Monbarey, des prisonniers allemands conduits à l'arrière passent devant des chars britanniques lance-flammes « Crocodiles » du *141st Royal Armoured Regiment.*

4. Un membre de l'*Organisation Todt*, l'organisation paramilitaire chargée des grandes constructions sous le IIIe Reich, est surveillé par le caporal Robert Becker et le sergent-chef Joseph Flores.

5. A l'est de Brest, un fantassin de la *2nd Infantry Division* escorte un prisonnier allemand jusqu'au point de regroupement à l'arrière.

(US ARMY)

La reddition des troupes allemandes autour de Brest

1. Aligné contre un mur avec d'autres soldats, un jeune parachutiste présente au lieutenant Kinney le sauf-conduit lui garantissant un bon traitement. Préparés par le bureau de guerre psychologique allié, ces tracts étaient répandus au-dessus des lignes allemandes par l'aviation ou envoyés par l'artillerie légère. On remarquera l'âge déjà avancé du soldat de la *Kriegsmarine* à droite.

2. Des fantassins capturés près de Montbarey sont soumis à une fouille en règle avant de rejoindre un camp de transit.

3 et **4.** En attendant de les envoyer dans des camps de prisonniers en Grande-Bretagne, au Canada ou aux Etats-Unis, les soldats allemands sont regroupés dans des centres de transit situés non loin du front. La plupart de ces hommes sont des parachutistes. Certains de ces visages sont très jeunes.

5. Séparés de leurs hommes, ces officiers attendent à l'écart d'être transférés dans un camp de prisonniers. La différence de tenue entre les parachutistes (à gauche en tenue camouflée) et les officiers de l'armée de terre est frappante. La détermination se lit encore dans leur regard.

6. Le photographe américain s'est attardé sur cet officier allemand attendant son transfert, image dérisoire de la guerre.

(US ARMY sauf n° 5, DR.)

La base sous-marine de Brest investie par les troupes américaines

Avec la reddition du général von der Mosel le 18 septembre, la base sous-marine de Brest est occupée par les troupes de la *29th Infantry Division* dont on voit l'écusson sur le casque et l'épaule des soldats américains. Parmi eux se trouve un détachement de l'unité de renseignement avancé de la *Navy* venu inspecter les installations allemandes. L'un de ces hommes est le lieutenant Angus MacLean Thuermer, que l'on voit avec un béret noir devant la porte d'entrée de la base sur le cliché du haut page de droite. Les photographes alliés semblent d'ailleurs s'être particulièrement attardés sur celle-ci qui est surmontée de l'inscription « Durch Kampf zum Sieg » (Par le combat, pour la victoire). Fantassins, marins et parachutistes allemands attendent d'être emmenés vers les camps de prisonniers. Certains semblent s'être préparés à la captivité de manière très méticuleuse si l'on en juge les sacs et les valises… (US Army, coll. Mc Thuermer.)

Les soldats allemands prennent le chemin de la captivité

Après une résistance longue et farouche, les soldats allemands faits prisonniers à Brest sont rassemblés et traversent en colonnes la ville en ruines, escortés par des MP américains *(Military Police)*. Dans la foule de ces soldats anonymes, on distingue, sur la photo ci-contre à droite, un curieux officier dont l'uniforme impeccable de la *Wehrmacht* porte les insignes de commandant du *Sicherheitsdienst* (SD), le Service de sécurité de la SS. Plus loin, des auxiliaires allemandes employées dans la *Kriegsmarine* font elles aussi partie de la cohorte des prisonniers de guerre. (US Army.)

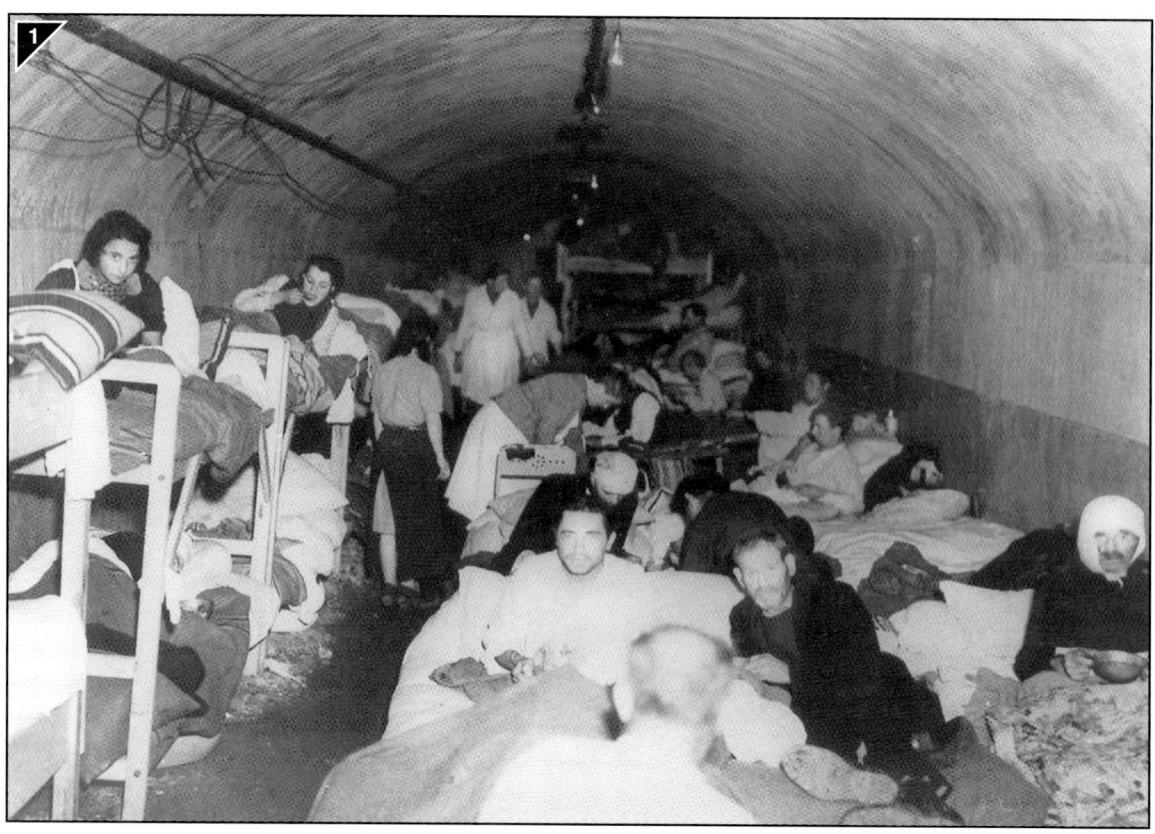

La fin du calvaire de la population civile

Malgré l'évacuation ordonnée par le commandement allemand au début du mois d'août, une partie de la population civile est demeurée à Brest et a enduré le siège sous les bombardements.

1 et **2.** Pour ces civils blessés au cours du siège, le calvaire a pris fin. Serrés dans ce tunnel où ils ont reçu les soins de la Croix-Rouge, certains ont passé 32 jours sans voir la lumière du jour. (DAVA.)

3. D'autres n'ont pas eu la même chance. Le 9 septembre, une gigantesque explosion a ravagé l'abri Sadi Carnot en tuant 373 civils et environ 500 Allemands lorsque les munitions qui y étaient entreposées ont pris feu. Parmi les Français, seuls 45 rescapés ont été recensés. Creusé en 1942, cet abri était en fait un couloir souterrain long de 560 mètres dont les deux entrées étaient situées Porte de Tourville et Place Sadi Carnot. 18 jours plus tard, le 27 septembre, une équipe de six volontaires descendra dans l'abri pour l'identification des corps... Sur cette photographie prise le 19 septembre, un médecin français de la Croix-Rouge examine le drapeau qui avait été placé à l'entrée. (DAVA.)

« La prise du Ménez-Hom par les unités des Forces Françaises de l'Intérieur, appuyées par la 15ᵉ brigade de cavalerie motorisée de l'armée américaine constitue le couronnement et restera le symbole de la lutte menée par la Résistance finistérienne.

Elle fut l'aboutissement de la longue lutte clandestine des mouvements de Résistance du Front National et de Libération-Nord à travers le département, puis des activités de guérilla ouverte qui prirent naissance dans le maquis de Spézet, de Châteauneuf-du-Faou, de Saint-Thois, de Saint-Goazec, de Plonévez-du-Faou, de Landeleau, dont l'historique recouvre et se confond avec celui de tout l'arrondissement de Châteaulin et du Centre Finistère. »

Colonel Yves Le Gall
ex-commandant des FFI de
l'arrondissement de Châteaulin

« Une noix dure à casser »

Le **10 septembre**, dans son poste de commandement implanté à Plouvien, le général Stroh, commandant la 8ᵉ division d'infanterie US, prépare l'assaut de Crozon. Le VIIIᵉ Corps de Middleton a en effet décidé d'y expédier la grande unité, estimant que les 2ᵉ et 29ᵉ divisions seraient désormais suffisantes pour achever la réduction de Brest.

Après s'être longuement penché sur le dossier du futur objectif de *Golden Arrow*, Stroh conclut : « *Là-bas aussi, dans la presqu'île, la noix sera dure à casser* », reprenant l'expression bien connue dans l'armée américaine pour désigner une affaire qui s'annonce difficile (1). Qu'a retenu le général de l'abondante documentation étalée sous ses yeux ?

« La presqu'île de Crozon domine les approches maritimes de Brest. Elle est hérissée de canons et de fortifications. Tant que nous ne l'aurons pas réduite, l'utilisation du port nous restera interdite, quand bien même celui-ci serait tombé entre nos mains. Son extrémité a la forme d'une main : le pouce est représenté par l'Île Longue, les doigts par les pointes des Espagnols, de Camaret et le Cap de la Chèvre. L'avant-bras et le poignet de cette main sont creusés par les vallons marécageux du Kerloch et de l'Aber qui constitueront de sérieux obstacles à notre progression. Par ailleurs, tous nos mouvements seront sous les vues des observateurs ennemis disposés sur les hauteurs dominant le théâtre des opérations... ».

Qui tient la presqu'île de Crozon, son extrémité pour le moins, interdit donc l'accès à Brest par la mer ou bloque l'utilisation du grand port du Ponant. Pour ces raisons, les Allemands n'auront de cesse de la transformer en un secteur autonome, puissamment fortifié, constituant de fait l'ensemble des défenses Sud de la *Festung*.

Peu après leur arrivée en 1940, les occupants s'empressent de remettre en état les installations sabotées par les Français, l'artillerie notamment. Puis, dès 1941, dans le cadre de ce qui deviendra l'année suivante le Mur de l'Atlantique, ingénieurs de l'*Organisation Todt* et militaires du génie de forteresse

conçoivent méthodiquement un système défensif qui, dans son ensemble, sera achevé en 1943.

Si les anses de Camaret, de Dinan et de Morgat sont propices à un coup de main, en revanche, aucun débarquement d'envergure n'est à redouter à l'extrémité de la presqu'île qui se défend par elle-même grâce à ses falaises escarpées. Aussi le commandement allemand prendra-t-il essentiellement en compte des menaces d'attaques maritimes et aériennes visant la forteresse de Brest.

Comme les Français, quatre années auparavant, les Allemands ne croiront pas à une attaque venant des terres et négligeront de défendre sérieusement leurs arrières et notamment le secteur du Ménez-Hom, premier verrou de la presqu'île. Ce n'est qu'après le débarquement et l'irruption des Américains en Bretagne, le **1ᵉʳ août**, qu'ils renforceront en hâte la ligne des fortifications de campagne édifiées l'année précédente sur la « Montagne ». Ils seront contraints d'en confier la garde à leurs supplétifs, les volontaires de l'Est, Russes et Caucasiens.

La ligne des hauteurs du Ménez-Hom tombera le **1ᵉʳ septembre**. Au cours des semaines précédentes, les FFI/FTP du Finistère auront largement contribué à ce succès, préparant le terrain dans de difficiles conditions, affaiblissant la défense allemande en attendant l'arrivée, relativement tardive mais déterminante de la TF A, **fin août**. Malgré de gros moyens, les Américains ne sauraient être en effet partout à la fois. Ils ont certes l'œil rivé sur Brest, mais c'est en direction de la frontière allemande que filent désormais leurs renforts. Il n'est pas question pour eux de distraire une division supplémentaire pour réduire Crozon, ayant estimé que la presqu'île constituait un objectif non vital (2).

Rappelons que l'incomparable belvédère de Plougastel, situé à six kilomètres seulement de la *Festung*, doit être conquis en toute priorité pour servir de plate-forme à l'artillerie américaine. Il en est de même pour la poche du Conquet dont les pièces de 280 sont jugées dangereuses pour les troupes américaines disposées à l'ouest de Brest. L'assaut final de Crozon par la 8ᵉ division d'infanterie ne sera de la sorte programmé qu'à partir du 15 septembre seulement.

Une division renforcée ne sera pas de trop pour réduire l'extrémité en « doigts armés » de la presqu'île. Depuis le **13 août**, le général Rauch, commandant la 343ᵉ division d'infanterie, a en effet pris la situation en mains (3). Du Poulmic à Trébéron, il fera renforcer jusqu'à la fin la ligne principale de résistance (LPR) passant par Tal-ar-Groas, tenue cette fois-ci par des Allemands, battue par une artillerie surabondante. Français, cavaliers et pion-

(1) Stroh (D.A.), *Operation on the Crozon Peninsula*. Military review 25. (janvier 1946), p. 3 - 8.

(2) *Historical division - Crozon peninsula*, p. 603.

(3) Le général Rauch a en charge les presqu'îles de Daoulas et de Crozon. Traversant la rade le 13 août, il établit son PC à Morgat, puis à Crozon le 2 septembre, dans le Fort - l'état-major s'installe dans les villas au Cré, le général loge à Ker Miki. Archives colonel Y. Le Gall.

niers de la TF A - il n'y aura pas d'infanterie US - ne pourront entamer de telles positions.

A la **mi-septembre** enfin, il faudra à *Golden Arrow* plusieurs jours de durs combats, coûteux en vies humaines, pour s'emparer de la presqu'île.

Le Mur de l'Atlantique dans la presqu'île de Crozon (4)

Il n'est pas inutile de rappeler les principales défenses la presqu'île. L'important système défensif de la baie de Douarnenez qui prolonge celui de la presqu'île, de Morgat à Douarnenez, n'est pas par contre détaillé dans cet ouvrage.

L'artillerie côtière

A la pointe des Espagnols, la batterie de *Flak* de 105 *(1./231)* utilisable en défense terrestre barre le Goulet, renforcée par sa voisine de Cornouaille *(1./804)*. Sous roc, au ras des flots, sont tapies les batteries quadruples lance-torpilles de 533 de Cornouaille et de la pointe Robert. Elles sont capables d'éventrer tout navire, qui, par miracle, aurait pu s'engager dans l'étroit passage (5).

Face à l'Iroise, est érigé le second pilier de la défense lointaine de Brest, la batterie lourde du Grand Gouin *(1./HKAA 1274)*, dénommée *Camaret* par les Allemands, forte de quatre canons de 220 français portant à 23 km. Installés dans des encuvements circulaires, ils peuvent être retournés vers l'intérieur des terres et harcèleront ainsi les concentrations américaines jusqu'à Saint-Renan, de l'autre côté du Goulet.

A quelque distance de là, pointées vers le large, veillent les quatre pièces de 164 français (21 km) sous béton de Kerbonn *(4./MAA 262)*.

A Rostudel enfin, à l'extrémité du cap de la Chèvre, quatre 150 Krupp longs en encuvement, peuvent se joindre à *Camaret* pour couvrir l'Iroise, la presqu'île et la baie de Douarnenez (19 km). FFI, Américains et population ont conservé le souvenir des gros projectiles arrivant de cette batterie dans un sifflement sinistre.

Par ailleurs, trois batteries mobiles de 155 français sous blockhaus sont disposées autour de Crozon, à Pen-ar-Ménez, Landaoudec et Trémaïdic (12 pièces portant à 12 km, les 1re, 2e et 3e batteries de la *I./Artillerie-Regiment 343*. Elles peuvent battre respectivement les anses de Dinan, de Camaret et de Morgat et, sorties de leur carapace de béton, les lignes proches de Tal-ar-Groas.

Ajoutons enfin, pour faire bonne mesure, que les batteries lourdes sont érigées en points d'appui autonomes, capables de se défendre grâce à une artillerie secondaire plutôt dense. Jugeons-en : au moins 6 canons de 75 français au Grand Gouin, 6

(4) Delpeuc'h C.V. et Pinczon du Sel C.C. - *Rapport sur le Mur de l'Atlantique* 1947 - Un descriptif monumental du Mur, réalisé par la Marine Nationale - SHM Vincennes. Diverses études d'Alain Chazette.

(5) Egalement interdit à la hauteur de la Pointe par trois barrages, l'un de mines, les autres de tonnes flottantes. En outre une barge lance-torpilles *(Torpedoschiff)* est embossée de l'autre côté du Goulet, au Dellec. MS B 731 - Général Fahrmbacher.

Exercice de tir de l'une des quatre pièces de 220 mm de la batterie du Grand Goin *(1./HKAA 1274)* dénommée *Camaret* par les Allemands. Après avoir ôté les toiles recouvrant la pièce en encuvement, les artilleurs introduisent l'obus dans la culasse à l'aide d'une sorte de gouttière montée sur pivot. (Bundesarchiv.)

à Kerbonn, 4 à Rostudel et à Crozon, ceinturés d'armes légères et de champs de mines, pour ne citer que les installations les plus connues. Nous renoncerons à dénombrer les pièces légères d'usage général d'un calibre compris entre 20 et 50 mm qui, par dizaines, sont judicieusement réparties le long de la côte et dans la campagne crozonnaise.

L'artillerie antiaérienne, la Flak

Les Allemands remettent d'abord en état les batteries françaises antiaériennes de 75, puis disposent provisoirement leurs propres pièces sur des hauteurs aux vues dégagées (Guernigenet, Kersiguenou, Rigonou, Kergrigent, Kerguiriou) avant de les installer dans des positions définitives, bien situées, s'insérant dans le plan général de la défense antiaérienne de la *Festung*.

La batterie de la pointe des Espagnols déjà citée défend Brest avec ses 4 x 105, épaulée par celle de Cornouaille forte de 6 x 105. Crozon est protégé par les 4 x 75 de Cléguer-Leidez *(2./231)* et Camaret par les 6 autres 75 du Grand Gouin. L'Ile Longue *(3./804)* avec ses 4 x 105 défend Lanvéoc-Poulmic et les « ducs d'Albe », les postes d'amarrage des cuirassés. La batterie de Kertanguy *(2./804)*, 6 x 105 doubles, celle de Bot Sant *(1./803)* de 4 x 88 (6), complètent la défense de l'aérodrome et de l'hydrobase. Les batteries de la presqu'île de Plougastel-Daoulas, de Kerziou et Kerdéniel prennent le relais dans la couronne de DCA qui entoure Brest.

Pièce de 2 cm Flak 38 protégeant la batterie du Grand Gouin à Camaret. On note le camouflage constitué de ronds de peinture de deux tons différents qui recouvrent toute la maçonnerie. (Le Doaré-Archives.)

La pointe des Espagnols, camp retranché de la Festung

Militairement parlant, seule la pointe des Espagnols est intégrée dans le périmètre de la *Festung Brest* proprement dite. Limite : un arc de cercle s'insérant entre les hameaux de Penaroz et de Kergadiou/Le Lez, doublement défendu par une ceinture de mines et un mur d'obstacles antichars.

Les instructions de combat du mois de mars 1944 concernant cet éperon rocheux pointé vers le cœur de Brest, prenant également le Goulet en enfilade, sont rédigées dans les mêmes termes que ses puissants vis-à-vis de la Forteresse :

« *La possession du point d'appui des Espagnols est déterminante pour l'ensemble de la défense de la forteresse de Brest. Le point d'appui des Espagnols doit être tenu jusqu'aux dernières gouttes de sang* ("Der Stützpunkt Espagnols ist bis zum letzten Blutstropfen zu halten"). *Les missions du point d'appui sont les suivantes :*

– *s'opposer à toute attaque venant de la terre ou du large,*

– *assurer un barrage contre toute tentative de forcement du Goulet de Brest en direction du port, en coopération avec les points d'appui du Portzic et de la base sous-marine.* »

Ces instructions plutôt impressionnantes, prises en application de l'ordre du Führer de **janvier 1944** concernant les forteresses à tenir jusqu'au bout, s'adressent à la 6e compagnie du 898e régiment d'infanterie et à la section des troupes de forteresse de la 7e compagnie, commandées par le lieutenant Becker (adjoint : sous-lieutenant Ott) dont les hommes sont répartis dans une vingtaine de blocs de combat. En fait, elles valent plutôt pour Tal-ar-Groas : si l'ennemi se trouve aux portes de Roscanvel, cela signifie que la situation dans la presqu'île est tout à fait désespérée.

La pointe reçoit d'importantes installations défensives dont 5 antichars sous casemate, plusieurs pièces légères, 4 blockhaus à cloche blindée pour mitrailleuses, 2 mortiers automatiques de 50, sous blindage également (7), qui viennent s'ajouter aux 4 x 105 de la Flak que nous connaissons.

Les lignes de Quélern et les vieux forts

Au sud, l'isthme donnant accès à la pointe des Espagnols est barré par une haute et épaisse muraille longue de 1 300 mètres, les lignes de Quélern, d'anciennes fortifications Vauban profondément remaniées en 1776 par le comte de Langeron, que les Allemands moderniseront à leur tour à l'aide de nombreux obstacles et fossés antichars.

L'aménagement de la défense de la presqu'île de Crozon intègre également les forts déclassés bâtis au cours des siècles passés. Certes les ouvrages ne joueront qu'un rôle secondaire, mais ils rendront d'excellents services en tant que plates-formes de *Flak* légère (20, 37 et 40) et d'abris passifs à

---

(6) Au sud de Lanvéoc, transférée en 1944 de la position de Trébéron donnant sur la baie de Douarnenez. Des radars et postes d'écoute étaient implantés à Trémet, près de Quélern et sur la cote 133 de Kerguiriou, au sud-ouest de Telgruc.

(7) *Schartenturm* et *Maschinengranatwerfer M19*, de redoutables installations cuirassées - 28 cm de blindage - de petite taille, au ras du sol, très difficiles à réduire. Pour mémoire : au pied de la falaise, deux pièces de 75 et deux de 50 sous roc sont tournées vers la rive opposée du Goulet. Nids de résistance (WN) du *Küstenverteidigungs-Gruppe Crozon* (KVGr. C) ou secteur défensif de Crozon. Ouvrages : C 42 à 49 - C 332 - PC = C 48 - Source : Bundesarchiv : *Kampfanweisung für die Festung Brest vom 8.3.1944*. (Instructions de combat pour la forteresse de Brest en date du 8 mars 1944).

l'épreuve des bombes. Citons ceux de Pourjoint, Kerviniou, des Capucins, de la Fraternité, du Toulinguet, de Pont-Scorff, de Landaoudec et Lanvéoc et les postes de commandement des Forts de Crozon (artillerie côtière) et de Roscanvel (défense de Quélern).

La défense du rivage

L'anse et le port de Camaret tombent sous les feux croisés des armes antichars du Fort de Quélern au nord et des 75 du Grand Gouin au sud.

L'anse de Penhir est couverte d'obstacles. L'anse de Dinan, obstruée par des obstacles d'avant-plage : portes métalliques Maginot et des tétraèdres en béton, est battue par les points d'appui de Kerloch/Kersiguénou au nord, de Garrec-Zu au centre et par un canon antichar au sud, à Kernavéno. La Pointe de Kerdra reçoit quelques défenses, comme la plage de La Palue. Les anses et criques situées autour de Morgat font également l'objet de beaucoup d'attentions.

L'ancien réduit de l'îlot de l'Aber qui ferme l'anse de Morgat et l'estuaire du cours d'eau du même nom se trouve transformé, selon les archives de la Marine, en un bastion autonome fortifié à outrance, occupé par 80 soldats. La hauteur de Kerguiriou (5 x 75) et la plage de Trez-Bellec sont également fortement défendues.

Après l'inspection de la presqu'île par le maréchal Rommel au mois de février 1944, les troupes abandonneront hôtels et demeures confortables pour s'installer à proximité des blockhaus. De nombreux travaux de renforcement de la défense les attendent, la pose de tétraèdres en béton fabriqués à Châteaulin notamment et des fameuses « asperges de Rommel » qui sont des pieux de bois anti-planeurs fichés dans le sol.

Les plages de la baie de Douarnenez sont défendues de loin en loin par de forts points d'appui, Pentrez, Saint-Anne-la-Palud, pour le secteur qui nous intéresse et copieusement minées.

La ligne principale de résistance de Tal-ar-Groas

Deux lignes ont été édifiées dans le but de barrer la route menant aux nids de canons qui, jusqu'au bout, devront tenir Brest sous leur feu. La première, légère, regroupe seulement des avant-postes répartis dans les hauteurs d'Argol et de Telgruc : Keradiguen, Kerliver, Quinivel. La seconde, sur laquelle nous reviendrons, constitue en revanche la ligne principale de résistance, un modèle du genre d'après les Américains.

Du nord au sud elle s'appuie sur une série de points dominants : Kerborhel, Saint-Efflez, Bronfez, Tal-ar-Groas, Saint-Laurent et Kerastrobel, truffés d'artillerie légère.

La ligne de Tal-ar-Groas est en outre battue par les 88 de Bot Sant, les pièces légères de Maison Blanche, Guernigenet, les 155 de Crozon, les 150 du cap de la Chèvre, voire les 220 de Camaret. L'aérodrome et l'hydrobase de Lanvéoc-Poulmic ont été évacués en juin sur les terrains d'Angers, de Saumur et du sud-ouest, mais leurs installations défensives fixes sont demeurées sur place.

La ligne du Ménez-Hom

Dans le Finistère, le Jour J, les Allemands songeaient entre autres opérations alliées, à un important largage de parachutistes dans la zone du Ménez-Hom (8), jumelé avec un débarquement sur les plages Nord du département. Les hauteurs principales ont donc été mises en état de défense en **juin 1943**. Elles ne recevront, semble-t-il, que des appareils radio de Marine, un poste d'observation et une station météo (cote 330) entourés d'installations légères de campagne que renforceront en **juillet 1944** les pionniers de la 2e division parachutiste. Nous examinerons plus en avant le détail de la ligne du Ménez-Hom.

Telles sont donc les défenses installées par les Allemands sur la presqu'île de Crozon. Edifiées dans le cadre du Mur de l'Atlantique afin de repousser un ennemi venu du large, elles seront en définitive retournées pour la plupart vers un adversaire surgi des terres, comme le 19 juin 1940, lorsque la *5. Panzer-Division* du général Lemelsen a débouché sur les arrières de Brest. Ne dit-on pas que l'Histoire est un perpétuel recommencement ?

Les défenseurs de la Presqu'île

La défense de la presqu'île de Crozon, ce « bras armé » qui s'enfonce dans l'Atlantique, est confiée à la *343. Infanterie-Division* depuis le mois de **juin 1943** (9).

Que vaut la 343e division d'infanterie ?

La division a été formée en octobre/novembre 1942, au centre de manœuvres de Grafenwöhr, en Allemagne. En **décembre 1942**, elle gagne la Bretagne. Après un bref séjour autour de Guingamp, elle est affectée en **avril 1943** à la défense côtière du secteur de Brest (de Plouescat à Douarnenez). Compte tenu de l'importance stratégique désormais prise par ce secteur dans le cadre du Mur de l'Atlantique, on lui a adjoint un 3e régiment, le 898e, prélevé en juin sur son voisin de droite, la 266e division. Le régiment est affecté à la défense de la presqu'île où il n'y avait pas jusqu'à présent d'unité d'infanterie de cette taille.

En **janvier 1944**, sous le commandement du général Hermann Kruse, puis celui du général Erwin Rauch le mois suivant, (PC au manoir de Kerlézérien à Landerneau), la division comprend :

– le 851e régiment d'infanterie : colonel Bauman, PC à Lesneven,

– le 852e régiment d'infanterie : colonel Foerster, PC à Saint-Renan,

– le 898e régiment d'infanterie : lieutenant-colonel Jaeger, PC à Telgruc

– le 343e régiment d'artillerie : colonel Sermersheim, PC à Landerneau,

auxquels il convient de rajouter les bataillons de génie (capitaine Straub), des transmissions (commandant Rohsler) et des services (commandant Aich), soit au total 12 500 hommes : 10 bataillons d'infanterie (dont 2 de l'Est) et 9 batteries d'artillerie.

La 343e division est dite statique *(Bodenständig)*. Par opposition à la division de campagne, elle n'a pas vocation à être déplacée vers un autre théâtre d'opérations. Elle est attachée à un secteur qu'elle finit par bien connaître, un atout pour la défense, destiné à compenser partiellement les insuffisances de l'unité en véhicules et en matériels.

(8) Voire simultanément sur les monts d'Arrée et au Nord de Quimper, de façon à encercler Brest - MS B 731 - Général Fahrmbacher.

(9) archives Wast à Berlin. Une excellente description de la 343e DI en défense côtière est fournie par la MS B 437 - 1947 - du colonel Kogard, son ex chef d'état-major. La 343e DI a relevé la 257e DI, celle des *Ours de Berlin* qui, après s'être mise au vert pendant quelques mois, est repartie en Russie.

Le général Erwin Rauch, commandant de la 343ᵉ division d'infanterie, photographié pendant l'Occupation à Landerneau, au manoir de Kerlézérien qui lui sert de poste de commandement. (Bundesarchiv.)

La moyenne d'âge des fantassins est plus élevée que dans une unité normale. Lors de sa constitution, la division comptait dans ses rangs de nombreux convalescents. Au fur et à mesure de leur rétablissement, ces derniers seront dirigés vers le front russe, grand consommateur de soldats, si bien qu'en **juin 1944**, à la suite de plusieurs « écrémages », elle n'alignait plus que le tiers de ses effectifs initiaux, des Allemands du Sud et des Autrichiens en majorité, ainsi que des Allemands du Nord. D'où le recours obligé à des éléments étrangers pour combler les rangs.

Le moral, sujet à variation suite aux nouvelles reçues d'Allemagne notamment, est bon dans l'ensemble. Les meilleures unités sont disposées le long des côtes, les autres (*II./852* et *II./898*), en majorité constituées de convalescents ou de sol-

dats âgés, sont intégrées dans la défense de Brest. Globalement, la 343ᵉ division est considérée comme une unité « *totalement apte à remplir sa mission de défense côtière* » (10). Elle aura effectivement un bon comportement au feu. Quoiqu'on en dise encore de temps à autre, ses unités n'étaient pas disposées à se rendre à la 6ᵉ division blindée américaine ou à se laisser « balayer » par elle lors de son apparition devant Brest, au début du mois d'août 1944. Il s'agit là d'affirmations non démontrées qui ne tiennent pas la route.

L'infanterie russo-allemande dans la presqu'île de Crozon le 6 juin (11) :

343ᵉ division :

– EM du 898ᵉ RI : PC à Telgruc

– *I./898* : PC à Crozon

– *III./898* : PC à Tal-ar-Groas

– *II./Ost./Mitte* (Russe) PC à Ploéven

– groupe d'artillerie *I./343* : PC à Crozon

– éléments de génie, des transmissions et des services.

Un camp important est implanté derrière l'école de Tal-ar-Groas, le « *Lager Tirpitz* ». Au cours de l'été de la Libération, la défense sera finalement organisée autour de l'état-major et d'un seul bataillon allemand, le *I./898*, soutenus par les batteries de la presqu'île. Le second bataillon allemand, le *III./898*, a en effet dû rejoindre la Normandie au sein du groupement de marche (*Kampfgruppe*) du commandant Rembach, après le débarquement, le 23 juin.

Renforts acheminés vers la presqu'île au début d'août :

Le 800ᵉ bataillon nord-caucasien et des unités disparates, notamment :

– la 4ᵉ compagnie du *633./Ost.Btl.* (Brest)

– les 4ᵉ et 12ᵉ compagnies du 56ᵉ régiment de sécurité,

– les 2ᵉ et 11ᵉ compagnies de territoriaux de la *Luftwaffe* (Lanvéoc-Poulmic)

– des éléments des 7ᵉ, 9ᵉ et 10ᵉ compagnies de forteresse, des 2ᵉ et 3ᵉ compagnies navales de radars de Brest et de Lorient

– les rescapés des batteries de *Flak* de la pointe de l'Armorique (Plougastel),

– des éléments de la police des frontières, la *Gast*, disséminés le long des côtes jusqu'alors.

– la compagnie de lance-fusées fumigènes de Brest.

– les sédentaires de l'administration militaire locale d'occupation du Centre et Sud Finistère.

Quelques mots sur les troupes de l'Est

Avant tout poussés par la faim et soucieux d'échapper à une captivité souvent effectuée dans des conditions inhumaines (l'URSS ayant dénoncé sous Staline la Convention de Genève pourtant signée par le prédécesseur du dictateur), plus d'un million de soldats de l'Est s'engageront dans les rangs allemands en tant que combattants ou auxiliaires *(Hiwis)*.

(10) KTB du *XXV. Armeekorps* - 5 juin 1944.

(11) Les arrières sont tenus par la *353. Infanterie-Division*, commandé par le colonel Cordes (*Infanterie-Regiment 942* - PC à Châteaulin). Ce dernier tombera dans une embuscade le 5 juin, près de Rostrenen, en se rendant à Rennes pour assister le lendemain à un *Kriegsspiel* organisé par la 7ᵉ Armée ayant pour thème « un débarquement combiné à l'Ouest ».

Sous l'Occupation, trois sous-officiers et un soldat allemands posent devant le panneau d'entrée de Crozon. Au-dessous, la pancarte blanche indique que le commandant de la localité a pris la villa « Belle vue » comme cantonnement. (Le Doaré-Archives/Coll. Le Bras.)

Un groupe de fantassins allemands occupés à installer une ligne téléphonique sur la presqu'île de Crozon. Contrairement aux parachutistes, ces hommes sont déjà d'un âge relativement mûr. (Le Doaré-Archives/Coll. Le Bras.)

Les Russes du *II./Ost-Rgt.* (2ᵉ bataillon du régiment de l'Est-Centre) sont sur place depuis **janvier 1944**. Tenant encore il y a quelques semaines la côte, de Plomodiern à Douarnenez, ce sont donc des familiers du secteur Sud de la ligne de défense.

Un officier russe, le commandant Snisarivski, se trouve à la tête du bataillon. (Le *I./Ost* est stationné à Saint-Nazaire, le *III./Ost* à Plélan. Par précaution, un régiment de l'Est n'est jamais au complet.) Insigne de bras, un écu frappé de la Croix de Saint-André, marqué ROA : *L'Armée russe de libération*, antibolchevique *(Rousskaïa Osvoborlitelnaïa Armaïa)*. Pour mémoire, le 285ᵉ bataillon cycliste ukrainien séjournera autour d'Argol en **janvier** et **février 1944**.

Les Nord-Caucasiens du 800ᵉ bataillon du 894ᵉ régiment (265ᵉ division), commandés par un officier allemand, le capitaine Schittenhelm, arrivés en Bretagne en **octobre 1943**, étaient affectés à la défense de la baie d'Audierne, de Plouhinec à Penmarc'h. Ils s'y sont signalés par leurs brutalités (12), comme leurs compatriotes russes dans la Presqu'île.

Les Caucasiens du Nord s'étaient engagés dans les rangs allemands plutôt dans l'espoir d'obtenir une certaine autonomie pour leur minorité ethnique (déjà les Tchétchènes !). Insigne de bras : un

(12) PC à Plomeur au manoir de Lestriguou. Thomas (G.M.) Le Grand (A.) op. déjà cité T2, p. 318 et 319.

A Châteaulin, un chef de section et un sous-officier allemands se sont faits prendre en photo au milieu de leurs hommes, des Russes du *II./Ost*. A gauche de l'officier allemand, on reconnaît un adjudant de l'Armée russe de libération (ROA). (Le Doaré-Archives.)

cercle de couleur jaune orné des trois têtes du Cerbère (le gardien des portes de l'Enfer) marqué *Bergkaukasien*.

Les parachutistes du général Ramcke ne feront leur réapparition qu'à la mi-septembre dans la presqu'île. Ils y avaient déjà séjourné, fin juin-juillet, avant leur marche interrompue vers la Normandie.

Les effectifs des défenseurs

Au début du mois d'août, l'effectif des Russo-Allemands présents dans la presqu'île de Crozon peut être évalué à 8/9 000 hommes, approximativement répartis comme suit :

– artillerie/défense des côtes : 3 000

– infanterie et génie de la *343. I.D.* : 2 500 (*1., 2., 4., 13., 14.* et *15. Kompanien* et EM du *I./898*)

– soldats de l'Est et divers : 2 500 (dont environ 1 200 Russes et Caucasiens).

Peu de véritables combattants d'infanterie viendront de Brest renforcer les défenseurs de la presqu'île : après la défection des soldats de l'Est, l'équivalent d'un petit bataillon d'Allemands seulement. Au contraire, fin août, des renforts partiront de Crozon à destination de Plougastel ou des rescapés en reviendront avant la chute de ce secteur.

En revanche, durant le siège, près de 1 500 blessés seront acheminés par la rade à destination du village-hôpital du Fret, placé sous protection sanitaire. Les hôpitaux de Brest se trouvent désormais au cœur des combats, reçoivent des projectiles et n'offrent plus de protection suffisante aux blessés.

Le colonel Jaeger (à droite), commandant le *898. Infanterie-Regiment*. A ses côtés un officier russe portant les attributs propres aux troupes de l'Est sur son uniforme allemand. Il s'agit peut-être du *Major* Snisarivski, chef du *II. Ost-Mitte Bataillon*. Comme les volontaires du 800e bataillon du Nord-Caucase, les soldats russes ont le plus souvent laissé un souvenir détestable à la population bretonne. (DR.)

Les fréquents transits nocturnes nécessaires à l'accomplissement des mouvements avec Plougastel jusqu'au **30 août** et des évacuations réalisées par au moins sept petits bâtiments sanitaires, pourront laisser croire que de nombreux renforts ont été expédiés à Crozon. Il n'en est rien.

Les opérations militaires de réduction de la presqu'île de Crozon

Les opérations de l'été 44 en presqu'île vont se dérouler pendant plus d'un mois, en trois phases bien distinctes.

1re phase : 12 août-1er septembre

Après avoir stoppé les incursions de l'ennemi dans Le Porzay puis investi les contreforts de la ligne du Ménez-Hom, les FFI/FTP du Finistère entament une lente et difficile progression vers les hauteurs. Ils sont rejoints et soutenus par la TF A à la fin du mois d'août. Le Ménez-Hom tombe le 1er septembre, au terme d'une offensive de cinq jours.

2e phase : 2-14 septembre

Une avancée très rapide de 12 kilomètres est ensuite réalisée mais elle stoppée net, sans espoir de progression, par la ligne principale de résistance allemande établie entre l'anse de Poulmic et la baie de Douarnenez. Durant cette période, la TF A et les FFI/FTP effectuent de nombreuses patrouilles et harcèlements le long de la ligne de front.

3e phase : 15-19 septembre

La 8e division d'infanterie, très fortement renforcée, arrive de Brest et donne l'assaut de l'extrémité de la presqu'île. Sur son ordre, une partie seulement des FFI/FTP est autorisée à participer aux opérations de nettoyage. Le général Ramcke est finalement capturé le **19 septembre** à la Pointe des Capucins. C'est la fin des combats pour la *Festung Brest*.

La participation des FFI/FTP du Finistère à la libération de la presqu'île

La situation générale dans le département

A partir du **10 août**, la situation se stabilise dans le Finistère. Douarnenez et Quimper ont été libérées le **8**, Châteaulin et Bénodet le **11**. Les Allemands se sont repliés dans les forteresses de Brest, de Lorient et dans la presqu'île de Crozon. Durant une quinzaine de jours, les adversaires vont pouvoir souffler un peu et s'organiser en vue des opérations d'envergure que l'on sait proches.

Le **12**, souvenons-nous, la 6e division blindée du général Grow a vu ses derniers espoirs d'enlever Brest anéantis devant la résistance du 7e régiment parachutiste allemand, entre Gouesnou et Guipavas. Ses *Combat Commands B* et *C* s'en vont vers Lorient, le malchanceux CCA (13) demeure autour de Brest pour contenir l'ennemi en attendant l'arrivée des trois divisions d'infanterie prévues pour l'assaut. Il est appréciablement aidé dans cette mission par les FFI du commandant Faucher. Par ailleurs, l'autre grande unité américaine présente dans le département, la *Task Force A*, est alors accaparée par des missions de sécurité et de nettoyage du Nord-Bretagne comme nous l'avons vu.

En face, le général Ramcke profite de ce providentiel répit pour réorganiser et renforcer ses points d'appui, du Conquet à Kerhuon, tandis que le général Rauch prend en charge la défense des presqu'îles de Plougastel et de Crozon.

Comme leurs camarades du Nord-Finistère, les FFI/FTP du Centre et du Sud-Finistère combattent désormais au grand jour. Non sans grandes difficultés, les compagnies se réunissent progressivement en bataillons, s'activent à renforcer leur armement léger et disparate et à organiser leur vie quotidienne.

Un grand nombre d'unités du Sud-Finistère ont dû être déployées en cordon de sécurité autour des solides poches de Concarneau et d'Audierne où, après s'être ressaisis, les occupants ont décidé de se maintenir, espérant on ne sait quel retournement de la situation (14). Contenir les Allemands de la presqu'île de Crozon en attendant des renforts et les Américains, échoit ainsi aux patriotes du Centre-Finistère à partir de la **mi-août.**

Au plan militaire, précisons-le tout de suite, ils n'auront ni à redouter, ni à s'opposer à des attaques d'envergure (15), mais uniquement à repousser de forts coups de main, des troupes de l'Est essentiellement, visant le ravitaillement. En effet, nous le savons, la mission des adversaires des FFI/FTP est par-dessus tout défensive : renforcer la sécurité des batteries de la presqu'île et en premier lieu, tenir la ligne du Ménez-Hom.

Le raid audacieux - mais somme toute de portée limitée - mené à partir de Brest sur Brasparts le **16 août,** qui a illustré la précarité du dispositif de sécurité FFI/FTP dans la zone arrière du Centre Finistère, a fortement marqué les esprits et inquiété l'état-major FFI. Le renouvellement de telles opérations est réellement redouté. Le **17 août,** le colonel *Passy* fait d'ailleurs établir des barrages composés de charrettes et d'abattis aux carrefours importants. Satisfaits du résultat de leur coup de main très ciblé, la délivrance de 113 de leurs camarades, soit l'équivalent d'une petite compagnie aguerrie, les parachutistes allemands ne s'aventureront cependant plus hors de leurs lignes.

Les forces françaises engagées durant l'investissement du Ménez-Hom

Commandant des FFI de Bretagne : Colonel du génie Albert Eon

Compagnie de choc *Bretagne* ou Compagnie *Dampierre* (essentiellement formée à partir de FFI des Côtes d'Armor) : Capitaine Dampierre (BCRA) (également parachuté le 4 août à Kérien)

A partir du **12 août** : Lieutenant Yves Le Gall

Bataillon FFI *Normandie* : Lieutenant Jean Bernard

(Centre-Finistère)

Compagnies *Bayeux, Cartouche, Corentin Cochennec* et *Normandie*

Éléments rattachés : Compagnies *Surcouf, Richelieu,* groupes *Kénavo* (Plomodiern) et de la Presqu'île.

Compagnies *Jean-Pierre Calloc'h* (Huelgoat), de *Berrien, Scrignac, Carhaix, Plonévez-du-Faou,* section sanitaire du docteur Desse.

Bataillon FTP *Stalingrad* : Lieutenants Siche, puis Le Bideau

(Secteur de Châteaulin)

Compagnies *Châteaulin, de Gaulle, Ténacité* et *Victoire.*

Bataillon FFI *René Caro* : Lieutenant Jean Cadiou (secteur de Brasparts)

Compagnies *Bretagne, Le Roux, Cleuziou* et *Pont-de-Buis* (pour mémoire : disposées devant Trégarvan, à Rosnoën, sur l'autre rive de l'Aulne).

Bataillon de Douarnenez : Administrateur principal des affaires maritimes Aristide Québriac

Sections de la compagnie FTP *Kléber* et compagnie *Chancerelle* rattachées à *Bellan.*

Renforts arrivés du **18** au **20 août** : Chef de bataillon Albert Philippot

Bataillon FFI *Bellan* : Capitaine Bellan

(Sud-Finistère)

Compagnies *Nicolas* (5e) - *Danion* (6e) et *Bédéric* (7e), *Lautridou* (1re) le 30

Eléments rattachés : 2e Compagnie FTP *Simon* (du Bataillon *La Tour d'Auvergne),* Sections de Briec et de Plogastel-Saint-Germain

Batterie d'artillerie FFI du Finistère

Autres renforts acheminés le **29 août**

Groupement FFI de Landerneau (16) : Capitaine Castel

1re Compagnie FFI (Le Gall) et 2e Compagnie FTP *France* (Serge)

Une formation sanitaire a été constituée. Elle dispose de trois ambulances et d'un hôpital de campagne dirigé par le médecin-chef Bercegey. Le personnel, médecins, pharmaciens (dont A.H. Dizerbo) et infirmiers appartient à la Marine. Les blessés seront évacués sur l'hôpital de Quimper et opérés par les chirurgiens Hébraud et Pilven. L'ensemble du Service de santé est placé sous la direction du lieutenant-colonel Salomon, ajoute le médecin principal Max Lafferre.

A la date du **20 août,** les effectifs des FFI/FTP avoisinent les 2 000 hommes (dont *Normandie* : 888, *Stalingrad* : 540). Ils osscilleront ensuite entre 2 000 et 3 000 (17). Malgré les parachutages et les récupérations, tous ne possèdent pas d'arme individuelle.

Nous rappelons les moyens déployés par la TF A au cours de la *Crozon campaign* pour épauler les patriotes : environ 80 automitrailleuses, 30 chars légers, autant de tanks-destroyers, 2 batteries de 105, 16 chars obusiers et le *35th Engineers*, génie de combat, à 600 hommes.

En revanche, le puissant bataillon d'infanterie US à près de 900 hommes, « emprunté » le 5 août à Saint-Malo, est demeuré en protection de l'artillerie autour de Plougastel-Daoulas, l'*US Army* attachant beaucoup de prix au problème de la sécurité de ses arrières. Souvenons-nous de la coûteuse mésaventure de la TF A, le 9 août, à Plouigneau.

Le colonel (et futur général) Albert Eon, commandant l'état-major FFI de Bretagne du 4 au 19 août, puis les FFI et FTP de la presqu'île de Crozon jusqu'au 8 septembre 1944. (Coll. A. Legrand.)

(13) Renforcé par un bataillon du *28th Infantry*, précurseur de la 8e DI, soit au total près de 5 000 Américains aux ordres du général Taylor, auxquels il convient de rajouter les 4 000 FFI/FTP du commandant Faucher.

(14) Concarneau sera libérée le 25 août, les Allemands ayant été évacués par mer à destination de Lorient.

(15) Une sortie allemande en force vers Quimper ou Châteaulin (en engageant au moins un petit bataillon motorisé) à travers la mince ligne FFI/FTP, comme cela a été suggéré dans le JMO des FFI de Bretagne (p. 17), aurait sans nul doute réussi. Mais assurément c'eût été une opération sans lendemain, avec l'arrivée quasi immédiate de troupes américaines de sécurité. Le raid (d'ailleurs mené dans quel but ?) aurait en outre coûté cher aux Allemands du fait de la réaction des FFI/FTP. Les occupants de la Presqu'île n'avaient plus de troupes de réserve à sacrifier inutilement.

(16) Détaché du groupement FFI du Nord-Finistère du commandant Faucher le 25 août et encore semble-t-il aux ordres du commandant Garion, l'adjoint de Faucher, subordination qui ne paraît pas très logique et militairement cohérente comme nous le verrons.

(17) La formation et l'activité des nombreuses unités FFI/FTP précitées durant la période de la Libération ne peuvent être rappelées ici. Le lecteur se reportera utilement au « *Finistère dans la guerre* » de Thomas (G.M.) et Le Grand (A.), Editions de la Cité - Brest - 1980 et 1981, un ouvrage incontournable pour l'étude de cette époque.

Le capitaine Yves Le Gall, alias *Lagardère*, commandant militaire des bataillons *Stalingrad, Normandie* et *René Caro* regroupant les résistants du Centre-Finistère. (Coll. Y. Poupon.)

Le bataillon FTP _Stalingrad_ : compagnies _Châteaulin_, _Victoire_, _de Gaulle_ et _Ténacité_.

1. La section _Redoutable_ de la 2ᵉ compagnie _Victoire_. Au centre, le marquis de Saint-Simon. A noter la jeunesse et la détermination de ces hommes. Tous portent des équipements pris aux Allemands : ceinturons, cartouchières et fusil Mauser

2. Jeunes et pleins d'allant, les hommes du bataillon _Stalingrad_ souffraient comme la plupart des unités issues de la Résistance d'un manque de formation militaire et de sous-officiers expérimentés. Au premier plan à gauche, Albert Le Quéau, de Châteaulin

3. Section de FTP à Dinéault pendant les combats. Leurs tenues et leurs équipements disparates ont pu surprendre les Américains mais la Résistance n'était pas riche et avait dû arracher à l'occupant ses premières armes.

4. La section polonaise Franeck du bataillon _Stalingrad_. Incorporé dans la _Wehrmacht_, Franeck avait déserté et rejoint la Résistance. Il sera tué sur le Ménez-Hom le 28 août.

5. La 1ʳᵉ compagnie _Châteaulin_.

6. Une partie de la 4ᵉ compagnie _Ténacité_ devant la mairie de Châteaulin.

7. Des éléments de la 3ᵉ compagnie _de Gaulle_. Assis au premier rang, le lieutenant Le Bideau qui succédera au lieutenant Marcel Siche (officier du BCRA parachuté) blessé le 28 août au Ménez-Hom. Derrière lui, Auguste Le Guillou (en calot), figure marquante de la Résistance dans le Finistère. Les deux maquis qu'il a lui-même mis sur pied ont servi de noyau au bataillon _Stalingrad_.

(Coll. Le Guillou.)

Le lieutenant (ici capitaine) Jean Bernard, officier du BCRA parachuté en Bretagne et commandant du bataillon *Normandie*. (DR.)

Pièce de 20 mm Flak servie par des artilleurs de la *Luftwaffe*. Ce genre d'armes automatiques et les mitrailleuses qui battent les pentes dénudées des collines du Ménez-Hom ainsi que le terrain environnant jusqu'au hameau de Saint-Côme empêcheront les FFI quimpérois de s'accrocher sur la hauteur 162 Ménez-Yan, prise et abandonnée à trois reprises au prix de plusieurs tués et blessés. (Coll. Le Bras-Babert.)

Première phase des opérations
12 août - 1er septembre

L'investissement et la chute du premier verrou de la presqu'île de Crozon

La ligne des hauteurs du Ménez-Hom

En position dominante, bénéficiant de vues dégagées, les points d'appui de la « chaîne » du Ménez-Hom qui barre l'accès à Crozon, peuvent aisément tenir en échec une force de cavalerie légère. Les canons antichars disposés sur les hauteurs auraient vite fait de mettre à mal les blindés de la TF A s'aventurant à découvert sur les pentes dénudées de la « Montagne ». Que dire du sort des FFI/FTP, plus que vulnérables face à des armes lourdes portant à 2 000 m, sans parler des mines et des obus !

Selon des prisonniers interrogés par les spécialistes de l'*IPW Team 54* rattaché à la TF A, une trentaine de canons (20, 37, 45, 50 et 76,2), des mortiers de 81 et de nombreuses mitrailleuses lourdes sont répartis sur les collines. Encore faut-il que cet arsenal soit servi par des soldats déterminés ! Le point faible de la défense du Ménez-Hom, ce sont les hommes. Les Russes, et spécialement les Caucasiens, vont une nouvelle fois changer de camp, précipitant la chute de la ligne déjà fortement fragilisée en son centre par les attaques des FFI/FTP et de la TF A.

Prise au dépourvu par l'avance américaine, comme on le sait, la 343e division a été contrainte d'improviser la défense en plaçant côte à côte du « tout venant » : des « gens de l'Est » qu'elle a toujours observés avec méfiance, des territoriaux de la *Luftwaffe*, des marins, quelques Polonais et de nombreux paramilitaires sans expérience du combat, comme ces 120 douaniers de la *Gast* arrachés à leurs paisibles affectations du Sud-Finistère. Nous estimons leur effectif à 1 000 hommes environ.

La disposition des points d'appui (cf. carte 19)

La ligne débute au nord, à Brigneun, au bord de l'Aulne, au fond de l'anse du Garvan. Elle longe ensuite le pied de la « Montagne » jusqu'à Ménez-Yan, remonte vers Saint-Nic pour s'achever à Pentrez, sur la baie de Douarnenez.

Surplombée par les hauteurs 146 (Kervily), 267 (Kéralliou), 330 (le Ménez-Hom ou « Yed »), 298 (le « Hielc'h »), 248 (Stang-ar-Vennic), 162 (Ménez-Yan), 53 (Saint-Nic) et 43 (Pentrez) (18), la ligne est précédée d'avant-postes. Sur une douzaine de kilomètres, de part et d'autre de la D 887,

une dizaine de points d'appui se succèdent (19), qui pour la plupart se couvrent mutuellement de leurs feux croisés.

Secteur Nord

Escarpé et boisé, le secteur Nord se défend déjà lui-même en quelque sorte :

– Brigneun : 90 Allemands, douaniers, éléments de la 10e compagnie de Forteresse et territoriaux de la *Luftwaffe*, sous le contrôle de la 3e Compagnie du 800e bataillon Nord-Caucasien du lieutenant Kleeberg.

– Cote 267 : 80 Caucasiens de la 2e compagnie, 20 marins et douaniers, commandés par le lieutenant Asmanow.

– Cote 330 : point culminant et position-clé : des Caucasiens et 20 marins.

– Cote 298 : des Allemands et une quarantaine de Caucasiens de la 1re compagnie.

– Cote 248 : des forces comparables.

Secteur Sud

Epousant la ligne des contreforts descendant en cascade jusqu'à Saint-Nic, le secteur est bien défendu par les points suivants :

– Cote 162 : des Allemands et des Russes.

– Saint-Nic : 60 Allemands de la 4e compagnie du 898e régiment d'infanterie et deux compagnies de Russes du II./*Ost* (soit environ 300 hommes).

– Pentrez, important nid de résistance du Mur de l'Atlantique environné d'armes antichars et de champs de mines : un effectif comparable disposant des pièces d'artillerie légère sous casemate du Béniel/Ménez-Bichen (3 x 75 ou 105) pouvant être retournées vers le Ménez-Hom (20).

Le dispositif d'investissement FFI/TF A se met en place

A partir du **13 août**, arrive à pied d'œuvre le 1er bataillon FTP du lieutenant Jean Bernard, (bataillon FFI *Normandie* le **24**). Il s'installe dans le secteur de Ploéven. Plomodiern demeurera encore occupé durant une semaine. Son voisin de droite, le bataillon FTP *Stalingrad* du lieutenant Marcel Siche (21), a débuté son déploiement la veille, au nord-ouest de Dinéault (22), sur la rive gauche du Garvan, un modeste affluent de l'Aulne.

Il reste à bloquer le secteur Sud-Ouest, de Ploéven à la mer, une brèche de six kilomètres, truffée de mines anti-personnel, que franchissent toujours les « *Russes-Boches* » pour aller razzier les fermes jusqu'à Sainte-Anne-la-Palud, voire à La Clarté, à Kerlaz. Les FTP de la compagnie *Kléber* (Douarne-

(18) Ces hauteurs, indiquées sur la carte actuelle IGN 0518-1/25 000, et celles données par les documents d'époque peuvent différer très légèrement : 146, 272, 330, 299, 246, 163 et 43. Le Ménez-Hom appartient au massif des Montagnes Noires.

(19) Comptes rendus d'interrogatoire de prisonniers du 31 août -*Psychological Warfare - IPW Team 54*. Cette description n'est probablement pas complète, en sont notamment exclus de nombreux champs de mines.

(20) Pentrez, *Widerstandnest* (nid de résistance) défendant la Lieue de Grève.

(21) Les lieutenants Bernard, Siche (et Bossard à Huelgoat) appartiennent au BCRA. Ils ont été parachutés dans le Finistère le 17 juillet 1944 pour encadrer les maquis, en même temps que le *Team Gilbert* du capitaine Blathwayt (lieutenant Carron de la Carrière et sergent Wood). Ces officiers, jeunes et pleins d'allant, feront l'admiration des maquisards. Ils réaliseront un travail considérable d'organisation dans le Centre et le Sud-Finistère.

(22) Document de la mairie de Brasparts. P. Thomas, Nov. 1999.

Arrivée des premiers éléments du bataillon FTP *Stalingrad* à Châteaulin le 11 août. (Coll. A. Le Guillou.)

nez) du lieutenant Marcel Florc'h les y attendront les **13** et **14**. Attente vaine, les Russes, devenus prudents, ne dépasseront désormais plus Kervigen semble-t-il, exception faite de l'incursion de Penfrat le **18** près de Plonévez-Porzay.

Le **15 août**, le colonel Eon, commandant désigné des FFI/FTP de Bretagne, établit son PC au château de Kerriou, à Gouézec, près de Châteaulin. Il rendra visite à plusieurs reprises au général Middleton à Lesneven pour obtenir le renfort d'unités américaines. Satisfaction ne lui sera donnée que le **22** et seulement une fois l'assaut de Brest entamé. Sécurité des arrières du VIII° corps oblige !

Le **18 août**, le lieutenant-colonel Plouhinec, chef d'état-major du lieutenant-colonel Roger Bourrières, alias *Berthaud*, chef départemental des FFI, qu'Eon vient de prendre comme chef d'état-major, désigne le commandant Philippot, chef des FFI du Sud-Finistère, pour prendre en charge le secteur Sud.

A partir du lendemain, la grande brèche qui existait dans le dispositif général d'encerclement sera colmatée tant bien que mal, mission confiée au Bataillon FFI *Bellan* de Quimper qui se déploie de Ploéven à la plage de Sainte-Anne, le long du ruisseau de Keraho.

Les **26** et **28 août**, nous l'avons vu, arrivent les *17th* et *15th Cavalry* de la TF A qui se positionnent de part et d'autre de la D 887.

Le **30 août**, le commandant Philippot reçoit le commandement de l'intégralité du dispositif d'investissement FFI/FTP du Ménez-Hom (adjoint, lieutenant Le Gall). Le dispositif se complète enfin ce jour-là avec l'arrivée d'éléments du bataillon de Landerneau qui ont participé aux opérations de nettoyage de Plougastel. *Castel* s'intercale à l'est de Sainte-Marie du Ménez-Hom, entre *Normandie* et *Stalingrad*.

Le bataillon *René Caro* de Jean Cadiou (*Yann*), aux ordres d'Yves Le Gall, comme les deux premiers bataillons cités, est demeuré sur l'autre rive de l'Aulne, du Faou à Rosnoën, face à Trégarvan. L'unité avait récupéré à Sizun le **9 août**, les parachutistes allemands du *II./7* du commandant Becker dont nous avons déjà parlé, qui, bousculés par les chars de la 6° division blindée et coupés de leur

unité s'étaient finalement rendus. Des prisonniers convoités, s'il en fût !

Dans un premier temps, les patriotes vont effectuer des patrouilles et dresser des embuscades. Au fil des jours, d'escarmouches en engagements souvent sévères, ils parviendront à stopper les incursions des soldats de l'Est puis à gagner du terrain. Progressant difficilement sur les flancs de la « Montagne », au prix de 18 tués et de nombreux blessés, ils déboucheront, avec l'appui de la TF A, le **1er septembre** sur la fameuse hauteur 330. Au total, près de 500 prisonniers ont été faits depuis le 12 août, en quasi-totalité des déserteurs de l'Est, aussitôt remis à la TF A (23). Mais nous n'en sommes pas encore là.

(23) La TF A porte systématiquement à son actif les prisonniers qui lui sont remis par les FFI.

Le lieutenant Florc'h, commandant la compagnie FTP *Kléber* de Douarnenez (à droite). Il sera laissé pour mort le 26 août suite à une erreur de l'aviation américaine qui coûtera par ailleurs la vie à six résistants. (Coll. M. Florc'h)

Ci-dessus : Le lieutenant-colonel Plouhinec, chef d'état-major du colonel Eon après le rappel en Grande-Bretagne du colonel Passy. (Coll. A.K.)

Ci-contre : FFI de la compagnie *Kléber* de Douarnenez. (Coll. M. Florc'h.)

Ci-dessous : Les 26 et 28 août, les *17th* et *15th Cavalry Squadrons* arrivent et se positionnent en face de la presqu'île de Crozon. Le lieutenant Kinney a reçu un cadeau de choix : une bouteille de champagne. (Coll. W. H. Kinney.)

Les premières opérations des FFI/FTP 12 - 26 août

Patrouilles et accrochages

Le **12 août**, le lieutenant Yves Le Gall (24), de Châteauneuf-du-Faou, responsable militaire départemental FTP, puis commandant des FFI/FTP de l'arrondissement de Châteaulin, donne le ton dans ses premiers ordres d'opérations :

« *...Les FFI du Centre-Finistère auront désormais à contenir les incursions menées par les Russes-Boches dans le Porzay à la recherche de ravitaillement et à tâter la ligne d'avant-postes hâtivement disposés en avant de la ligne du Ménez-Hom* ».

«*...Fermer la presqu'île de Crozon, resserrer sur l'ennemi le dispositif déjà en place, pousser au contact des patrouilles avancées, de nuit..., le plus loin possible des bases de départ, faire des prisonniers, récupérer si possible des armes lourdes... prendre une attitude agressive envers l'ennemi et lui faire sentir qu'il est bloqué dans la presqu'île...* »

Donnons la parole au lieutenant Bernard, commandant le bataillon *Normandie* : « *Dès le 14 août, les actions de patrouilles commencent et la guérilla, chère aux maquisards, met à l'épreuve nos jeunes gars non encore aguerris, le contact avec l'ennemi s'affermit dès les premières heures... Chaque jour, la compagnie* Corentin Cochennec *et particulièrement la compagnie* Bayeux, *mènent la vie rude aux Boches. Les jeunes chefs connaissent maintenant l'art de tendre une embuscade, et l'Allemand, pourtant éprouvé par une guerre de quatre ans, se laisse prendre au piège...* ».

Chaque jour en effet, les Russes principalement, perdent des hommes (une cinquantaine de tués pour la période). Quelques exemples d'actions empruntés aux archives du lieutenant Le Gall :

– le **12**, une patrouille allemande est accrochée à Dinéault par *Stalingrad*, (7 tués allemands)

– le **13**, un raid de représailles sur le village est arrêté par la compagnie *de Gaulle*,

– le **15**, la compagnie *Bayeux* met trois Allemands hors de combat,

– le **16**, le bataillon *Normandie* envoie des éléments pour sonder l'ennemi en profondeur. A Kervigen, la compagnie *Cochennec*, encerclée, parvient à se dégager. Puis, en faisant appel à des renforts, elle empêche les Allemands d'atteindre Plonévez-Porzay;

– le **17**, nouveaux accrochages à Kerdanet et sur le terrain de football de Plomodiern. Un convoi hippomobile ennemi venu au ravitaillement et escorté par une cinquantaine d'hommes est stoppé à l'entrée de la localité,

– le **18**, un groupe de *Cochennec* accroche des cyclistes à Plomodiern (qui sera occupée le **20 août** par la compagnie *Dampierre*),

– le **21**, le corps franc de la compagnie *Bayeux* coupe le câble téléphonique reliant l'important avant-poste de Sainte-Marie aux positions du Ménez-Hom et se replie sous le feu de l'ennemi,

– le **22**, accrochage avec des éléments venus se ravitailler à la ferme de Kergus en Plomodiern...

Depuis son arrivée le **19**, le bataillon *Bellan* de Quimper en a fait de même dans le secteur Sud, au prix de deux tués, refoulant les groupes de Russes venus le **21** sonder les lignes, de la mer à Kergonnec. Profitant de la brume, un groupe de la compagnie *Fer* s'approche de Sainte-Marie et parvient à abattre le servant de la mitrailleuse perchée dans le clocher de la chapelle. Le **22**, il reçoit

l'ordre d'avancer de trois kilomètres afin d'occuper le « no man's land ». Le bataillon, disposé entre Ploéven et la baie de Douarnenez, devra progresser vers la ligne des contreforts de la « Montagne », de Ménez-Yan (cote 162) à Ménez-Bichen (cote 43).

Le mouvement s'effectue sans difficulté. La 2ᵉ compagnie FTP gagne Kervigen, « *lieu de prédilection des pillards Russes-Boches* » et Kergus. A l'issue d'une avancée significative, *Bellan* a atteint les villages de Kergustans, Keraliou et Lespeurs, à l'ouest de Plomodiern. Les avant-postes russes se trouvent dans les hameaux d'en face, à portée de fusil. Le lendemain, ils répliquent par un bombardement de mortiers sur Ploéven, suivi d'un tir de mitrailleuses lourdes, blessant des FFI. Le *Team Gilbert* revient de Rennes, ramenant quelques armes lourdes aux FFI. Quelques canons de 20 récupérés sur des chalutiers allemands venus à la côte en baie d'Audierne (Tréguennec - Plozévet) seront également mis en action.

Dans la nuit du **24** au **25** les Allemands font sauter le pont de Térénez qui reliait la presqu'île de Crozon à celle de Plougastel où se déroulent les combats menés par la *Task Force B*. Le **26**, le bataillon *Bellan* effectue un nouveau bond en avant et se trouve déployé d'est en ouest, de Saint-Sulliau au pied de la colline de Ménez-Yan à Landrein, à proximité de la mer : Kergoff, Kérellec et Kergos, au contact cette fois avec l'ennemi.

La poursuite des opérations dans des conditions éprouvantes et dangereuses

Désormais, les conditions dans lesquelles FFI et FTP mèneront le combat changent de visage, devenant plus difficiles, plus périlleuses, psychologiquement éprouvantes. Fréquemment exposés aux intempéries, sommairement équipés, mal chaussés, « *vêtus d'indescriptibles tenues civiles et disposant d'armes hétéroclites* » comme le notera le *17th Cavalry* (25), ils vont devoir déloger des adversaires retranchés sur les hauteurs, en s'exposant au feu d'armes lourdes à grande portée.

(24) Archives du colonel Yves Le Gall (1920-1992), *Lagardère*, sergent de la Coloniale au 2ᵉ RIC, prisonnier évadé, figure marquante de la Résistance dans le Finistère, relatives à l'activité des bataillons *Normandie*, *Stalingrad* et *René Caro*. Communiquées par Henri Poupon, que nous remercions tout spécialement pour son aide essentielle à la connaissance du dossier Presqu'île de Crozon.

(25) Historique du *17th Cavalry*.

Août 1944, des Allemands en civil sont signalés circulant dans la région. Tous les civils traversant Châteaulin sont conduits par la « Police militaire FFI » et la gendarmerie devant le poste de commandement FFI et le « bureau de la Place » pour vérification d'identité.
(Coll. A. Le Guillou.)

Le **21 août** arrivent les premières reconnaissances de la TFA. Leur équipement fait l'admiration des FFI de la 5ᵉ compagnie Nicolas (*Bellan*). « *Le soir, pour dormir, chaque soldat a un sac de couchage confortable* (et dort sous la tente) *tandis que nos hommes, en ligne, installés dans les fossés... doivent à la générosité des paysans de disposer de paille pour dormir sur place. Nos voisins vivent de rations conditionnées... Nous avons une cuisine roulante installée à Kergustans, récupérée sur les Allemands. Les repas sont portés en ligne dans des plats de modèles hétéroclites...* » (une lessiveuse sert de bouteillon) (26).

Du secteur Centre, tenu par *Normandie*, parviennent des échos préoccupants. Le commandant de la compagnie *Bayeux* signale : « *Tous mes hommes sont exténués par des patrouilles continuelles... et des accrochages, nombreux ces temps derniers... Je demande une relève* ». Quant aux équipements, « *chaque journée les hommes perdent des munitions et ceci est dû à l'usure extrême de la toile...* » (des bandoulières anglaises parachutées). Le **23 août**, le lieutenant Bernard résume la situation de son bataillon : « *Il s'est créé depuis quelques jours un état de fait alarmant dû aux intempéries : les compagnies du 1ᵉʳ bataillon en particulier sont très mal équipées et ne pourront résister plusieurs jours sous l'orage. Les hommes ont des souliers éculés et portent des hardes. Rares sont ceux qui peuvent se protéger de la pluie.... Je demande en conséquence au commandement de faire l'impossible pour remédier à cet état de choses dans les plus brefs délais.* »

Pour le secteur Nord enfin, le lieutenant Siche, commandant le bataillon *Stalingrad*, rend compte au lieutenant-colonel Berthaud d'une situation qui devient alarmante du fait des intempéries : « *Les compagnies, très mal équipées, ne pourront résister plusieurs jours sous l'orage... Leurs chaussures, leurs vêtements sont en très mauvais état.* »

A la fin du mois, la dégradation des conditions de vie s'est accompagnée de répercussions défavorables sur la santé des FFI/FTP, en ligne depuis plus de quinze jours. Le **30 août**, la 5ᵉ compagnie *Nicolas* doit être relevée sur le conseil du Service de santé, par la 7ᵉ compagnie de Quimper (*Bédéric*).

Quelques problèmes de commandement se posent également. Des défections individuelles sont observées. C'est aussi le cas, extrême il est vrai, d'une fraction d'une unité rattachée au bataillon *Normandie*. Le **28 août**, le lieutenant Bernard signale que « *la compagnie, en réserve d'action immédiate, qui a reçu l'ordre de combler en partie le trou existant entre le Bataillon Normandie et le Bataillon de Quimper fait des difficultés pour monter en ligne* ». Bernard n'hésite pas « *Les mauvaises têtes sont désarmées et renvoyées...* » (27). Amoindrie, l'unité en cause poursuivra fort honorablement le combat.

26 - 27 août - Les Américains arrivent - le début de l'offensive générale

Le **26 août**, suite aux interventions pressantes du colonel Eon, le *17th Cavalry* met le pied à terre autour de Dinéault. De la cote 249, « le Run Braz », située près des « Trois Canards » (28), son commandant, le lieutenant-colonel Kenneth K. Lindquist, détaille la ligne du Ménez-Hom à la jumelle et prend la mesure de sa mission.

« *La colline, haute de 330 m, était le trait dominant du relief de la presqu'île et permettait d'observer la totalité des zones environnantes. La hauteur s'élevait à pic, de l'Aulne à la façade Nord, à travers une zone très boisée, coupée de petits ruisseaux*

et de défilés escarpés. De petits champs entourés d'épaisses haies étaient situés sur les pentes Sud-Ouest, d'aspect plus engageant et se prolongeant en direction de la baie de Douarnenez ».

Au même moment, à la mairie de Châteaulin, le colonel Eon et le général Middleton conviennent d'un plan d'action conjoint dont l'exécution ne sera pas très efficace, du moins à ses débuts (29).

A plusieurs reprises aussi, le colonel interviendra auprès de Londres pour obtenir le concours de grosses unités navales afin d'éliminer les batteries côtières. Son idée est bonne, la précision de l'artillerie des cuirassés est bien connue. Il ne sera pas suivi, les autorités alliées ayant jugé l'opération trop risquée. Dans toutes les Marines, depuis les siècles passés, l'on sait qu'un duel engagé par un bâtiment de guerre contre un fort à terre, n'est pas à l'avantage du premier, des plus vulnérable sur l'eau (30). Seules de modestes pinasses armées en patrouilleurs sillonneront la baie de Douarnenez afin d'empêcher une liaison entre Morgat et le point d'appui de Lézongar à Audierne, désormais assiégé par les FFI.

Le dimanche **27 août**, au début de l'après-midi, le commandement français transmet à ses unités l'ordre d'attaque générale de la ligne. FFI et FTP démarrent, l'offensive générale débute. La bataille pour le Ménez-Hom sera essentiellement l'affaire « personnelle » du colonel Eon. « *The battle of Crozon Peninsula was planned and fought by colonel Eon* », nous rappellent les archives de l'*US Army*.

Dans le secteur Sud - qui demeurera comme nous le verrons le plus exposé des trois secteurs durant toute la campagne - les 5ᵉ et 6ᵉ compagnies de Quimper (*Bellan*) et de Douarnenez (*Chancerelle*) se retrouvent rapidement dans des situations critiques. Suivons la 5ᵉ compagnie du capitaine Nicolas qui va vivre de dangereux épisodes rappelant à certains la guerre des tranchées du conflit précédent.

« *La situation de ma compagnie* (entre les hameaux de Kergors, Kérellec et Kergoff, en bordure de la mer à Plomodiern - NdA) *oblige celle-ci à parcourir 300 mètres à découvert. Mais à peine avons-nous fait une centaine de mètres que nous devons nous plaquer au sol pour subir un tir de barrage nourri. Les Allemands ont leurs observatoires sur les hauteurs du Ménez-Hom et notre progression ne peut passer inaperçue...*

Une accalmie de tir me permet de gagner la lisière

(26) *Le Finistère dans la Guerre* - T.2 Thomas (G.M.). Le Grand (A.) - Editions de la Cité - 1981 - p. 464 et suivantes. Peu de matériel pourra être cédé aux FFI/FTP, nous a indiqué le lieutenant (futur colonel) Dwan du *15th Cavalry*. En effet, la TF A, force improvisée, ne dispose pas de la riche intendance divisionnaire. Les cavaliers seront souvent obligés de se débrouiller pour améliorer leur ordinaire de campagne à base de rations conditionnées. (cf. chapitre 15). Du ravitaillement destiné aux FFI sera débarqué à Concarneau et Bénodet par des bâtiments de la *Royal Navy*.

(27) Capitaine Bernard - *Historique du Ménez-Hom* - 20 septembre 1944 - Historical division, p. 965.

(28) A l'est de Sainte-Marie du Ménez-Hom.

(29) JMO EM FFI - le colonel Eon installe ce jour son PC à Plomodiern. Nous ne possédons pas de détails sur le contenu de l'entretien et du plan d'action qui aurait été mis au point.

(30) Interventions auprès du capitaine de vaisseau Lucas, commandant désigné de la Marine à Brest. Cette fois, la force navale aurait dû s'exposer au tir à vue des pièces lourdes de la presqu'île renforcées par les 280 du Conquet et les 152 des Rospects (Batterie *Holtzendorff*) (cf. duel *HMS Warspite* - batterie de Kéringar le 25 août). Le cuirassé aurait alors encouru de gros risques.

Le 17th Cavalry Reconnaissance Squadron

Jusqu'à l'arrivée de la 8th Infantry Division sur la presqu'île de Crozon à la mi-septembre, l'essentiel des combats sera supporté par les FFI d'une part, et par les unités de reconnaissance de la Task Force A d'autre part. Ces quelques clichés montrent « la fine équipe » du squadron C du 17th Cavalry Reconnaissance Squadron engagé devant le Ménez-Hom.

1. De gauche à droite : debout, Foania, Robedee, Teetan (« L'indien »), Craonne (« Jimmy Brown »). Assis, deux Français combattant avec les Américains : Michel Garrel et Francis Hamon.

2. Craonne et Hayden.

3. Foania pose au milieu de Francis Hamon et de Michel Garrel.

4. Francis Hamon et Hayden sur un canon antichar allemand de 37 mm.

(Coll. R.D. Dwann.)

Nord du hameau de Liaven. Mais le tir d'artillerie reprend, et, en même temps, nous subissons un matraquage d'obus de mortiers mieux ajustés et plus dangereux... Un bon nombre tombent dans le chemin creux où nous sommes. J'ai tout de suite un blessé, à quelques pas de moi, que je fais évacuer par les infirmiers de la compagnie. Ce sera le seul car, non seulement nous sommes dans un chemin enterré, mais il a été aménagé par les Allemands dans un plan de défense en cas de débarquement... avec tous les 8-10 mètres des éléments de tranchées de 1,50 m de profondeur... Ceux-ci nous sauvent la vie... Nous y restons trois heures. Pas question d'avancer, ni de reculer. Très souvent, la gerbe de terre soulevée par l'explosion des obus retombe dans les tranchées où il y a cinq ou six hommes...

En observant, je vois l'adversaire à 700 ou 800 mètres devant moi, à Saint-Côme et Pouloupry... Mitrailleuses lourdes et mortiers. Avec nos armes légères, nous ne pouvons les neutraliser à cette distance... Nous sommes aussi sans moyens radiophoniques, donc sans liaison pratique avec le commandement pour une intervention éventuelle de notre artillerie... Par ailleurs l'unité américaine n'a pas bougé... On a l'impression qu'il n'y a aucune coordination entre les Américains et nous dans cette opération et la suite des événements le démontrera de façon assez tragique... Entre 18 et 19 heures, nous recevons l'ordre de décrocher (31). »

A regret, les FFI estiment que les Américains, dans leur majorité, ne manœuvrent pas franchement. Les canons de 37 de leurs blindés auraient pu - selon eux - neutraliser à distance des nids de résistance allemands, à charge pour les patriotes de les nettoyer ensuite. « *Sans doute, n'a-t-elle pas reçu d'ordres* » - l'unité américaine - note avec justesse le capitaine Nicolas.

En effet, ce jour-là, la mission du *17th Cavalry* n'est pas de passer à l'attaque générale, mais seulement « *d'effectuer des reconnaissances offensives*, afin de localiser les positions ennemies en attendant l'arrivée du *15th* et de l'artillerie (32). Pour débusquer les redoutables pièces antichars et obliger les Allemands à se dévoiler, des coups de 37 sont tirés à distance prudente, tactique bien connue que ne comprennent pas forcément les FFI, impatients, pour certains du moins, d'en découdre avec l'ennemi.

Considérations américaines sur l'emploi des FFI/FTP

Nous venons peut-être de citer le premier exemple significatif du manque de communication entre Américains et FFI durant la campagne du Ménez-Hom. Comme lors des opérations des Côtes d'Armor, il n'y a pas de commandement unifié et à l'évidence pas de concertation suffisante aux niveaux élevés entre les deux parties. Chacun agit séparément ou presque. Le capitaine Blathwayt, chef du *Team Gilbert,* va tenter de remédier aux inconvénients de cette situation (33).

La raison de cette absence de coopération véritable tient en grande partie au fait qu'au début de la campagne de Bretagne, contrairement au SOE britannique, le haut état-major américain part du principe établi depuis des mois que la Résistance « *constitue par définition une force irrégulière, légèrement armée, qui ne peut être utilisée que dans des misions secondaires, sous le contrôle de troupes régulières* ».

Cependant, sur le terrain, tous les commandants de division US ne partageront pas ce point de vue restrictif et utiliseront les FFI/FTP au mieux de leurs

capacités (la 4e Division blindée du général Wood en Morbihan notamment). Quelques semaines plus tard, la campagne achevée et avec un court mais salutaire recul qui lui a permis d'entrevoir le travail accompli par la Résistance bretonne, l'état-major américain reconsidérera son jugement.

Il est vrai que l'allure vestimentaire et l'attitude de certains FFI/FTP ont parfois pu surprendre et dérouter les cavaliers américains, appartenant à une armée moderne et disciplinée, qui pouvaient douter de l'aptitude des premiers à combattre. Le refus évoqué d'un groupe de monter en ligne ne leur a en particulier pas échappé. Ce qu'ignorent aussi les cavaliers, outre le poids d'une très dure occupation de quatre années et l'état d'esprit qui en découle dans le cadre de la guerre de libération qui s'ensuit, est que les patriotes n'ont reçu pour la plupart aucune formation militaire, celle de la manœuvre sur le terrain notamment. Durant la campagne de la Presqu'île, plusieurs paieront de leur vie ces carences (combat et accidents). Du jour au lendemain, un jeune volontaire ne pouvait évidemment pas se muer en fantassin entraîné.

Premiers succès

A l'issue de la première journée d'offensive générale et d'une progression de 700 mètres, les FFI du bataillon *Bellan* se sont approchés de leurs objectifs : Saint-Nic, la cote 162 de Ménez-Yan, promise - un peu vite - par le colonel Eon au général Middleton comme base de départ des troupes américaines (34). Ils sont maintenant déployés sur une ligne Landrein-Liaven-Kervennec-Lesloys.

Le lendemain **28 août**, l'attaque se poursuit. Dans le secteur Centre, le point d'appui de Sainte-Marie du Ménez-Hom situé dans un secteur truffé de mines est occupé par deux sections, l'une de *Richelieu*, l'autre de *Normandie* (8 blessés). Les jours suivants, le hameau sera systématiquement harcelé par l'artillerie allemande. Le bataillon se déploie de part et d'autre du village, sur 197, à Kergaoc et à Stang-ar-Vennic.

A l'ouest, avec l'aide des cavaliers démontés du lieutenant Casey de l'escadron C du *17th Cavalry*, la compagnie Danion (*Bellan*) réussit à s'emparer du Ménez-Yan 162 dont le bois de pins a brûlé la veille. La position, battue par un canon de 20, se révèle vite intenable. En compagnie du capitaine Henderson, commandant l'escadron et chargé de repérer les objectifs pour l'artillerie, le capitaine Bellan pousse jusqu'à Pouloupry. Ils doivent se retirer rapidement sous un feu nourri. A l'aile gauche enfin, près de Landrein, les éléments de *Chancerelle* ont été durement pris à partie par les canons de Béniel.

Au nord, *Stalingrad* capture des Caucasiens. Une section de *Châteaulin*, en difficulté, est secourue par la TF A. Encore une journée coûteuse pour les patriotes : 2 tués, une douzaine de blessés. Le

(31) Thomas (G.M.) - Grand (A.) - *op. cit.*, p. 467.

(32) Son soutien habituel se trouve encore à Plougastel-Daoulas.

(33) Un grief revenait souvent : le soir venu, les Américains se repliaient, sans se soucier des FFI (auxquels ils n'avaient pas d'ordres à donner car ils relevaient du colonel Eon). Le francophile capitaine Blathwayt prit l'initiative d'organiser une réunion tripartite : général Earnest, colonel Eon et commandant Philippot, afin de mettre en place un système d'information réciproque. Après Telgruc le 3 septembre, le lieutenant américain Trumps, du *Team Ronald*, sera détaché auprès de l'état-major de la TF A en qualité d'officier de liaison. *Report of work of Jedburgh team Gilbert* - dossier Historical division - p. 871.

(34) JMO EM FFI p. 24 - *Bellan* perd 2 tués, un autre le 29.

lieutenant Siche, commandant le bataillon *Stalingrad*, est gravement blessé dans une embuscade tendue près de Kéralouénan par les Allemands qui prétendaient se rendre. Le départ de Marcel Siche est durement ressenti par les FTP. Il est remplacé par le lieutenant Le Bideau.

En retrait près de la ferme de Kéramporchet, à l'est de Ploéven, où elle est installée depuis le **20 août,** la batterie d'artillerie FFI du Finistère du capitaine Espern se distingue en faisant mouche sur le Ménez-Hom. Deux coups particulièrement heureux de 155 malmènent les installations de la *Kriegsmarine* et ébranlent le moral des défenseurs. A la fin de la journée, la réserve de projectiles est épuisée. La veille, le canon récupéré à Plonéour-Lanvern (35) avait pour la première fois tonné en direction de la cote 248. La seconde pièce de la batterie, un 75, prend la suite.

Le *17th Cavalry*, renforcé le jour même par ses 105 automoteurs *Priest,* quelques tanks-destroyers et des éléments du génie, est intervenu efficacement, ce que relèvent avec satisfaction les FFI. Son action, des tirs effectués à 400 m, leur a permis de capturer l'important avant-poste de Sainte-Marie. Le *15th Cavalry* rallie enfin et s'installe au nord de la D 887 (PC à Dinéault). Le *17th* se redéploie au sud (Plomodiern - PC à Cast) (36).

29 - 31 août
La poursuite de l'offensive générale

Le **29 août**, le mauvais temps persiste. Les FFI maintiennent la pression sur les défenseurs des collines de la chaîne du Ménez-Hom. Ceux-ci tiennent bon, continuant à déverser de la mitraille sur les Français, notamment les Quimpérois qui tentent une nouvelle fois de s'emparer de Ménez-Yan 162, toujours prise en enfilade par les feux de la cote 248 en surplomb.

Au nord, *Stalingrad* occupe Kerveur et Le Stang. Une patrouille de *Ténacité* s'enfonce dans les lignes ennemies et ramène quatorze prisonniers, une section *de Gaulle* six autres. A Pont Carvan, le groupe Marzin aide le *15th Cavalry* à récupérer le *Major* Dobbins, commandant le régiment, blessé à la jambe lors d'une reconnaissance. L'opération échoue, la zone où se trouve le blessé étant balayée par l'ennemi. L'officier, dissimulé dans un fossé, s'en sortira finalement au bout de cinq heures d'attente.

Au centre, profitant d'un épais brouillard, le capitaine Dampierre, commandant la compagnie de choc *Bretagne* - la « garde personnelle » du colonel Eon -, et sa patrouille, se sont approchés de la hauteur 330, pratiquement abandonnée par les Caucasiens (qui ont saboté l'armement avant de déserter). Ils doivent refluer sur Kergaoc, au pied de la ligne, sous le feu des mitrailleuses latérales des cotes 298 et 267 (37). La cote 330 est réoccupée, par des Allemands cette fois.

Du côté américain, une dure journée attend les deux régiments de la TF A qui sont à leur tour passés à l'attaque générale. Le succès ne sera pas au rendez-vous.

Pour le *17th*, la réaction du secteur Sud-Ouest est trop vive, les 155 environnant Crozon ont été sortis de leurs casemates et retournés en direction du Ménez-Hom. Vers 15 h 00, les canons automoteurs *Priest* de la batterie B du 83ᵉ régiment d'artillerie ont été dangereusement encadrés et ont dû se replier sans délai.

Dans le secteur Nord, au *15th Cavalry*, échec également : «*... Sur un terrain en forte pente, difficile à gravir, tous les espaces dégagés et les haies sont battus par des armes camouflées... les forces du*

Le capitaine Henderson, à droite, commandant l'escadron C du *17th Cavalry Reconnaissance Squadron*. Cette photo a été prise alors qu'il reçoit du *Major General* John B. Anderson la *Silver Star*. (Coll. J.R. Henderson.)

régiment sont insuffisantes pour mener un assaut frontal décisif... »

En fin de journée, l'état-major du *15th Cavalry Group* (la brigade de cavalerie) résume la situation : « *Nos unités ont été dans l'incapacité de progresser dans la matinée... L'assaut des deux régiments avançant côte à côte le long de la route 887 se heurte au tir de l'artillerie lourde allemande, des mitrailleuses et des mortiers des versants Sud-Ouest. Le feu reçu de la ligne Pentrez-Saint-Nic - hauteur 330, est trop intense... Nous avons subi une contre-attaque vers 18 h 50... perte de terrain non significatif... ».* Bien encadrés, les Russes du II./*Ost* ont contenu l'offensive américaine et même contre-attaqué avec quelque succès.

Le lendemain **30 août**, la situation n'évolue guère.

(35) Pièce de la batterie du 1ᵉʳ groupe du 265. *Artillerie-Regiment* (265ᵉ division) couvrant la baie d'Audierne. Carnets de route du capitaine Espern - Témoignage de Corentin Blouët 1987.

(36) Le 27 août, le peloton conduit par le capitaine Henderson, détaché pour effectuer une patrouille dans le Cap-Sizun, prend en charge à Pont-Croix les 228 Allemands capturés la veille par les FFI après un rude combat à Lesven. Venant d'Audierne, ils tentaient de rejoindre Morgat par la mer. Les prisonniers sont récupérés par le 6ᵉ DB et transportés à Plouay. (Mémorial Bretagne. Ed. Heimdal - 1994 - p.394 - 397).

(37) Journal de marche de la compagnie de choc *Bretagne*. SHAT et JMO de la TF A.

Le capitaine (futur général) Wheelock, du *15th Cavalry Squadron*. (Coll. R.D. Dwann.)

La ligne du Ménez-Hom tient bon. Toutefois, par des prisonniers, le *15th Cavalry* a appris que le moral des supplétifs de l'Est était bas et que les Caucasiens et même des territoriaux de la *Luftwaffe* du secteur Nord étaient prêts à se rendre, ce que vont faire 106 d'entre-eux dans la journée. Un renseignement de première importance que les Américains vont bientôt exploiter à fond.

La manœuvre générale d'encerclement se poursuit, l'étau se resserre autour des hauteurs. Dans le secteur Nord, celui du bataillon *Stalingrad*, les compagnies *Victoire*, *Châteaulin* et *de Gaulle* ont l'ordre d'occuper Keralliou, Cosquer et Kervily, des hameaux situés au pied des hauteurs à conquérir. Arrivées la veille, la 1re compagnie du bataillon *Castel* et une section de *France* prennent position sur la gauche de *Stalingrad*, à Kernalivet et Kerdanet, au pied de la hauteur 267.

En fin d'après-midi, dans le secteur Centre, le corps franc de *Normandie* parvient à atteindre la cote 298, à 1 000 mètres du Ménez-Hom. Un véritable exploit ! Il y ramasse des Russes mais ne peut s'y maintenir et se replie sous les feux de 330. *Cartouche* essaie de prendre le relais, en vain. De même, à l'ouest, la compagnie *Fer*, trop exposée, doit abandonner Ménez-Yan 162.

Les défections à répétition des soldats de l'Est indiquent que la résistance russo-allemande est en train de fléchir. A Morgat, conscient de la précarité de la situation, l'état-major du général Rauch a anticipé la chute de la ligne et organisé la veille le repli des défenseurs du Ménez-Hom. Un ordre secret est remis à l'encadrement allemand. Il ne devait être exécuté au plus tôt que dans la nuit du 1er au 2 septembre, semble-t-il.

Malgré ces signes de bon augure, la progression des FFI demeure périlleuse. De surcroît, la pluie persistante aggrave leurs conditions de combat et gêne l'entrée en action de l'artillerie et de l'aviation américaines. Le lieutenant Henri Laouénan, commandant la compagnie *Richelieu*, en position centre à Gorré-Ribbé (Plomodiern) fait savoir au lieutenant Bernard que « *les hommes, fatigués, trempés, sans imperméables, manquent de grenades et n'ont ni pelles, ni pioches pour creuser des abris individuels de protection contre le bombardement d'artillerie* ».

A l'extrémité de la presqu'île, l'artillerie lourde, raison d'être de la résistance allemande, se réveille. *Camaret* donne de la voix du 28 au 30, arrosant respectivement Brest et la pointe du Conquet. Elle sera désormais contrebattue par deux batteries lourdes de 203 amenées sur la presqu'île de Plougastel totalement libérée ce jour (240e et 243e groupes d'artillerie de campagne).

Les Caucasiens désertent et changent de camp

Le **31 août**, la situation des assaillants s'améliore lentement. La ligne tient encore bon, en apparence du moins. Le temps s'est dégagé, l'USAAF intervient enfin, mais insuffisamment aux vues des Américains et des FFI, cette fois d'accord. Brest demeure prioritaire, même pour ce qui concerne l'intervention des chasseurs-bombardiers.

Dans le secteur Centre, la section spéciale de *Cartouche* et un groupe d'*Huelgoat* parviennent en fin d'après-midi à 200 mètres seulement du Ménez-Hom 330, arrosent le sommet au mortier, mais sont contraints de rebrousser chemin. Au cours du repli, Yves Lamandé, de la compagnie d'Huelgoat, est mortellement blessé. Son évacuation sous le feu ennemi est impossible. Le FFI décède vers minuit, au moment où ses camarades réussissaient à le rejoindre.

Au sud, le *17th Cavalry* essaie une nouvelle fois d'atteindre la ligne Saint-Nic-Pentrez tenue comme nous le savons par les Russes du *II/.Ost*, qui ne cèdent pas. Bientôt l'artillerie de la presqu'île s'en mêle et les Américains doivent se replier. La compagnie *Bédéric* de Quimper parvient à réoccuper la cote 162 Ménez-Yan où elle se met sur la défensive. Elle devra décrocher une nouvelle fois sous une grêle de projectiles provenant de la cote 298.

Dans le secteur Nord, la compagnie *de Gaulle* occupe Keralliou et Cosquer avec la 1re compagnie du bataillon *Castel*. Aidée par *Ténacité*, elle récupère au total 66 prisonniers (38). *Castel* pousse ensuite des reconnaissances mordantes vers le « col » situé entre les hauteurs 330 et 267 qui ne paraît plus défendu.

L'issue des combats pour la ligne du Ménez-Hom est en fait en train de se jouer en coulisse, depuis l'aube. Non loin de là, la chance a souri au lieutenant William H. Kinney, de l'escadron C du *15th Cavalry* que nous avons déjà vu en action à Daoulas et qui va précipiter les événements. A la première heure de la journée, profitant d'un épais brouillard, l'officier se glisse dans les lignes ennemies. Sa patrouille capture trois Caucasiens, dont un sous-officier qui lui propose de rencontrer son chef, le lieutenant caucasien Asmanow installé près de Brigneun, PC de la 3e compagnie du 800e bataillon. Asmanow a été pris en Ukraine et s'est rallié aux Allemands pour échapper à une mort certaine en captivité. C'est ce qu'il déclare à Kinney.

L'Américain et le Caucasien conviennent finalement d'un accord sur une reddition qui interviendra en soirée. Non seulement le lieutenant Asmanow tient parole, mais il se propose en plus d'aller avec 35 hommes exhorter ses compatriotes des positions voisines à déserter. Kinney accepte (39). Au nord, l'important point d'appui de Brigneun est nettoyé (132 prisonniers et déserteurs - 8 canons sa-

(38) Comptabilisés la veille par le *15th Cavalry*.

(39) JMO de la *1st Tank Destroyer Brigade* - Témoignage W. H. Kinney 1999.

botés), puis les Caucasiens font mouvement vers les hauteurs du Ménez-Hom.

L'entreprise se prolonge tard dans la nuit. Un peu partout les rafales crépitent. Les cadres allemands qui ont tenté de résister ont été abattus, ont dû fuir ou se rendre afin de conserver la vie sauve, comme ces 20 territoriaux de la *Luftwaffe*. « *Les actes d'Asmanow eurent autant de valeur que sa parole et le flanc gauche de la défense s'écroula complètement* » est le satisfecit délivré au transfuge caucasien, que l'on peut relever dans le journal de marche de la 15e brigade de cavalerie.

Dans le secteur Nord, en matinée également, une autre patrouille conduite par le lieutenant Hamsley tente d'atteindre la cote 330 mais la réaction est trop vive (le casque lourd de Hamsley est perforé par une balle qui par miracle en ressort après avoir tourné autour du casque léger de l'officier). Le soldat Bodlak, l'interprète du régiment, est capturé et emmené à l'arrière. Une troisième patrouille a trouvé le village de Trégarvan vide d'Allemands.

Dans la soirée, vers 19 h 30, tandis que se déroulent ces péripéties entre Américains et Caucasiens, le capitaine Rolston, qui supervise les opérations du *15th Cavalry*, prévient les responsables FFI/FTP que l'USAAF attaquera les sommets le lendemain matin. Il recommande aux Français (40) de ne rien tenter avant la fin de l'intervention. *Castel* s'exécute. *Stalingrad* demeurera également sur les pentes des collines du secteur Nord (Kervily et Pen-ar-Stang). C'est probablement la raison pour laquelle l'ordre donné à 18 h 30 par le lieutenant Le Gall au bataillon *Stalingrad* et au capitaine Castel, « *en liaison avec les éléments de reconnaissance américains* » (comprenons avec leur accord) de progresser dans la nuit, pour s'assurer des cotes 267 Kervily et 190 Pen-ar-Stang et prendre à revers les défenseurs du Ménez-Hom, ne sera pas

(40) Sans apparemment évoquer les tractations en cours avec les Caucasiens.

Ci-dessous : L'équipage du char léger M 5 Stuart du lieutenant Bob Hamsley photographié après les combats de Brest. Le soc permettant à l'engin de franchir les haies du bocage est bien visible à l'avant. Des maillons de chenille ont été en outre disposés sur l'avant du char pour renforcer sa protection. (Coll. R.D. Dwann.)

De gauche à droite, le lieutenant Bob Hamsley qui s'est distingué à Plélo, Plouigneau et lors des combats autour du Ménez-Hom, le *Private* Bodlack, capturé lors d'une patrouille sur la colline, et le *Private* Downing, blessé sur les pentes de la même hauteur. (R.D. Dawn.)

Ci-dessus : Le lieutenant William H. Kinney et le capitaine Norman Ralston, officier des opérations du *15th Cavalry Group*.

Ci-dessous : Le lieutenant Kinney reçoit du commandant Thivollier (officier français intégré dans l'état-major du *15th Cavalry Group*) la Croix de guerre pour sa conduite durant la campagne de France. (Coll. W. H. Kinney.)

exécuté (41).

Au centre et au sud, les bataillons *Normandie* et *Bellan*, en relation avec le *17th Cavalry*, n'ont pas été prévenus des intentions américaines. Leurs patrouilles continuent de harceler les hauteurs dans la nuit. *Normandie* s'assure de 298 et se trouvera de la sorte, le matin venu, à courte distance de la fameuse cote 330, clé de voûte de la défense allemande.

1er septembre - La chute du Ménez-Hom

Pendant ce temps, à cause du retournement des Caucasiens, la situation a pris une tournure catastrophique pour le commandement allemand. La moitié nord de la ligne de défense s'est effondrée, elle n'existe plus. Aux premières lueurs de l'aube l'ennemi ne tardera pas à s'engouffrer dans la brèche béante et à tourner le secteur Sud, de Saint-Nic à Pentrez.

L'état-major de la 343e division à Morgat réagit faiblement. Dans l'obscurité, 60 grenadiers, sous la conduite du lieutenant Bicking du 800e Bataillon, sont envoyés à la hâte se rendre compte de la situation sur les hauteurs 330 et 267. Sur 267, les Caucasiens déserteurs d'Asmanow les attendent, en capturent plusieurs. Parvenu de son côté avec 10 hommes seulement sur le sommet du Ménez-Hom, l'officier allemand signale que la position est intenable et ordonne le repli (42).

Un malheur n'arrive jamais seul. C'est maintenant le secteur Sud de la ligne, de Saint-Nic à Pentrez, qui va lâcher. Dans la journée, les Russes du *II./Ost* avaient pourtant tenu le *17th Cavalry* en échec, mais l'exemple des Caucasiens est contagieux (43).

Dans la nuit du **31 août** au **1er septembre** les deux compagnies du *II./Ost* qui devaient mener des combats retardateurs pour couvrir le repli allemand imminent que nous avons évoqué se débandent. La 1re compagnie se rend à une section de *Richelieu* qui opère avec la compagnie de Carhaix, la 2e se retire sur Telgruc. Un joli succès : 87 hommes, dont 3 officiers, sans compter les quelque 200 autres que le bataillon *Bellan* ramassera dans la journée près d'Argol.

Dans les archives américaines, cette désertion « *en masse* » (44) est portée au crédit du soldat Bodlak, l'interprète du *15th Cavalry* qui, capturé la veille, aurait réussi à persuader la compagnie de se rendre. L'action psychologique de Bodlak, Allemand naturalisé, est crédible.

C'est ainsi que le **1er septembre**, en début de matinée, les FFI de *Normandie* partis de la hauteur 298 continuent l'ascension. Aux environs de 10 h 30, un moment gratifiée de rafales par les chasseurs de l'USAAF dont l'intervention avait été annoncée au capitaine Castel la veille, la 1re section de la compagnie *Normandie* occupe la cote 330, devançant de peu les cavaliers du *15th*. Ce dernier prend cependant à son compte la capture de la très convoitée colline. *Stalingrad* et *Castel* occupent à leur tour les hauteurs du secteur Nord.

Le lieutenant Bernard, commandant le bataillon *Normandie,* expédie au commandant Philippot le sobre message devenu célèbre dans les annales de la libération du Finistère « *Le drapeau français flotte sur le Ménez-Hom* ». Le butin est important : 2 canons de 75, 3 de 20, des mitrailleuses...

Sous l'action conjointe FFI/FTP/TF A, la ligne du Ménez-Hom est tombée dans des conditions plus ordinaires, mais aussi plus pénibles et périlleuses que le laisse à penser l'ordre du jour du colonel Eon du 2 septembre, une proclamation que les chefs FFI/FTP jugeront grandiloquente (45)·

Le premier verrou barrant l'accès à Crozon vient de sauter. Il aurait certainement pu tenir quelques jours encore, même devant les Américains, sans la défection des Caucasiens du 800e bataillon, à l'évidence insuffisamment encadrés par les Allemands sur la moitié Nord de la ligne de défense : les maigres réserves du I./898 avaient été en effet expédiées, en pure perte, sur la presqu'île de Plougastel.

Mais le moral des volontaires de l'Est s'est écroulé,

miné par l'image de la déroute de l'armée allemande, la précarité de leur propre condition, l'action opiniâtre des FFI/FTP engagés depuis deux semaines, l'étalage et l'entrée en action des armes américaines. C'en était de trop pour des hommes déboussolés, qui connaîtront pour la plupart un sort tragique après leur rapatriement en URSS.

(41) Ordre d'opérations du 31 août : le lieutenant Le Gall ayant probablement jugé la situation mûre pour une vaste manœuvre d'encerclement songeait, avec *Normandie, Stalingrad* et *Castel,* à prendre les hauteurs en tenaille - Rapport Castel du 11 septembre 1944 : la recommandation du capitaine Rolston a été prise comme un ordre. Y aurait-il eu interférence entre les opérations américaines (dont les tractations secrètes avec les Caucasiens) et françaises ? Une zone d'ombre demeure au sujet des mouvements de la soirée du 31 : ainsi le capitaine Castel écrit qu'après avoir reçu l'ordre du 31 août de 18 h 30, il devait préalablement contacter son supérieur, le commandant Garion, qui n'a aucune autorité en ce qui concerne la presqu'île puisqu'elle relève du commandant Philippot. Castel parle aussi *de l'heure tardive* de réception du message (19 h 30) - comme un frein à l'exécution immédiate de l'ordre du lieutenant Le Gall.

(42) Texte du message - archives de la TF A.

(43) A noter que deux compagnies du *633./Ost* du secteur de Brest avaient également déserté, l'une à Ploudalmézeau, éliminant là aussi son encadrement allemand, l'autre, en partie, à Plougastel-Daoulas.

(44) En français dans le texte. La capture de ces prisonniers ne figure cependant pas dans l'historique du *15th Cavalry,* ce qui tend à confirmer la reddition proprement dite des Russes au bataillon *Bellan.*

(45) Article du commandant Philippot et *Le Finistère dans la guerre* - T2 - Thomas (G.M.) - Le Grand (A.), p. 471. C'est souvent le style du colonel Eon, un ancien de la guerre 1914-1918 et des combats de Tunisie en 1942-1943. Seuls le bataillon *Normandie* et la batterie *Espern* sont distingués dans l'ordre du jour. Par une simple lettre adressée à Philippot le lendemain, le bataillon *Bellan* sera « rattrapé » pour sa belle conduite. Cette restriction créera un malaise chez les responsables des autres unités de la Résistance. Historique du 2e bataillon *Stalingrad* et lettre du capitaine Castel du 11 septembre 1944 au lieutenant-colonel Berthaud, chef départemental des FFI. Archives SHAT et colonel Le Gall.

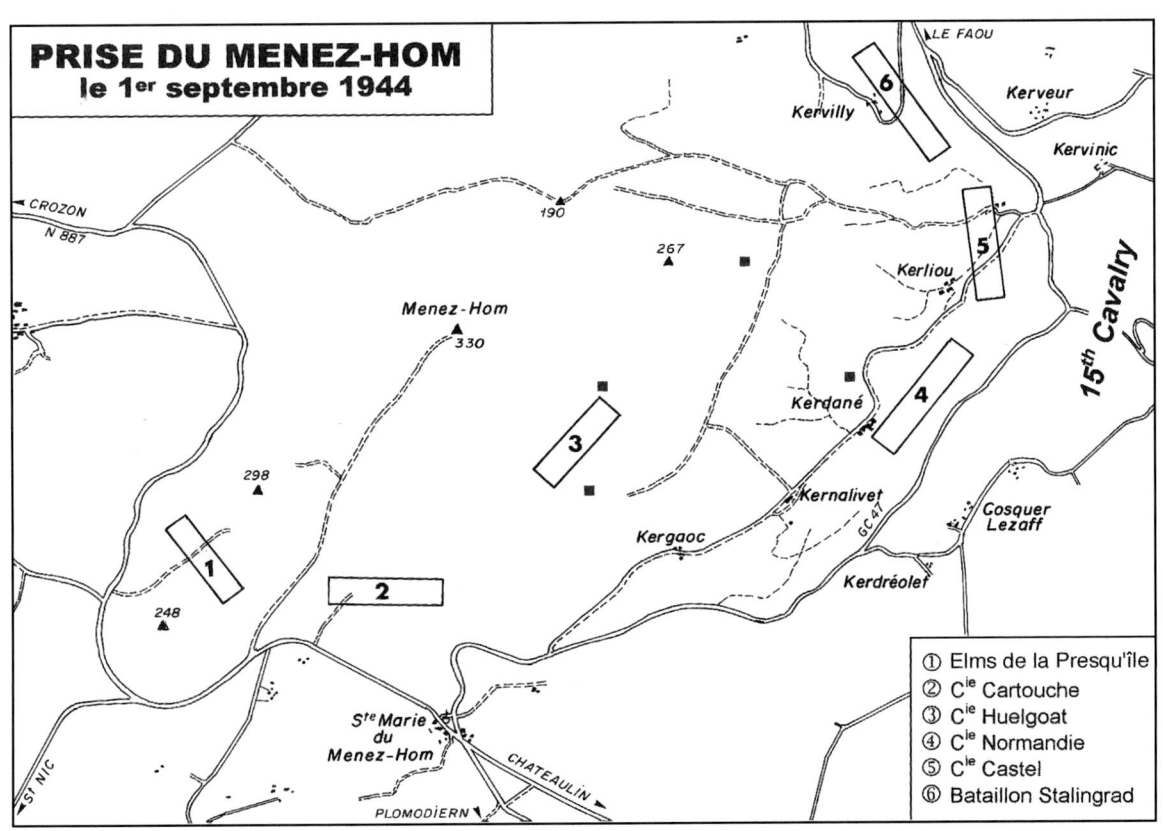

PRISE DU MENEZ-HOM
le 1er septembre 1944

① Elms de la Presqu'île
② Cie Cartouche
③ Cie Huelgoat
④ Cie Normandie
⑤ Cie Castel
⑥ Bataillon Stalingrad

Une unité originale de la Résistance : la 1ʳᵉ batterie d'artillerie FFI du Finistère

Armée de l'ombre, la Résistance souffrait d'une pénurie d'équipements. Ceci rend d'autant plus remarquable l'existence d'une unité d'artillerie telle que la 1ʳᵉ batterie d'artillerie FFI du Finistère qui était sous le commandement du capitaine Espern. Elle soutiendra les FFI engagés devant le Ménez-Hom.

1. L'obusier de 155 C « Sainte-Anne-la-Palud », pièce maîtresse de la batterie, après les combats le 20 septembre 1944 à Audierne.

2. Le canon de 75 mm mle 97/41 qui prit la relève du 155 C lors des tirs sur le Ménez-Hom.

3. Autre renfort de la batterie, un canon de 105 L 1913 servi par des Russes ralliés à la Résistance.

4. Corentin Blouet, l'un des servants du 155 C, pose derrière une pièce de 20 mm après la conquête du Ménez-Hom.

5. Deux coups au but du 155 C ont détruit le 20 août le radar de la *Kriegsmarine* établi au sommet du Ménez-Hom ainsi que le local abritant la génératrice d'électricité. Ici le radar vu à l'arrière-plan sur la photo précédente.

6. Le capitaine Espern et ses artilleurs à l'occasion d'un défilé organisé à Quimper vers le 10 octobre devant le général Borgnis-Desbordes, commandant de la 19e division d'infanterie, unité à recrutement breton.

(Coll. C. Blouet, sauf n° 6 : A. Le Grand.)

Comme plusieurs autres Bretons, Jacques Armengol qui faisait auparavant partie du maquis de Plésidy a participé à la libération de la presqu'île de Crozon. Combattant avec le *17th Cavalry Reconnaissance Squadron* en tant qu'éclaireur et interprète, il est blessé le 18 septembre au Cap de la Chèvre. (J. Armengol.)

Enterrement des victimes du bombardement de Telgruc. Les cercueils sont rassemblés dans la cour du presbytère avant les obsèques. (Coll. Abbé Rogel.)

Seconde phase des opérations : 2 - 14 septembre

Halte forcée devant les lignes de Tal-ar-Groas

Le **1er septembre**, la chute du Ménez-Hom permet aux Américains et aux FFI/FTP de réaliser une avancée spectaculaire de 12 à 15 kilomètres. Au nord, *Stalingrad* nettoie Trégarvan, Landévennec et les environs d'Argol, récupérant une vingtaine de prisonniers. Au sud, *Bellan* atteint Telgruc en fin de journée, capturant comme nous l'avons vu de nombreux prisonniers. Le lendemain, au prix de quelques blessés légers, *Castel* progresse au Centre et vient se placer à la hauteur de Telgruc après avoir éliminé des éléments retardateurs à Kerguiridic, Kerliver et Quinivel avec l'aide des tanks destroyers. **(Cf. Carte n° 20.)**

Le bourg de Telgruc est rasé par l'USAAF

Le dimanche **3 septembre** fait également date dans les annales de la libération du Finistère. En effet, la journée reste marquée par un drame que la mémoire collective a retenu comme étant « *la tragique méprise de Telgruc* » : le bombardement et la destruction du village par l'USAAF (46).

Le commandant Philippot, témoin direct, explique (47) : « *Une première fois, à 9 h 30, quatre chasseurs-bombardiers attaquent nos lignes. Personne n'est touché. Je monte en ligne (vers Tal-ar-Groas)... Deux aspirants m'accompagnent dans ma tournée, nous regardons passer les forteresses volantes qui se dirigent sur Brest. Arrivée au-dessus des premières maisons de Telgruc, une escadrille volant à 1 200 m déverse son chargement de bombes. Une seconde escadrille suit la première. Cette fois nous sommes en plein dessous. Cela dure 20 secondes. L'obscurité provoquée par la fumée des explosions et la poussière est totale... Disparus aussi l'église et tout le village.... »*

Dans le compte rendu annuel d'activité de la 15e brigade de cavalerie pour 1944, on peut lire également:

« *... Lors d'un vol qui comporta de nombreux coups au but sur des barrages routiers à l'est de Tal-ar-Groas, une bombe* (fumigène) *suspendue à un parachute* (marquage de cible) *tomba* (par erreur) *sur un poste de commandement du* 17th Cavalry *situé sur la colline 146 (Ménez-Luz, à 1000 m au sud-est de Telgruc). Voyant ceci, des chasseurs-bombardiers d'une seconde vague larguèrent leurs bombes au même endroit et mitraillèrent le PC.*

Vingt minutes plus tard, alors qu'un peloton du 17th Cavalry *progressait dans Telgruc, une escadrille de bombardiers B 17 largua son chargement de bombes sur le village, anéantissant pratiquement le peloton et les ambulances* (du capitaine Parker) *envoyées de l'arrière pour ramener les blessés et les morts de la première attaque. Pendant que les ambulances et le personnel médical s'activaient dans le village, cette zone fut à nouveau bombardée et mitraillée par des chasseurs-bombardiers amis. Les pertes dues à notre aviation s'élevèrent à 33 morts et blessés. »*

Au sol, les cavaliers du *17th Cavalry*, surpris et furieux, ont vainement tenté d'entrer en contact radio avec les pilotes et de signaler leur présence. Les fumigènes et les panneaux de signalisation fluorescents se révéleront inefficaces dans les énormes nuages de poussière soulevés par le bombardement et non visibles des bombardiers qui volent à une altitude élevée. Certains ouvrent le feu sur leurs propres appareils. (48)

Les attaques, effectuées posément , en l'absence de toute réaction de la DCA allemande, par des bombardiers lourds B 17 (les *heavies* ou « forteresses volantes ») et leurs chasseurs-bombardiers d'escorte, entraînent la mort de près de 90 personnes :

– à Telgruc : 30 (ou 32) civils, 24 (ou 25) FFI, 11 Américains : *A platoon, 9th* et *35th Engineers*, 2)

– autour de Crozon, Morgat, Camaret et Lanvéoc : plus de 20 victimes civiles.

Les quatre localités sont pourtant respectivement éloignées de Telgruc de 10, 11, 18 et 15 km, ce qui exclut l'erreur grossière de visée. Ce jour-là, l'attaque de l'USAAF n'était donc pas uniquement dirigée contre Telgruc, comme on finit généralement par le croire, mais bien contre toute l'extrémité de la presqu'île de Crozon (49), truffée d'objectifs militaires.

Les origines de la méprise

Diverses hypothèses ont été avancées pour tenter d'expliquer la méprise :

– avancée du 1er septembre jusqu'à Telgruc non parvenue à la connaissance de la *8th Air Force* en Angleterre, suite à une négligence dans la chaîne des différents commandements, ou non prise en compte à temps pour annuler le bombardement de la localité ;

– erreur de désignation de l'objectif (confusion entre Telgruc-sur-mer et Tal-ar-Groas, distants de cinq kilomètres).

Le capitaine Blathwayt, chef du *Team Gilbert,* nous livre une précision intéressante dans son rapport de fin de mission, qui conforte la première hypothèse, s'il en était besoin. Un bombardement devait être effectué le 1er septembre, sur le secteur de Telgruc, quand celui-ci était encore aux mains des Allemands.

(46) Des bombardiers lourds B17 appartenant à la 3e division de la 8e armée aérienne basée en Angleterre.

(47) Articles du Lieutenant-Colonel Philippot sur la libération du Finistère-Sud - *Le Télégramme de Brest* - juin/juillet 1964.

(48) Armengol (J.) - *Le Rideau rouge* - 1994 - p. 267 et suivantes. L'auteur, FFI servant au *17th Cavalry* depuis la libération de Guingamp, a vécu le bombardement.

(49) Série de témoignages du Père Victor Kermorgant sur la libération de Crozon- *Le Télégramme de Brest* - 26-31 août 1994 (Mairie de Crozon). Le 3 septembre, 900 bombardiers ont été mis en œuvre. C'est l'une des quatre journées de bombardement massif de la forteresse (900 appareils le 25 août, plus de 1 000 les 5 et 6 septembre).

Le 3 septembre, l'*US Air Force* procède à un bombardement intensif des installations allemandes sur la presqu'île de Crozon. Ici, la presqu'île de Roscanvel est prise pour cible. En bas, dominant la mer, le fort de Quélern. En haut à droite, les lignes de Quélern sont visibles. Elles seront prises d'assaut le 19 septembre, à 11 h 00, par les compagnies I et L du *13th Infantry Regiment*. (US Army.)

Le journal de marche de la *Task Force A* étaye et complète le rapport de l'officier britannique en précisant qu'une mission de bombardement sur Telgruc, maintenue malgré une demande d'annulation, avait causé 15 pertes à la TFA (50).

L'annulation du bombardement de Telgruc avait donc bien été formulée par l'unité au VIIIe Corps et répercutée à la 3e armée de Patton.

La première hypothèse est la bonne, ce que confirment formellement aujourd'hui les archives de l'USAAF. Le 3 septembre, en exécution de l'ordre d'opération 1 105 de la 8e armée aérienne, la 3e division de bombardement a réalisé la mission 256, c'est-à-dire l'attaque de l'extrémité de la presqu'île et accessoirement celle de Brest. 403 appareils, sur les 429 prévus pour la sortie, ont pris l'air : 2 vagues de 13 appareils chacune (385 A - 385 B de la *4 B Wing*) ont écrasé « *Telgruc Beach - defended locality* » (Telgruc-sur-mer, localité occupée), sans compter les malencontreux mitraillages des chasseurs d'escorte. Les autres objectifs militaires visés étaient les suivants :

– Telgruc : Kerguiriou,

– Crozon : Trémaïdic, Keriel, Kermet, Kerloch et Kador,

– Camaret - Lanvéoc - Roscanvel : Trégoudan , Pont-Scorff, Quélern et la pointe des Espagnols.

Sur les 403 B17 engagés, 56 seulement ont bombardé Brest. Ajoutons aussi que, de façon générale les pilotes américains eux-mêmes n'étaient pas satisfaits des conditions d'exécution de leurs missions au-dessus de Brest. « *Les comptes rendus officiels de l'aviation américaine semblent considérer que tous ces bombardements se révélèrent assez décevants. Les transmissions étaient mauvaises, les pilotes mal informés des objectifs à attaquer. Les examens effectués après coup permirent de constater qu'aucun objectif important n'avait été réellement anéanti... ».* Au sol, l'appréciation était entièrement différente : « *C'était un point de vue. Pas du tout celui des défenseurs allemands, enco-*

re *moins celui de la malheureuse population brestoise* (et presqu'îlienne) *ou de ce qu'il en restait* (51)... »

Le **7 septembre**, à trois jours de son départ, dans une longue lettre, le colonel Eon exprime son vif mécontentement (52) au général Middleton qui n'était pas responsable de la méprise. La tragédie de Telgruc demeure l'exemple classique de la « bavure » que génère toute guerre moderne. Elle n'était ni la première, ni malheureusement la dernière. Mais le 3 septembre, l'extrémité de la presqu'île constituait bien l'un des objectifs des B 17 de l'USAAF, exposant sans nul doute la population civile à de fortes pertes.

La vie quotidienne de part et d'autre de la ligne de défense

Le **4 septembre**, les avant-postes de Tal-ar-Groas sont nettoyés. Cette fois la ligne principale de résistance (LPR) est bien là. Elle court sur cinq kilomètres, le long de la partie la plus étroite de la presqu'île, de Saint-Efflez au nord, à Kéradennec au sud (avant-poste : le Four à chaux, à Rozan, sur la rive gauche de l'Aber), en passant par Tal-ar-Groas, fiévreusement renforcée, comme nous le savons, sous l'impulsion du général Rauch.

C'est un modèle du genre si l'on se rapporte aux déclarations du général Middleton. « ... *Dans toute ma carrière militaire, je n'ai jamais vu quelque chose d'aussi performant que les défenses de la presqu'île de Crozon...*

La ligne faisait face à un terrain découvert sur le flanc Nord (le large vallon du Kerloch - NdA) *et à*

---

(50) *After action report* - Headquarters 1st Tank Destroyer Brigade - 12 octobre 1944.

(51) Mordal (J.) - *La Bataille de France* - Arthaud 1964 - p. 256.

(52) JMO EM FFI - annexe 12 - Historical division. Ce mécontentement, inopportun et excessif, ne contribuera pas à améliorer les relations avec l'état-major du *VIII Corps US*.

Bombardement de la batterie du Grand Gouin le 3 septembre. A droite, le port de Camaret. (DR.)

3 septembre : Bombardement du village de Trémaïdic où est implantée une batterie de la 343ᵉ division allemande. (Coll. Abbé Rogel.)

un terrain plat et marécageux sur le flanc Sud (l'estuaire de l'Aber - NdA). *Les deux étendues offrant de bonnes conditions de défense, des axes de tir avaient été dégagés pour permettre l'action de mitrailleuses et de nombreux postes d'observation situés sur les collines permettaient une direction précise du tir de mortiers et de pièces de calibre moyen.*

La concentration d'artillerie ennemie était très importante dans le secteur Nord, particulièrement aux alentours de l'aérodrome de Lanvéoc, où cinq batteries se trouvaient en position.

Des éléments du 804ᵉ groupe de DCA assuraient la défense du secteur central avec cinq autres batteries. Des mitrailleuses légères et des mortiers se trouvaient derrière les barrages routiers et les réseaux de fils de fer barbelés. Les champs de mines et les réseaux de barbelés étaient très denses dans le secteur Sud, avec d'importants points d'appui autour de blockhaus. L'artillerie comprenait également cinq batteries d'artillerie renforcées par cinq positions de mortiers... (53) »

L'interrogatoire de prisonniers révèle que la ligne de Tal-ar-Groas est tenue par 1 000 hommes environ, pour moitié des marins du 804ᵉ groupe de *Flak* du lieutenant de vaisseau Wind (54) (secteur Nord), des soldats du Iᵉʳ bataillon du 898ᵉ régiment d'infanterie et des territoriaux de la *Luftwaffe* (Centre et Sud).

Le **5 septembre**, des attaques sont dirigées contre elle, en vain. Le lendemain, une nouvelle action en force est tentée. Les tanks destroyers, utilisés comme artillerie complémentaire, se déchaînent sans résultat significatif. Rien d'étonnant à cela ! Selon les ordres, la ligne, ultime rempart des grosses pièces qui bombardent encore Brest, doit être « *défendue jusqu'au dernier homme* » et dans l'armée allemande, « *un ordre est un ordre* ». A l'évidence, seules de puissantes forces d'assaut soutenues par l'aviation et l'artillerie lourde pourraient la briser.

Les cavaliers mettent pied à terre

Pour la TF A, les charges de cavalerie en Bretagne sont achevées. 350 des 1 500 cavaliers de la 15ᵉ brigade de cavalerie laissent leurs « montures » à l'arrière, hors des vues allemandes et se reconver-

tissent en GI's, ce qui n'est pas aisé. Ils ne possèdent en règle générale que des armes légères, les carabines et les pistolets-mitrailleurs des équipages de blindés et ne sont pas rompus aux techniques du combat d'infanterie (55), en particulier à l'art d'effectuer des patrouilles.

Pendant une dizaine de jours, les cavaliers vont cependant mener une guerre intense de reconnaissances et de coups de main en compagnie des FFI, essayant d'échapper aux observateurs allemands. « *Utilisant au maximum la protection offerte par les talus, nos cavaliers exécutaient des patrouilles au petit matin. A nos côtés, pour lutter contre l'ennemi commun, les FFI ... Bivouaquant à proximité de la ligne de résistance, nous étions fréquemment pris à partie par l'artillerie allemande, de jour comme de nuit* », peut-on lire dans l'historique du *17th Cavalry* (56), où les liens avec les FFI paraissent étroits.

Matin et soir la batterie du Cap de la Chèvre s'anime. Les lueurs de départ des obus de 150 sont visibles, l'impact des projectiles est attendu avec appréhension au-delà de Tal-ar-Groas.

En campagne depuis cinq semaines, les cavaliers vont devoir s'adapter à cette halte forcée et vivre dans des conditions rappelant celles des bivouacs de la vieille cavalerie montée. Le général Earnest, qui a installé son PC à Kergaoc, à l'ouest de Saint-Nic, nous livre des détails : « *Ce n'est uniquement qu'après que la forte ligne de défense allemande eût stabilisé la zone de combat... que les hommes trouvèrent le temps de se consacrer à leurs soins personnels. Le mois précédent, compte tenu de l'avance rapide des unités, ils n'avaient disposé que de rares moments pour l'entretien des véhicules et leur hygiène personnelle.*

(53) Compte rendu d'activité de la 15ᵉ brigade de cavalerie pour 1944.

(54) La valeur militaire des marins hâtivement reconvertis en fantassins n'est guère élevée. Beaucoup d'entre eux ont plus de 40 ans. *Interrogation report IPW Team 54* du 3 septembre.

(55) William R. Kraft - « Cavalry in dismouted action » - *The Cavalry journal* - décembre 1946.

(56) Les pièces antichars mobiles disposées le long de la ligne de résistance changeaient aussitôt de position après avoir tiré, rendant leur repérage difficile.

Après plusieurs semaines d'une course haletante, les cavaliers de la TF A vont pouvoir disposer de moments de répit. Ici un bivouac à la tombée de la nuit. (R.D. Dawn.)

Selon l'usage traditionnel dans la Cavalerie, les « montures » avaient l'absolue priorité. L'entretien au premier et au second degré fut effectué chaque fois qu'un répit, même bref, offrait l'occasion de contrôler un matériel.

Les hommes purent maintenir un haut niveau de propreté corporelle, bien que les possibilités de se laver, sauf celle offerte par nos casques (utilisés comme cuvettes) étaient réduites et ceci durant une assez longue période de la campagne. Le système "D" permettait d'apporter de l'eau chaude aux hommes pour se raser. Quand la situation l'autorisait, ils faisaient du feu ou utilisaient les petits réchauds distribués aux unités. Des gourdes fixées à l'extrémité des tuyaux d'échappement permettaient d'obtenir de l'eau bouillante en très peu de temps.

Ce n'est qu'après que la TF A eût atteint Crozon (17 septembre - NdA) que des plats chauds réglementaires furent servis aux unités... Les hommes purent aussi agrémenter leurs rations à l'aide d'œufs, de beurre et de pain obtenus auprès de la population. »

Dans les rangs allemands

Le général Rauch, on s'en doute, n'a pas été surpris par la défection des deux bataillons de l'Est sur la ligne du Ménez-Hom, mais, faute de réserves, il ne pouvait se passer sur le moment de ses supplétifs (57). Ramcke et Rauch prennent des mesures d'urgence. Environ 500 soldats, des Allemands cette fois, arrivent nuitamment de Brest les **1er** et **2 septembre**. Les Russes et les Caucasiens sont en majorité désarmés, affectés aux travaux de défense ou répartis par petits éléments au sein des unités (58).

La défense de la ligne de résistance est confiée au lieutenant-colonel Schwind *(I./898)*, le secteur Nord au capitaine Schittenhelm (800ᵉ bataillon nord-caucasien), le secteur Sud au capitaine Flamia (343ᵉ bataillon des transmissions).

Cependant les désertions se multiplient :

– le **2** : des isolés du 343ᵉ bataillon de génie à Morgat et des territoriaux de l'armée de l'Air *(2/XII)* du secteur Nord ;

– le **3** : une section entière de 35 Caucasiens se présente devant les lignes américaines « accompagnant » 30 Allemands du 804ᵉ groupe de DCA. Les Américains apprendront ce jour-là que les batteries ont gravement souffert des matraquages répétés de l'USAAF : 2 sur 9 ont pratiquement été détruites. Les prisonniers sont bavards et révèlent les emplacements de PC et de canons.

– le **9** : 5 territoriaux de la Luftwaffe *(11/XII)* ;

– le **10** : 5 fantassins du 898ᵉ régiment, le lendemain (11) 2 territoriaux repliés de Rennes,

– le **12** : des douaniers précédemment affectés à Quimper...

– la 1ʳᵉ compagnie du 800ᵉ bataillon Nord-Caucasien (réduite à 60 hommes) est prête à déserter à la première occasion. Excédé par cette cascade de défections, le commandement allemand réagit. Les passages empruntés par les déserteurs, les réseaux de barbelés déjà renforcés (cinq épaisseurs en certains endroits) sont piégés à l'aide de grenades à main et de mines anti-personnel (59).

En plus des renforts d'infanterie, quelques spécialistes arrivent de Brest, des mécaniciens du 14ᵉ bataillon de transport de la *Kriegsmarine* notamment, chargés de réparer, à l'école de Saint-Fiacre près du Fret, les quelques véhicules dont dispose enco-

(57) Comme il l'avait fait dans le secteur de Plougastel pour les Russes du *633./Ost* dont la loyauté avait fait également défaut.

(58) Les soldats de l'Est ont été retirés du secteur clé de Saint-Efflez. *Interrogation report IPW Team 54* du 3 septembre.

(59) *Interrogation reports IPW Team* 54 des 3, 11 et 12 septembre.

re Rauch. Partout les défenses sont renforcées : contre les blindés en particulier, des socles de béton sont coulés à la hâte et équipés de canons prélevés sur les ouvrages de côte. Un officier spécialiste du combat antichars supervise les travaux.

Il n'y a pas que l'USAAF qui entrave les mouvements des Allemands. Les Américains ont du **28 au 30 août** renforcé leur artillerie sur les hauteurs de Plougastel : aux deux batteries lourdes de 203 déjà présentes, sont venues s'ajouter deux groupes de 155 et deux batteries de 105 du 174ᵉ régiment. Ces pièces vont entre autres malmener les vieux forts de Lanvéoc et de l'Ile Longue (des soutes à munitions de ce dernier ont explosé), ainsi que les batteries disposées autour de l'aérodrome. A partir du **10 septembre**, après la chute du Conquet, d'autres canons de 203 et obusiers de 240 à longue portée accableront Crozon, des environs de Brest cette fois.

La *Luftwaffe* est désespérément absente du ciel. « *...Aucun avion allemand ne se montre au-dessus de la place forte de Brest depuis son encerclement malgré les promesses antérieures, ce qui produit une impression particulièrement défavorable sur le moral des troupes..* » nous dit le colonel Kogard, chef d'état-major de la 343ᵉ division (60). Même écho pessimiste recueilli lors d'interrogatoires de prisonniers le **16 septembre** : « *...peu de nourriture ces jours derniers, pas de soupe la nuit précédente, moral très bas, hâte de voir arriver la fin des combats* » (61).

Jusqu'au **11 septembre**, des parachutages de nuit ont été effectués par la *Luftwaffe* au-dessus de la forteresse assiégée, à partir de la base d'Aschaffenburg située près de Francfort-sur-le-Main (62). Ils concernaient en particulier des « Panzerfaust » d'après le colonel Kogard. L'un de ces parachutages serait tombé aux mains des Américains : il contenait des clés de chiffrement et des décorations (Croix de Fer) (63).

Vers la **mi-août**, à Rostellec, à l'entrée de l'Ile Longue, les Allemands ont ouvert le *Frontsalag 284*, un camp de prisonniers qui abritera environ 300 GI's dont 246 de la 8ᵉ division capturés le 29 août devant Brest, près de 50 aviateurs alliés abattus par la *Flak*, et des FFI. Ces derniers ont été pris le 16 août lors du raid sur Brasparts. Les Français doivent sans doute leur vie à l'évolution défavorable de la situation pour les Allemands et à une certaine bienveillance du général Ramcke. Les paras prisonniers n'ont en effet pas été maltraités, même s'ils ont été dépouillés de leur bottes afin de pallier la pénurie d'équipements chez les FFI/FTP, ce dont s'offusquera le général au point de se plaindre à Middleton. Les prisonniers ont été transférés du château de Brest où ils étaient détenus jusqu'au 22 août. Joseph Boënnec, un FFI de la compagnie *Surcouf*, gravement blessé et capturé à Brasparts, parviendra à s'évader le 13 septembre en compagnie d'un Ranger (64).

Au Fret, dans le quartier de la gare, le Service de santé a ouvert un village-hôpital placé dans un rayon d'un kilomètre sous la protection de la Croix-Rouge, réparti dans une quarantaine de maisons et même dans des wagons de chemin de fer. Les Américains y découvriront 1 152 blessés allemands et 16 Américains soignés dans des conditions assez précaires (65).

Restructuration chez les FFI/FTP

Après la chute du Ménez-Hom

Le bataillon *Normandie,* en ligne depuis trois semaines, est relevé. Il va être transformé en unité type bataillon de Rangers. Le *1ᵉʳ bataillon du Finistère* deviendra le I/118ᵉ RI de la 19ᵉ division d'infante-

rie « bretonne » (commandé par le capitaine Le Cléach ; adjoint, le capitaine Le Gall).

Le bataillon *Bellan*, dont l'état-major a été décimé à Telgruc, est remplacé par le bataillon *Le Carvennec*, un groupement mixte composé des compagnies *Surcouf*, de Plonévez-du-Faou, de Huelgoat, de Plomodiern et de la Presqu'île. L'armement récupéré sur le Ménez-Hom équipera les hommes des deux dernières unités dont les connaissances de la région, comme guides à travers les champs de mines en particulier, ont été très précieuses lors de la première phase des combats.

Le bataillon FTP *La Tour d'Auvergne* de Quimper aligne trois autres compagnies, (les 1ʳᵉ, 3ᵉ, 5ᵉ de Concarneau) sous le commandement de *Gaston* Kervarec, qui complètent le dispositif le long de la côte Sud, ainsi que le groupe *Pennanéach* de Quimper, le groupe d'engins motorisés de Penmarc'h du lieutenant Le Goff.

Dans le secteur Nord, une compagnie de 87 fusiliers-marins s'installe sous le commandement du lieutenant de vaisseau Le Hénaff. Le bataillon *Stalingrad* cède la place le 13 septembre au bataillon *Le Roy-Sker* d'Hervé Péron (Centre-Finistère : compagnies *Barbusse*, *Docteur Jacq*, *Volant* et *Kléber*). Dans le secteur Centre est présent le bataillon *Castel* qui reçoit le renfort des compagnies de *Poullaouen* (Perrier), de *Brest-Est* (Bodénan), *Poussin* (66) (Cessou) et désormais le bataillon *René Caro* de Sizun.

(60) MS BS 437 - activité de la 343ᵉ DI en Bretagne - Colonel Kogard - 1947

(61) EM du 28ᵉ régiment de la *8th Infantry Division*. Compte rendu d'interrogatoire d'un marin du 804ᵉ groupe de DCA.

(62) Mordal (J.) *op. cit.* - p. 258.

(63) Cave-Brown (A.) - *La guerre secrète* - p. 409. Pygmalion Gérard Watelet - Paris - 1981.

A noter que le 15 septembre un parachutage de Panzerfaust et de plusieurs centaines de Croix de Fer de 2ᵉ classe destinés sans doute à Lorient assiégée, est tombé à proximité de Fouesnant. Compte rendu *Jedburgh Team Gilbert*

(64) Témoignage Joseph Boënnec - *Le Télégramme de Brest* du 27 septembre 1991. Il y aura d'autres évasions.

(65) Des casques servaient parfois de tinettes. L'hôpital a été ouvert le 27 août à la demande de Ramcke qui attachera jusqu'à la fin beaucoup de prix à sa préservation.

(66) Pseudonyme de Mathieu Donnart, chef départemental des FFI, arrêté en juin et exécuté par les Allemands.

La section *Sirocco* de la compagnie *Kléber*. (Coll. M. Floch.)

233

Les cavaliers de la TF A occupent les avancées de Tal-ar-Groas. Ils ont pris, en douceur, la direction des opérations : « *les combats seront désormais menés de façon méthodique sous un commandement américain, qui, disposant de sa 8ᵉ division d'infanterie, tendra à devenir plus exclusif encore le 13 septembre quand il préparera l'offensive...* (67) »

Les opérations militaires

Du **7** au **14 septembre**, les jours se succèdent et se ressemblent. La TF A maintient la pression sur l'adversaire : des tirs de harcèlement sont effectués quotidiennement par les 105 et les tanks destroyers en tir indirect et sur objectifs repérés (68). Des lignes allemandes arrive la réplique rapide des antichars ou des 150 tout proches de Crozon. Les blindés se replient alors vivement. Des noms de villages reviennent dans les comptes rendus journaliers d'activité américains : Saint-Efflez, Guernigenet, Bot-Sant, Kerbastum, Kéradénnec.

L'USAAF demeure très active. Depuis le début du mois, elle intervient tous les jours, le temps permettant. Les chasseurs-bombardiers basés à Rennes mitraillent désormais les emplacements de canons, la priorité, mais aussi tout mouvement de personnel et de véhicules. Aussi les déplacements doivent-ils s'effectuer quasi exclusivement de nuit. Des tracts sont largués pour inciter les Allemands à déserter, avec le succès que l'on connaît. Au moins deux appareils seront perdus, dont un P 51 Mustang qui s'abat près de Saint-Nic aux alentours du 10 septembre.

Le 35ᵉ régiment du génie de combat, rattaché à la TF A le 29 août, déploiera une intense activité jusqu'à la fin des opérations : participation aux patrouilles, réparation d'ouvrages et de routes endommagés, construction d'enclos pour les prisonniers, déminage, destruction de munitions et de canons capturés (47 mm), abattage de talus pour le passage des véhicules, aménagement de positions d'artillerie. Des missions à caractère logistique lui sont également confiées : recherche de points d'eau, blanchissage des effets individuels. Ce sont encore les bulldozers du *35th Engineers* qui déblaieront les ruines de Telgruc. Notons enfin l'aménagement effectué par les pionniers américains d'une aire d'atterrissage capable d'accueillir 10 Piper Cub d'observation.

Dans les secteurs occupés par les FFI, une certaine routine s'installe également. Ceux-ci vont d'abord améliorer leurs positions pour venir au plus près de la ligne principale de résistance.

Au nord, en bordure de l'anse de Poulmic, les fusiliers-marins sont à Hirgars ; prennent la suite *Stalingrad* et *Castel* répartis sur une ligne Kergrigent - cote 71 Kerguiridic - Pennahoat. Au sud, les positions tenues par les FFI du Sud-Finistère passent par le moulin Ronvarc'h, Mengleuff, la pointe de Tréboul sur la baie de Douarnenez.

Durant une dizaine de jours les FFI reprennent l'activité, moindre toutefois, qu'on leur a connue face au Ménez-Hom. Ils vont ainsi repartir de nuit pour effectuer des patrouilles et des reconnaissances dans le « no man's land » ou à l'intérieur des lignes allemandes, autour de Tal-ar-Groas notamment (Trélannec, Poraon). Ces activités sont à haut risque : une dizaine de FFI vont encore tomber avant l'offensive générale. La compagnie *Brest-Est* aurait perdu huit hommes (69), les unités du Sud-Finistère quelques autres (la TF A une dizaine).

Les Américains bénéficient et apprécient les très nombreux renseignements fournis par la Résistance. Il y a d'abord ceux récoltés de longue date par les réseaux, notamment par une grande figure de la Résistance bretonne, le capitaine Pierre Dréau, alias « Henri ». Le **27 août**, le sous-lieutenant Léopold R. Roy, du *Counter Intelligence Corps* (CIC), rencontre l'officier au château de Kerriou, PC de l'état-major FFI. Des indications lui sont données sur les défenses allemandes du Ménez-Hom et des mouvements de *U-Boote* observés à partir de la presqu'île, aussitôt transmis par la radio du *17th Cavalry* à l'état-major de *Monarch*, le général Middleton.

Il y a désormais les renseignements récupérés au jour le jour et rapidement communiqués au CIC. Ainsi, le lendemain, ce dernier s'entretient à Cast avec des agents venus de la presqu'île qui repartent dans les lignes allemandes. Il est de retour le **3 septembre** pour une nouvelle moisson d'informations rapportées par les résistants, au péril de leur vie. Vers le **10**, c'est le gardien du sémaphore du cap de la Chèvre, Ernest Lamill, qui ramène des renseignements sur des projets de renforcement de Crozon (70). Des déserteurs allemands et polonais du point d'appui d'Audierne, assiégé par les FFI, sont également remis au CIC américain.

A partir du **10 septembre**, les tanks destroyers du 705ᵉ régiment augmentent nettement la pression exercée sur le secteur Nord. Ils n'hésitent pas à s'approcher à moins de 500 mètres pour engager Bot-Sant au canon, en tir direct, une opération non dénuée de risques renouvelée trois jours d'affilée.

Le **11**, les Américains font avancer de fortes patrouilles de Kerbastum à Tal-ar-Groas afin de localiser les nids de résistance, opérations renouvelées les **12** et **13**. Ce sont là les prémices de l'attaque générale que préparent le général Stroh et son état-major.

Dans la nuit du **12** au **13 septembre**, les Allemands tentent, semble-t-il, de s'infiltrer dans les lignes alliées à partir de Tal-ar-Groas, déclenchant une forte riposte de l'artillerie américaine et des FFI. Le lendemain, des traces de sang sont relevées près de Kergoff par la compagnie *Brest-Est* (renfort du bataillon *Castel*).

Les conditions de vie des FFI/FTP demeurent généralement inconfortables. Au contact à Luguniat/Saint-Efflez, le bataillon *Stalingrad*, engagé dans la presqu'île depuis presqu'un mois, a demandé à être relevé, les hommes étant « *malades, enrhumés, mouillés, sans vêtements de rechange, l'épidémie de gale faisant de plus en plus de ravages, le froid commençant à se faire sentir... ».*

Stalingrad semble douter aussi de son utilité devant Tal-ar-Groas, compte tenu de l'attitude de la TF A qu'il juge trop peu offensive. Le moral du ba-

(67) Thomas (GM) - Le Grand (A) *op. cité*, p. 485. Compagnie de la Presqu'île : « *Toute opération, quelle qu'elle soit, devra être montée avec le QG américain. Ces directives ne seront pas respectées à la lettre, loin s'en faut* »

(68) Dépense de munitions autorisée chaque jour : 60 obus par canon et 35 par TD.

(69) Quatre le 5 septembre (artillerie), deux le 10 (coup de main), deux autres le 15. Lors d'une mission de recherche de renseignements, deux FFI auraient été capturés puis torturés avant d'être exécutés : Alexis Inizan et Yves Poupon. Lieutenant-colonel Faucher *op. cit.*, p. 147. Alain Le Grand apporte des indications différentes : compagnie *Surcouf* : 5, *Penmarc'h* : 2 et *Bir-Hakeim* : 1.

(70) *Report of operations* de la TF A du 13 septembre. Le 28 août, les effectifs allemands dans la presqu'île avaient été évalués avec précision par les agents (8 000 hommes). Les archives du colonel Yves Le Gall permettent d'apprécier l'importance et la qualité du travail accompli par les agents de renseignement. Voir également l'excellent dossier du 40ᵉ anniversaire constitué en 1984 par la mairie de Crozon, « *pour servir à l'Histoire* ».

taillon FTP, composé de nombreux jeunes, ardents, habitués à l'action, s'en est ressenti. Quelques éléments ont déjà quitté l'unité de leur propre chef, afin de prendre du repos. Le bataillon est finalement relevé le **13**.

Notons les patrouilles effectuées dans les lignes allemandes par une section de *Châteaulin* les **9** et **10 septembre** près de Luguniat. A l'occasion de cette dernière, le corps d'un soldat américain tué la veille est ramené dans les lignes américaines. *Castel* mène des opérations identiques près de Tal-ar-Groas : Kerbastum, Kerbiriou et cote 41.

Deux jours auparavant, le colonel Eon a regagné Paris. Officiellement, il a demandé que soit mis fin à ses fonctions de commandant de l'état-major FFI du Finistère. Il semble qu'en fait le colonel ait été rappelé par le général Koenig, alors que le dénouement des opérations de libération de la Presqu'île est très proche.

Ses relations avec les nouvelles autorités de la XIe région militaire à Rennes ne sont pas toujours des meilleures, pour ne pas dire conflictuelles. Son « commandement indépendant », désormais limité à la presqu'île, est contesté compte tenu de l'évolution de la situation en Bretagne (71). Avec le VIIIe Corps d'armée US, des tensions se produisent également : depuis le **19 août**, fin officielle de la Mission Aloès EM FFI, ordonnée par Londres, l'état-major américain considère que le colonel n'est plus qu'un simple commandant militaire local, fonction qu'il s'est, toujours selon l'état-major, opportunément créée (72). Les divergences précitées entre les autorités militaires françaises ne leur échappent également pas.

Pour expliquer son départ anticipé, le colonel Eon évoque des projets d'attaques de la TF A contre le secteur Nord de la ligne, englobant un « bataillon de FFI », pour lesquels son accord n'aurait pas été sollicité. Le colonel considère à juste titre que la défense allemande ne pourra être réduite qu'avec les moyens appropriés et non avec ceux de la TF A pour s'emparer par exemple de Saint-Efflez, comme l'on en prête l'intention aux Américains. Le colonel Eon regagne Paris, après avoir passé la suite au lieutenant-colonel Philippot, promu pour la circonstance.

On peut fortement douter de la volonté du général Earnest de monter des opérations d'envergure, avec ses moyens limités, incluant, qui plus est, de nombreux FFI avec lesquels son unité n'a pas réellement manœuvré jusqu'à présent. Un fait cependant pourrait être porté au crédit du colonel Eon.

Que s'est-il passé le **9 septembre** dans le secteur Nord, devant Saint-Efflez ? Ce jour-là, à partir de 7 h 30, une cinquantaine de cavaliers démontés de l'escadron A du *15th Cavalry* et une section du génie vont tenter une reconnaissance en force dans les lignes allemandes. Ils bénéficient d'un important appui de chars légers, tanks destroyers, chars-obusiers et d'artillerie.

La veille, ils ont reçu l'ordre de s'emparer du village, de ses hauteurs adjacentes Ouest et d'un moulin transformé en observatoire cote 70. L'affaire tourne mal. Vers 10 h 00, les Américains que les Allemands ont laissé s'avancer profondément dans leurs lignes, se trouvent brusquement pris sous un feu nourri d'armes automatiques provenant de Saint-Efflez. L'appui-feu voit sa progression bloquée par des champs de mines et des barrages routiers (dont des bombes d'avion enterrées), il est impuissant à neutraliser les tirs allemands. L'engagement dure jusqu'à midi. Il se solde par quatre tués dont le capitaine Watson, commandant l'escadron A, et une dizaine de blessés. Les corps des tués ne peuvent être récupérés.

Le général Earnest comptait-il employer un « bataillon » de FFI/FTP, soit environ 400 hommes, dans cette affaire ? Aucun document connu le laisse à penser.

Jusqu'au dernier jour, le cauchemar de la population civile

Au printemps déjà, autour de Crozon, dans le cadre du renforcement du Mur de l'Atlantique, des évacuations partielles ou totales des populations voisines de sites militaires sensibles ont eu lieu : Pen-ar-Ménez, Tal-ar-Groas, Morgat, Kernavéno... Il en est de même autour de Lanvéoc-Poulmic : Bot-Sant, Saint-Efflez, Kergrigent...

Au mois d'**août**, l'évacuation de la population civile, entamée depuis quelques jours, a été arrêtée le 27, date de l'offensive générale contre le Ménez-Hom. « *Certains ont choisi de s'en aller. Accompagnés par des troupes allemandes nerveuses, jusqu'à la Lieue de Grève en Saint-Nic, les évacués gagnent ensuite Plonévez-Porzay, puis le lycée du Likès à Quimper, avant d'être dispersés vers d'autres communes.* » Les réfugiés sont au passage filtrés par les FFI du bataillon *Bellan* et le CIC américain. Quelques jeunes résistants rejoignent ainsi le *Groupe de la Presqu'île*. La population va désormais être soumise aux bombardements et privations de toutes sortes qui iront sans cesse croissant jusqu'à la chute de la presqu'île. Elle va vivre un cauchemar permanent.

Aux bombardements aériens qui s'intensifieront à partir du **1er septembre**, viendront désormais s'ajouter les pilonnages systématiques de l'artillerie américaine. Des milliers d'obus de l'*US Artillery*, du 105 au 240, vont s'abattre sur l'extrémité de la presqu'île, frappant à plusieurs reprises indistinctement habitations et objectifs militaires. La réplique rageuse des 150 de Rostudel et des 155 entourant Crozon, jusqu'au bout actifs, entraîne de nouvelles victimes (Bronfez-Kerbastum-Cléguer, les **16**, **17** et **18 septembre**). La population de Tal-ar-Groas a été évacuée vers la zone Sud, au Véniec, Kerglintin et Lesquervenec. Jusqu'au **14**, avec l'accord des Allemands, des habitants de Lanvéoc et des alentours réussiront à franchir la ligne pour se réfugier au-delà de Luguniat.

Dans la journée, nombreux sont les habitants de Crozon et de Morgat, qui, terrifiés, se réfugient loin de leurs maisons, dans les garennes de Prat-ar-Run, Rigonou et Ménez-Ty-ar-Gall, sous la protection, bien ténue, d'un grand pavillon de la Croix-Rouge confectionné à l'aide de draps, ou encore dans les grottes du Perzic à Saint-Julien. A noter la belle conduite de la Défense passive et des services médicaux durant toute cette période éprouvante. La route du Fret étant coupée le jour, les Allemands ont ouvert une infirmerie militaire de campagne au Bouis, à l'ouest de Morgat.

Environ 150 presqu'îliens ont trouvé la mort au cours de l'été de la Libération. Quelques chiffres : à Crozon, 7 tués le **7 septembre**, 4 le **9**, 3 le **16**, 25 le **17** (jour de la libération [73]) et 2 le lendemain,

(71) JMO EM FFI de Bretagne. Les organes de commandement FFI ont été dissous par décision du 28 août du général de Gaulle. Le colonel Eon affirme en avoir eu connaissance le 8 septembre seulement.

(72) *Historical division*, p. 604.

(73) Dont 16 dans la cave du presbytère transformée en infirmerie et 7 dans l'abri de la famille Derrien, tous deux directement frappés par un projectile allemand de gros calibre. Témoignage de Victor Kermorgant - *Le Télégramme de Brest* du 27 août 1994 - dossier du 50e anniversaire de la Libération préparé par la Mairie de Crozon. Didier Cadiou : *La libération de la presqu'île de Crozon*.

24 à Lanvéoc, 14 à Roscanvel, 16 autres à Camaret. Le **19 septembre**, au terme d'un long cauchemar de trois semaines, les habitants de Roscanvel, les derniers Français libérés de la presqu'île, sortent de leurs abris, hébétés.

Un correspondant du journal local commente à chaud la libération de la localité (74) : « *A partir du 25 août, l'attaque des forts de la côte et des bateaux mouillés en rade se fit violente. En une seule journée, notre baie fut purgée par l'aviation alliée. Le dernier navire allemand chargé de mines sautait en face du bourg...* »

« *...Jusqu'au dernier jour, bombardiers lourds et bombardiers légers harcelaient l'ennemi, l'obligeant à se terrer pendant toute la journée... Depuis le 1er septembre (prise du Ménez-Hom - NdA), les canons alliés balayaient de leurs feux toute la presqu'île, paralysant tout trafic entre Brest et Quélern. Le 18, nous apprenions que Crozon était libéré depuis la veille. Notre tour approchait. Dès le soir, l'artillerie faisait rage... et, le 19 dans la soirée, les derniers Boches étaient chassés de leurs trous...* ».

« *... L'abattement et la lassitude de la population après la bataille ne lui ont pas permis de montrer aux libérateurs toute sa reconnaissance...* », ajoute le correspondant. Les mines, sournoises, et les autres engins de guerre jonchant le sol de la presqu'île, causeront bientôt de nouvelles victimes dans la population, à Crozon en particulier.

Troisième phase des combats
15 - 19 septembre

L'assaut de la presqu'île de Crozon et la reddition du général Ramcke

Le **8 septembre** fait date dans l'histoire du siège de Brest. Après une attaque coordonnée précédée d'une forte préparation d'artillerie, les trois divisions du *VIII Corps* réalisent des avancées significatives. A l'est la 2e se bat dans la ville, au nord la 8e tient Lambézellec, à l'ouest la 29e s'est emparée de Penfeld. 2 500 Allemands sont capturés.

De très durs combats de rues attendent désormais les Américains, mais *Golden Arrow*, la 8e division, au centre, ne prendra pas part à la bataille de rues, cette « *guerre de caporaux* », selon l'expression du général Robertson. Le secteur d'attaque de la division, en coin entre la 2e et la 29e, est devenu trop étroit pour les manœuvres. Le général Middleton décide alors de l'expédier dans la presqu'île de Crozon.

Les plans d'attaque de la presqu'île

Le général Stroh est satisfait de sa nouvelle mission. Il va la mener en toute indépendance, méthodiquement, les renforts ne lui ont pas été comptés et il connaît parfaitement le dossier de Crozon. « *Passer à l'action dans de telles conditions est le rêve de tout commandant de grande unité* », écrira-t-il plus tard dans l'*Infantry Journal*.

Le relief de la presqu'île lui a dicté la tactique à adopter : l'assaut en force par les hauteurs Nord et Sud, suivi d'une rapide progression vers l'ouest. Dans un premier temps, le 28e régiment d'infanterie du colonel Merrit E. Olmstead percera la ligne principale de résistance à Saint-Efflez, pour s'avancer jusqu'à la hauteur de Crozon. Simultanément le 121e régiment du colonel John R. Jeter attaquera Tal-ar-Groas, objectif Crozon. Au centre, passée sous le contrôle de la 8e division, la TF A fera mouvement dans le vallon du Kerloch, entre les deux régiments, afin d'y nettoyer les îlots de résistance résiduels.

Dans un second temps, le cœur de la Presqu'île de Crozon conquis, les quatre extrémités en doigts seront réduites par des unités agissant de façon autonome. Le 2e bataillon de Rangers du lieutenant-colonel Rudder se chargera de l'Ile Longue, le *28th Infantry* de Camaret, la TF A du cap de la Chèvre. Le nettoyage de la pointe des Espagnols, où une forte résistance est attendue, sera confié au *13th Infantry* du colonel R. A. Griffin, spécialement tenu en réserve pour cette mission.

Stroh a demandé et obtenu des renforts importants en blindés et en artillerie. (75)

L'USAAF prendra également part à l'action en engageant les chasseurs-bombardiers du 378e escadrille (362e escadron basé à Rennes).

Au total, près de 25 000 hommes de toutes armes sont à la disposition du général Stroh.

En face, l'effectif des Allemands capables de mener un combat d'infanterie le long de la ligne de résistance est estimé à 3 500 au maximum (76). Mais il faut aussi compter avec les redoutables artilleurs, qui occasionneront aux GI's de fortes pertes durant la *Crozon campaign*.

Dans la nuit du **11** au **12 septembre**, les *28th* et *121st Infantry* sont discrètement repliés de Brest et rassemblés près de Plouvien. Le lendemain, un bataillon de chaque unité relève la TF A qui se retire autour d'Argol (PC à Loscoat puis à Lescataouen) tandis que le reste de la division fait mouvement le **14.** Le PC de la division est installé à la Fontaine Blanche, au sud-est d'Argol, au pied du Ménez-Hom.

Le **14 septembre** également, l'artillerie se positionne sur les hauteurs de Telgruc et d'Argol. Cette fois la presqu'île va être martelée, à bout portant, de tous côtés. A la tombée de la nuit, l'arrivée des renforts autour d'Argol n'échappe pas aux observateurs allemands juchés sur les hauteurs. Un ouragan de feu s'abat sur le secteur. L'intensité du bombardement, jamais observée au cours des opérations du siège de Brest, étonne les Américains (77).

D'interminables duels d'artillerie s'ensuivent, de jour comme de nuit. Les obus accablent Crozon, visant le Fort, le réduit de Landaoudec, les 155 sous casemate, la batterie de 75 du Kador à Morgat... L'artillerie allemande harcèle à son tour les concentrations américaines de Tal-ar-Groas et les voies de communication. « *Le secteur est malsain* » (78) rapporte le capitaine Blathwayt. Comme

(74) Le Télégramme de Brest - 30 septembre 1944. Cité par Alain Le Grand.

(75) – 2 compagnies de tank destroyers du 644e regiment,

– 2 compagnies de chars d'assaut Sherman du 709e regiment,

– 2 compagnies de mortiers chimiques du 86e régiment,

– 4 batteries du 445e régiment AA, directement rattachées à la division,

– 3 batteries de 240, 7 de 203, 4 de 155 et 8 de 105 d'artillerie de campagne sous le contrôle tactique de la 34e Brigade d'artillerie.

265th, 256th et *740th, 969th, 687th* et *770th Field Artillry Battalions* et *HQ 402 FA GP - Field Order n° 12* du 10 septembre 1944.

(76) *Periodic report* du 11 septembre de la TFA. Quelques noms d'officiers allemands chefs de section : le lieutenant Schaffer, lieutenants Krauss, Fassmender, Muselwin, Taner, Taeuber. Un Caucasien : Lt Kabardov.

(77) *Report on the artillery with the VIII Corps in the reduction of Brest - 22 august-19 septembre.*

(78) « *Heavy American guns ranging and vigorous Boche counter battery fire. Lateral road Argol to Halte d'Argol unhealthy.* » Les artilleurs du *56th FA Bn*, 8e DI US, ont surnommé Tal-ar-Groas « *Teller Gross* ».

nous l'avons vu, toutes ces actions ajoutent au malheur des populations.

Le rôle dévolu aux FFI

Les FFI observent l'arrivée des renforts américains avec un intérêt grandissant, ils savent que l'offensive générale est proche. Pourtant, dans les plans du général Stroh, ils n'ont guère été pris en compte. Seules des missions secondaires de l'arrière leur sont assignées : échelons réservés, protection des batteries, ramassage des blessés et des morts. A l'évidence, on ne pouvait pas les jeter à l'assaut de la ligne de Tal-ar-Groas sans risquer une hécatombe dans leurs rangs.

« Un officier de liaison américain bien disposé à l'égard des Français fut nommé, mais il ne put plaider leur cause auprès de l'état-major de la division qui ne sut pas apprécier leurs qualités de combattants et le travail qu'ils avaient réalisé. Il y avait désormais trop de soldats dans la zone, aussi les FFI reçurent la mission de sécuriser les flancs américains, le long de la mer. Ce quasi retrait des lignes avant le combat fut tristement ressenti par les Français, mais ils en comprirent la nécessité » nous précise le capitaine Blathwayt, fin observateur comme à son habitude.

La 8e division autorise finalement deux groupes de 200 FFI chacun à emboîter le pas de ses GI's pour des opérations de nettoyage, le long de l'anse de Poulmic et de la baie de Douarnenez et dans l'hypothèse, peu réaliste, du débarquement de renforts allemands venus de Brest. Le lieutenant-colonel Philippot désigne les éléments *Péron* et *Gaston* (bataillons *Le Roy-Sker* et *La Tour d'Auvergne*).

Mais d'autres patriotes, entendant bien prendre part aux opérations finales, passeront outre aux ordres de l'état-major, avec l'accord des commandants d'unités américaines, bien contents de bénéficier de leur connaissance du terrain. Ce sera par exemple le cas de la compagnie *France* dont les effectifs sont pour la plupart originaires du secteur de Crozon.

Le général Ramcke traverse la rade

Dans la soirée du **16 septembre**, le général Ramcke débarque à la cale du Fret. Le commandant de la *Festung*, voyant la chute de Brest imminente, tient à retarder le moment de sa capture. Il installe son PC dans la batterie haute de l'ancien Fort des Capucins, à Kerguinou, sur la face Ouest de Roscanvel, à mi-distance entre la Pointe des Espagnols et Camaret.

Il a été précédé le **13 septembre** par un détachement de 170 parachutistes, placés sous les ordres du commandant Ernst Mehler, commandant du bataillon des transmissions. La cheville ouvrière en sera le sous-lieutenant Jakob du *I./7* de Reino Hamo qui s'est particulièrement distingué devant Lambézellec. Ce groupe verrouillera Roscanvel à la hauteur des lignes de Quélern. Il aura pour mission d'assurer le plus longtemps possible la protection avancée de Ramcke, dont l'évacuation, demandée par Hitler lui-même, a été un moment envisagée par l'état-major général de la *Wehrmacht* (OKW) à Berlin (79).

Les mouvements des nouveaux arrivés n'ont pas échappé aux habitants du village proche de Kerguinou qui, lors des alertes, ont la possibilité de s'abriter dans l'ancienne batterie de mortiers. L'un d'eux traversera la rade le lendemain pour prévenir les Américains à Plougastel de la présence des parachutistes. Durant les alertes, dans les vénérables casemates du Fort des Capucins, de brèves discussions s'engagent avec les Allemands. Certains soldats se livrent discrètement à leurs interlocuteurs : *« Nicht gut »* déclare l'un, *« J'irai couper du bois pendant deux ans au Canada »* ajoute un

(79) On songea d'abord à faire récupérer le général par un *BV 222 Viking,* hydravion géant initialement conçu pour la Lufthansa par Blohm et Voss, puis par la *Schnellboo*t *112,* repliée à Guernesey. Le projet s'avéra techniquement irréalisable. De plus on ignorait le lieu exact du repli du général, qui ne disposait que de transmissions médiocres. Ramcke lui-même ne semblait pas croire en la réussite d'un tel projet. Mordal (J.) - *op. cité* - p. 258.

Un canon de 155 mm « Long Tom » du *256th Field Artillery Battalion,* unité organique de la 3e Armée américaine comme l'indique le marquage sur le pare-chocs du camion au premier plan. (US Army.)

autre, en espérant avant tout sauver son existence. (80)

Au Fort de Crozon, PC de la 343e division, Ramcke renseigne le général Rauch sur la situation désespérée à Brest : « ...Le ravitaillement de la forteresse touche à sa fin, les lance-flammes ennemis sont à 200 m de la base sous-marine lourdement endommagée, la résistance devient inutile. Le combat cessera dans deux ou trois jours » nous rapporte le colonel Kogard qui ajoute avec satisfaction et soulagement dans son rapport :

« La 343e division aura à ce moment là rempli sa mission : tenir l'ennemi le plus longtemps possible éloigné du centre de Brest à partir de la presqu'île de Crozon. »

L'attaque éclair de la 8e division d'infanterie US

15 septembre

A 8 h 00, à l'issue d'une courte et intense préparation d'artillerie, quatre bataillons d'infanterie s'apprêtent à donner l'assaut : au nord, les *1st* et *3rd/28th Infantry* (1 800 GI's), au sud les *1st* et *2nd/121st*, soutenus chacun par des Sherman, des TD's et des mortiers chimiques. En pointe, chaque régiment engage deux compagnies (400 GI's). Le crachin et des averses intermittentes empêcheront l'intervention de l'USAAF jusqu'en début d'après-midi.

Au nord, devant Saint-Efflez, l'attaque est lancée à partir du bois de Poulmic. La progression du *3rd/28th Infantry* (compagnies K et L) du commandant Donald R. Wards s'effectue sans difficultés. A 10 h 00, les 500 premiers mètres du « no man's land » ont été parcourus, le village est à moins de 400 mètres. Mais à partir de ce moment, la défense allemande se raidit, des projectiles d'artillerie et de mortiers s'abattent sur le bataillon, en provenance de Saint-Efflez, mais aussi du sud, de l'autre côté de la vallée du Kerloch.

La compagnie L du lieutenant John O. Gawne, prise entre plusieurs feux, est fortement éprouvée, tous ses officiers seront blessés (quatre à la compagnie K également malmenée). Vers 15 h 00, le sergent Charles E. Ballance réorganise l'unité et en prend le commandement (81). En réserve, la compagnie I doit entrer en action. Au *1st/28th*, qui n'est pas encore entré en action, on déplore pas moins de 43 tués et blessés (82). Une infirmerie de campagne est installée à Luguniat. A 19 h 00, le *3rd/28th* se trouve à quelque dizaines de mètres seulement de Saint-Efflez. Il reçoit alors l'ordre de s'enterrer pour la nuit. Le *1st/28th* infiltre des éléments dans les lignes ennemies.

Au sud, l'assaut de Tal-ar-Groas est conduit par la compagnie G du *1st/121st Infantry* (PC à Kerjean). En retrait, sur les hauteurs de Kersaniou, le *3rd/121st Infantry* soutient son action. Une progression rapide destinée à faire sauter le verrou s'est révélée impossible, le secteur sur lequel doit progresser le bataillon tombe sous le feu allemand, tout mouvement déclenche une riposte infernale. De plus, les tanks destroyers sont bloqués sur un terrain découvert et fortement miné. 400 mètres seulement ont été gagnés, l'avance du *1st/121st* est stoppée. L'attaque est reprise l'après-midi avec le renfort du *2nd/121st*. En pure perte : l'artillerie allemande est trop active. Un troisième assaut mené conjointement par les deux bataillons vers 19 h 50 se solde également par un échec, même si des éléments avancés sont parvenus à pénétrer dans le village de Tal-ar-Groas.

L'action des deux régiments cesse en fin de soirée. Les GI's sont au contact de la ligne principale, à proximité des deux pôles de résistance. Les Américains n'ont progressé que de 800 mètres, dans le cadre de coûteux combats de haies et de talus qui leur rappellent ceux de Normandie. La seule artillerie du *45th Battalion* a tiré 2 000 obus. Toute la nuit leurs positions sont la cible de l'artillerie allemande. Le *13th Infantry* débarque alors à Argol.

16 septembre

L'attaque reprend selon les mêmes dispositions que la veille, dans un providentiel brouillard qui recouvre la zone des combats et facilite le début de l'opération.

Au nord, le *28th Infantry*, 1er et 3e bataillons de front, repart à l'assaut à 7 h 00. La résistance allemande est toujours aussi opiniâtre. Saint-Efflez tombe enfin à 10 h 00, mais de durs affrontements attendent les deux unités dans les heures à venir. La compagnie L est de nouveau bloquée par des feux nourris provenant d'une position allemande dépassée. L'artillerie divisionnaire n'en viendra à bout qu'en fin de journée. A la tombée de la nuit, la progression n'a été que de 300 mètres. Cependant plusieurs nids de résistance ont été nettoyés, 150 prisonniers capturés. Les Américains ont enlevé Saint-Efflez et Kernaval, deux points d'appui-clés.

Dans la nuit, une forte contre-attaque est repoussée. La récupération des nombreux blessés sur le terrain s'avère très délicate et l'emploi de fumigènes est nécessaire pour gêner les tirs meurtriers venant de Lanvéoc.

Au sud, le *121st Infantry* reprend l'assaut vers 8 h 00. Les 1er et 2e bataillons parviennent à contourner Tal-ar-Groas par le sud : Kergoff-Kérun-Poraon et la chapelle Saint-Laurent. Dans l'après-midi, le 1er bataillon rejette trois contre-attaques, signe que les Américains ont réalisé une percée dangereuse pour l'adversaire. Tal-ar-Groas est finalement nettoyé vers 15 h 00, au terme d'actions d'infanterie rapprochées, violentes et très meurtrières, en particulier pour le *1st/121st*. Trélannec est atteint à 19 h 00.

A la tombée de la nuit, la 8e division n'a progressé que de quelques centaines de mètres, mais la ligne principale de résistance est fortement entamée au nord et percée au sud. L'exploitation du succès est pour le lendemain.

Nuit du 16 au 17 septembre

La nuit du **16** au **17** septembre est fertile en événements. Elle voit d'abord l'arrivée du général Ramcke, comme nous l'avons dit, puis l'abandon des lignes de Tal-ar-Groas par les Allemands et leur repli sur Crozon.

Le général Rauch se trouve dans une situation critique. Dans les heures à venir, la ligne de résistance va être enfoncée. Afin d'éviter à ses défenseurs d'être tournés, il leur ordonne de se replier et d'organiser la défense rapprochée, « jusqu'à la dernière cartouche », des fameuses batteries (83). Ces dernières sont donc pour la plupart toujours opérationnelles (84). Deux replis successifs sont envisagés.

Dans un premier temps, le renforcement des positions environnant Crozon est prévu : le secteur droit est confié au capitaine Saehloff du *I./898*, le secteur gauche au capitaine Schittenhelm, commandant le 800e bataillon nord-caucasien. PC de la défense : batterie *1./343* de Pen-ar-Ménez. Le PC de la 343e division est pour sa part inchangé : Fort de Crozon. Il est même prévu de constituer des réserves pour les contre-attaques !

Dans un second temps, comme la résistance autour de Crozon ne saurait durer longtemps, le général Rauch et les restes de la 343e division se re-

Canon de 88 mm installé à Kergrigent, devant Saint-Efflez, au nord de la ligne de Tal-ar-Groas. Il s'agit d'une pièce de récupération hâtivement installé pour faire barrage aux troupes américaines. (Coll. Le Bras.)

plieront sur les batteries lourdes et sur le Cap de la Chèvre où il faudra encore poursuivre le combat *« jusqu'à la dernière cartouche »*.

La défense de la poche de *Kerbonn - Camaret* sera alors assurée par le 800ᵉ bataillon (ligne nord/sud cote 56 - Rigonou), celle du cap de la Chèvre par le *I./898*. Le premier secteur sera placé sous le commandement du lieutenant-colonel Schwind, le second sous celui du colonel Foerster, le commandant du 898ᵉ régiment.

Le PC de fortune de la 343ᵉ division doit être établi à Ménesguen, avec un poste avancé à Kergolézec et deux petits éléments de réserve disposés à

(80) De Rosière (J.) - *Le Télégramme de Brest* - septembre 1994 - témoignage Mme Jaffrée.

(81) Le *Technical sergeant* Ballance a pris la suite du sous-lieutenant Thomas K. Yelland. Il sera tué par un sniper le lendemain. Historique du *28th Infantry*.

(82) Harold Mac Gregor - *28th Infantry Regiment,* 1945.

(83) Ordre de la *343 DI*, en date du 16, récupéré par les Américains. C'est l'un des très rares documents qui nous soit parvenu de la division allemande dont les archives ont été détruites avant sa reddition.

(84) *Camaret* a été touchée par les bombardements de l'artillerie américaine. Les batteries de la *I./Art.Rgt. 343* de 155 de Crozon la 1ʳᵉ à Pen-ar-Ménez et la 2ᵉ à. Landaoudec sont encore en état et demeureront actives, la 3ᵉ à Trémaïdic devait se replier en principe sur le Cap de la Chèvre.

Gaoulac'h et Kerdroen (bouchon retardateur), à l'ouest de Morgat.

Les Russes et Caucasiens désarmés, non concernés par le repli, seront abandonnés à leur sort. Leur encadrement allemand est prié de se retirer discrètement. Le repli général sur Crozon s'effectuera de nuit, tandis que les 155 des 1re et 2e batteries de Landaoudec et de Pen-ar-Ménez donneront le change aux Américains.

L'ordre du général Rauch, complet et soigneusement rédigé, revêt un caractère irréel. Sur le papier, les mouvements projetés paraissent réalisables. Il en va autrement sur le terrain, de nuit, dans la désorganisation et la précipitation, avec de surcroît l'ordre « *de détruire les armes lourdes, les approvisionnements et d'abattre les chevaux non indispensables* », et bientôt sous une pluie inattendue d'obus américains.

Dans le secteur Sud, une section mixte Américains/FFI emmenée par l'adjudant Le Poitevin du Groupe d'engins motorisés Le Goff, effectue un coup de main et s'empare de l'ouvrage du Four à chaux /le Véniec. Il empêche ainsi la destruction de la digue permettant de franchir l'estuaire envasé de l'Aber. Le commandant de l'avant-poste, un jeune lieutenant de 19 ans, aurait été tué par ses hommes qui ne voulaient plus se battre, a-t-on dit. Le bastion C 28, l'îlot de l'Aber, sans intérêt militaire, a été évacué au début du mois.

17 septembre

La 8e division reprend l'offensive. Le général Stroh et son état-major pressentent que la journée sera décisive.

Au nord, à 06 h 00, le *3rd/28th Infantry* s'élance dans un épais brouillard et progresse d'environ 2 000 mètres sans rencontrer de résistance : les Allemands se sont repliés. Il est midi : la batterie de *Flak* de Bot-Sant, active jusqu'à la veille, est découverte abandonnée, une seule pièce des quatre canons de 88 est encore en état de tir. Dans leur repli précipité vers Crozon, les servants n'ont pas eu le temps d'enterrer leurs morts (85).

A 13 heures, la localité de Lanvéoc est péniblement nettoyée par la compagnie G du capitaine Emerson du *2nd/28th*, avec la participation des compagnies *Barbusse* et *Volant*. La base est occupée par les fusiliers-marins du Lieutenant de Vaisseau Le Hénaff. La *Flak* de Kertanguy se rend sans combat, le fort tombe vers 20 h 00. Le *28th Infantry* continue d'avancer vers l'ouest, réduisant systématiquement les nombreuses résistances rencontrées. En fin de journée, il est disposé au-delà d'une ligne nord-sud, cote 71 Coatrez-Kergalet, après avoir avancé de 4 000 mètres, capturé 400 Allemands, au prix de très lourdes pertes : 140 tués et blessés. Les trois bataillons du *28th Infantry* ont été engagés dans le combat.

Au sud, la progression du *121st Infantry* est encore plus importante, 6 500 mètres, à partir de Tal-ar-Groas qui n'est plus qu'un amas de ruines au milieu desquelles émerge la gare, encore debout. A midi, trois kilomètres ont été parcourus sans opposition notable, jusqu'à la gare de Brospel. Puis une offensive éclair est lancée sur la cote 96, à l'est de Crozon. Surpris par la rapidité et la vigueur de l'avance américaine des *1st* et *3rd/121st*, beaucoup d'Allemands n'auront pas le temps de se rétablir.

En fin d'après-midi, toute résistance a cessé autour de Crozon. La partie n'a pas été aussi difficile qu'autour de Lanvéoc. Avec une avance de deux kilomètres, passant outre aux ordres de l'état-major de la 8e division, les FFI de la compagnie *France*

ramassent de nombreux prisonniers dans la localité. D'autres FFI se verront interdire son accès (et par la suite tout le secteur de l'hôpital du Fret). La division craint des débordements, si l'on en juge par les archives de l'élément des *Civils Affairs* qui lui est rattaché.

La TF A entre en action avec la mission de nettoyer le fond du vallon du Kerloch, à partir de Guénatec/La Maison Blanche. Elle progresse difficilement vers l'ouest, jusqu'à Kergalet et ne peut s'emparer du réduit de Landaoudec, atteindre la route Nord de Crozon et la colline de Cléguer-Leidez/Guenvenez cote 70, ses objectifs espérés de la journée.

Le *13th Infantry*, prévu pour l'assaut de Quélern, entre alors en action, en avance sur les prévisions. Dans la nuit, une patrouille conduite par le lieutenant George Mac Landon de la compagnie L, dépasse Landaoudec qui paraît abandonné. A l'aube une seconde patrouille menée par le sergent Will R. Wheeler s'infiltre entre les avant-postes allemands et ramène une centaine de prisonniers. L'action doit se situer sur la colline de Clouchouren ou de Guenvenez. La ligne des avant-postes allemands passe, du nord au sud, par Reun-ar-C'hrank, Clouchouren, Cléguer/Leidez, Kersao, Goandour, Gaoulach et Dinan (86).

La journée du **17 septembre** a tenu ses promesses, la défense allemande autour de Crozon a été submergée. L'ordre donné la veille par le général Rauch de tenir la localité n'a pu être exécuté : près de 1 600 prisonniers dont 30 officiers ont été capturés. Les Américains tiennent le pivot à partir duquel ils vont pouvoir débuter la liquidation des réduits allemands.

Le nettoyage de Camaret et du Cap de la Chèvre le lendemain va être facilité par la découverte sur un prisonnier de l'ordre de repli du **16** indiquant les nouvelles positions de l'artillerie, puis peu après sur un officier, d'une carte révélant l'emplacement des nids de résistance prévus. Le général Stroh décide aussitôt de bombarder les emplacements en cause, afin d'empêcher la mise en place de toute forme de résistance organisée.

Durant toute la nuit du **17** au **18**, l'artillerie sature les concentrations de la 343e division : « *Douze heures de bombardement ininterrompu par des pièces de tous calibres. Le rêve de tout artilleur !* » nous dit Stroh (87). La batterie de 150 de Rostudel, encore elle, vide ses soutes sur les Américains, entraînant 25 nouvelles victimes civiles à Crozon, comme nous l'avons déjà signalé.

(85) Elles seront trouvées « *casemates intactes et canons sabotés* » Rapport Delpeuch-Pinczon du Sel - *op. cit.*, p.114.

(86) Faucher (L.C.), *op. cit.*, p. 150.

(87) Stroh (D.), *op. cit.*

Photo du bas de page ci-contre : Crozon est libérée le 17 septembre. Ce *Tank Destroyer* américain a été photographié rue Alsace-Lorraine.

Photos ci-contre : 19 septembre. Les prisonniers allemands sont rassemblés sur la place de l'église.

(Coll. Abbé Rogel.)

Tout comme les habitants de Brest qui n'avaient pas évacué la ville, la population de la presqu'île de Crozon va durement souffrir des combats. Ici des maisons en ruines à Crozon. (Coll. M. Thomas.)

18 septembre

Le nettoyage des extrémités de la presqu'île débute. Le 2e bataillon de Rangers du lieutenant-colonel Rudder, rattaché la veille à la 8e division, se charge de l'Ile Longue. Il arrive à pied d'œuvre vers 9 h 30. A Rostellec, au *Frontstalag 284*, 400 soldats, aviateurs alliés et FFI sont au contraire libérés, tout comme des soldats africains retenus là depuis 1940. Vers 15 h 00, l'Ile Longue est nettoyée sans difficulté.

Le *13th Infantry* du colonel R.A. Griffin, qui s'est assuré à l'aube de la colline de Guenvenez cote 70, pousse deux bataillons en direction de Quélern. Le 3e arrive en vue des lignes Vauban que des patrouilles vont reconnaître. L'imposante muraille qui barre l'accès à la pointe des Espagnols les impressionne. Les *2nd* et *3rd/13th Infantry* prennent ensuite position à 800 mètres en retrait, en attendant les indispensables renforts d'artillerie. La compagnie *Barbusse* du bataillon *Le Roy-Sker* est déjà présente sur les lieux, ignorant les ordres américains.

Le *28th Infantry* démarre à son tour. Dans le secteur du Fret, village-hôpital protégé, aucune résistance ne lui est opposée. A 09 h 25, 1 500 Allemands sont ramassés par deux pelotons du *1st/28th* et des cavaliers (seules les armes individuelles pouvaient être employées). Le bataillon occupe les hauteurs de Léac'hmat-Lesvrez - cote 61, tandis que les deux autres progressent vers Cama-

ret, éliminant les poches de résistance rencontrées en chemin. Le port tombe dans l'après-midi sans résistance aux mains du 8e escadron de cavalerie.

Les artilleurs du Grand Gouin et de Kerbonn se sont déjà préparés en vue de leur captivité. Venu à leur rencontre à Rigonou, le maire a par ailleurs réussi à convaincre les Américains de ne pas bombarder la localité (88). Son initiative a peut-être évité au secteur les conséquences d'une action aérienne lourde programmée pour les bombardiers B 17. Près de 1 500 prisonniers ont été faits.

Le *121st Infantry* ne fait pas mouvement. Il demeure en protection autour de Crozon, nettoie les poches de résistance de l'anse de Dinan avec les FFI.

A la TF A échoit la mission de capturer le Cap de la Chèvre. Relevée la veille par les Rangers, puis rassemblée à l'est de Crozon, à Kervarvail, elle s'ébranle vers midi, cap au sud. La 3e compagnie FTP de Quimper (éléments Anselot de Concarneau) suit le mouvement.

Dans la dernière charge de sa brève existence, la TFA fonce en direction de Rostudel, nettoie Morgat, bouscule au sud quelques points de résistance, à Saint-Hernot par exemple. Les Allemands, matraqués par l'artillerie comme on le sait durant la nuit entière, n'ont pu se rétablir. Vers 17 h 00, au terme « d'une promenade militaire de sept kilomètres » (89) selon Stroh, la TF A est parvenue au village de Rostudel où d'irréductibles éléments de la 343e division résistent encore.

Erwin Rauch et les restes de son état-major, repliés en toute hâte au Fort de Crozon la veille, se sont retranchés dans les blockhaus du poste de direction de tir de la batterie. Le général veut manifestement un « baroud d'honneur ». L'escadron A du *17th Cavalry* est au contact. Sommé de se rendre par le capitaine Nelson, l'officier de renseignements de la TF A, le général refuse (90).

Le capitaine Handerson nous raconte la suite des événements. « *Un drapeau blanc est agité par les Allemands. A ce moment, un coup de feu part de leurs rangs et le caporal Dan Fulton, qui se tient debout à mes côtés, est abattu. Les blindés du 17th Cavalry canonnent alors à bout portant les blockhaus où les Allemands se sont réfugiés. Le drapeau blanc apparaît de nouveau, précédant des officiers revêtus de leur plus bel uniforme, avec bottes, gants et badine. Des traces de sang séché sont visibles sur leur visage : nez et oreilles, résultat des effets de la canonnade, à l'intérieur de la casemate.* » Les Allemands s'alignent.

« *Vous rendez-vous ?* » leur demande-t-on. « *Nous ne nous rendons pas, car nous avons été capturés* », répondent-ils dans une ultime attitude de défi. « *De la frime et de la fanfaronnade tout cela !* » conclut le capitaine de l'*US Cavalry*.

Le général Rauch sort à son tour du blockhaus et se rend au général Earnest avant d'être amené au PC de Stroh, à la nuit tombante. Jusqu'au bout, la 343e division d'infanterie allemande, une unité de second plan, aura combattu.

La TF A reçoit l'ordre de se préparer pour aller le surlendemain réduire le point d'appui fortifié de Lézongar, à Audierne. Elle fait mouvement vers Plonévez-Porzay.

(88) *Le Télégramme de Brest* - 16 septembre 1994. Les canons de 164 de Kerbonn, sous blockhaus et tournés vers la mer, n'auront été d'aucune utilité durant toutes les opérations de la Presqu'île.

(89) « *A cavalrymen's holiday* » Stroh (D), *op. cit.*

(90) Armengol (J.). *op. cit.*, p. 287. L'auteur a été témoin de la scène.

L'une des quatre pièce de 220 mm de la batterie du Grand Gouin sabordée par les artilleurs allemands avant leur reddition. (SHM.)

Il reste à nettoyer la presqu'île de Roscanvel et à capturer le général de corps d'armée parachutiste Ramcke, nouvellement promu. Le principal obstacle à franchir sera le verrou de Quélern, défendu par les parachutistes de Mehler et de Jakob.

Dans le secteur, la nuit est seulement troublée par les tirs sporadiques de l'artillerie allemande, aussitôt contrebattus par les pièces américaines déployées en vue de l'assaut du lendemain. L'artillerie américaine tentera vainement d'effectuer dans la ligne une brèche utilisable par l'infanterie (91).

19 septembre : une belle journée de fin d'été

Le général Stroh estime que l'affaire de Roscanvel « ne sera pas un jeu d'enfant ». Il envisage de monter une opération amphibie, au nord du verrou de Quélern, afin de prendre les Allemands à revers. Elle serait menée par les Rangers et un bataillon du *13th Infantry*. L'*US Navy*, qui doit fournir les moyens matériels, s'y oppose, arguant que la configuration du littoral est peu propice à un débarquement. Des barques de pêche et des embarcations pneumatiques du génie sont alors retenues. Le projet est finalement abandonné. On en revient à la vieille tactique : l'assaut en force

A 11 h 00, dans un élan magnifique, les compagnies K et L du *3rd/13th Infantry* attaquent vigoureusement, escaladent l'obstacle. La ligne et le Fort de Quélern sont réduits vers midi. Puis, très méthodiquement, précédés par les tirs de l'artillerie et les strafing des chasseurs-bombardiers du 378ᵉ escadron de l'USAAF, les GI's ratissent l'ensemble de la presqu'île de Roscanvel, réduisant un à un les points de résistance.

Attaqués au lance-flammes, sonnés par un bombardement entamé la veille, les actions incessantes des chasseurs-bombardiers et des blindés, les Allemands ne réagissent pas vigoureusement, à l'exception de groupes d'isolés, vite submergés. Les batteries de *Flak* de Cornouaille et de la pointe des Espagnols se rendent apparemment sans combat.

La Pointe des Espagnols, ultime parcelle de la *Festung Brest*, n'aura pas été tenue « *jusqu'à la der-*

nière goutte de sang » comme les ordres de janvier 1944 le prescrivaient. Loin s'en est fallu ! En tout cas, les pertes du *13th Infantry* ont été légères ! « *La capture de Ramcke fut d'une facilité inattendue* » écrira le général Stroh. Que nous rapportent les archives et les témoins de sa reddition ?

Le général se trouve dans une soute de la batterie haute des Capucins, à 25 mètres sous terre. Vers 17 h 00, remontant la face Ouest de la presqu'île, les GI's de la compagnie I du *3rd/13th Infantry* ont atteint le fort. Le peloton du lieutenant James M. Dunham voit soudain des drapeaux blancs s'agiter. Le capitaine Hoven, officier de l'état-major de Ramcke, s'avance et dans un anglais parfait déclare que le général souhaiterait négocier les termes de sa reddition avec le commandant de la division américaine (92).

Le général Stroh ne se déplace évidemment pas (PC à La Boëzer près de Crozon). Son adjoint, le général de brigade Charles D. W. Canham, se transporte alors sur les lieux, flanqué des commandants du *13th Infantry*, le colonel Robert A. Griffin, et du 3ᵉ bataillon, le lieutenant-colonel Earl L. Lerette.

Ramcke s'exprime par l'intermédiaire de son interprète : « *Je me rends à vous. Je désire prendre connaissance de vos papiers.* » « *Voici mes papiers* », lui répond le général Canham, en désignant les fusiliers en armes du *13th Infantry* encadrant la sortie de l'ouvrage, aux visages inamicaux

(91) Dans la nuit, deux pièces de 203 effectueront à bout portant un tir de 96 coups, dont 54 au but dans le pont-levis, l'éventrant, démolissant l'arche de pierre, ensevelissant un canon antichar sous béton et ses défenses voisines. *US Artillery report,* p. 105.

(92) Episode bien connu et repris dans de nombreuses publications. Cependant, le compte rendu d'activité du *13th Infantry* pour le mois de septembre, fait mention d'un autre épisode qui a précédé celui que nous venons de relater. Peu avant, l'arrivée du lieutenant Dunham deux parlementaires allemands, le sous-lieutenant Whal et un interprète, ont émergé de l'abri, porteurs d'une demande de cessez-le-feu signée du général Ramcke. Ce dernier voulait rencontrer une autorité accréditée par le général Middleton.

Le général Rauch après sa reddition. Capturé vers 18 h 00, le commandant de la 343ᵉ division d'infanterie a revêtu sa tenue de sortie. Légèrement blessé au visage, il porte un pansement au menton. (DR.)

Le lieutenant-colonel Berthaud, commandant les FFI du Finistère en remplacement de Mathieu Donnard arrêté en juin 1944 et fusillé par les Allemands. (Coll. A. Legrand.)

et impatients, coupant court à toute velléité de reddition spectaculaire et en remettant Ramcke à sa place, dans sa nouvelle condition de prisonnier de guerre.

Il est 19 heures, ce **19 septembre 1944**. C'est la fin des combats dans la presqu'île pour près de 900 Allemands. La résistance de la *Festung Brest* a vécu. Au total, en moins de deux mois, elle aura coûté la vie à près de 7 000 civils et militaires.

La compagnie FTP *Volant* est présente. Les habitants des villages voisins se précipitent pour assister au départ du général qui va être amené au QG du général Stroh. « *Une jeep est arrivée avec à son bord un officier américain. Le général Ramcke est alors sorti de l'abri avec son chien. Il a refusé de se rendre aux FFI... En partant, Ramcke nous regarde d'un air arrogant...* » rapporte Madame Faure.

« *Nous étions soulagés. Il n'y a pas eu le moindre cri de haine de notre part. Un seul d'entre nous se hasarda à lancer quelques cailloux en direction des Allemands. Nous ne pouvions croire que la guerre était finie pour nous. Nous avions tellement enduré de misère... Tout était devenu calme, étrangement calme* » ajoute Madame Jaffrée (93).

Les prisonniers capturés depuis le **15**, début des opérations de la 8e division, sont nombreux : 2 généraux, 223 officiers, 895 sous-officiers et 6 316 hommes rejoignent leurs 30 000 camarades survivants du siège de Brest dans les camps. Le tiers des prisonniers, soit 2 500, seraient à porter au crédit des FFI/FTP, d'après le lieutenant-colonel Philippot.

Au terme d'une courte campagne de cinq jours, « *impitoyable et dure* » selon l'expression du général Stroh, *Golden Arrow,* la 8e division d'infanterie américaine, a perdu 76 *boys* pour réduire Crozon, 415 autres ont été blessés. De nombreuses actions héroïques ont été relevées au cours des assauts de Saint-Efflez et de Tal-ar-Groas. La grande unité se retire dans les environs de Sizun et se prépare à gagner le Luxembourg.

Le lendemain **20 septembre**, à Lesneven, aux côtés du général Ramcke (94), au PC du *VIII Corps*, après une séance photographique plutôt détendue, le général Middleton vient saluer le lieutenant-colonel Philippot commandant les FFI/FTP de la Presqu'île et lui demande de leur adresser ses félicitations. Par lettre, le général Earnest remerciera ultérieurement le lieutenant-colonel Berthaud pour l'action des patriotes.

Dans le Sud-Finistère, le drapeau allemand flotte toujours au-dessus du point d'appui fortifié de Lézongar, à cheval sur les communes d'Audierne et d'Esquibien. Un irréductible officier du *Heer*, l'armée de terre, l'*Oberleutnant* Brankow, tient encore une parcelle du Cap-Sizun. A 15 h 00, après un baroud dit « d'honneur », il rendra son *Stützpunkt* et 322 prisonniers à la TF A et aux FFI du secteur.

Le Finistère est libéré après 1 555 jours d'occupation.

(93) *Le Télégramme de Brest* - septembre 1994.
(94) Les deux généraux entretiendront par la suite un échange de correspondance pendant une quinzaine d'années. *Troy Middleton - A biography* - Frank James Price - Louisianna State University Press 1974 - Baton Rouge.

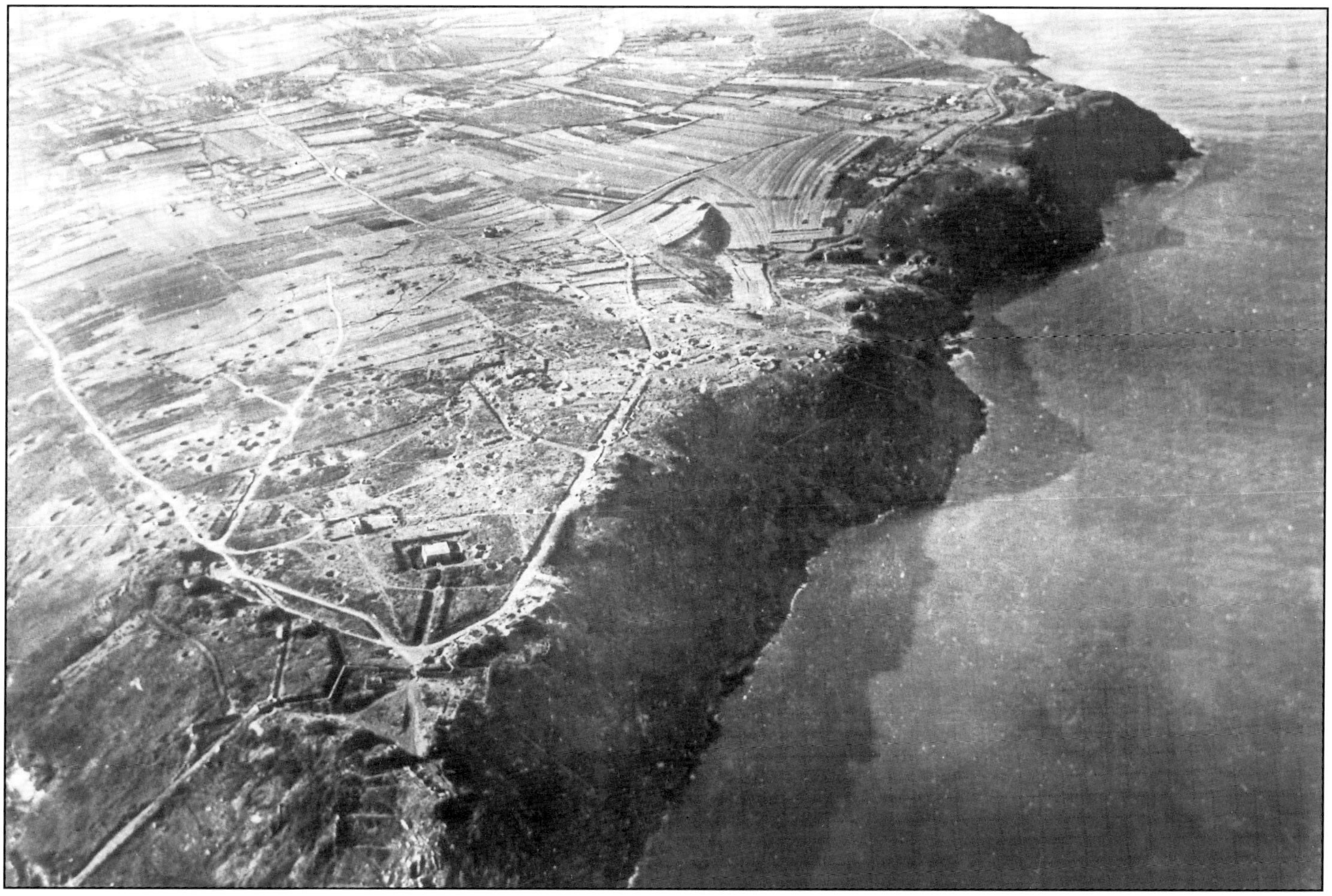

Photos ci-contre et page précédente : Trois vues aériennes de la Pointe des Espagnols sous différents angles à l'issue des combats. (SHM.)

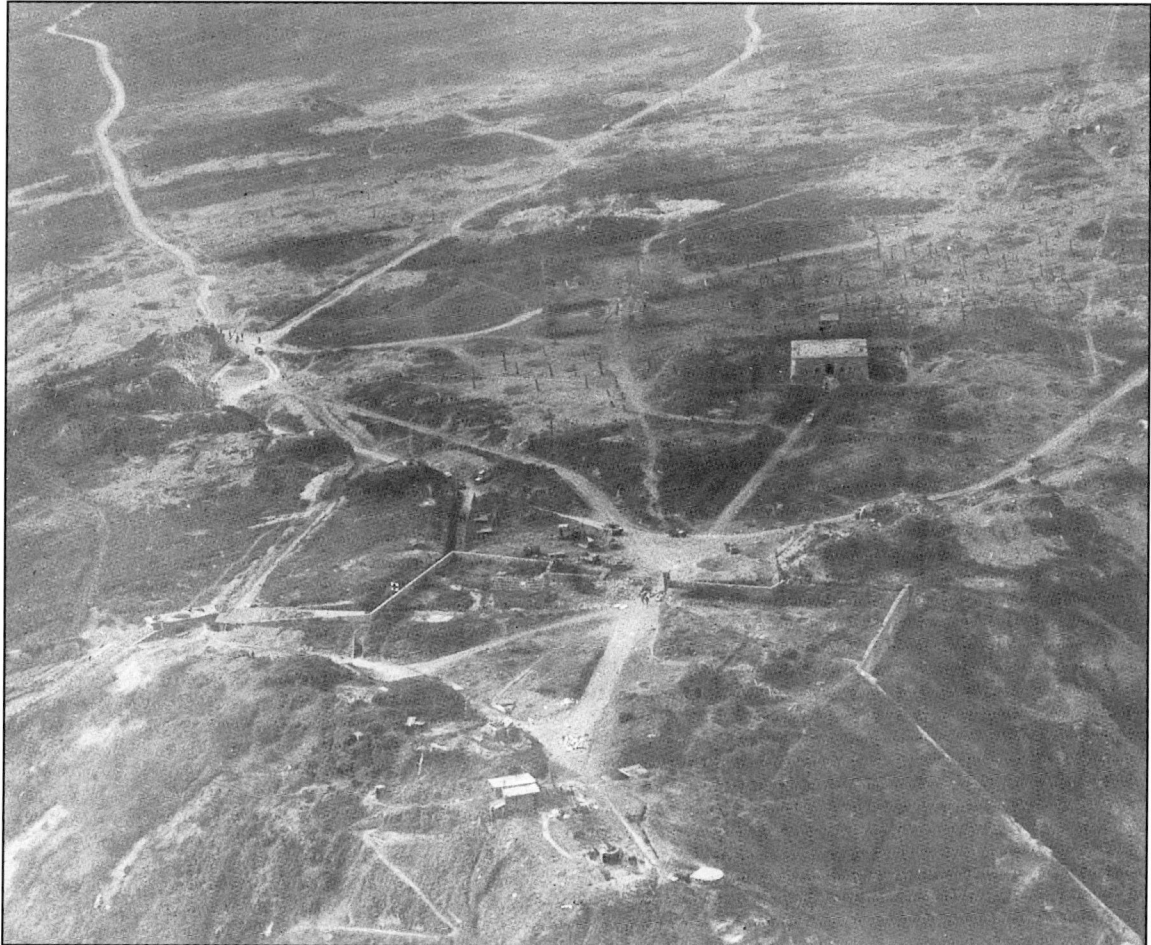

La reddition du général Ramcke

Les exploits de Ramcke lui ont valu une réputation flatteuse, aussi bien au sein de la *Wehrmacht* que dans le camp allié. Aussi sa reddition va-t-elle prendre un tour particulier et faire l'objet d'une importante couverture médiatique par les journaux anglo-saxons.

1. Le général Ramcke est amené au PC du général Stroh à Crozon le 19 septembre. Vêtu d'une veste en cuir, la canne à la main, il saute allégrement de la Jeep.

2. Le général Ramcke accompagné par des officiers allemands de son état-major. Il tient à la main sa sacoche et a pu garder son chien auprès de lui.

3. Ramcke est amené à Stroh. Le face à face semble tendu : Ramcke baisse les yeux tandis que Stroh, nu-tête, paraît d'humeur sombre. Le général Canham (lunettes), qui est allé cherché le général Ramcke au fort des Capucins, a les traits tirés. Pour la 8*th Infantry Division*, la réduction de la presqu'île de Crozon n'a pas été une tâche facile. Elle a coûté au total 76 tués et 415 blessés aux Américains. (US Army.)

Quelques réflexions en guise de bilan

Le VIIIᵉ Corps du général Middelton se serait rapidement assuré de la presqu'île de Crozon au début de l'attaque générale de Brest, à partir du **25 août,** s'il en avait eu les moyens, c'est-à-dire une division et de l'artillerie lourde supplémentaires. La réduction de la forteresse de Brest aurait été certainement facilitée, voire écourtée. Mais on ne refait pas l'Histoire.

Comme nous l'avons vu, c'est vers l'Est de la France que seront prioritairement acheminés les renforts de l'*US Army*, sans considération particulière pour Brest, brusquement devenu un théâtre d'opérations relativement secondaire, au début d'août.

Jusqu'à la fin, l'artillerie lourde allemande est demeurée active dans la presqu'île. Malgré un déluge d'acier, les batteries du Grand Gouin, du Cap de la Chèvre et de Crozon, endommagées, remises en état, ont tonné, meurtrières. Cependant, elles ne paraissent pas avoir considérablement gêné les divisions américaines engagées dans le siège de Brest, en particulier la 29ᵉ, à l'ouest, confirmant ainsi la justesse des vues du *VIII Corps* sur le caractère non prioritaire de la presqu'île en tant qu'objectif militaire.

Pour tenter de faire taire les canons, l'USAAF et l'artillerie américaine ne se sont pas spécialement distinguées par la précision de leurs actions malgré la pluie de bombes et d'obus. Il en a été de même d'ailleurs pour la réduction des batteries du Conquet, qui aura duré pas moins de quinze jours.

La libération de la presqu'île de Crozon a coûté la vie à environ 150 civils, 50 FFI/FTP et 90 soldats américains. Les pertes allemandes ne sont pas connues (95). Le chiffre de 450 morts dans les rangs de la *Wehrmacht* durant les mois d'août et de septembre nous a paru raisonnable.

Les FFI/FTP ont montré leur utilité lors des dures semaines précédant la chute du Ménez-Hom. Par leur présence et leur action, ils ont permis à des effectifs de l'*US Army* relativement limités d'opérer dans d'autres secteurs. Leur dénuement matériel, la faiblesse de leurs moyens et de leur instruction militaire, ne les ont pas empêchés d'être efficaces, en particulier sur le Ménez-Hom.

Nous n'oublierons pas qu'à leurs côtés opéraient les cavaliers de la TF A. Par la suite ce sont les puissants moyens mis à la disposition de la 8ᵉ division d'infanterie qui viendront à bout d'un adversaire, certes pas fanatisé, mais fortement retranché, commandé et déterminé à lutter jusqu'au bout, sans pour autant aller jusqu'au sacrifice de leur vie.

(95) De nombreux soldats allemands ont été provisoirement inhumés sur les lieux où ils avaient été tués (Rozan, Tal-ar-Groas, Kerdanvez, Kervon...). Du cimetière ouvert près de l'hôpital du Fret, une cinquantaine de dépouilles ont été exhumées en 1961.

Avant d'être emmené en captivité, le général Ramcke reçoit l'autorisation de rencontrer ses officiers rassemblés à Saint-Thégonnec. (Coll. A.MacLean Thuerner.)

Les encuvements de la batterie de DCA (quatre pièces de *Flak* de 105 mm) installée à la Pointe des Espagnols. Le site est complètement ravagé. (SHM.)

Pen-ar-Ménez : un obusier de 155 mm court qui avait été sorti de son bunker pour tirer sur les lignes de Tal-ar-Groas a été saboté par ses servants à la fin des combats. (SHM.)

Brest
Bilan des combats

Un bilan s'impose au terme de ce récit. Il est lourd. Les dommages en matériels et les pertes en vies humaines sont considérables. Résumons-nous. Les Allemands sont entrés à Brest le mercredi **19 juin 1940** avec l'objectif affiché de construire une base sous-marine inexpugnable qui permettrait aux sous-marins de l'amiral Dönitz de chasser en meutes dans l'Atlantique, privant ainsi les Britanniques du soutien nord-américain.

Ces derniers ont réagi dès le mois d'**août 1940** en bombardant les bâtiments de surface qui se sont succédés à Brest, en particulier le cuirassé *Admiral Hipper*, les croiseurs de bataille *Gneisenau* et *Scharnhorst*, puis le *Prinz Eugen*. La base sous-marine, en construction, a été constamment harcelée par les bombardiers de la RAF, relayés plus tard par ceux de la *8th Air Force*. Les installations portuaires ainsi que le centre-ville et les quartiers avoisinants ont été gravement touchés.

La situation s'est aggravée au début du mois d'août 1944 avec l'arrivée des troupes américaines, bien décidées « à ne pas faire dans la dentelle », si l'on peut dire. Le « Grand Brest », à savoir Brest intra-muros, Recouvrance, Saint Pierre, Saint Marc et Lambézellec ont été systématiquement labourés par les bombes et les obus. C'est ainsi que les 514 canons de 76 à 240 mm que totalisait l'artillerie américaine devant Brest ont tiré 478 628 obus en 27 jours. (1) Les chasseurs-bombardiers et les bombardiers moyens ont largué environ 3 700 tonnes de bombes : 924 pour les premiers au cours de 3 698 sorties, 2 700 pour les seconds dont 1 573 appareils ont réellement attaqué, à raison de 471 Douglas A20 et de 1 101 Marauder B26 si l'on adopte la fourchette de Pesson-Didion. (2) Il faut y ajouter le tonnage largué par les bombardiers lourds de la *8th Air Force*. Les Allemands sont responsables, pour leur part, de 60 % des dégâts selon les services de la mairie de Brest. Ils ont systématiquement dynamité, ainsi que nous l'avons vu *supra*, le Port de Commerce, le Port de Guerre ainsi que les bâtiments industriels avoisinants. Des bateaux ont été coulés ou sabordés dans la rade et la Penfeld, les bassins et les jetées ont été démolis. Des incendies ont également été provoqués, en particulier dans le quartier Saint-Michel, afin de freiner la progression de l'infanterie américaine.

Les dommages causés à la ville sont par conséquent très importants et bien des hommes sont morts pour la prendre ou la défendre. Ils portaient l'uniforme américain, français, britannique ou allemand. Les civils n'ont pas été épargnés.

Les dommages matériels

Il ne reste rien de Brest intra-muros.

Sur les 35 000 logements que comptait le Grand Brest en 1939, 5 000 sont intacts, 15 000 ont été totalement détruits, 15 000 l'ont été partiellement. 80 000 personnes, sur les 118 468 que comptait la ville avant la guerre, sont sinistrées. 70 570 seulement auront rejoint la ville au 1er janvier 1946. La plupart d'entre eux seront logés dans des baraques hâtivement montées au Point du Jour et au Polygone sur la rive droite, au Bouguen, à Bellevue et au Bergot sur la rive gauche de la Penfeld.

Les Brestois se sont remis courageusement au travail dès le mois d'octobre 1944. La ville a mis des années à se relever de ses ruines. (3)

Les victimes civiles lors du siège

On doit porter au crédit du général Ramcke la décision d'avoir ordonné l'évacuation de la ville avant le début du siège : plus de 25 000 personnes ont ainsi pris le chemin de l'exode à partir du **13 août**.

1 200 Brestois, selon Yves Jaouen, maire de Saint Marc, sont restés à leur poste : autorités municipales, membres de la Défense Passive, médecins et personnel soignant. Ramcke a proposé d'en évacuer 700 à 800 le **28 août**. Il a essuyé un refus du commandement américain qui ne voulait pas interrompre les combats, vraisemblablement pour des raisons tactiques.

Ce fut alors le drame dans la nuit du **9 septembre** : une explosion dans l'abri Sadi Carnot a causé la mort de 373 Français et de 500 Allemands. Victor Eusen, Président de la Délégation Spéciale depuis le 1er février 1942, était l'un d'eux. Travailleur infatigable, n'hésitant pas à affronter le commandement allemand, instigateur de la demande de trêve du 13 août 1944, il a laissé le souvenir d'un patriote courageux, entièrement dévoué à la ville et à ses habitants. Une artère de Saint-Pierre porte désormais son nom. (4)

83 Brestois ont perdu la vie du fait des bombardements, ce qui porte à 456 le nombre de victimes civiles selon la mairie, soit 38 % des personnes présentes à Brest. Ce chiffre est considérable. (5) 160 blessés ont par ailleurs été traités à l'hôpital Ponchelet.

Les pertes américaines

Plus de 50 000 Américains ont participé au Siège de Brest. Seules sont bien connues les pertes des régiments d'infanterie. Elles ont été lourdes. On s'intéressera essentiellement au nombre de GIs morts au combat, *killed in action*. Deux divisions sur trois n'ayant pas fait mention des décès survenus suite aux blessures reçues, leur nombre ainsi

(1) *Report of the Artillery with the VIII Corps in the Reduction of Brest, 22 August-19 September 1944, op. cit.*, p. 52.

(2) Pesson-Didion (commandant), *op. cit.* Lors des attaques effectuées au mois d'août, 30 % ont été le fait des Douglas A20 et 70 % des Marauder B26.

(3) *Histoire de Brest pendant l'Occupation*, réf. : SG-D59, le 16 mai 1946, dans Ville de Brest Archives Finistère. Il s'agit d'un rapport établi par le maire de la ville de Brest. Les statistiques, figurant dans les 1er et 2e alinéas, sont répertoriées dans ce rapport.

(4) Coat (P.), *Les Cahiers de l'Iroise* N°163, Juillet-Septembre 1994, p.25-28.

(5) Yves Jaouen avance le chiffre de 600 tués, in Yves Jaouen *De Saint Marc à Brest, op. cit.*, p. 91. Ne sont pas comptabilisées ici les victimes des communes environnantes.

Le cimetière américain de Saint-James, au sud d'Avranches, où sont enterrés plus de 4 000 GIs, la plupart tombés lors des combats en Bretagne et plus particulièrement autour de Brest. (Coll. Auteurs.)

que celui des autres unités endivisionnées et non endivisionnées seront approximativement estimés. (6)

La 2e Division à l'est

529 hommes ont trouvé la mort : 226 pour le *9th Infantry*, 172 pour le *23rd Infantry* et 131 pour le *38th Infantry*. Les combats pour le franchissement de la ligne de défense extérieure allemande ont été particulièrement meurtriers : 405 fantassins sont tombés entre le **20 août** et le **5 septembre**, ce qui représente 76 % du total. Kervao, Le Forestic, Bourg-Neuf/Fourneuf ainsi que Menez Toralan ont été arrachés aux parachutistes dans « le sang et les larmes ». (7)

La 8e Division au nord puis à Crozon

Cette division a comptabilisé dans ses statistiques le nombre de morts/mois. Le *121st Infantry*, qui n'a pas été engagé dans la dernière semaine d'**août**, a totalisé 91 tués dans les combats pour la libération de Dinard, alors qu'il était rattaché à la 83e division. Le *13th* et le *28th Infantry*, qui n'ont pratiquement pas combattu entre le **5** et le **25 août**, ont perdu respectivement 124 et 114 hommes dans la dernière semaine d'août, essentiellement devant Kergroas et Roc'h Glas. Par la suite, seuls le *13th* et le *121st Infantry* ont été engagés devant Lambézellec jusqu'au **11 septembre**. La progression vers le Bouguen leur a coûté 123 morts. Puis ils ont été associés au *28th Infantry* à partir du **14 septembre** dans la conquête de la presqu'île de Crozon. 76 hommes y ont perdu la vie. Le nombre de tués au combat, lors du siège de Brest, s'élève par conséquent à 437 pour la 8e division, soit 54 % dans la première semaine, 28 % jusqu'au **11 septembre** dans Lambézellec et 17 % à Crozon. L'axe Kergroas-Kergaradec-Mesmerrien-Pontanézen a été le théâtre de combats particulièrement meurtriers. (8)

La 29e Division à l'ouest

624 hommes ont été tués au combat : 190 pour le *115th*, 198 pour le *116th* et 236 pour le *175th Infantry*. Le premier a payé le prix fort devant Bohars-Kerognant (62 morts) puis devant Montbarey (33 morts), le second a perdu 106 hommes devant la Trinité. Le troisième, le plus durement éprouvé des régiments d'infanterie engagés à Brest, a souffert devant Coz Castel puis dans le secteur Keriel-Keranroux. (9)

Les pertes des régiments d'infanterie s'élèvent par conséquent à 1 620 tués au combat en comptant la trentaine de rangers décédés. (10) Si l'on admet

que 50 fantassins par division sont décédés des suites de leurs blessures - c'est le cas de la 8e division -, ce chiffre doit être porté à 1 770.

Les autres unités endivisionnées, les régiments d'artillerie et de chars en particulier, ont été peu touchés : 5 morts pour la 8e division au mois de septembre, 11 pour la 29e division, les chiffres concernant la 2e division ne sont pas connus. Retenons le chiffre de 30 morts par division pour l'ensemble des combats. (11) Le total est alors de 1860. S'y ajoutent la centaine de tués estimée de la 6e division blindée ainsi que les pertes subies par les unités non endivisionnées et l'*US Air Force*. On peut avancer que plus de 2 000 Américains ont perdu la vie au cours de la libération de Brest.

Les blessés, *wounded in action*, ont été nombreux, 6 845 au total se répartissant comme suit : 1 639 pour la 8e division, 2 603 pour la 29e division, 1 698 pour la 2e division, 463 pour les unités non endivisionnées et 442 pour la 6e division blindée. Le ratio moyen est 3,4 blessés pour un tué. La 29e division d'infanterie a été la grande unité la plus éprouvée (ratio : 3,9). (12)

Les pertes FFI

84 FFI, près de trois fois plus que les Rangers, ont été tués sur le front de Brest, 166 ont été blessés. Il est bon de le rappeler ici. (13)

(6) Cf. le graphique figurant en annexes p. 299.

(7) *History of the Second Infantry Division, op. cit.*, p. 194-202.

(8) *The 8th Infantry Division, Report After Action against Enemy, Vol. 2 et 3, op. cit.*, Annex Battle Casualties.

(9) Ewing (J.H.), *op. cit.*, *Battle Casualties*, p. 305-307.

(10) Estimation de Rudolf Wiedersheim (sources non précisées).

(11) *Ibid.*

(12) *US Army Casualties During Brest Operation, op. cit.*

(13) Faucher (L.), *op. cit.*, p. 14.

Le monument érigé à Sainte-Marie du Ménez-Hom en hommage aux FFI et FTPF qui ont combattu dans ce secteur en août et septembre 1944. Ce monument a été inauguré le 23 septembre 1984. (Coll. Auteurs.)

Les pertes allemandes

Rudolf Wiedersheim estime à 3 000 dont 1 000 parachutistes le nombre d'Allemands tués au cours du siège, soit 14 % de l'effectif de la 2e division parachutiste. Une source américaine l'estime à 4 000 environ. (14) Retenons ce chiffre.

Il est plus difficile d'évaluer le nombre de blessés. Si l'on adopte un facteur 3,4, leur nombre serait de l'ordre de 13 000. Un Allemand sur trois environ aurait été touché pendant le siège.

Ces blessés étaient répartis dans les différents tunnels de la ville. Les sous-sols de l'hôpital maritime, les galeries de la base sous-marine regorgeaient littéralement d'Allemands plus ou moins gravement atteints. Le village du Fret, dans la presqu'île de Crozon, avait été transformé en hôpital au début du siège. Une quarantaine de maisons d'habitation et de magasins réquisitionnés constituaient cet ensemble hospitalier.

Le *28th Infantry* a pris Le Fret le **18 septembre**. Voici le témoignage du lieutenant-colonel John M. Thompson, médecin-chef du 8e bataillon médical. *« L'équipe médicale, au Fret, comprend 7 médecins, 8 officiers techniciens, assistés de 250 à 275 auxiliaires médicaux, comprenant des Allemands, des Russes ainsi que des secouristes féminins appartenant à la Croix Rouge allemande. L'hôpital manque de tout, en particulier d'éther, de sulfamides et de plâtre. L'équipement chirurgical est réduit. Le bloc chirurgical est installé dans une villa et comprend deux tables d'opération d'un modèle dépassé, sur lesquelles a opéré et opère un chirurgien surmené, assisté de quelques techniciens. Les bâtiments sont sales. Les blessures, les fèces dégagent une odeur pestilentielle. Le ravitaillement en eau est assuré par un bateau-pompe qui utilise une source des environs. Les transports se font à bras ou en charrette. (Avant notre arrivée), beaucoup de blessés buvaient de l'eau contaminée au mépris de la réglementation. L'élimination des or-*

dures et des déchets hospitaliers laissait à désirer. On utilisait les casques des blessés pour évacuer les matières fécales. » (15)

La 8e division évacuera tous ces blessés en 8 jours, à l'exception des plus gravement atteints qui seront immédiatement traités par les chirurgiens américains.

A l'issue de la bataille, les soldats allemands prisonniers sont acheminés vers les camps d'internement en camion ou embarqués dans des wagons découverts, parfois sous les quolibets à la fois ironiques et vengeurs des Français. (US Army.)

(14) 4 000 tués environ selon des sources américaines, *in Conquer, The Story of Ninth Army 1944-1945, Brest and the Brittany Peninsula, op. cit.,* p.35. Ce chiffre est le plus plausible.

(15) *The 8th Infantry-Division, Vol 3, op. cit.,* Annex 3 Medical, Evacuation of Le Fret.

Le siège de Brest vu par Max Fauchon

Né en 1896, engagé volontaire au cours de la Première Guerre mondiale, Max Fauchon avait été de nouveau mobilisé en 1939. Fait prisonnier en combattant sur la Somme en juin 1940, il avait été libéré en 1941 et avait retrouvé son poste dans l'administration à Brest. C'est à ce titre et en tant que membre de la Défense Passive qu'il va vivre le siège de la ville, ramassant les morts, relevant les blessés et éteignant les incendies. Il transcrit sur un carnet les événements auxquels il assiste comme acteur ou témoin. Il parle couramment l'allemand, peut discuter avec certains combattants de la *Wehrmacht* et juger de leurs opinions. Il assiste à « *l'arrivée au poste de secours des blessés allemands qui, pansés, repartent aussitôt au combat.* » Possédant un réel talent pour le dessin et la peinture, il aimait s'y adonner à ses heures de loisir. Les dessins qu'il a laissés et qui sont reproduits ici constituent d'exceptionnels documents sur la vie quotidienne au cours de la bataille. Pris sur le vif sous les bombardements ou au cours des combats, ils ont une valeur historique et une charge émotionnelle très fortes.

Après la Libération, Max Fauchon sera l'un des six volontaires qui descendront dans l'abri Sadi Carnot pour déterminer s'il était possible d'identifier les victimes civiles de l'explosion qui avait ravagé ce souterrain le 9 septembre. Entre autres victimes, il put reconnaître avec le docteur Delalande le corps de Victor Eusen, responsable de la Cité, démontrant ainsi que l'identification était possible. Conseiller municipal de Brest après la guerre, il deviendra président d'honneur de l'Union Nationale des Combattants de Brest et fondera dans la ville l'antenne de l'association « Ceux de Verdun ». Il décédera en 1966.

1. Demeurés sourds aux ordres d'évacuation, un groupe de brestois s'efforce d'éteindre un début d'incendie qui s'est déclaré le 30 août à l'imprimerie Calvet située au n° 71 de la rue Jean Jaurès, l'immeuble même où réside la famille de Max Fauchon. « *Après une heure de sommeil* », note-t-il sur son carnet, « *au petit jour, j'éteins le 3ᵉ incendie au n° 71. Mais... le 7 septembre, le 71 brûle à partir du toit : dernier regard à notre appartement.* »

2. Convoi de ravitaillement allemand pris sous un bombardement nocturne dans la rue Jean Jaurès : chevaux qui se cabrent, des hommes épouvantés qui courbent le dos, trébuchent ou se cachent la tête dans leur bras...

3. Au cimetière Saint-Martin, un soldat américain a été tué alors qu'il tirait sur un groupe d'Allemands. Le corps est demeuré dans la position dans laquelle la mort l'a frappé, la tête simplement inclinée sur son fusil.

4. Embusqué dans l'encoignure de la porte d'entrée d'un immeuble, un soldat allemand guette les Américains arrêtés à hauteur de la barricade de la rue de la République. Ce dessin a été réalisé le 13 septembre depuis le poste de secours du docteur Alexis Corre installé au n° 47 de la rue Victor Hugo.

5. Pour les Allemands qui combattent encore dans la ville, la fin est proche. Sur le mur d'un abri dont Max Fauchon ne donne malheureusement pas l'emplacement, un parachutiste allemand écrit ce simple nom : « Brestgrad », allusion évidente à une autre défaite allemande : Stalingrad…

Ramcke et la responsabilité allemande

18

Capturé à Roscanvel le 19 septembre 1944, Ramcke connaîtra pendant près de sept ans les geôles américaines, anglaises puis françaises, attendant l'ouverture de son procès qui aura lieu le 19 mars 1951. (1) Il sera inculpé en tant que « criminel de guerre », du fait essentiellement de l'exécution de simples civils ou de partisans dans le Finistère. Il rejettera vigoureusement ce qualificatif, arguant en particulier que Fahrmbacher, qui commandait au mois d'août l'ensemble des troupes en Bretagne et avait résisté jusqu'à la fin du conflit dans la poche de Lorient, sera libéré sans jugement au bout de 5 ans de prison.

Il se plaindra également constamment de ses conditions de détention, donnant ainsi raison à William Röpke, dénonçant chez l'Allemand de l'époque une nette tendance « à se sentir persécuté ». (2) Il ne regrettera rien de son action passée au cours de la guerre. Voyons la chronologie des faits.

19 septembre 1944. Il est capturé dans une soute à munition de l'Ancien Fort de la Pointe des Capucins en Roscanvel. Il est conduit par le général Canham auprès du général Stroh qui menait les opérations sur la presqu'île de Crozon. L'entretien est bref, Ramcke est transféré au QG du général Middleton à Lesneven.

21 septembre. Il est conduit, à sa demande, auprès de ses hommes qui ont été, pour la plupart, regroupés dans un camp près de Saint-Thégonnec, situé à 40 kilomètres à l'est de Brest. Il y reçoit une formidable ovation, tant est grande sa popularité auprès des parachutistes.

22-23 septembre. Un avion le mène depuis Morlaix jusqu'à Cherbourg où il retrouve les officiers généraux Kähler, Rauch, von der Mosel et Kroh.

4 octobre. Il entre au camp de Trent Park, au nord de Londres, il y demeure six mois.

10 avril 1945. Départ pour les Etats-Unis, par Glasgow, l'Islande, Terre-Neuve, Fort Meat près de Washington et enfin Clinton dans le Mississipi.

8 mai 1945. Capitulation de l'Allemagne. La vérité se fait jour sur les exactions nazies, dans les camps de concentration en particulier. Courtoise jusqu'alors, l'attitude des Américains change à l'égard des officiers-généraux. Ramcke se plaint : « *les militaires ne sont pas concernés* ». Il adresse une lettre au sénateur Byron Price afin d'alléger les conditions de détention. Elle aurait eu un certain effet.

Un *Liberty-Ship* le ramène en Europe. Ramcke est incarcéré dans la « London District Cage », les conditions de détention se font plus dures.

20 mai 1946. Camp de Münster dans la zone anglaise en Allemagne. Ramcke se plaint à nouveau : « *des sentinelles polonaises tireraient sans raison sur les prisonniers* ». Il s'évade, part saluer sa famille dans le Schleswig puis rentre au camp. Son mentor, le général Student, général en chef des troupes parachutistes, est condamné à cinq ans de détention.

26 juillet. Retour à Londres, il est qualifié de « criminel de guerre », accusation qu'il réfute absolument.

4 décembre. Il est remis aux autorités françaises et incarcéré à la prison du Cherche-Midi à Paris. Il aura à répondre de ses actes couvrant la période du 15 juin au 19 septembre 1944, c'est-à-dire durant l'exercice de son commandement en Bretagne.

10 décembre. Il est transféré dans la prison Jacques Cartier à Rennes et se plaint, comme à l'accoutumée, des conditions de détention. Il est officiellement mis en accusation le 15 décembre. Il lui est reproché l'explosion de l'abri Sadi-Carnot, les incendies et les pillages commis par les parachutistes entre le 7 août et le 18 septembre 1944 à Brest. On verra que, par la suite, un certain nombre d'exécutions sommaires lui seront également imputées.

4 février 1948. Il est à nouveau transféré dans la prison du Cherche-Midi, l'Instruction de son procès commence, il y restera 26 mois.

18 mars 1950. Il est à Fresnes alors que Fahrmbacher, l'ultime défenseur de Lorient, vient d'être libéré sans jugement.

27 octobre. Il bénéficie d'une mise en liberté provisoire, à passer dans une pension de famille à Bois Margot près de Soisy/Seine. Le procès, qui devait commencer le 11 décembre, est reporté *sine die*. Ramcke décide alors de s'évader et gagne l'Allemagne clandestinement. Bonn lui enjoint de se rendre, Ramcke accepte à la condition que le tribunal soit composé d'officiers généraux de son rang et *non issus de la Résistance*.

Il se constitue prisonnier en mars 1951, est incarcéré au Fort de Cormeilles. Les conditions de détention sont bonnes selon lui.

19 mars 1951. Ouverture du procès. (3) Les faits suivants lui son reprochés :

– Au cours de la période du 15 juin au 12 août 1944, 150 Français, dont des femmes et des enfants, ont trouvé la mort dans le Centre-Finistère du fait des parachutistes.

Selon Ramcke, seulement 81 sont imputables à ses hommes. Six ont été fusillés à la Roche-Maurice, pour le reste, il s'agit de FFI/FTP morts au combat ou bien capturés puis fusillés. Son argument massue est le suivant « Jamais un partisan n'a été vu portant un brassard (tricolore FFI) ». C'est le cas des 18 victimes du 3 août à Landeleau, selon le témoignage du lieutenant Harden qui appartenait à la 7e compagnie du 2e régiment parachutiste. Plus généralement, « sans les agressions des partisans, rien de condamnable n'aurait eu lieu en Bretagne ».

---

(1) La chronologie des faits, ici résumés, a été extraite des Mémoires de Ramcke, *Fallschirmjäger Damals und Danach*, *op. cit.*

(2) Röpke (W.). *Explication de l'Allemagne*, les Editions du Cheval ailé. Genève, 1945, p. 165.

(3) Ramcke (H.), *op. cit.*, p. 197-200.

Comparution des accusés de la 2ᵉ division parachutiste à leur procès en 1951. De gauche à droite : Ramcke, Kamitschek, et Marstella. Ce dernier commandait la compagnie de prévôté divisionnaire. Il sera acquitté. (DR.)

– Au cours de la période du 12 août au 19 septembre 1944 à Brest, six combattants ont été exécutés :

– trois Nord-Africains le **9 août** alors que Ramcke ne prendra le commandement du secteur que trois jours plus tard,

– trois membres des FTP durant les combats à Brest selon l'acte d'accusation. Ils sont morts au combat selon Ramcke.

Des incendies ont d'autre part été allumés. Oui, admet Ramcke mais uniquement pour des raisons tactiques. Il n'est en aucun cas responsable, selon lui, de l'incendie de l'église Saint-Louis. Des FTP avaient pris place dans le clocher qui a pris feu sous l'effet des balles traçantes le 14 août. Le lendemain, des bombardiers américains ont détruit l'église.

Des pillages ont été commis, c'est vrai, mais « une prise de vivres n'est pas un pillage mais un larcin simplement, sanctionnable disciplinairement ».

Jugement

Ramcke est condamné à cinq ans de travaux forcés, commués en cinq ans de réclusion en raison de son âge pour « *complicité de meurtres, incendies et pillages* ». Le capitaine Kamitschek, l'un de ses adjoints également. Le lieutenant Marsteller, chef de la Prévôté de la division parachutiste, est acquitté. (4) Ces deux derniers avaient à répondre de l'exécution de six partisans à La Roche Maurice, commune des environs de Landerneau située à une quinzaine de kilomètres à l'est de Brest.

Ramcke est libéré le **23 juin 1951** alors qu'il a largement purgé sa peine, il est en effet emprisonné depuis bientôt 7 ans.

En fait, le général allemand a été condamné essentiellement parce qu'il n'a pas reconnu la qualité de combattants aux FFI/FTP, sa « bête noire, c'est la Résistance ». Peu importe dans le fond que le combat de ces derniers soit légitime ou non.

Selon l'article IV portant règlement des « Lois et Coutumes de la Guerre sur Terre », adoptée par la Conférence internationale de La Haye de 1907, les combattants irréguliers peuvent cependant bénéficier des droits et privilèges des combattants réguliers s'ils satisfont aux conditions suivantes :

– avoir à leur tête une personne responsable de ses subordonnés,

– avoir un signe distinctif fixe et reconnaissable à distance,

- porter ouvertement les armes,

- se conformer dans les opérations aux lois et coutumes de la guerre. (5)

Les responsables allemands ont prétendu, après coup, s'y être conformés. Qu'il nous soit permis cependant de faire référence au neuvième commandement sur les dix en vigueur dans les troupes parachutistes du Reich : *Traitez un soldat ennemi de manière chevaleresque mais soyez sans pitié pour un partisan.* (6) On peut se demander à juste titre si le brassard tricolore FFI était suffisant aux yeux d'un parachutiste qui devait obéir inconditionnellement à un tel ordre. Il est cependant vrai que Ramcke a laissé la vie sauve à cinq FFI et 16 otages, capturés dans les environs de Trézien le 17 août. (7)

En conclusion, Hermann Ramcke, chef militaire exceptionnel et exemplaire aux yeux de ses parachutistes, a rempli brillamment et docilement sa mission à Brest, forçant, il faut bien le dire, l'admiration du commandement américain.

Les chefs de la Marine et de l'Armée de Terre auraient probablement préféré une reddition plus rapide afin d'épargner les vies humaines.

Les Français de Brest et de la périphérie brestoise, qui ont vécu ces événements, gardent un souvenir douloureux de la présence des parachutistes qu'ils qualifiaient à tort de SS. Il n'y avait pas d'unités SS constituées à Brest, mis à part les quelques éléments du *Sicherheitsdienst*, de sinistre mémoire.

Nous laissons le mot de la fin au capitaine comte Clemens von Kageneck, qui commandait un bataillon de chars Tigre pendant la guerre et qui s'exprimait ainsi devant son frère en 1995 : « *Je ne dirai pas un mot sur nos maréchaux. Ils furent de grands stratèges, mais nuls pour ce qui concerne le courage civique.* » (8)

Un des 27 titulaires de la plus haute distinction militaire allemande, la Croix de Fer avec épées et diamants, qui lui fut remise sur le front de Brest, le *General der Fallschirmtruppen*, le général de corps d'armée, Hermann Ramcke est décédé, le **4 juillet 1968** à Kappeln.

Parvenu au terme de ce douloureux récit, un doute subsiste cependant. La question mérite d'être posée : le siège de Brest s'imposait-il réellement ?

(4) *Ibid.*, p. 221 et 253.

(5) Le Grand (A.), Le Berre (A.), *op. cit.*, p. 522.

(6) « *Begegnet einem offenen Feind mit Ritterlichkeit, erweist einem Guerilla aber keine Gnade.* »

(7) Bohn (R.), Le Berre (A.), Le Bars (M.), *op. cit.*, p. 227-228.

(8) Kageneck von (A.), *Examen de conscience*, Perrin, 1996, p. 212.

Le siège de Brest, une nécessité ?

Malgré les destructions infligées à la ville, les pertes en vies humaines, le port n'a pas été utilisé par les troupes américaines. A cela deux raisons majeures. Le port, ses installations, la Penfeld ont été systématiquement détruits ou bien obstrués par les Allemands. La remise en état, quoique possible, aurait nécessité plusieurs mois de travaux.

La distance ensuite. Les éléments de tête du *21st Army Group* ont atteint la frontière belge dès la fin du mois d'août. Les ports bretons étaient dès lors trop éloignés de la ligne de front. Le Havre, Boulogne, Dunkerque, Anvers, Rotterdam leur ont été logiquement préférés.

L'immobilisation de 50 000 GIs devant Brest a-t-elle été de ce fait une erreur stratégique ? Des analystes américains le pensent. Ce jugement mérite d'être nuancé, tant il est vrai qu'il est difficile de ré-écrire l'histoire *a posteriori*.

Brest, une nécessité logistique discutable

Rappelons les faits. Dans le cadre de l'opération « Overlord », Brest et les ports bretons offraient un intérêt capital : on pourrait y acheminer les renforts en hommes et en matériel directement depuis les Etats-Unis, sans transiter par le Royaume Uni. On leur ferait emprunter ensuite les lignes de chemin de fer qui les mèneraient plus avant vers l'est, au plus près de la zone des combats. C'était une option logique dans la mesure où nul ne pouvait prévoir quand les ports de la Manche et de la Mer du Nord seraient ouverts à la logistique alliée.

Quiberon devait être mis en service le **1er août**, Brest et Saint-Malo devaient être pris cinq jours plus tard. Ce ne fut pas le cas. Ailleurs toutefois la situation évoluait avantageusement pour les Alliés.

L'opération « Anvil » projetait en effet le 6e Groupe d'Armées US ainsi que la 1re Armée française sur les côtes de Provence le **15 août**. Marseille était prise le **28 août**. Dès le mois d'octobre, un tiers du tonnage total destiné aux Alliés passait par Marseille et les ports du littoral. Les Canadiens prenaient Le Havre le **12 septembre**, le port était ouvert au trafic le **9 octobre**.

La capacité ajoutée de Marseille et du Havre ne pouvait cependant pas assurer le déchargement des 45 000 tonnes/jour, nécessaires au soutien des troupes alliées. La solution viendrait du Nord-Est, mais plus tard. La 11e division blindée britannique avait en effet pris le port d'Anvers intact dès le **4 septembre**. Mais il ne serait utilisable qu'à la fin du mois de novembre, les Allemands se maintenant sur les rives de l'Escaut et interdisant de ce fait le passage des *Liberty-ships*. (1)

Eisenhower hésitait. Puis sur les conseils des planificateurs du SHAEF (2), il renonçait le **7 septembre** aux ports de Lorient, Quiberon (le plan « Chastity » était abandonné), Saint Nazaire et Nantes. Il est probable qu'Eisenhower aurait mis fin ce jour-là au siège de Brest s'il n'avait été aussi avancé. (3)

Il revenait cependant sur son option le **13 septembre**, Brest devait être pris car, disait-il, « *on ne peut savoir avec exactitude quand les ports de la Manche et de la Mer du Nord seront disponibles* ». Il devait changer d'avis le lendemain, Brest n'était plus indispensable à la logistique alliée.

La possession de Brest, une sage précaution

Brest sera cependant prise essentiellement pour les raisons suivantes. Le port restait, en premier lieu, un recours possible sur le long terme. En second lieu, comme le disait Patton « *lorsque l'*US Army *a mis la main à la charrue, elle doit aller jusqu'au bout de son action* ». Question de mentalité.

Enfin et surtout contenir Ramcke et ses parachutistes n'aurait pas été une sinécure pour les forces américaines dépêchées à cet effet. Immobiliser une division d'infanterie devant la ville aurait été pour le moins hasardeux. Tel était l'avis d'Omar Bradley. Heureux Brestois finalement qui n'auront pas connu le sort des Lorientais libérés à la fin des hostilités, l'année suivante.

Pour toutes ces raisons « *Brest, in the final Analysis, was a measure of caution, a venture in the interest of security* » tel est l'avis de Martin Blumenson, historien américain qui fait autorité en la matière. (4)

En guise de conclusion

Cinquante-cinq ans ont passé. Le sacrifice des uns et des autres pour la libération de la Bretagne ne doit pas tomber dans les oubliettes de l'Histoire. Il est souhaitable que les jeunes générations en prennent connaissance.

Les Allemands sont désormais nos partenaires fidèles dans l'Europe qui se construit sous nos yeux. Des combattants de la *Wehrmacht*, des parachutistes, ont bien voulu apporter leur contribution à la rédaction de ce récit.

Qu'ils en soient ici remerciés.

(1) Harding Ganz (A.), *op. cit.*, p. 94.

(2) *Supreme Headquarters, Allied Expeditionary Force*, le QG d'Eisenhower.

(3) Blumenson (M.), *The Decision to take Brest*, in Army Vol 10, n° 8, March, 1960, p. 48.

(4) Blumenson (M.), *op. cit.*, p. 51. « *(Prendre) Brest a été finalement une mesure de prudence, une entreprise risquée dans l'intérêt de la sécurité.* »

1

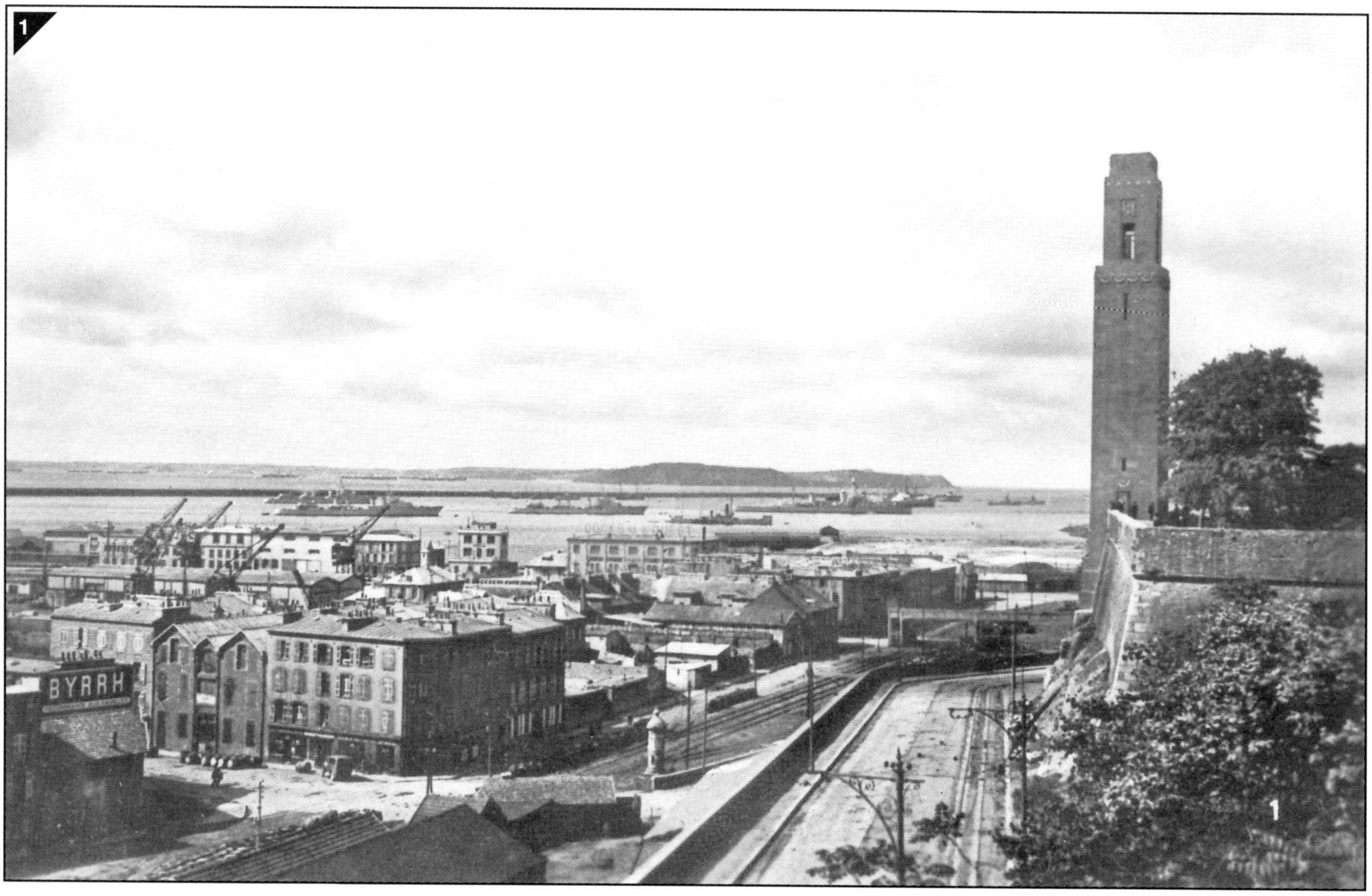

2

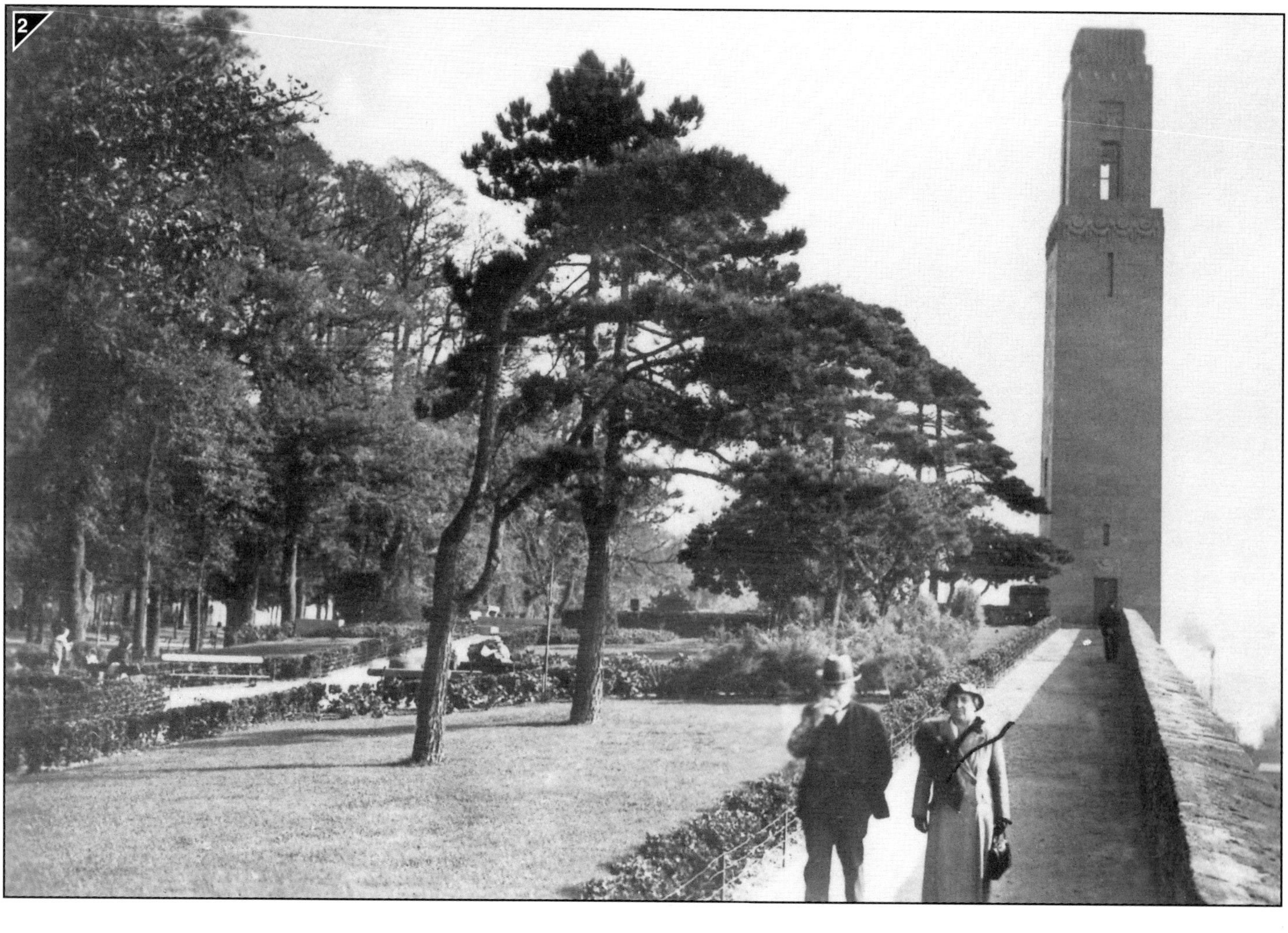

Brest avant-guerre

Les clichés de ces deux pages et des deux suivantes constituent d'exceptionnels témoignages sur Brest avant 1939. Elles sont à comparer avec les destructions que montrent plus loin les photographies prises à la Libération, après la destruction de la ville.

1. Vue générale sur le Port de Commerce et la rade militaire avec au fond l'entrée du Goulet et la Pointe des Espagnols. À droite, le cours d'Ajot et le monument commémoratif américain de la Première Guerre mondiale.

2 et 3. Le cours d'Ajot.

4 et 5. Deux vues du château avec au fond à droite le pont National.

(Coll. Auteurs.)

Brest avant-guerre

1 et 2. Le Pont National enjambant la Penfeld et, derrière, le quartier de Recouvrance.

3 et 4. Deux vues du Château et de l'estuaire de la Penfeld avec les bâtiments de guerre français à quai.

5. L'Arsenal, la Grande Grue, le Plateau et Pontaniou.

6. Ce cliché pris à peu près à la même hauteur que le précédent, mais cette fois sur la rive droite de la Penfeld, permet de détailler au fond, sur les hauteurs, la caserne du 2e RIC, l'ancien bagne ainsi que la Porte Tourville qui s'ouvre sur la rue Pasteur. Sont également visibles le clocher de l'église Saint-Louis et dans le lointain, tout à fait à droite, celui de Lambézellec.

(Coll. Auteurs.)

Brest après les combats, une ville ravagée

1. Les pavois de la Libération ne peuvent faire oublier que Brest est une cité complètement ravagée en septembre 1944 lorsque le général Middleton, commandant du *VIII Corps*, remet officiellement la ville à son maire, Monsieur Jules Lullien. Aux bombardements des forces aériennes alliées et aux pilonnages d'artillerie ont succédé de violents combats de rues, sans compter les destructions programmées par les Allemands dans le but de rendre inutilisables les installations portuaires. (NA.)

2. Vue aérienne montrant la place du Château (actuelle place du général de Gaulle, en bas à gauche) et la rue de Siam (au centre, dans l'axe du pont mobile sur la Penfeld dont il ne demeure que les deux arches). (DAVA.)

3. Les vestiges du Pont National. (AMB.)

4. Les bassins de Pontaniou. (NA.)

5. Le château de Brest. (AMB.)

Brest après les combats, le déblaiement des ruines

1. Les rues de la ville sont encombrées de gravats. Ici la rue Jean Macé qui est complètement obstruée. (AMB.)

2. La population qui avait évacué la ville avant le siège ou qui s'était réfugiée dans les abris parcourt la ville rendue méconnaissable par les destructions. (DAVA.)

3. Vestige des combats, cette tourelle de char français Somua était montée en position sur un abri bétonné « Tobrouk » rue Jean Jaurès. (NA.)

4. Les premiers travaux de déblaiement ne tardent pas à être entrepris par les unités du génie américain. Une pelleteuse dégage ici l'actuelle place Leclerc. (AMB.)

5. En 1945, les bâtiments en ruines ont été abattus pour faire table rase et commencer l'œuvre de reconstruction. Ce cliché (en regardant vers l'ouest et la Penfeld) permet de voir l'état de la ville à ce moment-là. On reconnaît la rue de Siam (au centre avec les rails du tramway) descendant vers la rivière et, perpendiculaire à elle, la rue de Lyon. À droite, l'église Saint-Louis, à gauche le square de la Tour d'Auvergne. (Coll. S. Thomas.)

Les installations portuaires

Tout comme la ville, les infrastructures portuaires ont été particulièrement touchées, à cause notamment des sabotages effectués par les troupes allemandes afin d'empêcher les Alliés de les utiliser pour le ravitaillement de leurs forces sur le continent.

1. Vue des remparts depuis le Port de commerce. (AMB.)

2. Le Port de Commerce vu cette fois des remparts. (US Army.)

3. La gare maritime encombrée de wagons et de véhicules allemands détruits. (US Army.)

4. Les quais sabotés par les troupes allemandes afin d'interdire l'accostage et le déchargement des navires. (AMB.)

3

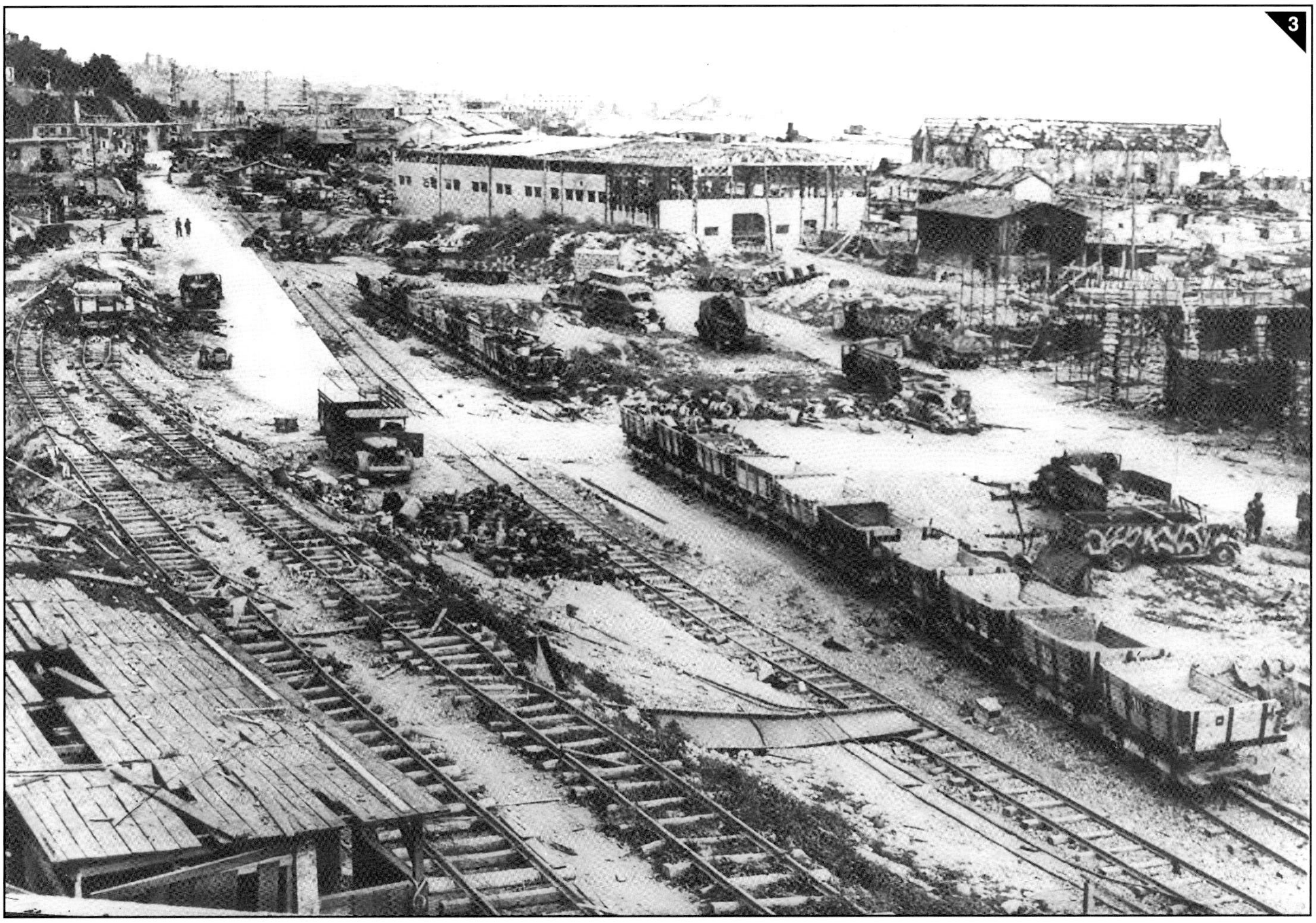

4

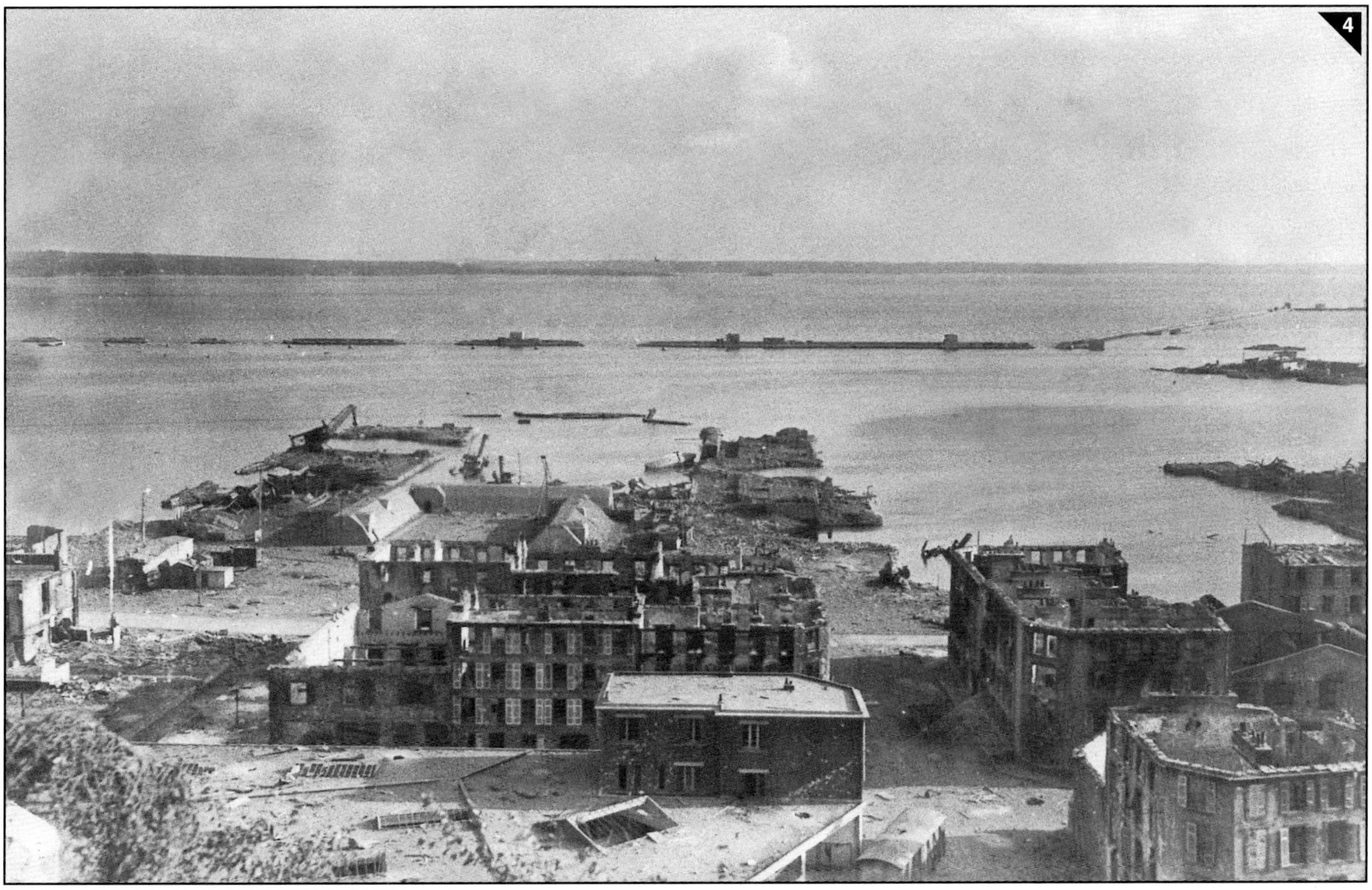

L'activité et le sort de la *Kriegsmarine* à Brest durant le siège

1ᵉʳ août

Au moment où en Normandie se joue la décision à l'Ouest, en Allemagne, le Führer converse avec ses généraux sur la situation dont il n'a pas encore mesuré toute la gravité : « *Si nous perdons la France comme théâtre d'opérations, nous perdons la base de la guerre sous-marine. Il faut bien s'en rendre compte : c'est de France que part cette guerre.* » (1)

A Brest, l'entrée du port est une fois encore infestée de mines larguées la nuit précédente par la RAF tandis que les stations radar d'Ouessant et des Grèves du Vougot ont subi l'attaque de *Spitfire*. Les batteries *Holtzendorff* et *Camaret* sont en alerte : elles doivent assurer la sécurité du trafic entre l'île d'Ouessant et Brest. Sur ordre de l'OKW, le commandement suprême, les Forces Navales de Sécurité à l'Ouest (contre-amiral Breuning à Paris) sont priées de mettre des équipages à terre à la disposition des *Festungskommandanten*. L'amiral demande que le mouvement soit rondement mené. A Brest, le *Sperrbrecher 1 Saar* débarque 55 hommes et des pièces de 20 mm à monter sur affûts de fortune.

2 août

A Brest, c'est encore le calme qui précède la tempête. La routine de guerre ou presque : des mines ont été draguées, permettant à un *U-Boot* d'appareiller, les batteries de Landéda ont été autorisées à tirer, en toute autonomie sur les nombreux buts marins qu'elle aperçoit.

4 août

Vers minuit des avions viennent larguer des mines dans le Goulet, de petits geysers sont observés lors du contact des engins avec la mer par les veilleurs disposés sur la côte. Dans la matinée, les servants des pièces de la DCA de la Marine de St Herbot, isolés au centre du Finistère, s'inquiètent du départ de l'infanterie et demandent des instructions. Il en est de même à Roscoff, à l'Aber Wrac'h... « *Restez sur place* » répond-on à ces derniers. Khäler clôt son KTB : « *Situation calme à Brest et dans les environs. Population en partie évacuée. Pavoisement aux couleurs alliées à Quimper, Douarnenez, Lannion, Saint-Brieuc, soi-disant occupés par les terroristes.* »

5 août

Peu après minuit, à Brest, de sempiternels largages de mines ont lieu, cette fois au milieu de la rade. Les sous-marins, au nombre de 13, sont coincés dans leur repaire. Le commandement des *U-Boote* à l'Ouest intervient énergiquement, la *40. MS Fl.* est chargée d'assainir le plan d'eau avec la *7. Vp Fl.* Une dizaine d'engins sont enlevés, dont quatre à mettre à l'actif du *V 729 Marie-Simone*. Peu avant midi le tonnerre s'abat sur la base sous-marine, lors de l'attaque de bombardiers Lancasters et leurs *Tallboys*. Cinq coups au but : plusieurs morts, un sous-marin endommagé, le remorqueur *Françoise* coulé, les *S 112* et *S 145* sont criblés d'éclats de béton.

A St Herbot, les artilleurs de la DCA signalent qu'ils aperçoivent au loin des nuages de poussière soulevés par les blindés US qui vont être sous peu au contact avec les paras du 2ᵉ régiment du colonel Kroh à Huelgoat. A l'Aber Wrac'h enfin, on fait sauter l'épave du dragueur M 156 immobilisé là depuis le mois de février, suite à des avaries de combat.

7 août

L'étau se referme sur la forteresse. Du côté de la mer d'abord, par le minage systématique du Goulet qui cette fois prend la *Kriegsmarine* à la gorge. Vers minuit des avions sont revenus larguer discrètement leurs engins.

8 août

Précédant la 2ᵉ division parachutiste qui se replie à marches forcées du Centre-Finistère, le général Ramcke pense déjà au siège à venir et se démène comme un beau diable pour faire rentrer les stocks de vivres disséminés un peu partout, par exemple 250 tonnes de conserves à Landerneau. Il les récupérera au moyen de chalands qui remonteront l'Elorn.

Pour la *Kriegsmarine* également, tout va mal. D'Ouessant à Royan, de puissantes forces assurent le blocus serré des forteresses. Des consignes strictes sont données par le BSW aux bâtiments qui désormais se hasarderont sur mer :

– naviguer en serrant les côtes, en très petits groupes ou isolément, par saut de puce, entre les ports amis, Bénodet et Concarneau, entre Brest et Lorient,

– à la moindre alerte, gagner ces ports, où des éléments devront se tenir prêts en permanence pour porter assistance et recueillir les naufragés.

En fin de journée, de Paris, l'amiral Krancke salue solennellement les forces de la Kriegsmarine isolées en Armorique, comme il est d'usage de le faire à la veille de graves événements :

« *En prévision de durs combats en Bretagne, je m'adresse aux détachements engagés à terre : l'heure de votre épreuve est arrivée. J'ai confiance en vous, je sais que vous ferez le maximum pour la gloire de notre Marine.* »

L'état-major général de la *Kriegsmarine* à Berlin rappelle une fois de plus aux forteresses investies toute l'importance de la guerre sous-marine (2) et donne des instructions précises :

« *– la mission principale des arsenaux est d'équiper les sous-marins avec le schnorchel. Tout doit être mis en œuvre pour la mener à bien,*

– les sous-marins qui en sont dépourvus ne pourront appareiller que si le port est en danger immédiat. Dans ce cas, embarquer dans la mesure du possible les personnels expérimentés ainsi que les spécialistes de l'arsenal,

– les travaux doivent être poursuivis quand bien même le combat se déroulerait aux portes de la forteresse ».

Une série de mesures peu réjouissantes mais adaptées à la situation !

Un seul *Sperrbrecher* est conservé à Brest. Les autres sont désarmés, leurs équipages mis à terre. Des ren-

---

(1) « *Hitler parle à ses généraux* », Albin Michel, 1964, cité par Jacques Mordal dans les « *Poches de l'Atlantique* » - Presses de la Cité, 1996.

(2) 164 sous-marins sont encore à la mer dont 92 en Atlantique (SKL).

forts de marins rejoignent la ligne de défense : *7. Vp Fl.* : 10, *40. MS. Fl.* : 20, HS Fl. : 16, *1.U. Fl.* : 100, *1.3 Funkness Abteilung* : 15, divers : 161.

9 août

En prévision du siège qui s'annonce, l'amiral Breuning fait appel à l'esprit débrouillard des marins des Flottilles de sécurité dont plusieurs navires ont été désarmés : M 4001, 4004... Un message leur est adressé : « *Les armes antichars sont en nombre restreint. Ce qui importe pour l'heure, c'est l'effort personnel. Expédiez du personnel armurier, artificier, pour improviser le combat contre les blindés avec les matériels de bord et de l'arsenal, à l'aide par exemple de charges explosives de récupération, de grenades sous-marines en guise de mines de remplacement. Coopérez avec initiative de toutes vos forces dans le combat pour la défense des forteresses.* »

Berlin nous apprend que les batteries de Flak de la Marine ont détruit à Brest 41 blindés américains les 7 et 8 août, ainsi qu'une batterie d'artillerie, en échange de quelques morts et de la perte d'un projecteur de DCA. Au cours d'un bombardement, le cargo *Spichern*, une belle unité de 9 000 t (3), est mis en flammes et le lendemain remorqué, puis sabordé dans la passe Sud.

10 août

L'équipage du phare de l'île Vierge, l'état-major de la 24e flottille de dragueurs lourds du Prioldy, sur la rivière du Faou, gagnent la forteresse. Sur mer, l'ennemi est partout. Un sous-marin sortant du Goulet, vers 1 h 00, a dû y rebrousser chemin et regagner Laninon. Au même moment le *Sperrbrecher 157 Tellus* reçoit l'ordre d'embarquer des rechanges pour sous-marins à destination des bases de La Pallice et de Bordeaux.

11 août

A la tombée de la nuit, le *Tellus* appareille discrètement de Lorient, accompagné de deux patrouilleurs. La *Kriegsmarine* est contrainte d'abandonner Bénodet où les dragueurs M de la *2. MS Fl.* risquent d'être coincés au fond de la rivière Odet.

12 août

Le *Sperrbrecher 157 Tellus* (4) escorté des Vp 719 et 720 est intercepté en baie d'Audierne par l'*Escort Group 11* qui l'attendait : HMS *Albrighton*, HMCS *Assiniboine*, *Skeena*, *Restigouche* et *Qu'Appelle*. Ultra avait tout simplement décrypté l'ordre d'appareillage de Brest (5). Le *Tellus* réussit à s'échapper vers Concarneau, le Vp 719 endommagé regagne Brest, mais Vp 720 est coulé devant Tréguennec. 150 marins sont capturés par les FFI. Le BSW est cependant satisfait de l'échappée du précieux *Tellus*.

13 août

Dans la matinée, nouvelles pertes de bâtiments. Le *Vp 723* est coulé par l'artillerie américaine qui fait sauter ses grenades sous-marines, tandis que le gros vapeur *Sudenteland* (6) est atteint à bâbord par l'aviation. Il s'enfonce dans l'eau jusqu'au pont. Le lendemain, durant la nuit, il est de nouveau atteint et coule. Le même sort est réservé au dragueur auxiliaire M 4041 ainsi qu'au vieux croiseur français désarmé *Gueydon* et à la coque inachevée du cuirassé *Clemenceau* qui, mouillée dans les alvéoles de la base sous-marine sert de défense contre les chasseurs-bombardiers à basse altitude par des filets tendus entre ses mâts.

La question est également posée ce jour-là par le BSW à Paris de la possibilité de transformer le *SB 4*, ex cargo *Oakland* (7), en navire hôpital sous protection de la Croix Rouge afin d'y abriter ou d'évacuer les civils âgés et les blessés allemands. La veille, le *Sperrbrecher* a débarqué son artillerie de 88 au profit de la 343e division.

17 août

Brest subit une grosse attaque aérienne. Un petit navire de sécurité portuaire, le FB 01 est perdu tandis qu'un dragueur M, touché, fait eau et doit être échoué.

20 août

Trois petits patrouilleurs de la *2. Vp Fl.* commandés par l'enseigne de vaisseau Pluns repliés de Morlaix appareillent discrètement de Brest pour ravitailler le point d'appui isolé d'Audierne et en reviennent chargés de conserves. Le lendemain l'ordre est donné d'abandonner Audierne et Concarneau.

(3) Ex-*Krossfonn* 1935 - renfloué en 1949 - naviguera jusqu'en 1963.

(4) 1 500 t - 1940 - coulé le 15 août devant les Sables d'Olonne par la Force 27.

(5) Public Record Office à Londres - Séries Ultra intercepts decrypts : National intelligence center special intelligence summary O1C 1 755 - S 1002 des 10-11 août - p. 10 à 25 - L'ordre d'appareillage émis le 10 a été décrypté et exploité peu après.

(6) Canadolite 1926. 11 300 t. Relevé après la guerre, non réparé.

(7) 6 700 t - 1929 - coulé par attaque aérienne, renfloué en 1950, remis en état puis devient le *Alain L.D.* et en 1963 le panaméen *Lycurgos*.

Le Z 32 a été jeté à la côte à l'île de Batz. (DR.)

Le 21 août également la décision est prise de transférer des patrouilleurs et des dragueurs de Brest à La Pallice d'où les équipages seraient incorporés aux colonnes de l'Armée de terre sur le départ pour l'Allemagne. A Brest, l'on est sceptique sur les chances de réussite de la percée. « *Je n'estime plus possible le transit de 9 bâtiments des 7. Vp Fl. et 40. MS Fl de Brest vers Lorient.* » L'amiral Breuning, donne cependant l'ordre « *de tenter une percée des bâtiments, en ligne de file, d'une manière aussi discrète que possible en errant la côte, au moment favorable, en tenant compte de la situation de l'ennemi* ».

Le lendemain, à la tombée de la nuit, 7 patrouilleurs se glissent dans le goulet. Leur couverture par l'artillerie de la presqu'île s'arrête au Raz de Sein. Selon un scénario désormais classique, ils sont coincés et détruits dans la nasse que constitue la baie d'Audierne par la *Force 27* : croiseur HMS *Mauritius*, destroyers HMS *Ursa* et HMCS *Iroquois*. Une véritable exécution qui se solde par la mort d'une centaine de marins. 250 parviennent à gagner Audierne, les autres sont capturés (8). Une affaire navale spectaculaire qui a frappé l'esprit des riverains.

25 août

L'attaque générale de Brest débute. Des centaines de bombardiers assaillent les ports militaires et de commerce. Les pertes en bâtiments sont très lourdes. Le *Sperrbrecher 135* (9) flambe, le *SB 162* (10) est détruit, comme le vapeur Pelikan chargé de mines, le dragueur *M 4004* (11) et 6 navires de sécurité portuaire. Le bombardement se poursuit le lendemain. Les SB 8 *Neckar* (8 400 t - 1929) et 9 Lünebourg (5 800 t - 1914) en carénage dans les docks du port de commerce seront atteints.

Les valeureux petits navires auxiliaires rescapés du BSW poursuivent leur mission sans désemparer. Le lendemain 26, des côtres armés s'en vont devant Lesven essayer d'évacuer 300 des 600 Allemands coincés à Audierne. Mais les FFI de la pointe de Cornouaille sont présents sur les lieux prévus de l'embarquement et capturent 350 d'entre-eux, au terme de l'une de leurs plus belles victoires après combat dans le Finistère, avec leurs seuls moyens.

27 août

En cours d'aménagement le SB 4 devenu le navire-hôpital *(Lazarettschiff)*, *Oakland* est gravement endommagé par les bombes. Les blessés du siège seront transférés au Fret. Le lendemain la coque du *Clemenceau* chavire devant les alvéoles de la base sous-marine. Dans l'alvéole E sont notamment réfugiées les vedettes lance-torpilles *S 112* et *S 145* repliées de Cherbourg.

La destruction des navires encore épargnés et des infrastructures portuaires débute. Planifiée, elle va être menée de main de maître, peut-on dire (minage de quais tous les 50 m).

1er septembre

L'île d'Ouessant est évacuée par les Allemands durant la nuit. L'équipe de démolition composée de 20 hommes, venue de Brest et demeurée sur place, est désarmée (8 hommes désertent).

4 septembre

Le dernier sous-marin encore à peu près en état de prendre la mer, l'*U 256* du capitaine de corvette Lehmann Wilhenbrok appareille de Brest avec les ingénieurs des *1. et 9. U. Fl.* (12). Le 17 octobre, en Norvège, il y sera désarmé vu son état (13). L'*U 309* avait quitté Brest le **7 août**, suivi du *U 963* le 12 et *U 766*, ce dernier embarquant des membres de l'équipage de l'*U 415* irréparable, qui va être sabordé, et des spécialistes de l'arsenal.

La S 112 essaie d'accoster à Ouessant pour récupérer l'équipe de démolition du 1er. Accueillie par des coups de feu elle regagne Brest. Elle renouvellera sa tentative le surlendemain. L'amiral Kähler songe à récupérer la garnison d'Audierne. Mais comment faire pour recueillir 300 hommes assiégés par les FFI et que sur mer les bâtiments ennemis rôdent partout ? En revanche, l'évacuation des blessés Conquet vers le Fret demeure possible de nuit, grâce au courage des marins des Kriegsfiskutters (côtres armés Vp 220, 221, 222 et 230 de la *2. Vp Fl.*). Le *Foreign Office* à Londres refusera qu'un navire hôpital puisse quitter Brest où se trouvent 5 000 blessés (14). 4 000 marins combattent encore.

11 septembre

C'est la fin de la Marine navigante à Brest ou presque. Dans la nuit, la *S 112* et le Groupe de *KFK* de Pluns se glissent silencieusement hors du Goulet de Brest, trompant la vigilance des sentinelles américaines disposées jusqu'au Conquet. La vedette lance-torpilles gagne Jersey tandis que le *KFK Grüppe* Pluns accoste à Lorient.

12 septembre

Une polémique s'engage entre le général Ramcke et le contre-amiral Khäler au sujet de prétendues désertions de jeunes sous-mariniers de la *9. U. Fl.* Ramcke fait amende honorable. Son communiqué accusateur était erroné, en ce qui concernait l'unité.

16 septembre

Un grand incendie se déclare à l'intérieur de la base sous-marine. Du carburant répandu dans les alvéoles s'enflamme et le feu n'est éteint qu'au bout de plusieurs heures d'efforts. 80 cadavres sont découverts.

L'enseigne de vaisseau Busch et des marins de la *40. MS. Fl.* combattent encore vaillamment près de la base. Comme nous l'avons vu, le général Ramcke franchit la rade et se transporte au Fort des Capucins. Nous savons qu'il sera capturé dans l'une des soutes enterrées sur la falaise dominant le Fort.

18 septembre

La *Festung* de Brest se rend au terme d'un siège de 25 jours monopolisant trois divisions d'infanterie américaine. Pour la défense opiniâtre de la forteresse, le général Ramcke promu a reçu la Croix de chevalier de la Croix de fer avec Feuilles de Chêne, épées et diamants, la plus haute distinction allemande.

Ce n'est pas tout. Hitler voudrait le récupérer, sans doute pour galvaniser la résistance de l'Allemagne, pressée par les Anglo-Américains à l'Ouest et les Russes à l'Est.

En hâte deux plans sont échafaudés : une évacuation par mer, une autre par les airs, toutes deux le 19 septembre.

---

(8) Sont coulés ou jetés à la côte, les *V 702, 714, 719, 721, 729* et *730*. Voir les détails de l'affaire dans Chroniques d'hier - le Finistère 1939-1945 - T2 - Bohn (R.), Le Berre (A.), Le Bars (M.) - 1994.

(9) Ex. *Adolph Kirsten* - 1 000 t - 1929.

(10) Ex. *Delfa* - 1 300 t - 1929.

(11) Ex chalutier *Elle* L 3454 - 1904 - 200 t de la *40e MS.Fl.*

(12) *Die deutschen Ubootebunker und Bunkerwerften* - Sönke Neitzel - Bernard & Graefe Verlag, 1991.

(13) Il transporte des pellicules photos qui nous permettront des décennies plus tard de visionner des vues du siège. Source Rudolf Widershein.

(14) Le 16 septembre, le navire-hôpital *Rostöck* ex *SB* sera intercepté à la sortie de Lorient. Il comptait gagner Santander en Espagne.

S'agissant de la première, la vedette lance-torpilles S 112 commandée par le capitaine de corvette Hans Müller *(Ritterkreuz)* repliée sur les îles anglo-nor-mandes le 11, devait retourner à proximité de la pres-qu'île de Crozon pour récupérer le général. Mais la vedette, un moteur en avarie, ne pouvait donner que 22 nœuds, une vitesse insuffisante pour revenir à Jersey avant le jour. Ce projet est abandonné.

Le second est tout aussi simple. Un hydravion géant *BV 122 Wiking* à long rayon d'action, ayant décollé d'Allemagne devait se poser à l'Ouest de la presqu'île (l'anse de Dinan probablement), guidé par un bali-sage lumineux de cinq feux flottants, des projecteurs et des fusées tirées du rivage.

Malheureusement, faute de moyens de communica-tion performants, on ignorait la position exacte du général et au demeurant celui-ci ne croyait guère au succès de l'opération. L'hydravion avait cependant décollé à 18 h 00 de Ludwighafen près de Mannheim. Il reçoit l'ordre de regagner sa base deux heures plus tard. De toute façon, les Américains étaient sur place le 17, la tentative était vouée à l'échec.

20 septembre

Marine Lorient reçoit vers 15 heures le dernier mes-sage du point d'appui de Lézongar. L'*Oberleutnant* Brankow va bientôt déposer les armes. La libération du Finistère s'achève.

ORGANIGRAMME ET ARMEMENT DE LA III. MARINE-FLAK-BRIGADE

Commandant : *Kapitän zur See* Eugen **Richter**
Adjoint : *Kapitänleutnant* Karl-Heinz **Schumann**
Etat-Major à Kerguillo, au nord de Penfeld

La Brigade comprend cinq groupes d'artillerie (*Marine-Flak-Abteilungen* ou *Mafla*).

Mafla 805

Commandant : *Korvettenkapitän* **Hans Luck**.
PC : Saint Marc, château de Kerstears ou fort du Guelmeur.
Huit batteries dont :
– *Kermeur-Coataudon* (Guipavas) -batterie *1./805*, 4 canons de 105,
– *Le Forestic* (Guipavas) - batterie *3./805*, 4 canons de 105,
– *Mesmerrien* (Gouesnou) - batterie *2./805*, 4 canons de 105,
– *Roch Glas* (Lambézellec) - batterie *4./805*, 4 canons de 75,
– *Kervallon* (à l'ouest de l'Arsenal)-batterie *5./805*.
– *Ménez Toralan* (Guipavas) - batterie non numérotée, armée de canons français de 90.
Chefs de batterie : *Oberleutnante zur See* Bödeker, Lübben, Berdau, Rothenpieler, Wieling, Schwettmann, Behren et Schröder.

Mafla 231

Commandant : Korvettenkapitän **Georg Schubode**.
PC : Lambézellec.
Sept batteries dont :
– *La Pointe des Espagnols* (Roscanvel) - batterie *1./231*, 3 canons de 105,
– *Crozon* - batterie *2./231*, 4 canons de 75,
– *Le Bot* (Brest-Est) - batterie *3./231*, 4 canons de 128,
– *Fort Montbarey* (Saint Pierre Quilbignon) - batterie *4./231*, 4 canons de 128.
Chefs de batterie : *Oberleutnante zur See* Lotze, Jungjohann, Friedrich, Ihms, Bergstein, Schlichtinger, Müller-Goerne, Krenzien et Hartmann.
Compagnie de l'île d'Ouessant : *Leutnant zur See* Walter Czirr. Compagnie de l'île de Batz : *Leutnant zur See* Ronald Harmsen.

Mafla 803

Commandant : *Korvettenkapitän* **Adolf Hofmann**
PC : Portzic.
Huit batteries dont :
– Bot-Sant (presqu'île de Crozon) - batterie *1./803*, 4 canons de 88,
– *Kerjean* (Guilers) - batterie *2./803*, 4 canons de 105,
– *Kerbonne* (Brest-Ouest) - batterie *3./803*, 4 canons de 105,
– *Kérognant* (Bohars) - batterie *4./803*, 4 canons de 105,
– *Fort du Portzic* - batterie *5./803*,
– *Quatre Moulins* (Saint-Pierre) - batterie *6./803*,
– *Le Cosquer* (Saint-Pierre) - batterie *7./803*,
– *Kerdalaès* (Plouzané) - batterie non numérotée, 4 canons de 105.
Chefs de batterie : *Oberleutnante zur See* Grimm, Bergheim, Dill, Trinkle, Müller-Goerne, Henk.

Mafla 811

Commandant : *Korvettenkapitän* **Arnold Rehm**
PC : Cléguer en Plougastel.
Sept batteries dont :
– *Kerdéniel* (Plougastel) - batterie *1./811*, 4 canons de 105 doubles,
– *Kerjean* (le Relecq Kerhuon) - batterie *2./811*, 4 canons de 105,
– *Kérédern* (Lambézellec) - batterie *3./811*, 4 canons de 105 doubles,
– *Le Portzic* (Saint Pierre Quilbignon) - batterie *4./811*, 4 canons de 105 doubles,
– *Kerudu* (Plougastel) - batterie *5./811*.
Chefs de batterie : *Oberleutnante zur See* Daniels, Mohring, Meyer, Moeser, Steege, Stooss, Janson.
Deux sections sont en outre installées l'une à Saint Herbot, l'autre à Quimper.

Mafla 804

Commandant : *Kapitänleutnant* **Alfred Wind**.
PC : Lanvéoc.
Six batteries dont :
– *La Pointe de Cornouaille* (Roscanvel) - batterie *1./804*, 4 canons de 88,
– *Kertanguy* (Lanvéoc) - batterie *2./804*, 4 canons de 88,
– *Ile Longue* - batterie *3./804*, 4 canons de 105,
– *Kerziou* (Plougastel) - batterie *4./804*, 4 canons de 105.
Chefs de batterie : *Kapitänleutnante* Schaffner, Ziemer et *Oberleutnante zur See* Hohendorf, Reuter, Horn et Heller.

Organigramme de la *2. Fallschirmjäger-Division*
(2ᵉ division parachutiste)

Generalleutnant puis *General der Fallschirmtruppe* **Hermann Ramcke**
Puis *Oberst* **Hans Kroh** (à compter du 13.8.44)

Fallschirmjäger-Regiment 2/Kommandeur : *Oberst* **Hans Kroh** puis *Major* **Karl Stefan Tannert**

I. Bataillon
Absent de Brest (Saint-Malo)

II. Bataillon/Kommandeur : *Major* **Werner Ewald**
– 5. Kompanie : *Leutnant* puis *Oberleutnant* Erich Lepkovski
– 6. Kompanie : *Oberleutnant* Konrad Hartmann puis Flöter
– 7. Kompanie : *Hauptmann* Werner Dygutsch puis *Leutnant* Geier
– 8. Kompanie : *Hauptmann* Ewald Walkemeier puis *Oberleutnant* Backhaus

III. Bataillon/Kommandeur : *Major* **Karl Stefan Tannert** puis *Hauptmann* **Herbert Kirsten** (11.8.1944)
– 9. Kompanie : *Oberleutnant* Mixa
– 10. Kompanie : *Oberleutnant* Hübner puis *Oberleutnant* Schweiger
– 11. Kompanie : *Oberleutnant* Michael
– 12. Kompanie : *Oberleutnant* Erwin Tollkien

– 13. Granatwerferkompanie (mortiers) : *Hauptmann* Loef puis *Oberleutnant* Helmut Meier
– 14. Panzerjägerkompanie (chasseurs de chars) : *Hauptmann* Berndt
– 15. Pionierkompanie (génie) : *Oberleutnant* Backhaus puis Kramer
– 16. Aufklärungskompanie (reconnaissance) : *Oberleutnant* Schäfer

---

Fallschirmjäger-Regiment 7/Kommandeur : *Oberstleutnant* **Erich Pietzonka**

I. Bataillon/Kommandeur : *Hauptmann* **Reino Hamer**
– 1. Kompanie : *Hauptmann* Berger puis *Leutnant* Jakob puis *Leutnant* Georg Rupert
– 2. Kompanie : ?
– 3. Kompanie : *Hauptmann* Danner puis *Hauptmann* Lehmann
– 4. Kompanie : *Hauptmann* Jakob

II. Bataillon/Kommandeur : *Major* **Fritz Becker** puis *Hauptmann* **Max Herzbach** (4.9.1944)
– 5. Kompanie : *Oberleutnant* Wolf
– 6. Kompanie : ?
– 7. Kompanie : *Hauptmann* Najareck puis *Hauptmann* Max Herzbach
– 8. Kompanie : *Oberleutnant* Loerzer

III. Bataillon
Absent de Brest (à Saint-Malo avec le régiment Rolschewski)

– 13. Granatwerferkompanie : *Hauptmann* Kiebitz
– 14. Panzerjägerkompanie : *Leutnant* Nagele
– 15. Pionierkompanie : ?

Fallschirm-Artillerie-Regiment 2 (régiment d'artillerie)
Kommandeur : *Oberst* **Winkler**

I. Artillerie Abteilung/Kommandeur : *Hauptmann* **Sima**
– 1.Batterie : *Oberleutnant* Gudzent puis *Leutnant* Stiefel
– 2.Batterie : *Oberleutnant* Walter Schröder
– 3.Batterie : *Hauptmann* Käse. (La batterie a quitté Brest le 1.8.1944 pour rejoindre Saint-Malo).

Les **II.** et **III. Abteilungen** n'étaient pas à Brest.

Source : Rudolf Wiedersheim

Fallschirm-Nachrichten-Abteilung 2 (bataillon de transmissions)
Kommandeur : *Major* **Ernst Mehler**

– 1. Kompanie : *Oberleutnant* Osterloh puis *Leutnant* Bär
– 2. Kompanie : *Oberleutnant* Wehnert

Fallschirm-Sanitäts-Abteilung 2 (bataillon médical)
Kommandeur : *Oberstabs Arzt* (médecin-commandant) **Müller**

– 1. Kompanie : *Stabsärzte* (docteurs) Stimpfl puis Schmieden
– 2. Kompanie : *Stabsarzt* Cohrs
– Feld-Lazarett (hôpital de campagne) : *Doktors* Krekel, Lautner, Rutler, Imsel

Fallschirm-Pionier-Bataillon 2 (bataillon de génie)
Kommandeur : *Major* **Siegfried Gerstner**

– 1. Kompanie : *Oberleutnant* Jenderzack
– 2. Kompanie : *Oberleutnant* Müller
– 3. Kompanie : *Oberleutnant* Roerig puis *Leutnant* Carstens
– 4. Kompanie : *Leutnante* Franke puis Oehrn puis Zorn

Fallschirm-Panzerjäger-Abteilung 2 (groupe de chasseurs de chars)
Kommandeur : *Hauptmann* **Kemnitz**

– 1. Kompanie : ?
– 2. Kompanie : *Oberleutnant* Gerd Mischke
– 3. Kompanie : *Oberleutnant* Ebel

Juillet 1944 : ligne de défense du Ménez-Hom. Quatre parachutistes posent derrière une mitrailleuse MG 42 à la redoutable cadence de tir. On notera l'abri de campagne dans lequel ils se trouvent et qui a été aménagé avant les combats avec des rondins de bois. L'*Obergefreiter* (caporal-chef) à droite de la mitrailleuse est un vétéran aguerri si l'on en juge ses décorations et sa bande de bras. (DR.)

Articulation de la 6e division blindée américaine le 1er août 1944

Arme	Groupement Tactique A (CCA) Gén. Taylor	Groupement Tactique B (CCB) Col. Read	Groupement Tactique R (CCR) Col. Hanson
Arme blindée cavalerie	68e régiment 603e régiment (tank destroyers, Esc. A)	69e régiment 603e régiment (Esc. C)	15e régiment 603e régiment (Esc. B)
Infanterie portée	44e bataillon	50e bataillon	9e bataillon
Artillerie blindée de campagne	212e régiment	128e régiment	231e régiment
Artillerie antiaérienne	777e régiment (batterie C)	777e régiment (batterie B)	777e régiment (batterie A ?)
Génie	25e régiment (Cie B)	25e régiment (Cie A ?)	25e régiment (Cie C)
Régiment de cavalerie blindée	86e (non endivisionné)	86e	86e

D'après Le Grand (A.), Le Berre (A.), *op. cit.*, p. 434.

Composition de la Task Force A

Arme	Unités	Effectif théorique	Notes
Etat-major	1st Tank Destroyer Headquarters Brigade *(Etat-major de la 1re Brigade de chasseurs de chars)*	100 ?	L'état-major de la 1re Brigade de TD's devient celui de la TF A
Cavalerie mécanisée	15th Cavalry Group *(15e Brigade de cavalerie mécanisée)* – Headquarters *(Etat-major)* – 15th Cavalry reconnaissance Squadron *(15e Régiment de cavalerie mécanisée de reconnaissance)* – 17th Cavalry reconnaissance Squadron *(17e Régiment de cavalerie mécanisée de reconnaissance)*	71 804 804	Le régiment de cavalerie comprend : – 3 Troops A-B-C d'armored cars (automitrailleuses) – 1 Troop de Light Tanks : E (Chars légers) – 1 Assault guns Company F (Cie de canons d'assaut) soit : 40 automitrailleuses M8 (1/37 mm) 17 chars légers M5 (1/37) 8 canons d'assaut M8 (1/75)
Chasseurs de chars	6th Tank destroyer Group *(6e Brigade de chasseurs de chars)* – Headquarters *(Etat-major)* – 705th Tank Destroyer Battalion *(705e Régiment de chasseurs de chars)*	142 671	3 compagnies : A-B-C, soit 36 Tanks Destroyers M10 ou M18 (1/76 mm)
Génie	– 159th Engineer Battalion (Combat) *(159e Régiment de génie de combat)* – 509th Engineer Bridge Company *(509e Compagnie de génie léger-pontonniers)*	606 ≅ 200	Jusqu'au 23 août - remplacé par le *35th Engineers* pour les opérations de Crozon à compter du 29 août Jusqu'au 12 août - passe à la *4th Armored Division* (4e Division blindée)
Infanterie	3/330th Infantry *(3e Bataillon du 330e Régiment d'infanterie 83e division)*	871	Du 6 au 20 août (Paimpol) - demeure ensuite autour de Plougastel-Daoulas
Artillerie	– Battery C/323rd Field Artillery Battalion *(Batterie C du 323e Régiment d'Artillerie de la 83e DI US)* – Battery B/83 Field Artillery Battalion Armored *(Batterie B du 83e Régiment d'artillerie blindée)*	96 101	Du 6 au 8 août (Morlaix), puis à Crozon du 2 au 20 septembre - 4 pièces de 10 A partir du 28 août (Crozon) - Automoteurs blindés M7 - 6 pièces de 105, puis batterie C le 14 septembre. Le M7 est surnommé *Priest* - le prêtre - en raison du pupitre à à l'intérieur du véhicule qui fait penser à un lutrin.
Santé	429th Medical collumn *(429e Compagnie de ramassage médical)*	100 ?	Détachement médical à partir du 8 août (Morlaix)
Divers	– Psychological Warfare team *(Détachement de guerre psychologique)* – Third US Army Information Service Detachment *(Détachement du service d'information de la 3e armée)*	20 ? 30 ?	Dépend de la 3e armée US - spécialisé dans l'interrogatoire des prisonniers afin d'obtenir la reddition des troupes adverses en agissant sur leur moral.

Organigrammes des trois divisions d'infanterie US

8th Infantry Division (Granite)
Brigadier General puis *Major General* **Donald A. Stroh**

13th Infantry-Greyhound/*Colonel* **Robert A. Griffin**
1st Bat : Greyhound Red
2nd Bat : Greyhound White
3rd Bat : Greyhound Blue

28th Infantry-Grasshopper/*Colonel* **K.B. Anderson** puis *Colonel* **Merritt. Olmstead**
1st Bat : Grasshopper Red
2nd Bat : Grasshopper White
3rd Bat : Grasshopper Blue

121st Infantry-Grapefruit/*Colonel* **John R. Jeter**
1st Bat : Grapefruit Red
2nd Bat : Grapefruit White
3rd Bat : Grapefruit Blue

Autres unités
12th Engineer Battalion/28th-43rd-45th-56th Artillery Battalion/8th Medical Battalion/8th Reconnaissance Troop

29th Infantry Division (Latitude)
Major General **Charles H. Gerhardt**

115th Infantry-Lagoon/*Lieutenant-Colonel* **Smith**
1st Bat : Lagoon Red/*Major* Glover Johns
2nd Bat : Lagoon White/*Major* Anthony Miller
3rd Bat : Lagoon Blue/*Major* Randolph Millholland

116th Infantry-Lemon/*Colonel* **Dwyer**
1st Bat : Lemon Red/*Major* James S. Morris puis Major Douglas
2nd Bat : Lemon White/*Major* Charles S. Cawthon
3rd Bat : Lemon Blue/*Major* William H. Puntenney

175th Infantry-Limestone/*Lieutenant-Colonel* **Purnell**
1st Bat : Limestone Red/*Lieutenant-Colonel* Roger Whiteford
2nd Bat : Limestone White/*Major* Claude Melancon
3rd Bat/Limestone Blue/*Lieutenant-Colonel* William Blandford

Autres unités
121st Engineer Battalion/110th-111th-224th-227th Artillery Battalion/104th Medical Battalion/29th Reconnaissance Troop

2nd Infantry Division (Ivanhoe)
Major General **Walter W. Robertson**

9th Infantry-Index/*Colonel* **Hirschfelder**
1st Bat : Index Red/*Lieutenant-Colonel* Wesson
2nd Bat : Index White/*Colonel* Higgins
3rd Bat : Index Blue/*Major* Kernan

23rd Infantry-Inspire/*Colonel* **Jay B. Lovless**
1st Bat : Inspire Red/*Lieutenant-Colonel* Hightower
2nd Bat : Inspire White/*Lieutenant-Colonel* Hamelé
3rd Bat : Inspire Blue/*Lieutenant-Colonel* Tuttle

38th Infantry-Impressive/*Colonel* **Ralph W. Zwicker**
1st Bat : Impressive Red/*Lieutenant-Colonel* Frank T. Mildren
2nd Bat : Impressive White/*Lieutenant-Colonel* Jack K. Norris
3rd Bat : Impressive Blue/*Lieutenant-Colonel* Olinto M. Barsanti

Autres unités
2nd Engineer Battalion/12th-15th-37th-38th Artillery Battalion/2nd Medical Battalion/2nd Reconnaissance Troop

Index des noms de lieux (1)

(1) Récapitule les noms d'environ 700 villes, communes, rues et villages, certains d'entre eux cités à plusieurs reprises, intéressés par le siège de Brest proprement dit et la réduction de la presqu'île de Crozon.

Keranchoazen
Keranroy
Keredern
Kergaélé
Kergaradec
Kergroas
Kerizac
Kerleguer
Kerognant
Kervao (Lambezellec)
Kerven
Lambezellec (bourg)
Loscoat
Marregues
Mesmerrien
Penfeld
Pontanezen

Lambézellec

Chapitre 13
Beuzit
Bohars
Cozribin
Kerallet
Keredern
Kerele
Kerinaouen
Kerinou
Kerognant
Kervao (Lambezellec)
La Garenne
Lambézellec (bourg)
Le Bouguen (fort)
Le Restic
Loscoat
Mesmerrrien
Pontanezen
Quizac

Zone Est : Gouesnou Est-Guipavas-Kerhuon

Chapitre 2
Kerjean (Kerhuon)
Le Forestic
Menez Toralan

Chapitre 5
Guipavas
Guipavas (aérodrome)
Le Forestic
Menez Toralan

Chapitre 7
Coatjestin
Kerhuon (gare)
Kerhuon (bourg)
Runavel
Saint Nicolas (Pytotechnie)
Ty Ruz
Guipavas (aérodrome)
Kermeur-Coataudon
Kervao
Le Forestic
Menez Toralan

Chapitre 8
Coataudon
Créac'h Burguy

Kermeur-Coataudon
Kervao

Chapitre 9
Elorn (rivière)
Guipavas (aérodrome)
Kergompez
Kerhuon
Kermeur-Coataudon
Kervao
Le Forestic
Le Vizac
Menez Toralan
Pyrotechnie
Saint Thudon

Chapitre 11
Bourg-Neuf
Chapelle Croix
Coz Castel
Créac'h Burguy
Fourneuf
Kerabivin
Keralenoc
Keralias (Kersaint-Plabennec)
Kergompez
Kerhuon (bourg)
Kerhuon (moulin)
Kerjaouen
Kervao (Guipavas)
Kervionquer
Lavallot
Le Cosquer
Le Forestic
Menez Toralan
Penguerec
Pyrotechnie
Runavel
Saint Thudon
Ty Ruz

Chapitre 12
Anatole France (Brest)
Bellevue
Bourg-Neuf
Coatjestin
Coatmeur
Fourneuf
Guelmeur (fort)
Kerangoff
Kergroas
Kerhuon (viaduc)
Kerida
Kerjean (Kerhuon)
Kermeur-Coataudon
Kerouant
Kerscao
Kervao (Guipavas)
Kervitous
Kervivac'h
La Cantine
Lavallot
Le Bot
Le Cosquer
Le Dourjacq
Le Froutven
Le Pont Neuf
Le Scraign

Le Stangalar
Menez Toralan
Mesgall
Mesmerrien
Moulin Blanc (l'Anse de)
Moulin du Cam
Pencreac'h
Questel
Roscarven
Runavel
Sainte Barbe
Tourbihan

Gouesnou-Guipavas-Saint-Marc

Chapitre 13
Anatole France (Brest)
Aristide Briand (rue)
AS Brestoise (terrain)
Beauregard
Brest (gare)
Brest (cimetière)
Brest intra-muros
Bugeaud (rue)
Descartes (rue)
Dixmude (rue)
Etoile Rouge (terrain)
Gaz (rue)
Guelarnou
Guelmeur (fort)
Guilhem (rue)
Hôpital Ponchelet
Jean-Jaurès (Brest)
Jules-Ferry (rue)
Jules-Ferry prolongée (rue)
Kerfautras (cimetière)
Kerhouant
Kerinou
Kerleguer
Kermeur-Coataudon
Keroriou (plateau)
Kerstears
Kervezennec
Kerzouric
La Vierge (rue)
Le Bot
Le Douric
Le Dourjacq
Le Froutven
Le Stangalar (rivière)
Les Quatre chemins
Mesmerrien
Moulin à Poudre (rue)
Penn ar C'héac'h (Brest)
Penn ar C'hoat
Penn ar Reun
Poul ar Feunteun
Poullic ar Lor (rue)
Quizac
République (rue)
Richelieu (rue)
Saint-Marc
Saint-Marc (château, église, cimetière)
Saint-Martin
Sanquer (place)
Traon-Quizac
Verdun (rue)

La Presqu'île de Crozon :

Chapitre 16
Camaret :
Le Grand Gouin
Kerbonn
Le Toulinguet
Penhir (anse de)
Penhir (pointe de)
Saint-Julien.

Crozon :
Aber (ruisseau de L')
Bouis
Bronfez
Cap de la Chèvre
Cléguer
Cléguer-Leidez
Crozon (Fort de)
Dinan
Gaoulac'h
Goandour
Guenvenez
Hirgars
Ile Longue (L')
Kador
Ker Miki (villa)
Kéradénnec
Kéradiguen
Kérastrobel
Kerbastum
Kerbiriou
Kerdanvez
Kerdra (pointe de)
Kerdroen
Kerglintin
Kergoff
Kergolézec
Kergrigent
Kérigou
Kériel
Kerloch
Kerloch (ruisseau de)
Kermel
Kernavéno
Kerret
Kersaniou
Kersao
Kersiguénou
Kerun
Kervarvail
La Boëzer
La Palue
Landaoudec
Landaoudec (réduit de)
Le Cré
Le Four à Chaux (ouvrage)
Le Fret
Le Véniec
Léac'hmat
Lesquervennec
Lesvrez
Lostmarc'h
Ménesguen
Ménez Ty-ar-Gall
Mengleuff
Morgat
Pen-ar-Ménez

Penhir
Pennahoat
Perzic (grève)
Poaron
Prat-ar-Run
Rigonou
Rostellec
Rostudel
Rozan
Saint-Fiacre
Saint-Hernot
Saint-Laurent (chapelle de)
Tal-ar-Groas
Trébéron
Trélannec
Trémaïdic

Lanvéoc :
Bot Sant
Clouchouren
Coatrez
Guénatec
Guernigenet
Keraël
Kerborhel
Kergalet
Kerguéréon
Kernaval
Kersimon
Kertanguy
La Maison Blanche
Lanvéoc (Fort de)
Le Stang
Luguniat
Messibioc
Reun-ar-C'hrank
Saint-Efflez
Roscanvel :
Capucins (Fort et batterie des)
Cornouaille (Fort de)
Espagnols (pointe des)
Fraternité (Fort de la)
Kergadiou
Kerviniou
Le Lez
Penaroz
Pont-Scorff
Pourjoint (Fort de)
Quélern (Fort de)
Quélern (ligne de)
Robert (Fort)
Stiff (Fort du)
Trégoudan
Trémet (Fort de)
Telgruc :
Kerguiriou
Kerliver
Kerguiridic
Lescataouen
Ménez-Luz
Quinivel
Ronvarch (le moulin)
Trez-Bellec

Argol :
Lescoat
Landévennec

Le bassin du Porzay et ses environs

Chapitre 16
Saint-Nic :
Béniel
Le Hielch (cote 298)
Lieue de grève
Ménez-Bichen
Pentrez
Saint-Côme
Plomodiern :
Gorré-Riblé
Keraliou
Kerdanet
Kérellec
Kergoff
Kergors
Kergus
Kergustans
Kerharo
Kervénnec
Kervigen
Landrein
Lesloys
Lespeurs
Liaven
Ménez-Yan (cote 162)
Pouloupry
Run Braz
Saint-Suliau
Sainte-Marie-du-Ménez-Hom
Stang ar Vennic (cote 248)
Trois canards

Ploéven :
Kergonnec
Kerharo
Kéramporchet

Plonévez-Porzay :
Penfrat
Sainte-Anne-la-Palue
Cast

Trégarvan :
Brigneun.
Garvan (ruisseau)
Pont-Garvan.
Penn ar Stang.

Dinéault :
Cosquer
Keralliou (cote 267)
Kerdanet
Kerlaouénan
Kernalivet
Kerveur
Kervily (cote 146)
Le Stang
Le Yed (cote 330) Ménez-Hom
Kerlaz :
La Clarté
Rosnoën :
Térénez

Tableau des équivalences de grades

MARINE

Vice-amiral	Vizeadmiral
Contre-amiral	Konteradmiral
Capitaine de vaisseau	Kapitän zur See
Capitaine de frégate	Fregattenkapitän
Capitaine de corvette	Korvettenkapitän
Lieutenant de vaisseau	Kapitänleutnant
Enseigne de vaisseau de 1re classe	Oberleutnant zur See
Enseigne de vaisseau de 2e classe	Leutnant zur See

ARMÉE DE TERRE - ARMÉE DE L'AIR

FRANCE	ALLEMAGNE	ETATS-UNIS
Général d'Armée	Generaloberst	General
Général de Corps d'Armée	General der Infanterie, der Artillerie der Fallschirmtruppe, etc.	Lieutenant General
Général de Division	Generalleutnant	Major General
Général de Brigade	Generalmajor	Brigadier General
Colonel	Oberst	Colonel
Lieutenant-colonel	Oberstleutnant	Lieutenant-Colonel
Commandant	Major	Major
Capitaine	Hauptmann	Captain
Lieutenant	Oberleutnant	First Lieutenant
Sous-lieutenant	Leutnant	Second Lieutenant

Terminologie relative aux unités américaines et françaises

FRANCE	ETATS-UNIS
Infanterie	**Infantry**
Groupe	Squad
Section	Platoon
Compagnie	Company
Bataillon	Battalion
Régiment	Battalion
Régiment	Regiment (Infantry)
Arme Blindée Cavalerie	**Cavalry-Armored Corps**
Groupe	Section
Peloton	Platoon
Escadron de cavalerie blindée	Armored Cavalry troop
Escadron de chars	Tank Company
Régiment de cavalerie blindée	Armored Cavalry Squadron
Régiment de chars	Tank Battalion
Artillerie	**Artillery**
Section	Platoon
Batterie	Battery
Régiment	Battalion

Military Linguistics, *A New Look on the U.S. Army*, Ecole Militaire Interarmes, E.S.M. Saint-Cyr 1979, p. 20-21.

Lexique et abréviations

« Acht Acht » :	« huit-huit » (surnom donné au canon de 88)
Abschnitt :	secteur
Abteilung :	groupe (de la taille d'un bataillon)
Armee-Korps (A.K.) :	corps d'armée
Armee-Oberkommando (AOK) :	état-major d'armée
armored (armoured) :	unité blindée américaine (britannique)
Assault Cannon :	canon d'assaut (véhicule)
Atlantikwall :	Mur de l'Atlantique
Aufklärung :	reconnaissance
BA-MA (Bundesarchiv-Militärarchiv) :	archives fédérales militaires allemandes
BBC (British Broadcasting Corporation) :	radiodiffusion britannique
BCRA :	Bureau Central de Renseignement et d'Action (France libre)
Befehlshaber der Sicherung West (BSW) :	commandement de la sécurité à l'Ouest (marine allemande)
Blitzkrieg :	guerre-éclair
bodenständige :	statique
CA :	corps d'armée
Cavalry Group :	brigade de cavalerie américaine à deux régiments
Cavalry Squadron :	escadron de cavalerie américain
Cavalry Troop :	régiment de cavalerie américain
Cie :	compagnie
Combat Command (CC) :	groupement tactique interarmes d'une division blindée américaine
Counter Intelligence Corps (CIC) :	Service américain de contre-espionnage
DB :	division blindée
Division :	division
Eilboot (E-Boot) :	vedette rapide allemande
EM :	état-major
Engineers :	unité du génie américain
ETOUSA (European Theater Operations US Army) :	théâtre européen des opérations de l'armée américaine
Fallschirm :	parachutiste
Fallschirmjäger :	chasseur-parachutiste
Festung Brest :	Forteresse de Brest
Festungskommandant :	commandant de forteresse
Festungspionieroffizier :	officier du génie de forteresse, responsable des constructions
Festung-Stamm-Truppen XXV :	25e régiment de troupes de forteresse
FFC :	Forces Françaises Combattantes
FFI :	Forces Françaises de l'Intérieur
FFL :	Forces Françaises Libres
Flakvierling :	pièce quadruple de DCA de 20 mm allemande
Flugabwehrkanone (Flak) :	canon de défense contre avion (DCA)
Frontstalag :	camp de prisonniers dans la zone du front
FTP (ou FTPF) :	Francs Tireurs et Partisans (Français)
G-2 :	2e bureau (renseignement) d'une division américaine
G-3 :	3e bureau (opérations) d'une division américaine
Geheime Staatspolizei (Gestapo) :	Police secrète d'Etat
Government's Issue (GI) :	surnom que se donnaient eux-mêmes par dérision les soldats américains
Granatwerfer (Gr.W.) :	mortier
Grenzaufsichtstelle (Gast) :	douane allemande
Hauptkampflinie (HKL) :	Ligne de combat principale

Hauptkolonne :	équipe principale de l'Organisation Todt
Hauptverbandplatz :	hôpital militaire
Heer :	Armée de terre allemande
Heeresartillerie-Abteilung (HAA) :	groupe d'artillerie de l'armée de terre allemande
Heeresküsten-Abteilung (HKAA) :	groupe d'artillerie côtière de l'armée de terre allemande
Hilfswillige (Hiwi) :	supplétif étranger servant dans l'intendance de l'armée allemande
HMCS (Her Majesty Canadian Ship) :	bâtiment de la Royal Navy (canadien)
HMS (Her Majesty Ship) :	bâtiment de la Royal Navy (britannique)
III. Marine-Flak-Brigade :	3ᵉ brigade antiaérienne de la Marine
IPW (Interrogation Psychological Warfare) :	service américain de guerre psychologique
Jagd-Bomber (Jabo) :	chasseur-bombardier
JMO :	Journal des Marches et Opérations
Kamfgruppe (KGr.) :	groupement tactique de composition et d'effectif variables
Kompanie :	compagnie
Kriegsfischkutter (KFK) :	cotre de pêche transformé en navire de guerre
Kriegsmarine :	Marine de guerre allemande
Kriegsspiel :	simulation d'un exercice sur un thème donné.
Kriegstagebuch (KTB) :	Journal de bord (Marine) ou de marche (Terre)
Küstenverteidigungs-Abschnitt (KVA) :	secteur de défense côtière (Mur de l'Atlantique)
Küstenverteidigungs-Unterabschnitt (KVU) :	sous-secteur de défense côtière
leichte Haubitze :	obusier léger
Light Tank :	char léger (Stuart ou Honey)
LST (Landing Ship Tanks) :	bateau de débarquement pour engins blindés
Luftsperr-Abteilung :	unité de défense antiaérienne (ballons)
Luftwaffe :	Armée de l'air allemande
Marineartillerie-Abteilung (MAA) :	groupe d'artillerie côtière de la Marine
Marinelazarett :	hôpital de la Marine
Maschinengewehr (MG) :	mitrailleuse
Militärbefehlshaber in Frankreich :	commandant de l'administration militaire en France
Minensuch-Flottille (MS.Fl.)	flottille de chasseurs de mines
Nachrichten :	unité de transmissions
Oberbauleitung (OBL) :	direction supérieure de construction (Organisation Todt)
Oberbefehlshaber West (Ob.West) :	commandant supérieur des forces à l'Ouest
Oberkommando der Luftwaffe (OKL) :	état-major de l'armée de l'air
Oberkommando der Marine (OKM) :	état-major de la marine
Oberkommando der Wehrmacht (OKW) :	Haut commandement des Armées (TAM)
Oberkommando des Heeres (OKH) :	état-major de l'armée de terre
Office of Strategic Service (OSS) :	service américain d'espionnage et des opérations spéciales
Operational Group (OG) :	groupe de commandos américains (34 hommes)
Organisation Todt (OT) :	organisation paramilitaire du IIIᵉ Reich pour les constructions
Ost/Mitte Regiment :	régiment des troupes de l'Est-Centre (Ukraine)
Overlord :	nom de code de l'offensive alliée en Normandie
Panzerabwehrkanone (Pak) :	canon ou unité antichar
Panzerjäger :	unité de chasseurs de chars
Pionier :	unité du génie
Platoon :	peloton
QG :	quartier général
Regelbau :	construction standardisée
Regiment :	régiment
Regimental Combat Team (RCT) :	groupement tactique articulé autour d'un régiment renforcé
Royal Air Force (RAF) :	Armée de l'air britannique
S-2 :	2ᵉ bureau (renseignement) d'un régiment US

S-3 :	3e bureau (opérations) d'un régiment US
Sanität :	Unité médicale
Schartenturm :	cloche, coupole blindée
Scheinwerfer :	projecteurs de DCA
Seekriegsleitung (SKL) :	direction de la guerre navale (état-major de la Kriegsmarine)
Seenotbereichs-Kommando :	unité de sauvetage en mer de la Luftwaffe
Service Operations Executive (SOE) :	service britannique des opérations spéciales
SFHQ (Special Forces Headquarters) :	état-major des forces spéciales alliées (SOE et OSS)
SHAA :	Service historique de l'Armée de l'air
SHAM :	Service historique de la Marine
SHAT :	Service historique de l'Armée de terre
Sicherheisdienst (SD) :	service de sécurité SS
Special Air Service (SAS) :	groupement des commandos parachutistes britanniques
Stab :	état-major
Stützpunkt (Stp) :	point d'appui
Stützpunktgruppe (Stp.Gr.) :	groupe de points d'appui
Supreme Headquarters Allied Expeditionary Forces (SHAEF) :	état-major suprême des forces expéditionnaires alliées
Tank Destroyer (TD) :	véhicule blindé lourd antichar
Task Force (TF) :	groupement tactique temporaire américain destiné à une mission déterminée
Team Jedburgh :	équipe militaire alliée destinée à encadrer les maquis
Torpedoboote :	torpilleur
Torpedoschiff :	barge, plate-forme lance-torpilles
Truppenverbandplatz :	antenne sanitaire avancée pour le triage des blessés
United States Army Air Force (USAAF) :	armée de l'air américaine
Untersee-Boot (U-Boote) :	sous-marin allemand
Verteidigungsbereich :	secteur défensif du Mur de l'Atlantique
Verwundetennest :	poste de secours
Vorfeld :	glacis
Vorposten-Flottille (Vp.Fl.) :	flottille de patrouilleurs
Wehrmacht :	armée allemande (Terre, Air, Mer)
Wehrmacht Auskunfts-Stelle (Wast) :	service de renseignements sur l'ex armée allemande
Werfteinsatzkompanie :	compagnie constituée d'ouvriers de l'arsenal
Werftreservefeuerwehr :	pompiers de l'arsenal (réserve)
Widerstandnest :	nid de résistance
Zerstörer :	contre-torpilleur
Zug :	section

Remerciements

La narration des « Heures Dures » vécues par les Brestois et les Presqu'îliens durant l'été 1944, celui de la Liberté retrouvée, a très tôt donné lieu à des publications de qualité. Force est de constater qu'elles n'ont guère pris de rides au fil des décennies.

Parmi les plus connues, nous citerons *Les Heures Dures - le Siège de Brest* du médecin principal de la Marine Max Lafferre (1945), *Brest au combat* du capitaine de frégate Albert Vulliez (1950), *L'assaut de Brest* de la comtesse Alix de Carbonnières et d'Antoine Coste (1951), *Le Finistère dans la guerre* d'Alain Le Grand et de Georges Thomas (1980 et 1981) sans oublier les travaux du médecin en chef de la Marine et historien maritime éminent Hervé Cras, *alias* Jacques Mordal. Cette somme de références, que l'on peut encore se procurer, demeure indispensable pour qui s'intéresse au siège de Brest et plus généralement à l'histoire du grand port militaire de 1939 à 1944.

Les auteurs du présent ouvrage ont cette fois choisi de relater dans le détail l'action des deux principaux adversaires, l'armée américaine et l'armée allemande, sans omettre celle des FFI et FTP, orientation qui nécessitait d'abord de rassembler une grande masse de documents très épars. A l'issue d'une recherche systématique entamée il y a une quinzaine d'années, ils pensent avoir réalisé ce préalable.

Toutefois, le travail d'exploitation qui s'ensuivait n'aurait pu aboutir sans le concours de nombreuses bonnes volontés, à commencer par les vétérans. Ces derniers, nombreux, ont bien voulu répondre à nos questionnaires insistants et détaillés. Nous avons également pu compter sur tous ceux qui, sur l'ancien théâtre des opérations, à Brest, dans « la Presqu'île », le Finistère et ailleurs, depuis plusieurs années pour certains, n'ont pas ménagé leur temps pour faire progresser l'histoire de la ville et du département.

Il nous est donc agréable de remercier aujourd'hui nos amis qui, avec un parfait désintéressement, ont facilité la publication de cet ouvrage par leur apport de matière historique, témoignages, documents et photographies, leurs heureuses suggestions, leurs patientes relectures, ou qui nous ont aidés de quelqu'autre manière.

Aux Etats-unis :

– Madame Stroh-Stumpf, fille du général Stroh commandant la *8th Infantry Division*, et sœur du major Harry Stroh, de l'USAAF, tombé au-dessus de Brest.

– Le colonel Robert D. Dawn, de « l'Old Cavalry », au dévouement inlassable, les capitaines Henderson et Parker, le lieutenant Mac Kinney, tous les quatre vétérans du *15th Cavalry Group* et de la *Task Force A*.

– Le colonel John S.Wood Jr., ancien du SFHQ, qui a participé comme son père, le général John S. Wood commandant la *4th Armored Division*, à la libération de Bretagne, Clyde O Combs, Fred W. Crismon, Charles Curley.

– Les présidents des associations de vétérans des *13th*, *28th* et *121st Infantry Regiments* (*8th Infantry Division*), Paul Boesch et Johnatan Gawne, historien militaire dont le père a combattu à Brest et Crozon où il a été blessé.

- Le lieutenant-colonel Mike Brogan, Angus Mac Lean Theurmer.

– Les National Archives and Record Administration et l'US Army Institute, sollicités à de très nombreuses reprises.

En Allemagne et en Autriche :

– Madame Hallenscheidt, le lieutenant-colonel Ulrich Rösner, Friedhelm Münch.

– Les anciens de la *2. Fallschirmjäger-Division* : le général August Fischer-See (alors commandant, officier-opérations du général Ramcke) et les vétérans : Rudolf Wiedersheim, Ekkehard Priller, Rudolf Müller, Karl Wilhem Mogge, Alfred Jascha, Adolf Klein, Walter Bott, Hans Osterberger et bien d'autres comme Messieurs Ehroff, Jackel et Ulrichs.

– Le Bundesarchiv-Militärarchiv (Fribourg en Brisgau et Coblence) et la Fédération des parachutistes allemands à Schöngau.

En Angleterre et au Canada :

– Les Amicales des anciens des *1st* et *10th Destroyers Flottillas*.

– Le Public Record Office (Kew) et l'Imperial War Museum (Londres).

– L'historien militaire Michaël Whitby et les Archives Publiques du Canada (Ottawa).

En France :

– Madame Kersalé.

– Edmond Calvez et François Crenn, deux anciens du réseau de renseignements Jade - Fitzroy, Jacques Armengol ancien de la TF A et de la campagne de la Presqu'île, Marcel Florc'h, ancien commandant de la Cie FTP Kléber.

– Yvon Hervé, Henri Poupon, Michel Allard, Michel Grimaud, Didier Cadiou.

– Tous ceux qui sur le terrain ont facilité les recherches : Albert Le Quéau, Yves Nicolas, Henri Nicolas, Jean Froy, la famille d'Auguste Le Guillou, Gilbert Hétet, Luc Guillou, Erik et Jean-Claude Dupont, Adrien Kerloc'h, Paul Le Bescond, sans oublier Jean-Louis Le Bras, Herlé Babert.

– Le vétérinaire biologiste en chef Régis Hanout (†), le général (CR) Ludovic Robatche-Claiv, Jérôme Lelièvre, Jean-Guy Lepert, Maryse Bernicot, Jacques Gury, Jean-Yves Cam et Catherine Floch.

– Madame Marie-Monique Gérard, fille de Monsieur Max Fauchon.

– Les municipalités de la Presqu'île et du Porzay : Crozon, Camaret, Lanvéoc, Roscanvel, Argol, Landévennec, Trégarvan, Dinéault, Saint-Nic, Plomodiern, Plonévez-Porzay, Cast et Châteaulin, sans oublier celles de Châteauneuf-du-Faou, Brasparts, Commana, le Relecq- Kerhuon, Guipavas, Plouzané et Brest.

– L'Association Mémorial Montbarey et son président actuel, Jean Le Balch. Bernard Holley et Frédéric Jacquin.

– Le Secrétariat d'Etat aux Anciens Combattants et Victimes de Guerre à Paris.

– Les archives municipales, le Service Historique de la Marine à Brest, les Services Historiques de l'Armée de Terre (SHAT) et de la Marine (SHM) à Vincennes.

– Les associations ULAMIR à Crozon et des Amis du Patrimoine de Plougastel.

– L'association Le Doaré-archives à Châteaulin.

Alain Chazette, Alain Destouches, Bernard Paich, pionniers de la recherche sur les fortifications allemandes en France et Jean-Luc Leleu.

Que tous soient une nouvelle fois remerciés pour leur sympathique contribution.

Les auteurs

Sources et principales références bibliographiques

Journaux de marche et archives militaires

Allemagne

Activité et combats en Bretagne des *266. Infanterie-Division* et *899. Infanterie-Regiment.* MS 176 et P 176 - Mémoires du général Spang et du colonel Fürst. Allendorf. 1954.

Activité et opérations de la *343. Infanterie-Division* en Bretagne de 1942 à 1944. Colonel Rudolf Kogard. MS B 437. 1947.

Archives de la fédération des parachutistes allemands à Schöngau.

Archives Wast à Berlin.

Dossier de la défense de la forteresse de Brest. Texte, cartes et plans. (*Kampfanweisung für die Festung Brest* - Instructions de combat pour la forteresse de Brest, en date du 8 mars 44). Bundesarchiv.

Journal de marche (KTB) de la *266. Infanterie-Division* (1er juillet 1943 - 7 août 1944) et annexes.

Journal de marche (KTB) du *XXV. Armee-Korps* en Bretagne (septembre 1943 - novembre 1944) et annexes.

Journal de marche (KTB) du *LXXIV. Armee-Korps* en Bretagne (juillet 1943 - juillet 1944) et annexes.

Journaux de bord (KTB) des commandements de la *Kriegsmarine* en Bretagne. Juin - septembre 1944. (*Seeko Bretagne* Brest ; *Admiral Atlantikküste* La Rochelle), des Forces de sécurité à l'Ouest (BSW Paris), de la *Kriegsmarine* à l'Ouest (MGKW Paris) et de l'EM général de la *Kriegsmarine* (SKL) à Berlin. Bundesarchivmilitärarchiv à Fribourg.

Rapports d'activités du *XXV. Armee-Korps* en occupation en Bretagne (13 décembre 1940 - 20 novembre 1944). Traductions annotées par le Cdt Even. SHAT. 1978.

Service d'entretien des sépultures militaires allemandes. Metz.

Etats-Unis

Articles publiés dans diverses revues militaires : *The Infantry Journal, The Cavalry Journal.*

Journal de marche de la 6e division blindée.

Journal des opérations de la 1re brigade de Tank destroyers, de la 15e brigade de cavalerie mécanisée et des unités rattachées.

Journaux d'opérations de l'USAAF en août-septembre 1944 : 9e armée aérienne, 362e escadron, 377e, 378e et 379e escadrilles.

Journaux de marche des 2e, 8e et 29e Divisions d'Infanterie et de leurs unités rattachées, du 8e Corps d'Armée, des 3e et 9e Armées.

Journaux de marche d'unités de la 8e Division d'Infanterie : 2e, 28e et 121e régiments.

Rapports des Teams Jedburgh et de l'O.G. Donald en Bretagne en 1944.

The operations of the 6th Armored Division in the Britanny Peninsula.

France

Archives du Mémorial de Montbarey à Brest.

Archives municipales et du SHM à Brest

Archives Nationales et archives du SHM et du SHAT à Vincennes.

Historique du 2e bataillon *Stalingrad.* Maquis de Spézet. Auguste Le Guillou.

Journal des marches du commandement des FFI de Bretagne - SHAT.

Journaux des opérations des bataillons de Quimper et de Douarnenez.

Journaux des opérations d'août et septembre 1944 des bataillons Normandie, Stalingrad et René Caro.

Rapport du Lieutenant-colonel Faucher, commandant les FFI/FTP de l'arrondissement de Brest. 1971.

Orientation bibliographique

ABBE LE MOAL. *Une paroisse mutilée, Plougonvelin.* 1946.

AR SKODENN. *L'Occupation - la Libération.* Plougastel-Daoulas 1939-1945. Le Lien n°4/1995.

ARMENGOL, Jacques. *Le Rideau rouge.* 1994.

BERTRAND, François. *Le siège de Brest vécu à Kerbonne.* Les Cahiers de l'Iroise 163/1994.

BINKOSBI, Joseph ; PLANT, Arthur. *The 115th Infantry Regiment in World war II.* The Battery Press. 1988.

BLUMENSON, Martin. *Duel pour la France.* Denoël. 1964.

– *The European Theater of Operations. Breakout and Pursuit.* 1961.

BOHN, Roland. *Raids aériens sur la Bretagne.* 1940-1944. Tomes 1 et 2. 1997 et 1998.

BOTHOREL, Louis. *Plouvien. Août 1944.* Skolig ar louarn.1989.

BRIANT-CADIOU, Y. *A l'ombre de deux clochers, la vie de tous les jours à Plouzané de 1920 à 1955.* Editions nouvelles du Finistère. 1994.

BUFFETAUT, Yves. *Les ports de l'Atlantique 39-45.* Marines Editions. 1994.

CARBONNIERES, Alix de ; COSTE, Antoine. *L'assaut de Brest.* Librairie Le Bris. Brest. 1951.

CARO, Marie-Anne. *La lune brille sur le dolmen.* Editions du Queyrel. 1988.

CHANOINE CHAPALAIN. *Lambézellec pendant le siège de Brest.* Imprimerie commerciale et administrative. 1948.

COLLECTIF. *Album Historique La Bretagne en guerre.* Editions Heimdal. 1994

COLLECTIF. *Chronique d'Hier. La vie du Finistère. 1939/1945.* Tomes 2 à 4 - 1992 à 1997.

Conquer. The story of the Ninth Army. The Battery Press. 1980.

COSSIRA, Henri. *Le Finistère. A travers les départements meurtris.* Editions de la France au combat. 1948

De New York à Berlin avec l'armée américaine. Paris. 1946.

Der Landser. Grossband n° 346. Erich Pabel. Verlag. 1974

Die Geschichte des Fallschirmjäger Regiment 2, 1939 bis 1945. 1972

DRAPIER-CADEC, Léontine. *Recouvrance des souvenirs.* Editions de la Cité. 1966.

EWING, Joseph H. *29 Let's Go ! An history of the 29th Infantry Division in WWII.* The Battery Press. 1979.

FCK. *La Libération de Plougastel-Daoulas. Août 1944.*

GANZ, Harding. « *Questionnable objective. The Brittany ports.* » *Journal of Military History.* 1/1975.

GENTIL, Jo. *Résistance dans le canton de Saint-Renan*. Edition Delpresse. Imprimerie PAM Brest. 1994.

GRIESBACH, Marc F. *Combat history of the Eight Infantry division in WWII*. 1945.

HENENSAL, Maurice. *Dans l'enfer brestois*. Les Abers-Henensal. 1994.

Historical division : French Forces of the Interior. 1944. Activités of special interest. Section I. Brittany. A.N.

History of the 121st Infantry Regiment through 1946 and « Gray Bonnet ». Macon 1980.

History of the 2nd and 5th Ranger battalions during the Brest campaign.

History of the Second Infantry Division in WWII. Battery Press. 1979.

HOFMANN, George. *The Super Sixth. History of the 6th Armored Division in WWII*. Louis ville. 1975.

JACQUIN, Frédéric. *Les bombardements de Brest 1940-1944*. MEB. 1998.

JAOUEN, Yves. *Septembre 1939. Septembre 1944. De Saint-Marc à Brest*. 1960.

KAMMAN, Willi. *Der Weg der 2. Fallschirmjägerdivision*. Schild Verlag. 1974.

KERVELLA, André. *Brest Rebelle*. Skol Vreizh. 1998.

KERVERN, Auguste. *Le siège de Brest à Lambézellec*. Librairie Le Breton. Brest. 1950.

La 23ᵉ Flottille de MTB des FNFL. Témoignage des officiers. SHM. 1967.

La Libération de la Bretagne et le siège de Brest. Juin-septembre 1944. B. de l'Hôpital. Landerneau.

LAFFERRE, Max. *Les Heures Dures - Le siège de Brest*. Librairie Le Goaziou. Quimper. 1945.

LE BIHAN, René. *Brest 1944. L'Occupation, la Libération, la Reconstruction*. Editions Ouest-France. 1994.

LE GRAND, Alain ; THOMAS, Georges. *Le Finistère dans la guerre*. T1. *L'Occupation* T2. *La Libération*. Editions de la Cité. 1980 et 1981.

– *Le Finistère 1939/1945*. Editions de la Cité. 1987.

LE GRAND, Alain ; LE BERRE, Alain. *La Bretagne à l'épreuve*. Editions Daoulan. 1992.

LE GUEN, Louis. *Saint-Mathieu dans la guerre*. Editions Bordesoulles. 1997.

Le Relecq-Kerhuon. L'Occupation et la Libération. Editions municipales. 1994.

Le Télégramme de Brest. Nombreux articles parus en particulier en 1964 et en 1994.

LE VOUEDEC, E. *J'étais à Guilers. 1940 - 1944. Occupation et libération d'un bourg du Finistère*. 1994.

LEROUX, Roger. *Le Morbihan en guerre 1939/1945*. Imprimerie Floch à Mayenne. 1979.

Les Cahiers de l'Iroise. Divers articles consacrés à Brest pour la période 1939 - 1945. N° 153, 163, 167 ; 168..

MAREC, Jean-Louis. *A la lisière de Coat-Fréau*. 1989.

MARTIN, René ; BARAER, Michel. *Lanvéoc-Poulmic - Mémoires de la Rade*. 1999.

MORDAL, Jacques. *La bataille de France*. Arthaud. 1964.

NEITZEL, Sönke. *Die deutschen Ubootbunker und Bunkerwerften*. Bernard & Graefe. Verlag. 1991.

PERON, François. *Brest sous l'Occupation*. Ouest France. 1981.

PRICE, Frank James. *Troy Middleton. A biography*. Louisana. State University Press. Baton rouge. 1974.

RAMCKE, B.H. *Fallschirmjäger damals und danach*. Lorch Verlag Francfort sur le Main. 1951.

Revue Historique des Armées. Divers numéros.

RUPPENTHAL, Roland G. *The European Theater of Operations. Logistical support of the armies*. 1959.

STROH, Daniel A. *Opération of the Crozon Peninsula*. Military review 25. 1946.

VULLIEZ, Albert. *Brest au Combat*. Editions Ozanne. 1950. (réédité en 1985 par les éditions France Empire).

WEIGLEY, Russel. F. *Eisenhower's lieutenants. The Campaign of France and Germany*. Indiana University Press. 1981.

Wings at War serie n° 5. Air ground teamwork. The role of the XIX TAC deving August 1944. Center of Air Force History. Washington. 1992

La reddition des troupes allemandes sur la presqu'île de Crozon

Ces quatre exceptionnelles photos en couleur ont été prises lors de la reddition des troupes allemandes de la *343. Infanterie-Division* retranchées dans la presqu'île de Crozon le 18 septembre (secteur du cap de la Chèvre).

1 et 2. Après la reddition, le général Herbert L. Earnest, commandant de la *Task Force A,* s'entretient avec des officiers d'artillerie allemands. A ses côtés sur la première photo, une pipe à la main, le colonel Logan Berry, commandant du *15th Cavalry Group* au cours des opérations en Bretagne. Les antennes des jeeps de commandement de la TF A sont nettement visibles en haut à droite. A l'extrême droite sur la seconde photo, le capitaine William Kraft, officier de renseignement (S-2) du *15th Cavalry Group.*

3. Trois membres de l'équipe médicale de la TF A à l'époque des opérations dans la presqu'île de Crozon. A gauche, le capitaine Lal Threlkeld et à droite, le capitaine Parker, respectivement chirurgien et dentiste au *15th Squadron.*

4. En attendant d'être transportés vers les camps de prisonniers, les soldats allemands ont été regroupés devant l'église de Crozon. Ce cliché est à comparer aux photos qui figurent page 241. (W.S. Parker.)

Carte n°1

La Flak allemande
dans le secteur de Brest en juin 1944

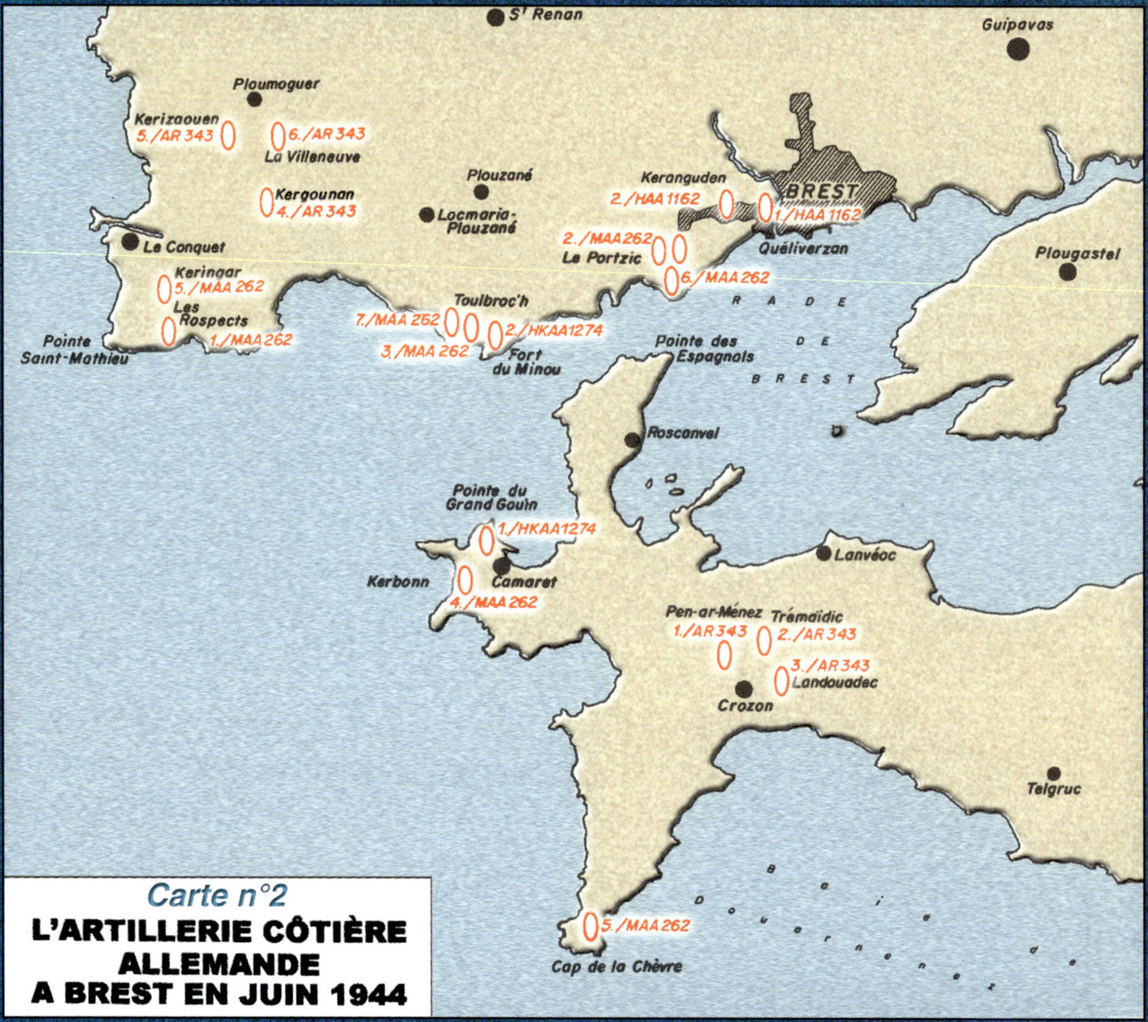

▲ Batteries de Flak ● Batteries de Marine

Carte n°2

L'ARTILLERIE CÔTIÈRE ALLEMANDE A BREST EN JUIN 1944

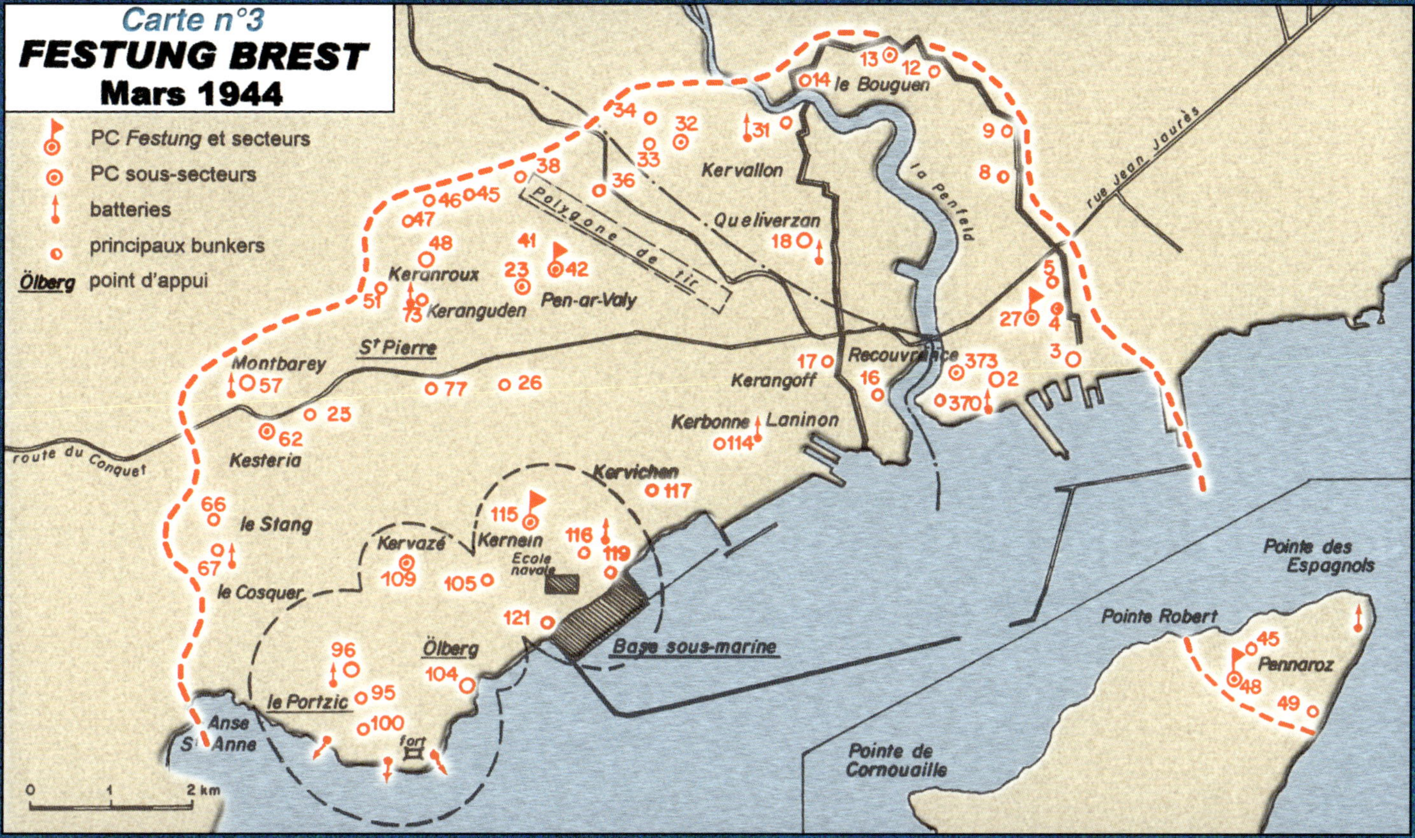

Carte n°3
FESTUNG BREST
Mars 1944

- ▶ PC *Festung* et secteurs
- ◉ PC sous-secteurs
- ↑ batteries
- ◉ principaux bunkers
- *Ölberg* point d'appui

le Bouguen
13 12
14
34 32 31
33
38 36
Kervallon
46 45
47 Queliverzan
48
41 18
Keranroux 23 42
51 73 Kerangduden Pen-ar-Valy
St Pierre
Montbarey 17 Recouvrance 373
57 77 26 Kerangoff 16 370 2
62 Kerbonne Laninon 3
Kesteria 114
route du Conquet
Kervichen
66 115 117
le Stang Kervazé Kernain
67 109 105 116 119 Ecole navale
le Cosquer 121 Base sous-marine
96 *Ölberg*
104
95 Pointe Robert
le Portzic 100 45
Anse fort Pennaroz
St Anne 48 49
Polygone de tir
la Penfeld
rue Jean Jaurès
9
8
5
27 4
Pointe des Espagnols
Pointe de Cornouaille

0 1 2 km

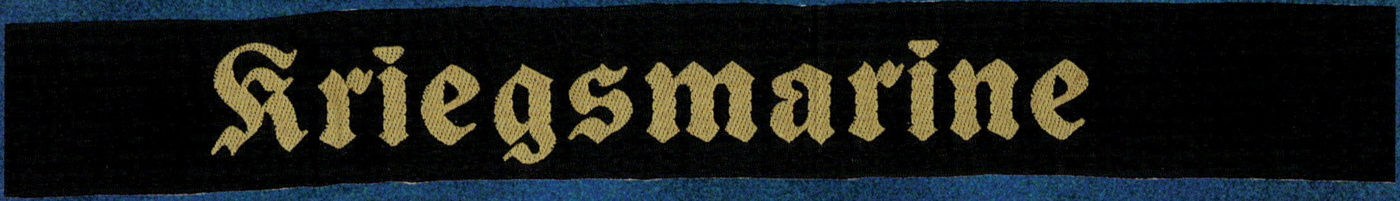

Kriegsmarine

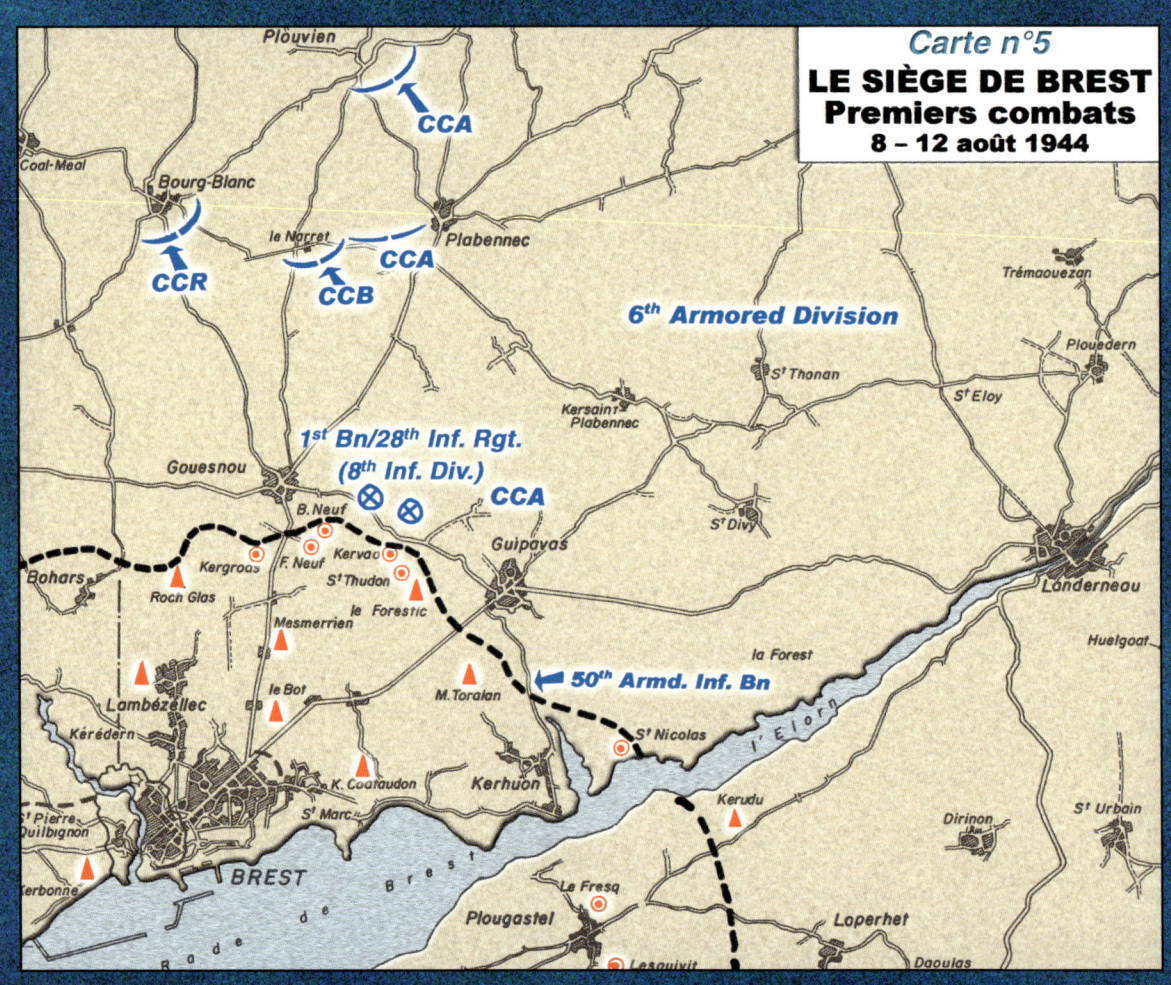

Carte n°4

LA PROGRESSION AMÉRICAINE EN BRETAGNE
DU 1er AOÛT AU 1er SEPTEMBRE 1944

La Manche

GRANVILLE

AVRANCHES

St Pol
CC'A'
LANNION
8.08
MORLAIX
6.08
Plabennec
Landivisiau
Landerneau
CC'B'
6
Huelgoat
5.08

TFA
11.08
Plouigneau
Guingamp
Chatelaudren
Belle-Isle en T.
Plouagat

Cap Fréhel
SAINT-MALO
5.08
Dol
TFA
01.08
Pontorson

BREST

Pleyben

Carhaix
5.08

Rostrenen
CC'A'

Plouguenast

SAINT-BRIEUC
Lamballe
Plélan
DINAN
2.06

83
5.03

Antrain

Douarnenez

Gourin
4.08
Guémené
Pontivy

Gouarec
Mur-de-B.
Plémet
Loudéac
CC'B'

Collinée

Merdrignac
Caulnes

Evran
Combourg
Bécherel
4
S' Aubin d'Aubigné
Liffré
RENNES

Quimper

Concarneau
4
Pont Aven
7.08
Quimperlé
LORIENT

Plouay
Baud
6.08
Locminé

Josselin
Ploërmel
CC'B'

Guichen
Maure
Pipriac
Bain-de-B.
le Sel
Rouge
3.08

la Gacilly
Grand-Fougeray

Auray
VANNES
5.08
CC'A'
Rochefort en T.
Redon

8

Océan Atlantique

Front le 1er août
CC : Combat Command
TFA : Task Force A
6 6e DB US
4 4e DB US
8 8e DI US
83 83e DI US

Carte n°5

LE SIÈGE DE BREST
Premiers combats
8 – 12 août 1944

Plouvien

CCA

Coat-Méal
Bourg-Blanc
le Norret
Plabennec
CCR
CCB
CCA

Trémaouezan

Plouedern

6th Armored Division

St Thonan
Karsaint Plabennec
St Éloy

Gouesnou
1st Bn/28th Inf. Rgt.
(8th Inf. Div.)
CCA
B. Neuf
St Divy

Bohars
Kergroas
F. Neuf
Kervao
Roch Glas
St Thudon
Mesmerrien
le Forestic
Guipavas

Landerneau

Huelgoat

50th Armd. Inf. Bn
la Forest
M. Toralan
St Nicolas
l'Elorn

Lambézellec
le Bot
Kérédern
K. Coataudon
Kerhuon
Kerudu
St Urbain
Dirinon

St Pierre Quilbignon
St Marc
BREST
Rade de Brest
Plougastel
La Fresq
Lesquivit
Loperhet
Daoulas

292

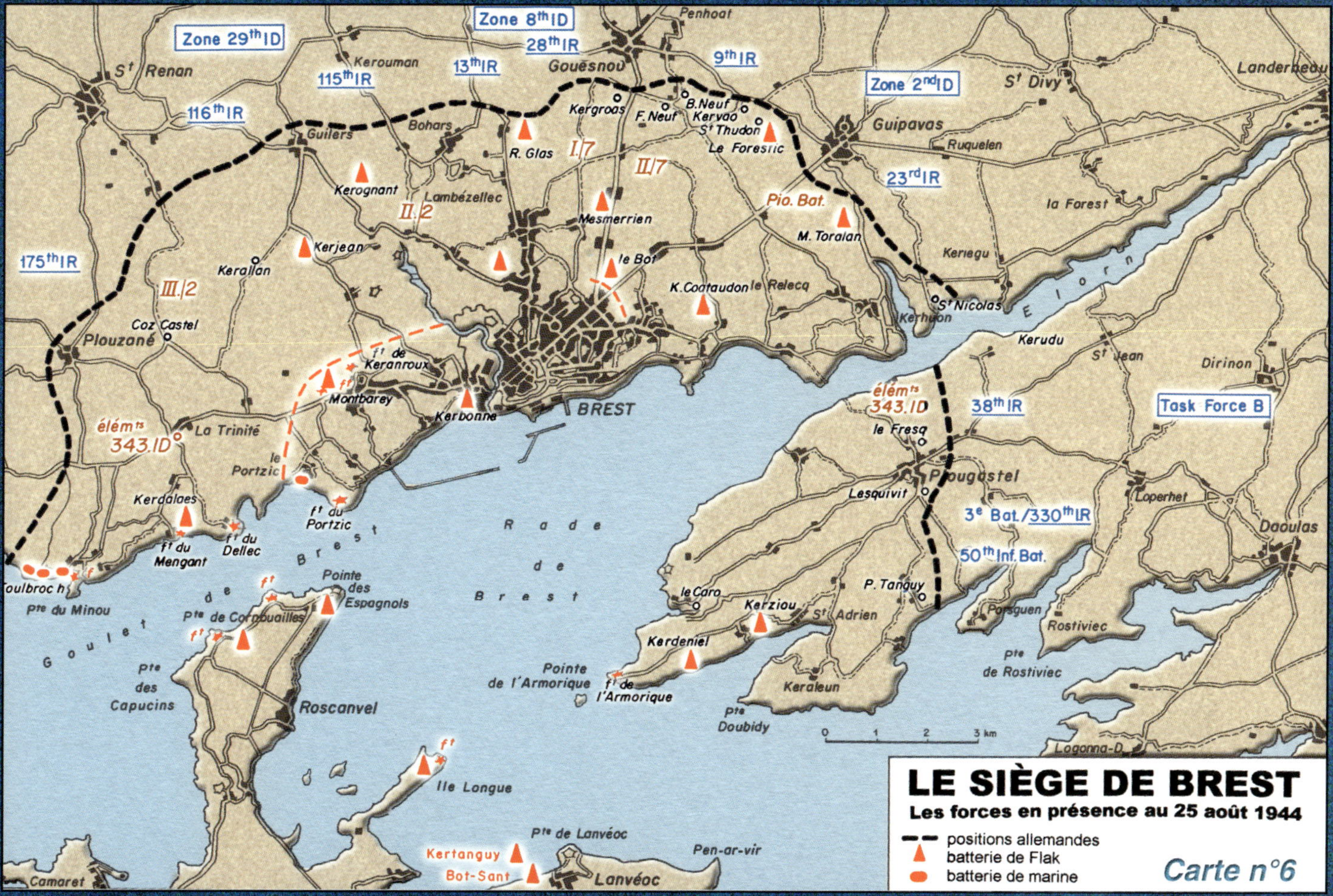

LE SIÈGE DE BREST
Les forces en présence au 25 août 1944

Carte n°6

Carte n°7

LA POCHE DU CONQUET
Positions allemandes le 25 août 1944

Source : rapport Fürst

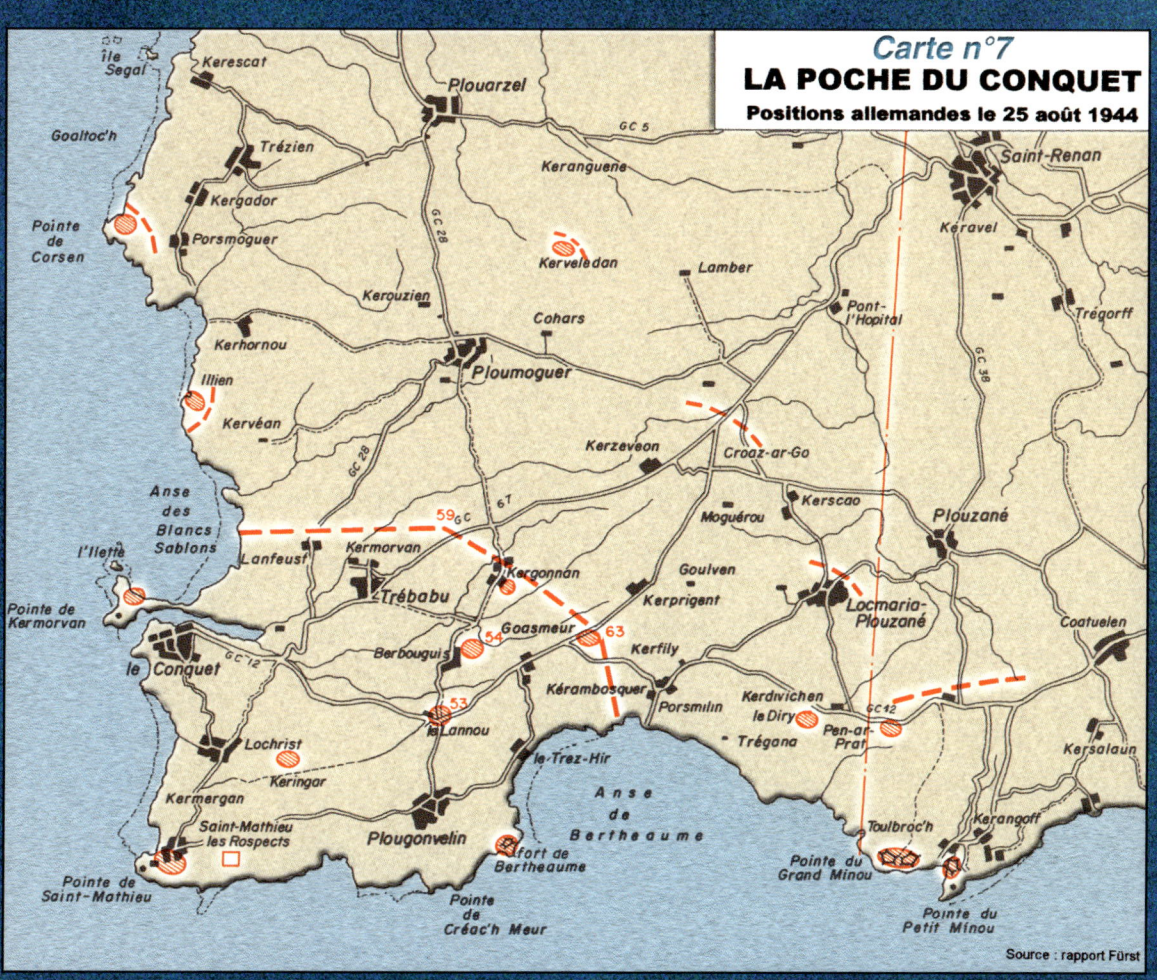

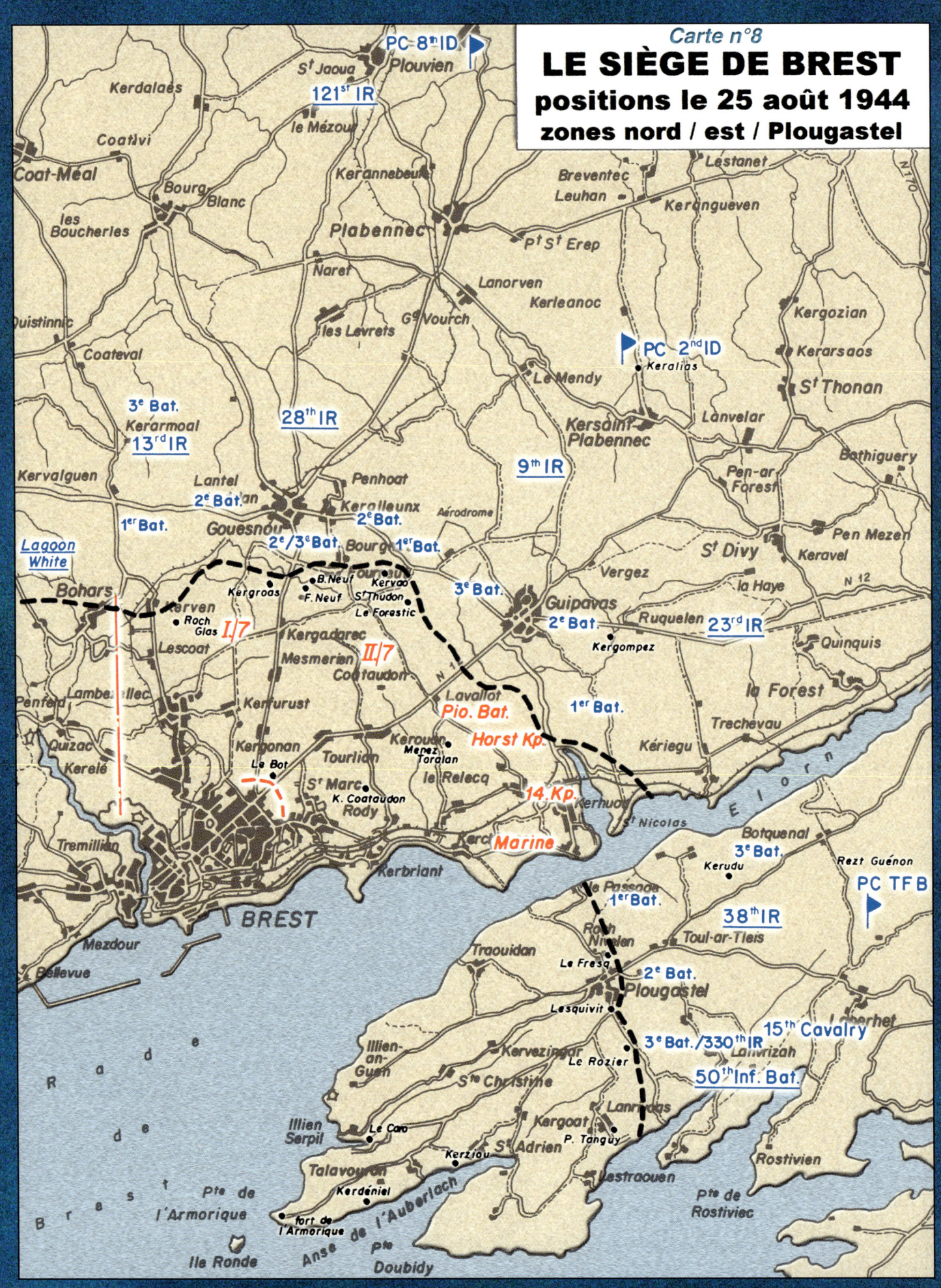

Carte n°8

LE SIÈGE DE BREST
positions le 25 août 1944
zones nord / est / Plougastel

PC 8th ID
St Jaoua
Plouvien
121st IR
Kerdalaes
le Mézour
Coatvi
Coat-Méal
Bourg Blanc
les Boucheries
Plabennec
Kerannebeun
Breventec
Leuhan
Lestanet
Kerangueven
Kergozian
Duistinnic
Coateval
Naret
Gs Vourch
Lanorven
Pt St Erep
Le Mendy
Kerleanoc
PC 2nd ID
Keralias
Kerarsaos
St Thonan
les Levrets
3e Bat.
Kerarmoal
13rd IR
28th IR
Kersaint
Plabennec
Lanvelar
Bathiguery
Kervalguen
Penhoat
9th IR
Pen-ar-Forest
Kergroas
Keravel
Pen Mezen
Lantel
2e Bat. an
Gouesnou
Keralleunx
2e Bat.
Aérodrome
St Divy
N 12
la Haye
1er Bat.
2e/3e Bat. Bourg 1er Bat.
Vergez
Lagoon White
Bohars
B. Neuf Kervao
F. Neuf St Thudon
Le Forestic
3e Bat.
Guipavas
2e Bat.
Ruquelen
23rd IR
Quinquis
Kerven
Roch Glas
I/7
Kergadarec
Mesmerian
II/7
Coataudon
Kergompez
la Forest
Lescoat
Penfeld
Lambezellec
Kerfurust
Lavallot
Pio. Bat.
Horst Kp.
1er Bat.
Kériegu
Trecheveu
Quizac
Kerelé
Kergonan
Le Bot
Tourlian
Kerouen
Menez
Toralan
le Relecq
14. Kp.
Kerhuon
St Nicolas
Botquenal
3e Bat.
Kerudu
Rezt Guénon
PC TF B
Tremillian
St Marc.
K. Coataudon
Rody
Marine
Mezdour
BREST
Kerbriant
le Passenc
1er Bat.
38th IR
Bellevue
Traouidan
Roch Nivelen
Le Fresq
Toul-ar-Tleis
Rade de Brest
Illien-an-Guen
Kervezingar
Le Rozier
2e Bat.
Plougastel
Lesquivit
3e Bat./330th IR
15th Cavalry
Lanvrizan
50th Inf. Bat.
Illien Serpil
Le Caro
Ste Christine
Kergoat
P. Tanguy
Lannidas
Rostivien
Talavouron
Kerziou
St Adrien
Kerdéniel
Lastraouen
Pte de l'Armorique
fort de l'Armorique
Anse de l'Auberlach
Pte de Rostiviec
Ile Ronde
Doubidy
Ehorn

Carte n°9
LE SIÈGE DE BREST
positions le 31 août 1944
zones nord et est

PC-8th ID
St Jaoua
Plouvien
Kerdalaes
le Mézou
Coativi
Breventec
Leuhan
Lestanet
Kerangueven
Coat-Méal
Bourg Blanc
Kerannebeur
pt St Erep
les Boucheries
Plabennec
Kergozian
de Kerarsaos
Quistinnic
Naret
Lanorven
Kerleanoc
St Thonan
Coateval
Gd Vourch
les Levrets
Keralias
Le Mendy
PC 2nd ID
Lanvelar
Kerarmoal
Kersaint Plabennec
Pen-ar Forest
Bothiguery
Kervalguen
121st IR
Lantel Kerdelan
2e Bat.
Penhoat
9th IR
Pen Mezen
2e Bat.
13rd IR
Gouesnou
Keralleunx
Aérodrome
2e Bat./38th IR
St Divy
Keravel
N 12
Bohars
1er Bat.
3e Bat.
Bourgneuf
3e Bat.
2e Bat.
Vergez
la Haye
3e Bat.
1er Bat.
Kergroas
I/7
F. Neuf
II/7
1er Bat.
3e Bat.
Guipavas
Ruquelen
Quinquis
Lescoat
Kergadarec
Créac'he Burguy
5th Rang.
23rd IR
Kergompez
Coatmeur
Mesmerien
Coataudon
2e Bat.
1er Bat./23rd IR
la Forest
Kerfurust
Lavallot
Menez Tokaln
3e Bat.
38th IR
Kériegu
Trechevau
Kerouan
Pio. Bat.
Horst Kp.
1er Bat.
Tourlian
le Relecq
Kerhuon
St Nicolas
Botquenal
le Bot
St Marc
Coataudon Rody
14. Kp.
Kerchleuse
Kerudu
Tremillian
Kerbriant
le Passage
Toul-ar-Tleis
Loperhet
Mezdour
BREST
Roch Nivelen
Traouidan
Le Fresq
PC-TFB
Bellevue
Plougastel
Lesquivit
Lanvrizah
3e Bat./330th IR
Illien-an-Guen
Kervezingar
La Rosier
Rade
Ste Christine
Lanrivoas
de
Illien Serpil
Le Caro
Kergoat
P. Tanguy
Rostivien
Brest
Kerziou
St Adrien
50th Inf. Bat.
Lestraouen
Talavouron
Kerdéniel
Pte de Rostiviec
Pte de l'Armorique
Anse de l'Auberlach
pte Doubidy
Ile Ronde

Carte n°10
LE SIÈGE DE BREST
positions le 25 août 44
29th Inf.Div.
secteur Ouest / Nord-ouest

115th IR

1r Bat.
Greyhound Red

2e Bat.
Kervahguern

116th IR

Begavel

3e Bat.

Kerviniou

Kerouman

St Renan

Bohars

Ty Cola

Guilers

Créach-bellec

Keravel

Pont Avenec

7, 8. Kp.

5., 6. Kp.
Keroqnant

II./2

Lamber

Trégorf

Kerva

Lambézellec

175th IR

Panz. Jag.

Keroual

Penfeld

Kerallan

Kerouldry
Kerjean

Quizac

Kerelé

ft Bougien

Kerscao

Kerléo

Moguerou

Coz Castel

III./2

15.
14.
13.
12.

fort de Keranroux

Tremillian

Goulven

Plouzané

St Pierre
Quibignon

Kerva

fort de Montbarey

Mezdour

Locmaria-Plouzané

Coatuellen

Kernein

Hildy

la Trinité

El. 343.1D

le Cosquer

Bellevue

Tregana

Kersalaun

le Portzic

fort

Marine

Dellec

Pte du Diable

B r e s t

Anse de Bertheaume

Toulbroc'h

fort du Mengant

fort du Dellec

Pte des Espagnols

fort

Kerangoff

d e

Penaros

Pte du Minou

fort

G o u l e t

Pte des Capucins

Roscanvel

Insignes de grade de parachutiste (ici un *Major*-commandant) et brevet parachutiste figurant un aigle en piqué tenant la croix gammée dans ses serres au milieu d'une couronne de lauriers. (Coll. William Théffo.)

Carte n°11
LE SIÈGE DE BREST
positions le 31 août 44
29th Inf.Div.
secteur Ouest / Nord-ouest

3ᵉ Bat.

Terzuat

115ᵗʰ IR

Begavel

Kerviniou
Kerouman

Kervalguern

Greyhound Red

Bohars

2ᵉ Bat.

Sᵗ Renan

Ty Cola

Créach bellec

5., 6. Kp.

Kerval

Karavel

Pont Avenec

Guilers

Kerognant

Lambézellac

Lamber

Trégorf

1ᵉʳ Bat.

Penfeld

II./2

Kerjean

Kérouval

7., 8. Kp. Kerouldry

Quizac

Kérallan

Kerelé

175ᵗʰ IR

Panzer-Jäger

3ᵉ Bat.

Kerléo

fᵗ Bouguen

Kerscao

1ᵉʳ Bat.

Plouzané

Coz Castel

15.

14

III./2

Moguerou

2ᵉ Bat.

13.

fort de Keranroux

Sᵗ Pierre Quilbignon

Tremillian

Goulven

12.

Coatuellen

fort de Montbarey

Mezdour

Locmaria-Plouzané

élémᵗʰ 343.ID

la Trinité

Kernein

Hildy

116ᵗʰ IR

2ᵉ Bat.

le Cosquer

Tregana

Kersalaun

le Portzic

Bellevue

3ᵉ Bat.

Marine

Dellec

fort

Pᵗᵉ du Diable

5ᵗʰ Rangers

Kerdalaes

Cᵢₑₛ B, D, F

fort du Dellec

Anse de Bertheaume

Toulbroc'h

fort

fort du Mengant

Kerangoff

Pᵗᵉ des Espagnols

Pᵗᵉ du Minou

fort

Peñaros

Goulet

Pᵗᵉ des Capucins

Roscanvel

B r e s t

G o u l e t   d e

Bandes de bras commémoratives portées par certains cadres de la 2ᵉ division parachutiste (dont le général Ramcke) sur la manche gauche de leur uniforme. Elles étaient attribuées aux vétérans ayant participé aux opérations en Crète et en Afrique du Nord. (Coll. William Théffo.)

KRETA

AFRIKA

Carte n°12
LA POCHE DU CONQUET
Positions le 31 août 1944

Insignes des principales unités alliées à Brest

Insigne officiel des FFI du Finistère

8th US Air Force

3rd US Army

Insigne du 118e RI recréé
à partir du bataillon *Normandie*
(" Peg Barz " signifie " croche dedans ")

9th US Air Force

9th US Army

Pertes des 9th - 23rd - 38th Infantry Regiments (2nd Infantry Division)

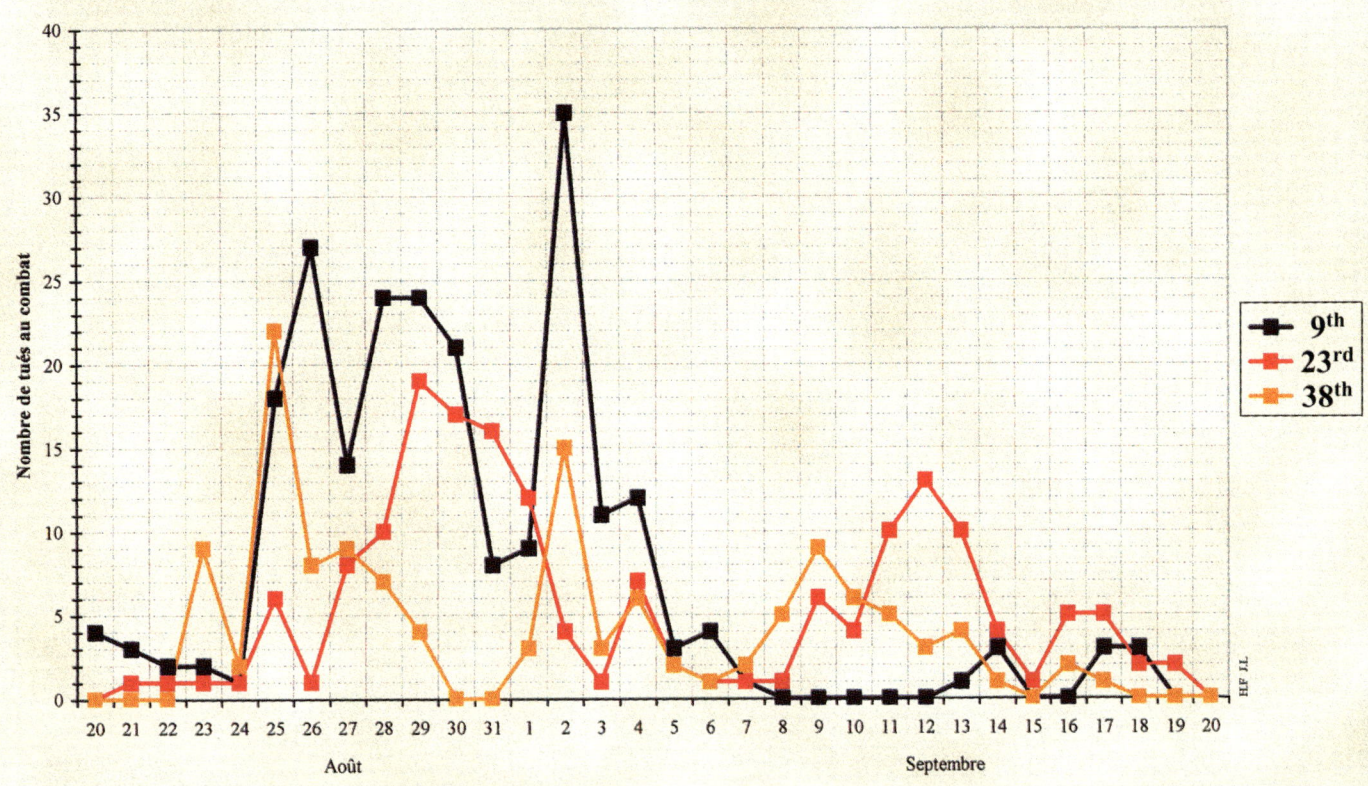

Ce graphique des pertes subies par les trois régiments d'infanterie de la *2nd Infantry Division* montre très bien l'intensité des combats au cours des différentes phases du siège à l'est de Brest. Les engagements les plus violents se sont déroulés entre le 20 août et le 5 septembre, période pendant laquelle 405 fantassins de cette division sont tombés, c'est-à-dire trois-quarts du total des pertes. On notera plus particulièrement les pics entre le 25 août et le 2 septembre, qui correspond au franchissement de la ligne de défense extérieure. Les pertes vont par la suite s'élever de nouveau, mais dans une moindre mesure, au moment où l'infanterie américaine pénètre dans la ville et doit progresser au cours de violents combats de rues entre les 11 et 13 septembre.

VIII US Corps

6th Armored Division

15th US Cavalry Group

2nd Infantry Division

8th Infantry Division

29th Infantry Division

Carte n°15
LA POCHE DU CONQUET
Positions les 9 – 10 septembre 1944

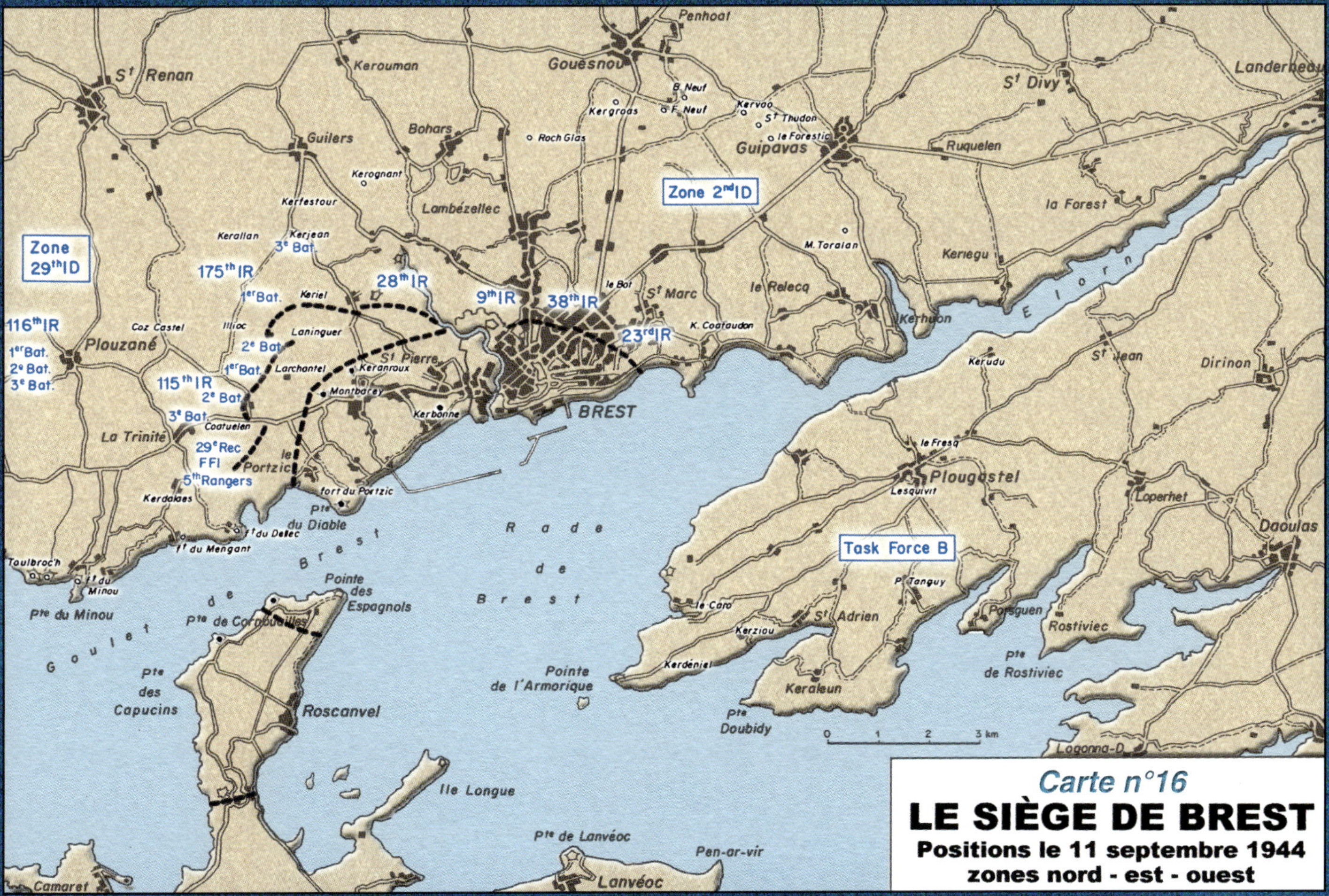

Île Segal
Goaltoc'h
Kerescat
Plouarzel
GC 5
Trézien
Saint-Renan
Kerguene
Kergador
Porsmoguer
Kéravel
Pointe de Corsen
Kerouzien
Kerveledan
Lamber
Pont-l'Hopital
Trégorff
Kerhornou
Cohars
Croaz-ar-Go
Illien **F.A. – FFI**
30.08/10.09
Ploumoguer
Kervéan
Kerzeveon
Kerscao
Plouzané
Anse des Blancs Sablons
Lanfeust
Kerveon
Moguérou
l'Îlette
Kermorvan
Kergonnán
Goulven
Kerprigent
Locmaria-Plouzané
Coatuelen
Pointe de Kermorvan
Trébabu
Goasmeur
5th Rangers
Berbouguis
Kerfily
le Conquet
Kérambosquer
Porsmilin
Kerdivichen le Diry
Trégana
Pen-ar-Prat
GC 12
Kersalaun
FA
Lochrist
le Lannou
F.S. – FFI
Keringar
le-Trez-Hir
Kerangoff
Kermergan
3e bat:/116e FFI
Plougonvelin
Anse de Bertheaume
Saint-Mathieu les Rospects
fort de Bertheaume
Toulbroc'h
Pointe de Saint-Mathieu
Pointe de Créac'h Meur
Pointe du Grand Minou
Pointe du Petit Minou

Carte n°16
LE SIÈGE DE BREST
Positions le 11 septembre 1944
zones nord - est - ouest

Penhoat
St Renan
Kerouman
Gouesnou
Landerneau
St Divy
Guilers
Bohars
B. Neuf
F. Neuf
Kervao
St Thodon
St Divy
Kergroas
le Forestic
Guipavas
Ruquelen
Kerognant
Roch Glas
la Forest
Zone 2nd ID
Kerfestour
Lambézellec
M. Toraïan
Keriegu
Zone 29th ID
Kerallan
Kerjean 3e Bat.
le Boï
St Marc
le Relecq
Kerneon
St Jean
175th IR 1er Bat.
Kariel
28th IR
9th IR
38th IR
K. Coataudon
Kerudu
Dirinon
116th IR
Coz Castel
Illioc
Laninguer
St Pierre
23rd IR
1er Bat.
2e Bat.
3e Bat.
115th IR
2e Bat.
Larchontel
Kerannoux
Kerheon
Plouzané
Montbarey
St Jean
Plougastel
La Trinité
3e Bat.
Coatuelen
Kerbonne
la Fresq
BREST
Lesquivit
Loperhet
Kerdoïas
29e Rec FFI
Portzic
5th Rangers
le
St Pierre
P. Tanguy
Poraguen
Rostiviec
Toulbroch
P. du Minou
fort du Portzic
Daoulas
Pte des Espagnols
Pte du Diable
R a d e
Pte de Rostiviec
fT du Deleo
le Càro
St Adrien
fT du Mengant
Pte de Cornouailles
B r e s t
Kerziou
d e
Pte du Minou
Pte des Capucins
Roscanvel
B r e s t
Kerdénieu
G o u l e t
Pointe de l'Armorique
Keraleun
Pte Doubidy
Task Force B
Logonna-D.
Île Longue
0 1 2 3 km
Pte de Lanvéoc
Pen-ar-vir
Lanvéoc
Camaret

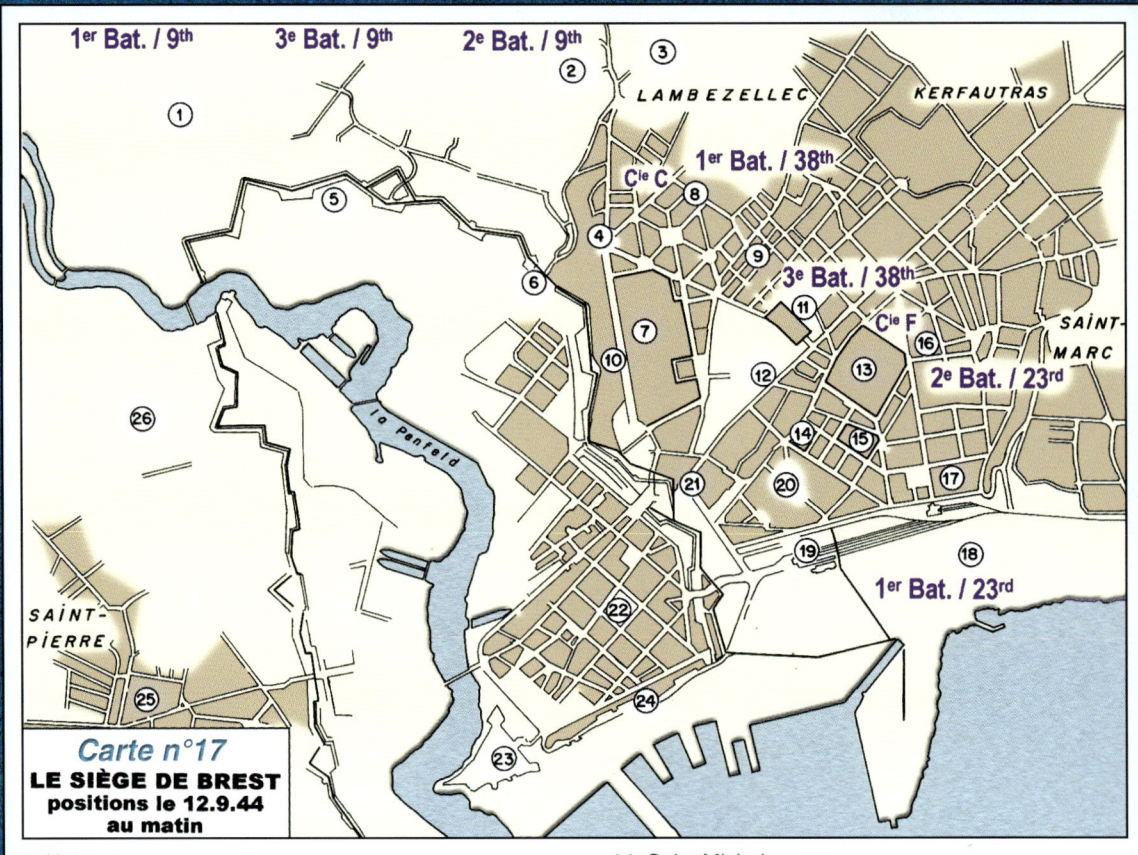

Carte n°17
LE SIÈGE DE BREST
positions le 12.9.44
au matin

1. Kergoat
2. Traon-Quizac
3. Kerinou
4. Place Aristide Briand
5. Fort du Bouguen
6. Moulin à poudre et rue Porsmoguer
7. Hôpital Neuf
8. Rue Danton prolongée
9. Rue Bugeaud
10. Avenue Maréchal Foch
11. Saint Martin
12. Rue Jean Jaurès
13. Cimetière de Brest

14. Saint Michel
15. Place Sanquer
16. Rue Richelieu
17. Abattoirs
18. Usine à gaz
19. La gare
20. Plateau de Keroriou
21. Place de la liberté
22. Place Wilson
23. Château de Brest
24. Cours d'Ajot
25. Cimetière de Recouvrance
26. Queliverzan

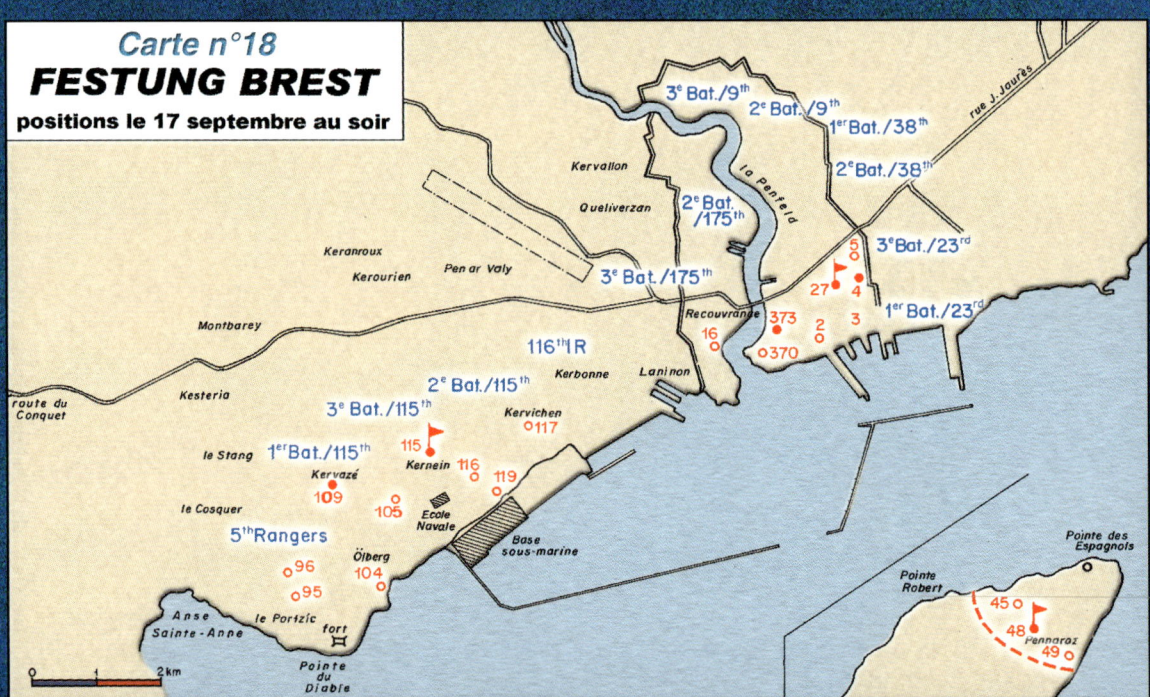

Carte n°18
FESTUNG BREST
positions le 17 septembre au soir

Plougastel-Daoulas
Loperhet
Daoulas
Kerziou
Kerdéniel
Pte de l'Armorique
baie de Daoulas
L'Hôpital-Camfrout
Pointe du Binde
Lanvéoc-Poulmic
Kertanguy
Hydrobase de Lanveoc
Anse de Poulmic
Landévennec
Le Faou
l'Aulne
Saint-Effle.
Luguniat
Rosnoen
bataillon René Caro
Bot Sant
Kerliver
Tal-ar-Groas
Kerbiriou
Quinivel
Lescatouen
Trégarvan
Keradennec
Kerguiridic
Kerbastun
Argol
Penn ar Stang 97
Kertaouénan
① Kerveniec
îlot de l'Aber
② Menez Luz
898
D 887
DÉFENSE ALLEMANDE
SECTEUR NORD 800e bat. Nord Caucasien
190
Brigneau
Pont Carvan
Kerveur
⑧
267
Kervily
Cosquer
PC 15th
③
Telgruc rasé par erreur par l'USAF le 3.9
Menez Hom 350
Kardiou
Dineault
Anse de Trez Bellec
SECTEUR SUD Batt. II/Osr Mitte
Hiec'h
Menez Ham 298
Kerdane
le Garven
Lezaff
US 15th Cavalry
Kernalivet
248
⑨
Cosquer Lezaff
① Ligne principale de résistance de Tal-ar-Groas
② Ligne d'avant-postes allemands
③ Ligne d'avant-postes TFA – FFI, le 3 septembre
St Nic 50
Ste Marie-du-M.H. 195
Trois Canards
225 Run Askel
233 Run Askel
Chateaulin
D 887
④ Ligne de défense du Ménez-Hom
⑤ Ligne d'avant-postes allemands
Pentrez
Beniel
St Come
Menez Yan
⑥ Ligne FFI avancée le 26 août
⑦ Ligne FFI avancée le 23 août
M.Bichen
Pouloupry
Kervennec
④
Ste Sullian
Gorré Ribbé
⑩
colonel Eon
⑧ Situation le 31 août
⑨ Situation le 28 août
⑩ Situation le 27 août
Kerellec
⑤
Kergoff
Lesloys
Plomodiern
Kergors
Lespeurs
⑥
Positions FFI le 19 août
Kergustan
⑦
Kergus
Kergonnec
Kerhao
US 17th Cavalry
Ploeven
PC 17th
Anse de Kerviguen
Kervijen
Keramporcher
Bie d'artillerie FFI
1 x 155 (Cie Espern)
1 x 75
Cast
baie de Douarnenez
plage de St Anne
St Anne-la-Palud
Penfrat
D 63
Plonévez-Porzay
D 107
D 63
Kergoat
Tréboul
Douarnenez
Anse du Ris
La Clarté
Locronan
D 7
Quéménéven
crique de Lesven
Kerlaz
Cie FTP Kléber Bat. de Douarnenez
Audierne 15 km

Carte n°19
LA LIGNE DE DÉFENSE DU MENEZ-HOM – TELGRUC – TAL-AR-GROAS
Évolution de la situation entre le 12 août et le 3 septembre 1944

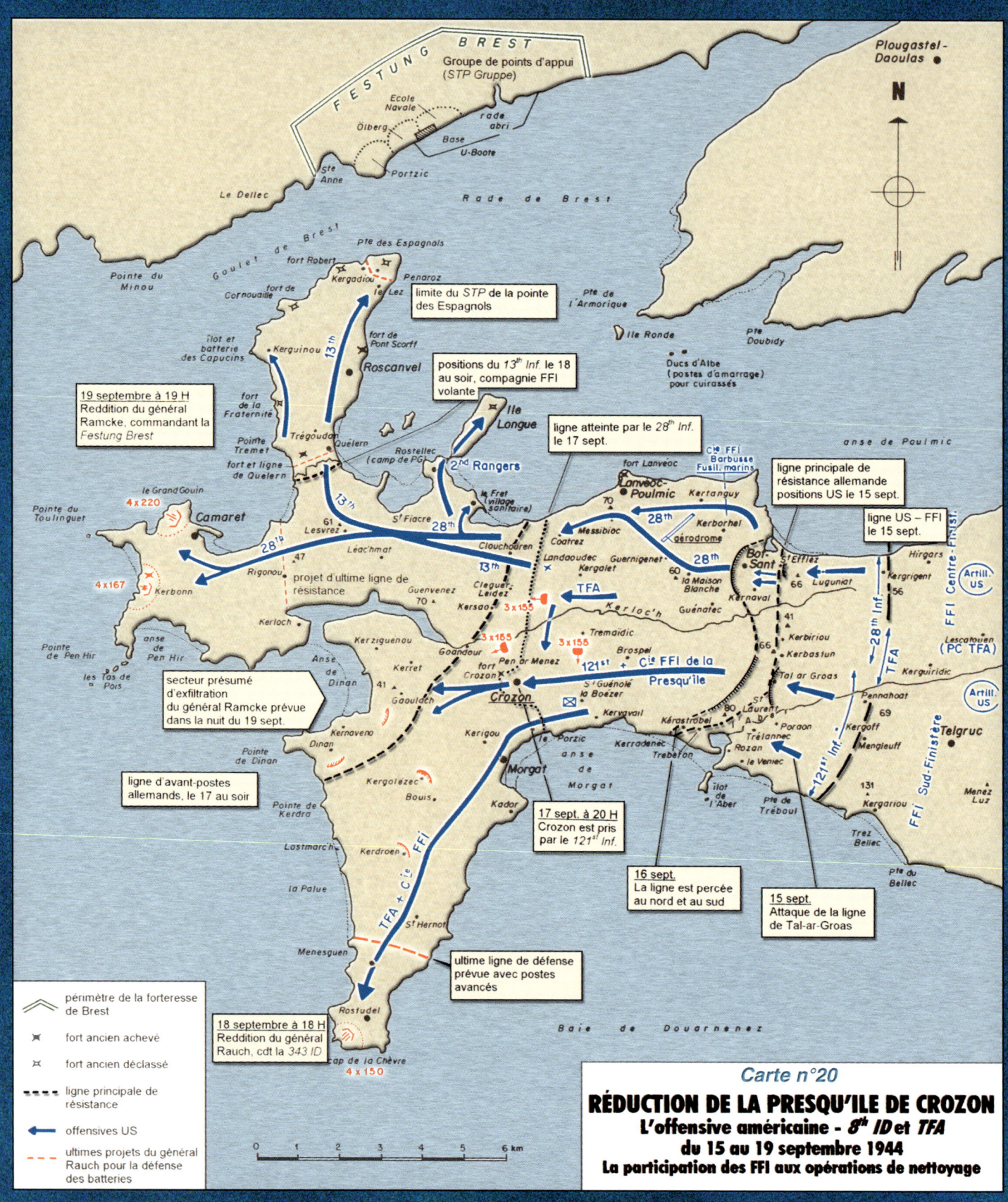

FESTUNG BREST

Groupe de points d'appui
(STP Gruppe)

Plougastel-
Daoulas

N

Ecole
Navale

Ölberg

rade
abri

Base
U-Boote

Ste
Anne

Portzic

Le Dellec

Rade de Brest

Pointe du
Minou

Goulet de Brest

fort Robert

fort de
Cornouaille

Kergadiou

le Lez

Penaroz

Pte des Espagnols

Pte de
l'Armorique

limite du STP de la pointe
des Espagnols

Ile Ronde

Pte
Doubidy

Ducs d'Albe
(postes d'amarrage)
pour cuirassés

îlot et
batterie
des Capucins

Kerguinou

13th

fort de
Pont Scorff

Roscanvel

anse de Poulmic

19 septembre à 19 H
Reddition du général
Ramcke, commandant la
Festung Brest

fort
de la
Fraternité

positions du 13th Inf. le 18
au soir, compagnie FFI
volante

Ile
Longue

ligne atteinte par le 28th Inf.
le 17 sept.

ligne principale de
résistance allemande
positions US le 15 sept.

Pointe
Trémet

Trégoudan

Quélern

Rostellec
(camp de PG)

2nd Rangers

fort Lanvéoc

Cie FFI
Barbusse
Fusil. marins

ligne US – FFI
le 15 sept.

Pointe du
Toulinguet

le Grand Gouin
4 x 220

fort et ligne
de Quélern

13th

le Fret
(village
sanitaire)

St Fiacre

Lanvéoc-
Poulmic

Kertanguy

70

28th

Kerborhel

aérodrome

28th

Bot-
Sant

Efflez

Hirgars

FFI Centre-Finist.

Artill.
US

Camaret

28th

13th

G¹
Lesvrez

47

28th

Léac'hmat

Clouchoaren

Messibioc
Coatrez

Landaoudec

Kergalet

Guernigenet

la Maison
Blanche

Guénatec

Kerbiriou

66

Kerrignen

41

Luguniat

56

4 x 167

Kerbonn

Rigonou

projet d'ultime ligne de
résistance

Guenvenez
70

Cleguer-
Laidez
Kersao

13th

3 x 155

TFA

Kerloc'h

60

Karnaval

28th Inf.

Kerbastun

TFA

Lescatouen
(PC TFA)

Pointe de
Pen Hir

les Tas de
Pois

anse de
Pen Hir

Kerloc'h

Kerziguenou

Kerret

Anse
de
Dinan

41

Goandour

3 x 155

fort de
Pen ar Menez

121st

3 x 155

Trémadic

Brospel

Cie FFI de la
Presqu'île

66

Kerbiriou

St Laurent

Tal ar Groas

Pennahoat

Artill.
US

Kergoff

69

Telgruc

secteur présumé
d'exfiltration
du général Ramcke prévue
dans la nuit du 19 sept.

Gaouléch

fort
Crozon

Crozon

St Guénolé
la Boëzer

80

Kérastrobel

Kernavel

Poraon

Trélannec

Rozan

Mangleuff

FFI Sud-Finistère

Menez
Luz

Kernaveno

Dinan

Kerigou

le Porzic

anse
de
Morgat

Kerradenec

Trébéron

le Veniec

121st Inf.

131

Kergariou

Trez
Bellec

Pointe
de Dinan

ligne d'avant-postes
allemands, le 17 au soir

Kergolézec
Bouis.

Morgat

Kador

îlot
de
l'Aber

Pte de
Tréboul

Pte du
Bellec

Pointe de
Kerdra

17 sept. à 20 H
Crozon est pris
par le 121st Inf.

16 sept.
La ligne est percée
au nord et au sud

15 sept.
Attaque de la ligne
de Tal-ar-Groas

Lastmarc'h

Kerdroen

Cie FFI

la Palue

St Hernot

TFA +

ultime ligne de défense
prévue avec postes
avancés

Menesguen

Baie de Douarnenez

18 septembre à 18 H
Reddition du général
Rauch, cdt la 343 ID

Rostudel

Cap de la Chèvre
4 x 150

périmètre de la forteresse
de Brest

fort ancien achevé

fort ancien déclassé

ligne principale de
résistance

offensives US

ultimes projets du général
Rauch pour la défense
des batteries

0   1   2   3   4   5   6 km

Carte n°20

RÉDUCTION DE LA PRESQU'ILE DE CROZON
L'offensive américaine - 8th ID et TFA
du 15 au 19 septembre 1944
La participation des FFI aux opérations de nettoyage

Achevé d'imprimer
en avril 2001 sur les presses de l'Imprimerie nationale